长城文化经济带建设研究

董耀会◎著

燕山大学出版社
·秦皇岛·

图书在版编目（CIP）数据

长城文化经济带建设研究 / 董耀会著. —2 版. —秦皇岛：燕山大学出版社，2021.5
ISBN 978-7-5761-0099-0

I. ①长… II. ①董… III. ①长城－国家公园－建设－文集 IV. ① S759.9912-53

中国版本图书馆 CIP 数据核字（2021）第 070952 号

长城文化经济带建设研究

董耀会 著

出 版 人：陈　玉
策 划 人：陈　玉　董世非
责任编辑：孙志强　唐　雷
责任校对：刘韦希
装帧设计：方志强
出版发行：燕山大学出版社 YANSHAN UNIVERSITY PRESS
地　　址：河北省秦皇岛市河北大街西段 438 号
邮政编码：066004
电　　话：0335-8387555
印　　刷：北京建宏印刷有限公司
经　　销：全国新华书店

开　　本：700mm×1000mm　1/16　　印　　张：33　　字　　数：535 千字
版　　次：2021 年 5 月第 2 版　　印　　次：2021 年 5 月第 1 次印刷
书　　号：ISBN 978-7-5761-0099-0
定　　价：128.00 元

版权所有　侵权必究
如发生印刷、装订质量问题，读者可与出版社联系调换
联系电话：0335-8387718

作者简介

董耀会，著名长城专家、中国长城学会副会长，中央宣传部宣教局核心价值观100名特聘讲师，国家文化公园专家咨询委员会（长城组）专家委员，河北地质大学长城研究院院长，燕山大学中国长城文化研究与传播中心主任，教授，中国社会科学院旅游研究中心特约研究员。

1957年1月5日出生。1984年5月4日至1985年9月和两位朋友一起，从山海关出发，历时508天，到达嘉峪关，完成了明长城的首次徒步考察。此后到北京大学，师从著名历史地理学家侯仁之先生学习和研究。

长期致力于长城的研究、保护、宣传和利用工作。著有《明长城考实》《瓦合集——长城研究文论》《守望长城——董耀会谈长城保护》《长城：追问与共鸣》等专著十余部。多次陪同来华访问的各国政要参观长城，1998年6月美国总统克林顿、2002年2月美国总统布什访华，他都作为国家指定专家陪同参观长城。

主持和参与多项国家社科基金项目。2008年奥运会前受国务院新闻办委托，主编了大型画册《长城》，深受参加奥运会的各国代表团欢迎。2007—2017年主持“十二五”国家重点出版规划项目、国家出版基金项目《中国长城志》编纂工作，担任总主编。2019年主持国家文旅部长城国家文化公园建设《长城文旅融合发展专项规划》的编制工作。

序 PREFACE

董耀会，一辈子，一件事

——写在《长城文化经济带建设研究》出版之前

这本《长城文化经济带建设研究》是董耀会先生对长城文化经济带建设的拓荒之作。学术界围绕长城的研究成果可谓汗牛充栋，但如此书之厚重者少。说句略显极端的话，今年长城学研究的收成，即使只有这一本书，也是个丰年。

文集是先生近两三年的作品，以国务院发展研究中心《经济要参》上发表的文章为主，也有一些其他刊物上发表的作品，还有某些会议上的讲话和讲座整理稿等。这些文章，不仅对长城的历史和现实进行了深入的阐述，也不仅对全国长城进行了纵向与横向的比较，更以时间或空间为尺度对长城进行了全面细致的讲述。文集中的文章内容主要服务于长城区域经济发展，服务于长城国家文化公园建设，这是这本文集的特色。

近两年实际上是董先生长城研究的一个高峰期，以近几年长城研究的内容为主出一本书很不容易。这源于国务院发展研究中心《经济要参》，为他开辟了“长城经济文化带建设研究”。我作为主持这本刊物工作的负责人，之所以提议开设此栏目，并请董先生为专栏作者，一是长城文化经济研究的国家战略发展需要，二是董先生是长城研究领域著名的专家。

此前，《经济要参》还没有给哪个专家，像给董先生这样如此开设过专栏。这本刊物是中央级经济类内参，主要刊载国务院发展研究中心及中央政府部门、研究机构，前瞻性地探讨中国经济社会发展和改革中的重大问题，为各级政府部门、研究机构、大专院校及企事业单位决策人士和研究人员，把握发展动向，深入理解国家政策及科学决策提供参考。

文集收录的作品较为集中地探讨了建设长城经济带、认识文化遗产长城与当今经济社会发展的关系、推动在保护的前提下建立符合这个区域特点的协调发展机制的重要意义。这本文集的分量及更大的价值，在于它对未来的启示意义。

若把先生的长城研究分成若干阶段的话，前面的30多年应该怎么分我说不好，可以分为研究长城保护阶段、研究长城历史阶段等。但这本文集中的成果，一定是一个崭新的阶段。这个阶段或许是董先生学术研究的转型，今天他做的长城研究工作已经不是传统意义上的长城研究，他更关注文化，更关注长城的利用。所以，我们在这本文集中看到的这位学者，相比于以前，已经是一个完全崭新的董耀会。

这种转变主要体现在构建长城文化经济带建设理论与应用方面。转变以后董先生的学术生命，将会有更广阔的学术空间。我相信等到后世研究他的学术历程时，会看到晚年的董先生对长城事业的贡献，除了保护之外一定是对长城文化遗产的利用，一定是对长城区域发展的促进，一定是对长城文化经济带建设的推动。

董先生曾经说过“长城是我无法摆脱，也从来不曾想摆脱的一种精神宿命”。他是一位长者，徒步考察万里长城第一人。他随内心的梦想，翻越万水千山，用生命的光阴陪伴长城。如今，董先生已是著名长城专家，身兼中国长城学会副会长、河北地质大学长城研究院院长、燕山大学中国长城文化研究与传播中心主任。对于长城，他走了35年，研究了35年，守护了35年。

董先生是一个魅力十足的人。他的魅力来自两个方面，一是来自他的思想和人格。他是一个有思想的人，这本文集中的不少文章都充满了政治智慧，理论虽深却讲得非常透彻。各领域的专家我接触得多了，能做到他这样实不多见。现在有些历史研究的学者仿佛“与世隔绝”。要说坐得住，董先生也可以。从 2007 年到 2017 年，他带领一批专家学者历时十年编纂大型文献《中国长城志》，这是国家“十二五”项目，也是国家出版基金项目。他担任总主编，整天趴在电脑前，可谓是板凳坐得十年冷。

董先生的魅力，另一个方面是他和长城的一生缘分。20 世纪 80 年代是一个充满激情的年代，他作为河北秦皇岛人，从小心中就有英雄情结，燕赵自古多慷慨悲歌之士，他说这与河北文化追求悲壮之美有关。

他 18 岁生日时，曾半开玩笑地说：“我们能做点什么？等到 100 岁的时候，人们说起来还记得我们年轻时做的事，这件事还有意义。” 他找到了这件有意义的事，不过很多人都认为他不务正业。1984 年 5 月 4 日，他放弃众人眼红的工作，离开温馨的家，放下满腹心事和好朋友吴德玉从山海关出发，踏上徒步考察长城之旅。在北京又加入进来张元华，三个“苦行僧”一路前行，翻山越岭，穿越戈壁沙漠，历时 508 天，到达了长城的终点嘉峪关，完成首次徒步考察长城的壮举。从此，他这辈子再也没有离开长城，就这样把自己献给了长城。

从青春到白头，几十年来他所做的一切都是长城，为长城的研究、保护、维修、宣传和开发利用作出了重大贡献，他自己也成为名副其实的长城专家。他的所有身份和工作全都与长城有关，中国长城学会副会长、河北地质大学长城研究院院长、燕山大学中国长城文化研究与传播中心主任、《中国长城志》总主编、中国长城博物馆荣誉馆长等。

从不到28岁投入长城事业，一直干到今天真不容易。董先生是一个从工厂走出来的长城专家，从18岁开始干了10年的外线工。每天在野外架设高压线，这是一个要经历风风雨雨的工作。经过风雨的洗礼，他显得无比坚强。今天的董耀会已经是著作等身，但他身上仍然保留着工人的质朴和纯粹。

他一点儿不做作，一点儿也不装。这样一个布衣专家，这样的一个非体制内的专家，在长城沿线、国家各部委、各大专院校为什么会受到如此的爱戴和尊敬？我认为不是因为别的，只因为他真爱长城，爱生活在长城脚下的人。他所做的一切的出发点都是为了长城，为了生活在长城怀抱里的人能过上好日子。

他做事踏踏实实，追求品质。30多年前徒步考察长城后出版的专著《明长城考实》，当时仅5.3元一本，现在网上卖到600多元还买不到。这本书在国家图书馆已经被列为禁止外借的书，读者只能在图书馆的阅览室里阅读。《长城文化经济带建设研究》也一定会成为在书架上能立得住的书。

这本书从发展的视角领会时代要求，贯穿将长城文化带和长城经济带相融合，推动区域经济增长乃至内生经济激活的理念。《如何理解“长城文化经济带”之概念》《构建长城文化经济带，形成乡村振兴联动机制》《雄安带动长城文化经济带发展的引擎作用之前瞻》等文揭示了长城文化经济带的特征及其对区域经济的影响。

本书中《长城国家文化公园建设的几点思考》《长城国家文化公园建设之文旅融合探讨》《临洮长城国家文化公园与扶贫及经济发展的关系》等文的探讨，对长城国家文化公园这一国家推进实施的重大文化工程的要旨和作用的论证，在理论和实践方面均有切中肯綮之功。董先生在研究中独辟蹊径，对长城地区文化记忆和历史内涵的梳理，更从深层次阐释了时代的进步、文明的延续不仅仅是经济发展，还有精神力量的影响。

董先生是一个有情怀的学者。情怀，不需要解释，不需要理由。人最说不清楚的是天性。亚当·斯密在《道德情操论》中说：人因为天性而迷恋某种事物，正是因为这种“迷恋”激起辛勤工作的热情。不必问为什么，也没有什么原因。他夫人说他对长城有强迫症。似乎是前生冥冥中的约定，他的今生今世，这辈子所做的一切，牺牲了常人享有的很多美好，都是为了长城，都是为了对长城之爱的践约。只有从这种神圣、崇高、牺牲的视角，才能读懂其人其书。他所做的努力，都是为爱拨动的心弦，为了实现心中的梦，岁岁年年。这是一种担当，一种责任，一种情怀，如果没有发自骨子里的热爱是很难坚守的。

董先生是一个坚强并能坚守的人，这也是他的过人之处。一个取得了别人无法企及成就者，一定是一个坚强的人，一个能坚守的人。徒步考察明长城是坚强的表现，后来一干就是一辈子更是坚守的体现。2000年5月8日，董耀会考察完长城回北京，在高速公路上发生了车祸。他的车里5个人，两死三重伤。住院期间做头部手术，他严重的脑震荡不宜使用较大剂量的麻药。手术之后疼痛难忍，他咬着牙一遍又一遍地在心里说：“疼吧，你就疼吧，有本事你疼死我。”不久前我病了，手术后也遇到这样无法忍受的疼痛折磨之时，他的这句话给了我极大的力量。

董先生是对“干”字情有独钟的人。他曾用过的一个笔名是“一十”，这个笔名竖着签，就是一个干字。他认为，人这辈子，总要干点事。干，就要干到底，就要争取干好。悲壮的茫茫旷野，有风也有雨；所有的路，有起点，有尽头，却没有捷径。毫无疑问，几十年中会遇到过很多诱惑。如果从利益最大化考虑，决策的天平肯定会向远离长城倾斜。但他坚持只做这一件事，名利不能移，富贵不能移。把长城这件事做到极致，人生的意义也就凸显了，董先生取得的成就，再次证明了这个道理。我相信先生的学术成就，将随着时间的流逝越来越能显现其价值。我们可以在他身上，看到人性的光辉。他的人格魅力，他的作品的学术生命和价值，都是他人生成功的基石。

董耀会先生年逾花甲，仍身体力行，不惮辛劳。他为了保护长城而奔走呼吁，对长城事业的热忱和执着可见一斑。他已有多种著作问世，迄今仍笔耕不辍，向世人讲述古老长城精彩的新故事。如今，长城国家文化公园建设处处都能看到他的身影，作为国家文化公园专家咨询委员会（长城组）的专家委员，他依然行走在长城遗址，奔波在长城沿线，探寻长城文化经济带过去忽略或难以解决的答案。他为推动长城文化带建设所作的贡献将和长城一样载入史册。

何玉兴

2021 年 3 月

（何玉兴，博士，国务院发展研究中心研究员，国务院发展研究中心《经济要参》编辑部负责人）

目录 CONTENTS

◇ 长城国家文化公园专题研究 / 157

◇ 区域长城文化经济研究 / 237

长城文化经济带综合研究

董旭明 摄影

如何理解“长城文化经济带”之概念

在国务院发展中心《经济要参》开设“长城文化经济带研究”专栏，为构建长城文化经济带、为长城写下浓墨重彩的一笔我很高兴。长城是我无法摆脱，也从来不曾想摆脱的一种精神宿命。第一篇文章我们首先要讲什么？首先是明确为什么要提出“长城文化经济带”这个概念，其次要厘清“长城文化经济带”概念的特征要素都包含什么内容。

提出长城文化经济带的概念，目的是依托长城及其历史文化形成的长城区域文化经济带，挖掘其发展优势，认识其在全国文化经济方面的重要战略地位，促进北方社会经济的发展。长城区域文化经济带问题，目前还没有引起学界、业界以及政府部门的关注和研究。

首先来认识一下长城文化经济带的概念。毫无疑问长城文化经济带这个概念是以长城为核心，对相关特征要素独特组合而形成的认识。其中的主要特征要素都包括什么？这一点非常好理解，所有的内容都在“长城文化经济带”这七个字中。第一个要素是“长城”，第二个要素是“长城文化”，第三个要素是“长城经济”，第四个要素是“长城带”。

先说第一个要素“长城”。万里长城从东到西，横跨中国的东北、华北、西北。古代帝王大多重视长城的修筑和利用，因为这样做既可以巩固王朝统治，又可以满足当时社会经济发展的需要。长城与其他军事防御工程的本质区别有两个：第一个是长城防御体系的主体，由连绵的墙体所构成，这就是长城的“长”。第二个是长城防御体系有防御的纵深，长城防御体系是由关隘、城堡、烽燧等与延绵的墙体相互联系，按特定结构方式组合而成的具有防御功能的有机整体。

再说一下第二个要素“长城文化”。长城作为中国的代名词，有着中华文明的符号意义。今日之世界，竞争与合作并存，有时竞争也会演变成摩擦和争端。在各国之间综合国力日趋激烈的竞争中，文化在综合国力中的地位越来越高，作用越来越大。

文化是民族的生命力的体现，是民族创造力和凝聚力的支撑。这也是国家为什么在提出“三个自信”之后，又加上一个文化自信而变成“四个自信”的原因。在这个意义上说，长城文化至今还没有发挥出其国家文化高地的作用。

多年前一次出国，中国驻外大使馆的一位官员陪同我们时，曾经对我说：“长城有什么用啊，吴三桂把山海关大门一打开，清兵不就入关了吗？”作为一个中国人，特别是中国外交官，并不知道自己国家长城的历史和文化，甚至不以祖先创造了伟大的长城为荣，我当时的心情只能用悲哀两个字来形容。

这不是个人的悲哀，是一种文化的悲哀，再讲严重一点也可以说是民族的悲哀。为什么会出现这样的情况？这与我们国内在一段时间之内，连篇累牍地发表反对自己民族文化的社会风尚有关。更令我惊讶的是他的观点并没有引起当时在场人们的注意。最后吃晚饭的时候，我不得不利用宴请的机会，给他们简单普及了长城历史文化知识，为他们讲了中国长城的历史地位与作用。

接着说第三个要素“长城经济”。长城的修建和戍守都要花钱，这本身就是经济问题。长城经济首先是长城与历史时期的经济关系，基本属于经济史范畴。其次是今天长城区域的经济发展，属于区域经济研究的领域。

改革开放以来，以珠江、长江为标志的珠江和长江两个经济带，促进了南方经济的快速发展。而以长城为标志的北方经济发展，则处于相对迟缓的状态。今天南北方的经济发展差距与改革开放初期相比已经扩大了两位数，并且处于继续扩大的状态。这种状态不得到改变，一定会越来越制约中国的整体发展。长城区域的经济发展，也仍将处于比较落后的状态。

国家认定全国 15 个省（自治区、直辖市）404 个县（市、区）有长城，其中近半数为国家级贫困县。即便不是贫困县的地域，长城沿线村庄也是这个县最贫困的地方。构建长城文化经济带国家战略，也是使这些地区彻底摆脱贫困的出路。这是一种造血式的扶贫，长城地区的贫困问题靠输血式的扶助，不能从根本上解决问题。

最后再说第四个要素“长城带”。“长城带”是一个区域的概念，历史上的长城，不是一道墙而是一个区域。长城文化经济带中的这个“带”，实际上是长城区域的概念。在长城这个带状的区域，依托长城防御体系形成了一个从东北，经华北，再到西北的边疆社会。从古至今，边疆社会的政治、经济、文化、军事等诸多领域都与内地社会有着很大的不同。

对如何构建长城文化经济带作出思考，加强对长城历史文化和区域经济的研究，提高社会各界的文化自信，是今天应对全球经济挑战、促进北方高质量经济增长的需要。将来国家把长城文化经济带的发展上升为国家文化和经济发展战略，势必会形成南北方社会经济比肩发展的新格局。

一、长城是中国古代由连续性墙体及配套的关隘、城堡、烽燧等构成体系的军事防御工程

我们讲的长城是中国古代创建的伟大军事防御建筑、今天的世界文化遗产。我们要了解长城，就要认识这道墙体及依托延绵墙体构建的军事防御体系。长城是一个具有很大防御纵深的体系。我们讲长城保护，也不仅是保护长城的墙体，还包括构成长城防御体系的关隘、城堡、烽燧等设施。

随着长城研究的普及和深入，许多研究者对长城的定义提出了自己的理解。这些定义虽然有差异，但较为一致地认为长城是中国古代军事防御工程。其实，军事防御工程不止长城，而长城与其他军事防御工程有两个本质区别：第一是长城建筑体量的长，这一点其他军事防御工程无法比拟。第二是长城防御体系与其他军事防御工程相比具有较大的纵深。

长城防御体系的主体是连绵的墙体，是由关隘、城堡、烽燧等与墙体按特定结构方式组合而成的一个有机防御体系。近现代学者中，侯仁之《在长城国际学术研讨会上的总结发言》中对长城的定义最接近长城的两大本质。他说：“长城是针对相对固定的作战对象，按照统一的战略，以人工筑城方式加强与改造既定战场，而形成的一种绵亘万里、点阵结合、纵深梯次的巨型坚固设防体系。”

结合前人的成果，我们不妨将其界定为：长城是中国古代由连续性墙体

及配套的关隘、城堡、烽燧等构成体系的军事防御工程。

作为军事防御工程，长城本身具有整体性、结构性和层次性的特点。长城防御系统内部各子系统之间，具有相互联系而构成有机整体的特点。长城整体的防御功能，不等于各子系统在孤立状态下功能的总和。长城虽然是用一条有形的防御线将中原与草原社会分割开来，但数千座连通长城内外的关隘，又将农耕和游牧地区紧密地联系起来。

修建长城，毫无疑问是国家行为。国家政权借助修建起的长城，达到对农耕地区进行有效保卫、减少常驻军队和缩减军队经费的目的。通过长城来提高这一地区的防御能力，有效地解决了养兵太多养不起、养兵太少又起不到其应有的保卫作用这一问题。尽管修筑长城和派军驻守长城防线需要的经费不少，但与不修建长城仅派军队相比，以达到相同的防御效果论，修长城所需付出的代价相对小很多。

在大修长城的同时，朝廷又在长城区域实行了军屯。从事军屯的军户平时不脱离生产，按照规定集中接受军事训练。通过军屯措施，国家可以用较少的经费来维持一个相对较大的常备军队，进一步缩减了国防开支。在宜耕宜牧地区修筑长城是统治政权以最小代价维护最大利益而采取的措施。

战国秦、赵、燕长城具有很大的价值，其防御所体现的是一种主动性。秦、赵、燕在占据了军事优势的情况下修筑长城，加上一定数量的驻军，防止北方游牧骑兵闪电式的袭击，是一种扬长避短的主动行为。在当时采用高墙来阻遏骑兵是极好的方式。除此之外，没有更好的办法解决长城地区的冲突。没有长城，即使有大量的步兵和骑兵，仍然解决不了游牧势力随时随地可能发生的抢掠。

此外，还要客观地认识到长城在一个朝代不同时期发挥的作用也不一样。换句话说，长城在一个王朝政权衰微时期的作用，与一个政权刚崛起处于兴旺时期的作用是不同的。古今中外任何政权，不管强大还是弱小，都会考虑战略防御问题。当然，强大的政权还有对敌人发动战略进攻的选择，而衰弱的政权则只能以防御为主。

政权刚崛起的阶段和其强大的阶段，构建起来的长城防御体系，实际上是其对敌发动进攻的最好支持。这样的防御体系，起到的是一个基地的作用。通过进攻，可以有效缓解来自敌方的军事压力。面对敌人的进攻，长城防御体系又是确保防御有效的重要条件。此时期修建的长城，基于长城地区整体防御安排的考虑。

政权到了统治能力和经济能力都已经衰败的时期，国家根本无法继续实施战略进攻，只能凭借长城这样的防御体系来阻挡敌方强大进攻。比如明末清初的山海关，就是这样的局面。到了吴三桂和李自成的山海关大战的时候，明朝皇帝已经吊死煤山，王朝已经彻底崩溃，再坚固的长城也已经没有意义。谈论山海关的防御作用，要看明初修建之后其在近 250 年间的作用。

王朝临近崩溃之时，长城最多仅是延缓已经走向衰亡的政权衰亡的速度，顺延其继续衰亡下去的时间而已。仅凭长城不可能从根本上解决濒临崩溃的政权自身的问题，更不可能制造奇迹使其起死回生。这已经不是长城防御体系是否有用的问题，就如同再好的医生、再好的医院面临一个濒死的老人也无力回天一样。

二、“长城文化”是中国古代修建和使用长城所形成的历史文化，包括依托长城所形成的反映长城内外不同民族特质和社会风貌的文化

“长城文化”首先是中国古代修建和使用长城过程中所形成的历史文化，代表着中华文化的核心内容和中华民族精神。其中也包括依托长城所形成的，反映长城内外民族特质和社会风貌的文化。长城内外不同的群族的内在精神，通过文化的传承、创造和发展，既表现出民族特色又有着鲜明的时代特点。

世界文化遗产长城是中国历史留存下来的标志性文化遗存，包含着中华文化精神的内涵，这个精神内涵最后凝聚成我们民族的核心价值观。从这个意义上，长城是中华文化最重要的标志。长城所体现出来的是中华民族在几千年文明史上形成的核心价值观。

长城文化有着中华五千年文明凝聚的特点。比如中华文化中的和合文化，主张和为贵的文化、主张和谐的文化等，有很强的中华文化特色。这些已经成为中华民族共同的价值观，成为中华文化的一种标识。

季羡林说过“长城充分体现了中华民族爱好和平的本性”。许嘉璐认为，长城保护促进了中华文明的形成与发展。长城体现了中华文化的“和合”精

神，是一种开放的、兼收并蓄的文化。长城从防御战争的产物到历史文化遗产，其承载的文化内涵太丰富了。从修建长城到戍守长城，都体现了中华民族坚韧、勇敢、吃苦耐劳的精神。不管历史如何沧桑巨变，中华文明从来没有中断过，长城起到了重要的支撑作用。

“和合”是中国哲学和传统文化中一个很重要的概念，是对中国哲学尤其是儒家“和”精神的总结。“和”是由相和的事物融合而产生新事物，是指和谐、和平；“合”是指融合、合作。和合连起来讲，是在承认“不同”事物之间有矛盾和差异的前提下，把彼此不同的事物统一于一个相互依存的和合体中。长城的历史作用，就充分反映了这一点。长城内外不同民族和不同经济类型的和合过程，就是相互取长补短、促进共同发展的过程。

修建长城是要限制内外，为什么要进行这样的限制？因为长城内外不同的政权及民族、不同的经济类型之间有矛盾有冲突。和合文化不否认更不回避矛盾和冲突。矛盾的对立统一是要把矛盾和冲突，限定在相互依存的和合体中。防止因过度的冲突而破坏了不同事物共同存在的基础，使得事物的正常发展受到影响。

和合文化有两个基本的要素，一是客观地承认不同事物之间的矛盾，二是把不同的事物有机地合为一体，以求减少矛盾的破坏性。长城的修建首先是承认长城内外相对独立存在，承认不同族群之间有矛盾和冲突，目的是通过长城缓解和减少这种冲突性。

和合文化是中国古代先哲，通过对自然及人类社会普遍存在的和合现象，作大量观察和探索得到的智慧。和合文化产生、流传和发展的过程，也是中华各民族融合发展的过程，长城伴随并见证了这个全过程。孔子的“和而不同”思想反映出了和合文化的本质，人与社会、人与自然之间的各种关系，都可以用“和而不同”的思想来认识。中国自古就是一个多民族的国家，各民族的文化都为中华民族多元一体格局的形成，作出了重要贡献。

欧洲罗马帝国也是由多个民族构成的大帝国，但在历史的发展过程中，这个帝国演变成为现在的多个独立的民族国家。而中国始终有一种追求统一的民族文化，支持着历史上各民族成员的内聚和认同。

随着人类的进步，脱离了以种族和民族血缘的关系为基础的组织框架后，民族成了一个族群共同体的标志。民族共同体也是在这个基础上建立起来的。

从这个意义上说，民族文化替代了原来的种族血缘，成为一个民族的基础。没有文化，就没有民族的独特性；没有民族的独特性，也就没有民族政权的独特性。在中国如果没有被各民族认同的文化作为支撑，中华民族多元一体格局是不可能形成的。

这种文化的认同和归属，是中华民族大家庭所有成员的认同和归属。虽然中华民族大家庭中各个成员在历史上曾经有过很多矛盾、很多冲突，这些矛盾和冲突发展到极端的时候还曾经发生过不少的战争，但这些都是中华民族大家庭成员共同生活在这块土地上，为生存而作出的努力。这种努力既是不同民族融合的过程，也是中华民族多元一体格局形成的过程。在这样一个融合的过程中，形成了对中华文化的认同。不论是在魏晋南北朝时期，辽金统一北方时期，还是元、清统一全国时期，都一直坚守着对中华文化的认同和归属。这一点，是欧洲所没有的。

游牧民族在对中原进行侵扰的过程中，不断地吸收中原文化，也不断以自己的文化补充着中原文化，为中华文化的发展作出贡献。以农耕文化为主体的中华文化，之所以能够融合各民族，从根本上说还是因其文化精神的深厚博大。没有中华文化的凝聚力和影响力，也就不可能有中华民族现在的多元一体格局。

中华文化的很多内在成分，都是农耕文化和游牧文化两种文化形态相互影响的结果。游牧民族的文化为农耕文化不断地补充着活力，使农耕文化最后发展成为今天的中华文化主体部分。中华文化是中国各民族，经过长期碰撞、交流、融合而形成的多元一体文化。不同地域、民族的文化以和而不同的方式，交流融会构成中华民族多元一体的文化共同体。

农耕文化和游牧文化，作为两种经济类型背景下产生的文化，都是中华文化和中华文明得以发展壮大的源泉。中华民族长达数千年的历史发展过程中，农耕文化和游牧文化互相撞击，相互补充、相互融合，最终铸就了中华民族经久不衰的凝聚力。农耕民族和游牧民族在长城区域碰撞与融合，一起共同构成了中华民族。

这一点国外学者和国内学者的认识，总体上是一致的。国外学者比较有代表性的是德裔学者魏特夫，于 21 世纪前半期提出了“征服王朝论”。他在与中国学者冯家升合著的《中国社会史：辽》一书的导言中认为：中国古代诸北族王朝按其统治民族进入内地的不同方式，可划分为两类。一类为“渗透王朝”（Dynasties of Infiltration），以十六国、北魏为代表；另一类为“征服王朝”（Dynasties of Conquest），辽、金、元、清均属其列。北族王朝与汉地的文化关系，绝不仅是简单的同化（Assimilation），而是双向性质的涵化（Acculturation）。

具体而言，这些认识对汉文化的态度也有程度上的差别。“征服王朝”较倾向于抵制，而“渗透王朝”较倾向于吸收。在诸“征服王朝”中，又由于从前文化背景、生活方式的差异，辽、元时期较倾向于抵制，而金、清时期则较倾向于吸收。这一观点在西方以至日本和中国的港、台学术界都产生了很大影响，也引起一些争论。中国大陆的学术界，对这个观点多采取回避的态度。

魏特夫的“征服王朝论”在一些具体问题上有待商榷，但他对中国北方各族王朝类型的划分，还是应该予以重视的。我们的学者反感“征服王朝”的“征服”二字，或多或少反映了大汉族倾向。如果将“征服王朝”这个概念，理解成为北方民族进入中原时的方式，理解成为中原地区曾经的统治状态，就大可不必过于敏感。

承认来自长城之外的少数民族政权历史上曾经存在的对中原的征服状态，与今天中华民族大家庭的团结无碍。我国台湾学者萧启庆在1994年的时候，就在《近四十年来大陆元史研究的回顾》中说：“蒙古人成为中华‘民族大家庭的成员’，是其征服及统治中原江南的结果，而不是先存事实。”他的这个观点，客观地反映了中国历史的真实状况。

很多入主中原的少数民族，虽然很刻意地保持着本民族的文化特色，但最终还是被强大的汉文化所同化。契丹人在与周边民族相处过程中，自己的民族本位文化越来越弱，以致发展到民族内部彼此认同的东西都没有了，最后失去了本民族的核心凝聚力。契丹文化消亡了，契丹民族也就不存在了。契丹人的消亡是文化意义上的消亡，作为一个民族永远不存在了。契丹人的子孙虽然还活着还繁衍，但已经以另外一种文化形态生活，所以说他们已经是另外民族的人了。

发起于长城之外的少数民族文化，通过长城区域的交流或随着少数民族政权的南下向中原汇聚，对中华文化产生了重大影响。在中国历史发展过程中，各民族文化不断向中原汇聚与汉文化混合、融会，影响了整个中国社会的衣食住行和文化艺术，也包括思想制度等。比如：长城以南的广大农耕地区，以农业自然经济为主体，体现在文化上有一个很强烈的特征——重乡土情结。

农民漂泊在外，最难割舍的就是思乡情、故土情。古往今来，有无数的文人墨客以其生花妙笔抒写对故土的眷恋之情。重乡土就有一种乡土情谊的表现方式。宋人汪洙的《神童诗》中那句“久旱逢甘霖，他乡遇故知”，讲的人生的四大喜事中的第一项说的就是农业经济。因为要靠天吃饭，干旱对农业经济的影响巨大，所以“久旱逢甘霖”是所有农民的期盼。第二项“他乡遇故知”就是乡土情谊。

人是社会性的物种，人与人之间的联系是社会性的重要体现。农耕文化极重乡土情谊，“一方水土养一方人”“本乡本土”等语句，表达的都是这个意思。农耕文化重乡土还有一个很强烈的表现，就是游子最终要回家乡，叫“落叶归根”。“根”是什么？是“家”和“家乡”，是中国人对家乡的那份浓浓思恋。修建长城的那个年代，人就是死也想死在家乡，对今天的人来说或许会感觉不可思议。

中国人心中都有这样一种特殊的感情，叫作“乡愁”。古代社会农耕民族最看重的是土地，看重家乡的山山水水，看重祖祖辈辈生活在这片土地上的父老乡亲。长城的守军很多都是背井离乡，他们一定会有很强烈的乡愁。

明代隆庆年间由浙江义乌跟随戚继光调到长城防线的军人，他们的后裔就留在了长城。在河北秦皇岛市海港区城子峪的长城脚下，就有一块清代末年的墓碑，刻有“金华义乌人”几个字。已经过去了近300年，这些人或许根本就不知道金华义乌在什么地方，但死后还是在墓碑刻上“金华义乌人”，这就是乡愁。在长城防御中建功立业的人活着荣归故里、衣锦还乡，可以说是一种更高的人生追求。

新时代的长城文化，彰显着与以往不一样的生命力是社会发展的需要。挖掘长城文化所蕴含的中华民族价值观，向全世界展现长城文化的独特魅力是我们的使命，也是建设长城文化经济带的初衷和任务。

三、长城内外民族融合过程中，长城对经济互补和经济发展起了很好的作用

长城经济首先是历史上的农耕经济与游牧经济，在长城区域碰撞与融合。农耕经济和游牧经济是两种完全不同的经济类型，以这两种完全不同的经济类型生活的族群及其政权之间的秩序的构建是长城存在的经济基础。今天推动长城区域的发展，包括长城沿线的旅游，都是一种经济的行为。

长城基本上修建在农耕区与游牧区交错地带。元人李志常的《长春真人西游记》记载，元朝时邱处机在前往草原时，登上张家口西北的野狐岭长城时曾说："登高南望，俯视太行诸山，晴岚可爱。北顾但寒沙衰草，中原之风，自此隔绝矣。"《辽史·营卫志》也说："长城以南，多雨多暑，其人耕稼以食，桑麻以衣，宫室以居，城郭以治。大漠之间，多寒多风，畜牧畋渔以食，皮毛以衣，转徙随时，车马为家。此天时地利所以限南北也。"

北方的农耕和游牧是两种完全不同的生产生活方式，农牧区之间并无不可逾越的天然屏障。游牧民族高度机动的骑兵队伍，在相当长的历史时期里对农耕民族构成了巨大的威胁。以农立国的农耕政权，在没有能力控制北部辽阔的荒漠与草原时，必须随时应对游牧民族的南下劫掠。

中国古代实行定居的农耕经济的王朝，不管是农耕政权还是由游牧转为定居生活的民族政权，获得了北方的统治权或是中原的统治权后，只要还没有实现中原和草原地区的统一，都会把防御更北边的游牧威胁放在战略的地位。这种战略安排的前提是农耕与游牧经济的利益存在明显的对立。虽然很多时候双方也强调将这种关系尽量调节到一定的和谐程度，但双方的对立性，几乎贯穿于中国古代历史发展的全过程。

经济和政治上对立，军事上便处于相互防范的状态。古代经济的发展，很大程度上受自然条件的影响。农耕民族得天独厚，经济条件相对较好。在游牧经济受到自然威胁、游牧民族生存受到冲击时，便会向更适合居住的地方迁移。南下成为他们的首选，甚至是唯一的选择。长城和农耕政权的驻军为保护农耕经济，在多数时候阻止了他们的南下。

游牧政权强大时期与农耕政权交往中表现出来的强势，让农耕政权对其怀有极强的戒备。即便农耕政权对游牧政权采取怀柔的政策，很多时候也是

一种权宜之计。从长远来看，长城对民族融合、经济互补和经济发展起了很好的作用。

同时，应该清楚地认识到，修建长城一方的指导思想是要保护自己的利益，并对长城以外实行有效的控制。控制体现在战略层面上，一些时期就是以限制对方的发展为任务。游牧政权所控制的地区经济发展越强大，对农耕政权的威胁也就越大。

发生在长城区域的农耕民族和游牧民族之间的矛盾与冲突，深层次的原因主要是利益的冲突。利益是人类产生以来始终影响着人类行为的重大问题，不同的政权之间、农耕经济与其他经济类型之间，主要的关系都是建立在利益关系的基础之上。利益诉求是长城区域农耕民族和游牧民族长期以来发生矛盾和冲突的内在动力。当双方力量发生了变化，双方对利益的诉求也就随之发生变化，双方原有的联系和交往秩序必然被打破。

孙武在《孙子兵法》中讲到动用战争手段的原则时，首先提到的是“非利不动”，然后才是“非得不用”和“非危不战”。孙子的这一论述解析了战争背后的制约因素，提醒国君和将帅要严肃慎重地对待战争。没有利益不打仗，没有取胜的把握不打仗，不到危急关头不打仗。

农耕民族的社会进化，产生了选择性的地理扩展的需要。汤因比在《历史研究》中指出“扩展文明的疆域以及因同化相邻的蛮族人而使人力资源得到扩充，是文明这个社会物种自诞生以来便具有的生命活力的恒久特点之一”。农耕政权获得了新的可以耕种的土地之后，不但要保护这个地区不再被夺走，还要为在这里从事农业生产的人群提供安全保障。

长城作为平衡长城内外不同主体利益关系的一种手段，在新的农牧利益平衡建立起来之后才能发挥作用。利益是维持一个民族及政权生存和发展的基本内容，所以各民族都会在力量所及的范围之内获取自己的利益，保证自己族群的生存和发展。生存和发展就是以占有和享用更多的利益为基础，不管这种利益是以经济利益的形式，还是以政治利益、文化利益的形式表现出来。

农耕政权在维持与游牧政权的朝贡关系时，以厚往薄来为原则，表面上看并不在乎经济利益，实际上是为了保护农耕民族更大的经济利益。在追求利益的道路上，每一种满足都具有很明确的阶段性。对经济利益的不断追求，成为长城内外不同族群之间矛盾与冲突的原动力。

经济利益是各种利益的基础，经济利益对实现政治利益、文化利益具有决定性意义。离开了经济利益，政治利益和文化利益就很可能会变成一种空洞、没有意义的形式。只有在经济利益得到保障的前提下，政治利益和文化利益才具有价值，因为政治利益和文化利益是更长远的利益。在经济利益得到满足后，不同的利益实体随着自己力量的强大，会有更高的利益诉求。

利益关系的变化是长城区域不可能长期处于一种状态的主要原因。力量的均衡被打破之后，会影响到利益结构的平衡。利益结构的平衡一旦被破坏，建立新平衡的过程中往往会有很强烈的矛盾或冲突，以对抗的形式表现出来。这是在长城区域，农牧之间不断发生冲突的根本原因。

历史上修筑长城和使用长城，都带动了长城沿线的经济开发。长城所经之处，为了构筑和护卫长城所采取的一系列措施，极大地刺激了边地经济的发展。数以百万计的屯垦军民带着中原的先进生产工具、技术和经营方式，在边疆建立起新的农业经济区。秦汉是经营北部长城地区最好的时候，移民规模很大，有时一次就达十多万人。经济发展好的时候，饱经战乱之苦的长城地区，也曾多次出现牛马布野的繁荣景象。

以上所讲的都是与长城历史相关的经济问题，而没有涉及今天长城区域经济发展的相关内容。以后的文章中将就建立长城区域文化经济协调发展新机制，发挥长城区域的比较优势，强化各具特色、优势互补的协同发展新出路，培育特色的区域经济，优化长城区域产业布局，壮大长城沿线县域经济发展等方面展开讨论。

四、“带”是一个区域的概念，长城文化经济带实际上是长城区域的概念

“长城带”是区域的概念。在长城这个带状的区域，依托长城防御体系形成了从东北，经华北，再到西北的边疆社会。从古至今，边疆社会的政治、经济、文化、军事等诸多领域都与内地社会有着很大的不同。

长城研究经常会使用“长城区域”和“长城地区”这两个概念。有的时候这两个概念表达的是一个意思，有的时候又有所区别。区域是地理学概念，

是以地理和经济特征为基础划分出具有一定范围的连续而不分离的单位；地区则在很多的时候属于带有一定行政区域的概念。长城区域也是一个以长城为标志的地理概念，又常被称作长城沿线或长城地区，两者之间没有非常清晰的界定。考古学则习惯称长城区域为长城地带。今天北京市提出的三个文化带建设，其中就有长城文化带。

长城区域概念的产生，源于中国古代王朝在这个区域修建了用于军事防御的长城。横跨中国北部呈现带状分布的长城建筑，决定了长城区域也同样呈现带状特点。长城区域是古代长城分布的主要地区，是古代游牧和农耕民族相互碰撞与交流的主要区域。同时，长城区域也是生态敏感脆弱的地区。农耕和游牧两种经济类型，在这个地区相交错。长城地区，同样主要指北方修建长城的地区。应该说在长城研究中长城区域与长城地区这两个概念，并没有本质区别。

林沄在《夏至战国中国北方长城地带游牧文化带的形成过程》中认为："中国北方长城地带，并非指历代所筑长城经由的全体地域，而是指古来中原农业居民与北方游牧人互相接触的地带而言。这个地区东起西辽河流域，经燕山、阴山、贺兰山，到达湟水流域和河西走廊。大体上包括了今天的内蒙古东南部、河北北部、山西北部、陕西北部、内蒙古中南部、宁夏、甘肃和青海的东北部。"林沄的这个认识，对理解长城区域的范围很有帮助，基本给出了长城区域范围的正确理解和界定。

中国古代长城，除春秋战国早期诸侯国用以相互防御之外，基本都是调整农耕与游牧两种经济类型冲突的手段。游牧民族的"游"指流动，"牧"指游牧人的劳动方式。游牧是终年转移进行放牧的草原畜牧业经营，游牧民族是以游牧为主要生活方式的民族。

长城区域主要是指中国北方的农耕和游牧两种经济类型交错地区，在这个亦耕亦牧的地区生活着以农耕或以游牧为主的族群。中国北方有一条最靠北部的山系，这条山系的内外地区约为北纬 41° ～ 42° 之间。在某种意义上说决定了中国历史上的政治、经济和文化发展。这条山系的南边为农耕经济，北边则主要是游牧地区。这条山系由东向西，分别为大兴安岭、燕山、阴山、太行、贺兰山、六盘山、祁连山、天山。

古代长城基本上都修建在这条山系的南北，构成了一个跨度很大的区域。

长城修建在什么位置主要取决于王朝的实力，同时也受气候变化的影响。实力强的王朝，比如汉朝就把长城修建到阴山以北和燕山以北。实力相对较弱的王朝，比如明朝就将长城修建到燕山以南及阴山以南 200 千米左右的山西北部。

美国地理学家欧文·拉铁摩尔于 20 世纪 30 年代初，对中国整个长城边疆地带进行了考察，1939 年写成《中国的亚洲内陆边疆》一书。拉铁摩尔以长城及其周边区域作为研究对象，从边疆史的角度探讨长城在中国历史及其地缘政治方面的作用，提出了“长城边疆地带”的概念。他认为长城不是一个绝对的边界的“线”，而是一种“被历史的起伏推广而成的一个广阔的边缘地带”。

拉铁摩尔认为长城边疆地带的形成是自然、社会等多种因素综合作用的结果。拉铁摩尔明确提出长城区域不是地理上的一条“线”，而是沿长城形成的具有特定历史、人文、自然等综合内涵的区域。拉铁摩尔将长城作为一个区域，考察长城内外及周边区域的人地关系，研究在长城区域内社会经济发展的内部因素与外部条件相互作用的关系。

从整体上来说，历代长城修建的位置主要集中在中国的北部地区，且不是简单的线形分布，而是集中在一定的区域。各朝代修建的长城，虽然走向基本一致，但具体位置却并不完全相同。秦长城位于战国燕长城以北，汉长城更在秦长城之外。金长城与秦长城相比，其修建得更靠北，而明长城则向南退移很远。

长城内外不同民族的文化和经济是你中有我、我中有你的共同体。民族的融合和经济的发展，始终跨越地域的隔阂而存在着。在长城区域表现得最为有活力的还是彼此之间非常密切的经济联系。长城内外不同民族的交流与融合，是长城的纽带作用之一，也是社会发展的保障。没有边疆社会稳定的政治环境，就没有发展经济的条件。这一点古代如此，今天亦然。

（载于国务院发展研究中心《经济要参》2019 年第 30 期）

自然环境视角下的长城及其区域认识

长城内外的历史发展过程，始终受空间地域广阔、经济类型复杂、气候条件区域差异较大等环境因素的影响。环境是长城历史研究中的重要因素，地理环境与长城的历史发展有着密切的关系，这一点在认识长城与长城地区环境的关系方面不能忽略。长城内外不同民族的生产、生活和历史文化特色的形成取决于许多因素，地理环境也是对其产生影响的重要因素。

《辽史·营卫志》中曾分析长城南北的自然环境及其对生产和生活方式的影响："长城以南，多雨多暑，其人耕稼以食，桑麻以衣，宫室以居，城郭以治。大漠之间，多寒多风，畜牧畋渔以食，皮毛以衣，转徙随时，车马为家。此天时地利所以限南北也。"受地理、气候等自然环境影响，各地的经济类型和社会文化均有不同程度的差异。

环境与人类社会之间的关系很密切。在古代生产力水平越低，地理环境对社会发展的制约作用就会越大。人类早期绝大部分时间，都是要千方百计地适应环境。这种被动地适应地理环境和气候条件的做法，决定了那个时期人类对环境的影响相对较小。所以，人们对大自然有着无比的敬畏。

研究长城区域的环境变化，首先要强调人类生存发展的外部因素。环境为人类的生存、发展提供了物质基础。人类是自然的产物，人类的一切活动都是在特定的自然环境中进行的，人类的任何历史阶段都离不开特定的地理环境。而人类的活动又往往影响环境的变化，长城区域环境也不例外。

几十年来，我一直奔波在长城沿线。长城与高山、戈壁等大自然景观，完全融为一体是一种骨肉相连的感觉。特别是峻峭挺拔的山峦之上的长城，就如同是自己从山上长出来的那样自然。长城和大自然交相辉映，彼此为对方做出了最完美的诠释。

各历史阶段的长城，为什么修建在这样的地理环境中，而不是那样的地理环境？长城修建起来之后，又对环境的变化产生了怎样的影响？都是长城学研究要关注的问题。古代中国在2000多年的时间里一直在北方修建长城，这与中国独特的地理环境有很大的关系。

一、长城是人工与地理环境的天成之作，修建长城是对中国相对独立的地理环境下北方防御不足而进行的补充

这道人工构建的防御线，主要是补充北方自然环境天然屏障的不足，以防御来自游牧势力的扰掠。中国位于亚欧大陆的东部，幅员辽阔，地理环境具有相对的独立性。中国东边和东南为海洋所环绕，西部有世界屋脊帕米尔高原，西南有青藏高原和喜马拉雅山，在当时的条件下是难以逾越的屏障，只有北部蒙古戈壁沙漠，东北大、小兴安岭和长白山之间的广阔草原可以联系游牧民族。

这种相对独立并几乎与外部世界隔绝的自然环境，使中国古代文明与世界其他地区的文化形成各自并行发展的状态。在这样的地理环境下，只有从东北到西北的北方没有可以阻挡进攻的天然屏障，这是长城产生的地理基础。有了长城的存在，小股随时可以对农民进行抢掠者，只能望长城兴叹，乘兴而来败兴而归。

在中国特殊的地理位置中，有一块温度与湿度均适宜农耕的区域，即中原地区，这是古代华夏民族的发源地。古人认为，这片土地是天下的中心地区。文化比较先进的华夏族自称中国，以别于四夷。在相对独立的地理环境下，农耕经济在其发展过程中，长时间受长城保护，得到持续发展，中国文化也因此具有了较好的持续性。

传统农业的持续发展保证了中华文明的绵延不断，使其具有极大的凝聚力。在世界发展史上，中国内地的农业区的面积和粮食产量长期处于领先地位，供养着数量最多的人口。相对独立的环境之内，可以满足农耕经济自给自足发展的需要。作为东亚大陆重要的农耕族群能够发展强大起来，首先得益于黄河与长江流域有利于农业经济发展的地理环境。

农耕经济高度发达，对中国传统文化的形成有重大影响。农耕经济的春

种秋收及中间阶段的浇水施肥除草是在同一地域进行的一个完整、连续的过程，每年开春就要做好全年的安排。久而久之便形成了按部就班、从大处着眼、从具体处着手的思维模式。其中也包括整体安全的考虑，没有安全的保障，一切就无从谈起。

对于古代中国而言，在当时的条件下没有其他政权可以跨越地理限制，对中国构成威胁。公元前 6 世纪，横跨亚非两大洲的波斯帝国占领了埃及、两河流域、伊朗高原，但到了帕米尔高原，没能跨越锡尔河。公元前 4 世纪，马其顿皇帝亚历山大的远征军，占领了伊朗、印度之后也没能跨越帕米尔高原进一步威胁中国。7 世纪驰骋欧、亚、非三大洲的阿拉伯帝国，也止步于帕米尔高原，没有对中国构成威胁。西方各大帝国从西向东发展时，受自身实力和当时技术条件等方面的影响，均没能跨越中国西北到西南的各种自然环境构成的天然屏障，对当时的中国构成威胁。

在这样的地理环境下，长城以内的农耕民族得以发展成为“薪火相传，生生不息”、具有强大生命力的多民族共同体。相对独立的地理环境决定了中国古代农业社会在经济、政治和文化上的相对稳定。农耕经济的文化及其文明，对长城外各民族有着很强的吸引力，并形成了周边不同时期、不同民族向中原地区内聚的现象。正是这种内聚力，使中华文明得以不断地发展。

中国的西北、西南的高原和高山、戈壁和荒漠，东面和南面的海岸线，形成了人类早期难以逾越的障碍。这种相对封闭的环境，为生活在这片土地上的人们提供了安全，但也相应地阻碍了中国与世界的联系。唐朝以前中国与西方的联系主要依靠陆路，1.8 万千米的海岸线成为古代中国早期与外部世界交往的阻隔。

古代中国拥有相对独立的地理环境，虽然与世界从来没有断绝联系，但这种联系并不普遍。华北平原、黄土高原联通大漠南北，没有难以逾越的天然屏障。所以，最可能对农耕民族造成威胁的是北方游牧势力。因此，古代中原王朝只好借助较为利于防守的自然环境，修建长城来加强对游牧势力的防御。

黄土高原的北缘是长城防御的重点地区。黄土高原由西北向东南倾斜，海拔多为 1000 ～ 2000 米，大部分为厚层黄土覆盖。黄土高原上的太行山脉、六盘山均是长城经过的主要山脉，这两条山脉将黄土高原分成三部分：山西高原、陕甘黄土高原、陇西高原。其中，陇西高原成为战国秦和秦始皇修长城防御北方的重点区域，山西高原和陕甘黄土高原则成为明朝的重要长城防御区。

华北平原北部区域也是长城设防的重点地区，中国很多朝代的长城都修建在这个区域。华北平原自古就是重要的传统农耕地区，明代将都城移到北京后，华北平原的战略地位显著提高。明长城九镇中的蓟镇、宣府镇、大同镇、山西镇都修建在华北平原。

中国古代文献记载长城走向，早期的长城都是从西向东叙述，比如《史记·蒙恬列传》记载秦始皇长城，“秦已并天下，乃使蒙恬将三十万众北逐戎狄，收河南。筑长城，因地形，用制险塞，起临洮，至辽东，延袤万余里”。因为这个时期的都城在长安，西部地区更重要。

到了明清时期情况发生了变化，明代文献和清代所做的《明史》，讲到长城都是由东向西叙述。《明史·兵志》中就记载：“终明之世，边防慎重，东起鸭绿，西至嘉峪。”实际上明长城九镇的建立也是先从京师周边开始。《明史·兵志》记载：“初设辽东、宣府、大同、延绥四镇，继设宁夏、甘肃、蓟州三镇，而太原总兵治偏头，三边制府驻固原，亦称二镇，是为九边。”

二、长城内外的环境和经济类型受一系列山脉的影响，沿山脉走向形成典型的农、林、牧交错地带

北纬41°～42°之间的中国北方，由东向西分布着大兴安岭、燕山山脉、阴山山脉、太行山脉、贺兰山、六盘山、祁连山脉、天山山脉等大型山脉。长城基本上修建在这些山脉的山脊，或这些山脉南北临近地区的要冲位置。田广金、史培军在《中国北方长城地带环境考古学的初步研究》中对此做过较为深入的研究。他们提出，这些山脉的北、西或西北侧为典型的游牧区，南、东或东南为典型的农耕区。

长城的东部地区，主要是大兴安岭地区。先秦至秦汉时期，大小兴安岭以南地区，就是农耕与游牧的交错地带。战国燕长城和秦汉长城，都修建在大小兴安岭以南、燕山以北。金长城的很大一部分，位于大小兴安岭地区。此外，汉朝的鲜卑部落、唐宋时期的室韦蒙古部族，基本上都是产生于这里

并发展壮大后才走出此地区。

燕山山脉的战略位置非常重要，既是华北平原东北方向的主要屏障，也是由东北地区进入华北平原的必经之路，自古以来就是修建长城的重要区域。游牧势力占据这一区域，就有了向中原发起进攻的立脚点；农耕政权控制了这一区域，就有了向北发展的基地。战国燕北长城、秦汉长城修建于燕山北部地区。南北朝时期的北齐长城和明代长城的蓟镇，主要是修建于燕山南部地区。

燕山山脉有一个很独特的地理现象，山的走向与水的流向呈十字交叉状态。燕山山脉大致为东西走向，而滦河水系则呈由北向南的流向。滦河水系纵向切割燕山，形成了大大小小众多的山谷。这些河流沿着山地的断层地带，穿切而成的河谷便成为穿越燕山的交通孔道。能走水的地方就能走人马，所以形成非常密集的易守难攻的长城关隘。

太行山是东西连接华北平原的一条山脉，绵延400余千米，跨越了北京、河北、山西、河南4省、市。太行山是中国地形第二阶梯的东部边缘，也是黄土高原的东部边界。古代连接今天晋、冀、豫三省的8条穿越太行山的大通道，被称为太行八陉。其中的第五陉是井陉，位于晋冀两省交界，与长城娘子关近在咫尺。第六陉是飞狐陉，位于今河北省涞源县北和蔚县之南，蔚州在明代属于大同镇的“不属路”。这是谁也不属于的独立一路，也是长城的一路。第七陉是蒲阴陉，即为长城紫荆关。第八陉是军都陉，即为长城居庸关。太行八陉作为咽喉通道，都是重要的军事关隘所在地。

阴山山脉位于内蒙古自治区的中部，是保护河套平原的天然屏障，也是长城区域的中部地区。山脉东西走向，包括狼山、乌拉山、大青山等。河套平原是黄河冲积平原，包括前套平原和后套平原，今天依然是内蒙古高原的米粮仓。这一地区自古就是农耕政权与游牧势力交替据有、相互争夺的地区。同时也是农耕和游牧民族相互融合、相互联系程度较高的地区。秦统一中原后，派蒙恬率30万大军将匈奴逐出河套并在此修建长城。

西部河西走廊及以西的西域地区，也是长城防御的重点地区。对于农耕政权来说，河西走廊始终是咽喉要道。特别是汉代打通西域、开通丝绸之路之后，这个地区对于农耕政权来说更为重要。汉代首先将长城修建到祁连山北的河西走廊，占据了重要的几个绿洲农耕区。由于有祁连山融化的雪水，河西走廊有很好的水源，绿洲地区十分适宜农业生产，所以这个地区采用农业耕作，是农耕政权开拓边疆、发展农耕经济的重点地区。

西域对于中原具有很高的战略地位。对于农耕政权来说，西域既是丝绸之路打通之后东西方文明交流的必经之地，也是青海和宁夏的一个屏障。6世纪拜占庭的史学家普洛科皮乌斯在《哥特战争史》中就明确地指出过："匈奴人给欧洲带去了新战术。匈奴所带去的东方文明对中世纪拜占庭文化体系的形成也起了不可磨灭的作用。"

如果西域被强大的游牧民族政权据有，青海、甘肃和宁夏就会面对来自游牧民族的威胁。游牧军队很容易对农耕政权构成一种包抄的态势。农耕政权始终重视与西域诸族的关系，并在这个地区修建长城，进行重要的军事布防和屯田开发。

三、长城之外干旱和半干旱的脆弱环境，致使这个地区很难发展稳定的农耕经济

长城区域属于干旱和半干旱地域，其环境非常脆弱。长城主要修建在东经 70° ～ 135° 、北纬 41° ～ 42° 之间。喜马拉雅造山运动后，形成了东亚季风环流体系，东部季风区向湿润发展，蒙新高原区向干旱发展，青藏高原区向高寒干旱发展。长城沿线一系列的高山：长白山、大兴安岭、阴山、太行山等，都属于东北西南走向的山脉，这些山脉阻挡住夏季暖湿东南季风向内陆流动，使这些山脉的西北部降水大幅度减少。因此，长城沿线地区属于干旱半干旱地区。

这一地区处于农牧交界地带，生态环境比较脆弱，对气候灾害的反应比较强烈。此区域向北逐渐过渡到荒漠地区，其生态环境更为脆弱。中国干旱和半干旱地区，大体是以 200 ～ 400 毫米年等降水线来划分。干旱地区的降水量在 200 毫米以下，半干旱地区降水量在 200 毫米以上 400 毫米以下。

降水量与地形地貌都有很强的关系，中国地貌的轮廓西高东低，基本上呈阶梯状。中国内地由三个阶梯构成，第一个阶梯是青藏高原，平均海拔在4500 米，由一系列的雪峰、山脉组成。第二个阶梯由一系列的高山、高原、盆地组成，海拔多为 1000 ～ 2000 米。修建长城最多的内蒙古高原、黄土

高原属于第二个阶梯，秦、汉长城以及明长城的榆林镇、宁夏镇、固原镇、甘肃镇等多在这个地带。第三个阶梯为大兴安岭、燕山、太行山一线，海拔多在 500 ～ 1000 米。修建有长城的东北平原、华北平原属于第三阶梯。明长城辽东镇、蓟镇、宣府镇、大同镇、山西镇等都修建在这个地带。

长城区域主要是在第二阶梯，也包括第三阶梯的很大一部分。长城大体修建在高原、山地地貌到平原地貌的过渡地带，所以很多的地方能够呈现出宁静的田园风光景色。郭德政、杨姝影在《中国北方长城的生态学考察》中认为，这一地域又恰恰是“以棕壤、黄壤、黄棕壤为主的农田土向高原草甸土、风沙土为主的荒漠土壤转变的过渡地区”。

长城地区的自然地带属于半湿润向半干旱过渡的邻界带。秦汉长城以北多是干旱、半干旱区。干旱地区降水量低于 250 毫米，在难以实现浇灌的状态下，没有办法进行农业生产。半干旱地区的降水量虽较少，但农业生产可以在浇灌的状态下进行，较大面积的草地植被可以在自然状态下得以恢复。所以，长城沿线不仅是农、牧两种经济类型交错分布的地区，也是在地理学中常常被关注的生态敏感带。

长城沿线干旱和半干旱区有温带大陆性干旱、半干旱气候，主要包括内蒙古、甘肃、宁夏等省区，也有温带半干旱季风气候，包括阴山以南、贺兰山以东的部分地区。干旱和半干旱地区的主要气候特征是光照充足、降水稀少、气象灾害较多。干旱、大风、沙暴、干热风等气象灾害不适于农耕经济发展。这些气象阻碍农业的发展，其主要原因是水的缺失和风蚀，沙漠化使土壤低薄。由于这一带风大沙多，农作物生长没有很好的土壤环境。

当然，长城的位置与农牧交错带并不是简单的耦合，而是人类活动与气候干湿变化共同作用的结果。长城的修筑位置与农牧业生产方式的频繁更替有着密切的关系，这已经成为长城研究者的共识。干旱、半干旱地区多是盐碱地，气候越干燥，盐碱地的分布越广。长城沿线的这些自然因素，使王朝政权在开拓边疆时，很难在这个地区有比较大规模的、长期稳定的农耕经济发展。所以，自然因素也对中原王朝在长城地区的控制力产生一定的影响。

农耕政权和游牧政权争夺较为激烈的地区主要是半干旱地区，长城一般设置在半干旱地区的北部。受土地类型和气候差异等因素影响，这一带属于天然植被、人工林草与旱作农田并存的地区，也是生态环境脆弱的地区。华北地区属于半干旱地区的北部，这里分布着很多朝代修建和增筑的长城。从地理上，华北地区处于温度和降水量变化显著的北纬 35° ～ 40° 之间，生态基础比较脆弱，对气候变化的反应也特别强烈。气候变冷变干，会导致原有耕地减产，很多农民被迫弃农就牧。

长城沿线的游牧民族绝大部分时间生活在干旱地区，虽然也有一些绿洲，但大部分地区是荒漠过渡地带，甚至是荒漠地区。在如此恶劣的生态环境下，绿洲就成为农牧双方政权争夺的首要目标。游牧政权控制了这些绿洲，就会以这些绿洲为基地，随时对中原王朝的农耕地区出兵；中原王朝政权控制了这些绿洲，就能大幅度地减少来自北方草原地区的威胁，并把这些绿洲发展为中原王朝向北开拓的基地。以绿洲为中心的较大一片地区，是农牧双方获取经济收入的战略基地，双方都不愿意放弃对这些地区的控制权。

四、长城区域农业和牧业逐渐分开，气候变化对农牧经济的影响为原因之一

中国气候的总体特征是南暖、北寒、东湿、西燥。但历史地看，同一地域在不同历史时期也有较大差异。气候变化对长城区域的影响很大，人类活动反过来也对这一区域的环境有着很大的影响。

郭德政和杨姝影在《中国北方长城的生态学考察》中提出，北方长城地区环境的恶化，与农耕经济向北发展有关。每次沙漠化的活跃期，也是南方农耕民族越过长城向北扩张、进行农业开垦的时期。当沙漠化程度加剧到农业生产无法正常进行的情况下时，农耕民族不得不向南回撤，游牧民族重新占据这一地带，沙漠化又开始趋于稳定甚至得以恢复。

气候变化因素是长城区域农业和牧业逐渐分开的一个原因。促使人类发展种植农业的推动力，可能就来自自然危机。北京大学历史系和东北师范大学历史系共同编辑《世界古代史论丛（第 1 集）》收录《关于新石器时代革命》一文认为：如气候恶化而日益变得干旱导致人们“为着获得食物和水，这些吃草者不得不积聚到日益缩减的水泉和绿洲的周围”“被迫向小流河岸和渐趋干涸的泉源集中，就必须更加紧张地寻求生存之道。动物和人就要成群结队，一道移到那逐渐变成沙漠地带中孤立的绿洲去”。

在气候变化的背景下，甘肃西北部、内蒙古及辽宁地区由原始农业向半农半牧经济方式转变。考古工作者通过对位于鄂尔多斯市东部伊金霍洛旗青铜时代早期的朱开沟遗址的发掘，以考古资料毋庸置疑地证明了，朱开沟人从事的生产方式是放养型的畜牧而并非游牧。

夏商时期，正值全球的“全新世气候最适宜期”。黄河中下游和长江中下游地区在这一时期温暖湿润，生态资源条件很好。这是黄河及长江中下游地区能够发展成为中国农业和中华文明发祥地的自然原因。考古发掘证明黄河中下游和长江中下游地区，在距今 3100 ～ 8500 年的全新世大暖期，气候温暖湿润。从距今约 3100 年即殷商末年开始，黄河流域转变为相对的干旱低温期，以西北季风气候为主。频繁的沙尘暴带动降尘活动，在黄河中下游地区形成厚约 40 ～ 80 厘米的黄土层。

气候变化更是造成农业区域移动的原因之一。公元前 1500 年前，气候开始转向寒冷和干旱。很多生活在今内蒙古长城地区的古人群，开始向南和向东迁徙。直到公元前 4 世纪即战国时期，中国大地上才完成农耕与游牧经济类型的分离。在这个农牧分离的过程中，1000 多年来农牧两种经济类型的过渡地带，向南移动了 2 ～ 5 个纬度。

史念海在《黄土高原历史地理研究》中认为，春秋时期农牧两种经济类型的过渡地带，走向从今陕西泾阳、白水、韩城诸县市，达于黄河之滨，由龙门山下东越黄河，经山西屈县南，循吕梁山东麓东北行，至于今山西阳曲县北，东南绕今盂县南，东至太行山，再循太行山东麓，过燕国都城蓟之北，东南达于渤海之滨。

竺可桢等在《中国近五千年来气候变迁的初步研究》中认为，两千多年前的先秦时期至明末，中国气候经历 10 次较大的变化。气候变化造成的旱涝灾害，以旱灾为主。郑斯中等人在《我国东南地区近两千年气候湿润状况的变化》一文中，对地方志中近两千年来 36750 次关于旱涝记载的分析表明：中国华北平原及其以南地区自公元初以来，水灾相对减少，旱灾相对增加。在 1—10 世纪，干旱期和湿润期分别为 350 年和 650 年；11—20 世纪则分别为 580 年和 320 年。这还是对中国东南部地区而言，对北方长城沿线来说，涝灾少到可以忽略的程度，而旱灾则是经常发生的灾害。

先秦至西汉是气候温暖期，一直持续到公元初年。平均气温比今天要高

8～10 摄氏度，农作植物的种植北界比今日要更靠北。战国时期，秦、赵、燕三个北方诸侯国及秦始皇向北发展并修建长城都是在这个时期。匈奴政权也在这个时期发展强大起来，汉初不得不连年向草原地区输送大量的物资，匈奴全面控制了西域。汉武帝北逐匈奴，修建长城也是在这个时期。只有在气候温暖期，秦汉才能向长城地区大量的移民，发展农业开垦。

李伯重在《气候变化与中国历史上人口的几次大起大落》中指出，自公元之初起气候开始转寒。从 2 世纪到 3 世纪后期，寒冷达到顶点。这种寒冷气候一直持续下来，直到 6 世纪下半叶才开始转暖。东汉以来，随着全球性气温的降低，农牧交错地区大幅度南移。游牧民族南下成为无法遏制的历史趋势，形成了民族政权之间的矛盾、斗争及民族融合的高潮。这个时期从东汉末算起，到隋朝的再次统一，历经了 360 年的时间。

进入 7 世纪，气候明显变暖。到唐朝时期，已经处于中国历史上的一个温暖期。在其统治的约 300 年中，特别寒冷甚至下大暴雪的年数比较少。根据文献记载，冬天北方无雪或雪很少的年数竟达十几年之多，这在中国历史上属于很少见的现象。气候变暖使得传统的农牧分界线在唐朝大幅度北移，北方的边防部队有了足够的给养保障，军事防御更稳固。相对温暖的气候是造就大唐盛世的环境因素。唐代后期，天气开始由温暖转为寒冷，严重的霜雪冻坏了庄稼和草地，使农牧分界线大幅南移，游牧势力也随之向南推进，形成对农耕地区的威胁。

李伯重认为，从 10 世纪开始，天气又一次变冷，并在 12 世纪达到顶峰。13 世纪初期和中期曾有一个温暖时期，但持续的时间很短暂。14 世纪的气温低于今日，也低于 13 世纪。宋辽金时期是历史上的寒冷时期之一，冷得连鄱阳湖、洞庭湖和太湖都结了冰，冰上甚至可以走车马。这种现象历史上很少见，正是这个时期长城地区已经完全不为农耕政权所控制。

从 15 世纪初到 19 世纪末，中国出现过两个温暖时期和三个寒冷时期。两个温暖时期分别是 1550—1600 年和 1720—1830 年；三个寒冷时期分别是 1470—1520 年、1620—1720 年和 1840—1890 年。16 世纪和 18 世纪可算温暖时期，而 17 世纪和 19 世纪则为寒冷时期，17 世纪为最冷。

明万历二十八年至崇祯十六年（1600—1643），中国进入历史上的第五个小冰河期，这也是中国历史上持续寒冷时间较长久的时期。这一时期，气温降到千年以来的低点。到清康熙五十九年（1720），天气才开始变暖。这一时期，中国普遍出现了大旱灾。郑斯中等人发现，在北纬35°～40°之间，“历史上的干旱时期大致与寒冷时期重合”。

所有研究长城的人，基本上都认为研究农耕民族与游牧民族的活动，不能忽视气候因素的作用。当然，气候因素并不是文明兴衰的决定因素。清朝康熙年间的气候条件也不好，但在大一统的局面和统治者的较好领导下，依然出现了历史上的繁华盛世。在研究长城及长城区域的各类问题时，不能过于忽视气候因素，也不能过分强调气候因素。

在生产力低下的古代，长城地区的农耕经济本已处在相对恶劣的自然环境里，若遇上大的灾害就更加困难。被迫退居到漠北的游牧民族，在草量不充足的情况下生存条件急剧恶化。他们无法对抗残酷的环境，就会向自然条件相对较好的农耕地区发起较大规模的进攻，抢夺较好的土地资源来维持生存。

考古工作者根据考察和科学实验结合得出的认识，认为明长城向南移动，在很大程度上是气候变化导致农牧交错带南移的结果。田广金、史培军在《中国北方长城地带环境考古学的初步研究》中提出：“根据对野外古土壤剖面孢粉、地球化学特征、沉积相分析，明长城基本与当时的农区和牧区的分界线相当，大致相当于当时年降水量250～300毫米的雨量线，与荒漠草原和草原分界线相一致。”在地理学家看来，年平均降水量在250～300毫米之间是“雨养农业”与“灌溉农业”的分界线。

地理学家所说的“雨养农业”，指的是可以靠天吃饭的农耕业。一望无际的大草原，对农耕经济而言完全是没有办法生存的地方。但对于游牧民来说，这里却是他们赖以生存的家园。牧民每天伴着悠闲的牛羊，在草地过着恬静的生活。

在长城区域的大部分地区，可以发展“雨养农业”。这个地区既是农耕政权扩大耕地面积的主要目标，也是游牧政权争夺生存空间、扩大可用牧地、发展畜牧业经济的区域。生活在这个地区的人群，从传统的游牧经济向定居式的畜牧业经济转变，继而向农耕经济过渡，也可以较大幅度地提高生产效率。

农业和牧业都是对气候变化极为敏感的产业。张家诚在《气候变化对中国农业生产的影响初探》中指出，北半球年平均气温每增减 1 摄氏度，农作物的生长期就会增减 3 ～ 4 周。年平均降水量每变化 100 毫米，粮食的亩产量就会相应变化 10%。

李伯重在《气候变化与中国历史上人口的几次大起大落》中认为："年平均温度的高低和年平均降雨量的多少，对冷害、水旱灾和农业病虫害的发生频率及烈度也具有决定性的影响。"温度和降水量都会影响到农业产量，越是在高纬度地区，气候变化对农业产量的影响越明显。长城地区农作物生长期较短，该地区也属于农业产量受气候变化的影响相对较大的地区。古代北方的农业主要是靠天吃饭，如果那一年的总产量有 10% 以上的减少，就会引起人口的大量死亡进而引发社会动荡。若连年持续减产，发展到难以维持一般民众的生存需要时，就会引起较大的社会混乱，中国历史上饥荒年代农民造反的事例有很多。

对长城区域农牧经济产生影响的还有降水量的多少。一些文章讲，长城正好修建在年平均降水量 400 毫米的等雨线上，这一说法只适用于长城的部分区域。明长城横跨东北、华北、西北，东端的丹东平均降水量为 800 ～ 1200 毫米，最西端的嘉峪关年平均降水量仅 85. 3 毫米。除年降水量外，年蒸发量也是一个气候条件指标。明长城东端，年平均蒸发量在 1110 ～ 1250 毫米之间，西端年平均蒸发量则高达 2149 毫米。

明长城的东部地区辽宁和河北东部、北京北部的正常年降水为 400 ～ 1200 毫米，降水年变率在 15% ～ 30% 之间，年湿润系数在 0. 6 以上，位于湿润、半湿润气候与半干旱气候的过渡区。明长城的中部地区河北北部、山西北部的正常年降水量为 200 ～ 400 毫米，降水年变率为 15% ～ 20%，年湿润系数为 0. 3 ～ 0. 6，属半干旱、干旱向干旱荒漠的过渡地区。

张国红《长城沿线生态环境现状分析与治理措施研究》中提出：明长城的西部地区陕西北部、内蒙古南部、甘肃西部正常年降雨为 50 ～ 200 毫米，降雨年变率在 20% ～ 50%，湿润系数 0. 3 以下，且大部分地区的湿润系数在 0. 13 左右，属于干旱荒漠地区。气候的变冷变干使一些原本可以耕种的地区，不再适宜进行农耕，原来较为茂盛的草原草类植物也变得稀疏甚至干枯。

农耕区的大规模缩减，必然影响生活在这一地区农民的生产生活的稳定；

草原质量的严重退化，也必然会影响游牧民的生产生活。所以，生活在长城内外经济类型不同的民族受气候的影响很大，这也是古代长城区域的农牧交错地带，农耕和游牧双方长期处于冲突状态的原因之一。

近些年长城保护工作已经越来越受到国家的重视，其实保护长城还应该保护长城周边的环境，这一点还没有被社会各界广泛关注。保护长城是保护文化遗产，把长城这个伟大的奇迹给子孙后代传承下去。我们保护好长城周边的环境，就是保护了长城，保护了我们自己。

（载于国务院发展研究中心《经济要参》2019年第33期）

长城历史之悠久与建筑工程量之大世界独一无二

作为军事防御工程的中国长城具有两个最突出也是最基本的特点。第一个特点是历史的悠久，第二个特点是体量的巨大。历史的悠久，长城修筑和使用时间之长世界独一无二。建筑的长，长城建筑工程量之大、施工之艰巨也是世界独一无二的。所以，全世界公认长城是一个伟大的奇迹。这个观点在前面已经有所提及，在这里作专门的论述。

历史长是长城第一个特点。长城的修筑、维护和军事利用，伴随了从春秋战国至清朝上下两千多年的历史。其维护和利用，延续到了现代还会发展到久远。根据史籍记载，楚国是中国历史上第一个修筑长城的诸侯国。据推断，楚长城的修筑时间应早于公元前 656 年。因为文献记载这一年，楚长城已经发挥作用，成功地化解了楚国和齐国带领的联军之间的一场战争。当然，根据历史文献记载，齐国修筑长城也很早。两国长城均出现在春秋时期，是中国历史上最早的两段长城。

体量的巨大是长城的另一个特点。长城经过长时间的维护和增筑，横亘在中国北方，东北、华北、西北大部分地方都有长城。中国周边国家如现在的朝鲜、蒙古等国，也有古代王朝修筑的长城，至今仍有长城的遗址和遗迹保存。

长城的体量巨大，拥有翔实的测量数据支撑。2012 年 6 月 5 日，国家文物局正式公布，历经近 5 年的调查和认定，中国历代长城总长度为 21196. 18 千米。这是中国首次科学、系统地测量、统计历代长城现存建筑及遗址的总长度。此次统计的长城分布在北京、天津、河北、山西、内蒙古、辽宁、吉林、黑龙江、山东、河南、陕西、甘肃、青海等 15 个省（自治区、直辖市）。

人们在讲一件事的正确性时，常喜欢说两句话。一个是“自古以来”怎么样怎么样，另一个是“历史证明”怎么样怎么样。我们不用这样的语言来证明长城的伟大，只要看一看事实：长城是目前世界上体量最大的人类文化遗产，无论是其占据的空间，还是悠长的时间，都在人类文明中具有重要的地位。

当然，长城的历史悠久和建筑工程量巨大，其历史作用和价值也大。葛剑雄在《统一与分裂》中说：“在世界历史上，中国并不是最古老的国家；在今天的世界上，中国也不是领土最大的国家；但是中国却在世界史上拥有独一无二的地位。因为，在今天世界上领土最大的几个国家中，中国是唯一拥有历史悠久的稳定疆域的国家。”

没有历史的悠久、体量庞大的长城，也就不会有“历史悠久的稳定疆域”。长城除了两个显而易见的特点，还拥有不少其他特点，比如别称较多，构筑形式多变，长城走向南北摆动等，这些会在后面的文章中专题介绍。

一、长城的修筑延续了两千多年，使用时间跨度大

长城从产生到成熟的过程是一段悠久的历史。目前一般认为，长城修筑开始于公元前 7 世纪左右，到公元前 4 世纪左右发展到修筑较为普遍的程度。这一时期是中国历史上的春秋战国，由于长期的诸侯争霸和兼并战争，到战国时只剩下几个较为强大的诸侯国家。

这些诸侯国经常有利益冲突，为了互相防御，在自己的领土上修筑起一道或数道高大的城墙。城墙呈线形分布，而不是拱卫城市、周围封闭的状态，往往长达数百千米或上千千米。公元前 4 世纪左右，长城也开始成为调整农耕与游牧民族关系和正常生产生活秩序的手段。燕、赵、秦等国和东胡、匈奴等游牧民族相邻，由于农耕经济发展扩张，游牧民族也处于寻求集团化发展的阶段。双方在燕、赵、秦三国的北部边疆地区争抢土地、抢夺牲畜和人口，严重破坏了这些地区正常的生产和生活秩序。

燕、赵、秦三国在变革的基础上，经济实力有了很大的发展，分别向游牧经济地区发起大规模的军事行动。在开疆拓土之后，相继在其北方修筑了用来防御东胡、匈奴、戎等游牧民族南下或东进的长城。

秦始皇建立了中国历史上第一个中央集权的王朝，统一了中原地区和一

部分游牧民族地区。当时北方游牧族聚居的广大地区，尚未归属秦朝。秦始皇北逐匈奴后，占据了原属于匈奴的草原地区，并下令大规模地修筑长城，保护已经获得的这些土地。秦始皇时期所筑的长城，除北部阴山长城之外，基本上都是在战国秦、赵、燕三国长城的基础上进行增修扩建，将其连成一线。因其长度超过 5000 千米，自此中国长城有了“万里长城”这一称呼。

继秦朝之后，又一次大规模修筑长城的是汉朝。秦末汉初，匈奴趁中原纷乱之际再度强盛起来。到汉武帝时，多次派重兵北击匈奴，并陆续修筑了一条东起辽东、西至新疆的长城。汉长城是历史上最长的一条，总长度累计超过 1 万千米。

汉之后修筑长城的是南北朝。在这一时期，相继统治中原北部区域的北魏、东魏、北齐和北周这几个鲜卑政权，因为受到北方的突厥、柔然、鲜卑等游牧民族的威胁，也不断地修筑长城，构筑战略防御线。此外，东西两边的政权之间，也修筑了互防长城。特别是北齐，修筑长城的规模相当大，次数也比较多。

北齐先后修建了三条长城。第一条是西起今内蒙古清水河县、中经张家口、东到山海关一带入海的长城。第二条是为防御北周修建了西起黄栌岭、东到居庸关的长城。第三条同样是为了防御北周，修建的北起五台、南至娘子关的长城。北周统一北方后，为了防御突厥、契丹等草原民族，修缮加固了北齐长城西起雁门、东至碣石的长城段。

开皇九年（589），隋朝统一了中原。隋朝虽结束了南北朝的分裂局面，但仍未能解决北方游牧民族突厥、契丹、吐谷浑的扰掠，因此继续采取多次修筑长城的办法来遏制游牧民族。隋朝也是二世而亡，长城修建得相对简单，今天已经很少有遗址被发现。

隋朝之后，突厥等游牧民族归中原王朝唐朝统辖，因此唐朝时没有大规模修长城，只是在原有长城区域设置了一系列屯兵的城堡，在长城地区强化军事力量，发展藩镇势力。到宋朝，长城雁门关一线的山西北部一度成为宋、辽分疆而治的分界标志。宋朝短暂地利用隋朝长城并加以修缮，以防御辽的进攻。所以，宋朝仅在个别地方修缮并利用过隋朝长城，比如大量增建烽火台和屯兵堡等。

辽、金势力南下后，长城地区为辽朝所据，黄河、长江取代长城，成为南北政权对峙的重要防线。据史载，辽朝曾在黑龙江下游修过长城，规模不是很大，使用时间也不长，具体情况还不是很清楚，有待深入研究。

隋之后较大规模修筑长城的是金朝。金长城为古代少数民族女真族所建，主要是为防御蒙古族。金长城有两段，一段起于大兴安岭北麓，沿根河西行，穿呼伦贝尔草原，到达今蒙古人民共和国肯特省境内德尔盖尔汗山以北的沼泽地中。这是古代中国修筑于最北部的一段长城。金长城的另一段起自嫩江西岸，沿兴安岭西入漠北，至锡林郭勒盟，再向西南沿着阴山至黄河北岸。

蒙古族兴起之后，相继灭掉了金和南宋，建立了统一的元朝。元朝建立之后，因长城南北的农耕和草原地区实现了统一，根本没有修建长城的必要了。这之后再次大规模修筑长城就是明朝建立之后了。明朝修筑长城，前期主要是为防御北方的蒙古族，后期则主要是为了防御东方新崛起的后金。

二、明长城是历史上规模最大、最坚固、最雄伟的长城

明长城不仅工程量大，在工程材料、修筑技术和防御配置方面也都有很大的发展。明长城的遗迹也是迄今保存得最完整、旅游开发利用最多的长城。没有明长城，中国长城的文化遗产价值也不会如此之高。

国家文物局和国家测绘局联合开展明长城资源调查获得的数据：明长城东起辽宁虎山，西至甘肃嘉峪关，从东向西行经辽宁、河北、天津、北京、山西、内蒙古、陕西、宁夏、甘肃、青海等 10 个省、自治区、直辖市的 156 个县域，总长达 8851. 8 千米。

元至正二十八年（1368），朱元璋推翻元朝的统治，在应天（今江苏南京）称帝，国号明。元朝虽然不足百年就被推翻，但与辽、金、西夏等少数民族政权的被推翻有一点不同：元顺帝是在没有受到重创的情况下，率领王室贵族和主力军队退回漠北。这是中国历史上游牧政权创造的一个奇迹，此前从没有来自草原的少数民族政权在入主中原后，还能如此全身而退并且一直威胁新政权的。

被迫退回到漠北草原的北元政权和蒙古诸部，军事实力仍然很强，随时都会卷土重来。明朝建立之初，便面临着来自北方的强大压力，要加强对北方的军事防御。明中叶以后，女真崛起于白山黑水之间，也不断威胁明朝边

境的安全。为了巩固北部边防，朱元璋在当政之初就开始建设北方防御体系。终明一朝 276 年中，几乎没有停止过对长城的修筑。

明初，朱元璋确定了以“不征”为特征的对蒙古等政权的交往模式。万明《明代外交模式及其特征考论——兼论外交特征形成与北方游牧民族的关系》中认为“在洪武朝奠定的，以‘不征’为特征的明代对外关系，在中国历史上史无前例，实际上标志着古代中外关系出现了新的模式和特征，更成为古代中外关系的一个引人注目的转折点”。

朱元璋“不征”的战略并不是简单的不征，更不是消极的不征。他明确提出：“有为患于中国者，不可不讨。”在朱元璋的视野里，他的政权才是中国。朱元璋推崇“地广非久安之计，民劳乃易乱之源”的古训，一方面是希望能有一段时间休养生息来恢复战后经济和社会，另一方面也是因为明初无力对退居草原的北元进行大规模的军事行动。

明朝长城防御的边政体制经过长期的演变，形成九边总兵镇守制度与都司卫所制度并存的双重体制。都司卫所制度明初即遍行全国，九边镇守制度于明中期才最终确立。总兵由原来的临时派出，逐渐转为镇守，成为地方化、制度化的军事安排，虽然在一定程度上弱化了都司卫所制度，但都司卫所制度并没有随之废弃。九边总兵镇守制度与都司卫所制度并存的双重体制，一直实行到明末。

长城九镇的设立是基于长城地区的军事防御需要，攻与守是兵学中的两大战略。明朝人虽然也强调要攻守结合，如《筹海图编·严城守》提出“攻之中有守，守之中有攻。攻而无守，则为无根，守而无攻，则为无干”，但实际操作时，随着长城越修越坚固，实际上明军的进攻能力表现得越来越弱。

明初采取守势，利用长城来加强对蒙古等民族的防御。明早期的长城相对简单，在北齐长城的基础上增建一些烽火台和关塞，局部地段将土墙改建成为石墙。朱元璋命徐达修建了居庸关、山海关等关隘，冯胜修建了嘉峪关及西北的部分关隘。永乐时大修烽墩和关隘，宣德时也建了一些军事堡寨。

明中叶为了阻止敌方入塞，在贯彻以守为主的防御战略中，大修边墙。“土木之变”之后，瓦剌、鞑靼不断兴兵犯边掳掠，迫使明朝把修筑北方长城、增建墩堡作为当务之急，建立起严密的长城防御体系。随着各地边墙的修建，逐渐建成了东起鸭绿江畔，西至嘉峪关的万里长城。为了有效地对长城全线进行防务管理和修筑，明朝将长城全线划分为九个防守区，即辽东镇、蓟镇、宣府镇、大同镇、山西镇、延绥镇、宁夏镇、固原镇、甘肃镇，这就是明长城九镇。

隆庆议和之后，蒙古同明朝之间形成互市贸易，互通友好，北方边境稍稍安定。隆庆年间，在谭纶、戚继光的主持下，在蓟镇等地大造砖石空心敌台，增筑山海关石墙至渤海入海口，修缮了环卫京师的内长城以及太行山的险关要隘。其他各镇的长城修建和戍防也得到了加强，张居正推行的万历新政使经济发展到了明朝历史上最好的阶段。

明朝后期的边患是来自东北的女真族。从此，明长城的防御重心东移，重点加强蓟镇和辽东镇长城的重建和改造工程。随着辽东大部分地区的陆续失守，明朝几乎将国家全部力量倾注到山海关内外。在山海关外以屏蔽京师为重点，构建了一道坚固的防线。此时的明朝社会动荡，民不聊生。国库没钱，没钱打仗也没钱赈灾，明朝在内忧外患中摇摇欲坠，最后崩溃。

清朝统一之后，长期修缮利用明长城。这时期的长城仅成为实行满禁和蒙禁的管理设施，军事防御的意义已经很弱。清朝在康熙、雍正、乾隆年间曾在青海修建长城防御蒙古准噶尔等部族。清朝平定准噶尔叛乱，是一次维护统一、反对民族分裂的战争。这次战争起于清康熙二十九年（1690），迄于清乾隆二十二年（1757），历经三朝近 70 年。

三、长城修筑地域范围广，东西方向几乎横跨中国北方

长城修筑地域范围广是长城的另一个重要特点。在中国古代，长城区域是中原王朝的边疆，长城是建设于北部边疆地区的军事防御工程。要理解长城，理解长城区域，就要涉及中国的边疆问题。中国从古至今边疆都十分辽阔，居住着汉族和众多的少数民族。边疆地区的气候和地貌与中原内地有很大不同。

历代王朝所修建的长城，基本上都处于这个王朝的边疆地区。边疆地区的稳定是政权稳定的重要方面。维护统治是任何统治者都会倾其全力去做的事情。对统治者来说，没有了统治地位，就等于没有了一切。历史发展证明，没有可持续的王权统治，就没有可持续的有组织文明进程。即便是必须打破

一个旧政权，也需要产生一个新政权作为统治者来延续文明。

既然维护边疆地区的稳定是维护政权稳定的重要方面，统治者为了维护统治，就必须花费较大的力量维护边疆的稳定。长城便是中国古代中原地区政权，维护边疆安全和社会稳定的重要举措之一。

战国秦、赵、燕长城，秦汉超过万里的长城都修建在边疆地区。明朝的外长城同样是修建在明朝的边疆地区，甚至直接将长城称为“边墙”，管理长城的九个军事防御区称为“九边”。明朝内长城处于明朝的内地，是长城军事防御的纵深。敌方攻进位于边疆地区的外长城之后，内长城用以阻挡敌军深入内地。

边疆就是国家政权控制疆域的边缘性地区，不同的朝代、不同的历史时期，中国古代王朝的边疆地区并非固定不变。不同历史时期的边疆地区，依当时客观现实基础而确立。长城地区毫无疑问属于边疆地区，王朝对长城地区防御的构建、调整和社会治理都受到既定边疆政策影响。边疆治理是所有王朝政权总体治理方略的重要内容，在国家经济、政治、文化中占有重要位置。

战国秦、赵、燕三个与游牧民族相交的北方诸侯国，向北扩展土地，一直发展到不适宜农耕经济的草原地区，并修建长城将新的农耕地区保护起来。这虽然还不是现代严格意义的边疆，但已经具备了边疆概念的雏形。秦汉统一的王朝建立起来之后，才形成了具有特定内涵的边疆概念。特别是秦汉在其边疆地区大规模修建长城，对边疆的确定、调整和治理产生了重要影响。历朝历代的边疆地区因自身与客观因素的变化而处于不断变化之中，其边疆地区也处于不断变化的过程中。

在古代中国，不管是统一时期还是分裂时期，都有疆域广阔且不同区域存在显著差异的政权。统一时期，王朝统治者从国家治理的角度，将王朝政权控制的边缘地区界定为边疆，并采取与内地有区别的方式加以治理。对于中原王朝来说，边疆地区既是拱卫国家核心区域的安全屏障和战略纵深，也是国家实力强大之后进一步发展的地理空间。边疆地区对王朝国家的发展和稳定具有非常重要的地位。

来自长城东部的乌桓、鲜卑等部族，是从松嫩流域从事渔猎、畜牧与农业混合经济的人群中分离出来的，是一种以森林、草原为环境的特定类型的游牧人。蒙古草原是匈奴人的根据地，代表了最典型的草原游牧类型。青藏高原东缘的河湟之地，是汉代“西羌”活动区，是以高原河谷为资源环境的游牧类型。

各种游牧群体与汉地农业社会之间的关系也不一样，从事渔猎、畜牧与农业混合经济的族群，最容易在条件具备的时候与农耕社会相结合。这一特点在长城区域作为中原王朝的边疆地区，不同经济类型的政权交往和攻伐更迭时，表现得更明显。来自渔猎、畜牧与农业混合经济类型族群发动的战争，以颠覆中原政权为目的的情况远远高于单纯的草原游牧类型的族群。

长城地区是中原王朝外防区域和核心区的缓冲地带，承担着拱卫王朝中心地区的军事防御任务，具有重要的战略意义和军事意义。在特定的政治和历史环境下，长城地区具有政治、经济、文化、地理和战略的多重含义。对长城地区进行治理的目的是保障王朝中心地区的发展和安宁，就是所谓的“守中”“治边”“守在四夷”。

任何一个王朝的边疆并非一成不变，而是处于不断的调整和变动之中。王朝边疆的变动，包括向内收缩和向外扩张。受气候条件、政治实力、经济条件、战争胜负等多方面因素的影响，中原王朝有时会采取内缩边疆的做法来维护自身统治的稳定。尤其是当中原王朝出现败落、衰微或分裂的时候，游牧民族不仅会改变与中原王朝的羁縻关系，甚至会采取军事进攻手段来抢夺中原王朝控制的区域。

随着王朝经济的发展、实力的增强，中原王朝在一定时期也会产生向外扩展的需求，往往通过开疆拓土、宣扬威德来彰显国力的强大和文化的辉煌。这时候，中原王朝对长城外的民族产生政治上的吸引力、军事上的威慑力的同时，也会产生经济上的影响力和文化上的感召力，推动游牧民族对中原王朝的内降、归附和臣服。

美国学者费正清认为：“中国人与其周围地区，以及与一般‘非中国人’的关系，都带有中国中心主义和中国优越的色彩。中国人往往认为，外交关系就是将中国国内体现于政治秩序和社会秩序的同一原则向外示范。因此，中国的外交关系也像中国社会一样，是等级制的和不平等的。久而久之，便在东亚形成一个大致相当于欧洲国际秩序的中外关系网。”他的这些判断基本符合历史情况。

四、现代政治学的边疆是国家靠近边界的领土疆域，这一点与古代不完全一样

现代意义的“边疆”及其纵深，是由主权国家在其领土边界范围之内，根据政治、经济、军事的需要，按特定的自然地理或行政区划确定的区域。确立国家的边疆前提和依据是现代国际法，作为国家行使主权空间的标志是边界。基于国家主权意义的边疆，是近代民族国家出现以后才逐渐确立的概念。英国社会学家安东尼·吉登斯在《民族—国家与暴力》中提出“国界只是在民族—国家产生过程才开始出现的”。

历史上的古国与近代以来的主权国家相比，无论是古代欧洲的城邦国家、罗马帝国，还是中世纪的法兰克帝国、拜占庭帝国，都和中国古代王朝一样，并没有明确固定的国家边界，也没有在军事上的逾越便被视为侵犯领土主权的明确界线。从这个意义上讲，长城从来都不是中原王朝的边界。

安东尼·吉登斯在研究了民族—国家的发展历程后，曾指出：传统帝国体系将国家区分开来的自然环境因素（如沙漠、海洋、山脉、沼泽）及人为地建造的隔离设施，如中国各王朝所修建的长城、罗马帝国的城墙和拜占庭帝国的边墙，并不具有近代国家的边界性质。他认为：“把这些建筑与现代意义上的国界等同起来看待是不正确的，即便在传统国家的边界确实是由这类建筑（无论如何，这类建筑都极其稀少）予以明确地区分开来的那些地区，它们也不能被称为‘国界’。在非现代国家中，围以城墙的边界依然是边陲地区，它们远超出了中央权力机构的日常管辖范围。国家越大，则情况越是如此。无论是罗马还是中国，就‘民族主权’这一术语的当代含义来说，其城墙均无法对应于‘民族主权’的界线。相反，这些城墙是‘内层’防御体系的向外延伸物。”

安东尼·吉登斯的这种认识是正确的，长城是古代王朝时期的产物，长城区域包括长城内外的很大纵深。黄仁宇在《天南地北叙古今》中说过，民族—国家时代出现之前，一般都具有“朝代国家”的特征，其对国家的治理主要“以人身政治为主宰，只要因着臣属关系和家庭关系就能使上令下达”。

长城修筑的地域范围广是因为中国历史疆域广阔。有关中国历史疆域问题的讨论，谭其骧和白寿彝的观点最具代表性。谭其镶主持《中国历史地图

集》的编绘时，确定了一个标准："18 世纪 50 年代清朝完成统一之后，19 世纪 40 年代帝国主义入侵以前的中国版图，是几千年来历史发展所形成的中国的范围，历史时期所有在这个范围之内活动的民族，都是中国史上的民族，他们所建立的政权，都是历史上中国的一部分。"

白寿彝 20 世纪 50 年代即提出，应该以中华人民共和国的国土范围为处理历史上中国疆域的标准。他 20 世纪 80 年代将这一标准贯彻到其编纂的《中国通史纲要》和 12 卷 22 册约 1200 万字的《中国通史》上。他认为："中华人民共和国的疆域是中华人民共和国境内各民族共同进行历史活动的舞台，也就是我们撰写中国通史所用以贯穿今古的历史活动的地理范围。"他指出："关于疆域问题，有一部分历史工作者，还不能完全摆脱皇朝疆域的圈子。他们把殷周史限制在黄河流域，把春秋战国史基本上限制在黄河、长江两大流域，把秦汉隋唐的版图要说得是如何的统一和恢廓，把元的版图要说成跨欧亚两洲，等等。就殷周史说殷周史，就春秋战国史说春秋战国史，就秦汉隋唐的版图说秦汉隋唐的版图，这都是对的。但如从中国历史发展的总过程来看，这不能说明中国各族人民是如何共同创造祖国历史的。很显然，不能跳出皇朝疆域的圈子，就会掉入大民族主义的泥潭里，这既不符合历史的真相，也不利于民族的团结。"

中国长城地区的动荡与稳定，通过边疆地区会波及更远的地区。有美国学者认为，中国历史上朝代的兴亡不仅与草原游牧社会的盛衰有关，而且还影响了和中国万里之遥的西方。F. J. 梯加特《罗马与中国——历史事件的关系研究》以东西方历史比较为核心，经过精心的类比和分析，发现罗马战争中的 40 次，其中有 27 次与发生在中国西部的战争有关。作者将东西方看成一个有机整体，指出罗马金融市场的信誉实际上与亚洲的繁荣密切相关，不动摇这种信誉的根基就不会轻易发生动乱。F. J. 梯加特从理论上将古代东西方的交往，由简单的经济关系上升到复杂的政治关系。

（载于国务院发展研究中心《经济要参》2019 年第 39 期）

以历史的眼光审视古代长城内外生活族群

长城的出现是特定历史和地理形势的反映，历史部分包括古代长城内外生活族群。长城文化经济带的建设，离不开深入的长城历史文化研究，长城研究离不开长城内外古今的民族问题。长城学的建立，也是一个需要前置研究的问题。长城研究的前行仍需要大力引领和强力推动，特别是如何以历史的眼光审视古代长城。这方面就包括长城内外生活族群的问题。

今天中国作为统一多民族国家，一般说有 56 个民族。这 56 个民族，在中国历史上的发展是一个十分复杂的过程。其实，除了这 56 个民族外，还有一些“未识别”的民族，费孝通曾经提及这个问题。中国自古就是一个多民族的国家，长城地区更是一个多民族活动最活跃的地区。

自有长城以来的两千多年历史中，中国古代大多数时期都是中原王朝与游牧政权分别控制着长城内外地区，形成南北双方联系中有对峙、碰撞中有融合的局面。长城以内是以汉族为主的中原王朝，长城以外主要是以游牧或渔猎民族为主建立的政权。

长城之外的北方前后有过 100 多个民族，比较出名的有匈奴、东胡、鲜卑、柔然、突厥、契丹、女真等。所以，学术研究常将这些民族称为北方民族。长城以外生活的民族，在长城地区参与了不同民族发展和各民族之间相互碰撞与融合的全过程。

中国历史上，北方民族的发展都在不同程度上与长城发生了关系。不同的民族聚居在长城内外，为自己的生存和发展，民族与民族之间会产生一些共同的利益和不同的利益。在不同时间内、不同利益体相互交织的过程中，长城最大限度地争取了非战争时间，起到了促进农耕和游牧地区整体发展的作用。

一、大量新石器时代遗址证明，农耕与游牧的分离时间很晚。经济类型没有分离，也就没有农耕和游牧民族的分离

考古学有一个术语，叫作“长城地带”。这一概念的提出和形成，为研究长城遗址和沿长城呈现带状特点分布的丰富文化作出了界定。考古学界构建“长城地带”这个概念，主要是便于考古学区系类型理论的分析和运用，为长城地区的考古研究服务。最早具体使用“长城地带”这一概念的是日本考古学家江上波夫与水野清一作。1930 年他们考察了内蒙古境内部分长城和锡林郭勒盟的几个旗，1935 年二人出版了《内蒙古 • 长城地带》一书。

从“长城地带”考古资料来看，新石器时期长城区域的河流和湖泊还很多，主要的河流和湖泊附近都发现了古人类遗址，内蒙古长城地区发现了大量新石器时代的遗址。这些新石器文化遗址说明，海拉尔河流域和呼伦湖周围，科尔沁草原西拉木伦河和老哈河流域，锡林郭勒草原、乌兰察布高原和鄂尔多斯高原等地，当时都具有农业发展的自然条件，也确实有农业遗存。

生活在这个地区的人与生活在黄土高原、华北平原和长江流域的人，基本上在同时期步入了农业时代。因此，这些地区的遗址中都有农业定居、种植的文化遗存。虽然这些地方的自然条件比黄河和长江流域差一些，但当时这些区域的环境没有差到不能或很难从事定居农业的程度。内蒙古地区农业的起源，可以追溯到新石器时代，这已经成为学界定论。

内蒙古东部及辽西地区是长城地区的重要地段。这里到了红山文化时期，原始农业有很大的发展，各类遗址和墓葬中都发现了大型石耜、穿孔石刀。特别是坛、庙、冢等建筑的出现，说明在这些地区原始农业已经步入了快速发展的进程。许多种植业的遗迹证明，“长城地带”的农业技术，已经达到与内地不分高下或地位相当的程度。

燕、秦长城脚下，以敖汉旗小河沿乡命名的小河沿文化，是晚于红山文化而早于夏家店文化的新石器时代遗址。其中的石棚山墓地发掘的 77 座墓葬中，男性墓多随葬生产工具，女性墓则随葬纺轮、骨针。可见原始农业发展到一个较高阶段，有了较为明确的男女分工。田广金《内蒙古长城地带诸考古学文化与邻境同期文化相互影响规律的研究》中认为，夏家店下层文化遗址中出土的石斧、铲、刀等农业生产工具，更说明长城地区与黄河流域相

近的农业发展特征。

内蒙古境内燕秦汉长城附近，保存有大量的新石器时期的石城聚落。田广金、郭素新在《北方文化与草原文明》一文中认为，石城聚落的大量产生，证明了这个时期长城地区是原始农业社会的发展状态。在内蒙古东部及辽西地区，属于这一文化类型的石城聚落规模和数量均很大，仅阴河、英金河流域就发现 30 余处，规模最大的面积达 10 万平方米。

从铜石并用时期一直到青铜完全替代石器的时期，北方长城地区的气候发生了很大的变化。气温越来越低，空气也越来越干燥，限制了这个地区的农业生产。农业渐渐退出主导经济类型，畜牧业渐渐替代农业，成为这个地区的主导经济类型。游牧经济也就是在这个时候，在秦汉长城之外地区逐渐转变为单一的经济类型。这完全是在不利于农业生产的气候条件限制下，人们为了适应自然而形成的新的生产业态。

二、在强大的大自然面前，人类往往无能为力，特别是在人类发展的早期

我小的时候正处于“文化大革命”时期，当时提倡的一种观点是“人定胜天”。“人定胜天”最早的原型是《史记·伍子胥传》中讲的“吾闻之，人众者胜天，天定亦能胜人”。这里说的是“人众胜天”，人多力量大的意思，与众志成城的意思差不多。即便如此太史公还在后面，加上了一句“天定亦能胜人”。

到了宋代一位叫刘过的词人，在《龙洲集·襄央歌》中有：“人定兮胜天，半壁久无胡日月。”其实，在大自然面前人类今天依然是很脆弱的，“征服自然”“人定胜天”都是无限夸大了人的作用。更多的时候，我们将这些观点理解成一种决心就好了。

农牧分离之后，在北方草原地区形成以游牧为主的经济类型，这是对环境、对气候等自然条件依赖性更强的经济类型。游牧经济受气候环境变化的影响很大，气候变化加剧的时候，也是游牧经济生态系统出现大波动的时候。发生的自然灾害越严重，游牧民族与农耕民族在长城地区发生冲突的概率就越高，冲突的激烈程度就越强。这种军事冲突，与自然环境给游牧社会造成

的不稳定有着密切关系。

长城地区各民族发展和融合是一个曲折复杂的过程。在这个过程当中，交流和冲突的程度、规模在不同的时间表现出不同的状态。长城的产生是历史发展的需要，长城在多民族共生共存的地区、农耕与游牧过渡的地区存在的理由，就是因为不同的民族在一定的历史时期，多重的矛盾和多重的利益叠加在一起。要解决北方不同民族政权之间、不同民族文化之间和不同民族的不同阶层之间的矛盾，绝不是简单的事情。

民族是由无数个单体的家庭组成的共同体。这些家庭在一个共同的地域，从事着相同经济类型的生产，在日积月累中形成了共同的文化特征，结合成一种具有共同利益的社会关系。随着民族共同体的发展，经济关系起到越来越重要的推动作用。特别是在形成农耕和游牧这两大民族体的过程中，经济关系和地域关系是重要的因素。农业生产发展到一定阶段后，在农业地区形成文化特点和心理特点一致的民族共同体。在草原地区，草场是重要的生产基础，畜牧是主要的生产形式。在这样共同的地域中，共同的经济生活就形成了共同的语言和共同的信仰。

农耕民族和游牧民族，就是在两大区域的生产生活和语言信仰的差异下，形成的完全不同的两大族群。游牧民族生活的地域，自然条件相对恶劣，在日积月累合力对抗自然危机的过程中，民族的认同感和民族共同体的共同利益表现得更突出。当然，游牧和农耕这两大民族是不同的利益主体，也就存在着整体对抗和发生冲突的内动力。

中国北方长城区域，农耕民族相对稳定，游牧民族的变化相对复杂。游牧民族是对北方从事游牧生产民族的统称，由很多不同的民族组成。这种以游牧经济类型为主和在同一地域或不同地域迁徙，在同一地域不断发展变化的民族关系和民族分布，使长城地区的民族体系呈现一种十分复杂的状态。

三、游牧民族强大到一定程度，形成政权组织管理形态作为公共权力机构，来决定民族共同体的发展

政权这种公共利益的代表机构，管理和支配整个民族的资源。农耕地区如此，草原地区亦如此。各民族不同的文化特征和行为模式，随着一个民族

的文化越向高层次发展，这个民族的整体稳定性也就越好。文化发展程度越高，民族自觉意识就越强，这是一个民族能长时间存在的基础。

长城地区是农耕与游牧的经济过渡地带。这个地区长期以来，形成了不同的生产方式和生活方式。既有别于草原纵深的游牧民族，又有别于中原地区的农耕民族。这个地区的产品类型也有别于草原和农耕两种相对单一的经济形态区。

长城区域生活的不同民族、不同族群的生存状态和经济行为，往往带有强烈的过渡性。农耕与游牧两种经济形式，同时存在或交错存在。互相争夺资源的不同经济类型，决定这个地区具有很强的冲突性。特别是一些分布在长城地区荒漠中水草丰美的绿洲，既可以作为定居农业的发展基地，也可以作为游牧的重要场所。对这些绿洲的控制，是中原政权和北方游牧政权争夺的焦点。

在长城区域，生活在长城南北两侧的不同族群，以不同的文化和不同的经济方式生活。在这个区域生活的民族，最显著的特点就是各民族社会发展的不平衡。有了这种不平衡，才有了多民族之间的交往、竞争和冲突，才使政权的强大与否显得格外的重要。这种复杂的历史演进过程，使长城区域不同民族共存状态存在下列几个特征：

第一，游牧地区生活的自然环境条件比农耕地区更恶劣。这一点在历朝历代都具有普遍性。特别是在中原王朝比较强大，给游牧民族带去较大的政治、军事压力时，游牧民族只能向自然条件更恶劣的地方迁徙。这种生存条件、自然状况的不平等，是导致民族矛盾长期存在、不断激化的一个重要因素。

草原上人口密度很低，有人做过研究，今天草原人口平均 1 平方千米才 1 个人，古代肯定更少。今天内蒙古、甘肃、新疆的城市，都集中在有河流湖泊的地方，古代更是这样。有水的地方才适合人的生存，没有水或远离水源的地方，不能种庄稼甚至连草木都很少生长的地方，在中原的文献中被称为“不毛之地”。

第二，长城区域的农耕民族和游牧民族之间，存在着民族隔阂与民族歧视。中原王朝所处农耕地区的经济实力较强，比游牧民族经济更发达。经济上的优越性使中原王朝在心理上也有很强的优越感，并将这种优越感带到文化中。在这样的情况下，很容易产生民族歧视。游牧政权在强大到一定程度，有能力对中原地区发起进攻时，他们往往会发动战争。

这些游牧或游猎民族政权获得胜利，建立起以其为主体的政权后，对农耕民族进行管理时也会从语言、信仰、生活习俗等方面采取一些强制性措施，同样体现为一种民族歧视。比如，清朝入关之后，多尔衮摄政期间开始实行的恶政——剃发易服。

不管是在什么情况下造成的民族隔阂、民族差异，在双方平衡被打破之后，都不可避免地会以冲突的形式表现出来。隔阂严重与否，还要与其他条件结合起来看。这就是生活在长城区域的不同民族之间，经常有冲突、有和解、有交流、有融合的过程变化的原因。

第三，游牧民族的迁居与流动很大。历史上，长城外的游牧政权始终是中原王朝的主要威胁。一些中原王朝采取一个比较好的战略和政策，来解决与周边游牧民族的关系。中原王朝与一个强大的游牧政权形成了很好的联系后，为什么在不同的历史时期仍会面临不同的威胁呢？

一个主要原因，在长城区域生活的游牧民族并不是同一个游牧民族，所以前朝所积累下来的友好联系，对新迁徙和流动过来的不同游牧民族没有意义。前一个朝代有效地解决了长城区域的冲突问题，随着新的游牧政权的出现，问题又会再次严重起来。由于这种迁徙而造成的游牧民族周期性地南下抢掠，使不同朝代、不同中原王朝面临来自长城区域不同游牧民族的挑战。

第四，长城区域不同民族政权建立起来的统一，其民族内部的政权状况对中原也会产生不同影响。如果长城外面的游牧民族、部族之间形成一个统一的强大的政权，中原王朝在长城区域就面临更大的、较长期的威胁。长城外边的民族政权处于严重分散的状态时，中原王朝相对来说，所承受的威胁和挑战就要小得多。

长城之外的其他民族政权处于分散状态时，来自游牧民族的威胁主要是小股的各部落之间对农耕地区的骚扰性的抢掠，不会造成整个区域更大的破坏，更不会威胁中原王朝整体的安全。生活在长城区域的各部族、各民族之间的联系，构成了长城内外关系复杂、变化的整体。

四、中华民族发展融合的历史进程中，长城起到了重要的促进作用

国际上研究中国历史的学者，多将中国古代的王朝社会分为典型中国社会和征服王朝两大类。1949 年 K.A. 魏特夫与冯家升合著了《中国社会史——辽（907—1125）》，在导论中魏特夫提出了征服王朝 (Dynasties of Conquest) 的概念。这是征服王朝说的首创，后来被田村实造、江上波夫等修正和发展为骑马民族征服王朝说。

K.A. 魏特夫将中国社会的基本模式分为两大类型：以秦汉、隋唐、宋、明为代表的典型中国社会 (the Typically Chinese Society) 和以辽、金、元、清为代表的征服王朝社会。在分裂时期（220—581）长江流域建立了一系列“典型”中国王朝，在北方出现了几个“渗入王朝” (Infiltration Dynasties)，如拓跋鲜卑建立的北魏等政权。《史记 • 匈奴列传》称“匈奴，其先祖夏后氏之苗裔也，曰淳维。唐虞以上有山戎、猃狁（xiǎn yǔn）、荤粥（xūn yù），居于北蛮，随畜牧而转移”。司马迁说的匈奴先祖淳维是何许人？他是夏朝最后一位君主桀的儿子，夏朝灭亡时淳维带领夏的很多人向北逃。

这些大夏血脉的淳维后世子孙，逐渐与当地原有的族群通婚杂居，并且也融入了逐草而居的游牧生活，战国时期开始强大起来，到了秦末天下大乱之际，匈奴单于冒顿“控弦之士三十余万”，完全有了向农耕地区进攻的实力。

实际上很多游牧民族也承认自己是中国人，建立金朝的女真人就自认为是中国人。元代时期纂修的《金史》，全书使用了 14 次“中国”一词，除了 3 次指宋朝控制地区之外，11 次指的是金朝。这也就说明，在建立金朝的女真人和建立元朝的蒙古人看来，金和宋都是中国的统治者。

《辽史》中契丹人称自己为“炎黄子孙”，1989 年内蒙古赤峰巴林左旗杨家营子镇石匠沟辽墓出土了《大契丹国夫人萧氏墓志》，碑文在涉及萧氏的丈夫耶律污斡里时，说“公讳污斡里，其先出自虞舜”，明确表达了耶律污斡里为黄帝之子昌意的七世孙虞舜的子孙，虞舜是契丹人耶律污斡里的祖先。2003 年，辽宁阜新蒙古族自治县平安地乡阿汉土村宋家梁屯北山辽墓，出土了《永清公主墓志》。这是目前发现的唯一一块有汉文和契丹文对照的墓碑。永清公主的丈夫名萧大山，逝世于辽道宗耶律洪基时期。碑文也称“盖

国家系轩辕黄帝之后”，明确地说契丹人是黄帝之后。

关于这些北方民族政权与中国的一体关系，韩愈在《原道》中概括孔子的思想，说“孔子之作《春秋》也，诸侯用夷礼则夷之，进于中国则中国之”，这就是“夷而进于中国则中国之”。唐朝的皇甫湜也说：“所以为中国者，以礼义也，所以为夷狄者，无礼义也，岂系于地哉。杞用夷礼，杞即夷矣。”

先不考虑 K.A. 魏特夫对中国社会基本模式的划分是否正确，就长城历史而言，不论是汉民族建立的“典型王朝”还是少数民族建立的“征服王朝”“渗入王朝”，都有修建长城的经历。除先秦各诸侯国家修筑长城外，秦始皇以后汉族统治的朝代大规模修筑长城的只有汉、隋、明三朝，而少数民族统治的朝代修筑长城的则有北魏、北齐、北周、辽、金 5 个朝代。

这些鲜卑、契丹、女真等少数民族，进入中原建立政权后逐渐与汉民族相融合。他们由原来的游牧地区的统治者转变为农业经济地区的统治者，为防御北方游牧民族对其侵扰，也开始纷纷效法原来的中原王朝大修长城。所以，我们说长城是中国各族人民共同创造的奇迹，是古代各民族劳动和智慧的结晶。

古代各民族之间的整合和融合，是中华民族形成和发展的基础。长城地区是不同民族共生融合的区域，长城见证了中华民族形成多元一体格局的全过程。中华各民族既具有文化的共性，又具有各自的文化个性，各民族之间形成你中有我、我中有你的交互关系。这其中有游牧民族与农耕民族的融合，也有游牧民族自己的变化。

比如，汉朝的后期匈奴分裂为南匈奴和北匈奴。南匈奴的一部分汉化融入汉人。北匈奴则西迁更加接近欧亚大陆。匈奴分散后的一些部落，依旧生息繁衍在广阔的草原，形成了其他的民族。突厥人就是匈奴退出历史后形成的新族群中的一支。突厥崛起的时候，中原正处于四分五裂的状态，但隋唐统一中原并不断强大没有给突厥更大的发展机会。

中国自古以来就是一个多民族的国家，长城内外的各民族在不同的历史时期创造并发展了本民族的文化。来自长城之外的游牧民族文化数量、种类、内容虽然都还有待深入研究，但长城之外的游牧民族文化毫无疑问是中华文化的一部分。这些游牧民族文化的分布区域广，跨越时代长，与中原文化同样博大。他们留下的文化遗产，也是中华民族珍贵文化遗产的重要组成部分。

五、中华文化是黄河、长江、草原三大区域文明交流、借鉴、融合的结果

历经 2000 多年的演变，中国各种文明形态相互影响、相互融合。农耕地区在先秦以前以华夏为代表，从汉代以后主要由汉族传承其文化。历史上，汉族经历了多次的民族融合的过程，以汉文化为主体并多次融入周围多个民族的文化。

长城地区是中国古代各具特点的民族文化长期交流、互相学习和影响的地区。今天汉族文化中有少数民族文化的成分，各少数民族文化中也有汉族和其他少数民族文化的成分。中华文化统一体就是这样在互相吸收、互通有无的过程中发展壮大起来的。中华文明在世界四大古代文明之中源远流长，与长城地区各民族的文化交流所起的重要作用密切相关。这种来自不同民族文化的交流是中华文化自我发展、不断完成涅槃的源泉。

陈寅恪在《金明馆丛稿二编》中曾经说过：“李唐一族之所以崛起，盖取塞外野蛮精悍之血，注入中原文化颓废之躯，旧染既除，新机重启，扩大恢张，遂能别创空前之世局。”这个认识已经越来越多地被社会所认同。中原文化不断汲取边疆少数民族文化的精华而焕发生机，边疆少数民族也不断从中原文化中汲取养分并发展自己。敦煌马圈湾遗址出土有毛笔、石砚、麻纸、历书、占候书、方技书等，说明了中原地区的历法、民间方技、民间信仰等在敦煌长城地区已经非常普及。这些充分证明，长城作为一条军事防御线，同时也是一条经济、文化的会聚线。

有了长城的存在，长城地区的经济、文化较以前得到了迅速的发展。对这一点，日本学者松田寿男的《古代天山历史地理学研究》，在论及万里长城和天山山脉时说：“众所周知，万里长城是为了把中原与漠北分开而建造的人工屏障。……然而，这条线并不单纯是条边界线，我们绝不能忽视，它同时也是游牧、农耕两大势力接触、交会的地点。”中国学者金应熙在《金应熙史学论文集·古代史卷》中论述说：“出于传统的商业政策，中原封建王朝的统治者却总是尽量要把这种贸易控制在自己的手中，并且作出了种种的限制。……在这种场合下，作为军事防御线的长城便会成为经济、文化的会聚线。”

此外，中国古代的每一次民族大迁徙、大汇合、大交流都推动和促进了中华各民族之间文化的交流。春秋战国、秦汉、魏晋南北朝、隋唐、元、清等历史阶段发生在长城区域的北方民族大迁徙、大交流，使许多活跃于历史舞台的古代民族不断融入其他民族，例如汉代的匈奴、三国的乌桓、南北朝的鲜卑、隋唐的吐谷浑和党项等。

修建长城的既有汉族建立的王朝政权，也有少数民族建立的王朝政权。在长城历史发展过程中，长城地区的古代民族，有些消失了，有些新的民族又融合生成。这些古代民族与当今分布在长城带的 20 多个民族，有着密切的渊源关系。无论已经消失的还是至今继续发展的各民族，都对中国的历史发展付出了努力，对长城这个伟大文化遗产的建造和发展作出过贡献。总之，中华民族和中华文明，在这个多元碰撞与融合的过程中形成了其独特的包容性。这种包容性，最终表现为长城内外是故乡，汉族和少数民族一家亲的格局。共同的故乡和一家亲，表达的都是长城内外的整体性。正是这样整体性的思维模式，使得中华民族从多元走向了一体，形成了中华民族独特的民族凝聚力和越来越强的国家认同意识。

以历史的眼光审视古代长城内外生活族群，这项工作还仅是开始，做得还远远不够。我常说要让长城的历史文化研究适应现实发展的需要，这话听起来好像有问题。实际上是提出了我们为什么要进行长城历史文化研究，长城历史文化研究要做什么，长城历史文化研究能为社会发展做什么。这些问题想明白了，长城历史文化研究向更深入发展、向人的情感内容发掘的意义和价值就清楚了。

（载于国务院发展研究中心《经济要参》2019 年第 37、38 期）

古代王朝边疆思想与长城的修建

（上）

唐代有一类诗很盛行，内容以王朝边疆地区将士和百姓生活及自然风光为题材，被后世称为边塞诗或出塞诗。边塞诗的“边”指的就是王朝的边疆地区，主要是今天东北、华北、西北的长城内外。特别是长城内外的一些地方多属于苦寒之地，那些富贵人家犯了死罪可免、活罪难逃之罪，刑罚处以发配边疆，有些人宁愿被砍头，也不想去受罪。

不管是社会学的视角，还是人类学的视角，对长城内外边疆社会的研究都是非常重要的领域。边塞诗是研究边疆社会的重要资料。边塞诗初现于汉魏六朝时代，隋代开始走向兴盛，到了唐代达到登峰造极的境界。

唐代以前的边塞诗，传世至今不足二百首，而《全唐诗》就有两千余首边塞诗。汉代的乐府诗《饮马长城窟行》，写足了离乡戍守边疆将士对家乡的无限思念：

青青河畔草，绵绵思远道。远道不可思，宿昔梦见之。
梦见在我傍，忽觉在他乡。他乡各异县，辗转不相见。

王昌龄的《从军行》也属于表达身在边疆者思乡情怀的诗，而且是一首典型之作：

琵琶起舞换新声，总是关山旧别情。撩乱边愁听不尽，高高秋月照长城。

隋炀帝杨广的《饮马长城窟行》也是边塞诗，却表达了一个帝王对边疆治理的政治诉求和修建长城保障社会安全的愿望：

肃肃秋风起，悠悠行万里。万里何所行，横漠筑长城。

岂台小子智，先圣之所营。树兹万世策，安此亿兆生。

唐代边塞诗人多有豪放不羁者，诗人王翰的《凉州词》就写出了将士边疆报国不惜马革裹尸的悲壮：

葡萄美酒夜光杯，欲饮琵琶马上催。醉卧沙场君莫笑，古来征战几人回？

诗人的创作靠的是浪漫，将士戍守边疆靠的则不是浪漫和柔情。王朝的边疆思想更不是飘逸和潇洒的诗句。历史上长城的重要作用，就是其作为军事防御体系的防御作用。有了长城的军事防御体系，才能维持王朝边疆的持续稳定。所以，谈到长城的作用时人们首先想到的会是军事。

自古以来，军事行动都希望最大限度地保存自己，最大努力地消灭敌人。长城防御体系，承担的就是这样的功能。长城地区是战争的缓冲地带，从攻者的角度看，能攻则攻，不能攻则退。守御者则没有如此大的回旋余地，能守要坚守，不能守亦要坚守。

要了解长城防御体系如何发挥作用，就有必要首先了解该体系的设置和运营情况。长城不是静止的单一物体，而是人、墙、物有机结合的军事防御体。长城沿线地段，在军事地理位置上形成缓冲地带。长城，为瞭望、传递信息、集合部队、反攻作战的攻防兼备体系。

作为军事防御的工具，长城是军队战胜敌人所依托的军事工事。长城修筑方在处于劣势、无力主动进攻时，依托长城可以有效抵御敌人的进攻，还可以凭借长城防御消耗敌人的力量，逐步改变力量对比，等待时机战胜敌人。

认识长城的军事作用，首先要认识长城修建者当时所面对的自己和对方的情况。认识中原王朝为什么修建长城，还需要了解古代王朝的边疆思想。夷夏之辨、以夏变夷、以夷变夏、以夷制夷等，都是中原王朝边疆思想的体现。

只有充分考虑统治者修建长城、设立长城军事防御体系的初衷，才能了解当时利用长城防御手段，解决长城区域军事防御的基础，才能全面客观地认识和把握长城防御体系的优势和不足，才能认识当时选择建立长城防御体系，是有利于这个区域的控制和防御还是不利于甚至无益于这个区域的军事防御。

一、中原王朝边疆与内地之间的差异及中原王朝的边疆思想

长城无疑位于中国古代中原王朝的边疆地区，这个地区是农耕民族与其他民族相临近的地区，也是中原王朝政权控制力最薄弱之地。历史上的边疆地区常被称为“边地”，李白《塞下曲六首》中的“边月随弓影，胡霜拂剑花”，杜甫《兵车行》中的“边亭流血成海水，武皇开边意未已”描写的都是这个地区。

边地既然是中原王朝政权控制得最弱、离王朝权力核心地区较远的区域，中央政权就需要强化对这个地区的控制，王朝主要靠强化军事手段来实现对长城地区的控制。所以，很多朝代在边地施行的都是军政一统的管理体制。在这个意义上来说，边地又是中原王朝的军事防御前沿地区、边防地区。

长城是中原民族与其他民族聚居地相分界的地带，中原王朝在长城地区修建的城，称“边城”“边邑”，为防御边地的游牧民族而设的关隘称“边关”。明代更是将长城直接称为“边墙”，将分段管理长城的九个军事区域，称为“九边”。“边”的含义也很简单，表明已到了中央王朝管辖地的边缘地区。

中国古代历史上的边地，并不是今天现代国家意义上所理解的边界。古代王朝政权并没有清晰的、地理意义上的边界。那时候还不存在现代意义上相邻国家的主权问题，也就没有清晰划界的客观需求。边界是现代国家出现以后才产生的国家领土边界概念，标志着一个国家行使主权的空间地域。

边地是个历史概念，是中华民族多元一体格局形成和发展过程中的一个阶段性概念。当今的中国是一个统一的多民族国家，其形成和发展经历了数千年漫长而曲折的历程。在这个形成和发展的过程中，不同朝代的边疆地区不一样，所以不同朝代的长城也修建于不同的地方。比如，明朝长城和秦汉长城南北相差近 700 千米。这种差距是由中原王朝控制状态和游牧民族发展状态共同形成的特殊情况所决定的。所以说，长城区域的边地概念，在中国古代是指一个很宽泛的农牧交错地带。

中国古代王朝时期的边地，最明显的一个特征是其变化性。在古代没有一条军事上不可逾越的界线，不同的历史时期、不同王朝的边地不一样。即使在同一个历史时期，在同一个王朝发展的不同阶段，王朝的边地也不一样。这种变化随时都在发生。古代各王朝对边地的开拓、治理、巩固和发展，都

是很重要的战略问题。对边地能不能实现有效控制，反映了王朝的实力。

长治久安就是《汉书·贾谊传》所称之“建久安之势，成长治之业”。国家政权巩固，社会安宁，是统治者的最高追求。边地得不到有效控制，这个王朝就不能做到长治久安，这是古代王朝重视修建长城和加强这个区域防御的原因。

长城作为军事防御体系，选择在相对易守难攻的地方修建起一道防御线。在长城主体建筑之外，还有很多的城堡作为前沿阵地。实际上，这是古代王朝政权在自己管辖范围的边地设置的一条军事防御线，而不是疆域分界线，并不是说长城之外这个王朝就没有了管理权限。

中国古代中原王朝政权对生活在长城外面的游牧民族，对那些远离王朝政权政治、经济、文化中心地区的民族，一直试图用有效的控制，使其能和王朝政权形成臣属关系。长城这个“边”是相对于中原王朝直接控制的政治、经济、文化中心而言的，中原王朝通过臣属关系来巩固和发展自己的边地，是中国古代社会特有的一种边地形态。对长城地区的开拓、发展和巩固，是保障中心地区发展和安全的需要。偏远的长城地区如果不稳定，中原王朝的中心地区也就会受到很大的影响。

王朝政权对长城地区的政治影响力和行政控制力也处于一种变化状态，时强时弱；长城外的游牧民族对王朝政权的态度也处于与自己需要相联系的一种变化状态。长城是为了保障中原王朝已经取得的对长城地区进行了开拓之后的相应成果，为了巩固这些成果而采取的一种防御措施。王朝政权对长城地区的开拓，长城地区不同民族政权对这一地区的发展所做的各种努力，共同构成了中国古代长城区域经济文化史。

今天研究中国古代史，就是立足于现今中国大版图来进行的历史整体情况的梳理，也包括对 18 世纪 50 年代清朝完成大一统之后的中国版图内的所有民族和民族政权的梳理。这些民族和民族政权与中原的王朝政权一起，共同创造了中国的历史和中华文明。

长城地区的行政管理在很多时候服从军事需要，这个地区有着与中原地区完全不同的自然环境和人文社会条件，所以长城地区的经济类型和发展水平与中原的农耕地区存在着很大的不同。农牧过渡地区，既有农耕经济的特点，也有游牧经济的特点。其文化既有别于中原地区的农耕文化，也有别于游牧民族文化。长城地区形成的文化融合，对农耕民族和游牧民族产生了重要的影响。

二、“夷夏之辨”是古人经常提及的概念，讲的是“他们”和“我们”

关于“夷夏之辨”的产生和演变的研究，也是历代学者讨论的一个焦点问题。多数学者基本认同夷夏之辨始于西周而盛行于春秋的观点。关于夷夏之辨所包含的基本内容的研究，也是学者关注较多的问题。周庆智《试析先秦“大一统”民族观》中表达的“先秦区分华夷的标准是文化和族类。文化居首，族类次之”的观点很有代表性。

古代在文化的基础上定位华夷关系，其思想是尊夏贱夷，所谓“夷夏一体”也是建立在以夏变夷的思想基础上。人类发展过程当中形成的各个不同的族群，经过多年努力后便发展成后来的民族。不同的族群、不同的民族都有以我族为中心的文化意识。

不管是东方还是西方，这一点都是很普遍的文化特征。“夷夏之辨”是中国古代在这样的文化特征之下，中原诸侯及王朝以我族为中心，将周边联系起来的一种反映。中国古代儒家思想讲的“夷夏之辨”，正是在这样的文化背景下产生的。

“夏”与“夷”本来只是对远古社会的两个较大的部族——华夏、东夷而言。徐旭生《中国古史的传说时代》中说：“把中国较古的传说总括起来看，华夏、夷、蛮三族实为秦汉间所称的中国人的三个主要来源。此三集团对古代的文化全有像样的贡献。他们中间的交通相当频繁，始而相争，继而相亲；以后相争相亲，参互错综，而归结于完全同化。”

到西周时期才逐渐将中原以外一些非周朝分封的政权，如楚、秦等称为“夷”。同时，也将在北方逐渐形成的游牧民族政权称为“夷”。到了战国时期才逐渐发展成只将农耕地区以外的游牧民族政权称为“夷”。再后来，“夷”用来泛指汉民族以外的部族和民族。到清末，甚至将西方人也称作“夷”。

儒家思想之所以强调“夷夏之辨”，是因为儒家认为其核心理论“仁义”等，作用不到中原农耕民族之外的其他民族，所以形成了《左传》中的“非我族类，其心必异”的认识。“蛮夷”这种在一定程度上带有贬义的称谓，在一定程度上代表了农耕民族对自己以外诸民族的态度。

这种态度总体的感觉是对立的。虽然这期间为了维护正常的秩序与和谐，也要做出一些以德教化的努力，但农耕王朝还是以夷夏之防将农耕以外的民族摆在了对立的位置上。将农耕以外的民族称为“蛮夷”，表现出我族至上的文化优越心理。

“夷夏之辨”和“华夷之辨”等，反映出来的唯我独尊意识十分强烈。这种心理是华夏文化大发展之后，华夏文化处于文化领先地位的一种反映。中原王朝与其他民族政权的朝贡关系，实际上也是这种以我为中心、唯我独尊的体现。

三、在中原政权看来，蛮夷的进贡是对王朝尊严的一种承认

2014 年 11 月 11 日，APEC 第 22 次领导人非正式会议在北京怀柔长城脚下的雁栖湖国际会议中心举行，国家主席习近平主持会议时还特意向各国元首介绍了长城。

英国《金融时报》在报道中称，这次 APEC 会议显示中国正在亚太地区构建一个以中国为中心的新朝贡体系，也有外媒直接提出对中国构建“朝贡体系 2. 0”的疑虑。外媒之所以产生这种推测，是对中国历史上的朝贡体系不够了解。

中国古代的朝贡体系，历史上是维持东亚秩序的手段。这个体系实行了一千多年，运行到近代中国衰落之前。朝贡体系下的中国经济外交上的“厚往薄来”，给予朝贡国远超出贡品本身价值的回赐，并允许一定程度上的经贸关系存在。

今天，在中国的经济实力逐渐增强的情况下，会不会借鉴这个历史经验呢？这一点毫无疑问，是绝对不会的。但是，不论“朝贡体系 2. 0”的想象和猜测是否正确，中国在未来无疑会重建一个以中国为中心的地区秩序乃至以中国为中心的国际新秩序。

这是一个大国应该尽的国际义务，到了那一天中国也不会称霸世界。中国历来主张采取外交政策解决世界各国的各种纠纷，绝不接受别人的欺凌，

也绝不会压迫其他弱小国家。不过今天的中国作为发展中国家，离可以担当起维护世界秩序责任的那天还很遥远，这一点我们必须要有清醒认识。

长城与朝贡，主要是王朝政权与北方各族的朝贡关系。中国古代的朝贡是政治行为，也是经济行为。“朝”本来指诸侯对天子的觐见，“贡”本来指诸侯向天子进献物品，后来演化成王朝对周边民族政权采取的政治经济交往措施。

对王朝来说，朝贡的政治意义要远大于经济意义；对游牧政权而言则相反，朝贡的经济意义大于政治意义。长城的修建对调整王朝与北方各族的朝贡关系，起到了重要作用。

中国的朝贡体系是中心与边缘的关系，主要体现为边缘地区向以王朝为代表的农耕地区的内聚，以边缘向中心区的文明需求为动力，中心地区则给予边缘地区实质性的经济帮助。

中国的这种宗主国和藩属国、部落行国的朝贡关系，完全不同于西方的殖民体系。西方的殖民体系也是中心与边缘的关系，但彼此之间则主要是征服与被征服、掠夺与被掠夺的关系。朝贡关系，也不同于古希腊和古罗马与周边的关系。古希腊、古罗马主要是依靠从外邦、外族夺取财富，依靠夺取土地、奴隶，来维持其强盛。

秦汉以后，朝贡制度被逐渐推广到处理王朝政权与游牧政权之间的交往上来。汉武帝之后确立起来的朝贡体系，成为大一统政治秩序构建的手段。

隋唐与突厥、回鹘、西藏等部落也都保持过朝贡的关系。当突厥等强盛到对隋唐边疆安全构成威胁的时候，朝贡关系中止，此时游牧政权被当作敌国而不是朝贡国或藩属国。

明代将长城的修建和使用发展到历史最高水平，同时将朝贡体制发展到极致。明蒙之间的朝贡关系是明朝与蒙古各部之间的联系方式，具有政治、经贸和文化三个方面的意义。

王朝政权在朝贡活动中一贯厚往薄来，对朝贡国的赏赐远远大于其进献贡品。《明会典》记载：“洪武二十六年定：凡诸番四夷朝贡人员及公侯官员人等一切给赐，如往年有例者，止照其例；无例者，斟酌高下等第，题请定夺，然后礼部官具本奉闻，关领给赐。”

根据各国的不同情况，明朝规定贡期分别为 2 年、3 年或 5 年一次，朝贡须在规定的期间进行。《明武宗实录》记录："非贡期而至者，即阻回，不得抽分以启事端，奸民仍前勾引者，治之。"《明会典》中规定了明朝朝贡通商的政权、期限和朝贡的路线及居留地等详细内容。明中期以后的一段时间，这些规定对蒙古政权已经缺乏约束力了。

通过朝贡和赏赐，周边各民族可获取丰厚的经济收益，成为王朝藩属在某种程度上也成为一种政治资本，利于巩固自身在本族中的政治地位。在王朝与边疆地区力量平衡时期，或王朝力量相对强大的时期，朝贡体系是建立在政治、经济互利基础上的，可以实现一种比较稳定的经济交往，带给双方较长时间的安宁。

当王朝失去优势时，朝贡便成为一种不合理的物资交换方式，甚至演变为王朝向周边民族的单向物资输出。王朝为减少这种单向物资输出带来的问题，有时会采取闭关的措施。而闭关也容易产生新的矛盾，甚至激化矛盾。

嘉靖二十九年（1550）蒙古俺答汗打进古北口、包围京城，也与朝贡密切相关。蒙文史籍《阿勒坦汗传》记载了这次事件："复至大明皇城外将其围攻，将来战之军消耗殆尽，大国之众又欢然掳掠后，勒紧金缰敛兵各回本营。其后汉国大明汗慑于普尊阿勒坦汗之威名，派来名为杨兀扎克之人，谓'互相为害不能杀绝斩尽，故不如和好往来买卖通贡'。派名为阿都兀齐者偕同来使前往，将大军撤至墙外开始会谈，以三万户分别进兵逼和，取得极多之田赋之后而回还。"

这些记载说明，明朝采用关闭长城关隘、减少通贡的措施，最终引发了明蒙战争。战争的成本，要远远大于贸易的补偿。历史上的朝贡，也不全是游牧政权向农耕政权进贡，唐朝初立时曾向突厥称臣纳贡。两宋时期力量较弱时，北宋向辽、西夏称臣纳贡长达百年，南宋向金和西夏称臣纳贡约150年。

这种王朝力量弱势时向游牧政权的纳贡，与王朝强盛时实行的朝贡体系不同，对方是以财产获取为主要目的。这种逆向的朝贡关系，在中国古代朝贡体系中属于非常态。

中国古代的朝贡，多以长城内的政权为中心，以封贡为主要交往模式，其所体现的是宗主国与藩属国的关系。朝贡体系虽然是以不平等为双方关系特征，但并不意味着宗主国对朝贡国在政治上有支配权。

2010年意大利天主教耶稣会传教士利玛窦逝世400周年之际，中华书局出版了《利玛窦中国札记》。利玛窦明朝万历年间来到中国传教，他生命的最后 27 年生活在中国。《利玛窦中国札记》记载了利玛窦对中国古代的朝贡体制的议论。

他观察到，向明朝纳贡的国家“来到这个国家交纳贡品时，从中国拿走的钱也要比他们所进贡的多得多，所以中国当局对于纳贡与否已全不在意了”。

他进一步议论说：“中国人接纳来自其他很多国家的这类使节，如交趾支那、暹罗、琉球、高丽以及一些鞑靼首领，他们给国库增加沉重的负担。中国人知道整个事情是一场骗局，但他们不在乎欺骗。倒不如说，他们恭维他们皇帝的办法就是让他相信全世界都在向中国朝贡，而事实上则是中国确实在向其他国家朝贡。”他的议论是对的，只是他还不了解农耕王朝这样做，既有文化理念的问题，也有无奈的成分。

这种天朝上国的优越感，在近现代民族和国家面临危亡的时候，便显得弱不禁风了。道光二十年（1840），鸦片战争爆发并以中国失败告终，中国古代王朝唯我独尊的优越感彻底崩溃。

鸦片战争是来自海洋的冲突，没有北方的长城这种中原王朝经营起来的屏障。西方冲破海洋的障碍，对中国大陆实施殖民侵略，也就是冲破了中国人心理上的长城防线。

人们常拿清朝不修长城来说明清朝的开放，实际清朝才是闭关锁国政策登峰造极的时期。不修长城一是明朝修建的长城很好，清朝一直在用。二是清朝继承了隆庆议和之后，明朝与蒙古和睦的政治遗产。清朝严格实行的海禁政策，关闭了中国与世界各国交流的大门，这是中国落后的主要原因。

四、儒学的以夏变夷，华夏族与兄弟民族不断融合

夷夏之辨的一个重要内容，就是中国文化传统当中的以夏变夷。这一概念最早出自《孟子·滕文公上》“吾闻用夏变夷者，未闻变于夷者”。以夏变夷的表达，体现了华夏民族思想的核心价值的主体意识。

以夏变夷的观点是儒家思想体系中的一个重要组成部分，指的是以中原诸夏文化，影响生活在中原地区以外地区部族的文化。儒家学说认为，华夏

文明是先进的文明，夷狄则代表着落后和野蛮，在这样的历史进程中，自然就以先进的华夏文明为中心，要以华夏文明去改变夷狄的落后和野蛮。

今天的一些长城研究者，只注意修建长城对促进游牧文化发展的观点，或多或少的带有“以夏变夷”的影子。反过来又可以称为夷夏之变，但性质却发生了根本的变化。其实，夷夏之变更能表达华夏文化吸收其他文化的过程。

以夏变夷的思想，是农耕民族向北部拓展农耕利益的背景下产生的理论。通过华夏文明向夷、狄地区的辐射和拓展，使其逐渐向华夏文明的水准发展，从而实现天下大同的政治愿景。

有专家学者认为，孔子的以夏变夷思想具有民族平等的色彩，因为这个思想并不排斥夷狄，体现了华夏文化的包容性。钱穆的《中国文化史导论》持有此观点，他说：“在中国人的观念里，本没有很深的民族界线，他们看重文化远过于看重血统。只有文化高低，没有血统异同，因此，中国人对当时他们所谓的异民族，也并不想欺侮他们，把他们吞并或消灭，只想同化他们，让他们学得和自己同样的生活方式与文化习惯。这是中国人的对外政策，自名为怀柔政策。”

钱穆的《中国文化史导论》还说：“中国人在此怀柔政策下，常常招致边外的归化人，让他们迁移到边疆以内，给以田地，教之稼穑，渐渐再施以中国传统的教育，直到东汉末年，这一种边内杂居的异民族，逐渐地多了。”

实际上，这种认识并不全面。把所谓的“夷狄”放在野蛮、落后的位置上，只能被动地接受教化，本身就体现了一种不平等。所以说，夷夏之防实际上还是在农耕政权的立场之上，为其向游牧经济地区拓展生存空间的需求，提供理论支持。

以夏变夷的观点有着强烈的民族优越感，认为自己居于“天下之中”，是占据着文化的高度的礼仪之邦。边疆地区的“四夷”是化外之地，是不知礼义的野蛮之区，不承认游牧文化有可供中原学习之处。站在华夏文化本位之上，认为只可以“以夏变夷”，而不可“以夷变夏”。

以夷变夏的意思，指中原地区以外地区部族的文化，影响华夏文化。今天我们谈到西方文明对中国的渗透时，还经常可以看到学者使用这个词语，表达对西化的担忧。

这种表现在古代是中原民族的一种文化的自负，在今天是我们缺乏自信。在某种程度上说，不论古今都是狭隘的民族文化观。历史上“以夏变夷”或“以夷变夏”，都促进了民族与文化的大融合，这就是各民族共同创造了灿烂中国文化之结果。

（下）

《古代王朝边疆思想与长城的修建》分为上下两部分，上篇谈了四部分：认识了古代王朝边疆思想的夷夏之辨、以夏变夷、以夷变夏等内容及其与长城修建的关系。这一部分我们继续来认识以夷制夷、王者无外、夷夏之防、非危不战等思想与长城修建的关系。

五、以夷制夷分而治之，是王朝对长城地区其他民族政权经常采取的措施

美国作家埃德加•斯诺在《漫长的革命》一书中就写道：“‘以夷制夷’，这是中国的一个古老的基本原则，可与罗马及其后继者奉若神明的‘分而治之’原则相比拟。”中国古代王朝采取“以夷制夷”，是历代统治者治边方略的重要内容。中原王朝对长城地区其他民族政权，经常使用“以夷制夷”的战略，实行分而治之。这个战略有的时候是王朝的主导战略，更多的时候是配合政治或军事行动而采取的辅助战略。

王朝采用以夷制夷的做法的目的，是尽量避免在长城以外形成另一个强大统一的游牧政权。因为强大的游牧政权一旦统一了整个草原地区，便可以集中更大的力量对中原地区发起挑战，构成对长城防御十分巨大的威胁。

游牧民族处于分裂状态的时候，对长城地区的威胁更多的时候是游击性的，以抢掠为目的。游牧民族形成强大而统一的政权体系后，对中原王朝的威胁则属于可能颠覆中原王朝政权的威胁。游牧民族政权一旦形成统一力量，必将凭借力量寻求更大的利益，对中原地区进行征服性的军事行动。

所以，中原王朝对于长城区域、长城外边游牧民族政权，在无法进行强有力的军事打击的情况下，都采取分化瓦解、分而治之的手段来达到目的，

这符合王朝的利益。即便是采取军事行动征讨之时，也往往同时采取分化瓦解、分而治之的策略。

那些对王朝边疆构成较大威胁的游牧政权，王朝会对其采取打击措施，使其为与中原为敌付出更大的代价。对那些实力相对较弱的游牧势力，则会利用游牧政权内部各部落之间的矛盾，通过给予经济帮助甚至军事帮助的形式，使游牧部落之间的矛盾激化。让北方游牧民族不同部落之间，处于一种冲突的紧张状态对王朝有利。长城外边的几个游牧政权相互牵制，有利于王朝政权对边疆地区的控制。

汉宣帝时，匈奴内部为争单于位，有 5 个单于率领各自的部族进行单于位的争夺战。汉朝在这样的行动当中，支持对中原王朝比较友好的呼韩邪单于，不但给他很隆重的礼遇，还给他很多的物资，甚至派部队参与他与其他部落的战争。

呼韩邪单于就是那位娶了王昭君的单于。汉朝对他的支持，最终使匈奴分化，长期保持南匈奴和北匈奴两个政权并存的局面。南匈奴在依靠王朝政权的支持对抗北匈奴的时候，客观上成为汉王朝长城外的一道屏障。

唐太宗对突厥用兵，采取了支持薛延陀、回回两部的策略，激化他们与突厥之间的矛盾。利用薛延陀、回回与突厥的矛盾，唐朝对东突厥汗国实施了歼灭性打击，使一支独大的东突厥弱化，保证了唐朝北部地区实力的平衡。

站在王朝的立场上，唐朝对薛延陀、回回的支持是审时度势的。东突厥强大的时候，薛延陀、回回等部经常受突厥的欺压抢掠，每年要给突厥进贡很多的钱币和物资。受欺压的民族，对突厥的横征暴敛只是由于实力不够而敢怒不敢言。唐太宗采取的支持薛延陀、回回两部打击突厥的行动，最终构建了这个地区新的平衡。

明朝也是这样，蒙古族分成鞑靼部、瓦剌部和兀良哈部之后，采取了拉一拨打一拨的战略。在鞑靼部强大的时候，明王朝支持瓦剌部遏制鞑靼部。在瓦剌部强大的时候，又反过来支持鞑靼部遏制瓦剌部。这样，在相当长的一段时间内，明朝政权获取了长城之外的草原地区力量平衡下的相对稳定状态。

总之，中原王朝对长城地区其他民族政权采取分化瓦解、分而治之的战略，在很多时候是成功的、具有成效的。但有的时候也并不尽如人意，甚至适得其反。被帮助的一方强大了之后又反对中原王朝，就等于王朝为自己培育了一个强大的对手。

六、王者无外追求一统，“夷夏之防”是王朝的国家安全战略

《诗经·小雅·北山》有这样一句话:“溥天之下，莫非王土;率土之滨，莫非王臣”，高度准确表达出了中国传统文化中“王者无外”的思想观。这句话既概括了统治者的王权意识，也代表了中国古代王朝时期追求国家统一的战略思想。

唐代杜甫《夔州歌十绝句》中有“群雄竞起问前朝，王者无外见今朝”的诗句。王朝的天子不仅是中原华夏人的天子，也是包括夷狄在内的所有天下人的天子。宋代范仲淹作《王者无外赋》：“令出惟行，宁分乎远者近者;德广所及，但见乎无党无偏。”

“王者无外”是传统的与夷夏之防互为补充的边疆指导思想。既要有王者无外的诉求，又要有夷夏之防的准备。这就是要把长城地区的各游牧民族政权，完全纳入到中原王朝大一统的政治秩序中来，在大一统、共同发展的政治秩序下，寻求长城地区长治久安的策略。

在儒家的大一统理论中，“王者无外”是追求实现大一统最高目标的理论基础。真正意义上的一统是认识上的一统与政治秩序上的一统结合在一起。在中原王朝看来，只有能够将王朝的政治权利，彻底地贯彻到长城地区的其他民族政权中去，才算完成了这种统一。这一点“王者无外”与“夷夏之防”有着本质的不同。

长城是实现夷夏之防的具体实施，夷夏之防更多关注的是防御，对中原政权之外游牧民族政权的防范。为了防御的有效，很多时候会主张以军事征讨等措施，来推进农耕经济向长城区域甚至更北的地方发展。

“夷夏之防”强调的是长城内外双方关系的冲突与对立。针对冲突和对立来采取相应的措施，并保证各种措施的有效性。实现这样的夷夏之防，有时依靠武力征伐或武力威慑，更多的时候是修建长城防御体系，驻守长城构建农牧政权之间的秩序，保障长城内外的和平发展。

“王者无外”强调的是把长城内外各民族纳入大一统的体制内，主张采

取一种政治手段解决中原王朝与边疆其他民族政权的利益冲突问题。“王者无外”和“夷夏之防”并不完全对立，只是二者之间重点不一样。“王者无外”更多地强调政治手段，而“夷夏之防”更多地强调军事手段，这两者谁也不排斥谁，是相互补充的两个方面。这也是中国历史传统中对边疆地区实行安边固防治边理念当中的经权思想。

经权是儒家用语，“经”指事物的常住性，“权”指事物发展过程中的变动性。“经”就是以中原王朝大一统为目的，全面实行中央集权郡县制和对边疆其他民族政权的有效管理。“权”在中国历史上，是中原王朝对到底以哪一种指导思想为主来解决长城地区的矛盾和对立问题进行的权衡和变通。

随着长城区域形势的变化，中央王朝的政策也经常发生变化。如果采取的政策不符合当时的实际情况，中原王朝就会陷入一种被动的局面，使得中原王朝和长城地区各游牧民族的关系处于更加紧张的状态，由此产生的冲突也更加激烈。如果这种政策运用得当，就会使长城地区的矛盾与冲突得到缓和，特别是通过羁縻与怀柔的办法，使长城地区其他民族政权对中原王朝采取一种内附的政策，大规模地减少长城地区的军事冲突。

长城地区农耕民族和游牧民族，在适合自己生存的经济类型地域，形成了本民族特定的文化和信仰。游牧民族与农耕民族属于完全不同的文化形态，是完全不同的两种生产生活，这是历史和自然生态环境共同决定的。“王者无外”的思想强调弘扬农耕地区文化，在长期的发展过程中最后形成仁的精神和礼的精神。

“仁”具有相对抽象化的意义，主要是在道德层面规范人的行为，而“礼”则是严格地规范政权组织和个人行为。“礼”的文化具有一种法的意义，一旦明确规定是不能逾越的制度性的措施。而“仁”更多地起调整人的精神和道德层面的作用。

在夏、商、周时期，德是最高领导者凝聚民众的一种威望。你为什么可以成为部落联盟的最高领导者？因为你的德望能代表各部落和封国。从春秋到战国时期及之后，这种崇尚“礼”文化的特征，更能代表文明的发展，乃至更成为一种对道的追求。

这里的道，就是是否能较好地解决各种矛盾和纷争，是否有平衡各方力量并最后使国家走向富强的战略。《孙子兵法》讲道胜，认为在取得胜利的五个重要因素中，第一个就是道。追求“王者无外”的思想，是统治者追求德与道的实践。

七、伐谋伐交、非危不战都是对发动战争进行有效控制

中国古代虽然频繁地发生战争，不少战争的规模很大很惨烈，但中国的传统文化一直主张对战争进行有效遏制。中国自古素有“兵凶战危”的理念，这一点是先秦主要学派儒、墨、道、法诸家很有共识的战争观念。

姚有志在《从古长城看中原王朝的防务特征》一文中指出，中原王朝的防务特征，用武是迫不得已的事情，用武的目的是罢兵息战。管子“非攻”“非战”的理想，一直受到推崇。长城防御工程的建设在一定程度上体现了这种传统的战争选择观。

中国传统文化中对于选择战争手段解决问题、解决冲突都是主张“非礼勿动”的原则，在其他国家与本国利益发生冲突时，首先考虑选用非战的状态解决矛盾。“非礼勿动”的原则是对选择战争尺度进行有效控制的指导思想。《孙子兵法》上讲：“上兵伐谋，其次伐交，其次伐兵。”不到万不得已的时候，不动用武装力量。中国古代传统文化中对战争控制的最高目标是“不战而屈人之兵”。

中国传统文化讲非危不战。非危不战是讲不到本国利益遭受严重损害、其他调节方法无效的时候，不到局势发展到严重威胁自己国家安全的时候，不动用军事手段去解决问题。

中国传统文化强调战而有度，对战争的规模、战争的纵深能够进行理性的控制。每次战争，都力争把战争的时间、规模和强度控制在尽可能小的范围之内。只求解决问题，而不是要完全地、彻底地给敌方以毁灭性的打击。

传统文化讲究文武并用。一旦发生冲突，不仅仅依靠军人发动战争来解决问题，而是要采取文武并用的手段来解决。《吕氏春秋》高度概括了这一思想：“用武则以力胜，用文则以德胜。文武尽胜，何敌之不服！”

中国传统文化关于有效控制战争的思想，是长城防御体系产生的文化思想基础。就是在这种传统文化思想受到广泛关注和广泛认同的情况下，古人

才会不断地修建长城。只有更好地理解和把握中国传统文化的内敛特征，认识到这种文化对战争采取的遏制态度，才能真正地认识到长城修建和使用的意义。一些西方学者将长城视为保守、落后的代表物，正是因为他们未能深刻体认中华传统文化的思想造成的。

中国传统文化中一直反对以战争相威胁，强调先礼后兵，主张有冲突时力争以和平谈判的方式解决，即便是发生了战争、发生了军事冲突，也不要置对方于绝境，作战行动要适可而止。所有这些，都是中国传统文化一直弘扬的内容。

当然，这些精神并不是始终贯彻在执政者的所有军事行动当中。军事行动一旦展开，军事负责人、指挥人员就有可能采用极其残酷的手段实施毁灭性的打击。秦国在统一六国的过程当中，其军队被称为“虎狼之师”，就是因为其残酷性和残暴性。如长平之战中，秦国为了削弱赵国的军事实力，一次性杀戮、活埋了赵国20万名士兵。当然，这样的事件不是中华文化的主流，并不妨碍中国文化的非战诉求，并不妨碍中国传统文化中追求和平、减少战争的思想，并不妨碍中国传统文化中非礼不动、非德不动、非危不战的思想。

伐谋伐交、止戈为武都是在追求避免战争。战争与和平是人类社会两种最基本的状态，人类历史从某种意义上说，就是战争与和平交织的历史。战争是由一个或几个利益集团为了自己利益的最大化，向其他利益集团动用武力的行为。和平是人类最美好的愿望。人类发动的战争，往往在伤敌的同时，对自身也构成巨大的伤害，所以人类一直不懈地追求和平。

八、止戈为武，战争与和平状态相互交替存在中的和平追求

“止戈为武”之说中的“武”字，由止与戈组合而成。戈是武力和战争的标示，止与戈组合来表达“武”的概念，表达的就是制止战争的军事行动，武力存在的意义是为了不打仗。在这方面长城最有代表性，长城的存在就是为了减少战争。

唐代徐寅创作的一篇散文，题目是《止戈为武赋》。徐寅很有才华却生不逢时，经历了安史之乱的唐朝后期战火纷飞，社会剧烈动荡，民不聊生。《止戈为武赋》是唐昭宗乾宁元年，徐寅参加会试时的应题之作，据说他仅

用了一支蜡烛的工夫就完成了全篇。

“将究止戈之义，式彰为武之仁。”“愿剑戟而器於农耕，贤哉若彼。”“问军旅而对以俎豆，圣也如何。”“以五兵为武者，非武之资。合两字为武者，是武之奇。”这些成为当时传诵一时的佳句，但也仅仅是一种美好的愿望而已。和平不能只靠美好的愿望，否则将永远无法实现。但是又必须要有追求和平的愿望，这是人类文明的体现。

战争与和平这两种社会现象既相互对立，又可以相互转化。当两者存在的前提和条件发生变化时，战争与和平可以迅速转化到相反的方向。即便在充满战争的氛围却没有打起来的时候，如果处理得当也有打不起来的可能。当然，若处理不好，在战后消灭战争留下的创伤的时期，也许一场新的战争正在孕育。

人类历史上战争很多，以至于有人说人类的历史就是战争的历史。其实，如果认真地研究一下人类的历史就可以发现，在整个历史进程中，任何一个地区真正发生战争的时间只占很小的一部分。在绝大部分时间里，社会还是处于和平的状态。

中国古代中原王朝建立起稳定的集权政治之后，北部游牧民族的威胁往往成为爆发战争的重要因素。修建长城是要最大限度地争取和平的时间、和平的环境，规避战争或降低战争的规模，将冲突和战争给社会带来的损失降到最小。

人类的历史是追求和平的历史。在追求和平的过程当中，一个重要的做法就是寻找规避战争的方法。怎么做才能使战争发生的可能性降到最低？西方一些关于战争的理论认为，战争是无法避免的。因为人是贪婪的，人的欲望是无止境的，所以追求利益最大化的行为也是无止境的，而战争是解决利益冲突的手段。在这样的前提下，战争就无法避免。一般来说，发动战争的一方常常可以在战争中实现自己的利益最大化。所以，力量强大的一方往往会在利益的驱动下发动战争。

回头看中国的历史，修建长城是希望把战争的损耗降到最低。有了长城，不用武力征伐而能化干戈为玉帛，这是长城修建者的美好愿望。长城区域农耕与游牧之间不断进行军事的对立和冲突，使两种经济类型下的民族都遭受了巨大的损失。

长城的修建是找到一种可以令长城内外和平相处的方式，把双方生活、生存的空间隔离开来，并通过一些手段构建起一个和平的秩序，可以让长城内外都得和平之利。

（载于国务院发展研究中心《经济要参》2019 年第 42、43 期）

长城修建原则的经济实用性研究

2019年8月25日，在第16代瓦作传人程永茂工程师的陪同下，我们到怀柔箭扣长城考察了二期维修工程。程工和我同岁，2017年箭扣长城一期修缮工程启动，从“天梯”至“鹰飞倒仰”1003米的长城，就是他主持修缮的。

总体上来说，我感觉箭扣长城一期与其他的地方相比还是比较好的，但一期修缮工程还是干预得太多。这不是施工的问题，根源在设计方案。这也反映了那个时候的理念问题，现在全国都好多了。一期修缮工程2017年10月完成，施工时我到了现场好几次。那时一天下来，程工我们俩60岁的老头子，中午就是一人吃一个馒头。

2018年6月，箭扣长城二期修缮工程启动，包括长744米的长城墙体，箭扣南段的3座敌楼、1座敌台。这段长城病害较为严重，长年的雨水冲刷使墙体垛口倒塌严重，一些主墙体也有不同程度的坍塌。长城墙体上排水不畅，加上冻胀、植物生长以及游客踩踏，险情还在继续发展，已经到了不修缮不行的程度。长城应该修就要修这没有问题，问题是长城应该怎么修。

这次长城修缮项目资金928.2万元，全部由腾讯公益慈善基金会捐资。2016年9月1日下午，由中国文物保护基金会发起、在腾讯公益乐捐平台进行网络公募的“长城保护2016”公募活动在人民大会堂启动。我作为中国文物保护基金会长城保护专项基金管理委员会首任主任，代表基金会作了《“保护长城，加我一个”长城保护公募活动项目简介》。此后，设计施工期间我也多次到现场，这次来是看一下工程扫尾。

在以后的文章中，长城保护修缮理念与实践将单独阐述。这篇文章主要是谈古代长城修建原则的经济实用性问题。长城首先是建筑，不论是墙体还是关隘、城堡、烽燧，都是以建筑的形式存在。长城修建原则要涉及长城相关建筑修建在哪里，建成什么样式等选址、布局问题，这些问题都涉及经济实用性。当然，长城的修建原则还要考虑坚固美观的问题，也要涉及材料、施工等一系列问题。

长城建筑选址、布局要满足防御和长城内外有序交流的需要，长城的各种建筑物只有与其军事防御体系相适应，才能起到较为理想的防御作用。就布局而言，长城防御体系不是一堵孤立的墙体，而是有全面规划和安排。越到后期，长城的防御体系越完善，长城的整体防御能力也就不断增强。在这种情况之下，长城建筑内容也就越来越丰富。

一、长城作为建筑，其修建原则面临的首要问题是经济实用性

古罗马著名的建筑师维特鲁威，总结建筑经验和理论的《建筑十书》，提出了建筑设计的三大原则：坚固、实用、美观，后面将详细地讲“因地形，用险制塞”“因地制宜，就地取材”等原则，这些都属于实用性的范畴。

从今河北、内蒙古等地的战国长城遗迹来看，战国长城沿线的军事防御配置已初步建立了起来。秦汉时期，长城各种设施进一步完善，在长城内外除了烽燧和亭障外，还增加了屯戍城等，防御体系向纵深发展，开始形成相对完整的防御体系。

长城经过的交通要冲处均设立关隘，严密防守这些要道是长城防御的首要任务。在关城、城墙、城堡的外侧，还设有一些障碍物以提高防御能力。北齐时，在长城内侧设戍，在险要之处置州镇并驻扎军队，形成前沿线状具有纵深的防御布防。

金代长城在中国长城之中具有承前启后的作用，而且形式也和秦汉长城不完全一样。金长城大部分在今内蒙古的草原上，城墙外侧普遍挖有护城河状的堑壕，交通要冲之处还有双壕、双墙并列，形成外壕、副墙、内壕、主墙几重防线。孙秀仁在《关于金长城（界壕边堡）的研究与相关问题》中介绍，金长城“墙外缘一律密布马面，内缘附筑接壕小堡”。到了这个历史阶段，长城作为防御方的作战阵地，其满足作战需要的经济实用性也越来越强。

壕墙结合的金界壕，其防御作用有以下几点：第一，增加敌军接近城墙的难度。敌人要接近城墙，就要先进入城壕，人马分离使敌方的高速进击遭

遇迟滞。第二，进入壕沟的进攻者行动受到极大限制，进退均被阻碍。第三，挖壕翻起的土方被堆成如墙的高坝，形成更大的高差，进一步增加逾越的难度。

明长城则在长城内外沿线设有镇城、卫城、所城、关城、边堡、墩台等，这些不同形制、用途各异的防御设置，与线性长城墙体互相配合，连成一个军事防御整体，形成具有纵深的、严密完整的、连续的长城防御体系。尤其是在关键性要塞地区，比如贯穿今天北京昌平、延庆两个区的关沟，长城设防已经更加周密。

太原镇的偏关与延绥地区仅一河之隔，游牧势力占据富庶的河套地区后，多由偏关方向进入中原腹地，然而偏关以北地势并不险峻，易攻难守，只能采取加大防御纵深的办法来弥补这种缺陷。又如九镇之中的大同镇地处咽喉，形势险要。也先败明军于土木堡等军事行动，都是先攻打山西。而攻打山西，必从大同入手，大同失利，明都必定出现危险。所以，明朝把大同看作是关系京师安危的所在。大同重镇稳固，京师就安全。因此大同镇长城的修建，采取了点线结合、以点控线、以线制面、多道重层、加大纵深的多种方式。

在修建长城的过程中，施工的周期长，工地的施工线长，施工管理成了一项复杂的工作。为了便于管理，历代修建长城都是采取分段包干、各负其责的办法组织施工。汉朝在修筑河西四郡（武威、张掖、酒泉、敦煌）长城时，由四郡的郡守负责各自境内长城修建工程的统一管理，再将任务分给各段防守的军队。

明朝也是这样，明长城沿线设 9 个军事辖区来管辖，称为九镇或九边。由各镇将领分别负责辖区内长城的修建。每一镇再将任务分给路或更小的军事单位，千户或百户等。长城的修筑和维护，都是由负责本段区域防御的军事单位负责。

山海关到居庸关的长城沿线上千座敌台，多为明隆庆至万历年间时相继修筑的。《八达岭特区志：1981—2011》记载了在八达岭长城上发现了一块明朝万历十年（1582）修筑八达岭长城关城的石碑。这块石碑上记载了当时这一段长城包修的情况，包括动用的人力、修筑的项目以及长度等。这种记事碑在现在河北、北京的长城上还有很多。

修筑长城往往因地制宜，就地取材。由于长城沿线有高山峻岭，也有沙漠戈壁和黄土高原。为了节约人力、物力，修筑长城一直是就地取材。在山区多采用石块为原料，在平地多用土方夯筑，部分地方夯土外有包砖。这些建筑材料也是就近开设石场、窑场，进行采石和城砖烧制。文物工作者在内蒙古清水河县板申沟村、福兴沟村的长城脚下，曾发现采石场遗址。我也去过那里考察，板申楼的红色基石，就是来源于板申沟村后的红石头沟石场。建筑长城所使用的城砖，也都是在长城脚下烧制的。在河北、北京还有很多明代烧制长城砖的砖窑遗址遗迹。

长城建筑除了经济实用性，也有坚固美观的问题。任何建筑都要求坚固美观，长城建筑对坚固美观的要求更高。坚固就不用多说了，不坚固的长城根本无法实现加强军事防御的目的。长城建筑美与自然美的和谐，堪称世界建筑史上的杰作。长城建筑的美学意义，今后会越来越凸显其价值。

杨辛、章启群的《关于长城的美学思考》中指出："长城在它的实用性功能消退以后，积淀了一种巨大的审美功能。长城的美主要是崇高美，即壮美。构成长城这种审美特征的主要因素，在于它自身的建筑美与自然美的高度融合，在于它的审美形式与悲剧性精神内涵的高度统一。"长城的壮美，也是每年有数千万游人来感受长城的一个原因。

二、"因地形，用险制塞"，易守难攻的空间原则

"因地形，用险制塞"，突出的是长城建筑经济实用性中的"实用"。我们都知道的一句老话"一夫当关，万夫莫开"，说的就是关隘都是设在易守难攻的空间。《孙子兵法·形篇》中说："昔之善战者，先为不可胜，以待敌之可胜。不可胜在己，可胜在敌。故善战者，能为不可胜，不能使敌之可胜。故曰：胜可知，而不可为。"怎么才能做到"先为不可胜"？《孙子兵法》继续说："不可胜者，守也；可胜者，攻也。守则不足，攻则有余。善守者，藏于九地之下，善攻者，动于九天之上，故能自保而全胜也。"银雀山汉墓竹简中的这句话为：守则有余，攻则不足。其实，这两句话是一个意思。守则不足自然就攻则有余，守则有余自然就攻则不足了。

所有的战争都是在一定的空间内进行，充分利用有利地形，是取得作战胜利的保证。人工构筑的防御工事，是对自然地形的调整和补充。长城作为

军事防御工程，是人工构筑的军事防御体和自然险阻的有机结合。古人用修建高大、坚固而连绵不断的墙体的方法来强化自然险阻，以实现有效防御的目的。所以，那些险要的地方是设关的首选之地。

构筑长城，首先要确定的是其大体走向。关于长城选址是怎么进行的，历史文献中并没有记载。但综合来说不外乎考虑两点：第一，从战略上要有利于朝廷战略方针的实现。第二，从战术上要有利于有效地保存自己，最大限度地消灭敌人。

任何战争都受地理条件的影响，长城修建者要根据地形条件，依据易守难攻的原则确定防御重点，然后再确定连接这些防御重点的墙、壕的具体位置。长城是将天险和人工构筑的防御工程有机地结合起来的军事防御体，守军依托长城形成进可攻、退可守的军事防线。

能否充分利用有利地形，是能否赢得战争胜利的重要条件，这是长城修建者不可疏忽的大问题。历朝历代修筑长城普遍采用的指导原则，是"因地形，用制险塞"（《史记》卷88《蒙恬列传》，北京：中华书局，2008年缩印本，第2565页）。这是《史记》中总结长城修建原则的一句话，后世基本上一直在延用。这条春秋战国修筑长城时摸索出来的经验，蒙恬修长城时被确定下来。

"因地形，用险制塞"就是指修长城时要选择有利地形，因地制宜地进行设计和施工。长城的走向、建筑的体量、选用的材料等，都要根据所经之处战略重要性和地形的不同特点，按实际情况灵活确定。

用险制塞还有一种情况，就是利用大江大河及深谷作为天然屏障，与人工构筑的长城配合使用，互为补充。修建长城时充分利用河险，既可提高防御方的作战能力，又可节省物力、人力。

从现存长城遗址的有关调查中可以看到，巧妙选择有利地形修筑城墙的例子各地都有很多。比如八达岭东南的东三岔和西三岔的长城，就没有修建八达岭那样的坚固城墙。在山体非常险峻，敌人根本无法直接上去的那些陡峻的地方，无须人工修筑墙体。古人巧妙地利用了山险，甚至采取将山崖铲削成无法攀爬的更陡的悬崖的办法，来加强山险防御。

《明实录》中这方面的记载有很多，如《明宪宗实录》成化九年九月壬子："宣府游兵又在临期相度事势调用。其东、西二路墩台迤南俱有山险，先已役民五万铲削如城，以便防守。后因天旱，以巡按御史苏盛之言而止。然可责近效，又能经久，无如此举。”又如《明宪宗实录》成化七年七月乙亥：“巡抚延绥右副都御史余子俊奏：延庆边疆山崖高峻，乞役山西、陕西丁夫五万，量给口粮，依山铲凿，令壁立如城，高可二丈五尺。山坳川口连筑高垣，相度地形，建立墩堠，添兵防守。”

有很多地段的长城，从外侧看很陡险，里侧则较为平缓。修建者这样选择利用地形，既可以满足外侧御敌的需要，又可以方便内侧长城驻军的移动和上下长城。这样的选址在长城上很普遍，而且在历代长城上都有。

宁夏有不同时期修筑的长城遗迹，可见墙体近两千里，辅助设施有两千多个。马建军、周佩妮的《宁夏境内现存古长城的构筑方式探述》记载，宁夏境内长城“修筑方式多样，因地制宜，采用黄土夯筑、砂石混筑、石块垒砌、劈山就险、自然山险、深沟高垒等多种形式，还有品字形窖、壕堑、苟拉壕等颇具区域特色的构筑方式”。在历代长城修建中，可以看到很多这样的做法。

长城以占据地利、巩固防御为目的，充分利用地利，把山崖、峭壁、沟壑、峡谷、河流、森林等收为己用，通过修筑墙体等方式串联，形成一道人造与天然互相补充的军事设施。这个原则早在长城产生之初就已经确立下来。

《史记·越王勾践世家》记载了《括地志》中对楚长城的记述：“故长城在邓州内乡县东七十五里，南入穰县，北连翼望山，无土之处，垒石为固。楚襄王控霸南土，争强中国，多筑列城于北方，以适华夏，号为方城。”这条史料见《正义》注引《括地志》，在中华书局1980年《括地志辑校》中未见。楚长城是最早修筑的长城之一，这条长城便已经采取了“无土之处，垒石为固”的方式，充分利用地利。

由于巧用地利，在长城建筑中创造出许多奇迹。山海关长城建筑，修建在8千米长、山海之间最狭窄的地方，一侧修建到海里，另一侧延展到山上，把山、海与城三者建成浑然一体的防御体系。在九门口水关，九座既可通水又可走人马的城门，建在河道之上，既造就了坚固的防御工事，又不破坏山水相依的自然环境。长城西行进入大漠，在穿越黄河时利用河险。在穿越其他较小河流时，堤、堰、坝等均被利用作为防御体。

三、“因地制宜，就地取材”，最小成本的工程原则

“因地制宜，就地取材”突出的是长城建筑的经济实用性中的“经济”。长城建筑凝结中国先民的智慧不仅表现在选址上，还充分体现在施工上。因地制宜、就地取材成为长城建筑的重要特点之一，也是当时长城修筑者确定的施工原则之一。毫无疑问，就地取材是以最小成本修建长城为原则。

在具体的施工细节上，先人又充分利用了当地的资源，遵循了就地取材的原则。长城墙体建筑多为三种方式，即石砌、土夯、砖包。石砌是从山上采集甚至从山体上开凿出一定规格的石头来砌筑。用这些石头垒砌长城，形成的墙体称为石砌墙。土夯是用木板做夹板，把经过筛选而能够黏合在一起的土壤填塞其中。这样把土夯实形成的长城墙体叫土夯墙。砖包墙是指墙的两面用砖砌成，中间填塞夯土或碎石。在一些地方，也有的长城墙体是外侧单面的砖包墙。

选用哪种方式来建造墙体，根据修筑长城所在地的原料条件和防御要求来决定。选用当地的原料既是为了节约人力、物力，客观上也提高了修建的速度。砖是明代长城重要的建筑材料，烧砖的遗迹在长城脚下也多处可见。河北秦皇岛市抚宁区板厂峪长城脚下发现了数十座明代砖窑，都是当时修建长城留下来的遗址。在山海关一带的明长城多为青砖包砌的城墙，因为这一带属于战略要冲，是防御的重点地段，需要建造坚固耐用的城墙。

砖砌长城，多在北京以东。这是燕山山脉的冲积扇，有着充足的黄土可以烧制青砖。八达岭附近的长城建在山上，采石比较方便，所以是石砌城墙的形式。八达岭长城等地的长城脚下发现的采石场遗址，与长城的修筑密切相关。

辽东一带有木柞形式的长城，与这一带木质建材较多密切相关。在大同镇、宣府一带多为夯土或石城墙。长城向西延伸，进入戈壁、草原、沙漠地带。陕西一带燃料不足，山石缺乏，既难以烧砖，又无处采石，古人在此创造出红柳夹杂沙土的土夯墙。这种墙体虽然相对简单，但在平原上耸立起数米高的土墙，对骑兵也构成了难以逾越的障碍，起到了防御或延缓敌人进攻的作用。

为确保工程的顺利进行，长城的修建者们在质量、工期、成本等具体要

求下，每个阶段、每个工序、每项施工任务都保持了较好的秩序，实现了较好的配合。当时各层级的指挥者怎样进行施工前的准备工作，因缺乏文献记载，尚难确知。但以常理推论，很可能是首先绘制施工图纸、确定技术规范和具体操作规定，让施工者了解设计要求及具体做法，弄清有关技术及上层指挥者对工程质量的要求，才能保证施工的正常进行。

明朝以前的长城修建基本上都没有形成严格的定式，只有到明朝才有了较为严格的定式。明朝九边各镇长城的建筑也有很大的区别，根据在河北、北京地区发现的明朝关于修建长城的石刻碑文记载，蓟镇长城大致按三个等级建造。

一等长城多修在要塞部位，一般以方条石为基座，墙身内外两侧用砖或条石砌筑，墙心填以灰土夯筑或毛石砌体。上部的垛口和女墙一律用砖砌出；墙顶也用砖铺墁，以供人马行走。二等长城墙身外侧用砖或条石砌筑，内部用毛石砌体，内侧表面做虎皮石墙面，并用白灰勾缝，垛口及女墙全部用砖砌筑，墙顶也用砖铺墁。三等长城一般用毛石砌筑，内外两侧表面均做虎皮石墙面，墙的厚度、断面尺寸及墙顶上部的做法均根据防御需要和地形条件而定。不同等级的长城有着共同的特点，就是就地取材和因地制宜。

就地取材，便于长城修筑的施工，并能够降低成本。修筑长城的施工条件极为艰苦，施工者想了许多办法。比如，由山下向上搬运建筑材料有三种：一是人力搬运。用人背肩扛等方法把大量的城砖、石灰、石块搬运上山岭。有时也采用人排列成队，依次传递城砖的方法。二是简单的机具运输。如小推车、滚木、撬棍或在山上安置绞盘，把巨大石块绞上山脊去。三是利用动物运输。利用善于爬山的驴和骡子等将长城砖等建筑材料驮运上山。有些地方还从高一些的山体采石，运往低处供给长城修建，这种做法在怀柔区西水峪、昌平区龙泉峪均有发现。

总之，长城修建工程在建筑材料的选用方面充分做到了“就地取材、因材施用”，既避免了长距离的运输，节约了人力、物力，还充分利用资源，降低了施工成本。不论汉朝的还是明朝的长城，都在城墙外侧多挖有护城壕堑。这种情况在内蒙古、陕西、甘肃、青海等地多处可见。挖护城壕堑，除提高防御能力之外，所挖之土还可以直接用于修筑城墙，进一步节省大量的修建长城人工，降低施工成本。

另外，有一个流传很广泛的传说，长城墙体之所以如此坚固，是因为城墙城砖之间的黏合材料用了糯米汁的缘故。这是一个很美丽的传说，正史、野史均无此记载。实际上也不可能，因为那个时候粮食非常紧张，人都不够吃哪来的那么多糯米汁砌墙？况且，北方主要是吃面，基本不产糯米。

长城肯定没有使用过糯米汁砌墙，明代的皇城的围墙都没有使用糯米汁筑城。《大明会典》中涉及建造皇城的黏合材料仅有石灰，“凡在京营造，合用石灰，每岁于石灰山置窑烧炼，所用人工窑柴数目，俱有定例”。

中国古代建筑，确有以糯米汁为黏合剂的砌墙方式。这种高成本的建筑方式，主要是皇宫大殿和皇家庙宇建筑会使用。其墙体的砌筑方法，被称为“磨砖对缝”的砌法。先把青砖磨得很平，两块砖叠压在一起基本上看不到砖缝，然后以糯米汁为黏合剂，黏合砖与砖上下左右的缝隙。长城是一种相对粗糙的建筑，不可能用如此精细的高成本工艺。

四、“烽堠相望，绵亘谨严”，防御有效的布局原则

长城的修筑用于防御，一定要保证长城防御的有效性。这方面强调的也是经济实用性中的“实用”。修建长城的设计中对纵深防御的合理布局，是一项确保长城防御的重要原则。孔令铜在《长城的历史作用及其辩证评说》一文中说：“长城从放大了的城堡到最终成为烽堠相望、绵亘谨严、敌台林立、纵深梯次的巨大防御体系，积淀了两千多年十数个朝代的先贤才智，脱颖出许多深邃的军事思想。”为满足防御作战的需要，长城在设计建筑格局时要充分考虑其军事防御体系。

长城产生之初就不仅仅是一堵墙，经过长期的经验积累和调整，到明朝时长城纵深防御体系日益成熟，整体防御能力不断增强。从军事上考虑，在防御敌军突破方面，纵深的作用极大。当长城一处遭到进攻时，其他地方的部队从两侧包抄，可以阻止敌军长驱直入，这一点北京地区的长城很有代表性。孙玲在《北京市长城保护调查报告》中介绍：“北京长城总的走向分布主要由东西、北西两个体系组成，在怀柔区旧水坑西南分水岭上汇合，连接成为一个整体。北京地区长城以单层状为主，只在隘口附近才出现环状、多层状。”

纵深防御的作用是在来敌突破长城防线后，阻止敌人长驱直入，很快深入到长城防御方的腹地。明长城有内外长城，长城内外设有功能不一的大小城堡。镇城、卫城、所城、关城、边堡等不同形制、不同用途的防御建筑，与长城主墙联结成一个有机的整体，构成严密、完整的长城防御体系。

八达岭长城外有岔道城，内有上关、居庸关，再往里又有南口城。进攻的敌军每经过一次破关的战斗都会有很大的损耗。而这些战斗时间局促，又没有多少兵力展开的余地和回旋空间，攻城的难度会越来越大。明朝将防御纵深扩大后，敌人即使在一次进攻后得手，也难以突破后面的几道防御，被迫陷入耗时较长的战斗中。而随着时间的延长，优势将向长城防御者一方转化。

长城主要是防御游牧骑兵。骑兵机动性虽强，但快速深入到一定距离后，受马力、人力等多方面因素的影响，突击速度会递次衰减。这时，防御方若利用位于险要处的城堡和较好的信息传递系统，迅速调配足够的兵力，就可以给已经相对疲惫的敌方以致命的打击。敌军向中原长驱直入的时候，防御方还可以包抄截断敌方的后退路线，实现对敌方的打击。

北方游牧骑兵对长城防御构成了严峻的挑战，长城防御军队需要找到解除这种军事压力的方法。通过有效的防御来满足安全的需要，这就是长城纵深防御产生的背景。为保证一道防线被攻破之后，还有多重防线对进攻方进行抵御，在建造长城、设计布防时，充分考虑了纵深防御的问题。

每一道长城防线都是相对独立的体系，可以独立作战。只要几条防线中有一道防线不失，就能有效阻挡进攻的敌人。此外，后边的防线可以向前支持，加强阻挡敌人的力量；已经被攻破的防线，可以尽快地形成新的防御力量，对进攻的敌人实行包抄、倒打、关门、截断退路等战术手段。

在具体实施的过程中，敌人在进攻第一道防线的时候，其他的防线可以迅速做好应战准备。也就是说，在敌人进攻第一道防线时，第二道、第三道防线就做出第一道防线有可能被攻克的预期，做好迎敌的战斗准备。进攻长城的一方攻入长城纵深防御体系实际上是陷入了立体作战的狭小空间，面临很大的安全威胁。强行进攻，要突破几道防线，是一件很困难的事情。而纵深阵地的设置，有时是为了攻方的迂回、包抄，也有守方通过战术层面的层层阻击，耗敌、弱敌，毕其功于最后一役的后发制敌的预期。

长城防御纵深的建设有一个不断发展的过程，到明代最为成熟。在蓟、昌两镇长城的十二路防区内，各路部队互为纵深、有很明确的应援职责。戚继光在《筹定赴援兵马》中明确规定："如遇警报，在燕石三路，则三屯营标兵首先赴援，次之遵化，次之密云，次之昌平；如在马太三路，则遵化营标兵首先赴援，次之三屯营，次之密云，次之昌平；如古北黄花镇有警，亦各以是为差。"

秦汉时，随着中原对游牧地区控制程度的不断加深，各种防御设施得到进一步完善。除烽、燧、亭、障外，长城内外还增筑了大量用于屯戍的城堡，以满足纵深防御的需要。在长城所经过的交通要冲都建有关隘，派重兵严密防守。长城城墙、城堡的外侧还设置了一些障碍物，如战墙、壕堑等。

总之，长城修筑时，设计者需充分考虑长城的纵深防御需要，并且根据纵深防御的特点来设置布局长城建筑，全面考虑并使长城墙体和各单体建筑都符合整体作战的需要。当然，长城防御建筑能发挥作用，前提是王朝政权处于稳定时期。一个王朝的寿数到了，自然是难逃灭亡。

五、"分段承包，质量跟踪"，方便管理的施工原则

万里长城的修建是一个超大型工程，怎么做才方便施工管理？这就是分段由不同的单位承包施工。分段承包施工，将长城修建工程交付给不同的施工队伍进行施工。管理强调的也是经济实用性中的"经济"，方便上级负责人对工程进行协调管理，包括进度的跟踪、修建经费的拨付等。

1975年在嘉峪关关城到石关峡段长城的城墙顶部夯土墙，发现了一块"长城工牌"。这段长城现在叫暗壁，和关城南段的明墙在明代统称为肃州西长城，工牌的位置距肃州西长城北端1千米多。此牌现收藏于嘉峪关长城博物馆。"长城工牌"记载了长城的施工，是由长城各个防区采用分区、分片、分段包干的办法进行的。

张晓东、冯庆的《长城工牌考释》介绍，工牌为青石质小石碑，碑高19厘米，宽11.5厘米，厚2厘米。两面共58字，文字为阴刻楷书。工牌正面竖刻两行22字，正中刻"弟一工起" 4个大字，"弟"字是"第"的通假字。右边刻 "加靖十九年七月初一日起初十日止第一工" 一行小字。工

牌背面文字分上下两部分，共36字。上部刻4个大字“蔡比梅起”。下部竖刻六行32个小字，内容为“一工李清队起，二工梅喜队，三工王元队，四工侯勋队，五工位宗队，六工张昙队止”。

张晓东、冯庆依据《肃镇华夷志》的记载，判断“蔡比梅起”中的“蔡”指蔡纪，“梅”指梅景。主持修建肃州西长城的是嘉靖十八年肃州兵备道副使李涵，时任陕西左参政。修建长城的三支军队分别为：凉州卫指挥蔡纪、山丹卫指挥纪纲、肃州卫指挥梅景。三人分别督修各自的工段。很可能是蔡纪负责第一工段，梅景负责第二工段，纪纲负责第三工段。工牌刻字“蔡比梅起”中的“蔡”指蔡纪，“梅”指梅景。

类似的碑刻在河北、北京地区的长城之上都有发现。河北青龙县大马坪长城上还立有一块修筑长城的石碑：“定州营右部头司把总晏天福万历四十四年秋防分修二等砖边城八丈五尺。督工旗牌马大祥、泥水匠头靳歪头、石匠头张八。”

河北遵化洪山口村的“天津春防碑记”，为万历四十四年五月吉旦立石。碑文从上到下将长城防御指挥系统有关的各级官员都记录下来之后，记录了长城修建有关内容：“天津右营原蒙派修松棚路松龙丑十二号台西空创修二等砖空心敌台二座，底阔各周围上十四丈、收顶一十三丈、高连垛口三丈五尺，上盖坐二破三房三间；又修洪松三峰岭五十六号台东空创修三等砖空心敌台二座，底阔各周围一十二丈、收顶十一丈二尺、高连垛口三丈五尺，上盖楼房二间；又修松洪十三号，拆修坍塌一等敌台一座，周围二十四丈，收顶一十五丈五尺，高连垛口四丈五尺，上盖厅房三间，旧□修筑，以上如式修筑道完。”

记录长城墙体、空心敌台等建筑数量之后，还详细记录了总管工程中军、分管工程千总指挥千户、管工旗牌、管工队总、石匠头、泥水匠头等负责人的姓名。碑文为：“总管工程中军武举官一员：宋拱臣，分管工程千总指挥千户五员：侯懋勤、夏却乡、张拱比、漆雨诚、陈天成，管工旗牌五名：王鹰登、胡天祥、曲登科、林登学、韩春，管工队总十名：赵焕儿、林春桂、王中、于国卿、戈仲文、李□□、郝抢儿、孙继太、李国印、轿羊，石匠头五名：李令儿、唐异儿、闫守节、赵宦、汪三哥，泥水匠头五名：刘才、康也儿、胡守益、周江、刘拎儿。”

北京和河北境内的明长城，很多的地方都有文字砖。顾名思义，长城文字砖就是砌筑长城的城砖之上，刻印有各式各样的文字。比如秦皇岛的山海关东罗城就有万历十二年真定营造、万历十二年滦州造等。在山海关老龙头南海口关南侧内墙，还发现过刻有“永固”两字的文字砖，卢龙有“万历十五年德州右部造”。有的长城文字砖仅有简单的字，如“左三司”“右三司”或“左”“中”“右”等字样。

砖上这些文字的作用也是记录长城修建时间、施工分区、施工单位等信息，以明确施工责任。如果发生质量问题，“文字砖”便是确定施工人责任的依据。

（载于国务院发展研究中心《经济要参》2019 年第 44 期）

长城修建人力及经费的基本构成

修建长城是大型工程，需要大量的人力和物力支持。长城修建的人员、经费都是很重要的基本条件。戍守长城也需要大量的军队，需要强有力的后勤保障。目前对长城修建人员和费用及其管理等方面的研究，成果还不是很多。不能较为清晰地认识在修建长城的过程中，人力及经费的预测和决策、人力组织及经费的开支范围的具体情形。也不知道修建长城时如何对经费进行控制，长城工程完成后如何考核经费的完成情况。

历史文献中对明代以前长城修建的记载很少。别的不说，如此大的工程仅搬运建筑材料一项就要使用多少的人力？原始的方法，将大量的城砖、石灰、石料搬运到山上的施工现场，除了使用牲畜外，只能是用人背、肩扛等。我们对长城建设，从设计阶段到施工阶段的整体情况都还缺乏认识。现在谈长城修建的人员、经费等，也只能是较为笼统地涉及一些基本情况。

一、长城修建人工来源主要是军队士卒、民夫及招募的饥民、犯人

修筑长城是一项巨大的工程，无论施工工地还是后勤保障，都需要大量的人工。《资治通鉴·陈纪十》记载开皇五年（585）“隋主使司农少卿崔仲方发丁三万，于朔方、灵武筑长城，东距河，西至绥州，绵历七百里，以遏胡寇”。《隋书·高祖纪》记载，开皇六年（586）二月丁亥，隋文帝“发丁男十一万修筑长城，二旬而罢”。《资治通鉴·陈纪十》记载，陈至德四年（即隋开皇六年）二月“丁亥，隋复令崔仲方发丁十五万，于朔方以东，

缘边险要，筑数十城”。

从文献资料的记载和中国历代大型土木工程施建情况分析，中国从古至今，修筑长城时投入使用的人员主要来自以下三个方面：一是军队，也就是戍边的士卒。二是民夫，也就是征调的民夫和招募的饥民。三是各类违法受到惩处的犯人。

（一）军队

无论是秦始皇修建中国历史上第一条万里长城，还是明代修建最雄伟的万里长城，历代在修筑长城时所用的施工主力都是军队。秦始皇时修筑的长城，由大将军蒙恬直接负责。蒙恬率领30万大军打退匈奴后，花了9年时间才完成长城的修筑。

司马迁在《史记・蒙恬列传》中说：“吾适北边，自直道归，行观蒙恬所为秦筑长城亭障，堑山堙谷，通直道，固轻百姓力矣。”现在保存还很完好的内蒙古固阳县的秦始皇长城，处于峡谷幽深之山地。在条件如此之差的地方施工，若不是军队很难完成。

汉代长城也主要靠征战戍边的士卒修建。东汉末年，陈琳在《饮马长城窟行》中写下了“男儿宁当格斗死，何能怫郁筑长城。长城何连连，连连三千里。边城多健少，内舍多寡妇”的诗句。在他看来，男子汉大丈夫宁愿战死沙场，也不愿意郁闷地修筑长城！此诗中陈琳表达了自己的战守观，也说明诗人认为当时军人的重要任务是修筑长城。

金代修西南、西北路沿临潢到泰州的界壕，也是以3万名士卒连年施工完成的。使用士卒修筑长城在明代表现得最为突出，修长城是戍边守军平时的一个重要职责。每次大规模修建长城，都动用了大量的戍边守军。

（二）民夫

各个朝代修筑长城时都会大量征调民夫，每次修筑长城，征调的民夫数量经常在十万、数十万之间，最多的时候甚至达到百余万。秦始皇时修筑长城除动用30万大军外，还下令从全国征调了50余万民夫。

《北史・世祖太武帝纪》记载，北魏筑畿上塞围时“发司、幽、定、冀四州十万人”。

《北史・齐本纪下》记载，北齐在天保六年“诏发夫一百八十万人筑长城，自幽州北夏口，西至恒州，九百余里”。北齐修筑的这道由夏口至恒州的长城，一次就征调了民夫180万人。

《隋书·炀帝纪》记载，隋朝修筑在“西距榆林，东至紫河”的一段长城时，征调男丁100余万。以上这些民夫的征调，名义上是完纳国家的赋役，实际上有不少强行征调的情况。

《金史·独吉思忠传》记载：“初，大定间修筑西北屯戍，西自坦舌，东至胡烈么，几六百里。中间堡障，工役促迫，虽有墙隍，无女墙副堤。思忠增缮，用工七十五万，止用屯戍军卒，役不及民。”在人力严重不足的情况下，朝廷也会采取招募的办法来解决部分人力问题。1198年，金修临潢路壕堑，除军民一起参加之外，又招募饥民参与施工。

针对这种过度使用民力的情况，当时也有很多官员提出反对意见。《金史·张万公传》记载：“初，明昌间，有司建议，自西南、西北路，沿临潢达泰州，开筑壕堑以备大兵，役者三万人，连年未就。御史台言：‘所开旋为风沙所平，无益于御侮，而徒劳民。’上因旱灾，问万公所由致。万公对以‘劳民之久，恐伤和气，宜从御史台所言，罢之为便’。后丞相襄师还，卒为开筑，民甚苦之。”

（三）罪犯

发配充边的犯人，是历代修筑长城的补充人力来源。秦汉时，有一种专门的刑罚叫“城旦”，对其施行的处罚主要是修长城，刑期四年。《史记·秦始皇本纪》记载秦始皇施行焚书政策时规定：“令下三十日不烧，黥为城旦。”《集解》如淳引《律说》说：“论决为髡钳，输边筑长城。昼日伺寇虏，夜暮筑长城。”这是一种很重的刑罚，甚至可能是置人于死地的刑罚。

明朝修长城的劳力中，也有不少是犯人。《四镇三关志·志疏考》记载，隆庆五年（1571），顺天巡抚杨兆在《议处重镇边备疏略》中提出：“臣查得军民犯该徒罪者，在东南则煎盐炒铁，在西北则摆站哨瞭，原无定役。访得前项徒犯到驿，略无应干事务，乞将直隶抚按各道府州县，有犯该徒罪人犯免，发驿递墩台充为修边徒夫，解发兵备道，查发倾坏边墙水口羁绊修筑，照徒年限，每日止修墩台或濠堑约几许为一工，定发以百里为率，二百里者减去一工，三百里者减去二工，以次递减，如有能并工完报者，止以工限为准，不以年限为期，即与释放。”

杨兆建议将一些轻刑犯的服刑年限，折合成修边工程量。这一建议的施行情况未有记载，但当时为了弥补修建长城施工人员的不足，在罪犯这一个层面花费了不少心思是肯定的。修建长城是一项非常艰苦的劳动，很多人为此付出了生命也是肯定的。所以，一般来说农民是不会主动投入到惩处建设中来的。

《淮南子·泛论训》说，秦筑长城“丁壮丈夫，西至临洮、狄道，北至飞狐、阳原，道路死者以沟量”。人在面对死亡的威胁时应该是会反抗的才对，可是中国普通老百姓个体的反抗能力实在是太弱小了，不足以对统治者构成威胁。

二、孟姜女的丈夫是赘婿，男人入赘女家要受到惩处

孟姜女的故事是中国四大民间传说之一，唐朝贯休的《杞梁妻》诗中有“秦之无道兮四海枯，筑长城兮遮北胡，筑人筑土一万里，杞梁贞妇啼呜呜。上无父兮中无夫，下无子兮孤复孤。一号城崩塞色苦，再号杞梁骨出土。”

虽然此前孟姜女的故事，应该是与长城乃至秦始皇都无关，到了唐代才与长城有了联系。但是故事中孟姜女丈夫范杞良新婚之夜被抓，然后惩罚他去修长城却与历史有联系。孟姜女的丈夫是入赘到孟家的男人，在当时男人入赘女家是一种要受到惩处的行为。

《史记·秦始皇本纪》记载：“燕人卢生使入海还，以鬼神事，因奏录图书，曰‘亡秦者胡也’。始皇乃使将军蒙恬发兵三十万人北击胡，略取河南地。”在这里太史公很清楚地使用“发兵”一词，记录蒙恬所率北征匈奴的三十万军队是秦朝的正规军。后来修建长城的也主要是这支军队。

《史记·秦始皇本纪》记载：“三十三年，发诸尝逋亡人、赘婿、贾人略取陆梁地，为桂林、象郡、南海，以适遣戍。”这段记载说的就是抓捕犯罪之人充边，其中“尝逋亡人”是那些犯法在逃的人或是逃兵。排在“尝逋亡人”之后的“赘婿”，作为一种罪名又是什么人呢？

“赘婿”就是倒插门，入赘女方之家的男人，北方长城沿线今天多称其为“上门女婿”。秦始皇为什么要抓这么多“赘婿”去修长城呢？1975 年湖北省云梦睡虎地秦墓竹简出土，研究者从睡虎地秦简《为吏之道》附录的《魏户律》中，发现有当时关于“赘婿”的解释：

廿五年闰再十二月丙午朔辛亥，□（王）告相邦：民或弃邑居壄（野），入人孤寡，徼人妇女，非邦之故也。自今以来，叚（贾）门逆吕（旅），赘婿后父，勿令为户，勿鼠（予）田宇。三楪（世）之后，欲士（仕）士（仕）之。乃（仍）署其籍曰：故某虑（闾）赘壻某叟之乃（曾）孙。

这里记载的“廿五年”，为魏安釐王二十五年（前252）。当时的魏国住在都邑的庶民，“弃邑居野”，进入孤寡之家，做人家的赘婿的人，破坏了“邦之故”制。魏王提出新的规定，从今往后，“贾门”“逆旅”“赘婿”“后父”等，都不允许独立为户。所谓的“勿令为户”，主要是“勿予田宇”。不给予这些人田地和房宅地，对其生活是有很大压力的。

从这条规定来看，“赘婿”的身份是很低的，即便三代之后要改变身份，也还是要在官籍上写明“故某闾赘婿某叟之曾孙”。这里的“虑”应该是“闾左”的“闾”，古代文献中经常以“闾左”称呼贫民。“谪戍”不是正常的徭役征发，而是一种惩罚性戍边，是秦朝对赘婿等特定人的一种歧视政策。

由此可知，最早打击男子入赘女家是从魏国开始的。只是从这条文献中，只看到了对“赘婿”的限制，并没有给予实际的打击。睡虎地秦简《为吏之道》的附录，还有另一篇《魏奔命律》，涉及强行“赘婿”等人从军的规定：

廿五年闰再十二月丙午朔辛亥，□（王）告将军：假（贾）门逆□（旅），赘婿后父，或□（率）民不作，不治室屋，寡人弗欲，且杀之，不忍其宗族昆弟。今遣从军，将军勿恤视，享（烹）牛食士，赐之参饭而勿鼠（予）肴。攻城用其不足，将军以堙豪（壕）。

从魏王的这条命令来看，对“赘婿”等不法之人，本来是要杀掉的，不忍心连累他们的同族兄弟，才改派他们从军。魏王命令将军，不必对这些人怜惜。烹牛给士兵吃时，不要给他们肉吃，饭也只给他们吃三分之一。在进攻敌方城池的时候，可以用“赘婿”等去平填沟壕。在这里对“赘婿”等，就有了对罪犯惩处的性质了。

魏国经过连年的战争，造成青壮年男子大量死亡，很多孤儿寡母为了生活便有了招赘女婿的需求。那些想逃避兵役的人，为了不被征发入伍，便隐姓埋名入赘到女方家中做上门女婿。入赘的人多了，可征发的兵源便越来越枯竭。为了解决人力需要，魏国率先颁布了打击和惩处“赘婿”的法律。

《史记·商君列传》记载秦国“民有二男以上不分异者，倍其赋”，更何况是藏匿到女人家里去做赘婿了。秦始皇统一六国之后，继续施行打击“赘婿”的政策。《史记·秦始皇本纪》记载，秦始皇三十三年“发诸尝逋亡人、赘婿、贾人略取陆梁地”。《汉书·晁错传》记载，汉文帝时晁错讲到秦的谪戍制度时，说“先发吏有谪及赘婿、贾人，后以尝有市籍者，又后以大父母、父母尝有市籍者，从人闾，取其左”。

到了汉代，也依然执行着这样的政策。《汉书·武帝纪》颜注引张晏说，记载了汉初实行的“七科谪”制度，“吏有罪一，亡命二，赘婿三，贾人四，故有市籍五，父母有市籍六，大父母有市籍七”。从这些文献记载中，我们可以看出来，秦汉时期将“赘婿”等人作为谪戍的对象，也和战国时期魏国一样“勿令为户，勿予田宇”。

汉初晁错在《守边劝农疏》中专门讲了秦朝的谪戍制度，他说：“秦之戍卒不能其水土，戍者死于边，输者偾于道，秦民见行，如往弃市。因以谪发之，名曰谪戍。先发吏有谪及赘婿、贾人，后以尝有市籍者，又后以大父母、父母尝有市籍者，后入闾，取其左。发之不顺，行者深怨，有背畔之心。”“谪”本来就有“惩罚”的意思在里面，《汉书·成帝纪》中就有“人君不德，谪见天地”的说法。《说文》中更是直接解释“谪，罚也”。

从战国到秦汉，都将“赘婿、后父”作为逃避兵役的手段，自然会受到诸侯国君和皇上的惩罚性打击。秦朝将大量贾人、“赘婿”强行差往岭南，也是一种严酷的惩罚。这些人到岭南的任务主要不是作战，所以战斗力极差。文献中有很多记录，移民被土著居民打败杀害。

秦始皇时期，被强制去修筑长城的犯人中有一种罪名为“城旦”。娶别人逃亡的妻子和赘婿，都要被判为城旦。《史记·秦始皇本纪》记载，秦始皇下令焚书之后，“令下三十日不烧，黥为城旦”。裴骃集解：“如淳曰：《律说》‘论决为髡钳，输边筑长城，昼日伺寇虏，夜暮筑长城’。城旦，四岁刑。”

城旦是一种劳役刑，对犯人施以强制劳役的刑罚。《汉书·惠帝纪》注引应劭对“城旦”的解释说“城旦者，旦起行治城，四岁刑”，也就是很早就要起来做筑城的苦役，城旦即筑修长城的人。《后汉书·韩棱传》引《前书音义》曰：“城旦者，昼日伺寇虏，夜暮筑长城。”也就是说，城旦是白天参与军事防御，夜晚参与修筑长城的人。

三、北齐发寡妇以配军士筑长城，游牧民族习俗的延续

北齐（550—577），东魏权臣次子高洋篡东魏位所建。高洋建立北齐之后，多次组织修建长城。北齐从建国到灭亡，虽然只有短短的28年历史，却非常重视修筑长城。其原因有两个，一是北方有来自突厥、柔然、契丹等游牧民族的威胁，二是西面防御北周政权。

天保五年（554）十二月“帝北巡至达速岭，览山川险要，将起长城”。当时，正值寒冷的冬天无法施工，据《北史·齐本纪下》记载，这次修长城是第二年的三月开春之后进行的。同时还记载了这次修长城的另一件事：“天保六年（555）三月，发寡妇以配军士，筑长城。”

北齐只是一个仅“有户三百万，人口两千万”的小王朝，在春耕在即的时候，派这么多人去修长城，肯定要耽误种地。北齐修建长城，为什么要“发寡妇以配军士”？这应该是激发军士积极性的一种奖励政策。参加长城修建工程，虽然是苦点累点，但表现得好可以得到朝廷配给的一名寡妇做媳妇，也还是很有吸引力的。

《北史·齐本纪下》记载，第二年再次修建长城，继续征召寡妇配给修建长城的军士。可能是找不到如此多的寡妇了，“发山东寡妇二千六百人以配军士，有夫而滥夺者五”。这种将有家有丈夫的女人，强行掠走婚配给修建军士的做法虽然很恶劣，但是老百姓是无力进行抵抗的。

“发寡妇配军士”修长城这种事，也只有北齐皇帝这样保留着游牧民族习俗的统治者能做得出来。古代游牧民族的婚姻习俗，与中原农耕地区有很大的区别，其中的收继婚制度，也就是被概括为的“妻后母、报寡嫂”的制度。古代游牧民族战争多，男人死亡率高造成劳动力缺乏，为了促进人口的繁衍，女人失去丈夫后自动转嫁给家族的其他男人，继续为本族生育儿女。所以，对游牧民族来说，基本上没有“寡妇”。

进入农耕地区，北齐皇帝见到有如此之多的寡妇，变动了“发寡妇以配军士”的心思。关于游牧民族“妻后母、报寡嫂”的习俗，汉代去匈奴和亲的王昭君，经历了一个很痛苦的过程。王昭君与貂蝉、西施、杨玉环并称中

国古代四大美女，竟宁元年（前 33）正月，匈奴呼韩邪单于来长安朝觐，自请为婿。汉元帝将宫女王昭君赐给呼韩邪单于。两人一起共同生活了三年，生有一子名伊屠智伢师，后来被封为右日逐王。

呼韩邪单于死后，呼韩邪与大阏氏所生之子雕陶莫皋继任，是为复株累单于。新单于提出要“复妻王昭君”，王昭君接受不了这样的习俗，给汉廷上书提出归汉。汉成帝没有接受王昭君的请求，敕令她“从胡俗”。王昭君只好遵命下嫁复株累单于，并为其生了两个女儿。宋代王安石曾有诗感叹这段历史：“汉恩自浅胡恩深，人生乐在相知心。可怜青冢已芜没，尚有哀弦留至今。”

北齐长城经过多次修建，基本上完成两条主防御线：其一为北方的外边，即由今山西西北至河北山海关；其二为内边的重城，西起山西偏关，东至北京昌平。高洋在北齐天保七年（556）之前所构筑的长城，西自河西总秦戍，东到大海，长度达 1500 多千米。

北齐国祚虽短，其修建长城的长度，却是南北朝时期所建长城之最。这道长城对后世的影响也比较大，明代早期所建的长城，很多地方利用了北齐长城的旧址。

四、修建长城的经费来源及预算、决算管理

波音在《透过钱眼看中国历史》一书中说，明朝成化年间，蒙古鞑靼部常常进犯陕北、甘肃一带，皇帝于是召集大臣讨论防御事宜。大臣们算了一笔账，如果征集 5 万劳工，用两个月的时间修葺长城，耗银不过 100 万两；而派出 8 万大军征讨鞑靼入侵者，每年粮草、运费折合银两，总计耗银近 1000 万两。

长城建筑工程浩大，修建和戍守耗费巨大的人力、物力和财力，但是比打仗成本还是低多了。在中国古代，各朝代甚至同一朝代的不同阶段，随着当时客观形势的变化，朝廷对长城的倚重程度也会随之变化。与之相应的，对长城工程的质量和数量的要求也有所不同。这一点在财力和人力的投入上有明显的反映。修筑长城是国家行为，是为国防安全而修筑，其修筑和维护费用主要靠财政拨款。投入多少财力去修筑长城，各个朝代及各朝代的不同

阶段都不相同。

秦汉两朝是万里长城工程兴建的高峰，这一时期长城工程经费的需求很大，秦和西汉前期尤为突出。当时长城工程所需经费依靠的主要是田租（土地税）和口赋（人口税）。汉武帝时，为了筹措对外用兵的军费及修筑长城，开始垄断一些行业，实行了盐、铁、酒类专卖政策来增加财政收入。此后，由于对内对外战争旷日持久，财政入不敷出，统治者又采取卖官鬻爵、入钱赎罪等非常规手段敛财。这些非常规做法的负面影响逐渐显现，以至西汉后期至东汉年间，社会经济衰败，最终导致国家衰亡。

历史文献中，戍守长城的大臣向朝廷打报告申请长城修建经费的记载很多，尤以明朝为甚。《明世宗实录》记载嘉靖二十五年（1546）二月，总督宣大山西侍郎翁万达在上疏中提出的预算："延长一百三十余里……添筑边墙一道……通计经费约用二十九万余金。"

《明世宗实录》还记载，同年七月，总督宣大侍郎翁万达等修筑大同东路之天城、阳和、开山口一带边墙 138 里，筑城堡 7 座，建墩台 154 座；修筑宣府西路之西阳河、洗马林、张家口堡一带边墙 64 里，建敌台 10 座，斩崖削坡 50 里。用工 50 余日，经费比原计划省 9 万余两。

尽管节约了部分经费，但从整体上来看，这一费用仍属巨额。修筑近 200 里即需银近 30 万两，万里长城所需修筑银两之巨，可略估而得。更何况，修筑之后还有长年的维护、修缮费用。明中后期，为了减轻朝廷修边压力，开始增田赋加派，即在正赋正额之外再加征一部分赋税。加派始于明武宗正德年间，其后加派时多时少，总趋势是逐步加剧。

长城的修筑需要国家组织大量的人力、物力、财力方能实施。秦汉以后各朝修筑长城工程的经费，主要来自田租和户税。这种投入增加到一定量后，国家的财政便难以承受。国家此时会将压力转嫁到百姓身上。汉时的盐铁专营、明时的增派田赋，都是朝廷不堪重负的体现。朝廷的做法，在短时间里可能奏效，但从长期来看，百姓的压力日益加剧，当达到他们无法承受的地步时，起义便会出现。

山西省大同市德胜堡南城门洞东墙壁上镶嵌一块石碑，这块碑在"文化大革命"时期被刷上红漆，上面写了黄颜色的毛主席语录："我们的责任，是向人民负责。每句话，每个行动，每项政策，都要适合人民的利益，如果有了错误，定要改正。这就叫向人民负责。”

正是这个毛主席语录，将这块石碑保护了下来。此碑为万历三十五年（1607）八月扩修得胜堡记事碑，碑文很重要。我们 20 世纪 80 年代徒步考察时，发现了这块碑，并将碑文收录到了我们的考察报告《明长城考实》之中，特节选内容如下：

因其人稠地狭，原议添军关城一座，东、西、南三面大墙，沿长二百二十八丈，城楼二座，敌台角楼十座，俱各调动本路镇羌等七堡军夫匠役共计一千一百八十八名。原议城工俱用砖石包砌，于万历三十二年七月起，三十五年八月终止。

所有原议土筑砖包关城大墙，并城楼、敌台等项，俱各一通完。仍有原议新军营房三百间，今亦盖完。其原议军夫匠役口粮米五千四百四十三石，已支过口粮米三千七百六十九石一斗，节省口粮米一千六百七十三石九斗。原议军夫匠役盐菜、并烧造砖灰炭脚费、及营房木植物料共银二千九百五十三两七钱，已支用过银二千五百零二两三钱，节省盐菜物料银四百五十一两三钱。

从这个记录可知，这次修建得胜堡用了“军夫匠役共计一千一百八十八名”，原来计划用“军夫匠役口粮米五千四百四十三石”，后来决算实际“支过口粮米三千七百六十九石一斗”，整项工程节省了“口粮米一千六百七十三石九斗”。除此之外，原计划用“军夫匠役盐菜、并烧造砖灰炭脚费、及营房木植物料共银二千九百五十三两七钱”，后来实际支出了“银二千五百零二两三钱”，节省了“盐菜物料银四百五十一两三钱”。

这块碑文说明，当年长城修建经费是有严格管理的。需要事先做出人工和钱粮的预算，预算也要经法定程序上报，经审核批准后实施。工程结束后还要做出决算，对工程施工活动和财务收支情况进行总结。

（载于国务院发展研究中心《经济要参》2019 年第 45 期）

构建长城文化经济带，形成乡村振兴联动机制

2019 年 11 月 15 日，第十七届农交会期间举办了“中国农业品牌建设高峰论坛”，农业农村部部长韩长赋发表主旨演讲时说：“实施好‘互联网 +’农产品出村进城工程，发展农村电商，更多运用信息化手段，用品牌将企业、新型经营主体、行业协会和众多小农户连在一起，线上线下融合发展，让更多的‘小而美’‘小而特’的品牌农产品行销全国、走向世界。”

我们推动长城区域的乡村振兴计划，就是要紧紧围绕民以食为天的服务宗旨，数字化、网络化、可视化、智能化解决城市居民健康饮食购买的需要，针对长城区域广大农户农产品优质优价销售的需求，进行精准对接和集约服务。这方面的市场是巨大的，目前做得还很不够。国家提出：“促进农业产业与重要文化遗产、民间技艺、乡风民俗等融合发展，提升农产品的文化价值。”世界文化遗产长城，如何与农业产业结合还有待以创新来突破发展的瓶颈。

农业部有关统计指出：我国农产品质量安全例行监测合格率已连续 5 年保持在 96% 以上，2019 年前三季度达到了 97. 3%，更多绿色优质农产品受到国内外消费者的青睐，去年农产品网络销售额更是达到了 3400 亿元。这个数字很令人震撼，北方长城沿线的情况应该远远低于这个数字。

我们做长城文化经济带的理论研究已经开始了几年，产业实践已经在一些地方开始实施。主要是依托国家对建设现代农业产业园的重要决策部署，逐步形成以产业园建设为主要抓手推进长城文化经济带乡村产业创新发展。近几年重点与国家农业信息化工程技术研究中心形成全面合作机制，计划针对长城区域乡村发展和产业振兴做些工作。

构建长城文化经济带，形成乡村振兴联动机制也是国家扶贫战略实施的

行动。长城区域覆盖我国 15 个省（自治区、直辖市）404 个县（市、区），除了春秋战国部分诸侯国之间相互防御的长城之外，都是位于农耕文化和游牧文明的生态带。同时，这个区域也是典型的贫困带。2012 年国家长城资源调查公布的 404 个区县，当时其中 192 个是国家级贫困县。至 2019 年 1 月，长城沿线还有 95 个国家级贫困县，占长城沿线 404 个县数量的近四分之一。

因此，长城区域只有坚持把发展乡村产业和促进产业振兴作为推进脱贫攻坚、实施乡村振兴战略的抓手，才能彻底解决长城地区的贫困问题。我们这些年，首要任务是以长城区域为目标对象，系统调研乡村产业发展现状并针对性地提出“长城文化经济带”乡村产业发展带状联动机制。不仅是为实现决胜全面建成小康社会目标贡献力量，同时对于我国乡村振兴国家战略在长城区域的落地实施，有着更加深远的意义。

一、长城区域农业农村发展的基本现状及问题

长城区域农业农村发展的基本现状及问题，尚有待进一步深入研究。根据我们多年来在长城区域多个区县的实地调研和讨论，认识到以农业工业化、农业集约化、农业数字化、农业金融化为抓手发展县域现代农业产业，系统性解决广大农户的“销售难”和“融资难”问题的重要性。培育长城区域县域可持续发展经济模式，已经成为一种共识。然而，虽然国家相关部门围绕乡村振兴国家战略出台了一系列政策文件，但在具体落实层面面临不少制约因素和执行困难，主要表现在：

（一）绿色优质农产品质量监督难度大

随着农产品市场开发程度的提高以及我国居民收入水平的上升，消费者对农产品质量要求越来越高。农业农村部已经建立系列服务质量评价标准，然而尚需有效的技术手段和运营机制健全监督监管体系。

（二）农业社会化服务组织带动能力弱

农业农村现代化的推进过程对农业社会化服务的专业质量和协同机制提出更高要求。目前长城区域大部分社会化服务组织整体规模不大，抵御市场风险和自然风险的能力较弱，从事产加销全程服务、能够带动整个产业的龙头企业就更为稀少。多数企业服务组织合作意识薄弱，为小农户提供服务的

流程不规范，大多停留在口头协议上，普遍欠缺带动农民增收的持续能力。

（三）农业全产业链大数据更新迟缓

农业农村发展的需要已经从生产环节简单的机耕机收服务向资金、技术、信息、加工、运输、销售和管理全产业链综合服务延展。目前多数服务组织仅仅从事简单的生产环节服务，缺乏持续性的驱动技术和服务更新能力，不能完全适应农业经营主体和广大农户的实际需求，导致我国农业农村现代化进程的农业生产关键环节服务整体不到位。

（四）现代农业集成服务管理水平低

大部分县域现代农业产业服务组织处于初级发展阶段，专业化程度低，服务产品附加值不高且同质化现象严重，低端服务恶性竞争时有发生，加大了社会化服务的整体运营成本，降低了社会化服务的整体运营效率。缺乏有效制度规范，管理机制松散，规章制度形同虚设，专业技术人才缺乏，高端人才稀缺，培训能力不足，未经过专业培训就上岗操作的不少，存在很大安全隐患。

（五）长城全域多方主体互联互通欠缺

我国长城区域有大量绿色优质农产品源产地，但是目前与消费者真实需求信息渠道脱节，优质农产品无法自我证明，消费者对农产品整体质量普遍缺乏信心。缺乏有效的市场资讯和政策指导，农资信息真假难辨；长城区域社会化服务的供给方和需求方信息传递渠道单一而效率低下，农业服务不知道去哪里找、农业服务不知道找谁、不知道哪些人需要什么样的服务等错位现象尤为严重。

二、长城文化经济带的理论创新及实践

长城文化经济带的理论创新及实践近几年做了初步尝试。国家农业农村部农村经济研究中心主任宋洪远，不久前曾指出："当前我国农村一、二、三产业融合发展仍然存在的三个突出矛盾和问题。一是农业虽然有了较大的发展，但二、三产业发展水平不高，特别是储藏运输业、农产品加工业发展滞后；二是农业的多种功能开发不够，农村的生态文明价值挖掘不充分，突出表现在新产业、新业态发育不足；三是促进农村产业融合发展的平台和机

制缺乏，一、二、三产业融合程度不深，乡村产业带动能力不强。”

我们针对平台和机制问题，针对长城区域广大农业产业经济发展现状和发展瓶颈做了系统研究。2018 年协同国家农业信息化工程技术研究中心，接受农业农村部主管部门委托整体规划“全国农业社会化服务平台”并提供技术支撑和运营服务。该平台正在多省内测，拟于近期上线。同时，2019 年 9 月 22 日，我们联合国家农业信息化工程技术研究中心、中国服务贸易协会、天津排放权交易所、新浪集团等国家权威机构和行业核心企业，依托北京市房山区国家现代农业产业园建设现代农业产业园总部基地及“良乡优品”公共品牌数字体系开展了工作。

国家现代农业产业园总部基地落户北京市房山区现代农业产业园，对聚合长城沿线资源很有意义。在这里将结合首都的核心优势，因地制宜优化乡村产业发展主导方向，形成内脑与外脑结合、政府与企业协同、首都与地方联动的产业化联合体创新机制。将分散在不特定主体的科技研发、人才技能、物力财力等生产要素与农村产业深度对接，高效配置各类资源，为乡村产业融合发展构建强大技术支撑和商业基础。

我们将利用这个平台，推动长城区域各地强化科技创新应用，走科技发展路线、品牌质量兴农战略和康养休闲社区发展路径，以新技术为支撑，大力发展体验型、循环型、智慧型的新产业新业态，实施一、二、三产业融合发展的国家现代农业产业示范工程。

农村单一的农业产业结构之下，农业产品结构不合理及供求失衡严重。特别是初级和低质农产品处于供过于求的状态，且性价比很低。优质、绿色、有机农产品则不论是数量还是质量都处于不能满足市场需要的情形。推动长城文化经济带的产业实践，主要紧紧围绕以下三个方面开展相关工作：

（一）传统文化和现代科技相结合

长城文化经济带以 2020 年全面实现建成小康社会宏伟目标结合中央全面深化改革委员会通过的《长城、大运河长征、国家文化主题公园建设方案》为基本原则，重点引导长城区域相关区县做大做强优势特色主导产业，促进全产业链开发，聚集现代生产要素，创新农民增收利益联结机制，打造新农民创新创业孵化平台，示范带动长城区域相关区县梯次建设现代农业产业园。

长城文化经济带强调社会公益、文化传承和商业兼顾，主张消费、社交、创客三位一体，推进数字经济和实体经济并行发展，构建经济效益、生态效益、社会效益有机融合的综合评价指标体系，主推“核心企业 + 农业合作社 + 广大农户”现代农业产业联合体机制；区别于纯粹资本逐利驱动的传统商业经济发展模式，无论出地、出力、出钱，一视同仁，各司其职、各尽其责、各取所需、各得其所。广大农户除了土地托管、劳动收入和股权分红传统多重利益分配外，还可根据其在全产业链相关环节的参与度和贡献值获得相关环节收益权以及核心资源的分配权，这是数字经济引领农民利益联结机制的有益尝试。

（二）理论研究与产业实践相结合

长城文化经济带与位于北京市房山区的现代农业产业园总部基地形成优势互补之势，长城区域优质资源与首都核心优势和福建数字经济携手启动“长城乡村振兴计划”，以信息化和总部经济为总抓手，区块链技术结合物联网技术和互联网技术链接长城区域现代农业产业园以及有特色优势产业的农业强县，共建以城带乡、城乡融合发展的以长城区域为主的我国北部区域乡村产业振兴联动机制。具体从两个方面予以落实：

（1）打造“长城优品”区域公共品牌统一对接总部基地“百花园 - 百草园 - 百香园 - 百厨园”现代农业产业园集群，组织长城区域特色农业产业区县绿色优质农产品进京展示、促进销售。

（2）以“百厨园”和“数字港”为重要联结点，首都核心优势和长城区域优质资源相结合，实行以数据互联和创新经济双轮驱动为具备条件的农业强县输出区域现代农业产业集群创新模式，培育区域农业农村经济发展新动能，带动相关区县现代产业体系建设，以积极有效、切实可行的方式协助农业农村部和财政部落实党中央、国务院对现代农业产业园的重要决策部署，数字经济和实体经济并行发展凸显现代农业产业园建设在乡村产业振兴中的“牛鼻子”作用。

（三）大处着眼和小处着手相结合

长城乡村振兴计划从“懂米”开始，懂米寓意“专业人士、专注技术、专心打造每粒好米”，我为懂米代言。起步阶段，我们在北京市朝阳区高碑店“懂米馆”，主推良乡优品百厨宴，同时配套粮农智库、粮农学堂、懂米旗舰店核心功能区，以米为基本元素，线下体验交流、线上网络传播相结合，组织全国各地的名厨名菜加入百厨宴，这种全新展示体验活动，使各地美味佳肴共同走向首都市场。

三、农村一、二、三产业的融合发展之文旅融合板块

文旅融合是农村一、二、三产业融合发展的重要板块。2019 年 11 月 20 日，中国人民大学联合发布了《2019 农村三产融合研究报告》，指出我国农村三产融合势头良好。《报告》称在课题组获得的大数据中，三产融合的占比自 2017 年一季度以来平均水平高达 91% 左右（即三产融合的广度）。根据我们了解的情况，广大农村的发展现实并不如此乐观。

《报告》同时也指出，涉农经营实体三产融合深度的指标却大大低于三产融合的广度，2017 年一季度以来平均水平在 55% 左右。实际情况，应该比这个数据更不尽如人意。围绕农村一、二、三产业融合发展，虽然有这样那样的问题，但是发展势头是良好的。我们在甘肃临洮、河北秦皇岛、内蒙古扎赉特旗做了深度调研。这些地方持续深化农业供给侧结构性改革，乡村产业都有了蓬勃发展的势头。

目前，长城区域的文旅融合普遍有待全面推进。随着国家文旅部的成立，文旅融合时代正式形成。长城作为中国古代各族劳动人民创造的世界文化遗产，文旅融合具有先天优势。但目前长城旅游仍停留在初级的观光阶段，文旅融合还停留在概念阶段，最大限度地挖掘、体现、发挥长城的文化优势，开发富有吸引力的旅游产品，从而推动文化价值向文化产业优势、旅游产业优势转变还有很长的路要走。

发展乡村产业和促进产业振兴，开发乡村旅游和进行乡村建设，都有一个绕不开的问题，这就是土地问题。不论什么项目，用地的需求若得不到满足，项目便无法落地。在这种情况下，乡村旅游发展既有强制拆除农民用房的问题，也有擅自占用耕地的问题。因为获取合法的建设用地指标是一件很困难的事，有些文旅项目便没有处理好乡村土地问题。解决这个问题，首先应制定长城文旅融合总体规划，对长城文旅融合的路径、重点、模式、空间进行总体筹划。

各省根据总体规划制定各自文旅融合的规划，落实实施总体规划。下一

步，我们将在中国旅游协会下组建长城旅游分会，搭建文旅融合的平台，为发展乡村产业和促进产业振兴服务。主要承担以下职能：促进国际合作，搭建国际交流平台；加强文旅融合研究；提升长城文化展示系统；推动景区服务标准化；推动长城沿线省、县景区旅游合作；带动长城沿线乡村旅游发展；搭建长城沿线智慧旅游平台；推动长城文创产品研发；打造长城研学旅游和长城文化精神教育高地；推动长城低碳旅游发展等。要采取多种措施吸引文化、旅游、演艺、农业、科技等领域的优秀企业和个人参与到长城文旅融合的实践中。

关于土地问题，2019 年国家出台了一个非常利好的举措。2019 年 8 月 26 日，十三届全国人大常委会第十二次会议表决通过了修订的《中华人民共和国土地管理法》，并于 2020 年 1 月 1 日起施行。本次《土地管理法》修订的最大看点是集体建设用地入市，这是一次历史性的创新，改变了过去农村集体土地必须征为国有土地才能进入市场的限制。

《土地管理法》删除了原来第 43 条，任何单位或个人需要使用土地的必须使用国有土地的规定，破除了集体经营性建设用地进入市场的法律障碍。允许集体经营性建设用地在符合规划、依法登记，并经本集体经济组织三分之二以上成员或者村民代表同意的条件下，通过出让、出租等方式交由集体经济组织以外的单位或者个人直接使用。同时，使用者取得集体经营性建设用地使用权后还可以转让、互换或者抵押。

这些新法规和政策，将极大地推动农村一、二、三产业的融合发展，特别是乡村文旅融合发展。长城区域各级政府，应该充分利用有利条件，坚持以市场为导向的发展战略，推进农业供给侧结构性改革。特别是要把握好长城国家文化公园建设的契机，加快农业绿色发展的推进步伐。

（载于国务院发展研究中心《经济要参》2020 年第 2 期）

长城的意义、定义及相关概念再认识

长城是中国古代不同历史时期修建的规模浩大的军事防御工程。经国家文物局认定，截至2012年6月，中国历代长城遗迹总长共有21196.18千米。长城因其独特的历史、艺术和科学价值，于1987年被整体列入《世界遗产名录》。对长城的意义及长城定义进行解释，是目前长城研究所面临的一件非常重要的工作。通过对长城在人类文明进程中的作用，对长城定义及相关的长城区域的界定，可以认识长城产生和发展的过程，以及对中国的重要性，解读长城在中国古代史中的作用和影响。

长城最早修建于公元前7世纪至公元前5世纪的春秋战国时期，诸侯国为自身的安全和发展，修筑长城相互防御。公元前4世纪，自燕、赵、秦等诸侯国始，至此后的秦、汉、明等中原王朝及北魏、北齐、金等少数民族政权，为了防御北方游牧势力修筑了长城，修建长城的目的由诸侯国间的互相防御，转变成为保护农耕地区、调整农耕政权与游牧势力之间的社会经济秩序。

一、长城的意义

长城的意义主要表现为促进了中华民族的发展，长城的历史文化价值主要体现在对人类文明的贡献。在社会和文明发展过程中，人类始终面临生死存亡、构建社会秩序、传承和发展文明三大基本问题。长城从产生到发展，绝大部分时间都与解决人类面临的这三个基本问题息息相关。

生死存亡是人类社会要解决的第一大基本问题。长城作为防御体系，首先解决了农耕民族的生存问题。长城的修建使农耕民族在一个有安全保障的空间里从事农业生产，尽量避免受到外界的侵扰。

种植农业是人类文明产生和发展的基础。古埃及、古印度、古希腊、古罗马是在由渔猎、采集向农业定居生活的过渡中形成并发展各自的文明。在古代中国，农业始终是立国之本，对中原政权来说，保护农耕就是保护国家命脉。

古代中国传统农业一度处于世界领先地位。中国北方的华北平原、关中平原，南方的成都平原和长江中下游平原，自古就是重要的农业产区。华北平原是黄河流域农业文明的起源地，从辽金时期开始成为中国北方的政治中心。关中平原农业生产十分发达，从西周到唐代一直是全国的政治中心。长城的作用之一，就是直接保障和影响华北平原和关中平原，并间接保障和影响了长江中下游平原。

斯塔夫里阿诺斯在《全球通史：从史前史到21世纪》一书中谈到游牧民族的发展时，也间接评价了长城对中国农耕地区的保护作用，认为有效的中国长城防御使得游牧民族只能向西发展。他说："攻不破中国长城，或者遇上障碍物如在蒙古形成的富有侵略性的部落联盟，往往使游牧民转而西进。接二连三的入侵犹如不断向西的一连串冲击波，最终使游牧民涌过奥克苏斯河、多瑙河或莱茵河。"

构建社会秩序是人类面临的第二大基本问题。长城为各利益主体提供合作发展、寻求双赢或多赢的平衡空间，提供各利益主体为自身发展追求利益而互相排斥、对抗甚至争斗的场所。长城为利益主体提供了适宜生活的环境，使人类相互联系、相互制约并建立起各种法规制度，构建起有目的地进行文明发展的社会秩序。长城调整了农耕民族和游牧民族之间的冲突，减少了双方发生战争的次数，相对解决了不同文明的冲突问题。

在秦汉时期，农耕政权的力量越来越强大。与此同时，游牧政权的力量也有了很大的发展。同期产生并发展起来的万里长城，主要是在农耕民族向北扩展之后，规范、协调农耕民族和游牧民族两种不同的生产、生活方式所带来的矛盾和冲突。

长城地区农牧民族有序地碰撞与交流，促进了各民族之间的融合，也有利于中国统一多民族国家的形成和发展。翁独健曾指出："中国各民族间的关系，从本质上看，是在漫长的历史过程中，经过政治、经济、文化诸方面愈来愈密切的接触，形成了一股强大的内聚力，尽管历史上各民族间有友好交往，也有兵戎相见，历史上也曾不断出现过统一或分裂的局面，但各民族间还是互相吸收，互相依存，越来越接近，从而共同缔造和发展了统一的多民族的伟大祖国，这乃是历史上民族关系的主流。”（《论中国民族史》，《民族研究》1984 年第 4 期）

传承和发展文明是人类面临的第三大基本问题。长城自产生之始，就伴随着中华文明的发展。长城保障了中华文明按照自身的轨迹延续、发展，保证了中华民族几千年延续不断的历史记载和文化传承，促进了国家的政治统一。

政治的统一保证了中华文明的延续。中国古代史从部族到诸侯，从诸侯到天下一统，社会形态始终在不断地分裂与统一的过程中交替进行。统一是中国历史上有实力政权的强烈追求，也是中国人历来具有的独特心理意识。

中国古代的经济和社会基础，始终是稳定性很强的农耕经济。相比之下，古代欧洲的农耕经济不够发达。因此，中华民族对统一的诉求，远比世界其他民族要强烈得多。

中国历史上影响大的秦汉长城、隋代长城、明长城，都是在实现长城以内农耕地区的统一之后修建的。即使是北魏、北齐、金长城，也是这些少数民族政权统一了中国北方，成为北方农耕地区的统治者之后所修建的。

中国秦汉长城修建和使用的同时期，欧洲也修建了长城。在古代文明开启之初的公元前 1000—500 年，欧亚大陆东西方有着非常相似的特点。欧亚大陆上的几个强大帝国的疆域，由原来只在各自所在区域的大河流域内活动而向外扩张，形成了秦汉、罗马、贵霜、安息等强大的帝国。“到公元 1 世纪，罗马帝国、安息帝国、贵霜帝国和汉帝国一起，连成了一条从苏格兰高地到中国海、横贯欧亚大陆的文明地带。”（《全球通史：从史前史到 21 世纪》）

罗马帝国与秦汉王朝同样处于政权强大的相对统一时期，不约而同地采用修建长城的方式，来加强边疆地区防御。2 世纪古罗马的边界防御设施——罗马边墙（Roman Limes），属于与中国长城相同性质的军事防御工程。罗马边墙全长超过 5000 千米，从英国北部的大西洋海岸开始，贯穿欧洲黑海，延伸至红海和整个北非大西洋沿岸。罗马帝国以罗马边墙划分与自由日耳曼族的边界。

罗马帝国对外省份的统治主要是通过地方军阀家族以及那些表示臣服的

当地政治势力来实现的。罗马统治者对外省失去统治力时，外省的实权拥有者便纷纷独立，发展成众多的独立国家。罗马帝国依靠军事征服保障下的法律进行管理，缺少中国文化中对统一的追求和行之有效的郡县等政治制度。所以，随着罗马帝国的军事解体，政治的统一也就不复存在了。在这样的背景下，处于分裂状态的欧洲，自然不再有修建长城的必要了。

与同时期的罗马帝国不同，秦汉王朝向全国推行郡县制，实行中央集权统治。长城保证了郡县制的实行，为国家政治统一提供了基础，进而保障了文明的传承与发展。

今天，长城作为历史文化遗产以历史悠久、工程浩大、气势磅礴而著称于世。中华人民共和国成立后，长城重要节点、段落相继被国务院及省、市、县多级政府公布为重点文物保护单位，依法实施保护。

二、长城的定义

对长城的定义，许多研究者提出过自己的理解和认识。这些定义虽然有差异，但较为一致的是大家都认为，长城是中国古代军事防御工程。长城与其他军事防御工程有着两个本质区别：第一是长城建筑体量的长。第二是长城防御体系与其他军事防御工程相比具有非常大的纵深。

近现代学者中，侯仁之对长城的定义最接近长城的这两大本质。他定义为："长城是针对相对固定的作战对象，按照统一的战略，以人工筑城方式加强与改造既定战场，而形成的一种绵亘万里、点阵结合、纵深梯次的巨型坚固设防体系。"

总结前人的成果，我们把长城界定为：长城是中国古代由连续性墙体及配套的关隘、城堡、烽燧等构成体系的军事防御工程。

此定义，依然是对作为军事防御工程，长城防御体系的主体是连绵的墙体，由关隘、城堡、烽燧等与墙体按特定结构方式组合而成一个有机防御体系而言。长城本身具有整体性、结构性和层次性的特点，其系统内部各子系统之间具有相互维系而构成有机整体的特性。长城整体的防御功能，并不简单地等于各子系统在孤立状态下功能的总和。

长城虽然是用一条有形的防御线，将农耕与草原社会分割开来，但千百座连通长城内外的关隘，又将农耕和游牧地区紧密地联系起来。长城自身是一个开放的系统，作为防御体系首先要和被防御的一方构成联系，其次要与周围环境如地形、耕地、水源及前方、后方构成联系。

正确理解长城的定义，首先要认识两个概念。一是要认识长城区域，长城分布地域范围广，经过历代的建设和增筑，长城遍布中国北方的大部分地区。二是要认识长城是调整农耕和游牧碰撞与融合的措施。

三、长城的相关概念

第一个概念，长城区域。修建长城和长城所保护的农牧交错地区，在漫长的历史长河中逐渐形成了一个独具特色的地带。《史记》等历史典籍上常见“北边”“北疆”等称呼，多数指的是与长城有关的区域。从历代长城发展的总体情况看，长城建筑体从东到西呈带状分布。这就决定了，以长城为中心形成的长城区域同样呈带状。现代学者常将这一地带称为长城区域、长城沿线、长城地区或长城地带。

欧文·拉铁摩尔（Owen Lattimore）将长城区域称为“长城边疆地带”。通过研究长城及其周边区域，他认为长城边疆地带是“被历史的起伏推广而成的一个广阔的边缘地带”（《中国的亚洲内陆边疆》）。拉铁摩尔对长城区域的考察，特别注意长城内外及周边区域的人地关系，注意这一区域内社会经济发展的内部因素与外部条件的相互作用。

林沄将长城区域称为“中国北方长城地带”。“‘中国北方长城地带’，并非指历代所筑长城经由的全体地域，而是指古来中原农业居民与北方游牧人互相接触的地带。”（《夏至战国中国北方长城地带游牧文化带的形成过程》，《燕京学报》2003 年第 14 期）从这个立论中我们可以看出，作为地理概念的长城地带，包含了不同经济类型及不同文化的族群相互交流的特点。

史念海认为，春秋时期农牧两种经济类型的过渡地带，走向从今陕西泾阳、白水、韩城诸县市，达于黄河之滨，由龙门山下东越黄河，经山西屈县南，循吕梁山东麓东北行，至于今山西阳曲县北，东南绕今盂县南，东至太行山，再循太行山东麓，过燕国都城蓟之北，东南达于渤海之滨。（《黄土高原历史地理研究》，黄河水利出版社 2001 年版）

尽管不同学科在研究长城区域的情况时使用的名词不完全一致，所涉及的区域范围也略有差异，但国内外学者普遍认为长城区域是农牧交错地带，与应对农牧两种经济类型的发展和交流有着密切关系，并对中国历史产生重要影响。正如拉铁摩尔所说："长城一带既是中国辽阔边疆的缩影，也是反映中国历史的视窗。"

以拉铁摩尔、林沄为代表的中西方学者，密切关注长城区域时间、空间及活动在不同空间的族群之间的互动关系，关注长城区域多数地段与农牧交错地带基本重叠的特点。农牧交错地带即农业和牧业的过渡区，在这一地带内游牧与农耕两种不同生产、生活方式的界线并不十分明确。中国北方农牧交错地带范围很广，其"分界线是从东北斜贯西南，即是东北的大兴安岭东麓—辽河中上游—阴山山脉—鄂尔多斯高原东缘（除河套平原）—祁连山脉（除河西走廊）—青藏高原的东缘"。东西横跨辽宁、内蒙古、河北、山西、陕西、宁夏、甘肃、新疆等多个省、市、自治区。历代修建的长城，基本上就位于这个区域。

长城区域与农牧交错带基本重合，是历史与自然双重因素共同作用和互相影响的结果。在农牧交错带，人们可以选择农业或牧业作为其主要经济类型。一般来说农牧交错带以北的人们越来越趋向选择牧业；而农牧交错带以南的人们，则选择农耕种植者占有绝对优势，这是人类适应自然的结果。随着这两种经济类型的区分，也产生了不同的文化、族群，并进而产生出不同统治体制和政权。这些政权组织，根据自身发展的特点和需要，选择相应的制度以维护对其族群的统治和管理。

以农业立国的政权，往往在最大限度地开疆扩土之后，选择维护既有的成果，而不是将帝国无限扩大到无回报或者少回报的区域。这决定了农耕政权会往北争取土地，但不会无限制地向北拓展。"农牧交错带两侧不同的政治经济集团之间不可避免地存在着相互竞争、相互冲突的状态，为生存空间而竞争、争斗甚至合作。"（《北方农牧交错带生态脆弱性评价与生态治理研究——以内蒙古林西县为例》，中国农业科学院 2010 年博士学位论文）

在中国古代，受自然环境变化和长城内外政治势力的强弱变化的影响，东北、华北和西北绝大部分长城区域在不同历史时段，农牧交错带、农牧分界点并不一样。

除自然变化的影响外，各时段长城区域的具体位置与长城两侧政治势力的强弱也有较大的关系。农耕政权强大时，修建的长城相对更靠北；游牧势力强大时，修建的长城一般会南移。这种变化在一定程度上影响农耕政权的管理区域，进而影响到长城的修筑位置。秦始皇长城位于战国燕长城以北，向北推移的纬度约有 10 分，而汉长城更在秦长城之外。金界壕与秦长城相比，其地理位置修建得更靠北，明长城则向南退移了很远。

中国古代长城，除春秋战国时诸侯国之间用于相互防御外，其余多为定居的农耕政权用于防御游牧政权，构建起农耕与游牧之间的政治和经济秩序。

对农耕经济来讲，决定其经济、社会发展的关键因素是对土地的占有和利用；对游牧经济来讲，决定其发展的关键因素同样是在于迁移游牧区域的控制权。两种经济在农牧交错带的相斥性，决定了修建长城调整农牧关系及构建政权的意义。

农牧分离及对抗和交流，对于长城的形成和发展至关重要。在距今 5000 多年前，长城地区的原始农业逐渐开始占有主导地位，采集、渔猎等经济类型只充当辅助生产手段。在距今 3500 ～ 3000 年前，畜牧业才逐渐从原始农业中分离出来。随着马具的广泛应用，游牧民族逐渐形成并不断地扩大自身的生存空间，形成了以畜牧业占主导地位的游牧经济类型。韩茂莉认为："畜牧业是从原始农业中分离出来的，因此畜牧区的形成与扩展过程，也就是农耕区的退缩过程；从距今 3500 ～ 3000 年前畜牧业向东、向南甚至向西开始其扩展过程，农耕区在相应方向的退缩始终与之相伴，这样的退缩过程一直持续到汉代。"（《中国北方农牧交错带的形成与气候变迁》，《考古》2005 年第 10 期）

第二个概念，农耕和游牧。农耕与游牧有三层意思，彼此之间既相互独立又有密切的联系。首先是农耕经济与游牧经济，这两种完全不同的经济类型，决定了长城内外的对立统一关系。第二是指以这两种不同经济类型为生产、生活基础的不同民族，即农耕民族和游牧民族。这其中包括，这些不同的民族建立起来的文化与文明。第三是指农耕政权与游牧政权。实际上发生在长城内外的大规模冲突，主要都是不同的政权之间利益与力量的角逐。

游牧是游牧民族的主要生产、生活方式。游牧民族生活在大草原，放牧和狩猎是他们主要的生产项目和日常活动，牲畜是他们重要的生产、生活资料。人类的生产生活方式因各地区的地理环境不同而彼此有所差异。中华文明起源中心的黄河及长江中下游地区，由于土壤易于耕作、水资源丰富，率先进入比较先进的农业生产阶段。灌溉技术的出现，使农业走上一个新的高度，同时也推动了政权组织的进步。社会的进步又反过来促进经济的发展，并促使较强大的政权组织开始了活动区域及势力范围的扩张。

农耕政权和游牧政权处于对峙状态下，定居的农耕政权沿着传统的农牧交错地带修筑长城，防御游牧势力的南下。秦汉以来，游牧政权持续南下对长城以内的农耕社会构成巨大的威胁，其中经历了匈奴、鲜卑、柔然、突厥、契丹、蒙古等。保境安民成为历代中原王朝统治者的当务之急，农耕政权与游牧政权的关系，也是边疆史研究的重点之一。中国传统的历史研究以农耕政权及社会为本体，游牧政权及社会多处于客体的地位。

国外的史学研究则相对能较为客观地处理这个问题。拉铁摩尔认为，正像专门化的农业文明一样，游牧文明也是畜牧经济高度专门化的产物，二者并无优劣之分。中国的边疆问题源于汉地社会的农业文明和草原社会的游牧文明的交汇、碰撞与冲突。二者的互动，既有农耕民族的向北扩展，也有游牧民族的南下。农耕文明自产生之后，就向外有选择地扩张，先是顺黄河进入中下游平原，而后向南发展到淮河流域。农耕经济向北扩张遇到了与农耕地区迥异的地理环境，这是一种只能发展异质文化的“硬”边界。（欧文·拉铁摩尔：《中国的亚洲内陆边疆》）

拉铁摩尔还认为“汉族以农业发达的河谷及平原为根据地，少数民族则以农业较差，不能灌溉或者需要高度技术才能灌溉的山地为根据地”。这造成了游牧民族和农耕民族生存环境的优劣差异，也是少数民族政权强大之后不断寻求向中原地区发展的原因之一。

为了实现长城防御的有效性，农耕政权与游牧政权始终在长城地区反复的拉锯中寻找双方在势力空间上的均衡点。长城防御的层次性，表现了长城地区社会空间格局的状况。从另外一个角度讲，农耕政权与游牧政权控制范围的变化，促使长城防线南北推移，促进了农耕与游牧的文化交流。

一般时期，游牧政权组织对农耕地区的进攻，并非要推翻农耕王朝的政权，成为农耕地区的统治者。游牧政权对农耕地区的军事进攻或威胁，其目的多数时期是向农耕地区掠夺财物及人口，以补充草原地区的匮乏。

解决以牧业为主的草原社会所缺乏的生产、生活必需品，可以有两种渠道，一种是抢掠，一种是贸易。如果抢掠成为一种常态，贸易的秩序就很难构建起来。另外，在力量发展到一定程度，游牧政权南下也有寻求更好、更大的生存空间，以期获得更多贸易与抢掠机会的目的。进而，也就有了建立北方乃至全国统治政权的需求。

（载于《河北地质大学学报》2017 年第 1 期）

建设长城经济带，创新发展内生经济

——兼论长城茶马互市交流模式的应用

中国古代长城坐落在农耕经济和游牧经济的交错地带，农耕经济文化与游牧经济文化的对立统一沿着长城一线展开；中华各民族之间无论是民族融合与交流还是民族间的冲突与斗争也都沿长城一线展开。因此，长城区域对中国农耕经济发展和文明传承乃至于对整个中华民族的形成与发展都起着至关重要之作用。今天的长城地区，依然是中国经济社会发展的重要地区，也依然是农业经济为主体的地区。探讨建设长城经济带，包括长城区域经济发展模式的构建，认识文化遗产长城与当今经济社会发展的关系，推动建立符合这个区域特点的协调发展机制，具有非常重要的意义。

“十三五”已近完成，制约农业农村发展的深层次矛盾与结构性难题尚未根本解决，经济下行压力依旧在加大。这一点，在长城区域反映得尤为突出。建设长城经济带，旨在深入推进长城区域农业供给侧结构性改革，促进农业转型升级、提质增效。这是长城区域必须要走的一条路，也是国家农业农村发展的内在动因与外部因素共同作用的结果。

在长城区域，单靠中央政府“由上而下”推行农业供给侧结构性改革，无法有效有力解决不同地区之间、部门之间、机构之间以及企业之间的协同合作问题；而由地方政府或单个企业“由下而上”推动农业供给侧结构性改革，也无法达到整合各方资源、实现总体效果之预期。

我们探索性提出：建设长城经济带，构建长城区域发展内生经济农业供给侧结构性改革新模式。基于当今重大社会变革期的实际，总结长城在古代民族之间关系的内在规律，理解长城与中华民族发展的内在联系，并行之有效地应用于农业供给侧结构性改革之中，具有重大的现实实践意义和重要的理论研究价值。建设长城经济带，希望以社会发起、政府指导和市场运营相结合的方式，竖起一面旗帜，搭建一个舞台，建立一个模式。这样就能够既发挥政府部门、社会机构、企业和个体的主观能动性，又解决各独立组织或机构之间相对独立但又相互协同的可持续发展问题，稳中求进地推进农业供给侧结构性改革。

建设长城经济带的构想若能实现，将使东北、华北、西北广大地区跟紧东部的发展步伐，成为推动中国经济发展之新的增长极，形成北方与南方并举发展的新格局。通过重要的交通干线、网络与资源供应线，从东到西将长城沿线辽宁、河北、天津、北京、山西，内蒙古、山西、宁夏、青海、甘肃连接在一起，形成新的区位优势与集聚模式。在促进经济联系的基础上，吸引人口、产业向长城轴线集聚，形成各经济类型及科技、产业、文化交流协同发展的局面，带动长城区域的社会进步。

一、农牧交错地带，自古为不同经济类型合作发展区域

茶马互市，是不同经济类型共同发展的标志。今天的长城经济带建设，将在长城内外开创一种当代全域合作模式，深化以长城为轴心活跃的多层次、多形式区域合作新机制。

长城的修筑与存在有利于保护农业经济文化和先进生产方式，也有益于社会生产力的发展与积累。自秦汉至明，中原地区历代统治者多数都利用农耕文明的强大组织力量，不断修筑长城，同时采取大规模向长城区域移民、修筑交通通道、开拓边疆新区域的举措，促进了中原地区农耕经济文化的发展。通往西域河西走廊交通孔道的打通，则使中原农业区与新疆南部农业区连接成为统一体。随着历史的发展，这条通道进而成为连接中西亚以及欧洲、非洲的走廊和重要枢纽，成为中西经济、文化交流和国内东西部各民族经济、文化交流与辐射的输送线。

农耕地区和游牧地区之间的贸易交换沿长城一线不断展开，长城一线逐步成为两大经济类型和不同民族文化之间的交流中心。长城各重要关隘成为国内最大的贸易市场和物资供求与集散基地，并逐渐发展成为长城沿线的重要城镇。因此，在中华民族历史发展过程中，长城既保证了农耕经济文化与

畜牧经济文化的正常发展，又为农耕经济文化和游牧经济文化之间的交流和相互补充提供了场所和方便。

人类文明始终面临生存保障、社会秩序和文明传承三大问题。在冷兵器时期中国北方古代长城的存在，始终围绕着解决这三个问题。当前社会主要矛盾不再是长城内外农耕经济和游牧经济之间的生存和发展问题，而是以农业文明为特征的农村和以工业文明为特征的城市之间的生存和发展问题，是总体经济下行以及城乡两极分化带来的严重的社会整体焦虑问题。

长城的当代价值在于理解长城在中华民族发展特别是农耕文明发展过程中的重要作用，并应用于农村和城市之间以及两种文明之间的协同发展；在城乡之间建立经济文化交流中心以及与之相配套的供需集散基地，帮助城市和农村两种经济类型之间互通有无及相互补充，使两个文明之间相互配合，朝着高效协同的方向发展。结合长城区域各地发展需要，以国际化视野打造乡村新农产业，推动城乡发展战略的对接与耦合，落实农业供给侧结构性改革，以县域经济为基本单元，发展内生动力，以点带线，以线带面，以星火燎原之势逐步实现政治稳定、文化包容和贸易繁荣的新局面。

建设长城经济带，可以首先重点打造万里长城生态文化廊道，通过融入和连接"一带一路"建设、京津冀协同发展和长江经济带发展三大国家战略，形成当前国际战略和国内战略的环形闭合廊道。强调以城带乡让广大人民群众"动起来""走起来"，城乡共建共享，走出当代农村农业发展新道路，增进区域之间、城乡之间的人文交流与文明互鉴。

二、建设长城经济带，国家既有战略需要且已具备条件和能力

中国有 3 万余亿美元的外汇储备，有大量的民间资本在寻找投资方向。国家有超强的动员能力、对资源的调动能力，社会有足够的原材料生产能力和工程建设能力以及研发能力。长城经济带建设，要由国家有关部委综合思考，通过全面、科学的规划加以支持。

在当前工业经济向信息经济转型、市场经济向社会经济转型的重大社会变革期，长城区域的农村农业发展既要秉承中华优秀传统又要吸收国际先进经验，既要结合地方发展阶段又要适应时代发展大势。目前共享经济模式主

要应用于细分领域，未来可延展到农村供给侧结构性改革中，设置公益群、金融群、资源群、数据群和产业群五大共享资源池，并相应配以产业联盟等组织形式进行有效管理，在项目遴选、项目创立、项目运营、项目交割和项目回收过程中，以共享资源池辅以特种部队模式运作管理，充分发挥地方政府、行业组织、企业机构以及城乡居民的各自优势以及参与积极性，真正将长城区域营造成既有理想的生产环境，又有较高生活质量的地区。

当前我国城乡居民消费出现了从注重量的满足向追求质的提升、从有形物质产品向更多服务消费转变、从模仿型消费向个性化消费的蜕变。随着以互联网和工业 4.0 为代表的生产技术的持续革新，新农产业与互联网高度融合消费驱动生产模式（C2F）势在必行，从大规模生产转向个性化定制，整体生产过程更加柔性化、个性化、定制化。城市人群消费需求的不断升级结合个性化供给能力的不断提升，必然“刺激”更多消费、更多投资，从而形成消费升级驱动的内生经济发展动力。

建设长城经济带，就要在新型社区建设过程中和新农产业运营过程中，使生产和消费相互配合，相得益彰，推动经济健康成长；城乡居民共同投资、共同建设、共同经营、共同分享，在消费者、投资者、管理者和参与者等多重角色之间切换，按角色承担相应义务，按价值共享分享权益。

三、长城经济带，将具有连接南北、沟通东西的重要战略意义

建设长城经济带，可以直接实现“丝绸之路经济带”与“海上丝绸之路”的对接。在国内方面，可以推进东北经济振兴和西部经济大开发，使北方长城区域的经济社会发展能够跟紧南方的发展步伐，从而成为中国经济发展新的增长极。在国际上成为推进“一带一路”建设及地缘战略“西进”的战略基地与动力源。长城经济带建设，要实现区域联通、政策贯通、市场畅通、资金融通。

第一，要实现区域联通。长城区域覆盖北方半个中国，实现长城生态文明廊道与“一带一路”连接，融入京津冀协同发展国家战略，将形成国际战略和国内战略的环形闭合廊道。依据文化完整性、景观延续性、市场品牌性和产业集聚性原则，串联廊道沿线各区域形成命运共同体，推进跨区域资源

要素整合，构建农业供给侧结构性改革新秩序。

第二，要实现政策贯通。县域经济作为各种政策、要素、产业聚集的平台，既涵盖“三农”又统筹城乡，在推动城乡交汇、工农互融中发挥了不可替代的作用，是中国国民经济中具有综合性和区域性的基本单元，是国民经济的基本支柱和协调城乡关系的重要环节。长城经济带建设为县域经济发展提供集成服务，发挥承上启下连接城乡的作用，集合首都及各省市体制内外优势资源，指导廊道沿线相关县域政府部门和企业机构学习落实党中央国务院及相关部门发布的各项政策，并融会贯通应用于实体经济产业实践。同时，根据各相关县域实践情况反馈返乡引导政策的修订改良，以更好适应农业供给侧结构性改革落地，逐步形成以县城经济为中心、以长城廊道为纽带、以广大乡村经济为基础的社会经济综合体和生态文明新网络。

第三，要完成市场畅通。当前，中国正迎来新一轮消费升级的浪潮，消费者从应付生活转变为经营生活和享受生活的过程，也正是传统的生存型和物质型消费开始让位于发展型和服务型等新型消费的过程。候鸟旅游、中医保健、休闲养生等领域的消费出现爆发式增长，从品质和数量两方面对供给侧形成牵引，从而充分发挥出消费在经济增长中的基础性作用和促进产业转型的关键作用。乡村广袤的生态空间以及深厚的文化底蕴，加上高铁高速等交通基础设施的修建完善以及农业供给侧结构性改革各项指导政策，无疑为此打下坚实基础，形成良性驱动发展良好局面。

第四，要解决资金融通。相应政府积极推进农村农业权属明确，探索创新资本模式贯穿新农产业平台搭建和项目全周期，所有权、使用权、经营权、收益权以及消费权均可以独立或组合的形式予以金融产品化，摆脱传统产业发展过度依赖资本驱动的局限性，改变资本逐利单一驱动导致资源低效利用开发的不良局面。

四、建设长城经济带，要以国际化视野建设社会主义新农村

当然，我们提出国际化视野建设乡村社区依然是以中华传统为根，以乡村特色为基。我们要注重产品形态的国际化水平和运营管理的国际化标准，并吸收国际上社区营造的先进经验。

要贯彻落实“创新、协调、绿色、开放、共享”的发展理念，充分发挥政府的引导作用，调动各类市场主体和社会组织的积极性，以发展内生经济动力为核心，以保障和改善民生为重点，帮助广大人民群众学有所教、劳有所得、病有所医、老有所养、住有所居。

充分发挥市场在资源配置中的决定性作用和各类企业的主体作用，打造兼顾各方利益诉求、寻求合作最大公约数的供给侧结构性改革新模式，以实现更加平衡更加惠民的可持续发展战略目标。

通过以城带乡新思路，解决城乡共同面临的问题。顺应人民群众对美好生活的向往，组织城市优势资源下沉帮扶县域乡镇，帮助基层百姓缓解医疗、教育、就业三大难题。通过城乡互通新方式，寻求共同发展。以改善城乡人民群众生活水平为根本目标，以有效市场需求为导向，融合城乡优势资源，乡村以土地经营权、劳动力和健康物质为主，城市以消费市场、资金投资和技术能力为主，共同投资，共同建设，共同经营，共同分享，按价值贡献各取所需。

要解决城市人群的需求。提供休闲旅游、中医养生、健康食材等产品或服务，为城市人群提供休闲养生寓所，提高其整体生活水平。要解决乡村人群的需求。以农业供给侧结构性改革带动乡村农业产业升级，促进内生经济发展，逐步落实乡村人群就地居住、就地就业和就地保障，帮助乡村人群真正地脱贫致富。

乡土文化是中华民族得以繁衍发展的精神寄托和智慧结晶，是中华民族凝聚力和进取心的真正动因。今天乡土文化传承既要传统的东西也要适应现代生活需求创造新的东西，既要保护好原生态乡土文化又要创造新生态乡土文化，更好地服务于当地农业供给侧结构性改革。

实现精英返乡，共建社区。与现时中国经济社会发展阶段相对应的20世纪70年代的日本社会以及20世纪90年代的中国台湾社会，都出现过精英返乡热潮，他们开创了“社区营造”的时代潮流。建设长城经济带及新社区建设，为发动民众再造新故乡提供了历史性的机遇。

五、长城经济带建设，必须走生态优先、绿色发展之路

我们提出“建设长城经济带，创新发展内生经济”，也是表明反对前一个时期，向相对落后的长城区域大量转移过剩产能的做法。长城经济带建设，一定要走生态优先、绿色发展之路。只有这样，长城经济带建设才会成为推动中国经济发展的重要的战略支撑。建设长城经济带，构建创新发展内生经济的农业供给侧结构性改革新模式，要形成高层认同和基层共识。

要提高政府、企业、农民、公益组织四个方面的积极性。

建设长城经济带是大战略，要有国家有关部门和地方政府以及相关企业和个人共同参与。只有各行其责，各取所需，才能最终实现跨区域、跨职能、跨机构、跨领域的协同合作。

要想做好这件事，高层认同和政策指导以及基层相关政府和企业的共识是项目运行成败的关键。只有形成长城经济带建设的共识，才能规划并实施长城区域生态环境共同保护、基础设施互联互通、产业创新协同发展、市场体系一体化建设、公共服务共建共享的新格局。

制定时间表和路线图。以 2020 年全面实现小康为阶段目标，推动长城经济带建设研究和立项，梳理城乡相关市场需求和产业资源，不断充实完善生态文明廊道产业内容和合作方式，积极对接廊道沿线县域产业发展规划，协助廊道沿线县域制定农村供给侧结构性改革时间表和路线图。

推进示范项目建设。稳步推进示范项目建设，组织各方资源落实示范项目立项和建设，示范项目包括长城生态文化旅游廊道示范基地、长城经济带精准扶贫结合示范基地等。其余项目根据各方认可、条件成熟以及资源匹配程度分阶段择机启动实施。

（载于国务院发展研究中心《经济要参》2017 年第 3 期）

关于长城文化旅游发展的十大问题及对策

中国旅游协会长城分会筹备已经快一年了，今天的筹备会主要解决我们为什么要成立这个组织的问题。今天我主要和大家讲一讲，长城文化旅游发展目前存在的十大问题及对策。

习近平总书记提出“让收藏在禁宫里的文物、陈列在广阔大地上的遗产、书写在古籍里的文字都活起来”，“让文物说话、把历史智慧告诉人们，激发我们的民族自豪感和自信心，坚定全体人民振兴中华、实现中国梦的信心和决心”。长城是中华历史文明的标志、中华民族的精神象征，长城带的保护与发展对于展示中华民族灿烂文明、坚定文化自信、弘扬社会主义核心价值观、促进经济社会发展，具有十分重要的意义。

长城旅游发展是长城发展不可或缺的一部分。作为中国第一批世界遗产，长城一直以来都是世界各国旅游者向往的旅游胜地，是中国最具价值的文化旅游精品线路之一。近年来随着中国旅游业迅猛发展，大众旅游需求爆发，长城旅游也进入快速发展时期。截至 2018 年年底，全国已有 27 家长城 A 级旅游景区。其中接待量最大的八达岭长城景区 2018 年接待游客超过 990 万人次。同时，在长城旅游发展过程中也出现了各种各样的问题，长城带的保护与文化旅游发展依然是难题。下面梳理长城文化旅游发展的十大问题，并提出相应对策建议。

一、长城文化旅游发展缺乏整体性

长城沿线旅游资源多，文化品质高，汇聚了八达岭—慕田峪、嘉峪关、山海关、雁门关等 5A 级长城景区和多处 4A 级长城景区。然而，长城沿线点、线和区域缺乏统筹，并未形成整体优势，影响长城带旅游整体发展。首先，长城旅游存在碎片化问题，各景区各自为战，自相竞争，产品雷同，缺乏统筹，使长城一系列的旅游资源从整体上加以裂解，失去了它固有的文化内涵，游客不能体验到古人长城布防选址之重要、设计之精巧、布局之完善、建筑之精绝。其次，长城旅游目前主要限于遗迹本身，缺乏与周边的城市、乡村旅游发展的统筹考虑，缺乏与长城生态的统筹考虑。

主要对策：加强区域合作、资源整合，打破条块分割，构建长城大保护、大旅游的发展格局。（1）长城旅游应统筹考虑，确定长城旅游带的整体发展思路、重点发展区域。在对长城旅游通盘考虑的基础上，引导各长城景区，结合不同的地域文化和长城景观进行差异化发展。（2）加强长城景区与周边城乡旅游的统筹和整合，将长城旅游纳入周边区域的生态、文化精品旅游线路中，发挥长城旅游景区对周边旅游资源的带动作用，使长城成为带动周边区域旅游发展的龙头。（3）组建中国旅游协会长城分会，搭建长城旅游统筹发展大平台，促进长城旅游的可持续发展。长城分会主要承担以下职能：促进国际合作，搭建国际交流平台；推动长城沿线各省、县、部门及产业之间的旅游合作及沟通；加强文旅融合研究，推进长城旅游理论研究；提升长城文化展示系统；制定和推广规范，推动景区服务标准化；带动长城沿线乡村旅游发展；搭建长城沿线智慧旅游平台；推动长城文创产品研发；推动长城研学旅行规范发展；推动长城低碳旅游发展；提高长城旅游服务水平和质量，拓展长城旅游发展领域等。（4）制定长城旅游发展总体规划，将长城旅游纳入各省、市、县国土空间规划，做到多规合一、规划先行。积极探索长城文化和旅游融合的新模式、新路径，制定长城文旅融合总体规划，对长城文旅融合的路径、重点、模式、空间进行总体筹划，各省根据总体规划制定各自文旅融合的规划，落实总体规划。

二、长城文化阐释展示体系不完善

长久以来，针对长城文化价值的研究和传播有了一定的成功实践，涌现了不少致力于长城保护和长城文化弘扬的人士，积累了丰富的成果。比如中国长城学会等学术性研究机构，《中国文化遗产》《长城博物馆》等期刊，《中国长城志》《北京长城文化带丛书》等图书，长城博物馆、长城旅游景区等长城展示管理机构，“长城小站”等公益组织，腾讯公司等文创企业，“长城小兵”等 IP 形象。

但是面对长城文化传播和传承的时代要求，目前长城在多元形象、历史文化及时代价值的呈现传播上依然存在不足。首先，尚未构建起长城整体价值阐释体系，公众对于长城本身及其保护现状、历史脉络、建筑和防御体系知识、抗战精神等方面缺乏了解。其次，长城在国际上已经具有较高的知名度，但国际市场对长城文化的认知仍停留在表象，对长城文化内涵仍缺乏深入的了解。最后，长城教育功能未充分发挥。随着全国研学热的兴起，长城研学也涌现热潮。但目前长城研学缺乏对长城文化内涵和长城精神的展现，更多是以单纯游览和简单解说为主，并未真正发挥其教育功能。

主要对策：（1）通过对长城文化展示理念、展示主题、布局设想、展示方法和解说系统的研究，完善并全面提升长城文化阐释及展示体系，创新性地展示长城文化，包括长城遗产、环境景观和历史文化价值。（2）促进长城文旅国际合作，搭建长城文化国际交流平台。（3）重视新媒介、新技术的运用，实施全媒体传播计划。（4）制定长城文化展示和解说标准，加强对长城文化展示的指导。（5）充分发挥教育功能，制定长城文化研学教材，开展不同受众群体及不同主题的长城文化和长城精神的研学活动，打造长城研学旅游和长城文化、精神教育高地。

三、长城文化旅游带沿线生态环境脆弱

由于自然与人文双重因素的影响，长城文化旅游带沿线整体生态环境敏感而脆弱，森林资源匮乏，天然植被破坏严重，生态防护功能低下，生态平衡失调，生态环境不断恶化。

一方面，长城沿线地区有平原、高原、丘陵、盆地、山地等不同地形种类和地貌类型，长城在山区大多建筑在地形险峻的山脊地带，少数建筑在断崖顶部；在高原多建筑在草原与荒漠之间的过渡地带；在河西走廊大多建筑在绿洲与荒漠之间，自然环境的过渡性质决定了长城周边生态环境的脆弱性，生态环境越脆弱，对外界的变化越敏感。

另一方面，长城沿线的一些地区由于经济基础薄弱，导致过度放牧、不当开发利用等行为时有发生，使长城沿线本就脆弱的生态系统雪上加霜。长城南北处于农牧交错带，森林植被对缓解水土流失、保护生态起着重要的作用，由于不当开发，长城带沿线森林植被遭到破坏，加之大风、降雨等自然现象造成风蚀和水蚀，导致长城带沿线风沙危害和水土流失并重，生态破坏严重。

主要对策：在生态文明理念的指导下，坚持长城文化旅游资源的可持续发展原则，在长城环境承载力的范围内，以提高长城资源利用效率、减少废弃物排放为核心，构建长城生态旅游可持续发展模式。（1）大力开展长城沿线生态建设和生态修复工程，构建长城沿线生态带。加大长城沿线生态建设力度，加强植树造林，加强长城沿线乡村原生林草植被、自然景观、小微湿地等自然生态及野生动植物栖息地保护，打造长城沿线生态示范带。加大对长城沿线生态修复力度，对破坏的生态进行生态修复。（2）探索长城低碳发展的新模式，开展碳汇林、碳中和、低碳场馆展示等项目或活动，推动林业碳汇与长城沿线生态环境优化、生态旅游协同发展。（3）推动长城文化旅游带的绿色交通、绿色住宿、绿色餐饮、绿色购物，对长城旅游进行全要素的生态化和低碳化设计。（4）推动景区景点的垃圾分类回收。（5）通过宣传引导，强化游客的生态理念，引导游客旅游行为方式，降低对长城带生态环境和自然资源的破坏。

四、长城文化旅游带沿线近四分之一区县经济发展水平落后

长城沿线既有经济相对发达的城市、乡村，又有经济欠发达、生态脆弱的贫困区域。截至 2019 年 1 月，长城沿线有 95 个贫困县，占长城沿线 404 个县数量的近四分之一。很多贫困县地方经济基础薄弱，贫困人口相对集中，生产经营粗放，产业结构单一，经济效益低下，群众收入低。其中河北、内蒙古、宁夏、新疆等省、自治区 50% 以上的贫困县分布在长城沿线，已然形成一条贫困带，成为脱贫攻坚中“难啃的硬骨头”。

主要对策：以“长城”为魂，构建长城文旅战略新引擎，以“文化 + 旅游 + 生态 + 智慧 + 康养”为发展理念，激活长城沿线丰富的资源，积极推动全域

旅游，通过“文化体验＋经营商业＋游客互动＋生态环保＋健康养生”的生态共生、人群共享，形成完整的产业链条，促进长城沿线文化旅游经济的全面发展，通过“旅游扶贫”带动沿线群众脱贫致富。（1）在严格保护长城的前提下，推动长城旅游发展，推动长城沿线省、市、县长城旅游合作，包括合作营销、线路共组、品牌推广等，推动长城观光旅游、度假旅游、生态旅游、乡村旅游的融合，构建以长城旅游为龙头，以生态旅游、乡村旅游、休闲度假等为多点支撑的旅游开发格局，形成长城景区、长城沿线、长城乡村区域相互依托、优势互补、各具特色的长城文旅融合发展带。（2）通过长城带旅游业发展带动长城沿线农产品向优质农产品、有机农产品、特色农产品的升级，推出长城农产品电商平台，带动沿线乡村产业的发展。加强长城沿线乡村民俗、传说等乡村非遗文化的挖掘整理、保护利用。以旅游扶贫和乡村振兴为重点，通过景区带动、特色乡村带动，开发多种类型的乡村观光体验旅游产品和乡村康养度假旅游产品。（3）吸引社会资本参与长城带旅游开发，充分利用社会资金，缓解政府财政压力，引进先进的保护技术，学习先进的管理经验。

五、个别未开发长城段落受到游客青睐但缺乏有效管理

长城绝大多数区段尚未辟为参观游览区，占到整个长城的90%以上。近年来个别未开发长城旅游热持续升温，受到广大户外登山探险爱好者青睐，出现了大量的违规攀爬行为，在相应段落的游客管理上存在不足。

一方面，攀爬尚未开发的长城或擅自举办活动，会对长城本体造成破坏。为招揽游客，一些当地村民在未开发或无保护措施的长城上搭梯、开路，导致墙体破坏、地面塌陷，造成极大的安全隐患。由于缺乏有效管理措施，部分游客擅自在长城上挖洞、栽杆、支帐篷、扔生活垃圾，不仅破坏长城环境，而且因为搭帐篷等行为在长城墙体上留下洞穴，使雨水直接灌入长城墙体内，进而对长城本体造成损坏。同时，部分“驴友”文物保护和环境保护意识不强，出现了刻画、随意踩踏、凿砖等破坏行为。

另一方面，攀爬未开发的长城存在人身安全隐患，因攀爬长城而导致受伤甚至更严重后果的报道时常见诸报端。未开发的长城很多段落地势陡峻，

攀登困难，并且台阶、墙体多有破损，没有配置安全设施，很容易发生危险。这些长城的位置很多距离城镇较远或者建在地形复杂的高山上，遇险很难得到及时救援。

主要对策：（1）处理好总体保护与分段保护、封闭保护与开放保护的关系。对于受到游客喜爱的未开发长城，条件允许的情况下向游客开放，并通过经济效益反哺长城保护。（2）形成多部门联动执法机制，对于组织招募攀爬未开发的长城、在长城上违规举行活动的机构和个人，以及破坏长城的行为开展联合执法行动。（3）加强保护机构及基层的长城文物保护、巡查能力，加大对攀登未经开发的长城行为的劝导、监管力度，发挥当地社区和网络舆论监督作用。（4）做好未经开发的长城的保护宣传工作，加强长城保护、禁止攀登长城的教育宣传，让公众认识攀爬未经开发的长城的危害，形成保护长城的浓厚社会氛围。

六、长城旅游景区管理体制混乱

长城旅游景区管理体制混乱，体现在以下几方面：一是长城旅游开发没有整体管理机构，有的长城所在区域没有单设旅游主管部门，有的区域虽然将旅游管理职能划入文化部门，但却没有配备专人分管旅游工作。二是由于旅游资源分属不同的行政部门管理，旅游管理职权分散，相互掣肘，制约旅游产业发展。很多长城旅游景区拥有文物保护单位、风景名胜区、森林公园、自然保护区、地质公园、水利风景区等多个品牌，不同品牌隶属不同管理机构，造成长城景区多头管理现象普遍。虽然在管理职能、管理权限、管理内容等方面有所不同，但在实际运行过程中权责相互交叉，不利于整个景区的统筹规划部署和协调管理。

主要对策：探索长城旅游管理模式，如所有权、管理权、经营权与监督保护权分离的管理模式，推动长城景区形成高效灵活的体制机制。在实行政企分开、事企分开、管理权与经营权分开的同时，强化保护监督体系，保障景区健康运行。

七、长城旅游服务品质欠佳

长城景区及沿线旅游服务整体存在缺乏标准化、服务品质不高的问题。一方面，针对长城景区，游客反映的问题大多表现为长城景区商业化问题突出，部分工作人员主动服务意识淡薄，现场突发情况处理不及时等方面。另一方面，长城沿线乡村旅游的公共服务明显滞后，交通、排水、公共厕所等乡村旅游基础设施不完善，标准化、信息化和旅游综合服务水平不能满足游客的消费需求。

主要对策：（1）全面提升长城沿线乡村旅游基础设施、交通出行、接待服务、住宿餐饮、娱乐购物等关键环节，推动长城沿线乡村旅游提质升级。（2）制定长城旅游的服务标准，加强服务标准的推广，以标准化推动长城旅游服务质量的整体提升。（3）构建长城旅游服务培训体系，研究长城培训课程体系，形成常态化的长城旅游服务培训体制。（4）制定长城旅游服务的奖惩制度。

八、长城文化旅游产品结构单一

随着国家文旅部的成立，文旅融合时代正式拉开序幕，旅游产品从“观光游览”逐步向“休闲娱乐”“体验度假”转变。但目前长城旅游仍停留在初级的观光阶段，以“长城观光＋长城博物馆”模式为主，文化创意、康体健身、教育研学等产品缺口较大，购、娱等弹性消费比例较低。如何最大限度地挖掘、体现、发挥长城的文化优势，开发富有吸引力的旅游产品，从而推动文化价值向文化旅游产业优势转变还有很长的路要走。

主要对策：（1）构建“长城旅游＋”吸引物体系，挖掘其军事、考古、建筑、爱国主义教育价值，将长城历史文化遗产与沿线自然山水、民俗风情、特色物产等相结合，推出长城旅游＋艺术创作、长城旅游＋科技、长城旅游＋红色旅游、长城旅游＋研学旅游、长城旅游＋运动健身等新产品、新业态。（2）完善“长城旅游＋”配套服务体系。将长城观光旅游和周边城市与乡村的生态旅游、度假旅游、康养旅游、乡村休闲、民俗旅游等相结合，提升餐饮、购物、娱乐等服务要素，从而延长长城文化旅游产业链，提升长城文化旅游的综合效益。

九、长城文创产品开发不足

长城是名副其实的文化品牌，长城的历史典故、建筑艺术、人文精神等共同构筑了长城文化的内涵。目前长城文创产品没有形成整体的品牌形象。各个长城景区自己研发文创产品，由于各个景区本身的文创队伍有限，导致文创产品类型、风格上比较雷同，缺乏有影响力的文创精品。专卖店、摊贩处售卖的纪念品大多以长城整体图案的形式进行单一化设计，存在着产品种类少、价格高、实用性差、缺乏文化内涵等诸多缺点。与故宫文创等国内具有较高知名度的文创品牌相比，具有较大的差距。

主要对策：（1）推动长城文创产品研发，将长城文创商品研发作为文创产品开发的核心，改造和提升旅游商品及文创产品制作工艺，实现长城文创产品的商业转化。（2）探索长城文创产品开发模式。在政府的支持下，鼓励高校和企业参与长城文创产品的研发、经营，带动长城沿线百姓参与文创产品的加工制作，探索产学研一体化、文创助力脱贫攻坚、乡村振兴等新的发展模式。（3）加强知识产权的保护，加强长城文创产品的商标注册和商标保护。（4）加强对长城旅游购物秩序的监督力度，营造长城旅游购物健康的市场环境，培育长城旅游商品的市场信誉，提高长城旅游商品的品牌效应和在国内外的影响力。

十、长城智慧系统尚未建立

结合长城严格的保护要求、20000 多千米的漫长的保护带、深厚的历史文化内涵、长城旅游发展的要求，长城智慧系统建设势在必行，但目前长城智慧系统尚未建立。首先，虽然目前长城局部地段已经将智慧系统应用于长城资源的普查，但整个长城带资源本底普查的智慧体系尚未建立。其次，整个长城沿线智慧监控管理体系尚未建立。最后，长城智慧旅游系统不完善。大多数长城旅游景区缺少长城全景展示、景区景点在线讲解、景区实时人数、热点区域及周边交通实时情况、在线购买商品等信息化服务，缺少必要的微信手机导览、导购等信息服务，官方微博差距较大，关于景区宣传、天气等信息不足。长城景区的导览图、游线、景点解说、游客须知等信息不全面，内容不丰富，没有体现长城文化内涵。现有的便携式解说导览系统不能很好地帮助游客欣赏并了解景区的资源价值，不能充分发挥教育解说的功能。

主要对策：首先，搭建长城智慧体系平台，建立长城数据库，完成长城资源普查工作，对我国长城资源进行系统整合。其次，推动整个长城带智慧管理平台建设，对长城沿线进行智慧监控和智慧管理，建立不同等级的预警机制，尤其是对各个长城景区的游客数量进行实时监测，结合各景区的生态环境承载力，对游客采取适当分流措施，严格把游客数量控制在承载力范围之内。最后，搭建长城沿线智慧旅游平台。按照国家智慧旅游公共服务平台建设标准，依托互联网和移动互联网，借助移动终端和新媒体建设长城智慧旅游平台，包括智慧解说、展示、管理、运营等。推进长城智慧景区服务，提供订票、进入景区、信息查询等服务，构建一个线上线下相结合的，全方位多功能的旅游信息服务平台。推进长城文化遗产展示的多媒体化、数据化、智能化。

（2019 年 9 月在“中国旅游协会长城分会筹备会”上的讲话）

城际互通网络经济新通道，城乡互助内生经济新篇章

——互联网 + 视域下长城文化经济带发展模式研究

开展长城文化经济带建设，并非只是为了解决区域发展的权宜之计，而是从内生经济出发，实现东北老工业基地全面振兴、京津冀协同发展、西部大开发等国家战略。长城文化经济带发展，如何实现上述三个国家战略的有效衔接，构建支撑产业？长城文化经济带建设，不仅要发挥经济作用，还要实现精准扶贫的政治任务，更要兼具国家文化战略实施和长城保护的社会文化功能。

本文重点基于互联网 + 视域下长城文化经济带发展模式研究，提出通过城际互通网络经济新通道的创建，解决城乡互助内生经济发展问题。从而抓紧落实国家新型城镇化规划，实现全面对外开放的长期战略。在这个基础上，我们提出构建“雄安—京津冀—长城文化经济带”北方经济空间协同发展战略，力争逐步缓解当前存在的南北方经济发展与资源环境利用的不平衡问题，促进长城区域各区县产业、能源、交通和城市的协同发展，最终实现长城区域乃至我国北方区域的文化、技术、贸易、人才和数据的整体大融合。

从近几年我国经济发展的实践看，低成本资源和要素投入形成的驱动力明显减弱，依靠增加要素投入和出口拉动的粗放型经济发展模式也亟待调整，经济发展动力转向创新驱动势在必行。在这方面，长城区域作为中国经济发展相对滞后的地区，恰恰具有一定的后发优势。这就是持续深化供给侧结构性改革，加快培育各类农业服务组织，大力开展面向广大农户的农业生产社会化服务，推动传统农业生产的产业升级，进而构建现代农业产业体系、生产体系、经营体系，加快形成以创新为主要引领和支撑的乡村经济体系和农

业发展模式，这是我国当前时期经济发展的历史需要。

近些年来，农业社会化服务破解了不流转土地也能规模经营的难题，通过农业合作社和家庭农场两类农业经营主体，促进广大小农户与农业农村现代化的有机衔接，为农业增效、农民增收、培育新经济业态提供了全新路径。然而，当前全球信息化浪潮之下，世界各国都把推进经济数字化作为实现创新发展的重要动能，新一代信息技术的影响正在从价值传递环节向价值创造环节渗透。

2015 年在中国长城学会领导下创立的万众长城书院，一直致力于传播优秀民族传统文化，积极投身于长城保护事业并为长城区域扶贫做出努力。同时汇聚社会精英进行学术思想交流，积极为区域文化建设和经济发展提供文化智力支持。万众长城书院经过多年的前沿理论研究和乡村实践摸索，按照党中央、国务院的决策部署，坚持以人民为中心，坚持稳中求进工作总基调，坚持贯彻新发展理念，创新性地提出建立长城文化经济带县域数字经济运营服务平台发展模式。

要严格执行“数字化、网络化、可视化、智能化”标准，加快补齐长城区域农业农村发展数字化支撑的短板，营造全社会关注农业、关心农村、关爱农民的浓厚氛围；加快长城区域城乡基础设施互联互通，推动公共服务向农村延伸、社会事业向农村覆盖，全力汇聚推进乡村振兴、决胜全面小康的强大合力，并进而推进长城区域农业农村现代化与农业农村信息化技术相互渗透、相互融合，为长城区域全面建设社会主义现代化打下坚实基础。这是长城区域城乡长期共生并存、促进内生经济活力的基本保障，也是我国全面实施乡村振兴战略的重要基础。

一、以长城区域为主的北方农业经济依然还是以自发生长和粗放发展为主

当前，我国以长城区域为主的北方区域农业农村经济发展现状，还是以自发生长和粗放发展为主。在未来相当长一段时期内，这种南北差距仍将呈逐年加大趋势。因此，要坚持“政府主导、社会力量、市场机制、创新技术、共享服务”的指导思想，按照产业联合体和经济共同体模式，组织政府及社

会各方力量共建长城文化经济带县域数字经济运营服务平台，把地方老百姓消费留在当地，把地方政府税收留在当地，把地方GDP留在当地，把地方优秀人才留在当地，把地方文化传承留在当地。这是保障广大长城区域各个区县经济持续发展和社会秩序稳定的必然选择，不仅可以解决长城区域所在区县农业农村发展和县域经济发展的瓶颈，更是关乎全国社会稳定和经济政治秩序生态的国家战略布局。

根据多年来在长城区域多个区县的实地调研和讨论研究，从“农产品上行难”问题破局，培育长城区域县域可持续发展经济模式，已逐步形成一种共识。然而，当前广大长城区域的绿色优质农产品上行，仍然凸显不少问题，面临不少制约因素和执行困难，主要表现在：

（一）绿色优质农产品质量监督难度大

随着农产品市场开发程度的提高以及我国居民收入水平的上升，消费者对农产品质量要求越来越高。农业农村部已经建立系列服务质量评价标准，然而尚需有效的技术手段和运营机制健全监督监管体系，建立补助经费与产业效能及服务绩效挂钩的激励机制。否则就很难确保农民获得保质保量的社会化服务，确保国家财政补贴充分发挥培育市场和引导创新的核心作用。

（二）农业社会化服务组织带动能力弱

农业农村现代化的推进过程，对农业社会化服务的专业质量和协同机制提出更高要求。目前长城区域大部分社会化服务组织整体规模不大，承受地域市场风险和自然风险的能力较弱，从事产加销全程服务并能够带动整个产业的龙头企业就更为稀少。多数服务组织合作意识薄弱，对小农户提供服务流程不规范，大多停留在口头协议的阶段，普遍欠缺带动农民增收的持续能力。

（三）农业全产业链服务内容更新迟缓

农业农村发展的需要，已经从生产环节简单的机耕机收服务向资金、技术、信息、加工、运输、销售和管理全产业链综合服务延展。目前多数服务组织仅仅从事简单的生产环节服务，缺乏持续性的驱动技术和服务更新能力，不能完全适应农业经营主体和广大农户的实际需求，导致我国农业农村现代化进程的农业生产关键环节服务整体不到位。

（四）县域农业集成服务管理水平低

大部分县域农业产业服务组织处于初级发展阶段，专业化程度低，服务产品附加值不高且同质化现象严重。低端服务恶性竞争时有发生，加大了社会化服务的整体运营成本，降低了社会化服务的整体运营效率。缺乏有效制度规范，管理机制松散，规章制度形同虚设，专业技术人才缺乏，高端人才稀缺，培训能力不足，未经过专业培训就上岗操作的不少，存在很大安全隐患。

（五）长城全域多方主体互联互通欠缺

东北、华北和西北的长城区域，有大量绿色优质农产品源产地，但是目前与消费者真实需求信息渠道脱节，优质农产品无法自我证明，消费者对农产品整体质量普遍缺乏信心。缺乏有效的市场资讯和政策指导，农资信息真假难辨；长城区域社会化服务的供给方和需求方信息传递渠道单一而效率低下，农业服务不知道去哪里找、农业服务不知道找谁、不知道哪些人需要什么等，供需双方错位现象尤为严重。

随着智能手机在广大农村的普及应用以及分享经济模式在城市公共服务领域的实践探索，按共享经济理念推进专业化、地域化、智能化、去中心化的长城文化经济带县域数字经济运营服务平台已成为大势所趋。近年来共享单车、滴滴出行等企业发起的共享服务模式，为广大居民提供出行便利，为提高社会效率作出了卓越贡献。但实践证明，单一企业不能胜任社会化管理，出现了安全保障、无序管理、生态污染等诸多问题，不利于安定团结和生产有序。前事不忘，后事之师，长城区域具有地域辽阔、各地乡土人情差异大的显著特点，因此需要更加严肃的科学论证、更加谨慎的实施路径，寻求一种既能方便百姓又能有序发展、既有统一标准系统又各具地方特色的适应性强的全国农业社会化服务公共平台模式。

二、长城文化经济带县域数字经济运营服务平台的网络布局，强调社会公益、文化传承和商业运营兼顾

建设长城文化经济带数字化发展模式，强调社会公益、文化传承和商业运营兼顾，主张社交、消费和创客三位一体，线下实体服务、线上互动交流，实现消费投资良性循环、城乡区域协调发展、人与自然和谐共生。这是一个

散状的社区网络，又是一个相互关联的全面小康建设系统性工程。

（一）乡镇网络长城全域布点

长城文化经济带县域数字经济运营服务平台首批优选1000个乡镇，每个乡镇设“社区网络接口”，政府推动和社会力量双管齐下，快速搭建长城文化经济带乡镇供销合作基础网络。政府层面，共用共享农村各类网点资源，发挥农技人员在农业农村的核心优势，按乡镇甄选农业网络合伙人，推动农技服务功能向农业公共服务发展，通过农业合作社和家庭农场为小农户提供全程化、精准化和个性化社会化服务。进一步发展，还可以从社会层面，共用共享乡镇诊所网点资源，推进全民健康城乡基本公共服务均等化，为在地百姓提供包括功能食材、营养食品和健康管家在内的个体化健康服务。

（二）纵横双向供需合作

以农民合理分享产业链增值收益为核心，延长产业链、提升价值链、完善利益链，形成多业态打造、多主体参与、多机制联结的农村产业融合发展新格局。乡镇与乡镇之间，万众长城云联社主要服务于全国各地绿色优质农产品的互通有无，上行通道为全国各地提供所在区域的绿色优质农产品，下行通道为当地居民提供全国各地的功能食材和健康食品；城市和乡镇之间，长城文化经济带县域数字经济运营服务平台为城市居民提供健康食材和疗养基地，为乡村百姓提供政策、科技、人才、市场、资本核心资源，优势互补，各取所需，有效促进城乡融合发展。

长城区域原生态农业有一定的基础，只有通过数字化平台建立纵横双向供需合作模式，才能保证农业生产实践中的兼顾农业的经济效益、社会效益和生态效益，才能发展起来结构和功能优化的农业生态系统。没有一个保证能流、物流的畅通系统，这样的农业产业不可能得到健康发展，这也正是建设长城文化经济带县域数字经济运营服务平台的目的。

（三）“人”与“人”的社区网络

我国广大长城区域农耕文明源远流长、博大精深，孝老爱亲、扶危济困、诚实守信、邻里守望是中华优秀传统文化。长城文化经济带县域数字经济运营服务平台强调以人为中心，基于个人社会劳动者和个体消费者双重属性，共建互联互通的全国农业农村社会化服务社区网络，让农业成为有奔头的产业，让农民成为有吸引力的职业，让农村成为安居乐业的家园。海量的农业大数据及基层健康大数据，辅以乡镇网络全国布点，为政府提供独一无二的长城区域劳动力资源（健康体质、知识技能）大数据，同时也为个人提供动态的、加密的个体化数字管家服务。

三、长城文化经济带县域数字经济运营服务平台之内生模式，以绿色优质农产品的质量安全信用体系为突破口

长城文化经济带县域数字经济运营服务平台以绿色优质农产品的质是安全信用体系为突破口。按中国绿色食品协会“三品一标”标准优选千个农产品地理标志产品，组织社会力量共建城际互通网络销售平台，打造独树一帜的“绿卡”——绿色优质农产品的区块链身份证。推进绿色优质农产品全链条、全要素、全流程“绿卡上链”，以供应链、资金链和价值链全集成为基本思路，建立信用信息共享合作公开机制。此项工作具有特别重大的社会价值。

（一）数据互联信息共享聚合效应

区块链技术服务于绿色优质农产品从生产到食用全链条应用场景，以产品全生命周期管理为主线，推进真实交易节点的全链条、全要素、全流程“上链”，推动公益性服务、经营性服务和专业性服务“多主体”机构“上链”，具有天然的聚合效应。其核心牵引力源于：

（1）绿色优质农产品全数据由政府主导数据平台运营维护，国家平台的正统性可保证数据相对完整，国家平台社会的公益属性可保证数据相对客观。

（2）区块链技术具有单方面不能篡改的特点，可有效解决绿色优质农产品从“出生”（品质透明）到“食用”（功能透明）全过程的“可视化”和“可信度”。

（3）长城文化经济带县域数字经济运营服务平台，推崇邻里互助的中华优秀传统文化，移动互联技术为熟人社会回归提供基础条件，城乡之间建立良性互动，城乡互助的合作经济可以一定程度地取代纯粹逐利的互害商业模式。

（4）区块链账簿强调客观独立机制，建立公开、公正、共利的公共账本，向全社会开放；激励和惩罚并重，“红榜”和“黑榜”的网络化和终身制使

得个人的“作恶成本”奇高，市场倒逼机制促进良社（有温度的商业）驱除劣商（冰冷的生意）。

（5）此平台以“人”为中心，每个人做“最好的自己”——识别个人特质，培育专业技能，精准匹配岗位，全程成长计划，成就良好传承；长城文化经济带县域数字经济运营服务平台品质能力门槛高，资产资本要求低，从而实现各方优势能力能源的价值聚合和共享。

（二）需求驱动互助合作内生价值

信息交流层面以乡间学堂为主要载体。组织系统培训为基层干部、职业农民、农技人员、诊所医生和乡村青少年赋能，提高受训人员技能，服务农业实体，产生新的经济增量；农业大数据和健康大数据互联互通，智能化匹配品质标准和健康标准，促进功能食材的精准推送，实现社会效益和个体效益双优。

商品交易层面以 C2F（消费者到农场）订单农业为主要模式。基于消费需求的个性化定制、众包设计和乡村云市等新型生产组织方式，提供全要素生产力产业链，部署创新链、资金链和人才链，参与各方协同互动、改革创新和共生竞合。

价值交互层面以创世发布模式为主要逻辑。绿色优质农产品各环节的需求和供给均可公开发布，长城文化经济带县域数字经济运营服务平台按场地、技术、经营、资金和销售五个模块优选并精准匹配，共创、共享、共利，创造全新的经济效益和社会效益。

（三）绿卡上链带来品牌数字经济

“绿卡上链”严格按土壤、农耕、农资、农机和农技实行分布式数据管理，为社会各方提供动态可追踪的品牌数字服务，重塑消费信任和消费信心。“绿卡上链”重点打造“长城懂系”绿色优质农产品系列（懂米——专业人士、专业技术打造专业大米，其他产品类推），解决目前普遍存在的城乡之间、供需双方的信息脱节和信任危机问题，改变目前长城区域各区县各自为政、一盘散沙的现状，为长城区域绿色优质农产品上行通道和优质优价保驾护航。同时，区块链技术依托行业核心企业的优质信用，帮助实现供应链多级企业间的信用传递和价值下沿。区块链技术的避免单方面篡改的特点，为金融机构提供资金安全保障以及更加便捷的风控管理，有效解决长城区域农业中小企业和广大农户普遍存在的融资难、融资贵问题，并且可提供多样化的农业农村领域创新金融服务产品。

“绿卡上链”也解决了城市居民“我不知道怎么知道”去哪买绿色优质农产品以及“我不知道怎么知道”什么产品对我健康有利的消费困境。长城文化经济带县域数字经济运营服务平台积极推进“农贸品牌数字化”，通过运用标准和运营能力的提升，建立万众长城统一的会员服务体系、营销活动体系、统一售后服务体系，为市场带来更多、更稳定的流量，赋能入驻商家，为商家带来更多营收，为居民带来健康和便利。

四、长城文化经济带县域数字经济运营服务平台的秩序生态，长城区域农业产品流通的新支撑

实施乡村振兴战略是决胜全面建成小康社会、全面建设社会主义现代化国家的重大历史任务，是新时代做好“三农”工作的总抓手。党的十九大以来，党中央、国务院采取一系列重大举措加快推进乡村振兴。最近，习近平总书记又作出重要指示，强调要把实施乡村振兴战略摆在优先位置，坚持五级书记抓乡村振兴，让乡村振兴成为全党全社会的共同行动。运用互联网手段，目的在于积极形成长城区域农业产品流通的新支撑，可以促进农产品和其他商贸流通业的云产能、削减成本，加快长城区域商贸业的转型发展。长城文化经济带县域数字经济运营服务平台，在农业和互联网融合过程中培育出来的新产业，这个新发展出来的业态，将成为打造长城区域新的经济增长点的动力。长城文化经济带县域数字经济运营服务平台建设，完全是对这个战略，脚踏实地的实施。

（一）区块链账簿促进公正、共利、可持续

长城文化经济带县域数字经济运营服务平台以社会公益模式创建一个持久的区块链公共账簿社会化服务平台，“绿卡上链”使参与各方直接将交易记录写入区块链公共账簿，而不是根据交易收据单独保存记录。区块链账簿对所有交易节点实施可视化管理，其“多中心”分布式交易场景，实现业务管理和财务管理的无缝集成，为政府部门、社会服务商和广大农户获取、存储、加工和分析数据提供创新模式。所有账目都是分布式并且有密码学加密，

单个企业或个人几乎不可能破坏或操纵隐藏相关记录，为政府机关、审计机构以及企业和个人提供资产所有权和历史记录的绝对确定性，并明确资产的所有权和义务所在。

（二）按劳分配机制促进资源更加合理分配

资本下乡和企业经营的发展模式，为乡村发展带来了经济繁荣。然而其纯粹逐利的特性，在新时代也显现出很大局限性。传统互联网企业不仅不能解决这些问题，反而放大了这个弊端，特别是近年来纯粹资本驱动的移动互联网企业，更是急剧放大了城乡经济失衡，严重破坏了广大乡村的社会秩序生态。区块链账簿利于驱动按劳分配机制，兼顾各方利益诉求，建立紧密的利益联结和分享机制，充分调动政府、机构、企业和个人的主观能动性。

以按劳分配机制建立绿色优质农产品区块链通证（简称“绿色工分”）的评价逻辑、分配规则和兑换机制。绿色工分来自每一批次甚至每一件绿色优质农产品从“出生”到“食用”全链条的真实交易，按“多方主体”设置交易节点的区块生产（“一切行为皆交易”）；按 PoW（劳动工时）、PoS（技术服务）、PoC（交易流量）三种路径激励所有参与者，实现扩展性（Scabilily）、安全性（Security）和去中心化（Decentralization）的有机融合。绿色工分本质是一种分配系数，绿色工分所有者可获得持续的对应场景的经济效益和各种优势资源的精准匹配。乡村以土地经营权、劳动力和绿色优质农产品为主，城市以科学技术、消费需求和资金投资为主；各参与主体按贡献获得绿色工分，各司其职，各取所需，打造更加平衡、更加惠民的农业农村经济发展模式，实现可持续的乡村发展战略目标。

（三）终生信誉机制带动信用体系复活

长城文化经济带县域数字经济运营服务平台改变传统以生产企业或农业合作社为监督目标的信用管理机制，建立以“人”为目标对象的终生信誉机制。绿色工分是经济收益和各种优势资源的分配系数，同时还是各参与企业、机构和个人信誉“红榜”和“黑榜”的基础数据。一方面，长城文化经济带县域数字经济运营服务平台未来可与全国信用信息共享平台和“信用中国”网站链接，对失信企业和个人严格审查并采取限制措施；另一方面，可将掌握的失信自然人、法人和其他组织相关信息与全国信用信息共享平台共享，为各地方、各部门治理违法失信问题提供参与依据。

当前，长城县域经济运营服务平台缺乏，即便有也是存在发展水平低、现代产业薄弱、法律体系滞后、政策不够合理、没有现成可照抄照搬的经验等突出问题，长城文化经济带农业农村经济发展和农业两化融合工作任重道远。

（四）长城文化经济带县域数字经济运营服务平台的发展路径

从社会效益、经济效益、建设时间综合考虑，长城文化经济带县域数字经济运营服务平台建设，在国家专业机构现有农业农村信息化平台基础上整体打造，是对各级政府、行业机构、企业和个人各方都有利的可行方案。在国家有关部门直接领导和有力支持下，充分融合国家专业机构在农业及农村信息化领域完成基础网络和全国布点，为长城区域各区县政府提供包括食品质量安全、农业生物环境、农业智能信息、精准农业技术等在内的综合性技术服务，推进农田信息采集、农业精准监测、农业自动控制、智能农业机具、田间作业导航五大品类多种产品在长城区域各区县应用。同时，以农技推广社会服务平台为广大长城区域乡村一线农技人员提供信息和农技培训，争取实现长城区域村镇农技网络全覆盖。

在长城区域选择若干政府积极推动、社会化服务基础扎实、数字经济先行较早的地级市，作为长城文化经济带县域数字经济运营服务平台先行区。重点打造县域数字经济运营服务平台，政府引导和社会资本共同创建“三农”数字产业发展基金。以区块链技术结合共享服务中心运营；创新发布模式打造，按“吃”“住”“行”“玩”“管家”五个模块，甄选合格供应商，各方根据其在不同项目中的贡献度，享受相匹配的经济回报和“绿色工分”。

“住”是县域数字运营平台板块，整合乡镇老旧空房升级改造（农民以旧房入股，租金收入、经营收入和股利分配多重收益），其余板块向社会优质供应商开放，优先选择民间公益组织和志愿者团队成员，社会公益和商业收益有机结合；各方组织优质资源科学组合，为相关企业和个人提供商业机遇和综合服务。

长城文化经济带县域数字经济运营服务平台建设的资金保障，首先争取财政资金支持力度，同时引导社会资本参与，重点引入有乡村实体产业基础且有社会公益历史业绩的社会资金方。长城文化经济带县域数字经济运营服务平台建设，同步设立长城文化经济带产业智库。依托中国长城学会和各地长城保护社会组织，在长城区域各省、市、自治区建立地级市及区县两级标准配套机构。将长城文化经济带县域数字经济运营服务平台建设与精准扶贫和长城保护事业结合起来，实现经济社会和文化事业的全面发展。

总之，长城文化经济带县域数字经济运营服务平台建设，是长城区域乡村振兴战略整体落地的倡导行为，长城区域精准扶贫的实践行为，中国优秀传统文化的传播行为，长城文化遗产的保护行为。

长城文化经济带县域数字经济运营服务平台，还可以作为国家有关重大“三农”项目建设，比如：现代特色农业示范区建设，农业产业园、科技园建设，创业园和田园综合体建设等农村产业融合发展示范园，建设审批的参考依据。

长城区域各省、市、自治区各级政府，应该将互联网 + 视域下长城文化经济带发展，作为推动区域经济发展的新引擎，实现长城区域经济增长方式由粗放型向高附加值的集约型转变。

（作者：董耀会、黄德旺、张志强）

（载于国务院发展研究中心《经济要参》2018 年第 45 期）

建设长城文化带，推动长城旅游发展

首先祝贺首都旅游学会和北京联合大学、北京市社会科学界联合会共同主办第七届首都旅游发展论坛的举办。北京市三个文化带建设中的长城文化带建设已经开始动起来了，我很高兴在这里和大家分享有关构建长城生态文化旅游的相关认识。

一、长城旅游的特色和价值

长城文化涵盖了经济社会、文化历史、科学教育、环境生态、艺术美学等多个方面，长城旅游可以通过旅游活动，把长城的历史文化、科学美学等价值呈现给公众，让参与者获得独特的长城文化体验。建设长城生态文化旅游带是国家旅游“十三五”规划中提出来的任务，今后这方面国家会越来越重视。

（一）最具中国文化特色的旅游目的地

中国历代长城总长度为21196.18千米，分布在15个省（自治区、直辖市），其中明长城的总长度是8851.8千米。北京域内长城始建于北齐，大规模修建于明代，东起平谷，经密云、怀柔、昌平、延庆西至门头沟，途径北京6区，全长573千米。

据初步统计，北京长城已开放景区景点为17处。其中八达岭为国家级风景名胜区，国家5A级景区，4处为国家级4A级景区。北京境内的长城，应该是历史上修建质量最好，今天保存状况也最好的长城。

从20世纪50年代起就开始维修开放了居庸关、八达岭、山海关等处长城。其后又维修开放了嘉峪关、金山岭、慕田峪、司马台、黄崖关、九门口、玉门关、阳关等数十处长城地段。游客可以观赏到形态各异的关口、墩台、烽燧等长城建筑。仅北京延庆的八达岭长城景区，1958 年正式对社会开放，至今已经累计接待了中外游客超过两亿人次。目前每年接待游客将近 850 万人次。

游人来到长城为了感受长城这个中国符号的内涵，体验长城独特的历史文化魅力。长城代表着中国，一部长城史就是大半部中国史，由于长城承载着太多的中华人文内涵，所以长城体验之旅也就成了最具中国历史文化特色的旅游活动。

（二）深厚的文化思想价值

长城的意义主要体现在促进中华文化的发展，长城的历史文化价值主要体现为其对人类文明的贡献。在人类社会生活和人类文明的发展过程中，人类始终面临三大基本问题：生死存亡、构建文明发展秩序、文明发展和延续。长城存在的价值与解决人类面临的这三个基本问题息息相关。

生死存亡是人类第一大基本问题。长城作为防御体系，首先是要解决农耕民族的生存问题。对于长城的修建者来说，不能解决生死存亡，一切都无从谈起。长城内外不同族群的利益有大小之分，有轻重之别。以农为本的思想是我们这块土地上产生的文化，农耕经济构成了中国古代的支柱性产业，这是民众生存的需要，也是社会发展的需要。中国人依托农耕的定居生活，诞生了植根于这片土地之上的农耕文明。农民的生死存亡，决定着农耕政权的生死存亡。

构建文明发展秩序是人类第二个基本问题。人类有合作发展、寻求双赢或多赢的愿望，也有为了追求利益而互相排斥、对抗甚至争斗的事实。在适宜人类生活的环境中，人类相互联系、相互制约并建立起各种法规制度，构建起有目的地进行文明发展的社会秩序。人类社会形成之后，任何政权都需要构建秩序。长城的存在调整了农耕和游牧两个民族之间的冲突，减少了双方发生战争的次数，在那个时代部分地解决了不同文明冲突的问题。

文明的发展和延续是人类第三大基本问题。长城的存在，为中华文明的发展和延续提供了保障。中国文明的起源和文明社会的形成，是一个连续性的发展过程，长城自产生之始就伴随着中国文明的发展。中国作为有着五千年历史的文明古国，世世代代劳动、生息、繁衍在这片辽阔的土地上，保持着几千年绵延不断的历史记载，形成了多元一体独特的文化脉络与体系。

（三）丰富的历史文化价值

万里长城的筑建，显示了中国古代工匠们的聪明才智和高超的工程建造水平。长城体现了实际防御功能，体现了建造者的文化情趣，更清晰地呈现了中国古代军事、政治、民族关系、经济的发展脉络。

在当今长城区域，不仅有沧桑和雄伟壮观的历代长城墙体，还有异彩纷呈的历史文化名城、文化街区和传统村镇，有历史上遗存下来的古庙宇、古塔、古桥等建筑，有戏曲、诗歌、工艺等非物质文化遗产。这些长城主题历史文化遗产，为游客体验中华传统文化提供了充分的资源。长城所展示的不仅是古代军事，而且还蕴寓着地理学、天文学和建筑学等多方面的文化成就。

参与长城旅游如同走进了一座体量巨大的中华历史人文博物馆，从长城体验中国古人的思想，感受到中华悠久历史文化的无限魅力。

（四）独特的美学价值

长城文化之旅，令人体验到独特的自然和人文美感，最有代表性的是长城本体的美学欣赏。经历两千多年沧海桑田的历史变迁，长城的审美价值在历史演变中不断积淀。长城之美首先来源于磅礴声势，其奇伟、雄险和绵延万里的雄姿举世无双。

长城之美体现在建筑与自然的结合之上，崇山峻岭之上的长城，顺山势蜿蜒于陡峭的山峦脊背之上，与峻峭的山峰互相映衬，相得益彰。西部长城与沙漠、戈壁浑然一体，被岁月磨损的残垣颓壁，给人一种悲凉的壮丽之感，使人自然感到一种沧桑的美。

在长城线上，形成了许多长城生态文化景点的组团。如北京延庆区和昌平区的“关沟”，就是以长城为纽带的系列自然人文景区集合。关沟南起昌平区的南口，北到延庆区八达岭的岔道城，长达20千米，人称“四十里关沟”。古代出于防卫京城的需要，由北向南布置了岔道城、八达岭、上关、居庸关和南口等五道长城关防，有丰富的自然和人文景观，如岔道城、八达岭长城、望京石、弹琴峡、石佛寺、居庸关、云台、居庸叠翠等。

长城的审美价值是一个永恒无价的艺术瑰宝。在全国的长城带上，像北京“关沟”这种自然美景与人文积淀完美汇聚的长城系列景观组团数不胜数，构成了长城生态文化旅游的美学体系。

（五）长城旅游的科学教育价值

长城旅游的科学属性，包括科学研究和科学普及教育，且价值都是非常高的。

地理地貌方面，在漫长的地质发展过程中，长城的行经路线上，形成了类型复杂、形态多样、规模各异的特点。在平原、山地、高原、戈壁、沙漠条件下穿行的长城景观，点缀在一系列构造地貌、重力地貌、岩溶地貌、流水地貌、海岸地貌上的人文风情，是自然生态与人文历史的完美融合。建筑科学方面，长城这样宏伟的古代工程在全世界是独一无二的，北京长城文化带上还有十三陵等许多古代建筑精品，体现了古人的施工技术、建筑材料科学、艺术美学等，全方位反映了历史上的民族性和时代性特征。

长城旅游体验过程中，可以感知这些与长城相关的自然、人文知识，感悟到几千年以来，中国人为了顺应自然、构建安全秩序所付出努力的价值。长城旅游所拥有的科学教育价值，也是旅游经营和长城文创的重要资源。

二、以长城文化建设提升长城旅游活力

国家“十三五”旅游业发展规划中，提出重点打造长城生态文化旅游带。《北京市“十三五”时期加强全国文化中心建设规划》也提出统筹推动长城文化带、运河文化带、西山文化带建设。长城生态文化旅游带的构建，成为展现自然与文化资源，促进旅游业和经济发展的国家战略。

（一）长城生态文化旅游带概况

以长城为纽带和标志的长城生态文化带，主体贯穿辽东半岛、华北平原、黄土高原、内蒙古草原、河套平原、河西走廊，其范围东西长数千千米，有着鲜明的地理、气候和自然景观特征。

长城生态文化旅游带是以长城为核心的线性廊道，连接着长城区域重点旅游城市和特色旅游功能区，拥有良好的自然延续景观和完整文化特征，非常易于构建优质市场品牌和形成产业集聚。

（二）旅游是最富有活力的长城文化项目

长城生态文化旅游带，向世界展现长城所包含的东方人文精髓和独特自

然生态。北京长城文化带建设，可以率先创立国家级品牌，将长城打造成中国国家人文名片，起到引领全国长城生态文化旅游带发展的表率作用。

北京延庆、昌平、怀柔、密云、平谷、门头沟区都已为构建长城文化带，落实国家旅游和文化发展规划，推动特色文化产业战略部署，加快建设具备引领示范效应的特色文化产业作出了努力。但在为长城区域发展营造良好的环境，促进该地区的经济社会发展，并给建筑、商贸、农产、交通运输等行业带来更多的发展机遇，为相关产业注入活力方面尚有待提高。

（三）以文化创意引领长城生态文化旅游

长城旅游以观光为主的模式虽有所改变，但还不能满足社会发展的需要。长城部分景区游人密度增长过快，景区超负荷经营问题严重。同时，旅游活动内容单调、产业发展滞后、不能满足国内外游客多元消费需求的情况，也一定程度存在。

立足长城文化本体且有活力的长城文化创意项目，可以推动长城旅游建设，既能丰富旅游内容，促进长城旅游的良性循环，又可以减少热点长城景区的超负荷运行压力，减小由于游客过多而对自然和人文遗产造成的破坏。

对历史上形成的长城文化，我们在设计旅游项目时，要保持其原真性，但对于长城文化的呈现形式，以及与其他文化元素的结合，则需以具有时代感的创意进行支持。有时代活力的长城文化旅游，才更有价值。

长城旅游是精品旅游项目，这个特色旅游项目的建设，必须依托长城区域生态和文化资源，开展创意创新活动，推动长城文化资源的创造性转化和创新性发展，以满足公众的多元消费需求。

三、要发展符合长城文化特点的旅游活动

国务院发布的《“十三五”旅游业发展规划》、中共中央办公厅和国务院办公厅印发的《关于实施中华优秀传统文化传承发展工程的意见》等文件精神，都是构建长城生态文化旅游新模式的重要指导。此外，还要结合“一带一路”倡议，以长城区域极富特色的自然生态、优秀的长城特色文化资源的保护传承和合理开发利用为核心，以创新为动力，充分发挥市场机制作用，强化人才支撑，培育知名品牌，促进长城文化与旅游等产业深度融合。

（一）旅游活动要与长城文化区域特色相结合

在特定空间条件下开展的长城旅游，对观光体验活动有着严格的要求。许多长城文化旅游资源位于偏远山区，纵然该区域有极高的长城文化资源品位，也很难在短期就取得良好的经济效益。长城旅游建设必须经过严格的科学论证和可行性研究，只凭想当然地开发，很容易造成长城旅游资源和资金的巨大浪费。

应该按照区域特色，开发出富有特色的长城生态文化旅游产品。根据长城文化资源的不同特点，选择特色突出、市场潜力大的优先开发，以避免盲目建设、不顾本区域长城文化内涵的任性开发。前些年山东某地，曾经推掉春秋战国时期齐长城遗迹，仿照明代长城形式建了一个新的长城景观，同类性质的事情这些年各地一直都有发生，这是个很遗憾的现象。

（二）要构建整体、系列化的长城文化旅游产品

长城旅游有一个长城文化资源整体化和系列化的特点，要以长城带上的重要城镇节点为依托，对长城全线进行统一规划，整合各方面资源，研究整体性和系列性的长城文化旅游产品。特别是长城自驾旅游、长城徒步等体育旅游、长城摄影之旅等形式，都可以从长城全线入手，沿线各地协作推动，打造系列化的长城文化旅游产品。

以长城全线为目标的系列性长城文化旅游产品，可以让参与者体验到长城完整的美感。整体上，展示时间上的“长”和空间上的“长”，可以为消费者展现长城的文化魅力。

（三）旅游效益与长城文化资源权益应该相得益彰

效益原则就是在从事长城旅游建设的过程中，要以长城文化效益和区域生态效益为前提，经济效益为依据，社会效益为目标，使长城生态文化旅游产业活动取得最佳的整体效益。

为了保证长城文化资源的可持续发展，取得预期的生态效益，旅游活动的管理者和经营者，必须按照有关制度，在加强资源承载力研究的基础上，确定合理的环境容量，减少游人间接或直接对生态和人文旅游资源的破坏。

长城生态文化旅游，应从资源品位与区位条件出发，重点落实资源品位高和区位条件优越的项目。对于区位条件不好的长城段，应该慎重考虑。区位条件是随着社会发展而变化的，今天的不好，或许就是明天的优势。重点

扶持当前经济效益可观、市场潜力大的地区和项目，也有利于提升整体发展效率。

长城是没有办法再生的文化资源，如果受到破坏，就失去原有价值了，即使修缮或复建，也不再拥有原来的价值。所以发展长城旅游一定要规划先行，要以长城文化资源承受能力和区域经济社会发展实际为前提，长城旅游在长城文化资源得到切实保护的前提下，才能获取一定的经济效益，形成良性循环的发展模式。

四、目前应该重点推动的几项工作

国家通过长城资源调查工作，已大体摸清了全国长城本体和长城体系各单体建筑的情况，这为开展长城文化研究、长城文化遗产保护和长城旅游等活动，提供了很好的工作基础。国家“十三五”旅游业发展规划中，关于建设长城生态文化旅游带的要求，又为长城旅游发展提出了具体的脉络。在这样一个很有利的局面下，要做好长城旅游，建议重点推动这些工作：

（一）搞好研究

长城是我国重要的文化资源，从旅游经济学的角度进一步探讨资源体系在旅游行动及服务中的作用，是个非常重要的课题。还要立足整体和各自区域，对长城文化资源进行深入的研究，特别是对长城文化资源可持续发展与旅游运营模式的构建方面加强研究。

长城文化内涵在旅游项目中如何展现，是一个需要下功夫对待的课题。对长城文化内涵做到了准确的呈现，让旅游活动的参与者获得满意的长城文化体验，才是合格的项目设计。

比如长城研学旅游的活动形式，就很值得加以研究和总结。长城分布广泛，又涉及文化、历史、建筑、美学等诸多内容，非常适合开展研学活动。长城研学旅游这种比较新颖的形式，不论是学校集体组织，还是学生家庭安排，都能使参与者在旅游活动中获得乐趣，增长知识。

历史上长城军事防御系统，不仅有墙体、敌楼、烽火台，还有非常多的关口和城堡、营寨。长城区域很多村落，就是这些城堡发展而来的，如北京平谷区的将军关、黄松峪、镇罗营、熊儿寨，延庆区的岔道村、四海、柳沟、双营等。长城区域有很多旅游民俗村落，非常多地保存了当年作为长城军事城堡的文化气息，村堡的街道、民居、寺庙、城墙、古树、河溪，与长城相互衬托着，现代田园风情、长城关塞文化景观，都可以让参与长城研学活动的学生在旅游的同时，开展调查、交流和讨论，进而获得知识、感悟和学业进步。

加强对长城旅游的研究，深入挖掘长城文化，并且探讨长城文化内涵更有价值的表现形式，是非常必要的。

（二）做好规划

对长城文化带建设和长城旅游要开展科学化的研究、制定切实可行的整体规划。

以扎实调研为基础的规划，要从长城资源的自然、人文景观价值等方面，较为系统地阐述；对构建长城生态文化旅游的有利条件和制约因素作出客观的定量、定性评价；提出长城旅游的整体发展方向和阶段目标。并在上述基础上，规划出分层次、分期发展长城生态文化旅游的具体步骤。

发展长城生态文化旅游是有条件的，必须规划先行，在条件不成熟时，不能甩开整体规划而硬性开发。有了规划还要建立长城旅游事业协调互动机制，旅游、研究、保护、宣传等领域的相关机构，以及长城区域各地管理部门，应该一起就相关的研究、运行管理等方面问题，开展定期交流和协商。

（三）保护好资源

长城文化资源的保护，应该说是涉及长城旅游诸问题中的一个首要问题。旅游资源保护与可持续发展间的矛盾，是个核心问题。若不能在长城旅游活动中有效地保护长城文化资源，就不能持续地为公众提供稳定的长城文化旅游产品。

北京怀柔区境内的箭扣长城，由于此前没有经过修缮，并不具备对游人开放的条件。这段还处于自然状态下的长城，虽然政府文物部门明令禁止攀爬，但还是无法从根本上阻止大量游人的攀爬，原因是这段以奇、险而著称的明代长城太美了。不具备开放条件的长城距今已经有数百年的历史，几百年风蚀雪侵的长城墙体再也经受不了蹬踏，攀爬活动给长城造成了不可逆的损毁。而且游人在陡峭的长城上活动，也存在安全问题，因违法攀爬箭扣长城不慎坠崖和迷路走失的事情，时有发生。

长城文化遗产是垄断性的高品位旅游资源，同时也是极其脆弱的资源，应从长城遗产保护、旅游安全、旅游消费需求等多个角度进行研究，寻求长城保护更为有效的解决方案。

五、结语

目前，长城旅游存在着品质升级的问题，相关的长城旅游服务，整体上并不能跟得上社会消费需求。长城周边多是以农业经济为主的区域，开展长城旅游对推动建立符合区域特点的协调发展模式，具有非常重要的意义。

这方面的探索，还有很大的空间，有很多工作需要展开。长城文化资源中的乡土文化，是中华民族得以繁衍发展的精神寄托和智慧结晶，今天的长城乡土文化传承，需要保护好原生态乡土文化，带动乡村产业升级，促进内生经济发展，逐步落实乡村人群就地居住、就地就业和就地保障，帮助乡村人群真正地脱贫致富。

把长城旅游打造成为优势产业项目是一个系统工程，坚持长城文化资源的可持续发展原则，通过市场配置资源和实施更为有利的产业政策，可以期待实现长城生态文化旅游由低水平向高水平跃升。

（2017 年 11 月 11 日在“第七届首都旅游发展论坛”上作的报告）

长城保护利用工作的回顾与展望

——《中国长城保护报告》的解读研究

国家文物局为纪念《长城保护条例》实施十周年，于 2016 年 11 月 30 日正式发布了《中国长城保护报告》。这是第一次以国务院文物行政部门的名义，向社会发布专项文物资源的保护管理状况。这个报告印刷是白色封皮，业内也称其为长城保护白皮书。如果这项工作能坚持做下去，每年发布一册长城保护白皮书，对长城保护工作将是很大的推动。

本文试图通过结合国家文物局有关部门编制的《长城认定资料手册》和国家文物局《长城保护工程（2005—2014 年）评估报告》的统计数字，对《中国长城保护报告》（以下简称《报告》）进行详细介绍和简单解读，以使大家对中国长城保护、研究、利用的整体情况，有个基本的认识。通过这些国家文物局调研的数据，大家可以更好地了解长城保护的过去，展望长城保护的未来。

《报告》涵盖了与长城保护工作相关的所有方面。不包括前言，共有五个部分，分别为：一、长城资源调查与研究；二、长城法规建设与管理；三、长城维修实践与理念；四、长城文化与时代价值；五、长城保护目标与行动。

《报告》开篇说道：长城是中华民族的精神象征，是我国现存体量最大、分布最广的文化遗产，以其上下两千年、纵横数万里的时空跨度，成为人类历史上宏伟壮丽的建筑奇迹和无与伦比的历史文化景观。

其实，除了上面讲的长城的意义和价值之外，仅从文物的视角来讲，其遗产类型之众多，资源要素之丰富，分布范围之广泛，保护管理难度之艰巨，可以说也都是世界之最。

在国家长城资源调查工作开始前，为便于指导此项工作在全国的开展，国家文物局制定了《长城资源调查工作手册》，将我国境内不同历史时期修建的长城，划分为 19 个不同的时代类型。

长城资源调查工作结束之后，依据实际情况将我国境内现存长城的时代确定为春秋战国、秦汉、南北朝、隋、唐、五代、宋、西夏、辽、金、明及时代不明等 12 个不同时代类型。时代不明长城，指的是暂不能确定时代，尚待考古断代的部分长城。时代不明的长城，主要分布于河北省、甘肃省。《报告》最终确认了这个结论，在没有新的考古发现的情况下，可以说这个结论代表国家的认定。

第一部分：长城资源调查与研究

《报告》首先回顾了从 1952 年起，国家对长城重要关隘开展的调查和保护工作，以及随后对八达岭、山海关等长城重点地段进行的修缮。此后，国家对长城做过三次较大规模的调查工作。

第一次是 1956 年实施的首次全国文物普查，北京、河北、甘肃等地将明长城作为调查重点。这次文物普查长城仅涉及了山海关、八达岭、嘉峪关等一些关隘。

第二次是 1979—1984 年，结合第二次全国文物普查，各地对重要区域的春秋战国长城、秦汉长城、明长城和金界壕等遗址进行调查。这次文物普查，长城只是完成了部分地段的调查。

第三次是 2006 年，经国务院同意，国家文物局组织长城沿线各地开展了新中国成立以来最为全面、系统的长城资源调查工作。

除了国家组织的长城调查，国内相关科研机构、社会团体和民间组织以及相关人士也开展了多种形式的长城资源调查、勘测和研究工作，包括我们 1984 年 5 月 4 日从山海关出发，历时 508 天徒步考察明长城，并出版《明长城考实》。我们当时看到并记录下来的长城，有些敌楼和墙体已经毁坏了，有些碑刻也已经丢失。

但是，以往的长城考察工作都是零散的、低层次的。在 2006 年国家文物局组织的长城资源调查工作之前，并没有系统地进行过长城调查，此次长城资源调查工作，才真正地摸清了长城的“家底”。

《报告》对长城资源调查的成果做了回顾。这是国家第一次全面摸清了全国历代长城的“家底”，发布了长城资源调查成果：

2006 年，国家文物局会同国家测绘局组成长城资源调查领导小组，长城沿线各省（自治区、直辖市）建立省级领导机构，来自文物、测绘行业的 361 个专业机构、1295 名专业技术人员组成调查队，历时 4 年，行程数十万千米，实地调查面积超过 4 万平方千米，涉及 16 个省（自治区、直辖市）445 个县（市、区），2010 年 12 月完成对我国各时代长城资源的田野调查。

调查范围以明长城、秦汉长城主线为重点，同时将春秋战国长城、各时代长城支线、汉唐烽燧，以及金界壕遗址等其他具备长城特征的文化遗产一并纳入调查范围。调查对象主要包括长城的墙体、敌楼、壕堑、关隘、城堡以及烽火台等相关历史遗存。

2012 年 6 月 5 日，国家文物局公布长城资源调查结果，认定各时代长城资源分布于北京、天津、河北、山西、内蒙古、辽宁、吉林、黑龙江、山东、河南、陕西、甘肃、青海、宁夏、新疆 15 个省（自治区、直辖市）404 个县（市、区）。各类长城资源遗存总数 43721 处（座 / 段），其中墙体 10051 段，壕堑 / 界壕 1764 段，单体建筑 29510 座，关、堡 2211 座，其他遗存 185 处。墙壕遗存总长度 21196. 18 千米。

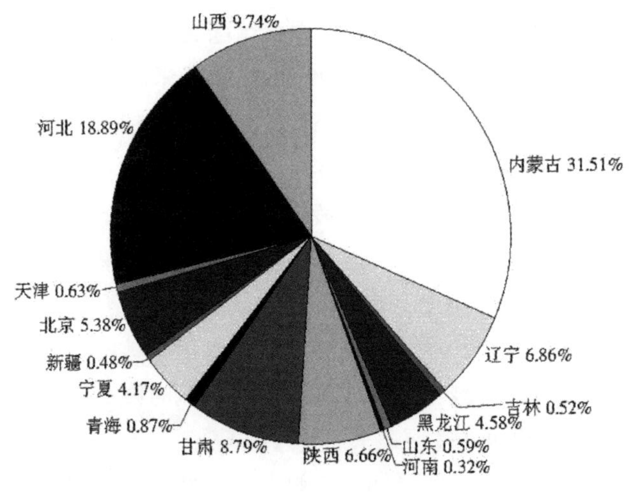

各省（自治区、直辖市）长城资源比例示意图

春秋战国长城，既包括春秋时期的长城，也包括战国时期的秦、魏、燕、赵、齐、中山等国分别修筑的长城。春秋战国长城主要分布区域包括河北、山西、内蒙古、辽宁、山东、河南、陕西、甘肃、宁夏等省（自治区）。现存墙壕1795段，单体建筑1367座，关、堡160座，相关遗存33处，长度3080.14千米。这一时期的长城多以土石或夯土构筑为主。

秦汉长城，既包括秦代长城，也包括汉代长城。秦代存在时间很短，秦长城修筑和使用时间更短，其建筑基本上都为汉代所沿用，故统一列为秦汉长城。秦代将燕、赵、秦三国的北部长城连为一体，是中国历史上第一条万里长城。汉代长城东起辽东，西至甘肃玉门关，主要分布区域包括河北、山西、内蒙古、辽宁、甘肃、宁夏等省（自治区），总体呈东西走向。

秦汉长城现存墙壕2143段，单体建筑2575座，关、堡271座，相关遗存10处，长度3680.26千米。玉门关以西至新疆维吾尔自治区阿克苏市，连绵分布有汉代烽火台遗迹。秦汉长城以土筑、石砌为主，甘肃西部等地以芦苇、红柳、梭梭木夹砂构筑方式较常见，烽火台除黄土夯筑外，还有土坯或土块砌筑的做法。

明长城资源保存相对完整、形制类型丰富，主要分布区域包括北京、天津、河北、山西、内蒙古、辽宁、陕西、甘肃、青海、宁夏10个省（自治区、直辖市）。其主线东起辽宁虎山，西至甘肃嘉峪关，在河北、山西、辽宁、陕西、甘肃、宁夏等地还出现多处分支。现存墙壕5209段，单体建筑17449座，关、堡1272座，相关遗存142处，长度8851.8千米。

这里要说明一下，明长城的8851.8千米，包括人工墙体的长度为6259.6千米，壕堑的长度为359.7千米，天然山险等的长度为2232.5千米。东部地区明长城以石砌包砖、黄土包砖或石砌为主，西部地区则多为夯土构筑。

其他长城资源概况。历史上北魏、北齐、隋、唐、五代、宋、西夏、辽等时代均不同程度修筑过长城，或在局部地区新建了具备长城特征的防御体系，在选址、形制、建造技术等方面都对后期长城的修筑产生了影响。现存墙壕1276段，单体建筑454座，关、堡119座。此外，金代在今黑龙江省甘南县，经河北至内蒙古自治区四子王旗一线，修筑了以壕沟为防御工程主体的界壕体系，称之为“金界壕”。现存墙壕1392段，单体建筑7665座，关、堡389座，长度4010.48千米。

长城资源认定各时代长城一览表

序号	时代	长城墙体		壕堑		壕墙总长（千米）	单体建筑（座）	关堡（座）	相关设施（处）
		段数	长度（千米）	段数	长度（千米）				
1	春秋战国	2181	3730.28	27	46.15	3817.91	1430	194	38
2	秦汉	1919	3036.4	190	449.22	3485.62	2659	279	8
3	晋	0	0	0	0	0	23	0	0
4	南北朝	551	1122.74	0	0	1122.74	5	8	0
5	隋	24	32.3	0	0	32.3	30	0	0
6	唐	284	326.12	0	0	326.12	204	29	0
7	五代	3	8.12	0	0	8.12	1	0	0
8	宋	810	1069.24	0	0	1069.24	144	143	0
9	辽	4	6.55	0	0	6.55	0	0	0
10	金	1927	3313.71	2264	3674.09	3989.25	7665	388	0
11	明	5030	8021.75	229	456.96	8482.58	17476	1272	142
12	时代不明	37	81.64	0	0	81.64	23	3	0

上表来源于国家文物局有关部门编制的《长城认定资料手册》，下面重点介绍京津冀及京津冀东西辽宁、山西长城的一些有关数据，资料来源依然是国家文物局的《长城保护工程（2005—2014年）评估报告》。

北京市长城的长度520.77千米，分布于6个区、县，包括北齐、明等历史时期修筑或使用的长城墙体及附属设施。长城墙体461段，关、堡147座，单体建筑1742座，相关设施6处。其中：北齐长城东起平谷区，经密云县、怀柔区、延庆县、昌平区，西迄门头沟区；明长城东起平谷区，经密云县、怀柔区、延庆县、昌平区，西迄门头沟区。

北京市长城类型统计表

序号	行政区划	长城墙体		壕堑				墙壕总长（千米）
				墙		壕		
		段数	长度（千米）	段数	长度（千米）	段数	长度（千米）	
1	门头沟区	15	11.12	0	0	0	0	11.12
2	昌平区	16	36.28	0	0	0	0	36.28
3	怀柔区	50	65.68	0	0	0	0	65.68
4	平谷区	124	51.87	0	0	0	0	51.87
5	密云县	147	182.92	0	0	0	0	182.92
6	延庆县	109	172.9	0	0	0	0	172.9
总计		461	520.77	0	0	0	0	520.77

天津市明长城的长度为40.28千米，分布于蓟州区。长城墙体176段，关、堡10处，单体建筑89处。

河北省长城长度为2304.04千米，分布于59个县（市、区），包括战国、汉、北魏、北齐、唐、金、明等历史时期修筑或使用的长城墙体及附属设施。长城墙体1545段，壕堑/界壕32段，单体建筑6282座，关、堡329座，相关设施85处。

辽宁省长城分布于53个县（市、区），包括战国、汉、北齐、辽、明等历史时期修筑或使用的长城墙体及附属设施。长城墙体886段，单体建筑1912座，关、堡176座，相关设施19处。

山西省长城分布于39个县、市、区，包括战国、汉、北魏、东魏、北齐、隋、五代、明等历史时期修筑或使用的长城墙体及附属设施。长城墙体768段，单体建筑3107座，关、堡364座，相关设施27处。

长城资源认定工作，以各省区提交的通过国家验收的长城资源调查原始调查数据为依据。认定的范围为长城资源调查确定的长城，认定的长城其编码、时代、行政区划、数量等基本属性信息与原始调查数据一致。

以上是长城资源调查之后的认定，既然是认定就是一个动态的过程。今天没有认定为长城，通过进一步研究和新的发现，也会有新的补充认定。已经认定的长城，也可能因为有新的发现或长城遭受毁损而有所改变。

第二部分：长城法规建设与管理

《报告》在这一部分，对建设长城法规体系、加强长城保护管理、制定长城保护规划、强化长城执法督察四个方面进行了总结。其实在这几个方面，工作还是处于较为薄弱的状况。特别是在执法方面，更是满足不了长城保护的需要。

举一个例子，2017 年媒体爆出山西忻州神池非法采矿毁坏长城事件，7 月初全国政协长城保护考察团提出去现场调研时，当地政府没有带到破坏长城的现场，而是带到另一个地方。省、市文物部门都有人陪同，却没有人反映问题，令人感到非常遗憾。此次破坏长城事件，至今未见到处理结果。

关于建设长城法规体系方面：回顾了 1987 年长城被联合国教科文组织列入《世界遗产名录》以来，中国政府始终坚持认真履行《保护世界文化和自然遗产公约》，不断加强长城保护专项法规建设，逐步建立起以《中华人民共和国文物保护法》和《长城保护条例》为主体，各级地方性法规为补充的法规体系，以及以文物保护单位为核心，统一要求、属地管理、分级负责的长城保护管理体制。

特别是 2006 年，国务院公布施行《长城保护条例》，明确了各级政府和相关部门长城保护的法定职责，确定了长城认定、保护、管理、利用等基本制度，这是国务院首次就单项文化遗产保护制定专门性法规。与之相配套，国家文物局 2016 年出台《长城执法巡查管理办法》和《长城保护员管理办法》，对《长城保护条例》内容进行了细化和落实。长城沿线各省（自治区、直辖市）根据地方的实际情况，制定了实施细则或专门法规。

关于加强长城保护管理方面：1961 年起，国务院陆续将八达岭、山海关、嘉峪关、玉门关、镇北台等 32 处长城重要点段公布为全国重点文物保护单位，地方各级人民政府也先后将一大批长城资源分别公布为省、市、县各级文物保护单位。当然，在长城资源调查成果公布前，也有很多地方的长城，并没有公布为文物保护单位。

《长城保护条例》颁布以来，长城沿线各省级人民政府陆续将认定的长城段落核定公布为省级文物保护单位。从国家文物局的统计数据来看，截至 2014 年国家长城保护工程项目结束，已经公布为各级文物保护单位的长城包含墙体 17732.1 千米，烽火台 9970 座，关、堡 1879 座，其他各类单体建筑 15586 座，相关遗存 166 处。分别占全国长城墙体总长度的 83%，烽火台数量的 81.4%，关、堡数量的 84.6%，其他单体建筑数量的 89.3%，相关遗存数量的 89.2%，长城已经公布省级以上文物保护单位 118 处，涵盖长城资源总量的 80% 以上，尚有近 20% 未公布为省级以上文物保护单位，还没有完成《长城保护条例》的要求。

从《报告》发布的结果，可以看到这方面又有了进步：截至 2016 年 11 月，全国已经有 37924 处长城段落被公布为省级以上文物保护单位，占所有长城认定段落的 86.7%。其中河北、山西、内蒙古、黑龙江、山东、河南、甘肃、青海、宁夏等省（自治区）长城段落核定公布为省级以上文物保护单位的比例达到 100%。

关于制定长城保护规划方面：依据《中华人民共和国文物保护法》和《长城保护条例》，已公布为全国重点文物保护单位的嘉峪关、玉门关、雁门等 18 处长城重要点段，陆续编制了保护规划。2007 年，长城沿线 15 个省（自治区、直辖市）启动了省级长城保护规划编制。目前，北京、河北、山西、吉林、黑龙江、山东、陕西、甘肃、宁夏等省（自治区、直辖市）已完成了规划编制，其他省份将于 2016 年年底前全部完成。国家文物局制定了《长城保护总体规划编制导则》。但是，各省的规划如何与国家总体规划对接，如何与《长城保护条例》对接还是一个有待进一步研究的问题。

关于强化长城执法督察方面：国家文物局与公安部建立打击、防范破坏长城违法行为的联合长效机制，推动长城沿线省份开展跨省区、跨部门的联合执法行动。北京、天津、河北三地文物部门签订《京津冀长城保护管理框架协议》，共建三省长城保护协调合作机制，开展长城联合执法巡查。2014 年以来，国家文物局督察督办长城违法犯罪案件 23 起，省级文物行政部门督办长城违法犯罪案件 42 起。

第三部分：长城维修实践与理念

在这一部分，《报告》首先讲了：长城是世界上体量最大、蔚为壮观的历史文化遗产，同时也是由多种遗存及其所处自然环境共同构成的具有独特审美价值的文化景观。保存至今的古老长城面临着多种自然病害和现代人为损坏的威胁，保护长城是一项十分紧迫的任务。

但近几年来，有关长城维修所带来的争议越来越多。解决长城到底应该怎么修的理念问题，已经到了刻不容缓的地步。当然，有些问题不仅是理念的问题，也有制度层面的问题。

《报告》对实施长城维修工程、长城保护维修管理两个方面进行了较为全面的总结。但对问题的提出及解决，尚显涉及不足。

关于实施长城维修工程方面：1952 年，中国政府组织开展了居庸关、八达岭和山海关长城维修工程，这是新中国第一批长城保护维修工程。此后慕田峪、金山岭等一批具有重要价值的长城代表性点段陆续得到修缮。

国家文物局《长城保护工程（2005—2014 年）评估报告》显示，2005 年以来，国务院批准实施了《长城保护工程（2005—2014 年）总体工作方案》，中央财政拨付文物保护专项资金约 19 亿元，组织开展了长城墙体、敌楼以及关堡、烽火台等本体保护维修项目 218 项，维修、加固长城本体 410 千米、单体建筑 1402 处，涉及春秋战国、秦、汉、唐、辽、金、明等各个时代，工程范围覆盖了长城资源分布的全部 15 个省（自治区、直辖市）。其中，明长城砖城墙段落维修工程量已超过 10%。

从 2005—2014 年，国家文物局共审批长城保护项目 177 项，分别处于立项、方案批复、已开工、已竣工和已验收五个阶段。从项目数量上看，北京市、甘肃省、河北省位列前三名，北京市数量最多有 37 项，占总数的 21%，甘肃省 33 项，占总数的 18. 6%，河北省 22 项，占总数的 12. 4%，天津市、吉林省有 1 项。

从以上的国家文物局《长城保护工程（2005—2014 年）评估报告》的统计数字和下图，可以看到长城维修工程主要还是集中在有较高旅游价值的砖砌长城墙体的部分。这一现象，反映出各地长城修缮或许多与发展旅游事业有一定的关联。

《长城保护工程（2005—2014 年）评估报告》是对国家文物局组织的长城资源调查工作的总结。所以，其中的数据都是截止于国务院批准实施《长城保护工程（2005—2014 年）总体工作方案》的截止日期 2014 年，此后的信息未见有新的发布。

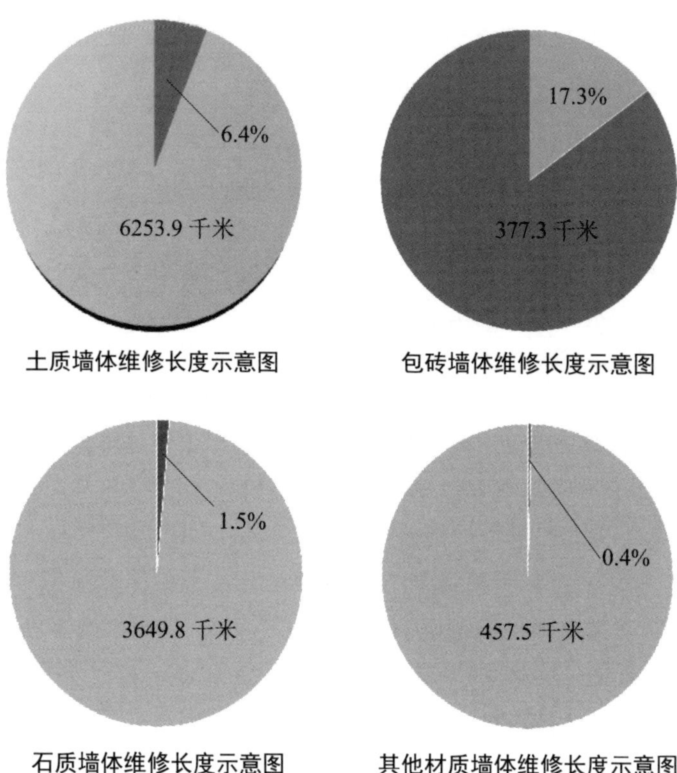

土质墙体维修长度示意图　包砖墙体维修长度示意图

石质墙体维修长度示意图　其他材质墙体维修长度示意图

关于长城保护维修管理方面：重点是长城维修理念共识这一部分。通过多年的长城保护维修实践，逐渐形成了长城保护维修理念的社会共识。

（1）对于地面仍存有建筑的长城段落，严格遵循不改变文物原状和最小干预的原则进行维修加固，严格保持其原形制、原结构，保证长城结构安全，最大限度保存历史信息，妥善保护长城沧桑古朴的历史环境风貌；

（2）对于历史上地面部分已坍塌或消失的长城遗址，实施遗址原状保护，通过局部整理归安和日常养护避免残损加剧，不在原址重建或进行大规模修复；

（3）对于面临自然灾害威胁的长城段落，加强预警监测，控制安全隐患，必要时可设置有针对性的保护性设施，缓解灾害风险压力，避免自然灾害的直接破坏；

（4）对于价值突出，或与重大历史事件有密切联系，具有展示潜力的长城点段，在严格保护其原形制、原结构的基础上，结合展示服务的需求，可适度进行局部修复展示。

在这一部分中，《报告》虽然说达成了共识，但其实不管是在全国文物系统还是在社会层面，距离真正形成共识还差距很大。比如辽宁小河口长城的修缮，已经引起了强烈的社会反响，辽宁省文物部门负责人还在反复强调，他们的做法符合“严格遵循不改变文物原状和最小干预”的原则。可见，什么是“不改变文物原状”，什么是“最小干预”尚有理解上的不一致和做法上的不一致。若不能真正形成共识，并且用相关制度规范下来，长城修缮的混乱状况还将延续，这一点非常令人担忧。

第四部分：长城文化与时代价值

过去文物系统谈长城，更多的是讲长城的文物价值，很少关注长城的文化与时代价值。《报告》在这一点上，可以说是最大的创新。只有社会各界真正地认识到了长城的文化与时代价值，才能更加自觉地参与到长城保护工作中来。

《报告》将长城的文化与时代价值，归纳为下面三点：

团结统一、众志成城的爱国精神。

坚韧不屈、自强不息的民族精神。

守望和平、开放包容的时代精神。

《报告》说中国古代长城历经岁月锤炼，已深深融入中华民族的血脉之中，成为实现中华民族伟大复兴的强大精神力量。传承与弘扬长城精神始终是长城保护的首要之义。

对长城文化和精神价值的挖掘还有待深入，中国古代为什么持续两千多年不断地做修建长城和使用长城这件事？中华文明是四大文明古国中唯一没有中断过的古老文明，在这个历史进程中长城的作用是什么？以今天人类文明发展的视角，如何理解长城所代表的中华文明对人类文明贡献的价值？将这些问题讲明白，人们才会真正理解长城的伟大，才会发自内心地去爱护长城。

在第四部分，还强调了长城的开放展示。从 1952 年北京修复居庸关、八达岭等长城点段并对公众开放起，长城沿线各省（自治区、直辖市）陆续开始了对长城的保护维修和旅游开放。

据国家文物局《长城保护工程（2005—2014 年）评估报告》统计，截至目前，全国以长城展示或依托长城兴建的参观游览区 92 处，其中以长城展示为核心的专门景区 45 处，长城专题博物馆、陈列馆 8 家。八达岭、慕田峪、金山岭、九门口、镇北台、嘉峪关等长城重要点段已成为长城旅游代表性景区，“不到长城非好汉”为国内外游客所传诵。

2005—2015 年，八达岭长城接待游客 7650 多万人次，年接待游客近 800 万人次，门票收入超过 24 亿元；甘肃嘉峪关长城景区接待游客 550 多万人次，门票收入接近 4. 5 亿元，成为当地经济社会发展的支柱产业。

与此同时，长城成为世界了解古代中国与现代中国的金色名片。如八达岭自开放以来已接待各国元首、政府首脑 500 多位，成为中国政府与世界各国友好交往的重要场所。

《长城保护工程（2005—2014 年）评估报告》说：据不完全统计，目前全国有长城景区 118 处。从长城景区的类型来看，首先，依据长城在景区中的角色可分为三类，即专门长城景区、长城遗址公园和内有长城的综合性旅游景区。专门长城景区有 98 处，主要指以长城本体展示为主的旅游景区，如河北山海关、北京八达岭、甘肃嘉峪关等；长城遗址公园有 7 处，是指以长城遗址为背景或主题概念的公园，如北京市云蒙山长城遗址公园、黑龙江齐齐哈尔金长城遗址公园等；内有长城的综合性旅游景区有 26 处，指不以长城为对象或唯一对象的旅游景区，如辽宁闾山森林公园景区、宁夏镇北堡西部影视城等。

北京市有长城景区 31 处，包括北京市文物部门填报的 8 处。天津有长城景区 4 处，其中包括文物部门填报的 1 处。河北省有长城景区 27 处，其中包括省旅游局官网登录的 13 处，河北省文物部门填报的其他 4 处。京津冀三省，有长城景区 62 处，占全国总数的 52. 54%，由此可见京津冀长城在全国长城旅游中的地位是非常高的。如果按照游人的数量来讲，京津冀长城比例就会更高了。

《报告》在这一部分中没有像以往一样只对长城旅游进行关注，只强调观光旅游，而是强调了长城对于区域经济发展发挥的作用。这一点很重要，我们为什么要保护长城，不外乎这样两个任务，一是把长城这个伟大的文化遗产给子孙后代传下去，二是服务于当代的社会经济及文化生活。

《报告》说：长城旅游与丝路旅游、沙漠旅游、草原旅游有机结合，带动了红色旅游、研学旅游、乡村旅游等蓬勃发展，有力地扩大了公共文化供给，改善了长城沿线生态环境，推动了区域经济增长及国家扶贫攻坚战略的实施。

在第五部分还有一个重要的地方，就是强调了社会参与长城保护工作。包括中国长城学会组织的各种活动；中国文物保护基金会与腾讯合作，吸引20万余人参与长城维修公募活动，积极探索了社会力量参与长城保护的新模式等；国家文物局给予大力支持。长城保护仅靠各级政府是远远不够的，但到目前为止在调动社会力量参与长城保护工作方面还没有形成有效机制，还缺乏制度层面的保障。

第五部分：长城保护目标与行动

2009年4月18日，国家文物局公布明长城人工墙体长度为6259.6千米时，有关领导介绍说：按照《长城资源保存程度评价标准》，目前保存较好的513.5千米、保存一般的1104.4千米、保存较差的1494.7千米、保存差的1185.4千米，已消失的1961.6千米。从中可以看出，长城墙体保存状况总体堪忧，较好的比例只有不足10%，一般的只有约20%，而已经消失的长城竟然超过了30%。这个数字是触目惊心的，实际上就明代长城而言，我们已经没有了万里长城。

2012年发布历代长城资源调查认定成果时，认定的就是现有的长城遗址遗存，没有公布长城保存现状。这次国家文物局在《报告》中，也没有再强调长城的保护现状数字。但《报告》明确指出：由于长城分布地域广，修筑延续时间长，除个别点段为砖石结构外，长城主体多为就地取材、夯土构筑，特别是长期以来受到自然侵蚀风化、人类生产生活和历史环境变迁等多重因素影响，保存至今的长城大多已坍塌或损毁，甚至地面部分已全部消失。

《报告》指出长城保护常常被一些地方政府所忽视，对长城保护的重要性认识不足，责任落实、工作措施不到位，许多长城点段缺少必要的人员管理。长城保护尚未成为民众的行为自觉。个别地方保护修复缺少有针对性的科学方案，施工管理粗放，施工质量不高，对长城本体或环境风貌造成影响。现代人为或自然的破坏和损毁加剧，“野长城”游览需要加强服务引导，制约长城保护的诸多困难与问题尚未得到有效解决，保护形势依然不尽如人意。

《报告》提出长城保护是一项需要各级政府和全社会共同关注并付诸努力的艰巨任务，并从四个方面做出了工作安排，分别为：落实政府责任、加大保护力度、促进社会参与、弘扬长城精神。

落实政府责任方面：按照《中华人民共和国文物保护法》和《长城保护条例》要求，进一步落实属地管理责任，明确保护职责。长城保护的相关法规和其他法规的对接，还存在着很大的问题，仅仅靠落实《中华人民共和国文物保护法》和《长城保护条例》还远远不够。比如矿山开采对长城造成的威胁和破坏，很多的采矿者都有合法的开采证，国土资源部门办开采证时，只需要水利、林业出具相关手续而不需要文物部门认证，结果长城环境被破坏了，长城本体受到威胁了，根本无法解决。

《报告》在强调加大保护力度方面时说：强化日常养护，及时消除自然和人为因素可能造成的安全隐患。

但以目前的财政管理体系来说，日常养护的经费中央财政不出，钱从哪来？地方文物部门财力投入基本没有，人力严重不足，“日常养护”工作由谁来做？山西山阴县新广武长城旅游开发，政府投入数千万元修路、建广场，而仅几万元的日常养护费用不投入，致使具有标志意义的“月亮门”长城敌楼残存部分倒塌，造成极恶劣的社会影响。国家投入1000多万元修辽宁小河口长城，由于修缮过度而遭到社会批评。就在修长城的几乎同期，相邻处一座空心敌楼因为没钱做日常养护而倒塌。这样一边建新，一边倒塌的被动局面，绝非个例，应该引起足够的重视。

促进社会参与方面：进一步完善社会参与政策与措施，促进社会力量积极参与长城保护。但政府主管部门如何放权，如何在可操作性方面留给社会参与足够的空间，尚待进一步落实。

弘扬长城精神方面：深入挖掘长城精神与文化内涵，加强长城重要点段的现场展示，充分发挥长城在开展国防教育、爱国主义教育、传承弘扬中华优秀传统文化中的独特作用。弘扬长城精神，不仅仅是文物部门的工作，还要协调教育、共青团等相关部门共同努力。

开展这方面的工作，国家文物局所属的中国长城学会、中国文物保护基金会等非政府组织更有优势，应该可以发挥更大的作用。

（2017年8月9日在“内蒙古自治区第二届长城研讨会”上作的报告）

长城国家文化公园专题研究

董旭明 摄影

长城国家文化公园建设的几点思考

2019年7月24日，中央深改委第九次会议审议通过了《长城、大运河、长征国家文化公园建设方案》。会议指出，建设长城、大运河、长征国家文化公园，对坚定文化自信，彰显中华优秀传统文化的持久影响力、革命文化的强大感召力具有重要意义。要结合国土空间规划，坚持保护第一、传承优先，对各类文物本体及环境实施严格保护和管控，合理保存传统文化生态，适度发展文化旅游、特色生态产业。

这个文件的通过，标志着国家文化公园建设正式启动。以长城、大运河、长征为核心的线性文化遗产保护和利用工作，将进一步加大工作力度。建设国家文化公园是打造国家文化战略高地，对长城保护和利用事业来说是千载难逢的历史机遇，将形成一批具有特定开放性空间的长城文化载体。要通过实施公园化管理运营，将这样的文化空间建设成经济新的增长极。

国家文化公园概念最早见于《国家“十三五”时期文化发展改革规划纲要》（以下简称《纲要》）。《纲要》在序言中开宗明义地提出“文化是民族的血脉，是人民的精神家园，是国家强盛的重要支撑。坚持‘两手抓，两手都要硬’，推动物质文明和精神文明协调发展，繁荣发展社会主义先进文化，是党和国家的战略方针”。

《纲要》提出我国将依托长城、大运河、黄帝陵、孔府、卢沟桥等重大历史文化遗产，规划建设一批国家文化公园，形成中华文化的重要标识。这个时候还没有提出长征，也没有形成线性文化遗产的思路。

国家为什么要建设国家文化公园？对于一个国家、一个民族来说文化是灵魂，国家和民族发展得有快有慢，人口规模有增也可能有减，但是长期形成和保持下来的文化传统之延续和发展，才是其生命力的标志。建设国家文化公园，就是要更好地传承和发展中华文化。

几千年的历史，我们的国家曾经很伟大，也曾经遭受了深重的灾难，甚至濒临亡国灭种。是什么力量让我们浴火重生？是伟大的民族精神焕发出的强大的救国救亡力量。在“把我们的血肉筑成我们新的长城”的民族精神的感召下，中华儿女经过长期的英勇斗争和流血牺牲，实现了国家和民族的解放。

《纲要》还提出“坚持把社会效益放在首位、社会效益和经济效益相统一，全面推进文化发展改革，全面完成文化小康建设各项任务，建设社会主义文化强国，更好地构筑中国精神、中国价值、中国力量、中国贡献，为实现‘两个一百年’奋斗目标、实现中华民族伟大复兴的中国梦奠定更加坚实的思想文化基础”。毫无疑问，这也是国家文化公园建设的指导思想。

一、坚定文化自信，占据文化发展的制高点，拥有强大的文化软实力

《长城、大运河、长征国家文化公园建设方案》首先强调坚定文化自信。在参加北京“长城文化带”建设的活动时我经常讲，长城文化的概念并不仅是地域文化，文化的根与中华民族历史发展的整体文脉联系在一起。讲文化自信，长城就是文化自信的基石。建设长城国家文化公园就是要占据文化发展的制高点，通过增强文化的软实力，达到提高综合国力的目的。

我们为什么要提坚定文化自信？因为我们的文化自信不够坚定。中国人从什么时候开始没有了文化自信？从近现代以来，从1840年的鸦片战争开始。我们落后了，我们不断地在挨打。1915年开始的新文化运动，欲救国救民族于水深火热之中的仁人志士开始反思我们的文化。

那个年代不仅是民众没有文化自信，担负着传承文化使命的文化精英表现得更没有文化自信。不仅是没有文化自信，甚至可以说我们的国家和民族完全被自卑心理所笼罩。新文化运动彻底否定儒家思想，新文化运动中一些文化领袖认为废除儒学还不够，提出要消灭汉字。钱玄同提出“欲废孔学，不得不先废汉文；欲驱除一般人之幼稚的野蛮的顽固思想，尤不可不先废汉文”。

傅斯年于1919年提出“中国文字的起源是极野蛮，形状是极奇异，认识是极不便，应用是极不经济，真是又笨又粗、牛鬼蛇神的文字，真是天下第一不方便的器具”。陈独秀也说“中国文字既难传载新事新理，且为腐毒思想之巢窟，废之诚不足惜”。胡适极力支持陈独秀，他认为“先废汉文，且存汉语，而改用罗马字母书之”是个好办法。

鲁迅也主张消灭汉字，话说得更绝、更惊世骇俗。他说“汉字不灭，中国必亡”。那个时候，还有688位著名的学者，签署了一篇《我们对于推行新文字的意见》。这差不多是一篇用汉字书写，呼吁消灭汉字的宣言。1935年，由中国新文字研究会草拟，签名的人中有蔡元培、鲁迅、郭沫若、茅盾、巴金、沈钧儒等大师。他们认为“汉字如独轮车，罗马字母如汽车，新文字如飞机”，提出“中国大众所需要的新文字是拼音的新文字”。

中国人为什么有那么多的人崇洋媚外，有那么多的文化精英不但要灭掉自己民族的文化，甚至对老祖宗遗留下来的文字都予以否定？这虽然是他们在痛定思痛后，对国家和民族发展的追求，但路径却不对。事情仅过去了100年，中国的汉字真的如他们认为的那么罪恶吗？真的是妨碍中国发展的桎梏吗？真的是“汉字不灭，中国必亡”吗？历史证明，肯定不是！

这些中国现代思想家、文学家、新文化运动的倡导者，表达的是一片忧国忧民的良苦用心，但是因为缺乏对自己文化的自信而选错了方向。他们绝没有想到，仅仅过去80余年，中国对世界经济的平均贡献率已经位居世界第一位，中国综合国力在世界上也已稳居第二。中国在世界范围的重要性也提升了汉语的重要性，世界各国越来越多的人在学习汉语。据国家汉办统计，截至2018年年底，国外学习汉语的人数已经超过1.5亿人。

今天在世界大发展大变革时期，我们又面临着新的问题。经济全球化得到深入发展，而文化多样化却在不断地削弱。各种思想文化的交流与交融，甚至交锋的现象，更加突出。文化的不自信，也绝不是个别现象。文化软实力越来越成为一个国家在全球竞争中的重点。综合国力竞争中的文化作用已经发展到战略地位，文化自信是否坚定，反映的是国民文化心态是否健康，这关系到国家和民族的生死存亡。

我为什么不断地讲长城是文化自信的基础？中华民族屹立于世界民族之林靠的就是长城所表达的文化精神，这是中华民族的血脉和脊梁。长城文化是中国人的精神家园。中华民族之民族心理的构建，民族性格和民族传统的形成都有长城文化的影子。如何使长城文化成为民族凝聚力的源泉，成为文化兴国和社会创造力的动力，成为经济社会发展和综合国力竞争的重要支撑是我们的任务。

对优秀传统文化的认同是维系国家统一、民族团结的需要。国家的稳定发展，需要有共同的文化、价值观和理想的追求。这就如同在国家和民族危亡之际，中国人喊出来的那句"把我们的血肉筑成我们新的长城"。

二、彰显中华优秀传统文化的持久影响力和强大感召力

《长城、大运河、长征国家文化公园建设方案》强调彰显中华优秀传统文化的持久影响力、革命文化的强大感召力具有重要意义。建设国家文化公园，要彰显中华优秀传统文化的持久影响力。什么是中华优秀传统文化？我们的这个文化持久影响力在什么地方？关于这一点，习近平同志有一系列的论述。他特别强调的"四个讲清楚"，正是建设国家文化公园要做好的事情。

习近平说："要讲清楚每个国家和民族的历史传统、文化积淀、基本国情不同，其发展道路必然有着自己的特色；讲清楚中华文化积淀着中华民族最深沉的精神追求，是中华民族生生不息、发展壮大的丰厚滋养；讲清楚中华优秀传统文化是中华民族的突出优势，是我们最深厚的文化软实力；讲清楚中国特色社会主义植根于中华文化沃土、反映中国人民意愿、适应中国和时代发展进步要求，有着深厚历史渊源和广泛现实基础。"

中华民族5000多年文明历史，孕育了极为丰富的中华优秀传统文化。坚定文化自信就是要传承发展中华优秀传统文化，要对博大精深的中华优秀传统文化进行全方位多层次的分析和阐释。中华优秀传统文化包含的内容众多，其中我认为非常有代表性的主要有民本思想、阴阳思想、天人合一、和合思想等。

民本思想就是以民为本，这里的"民"指的是人民。以民为本就是把人民的利益放在第一位，这是传统儒家对统治者最基本的道德要求和行为规范。以民为本是治国安邦的根本理念，古文献记载民本思想始于夏商周时期。《尚书·夏书》记载，大禹的儿子启，开创了"父传子，家天下"的君主世袭制度。启的儿子太康即位之后，贪图享乐、骄奢淫逸，以致亡国。

太康的5个弟弟作了《五子之歌》，反思太康亡国更深层次的原因。第

一条就是“皇祖有训，民可近，不可下。民惟邦本，本固邦宁。予视天下愚夫愚妇，一能胜予，一人三失，怨岂在明，不见是图。予临兆民，懔乎若朽索之驭六马，为人上者，奈何不敬？”

“民为邦本，本固邦宁”从此成为中国古代民本思想之根本。《左传》也有“国将兴，听于民；国将亡，听于神”的思想。孟子更是对民本思想进行了高度的凝练，提出“民为贵，社稷次之，君为轻”。孟子认为，政治排序以重要性为依据，其顺序应该是人民、国家，最后才是君王。古今中外任何政权的统治者都可以随时更换，国民则是不能更换的。这就是“民为邦本，本固邦宁”的原因。

中国有句老话：得民心者得天下，失民心者失天下。《孟子·梁惠王下》记载了孟子和齐宣王的一段有关“弑君”的对话。齐宣王问：“臣弑其君可乎？”孟子回答：“贼仁者谓之贼，贼义者谓之残，残贼之人，谓之一夫。闻诛一夫纣矣，未闻弑君也。”我只知道周武王诛杀了一个独夫商纣，没有听说臣子杀死了国君。

老子《道德经》有“圣人无常心，以百姓心为心”，以民为本还包括开民言路。《国语·周语》说：“防民之口，甚于防川，川壅而溃，伤人必多，民亦如之。是故为川者，决之使导；为民者，宣之使言。”不让人民说话，堵塞人民之言路，其后患比堵塞河川引起的水患还要严重。这也就是今天所理解的，各级党和政府都要全心全意为人民服务。

当然，也不是所有的皇上，都能接受这种思想。洪武五年朱元璋读《孟子》时看到“君之视臣如手足，则臣视君如腹心；君之视臣如犬马，则臣视君如国人；君之视臣如土芥，则臣视君如寇雠”这样的话，暴跳如雷。他下令将孟子逐出孔庙，并将《孟子》中的内容删除85条，出版了所谓的洁本。亚圣孟子尚且如此，人民之言路可想而知。

我们讲了民本思想，再来看一下中华优秀传统文化的阴阳思想。朱熹认为“道非器不形，器非道不立。盖阴阳亦器也，而所以阴阳者道也”。阴阳思想强调的是事物所包含的对立统一关系。中国的“中”字，实际上就可以理解成一个变形的太极图。

我也经常用这个“中”字讲长城内外，我们把中间的一竖理解为长城，左边为长城之外右边为长城之内，反映出来三层意思：第一，长城内外是独立存在的；第二，长城内外是紧密联系并相互依赖的；第三，长城内外是一个整体。阴阳思想讲的是一正一反的互相对立又统一的关系，而且对立双方又在不断地向对方转化。《楚辞·屈原·涉江》说的“阴阳易位”，即运动之间的联系和互变。长城内外的分界地带也是变动的，不同民族的统治政权及统治区域更是变动的。

在中华优秀传统文化天人合一思想中“天”即自然，“人”即生活在自然中的我们。合一思想认为人类社会生成和发展于大自然，我们“人”本身就是大自然的一部分。人与自然不仅息息相关，而且是一个相通相应的统一体。

“天人合一”强调人与自然的关系所具有的不可分割性。长城是最伟大的人工构建的防御体系，长城为什么修建在这里而不是修建在那里，并不是完全由修建者所决定的。长城所经地区是农牧交错地带，这种生态环境是老天设定的。长城的壮美，也是因为长城与大自然山川大地的和谐。我在长城上行走，常常感觉脚下的长城，真的就是从山上自己长出来的那样自然。《齐民要术·种谷第三》中讲“顺天时，量地利”，修建长城因地制宜的原则都是这种关系的体现。

和合思想是中华传统文化所追求的一种境界，追求千差万别的自然界和人类社会，在矛盾交织中实现协调和谐、共生并存。“和”“合”二字是很古老的字，在甲骨文与金文中都经常出现。“和”字的本义是吹奏类的乐器，由不同乐器声音的和谐而发展成为“和”文化。“合”字的本意是器皿的闭合，引申为事物的相合与融洽。中华传统文化讲的“合”是一切事物的合。《易经》中即有“与天地合其德，与日月合其明，与四时合其序，与鬼神合其吉凶”。

“和为贵”是和合思想，但在利益平衡过程中光讲“和为贵”行吗？肯定不行，还要讲“有备无患”。长城的修建就是为了“和为贵”，而做的“有备无患”。处理好战与和的关系，也是和合思想的重要内容。《礼记·中庸》则提出“中也者，天下之大本也；和也者，天下之达道也。致中和，天地位焉，万物育焉。”

三、要结合国土空间规划，坚持保护第一、传承优先，对各类文物本体及环境实施严格保护和管控

《长城、大运河、长征国家文化公园建设方案》，强调建设国家文化公

园要坚持保护第一、传承优先，这一点对长城国家文化公园建设尤为重要。长城的保护近几年有很大的进步，2019 年 1 月 24 日，国家文化和旅游部、国家文物局联合印发了《长城保护总体规划》（以下简称《规划》）。对长城保护来说，这是《长城保护条例》颁布之后，又一个具有里程碑意义的事。

这些年长城保护工作，最让我深感痛心的是长城修缮问题。我倡议举办的“长城保护维修理念与实践”论坛，2017 年 6 月 6 日在山海关成功举办。这个论坛最初是计划由中国文物保护基金会联合北京市文物局、天津市文物局、河北省文物局共同举办，励小捷理事长为此专门和京津冀三个文物局的领导舒小峰、金永伟、张立方开了几次会议，作了专题研究。

最后，由于中央禁止政府机关与非政府组织联合举办活动，京津冀文物局才由主办单位改为支持单位。实际上他们为“长城保护维修理念与实践”论坛的召开做了大量的组织工作。研讨会从技术及理念的方面探讨了长城怎么修、用什么修、修成什么样的问题，审议通过了《长城保护维修山海关共识》。为什么要举办这样一个主题的论坛？目的是总结长城保护工程实施十多年来的经验与教训，尽可能地统一认识，在长城保护修缮理念方面解决认识问题。同时，还深入探讨了攻克技术难题的措施与方法，研究完善现行长城工程管理体制机制的问题。

“十一五”和“十二五”期间，国家文物局批准各地实施了一批长城重点段落的抢救性保护维修工程，并在《文物保护工程管理办法》基础上，编制了有较强针对性和可操作性的《长城保护维修工作指导意见》，规范了长城保护维修、展示工程的工作程序和要求。国家虽然规范了长城维修的流程和要求，但实施过程中各环节执行单位的理解和量化程度存在较大偏差，实施效果往往与之相悖。

长城保护维修工作中存在的问题也不容忽视，在一些方面甚至可以说问题很严重，处于非常令人担忧的状态。这其中既包括理念认识不一致的问题，也存在一些技术难题，还有一些问题是来自体制机制的障碍。

社会对长城的关注越来越高、热点问题存在随时发酵的情况，使尽快对上述问题进行理论与实践相结合的学术研讨非常必要。因此，为了解决好存在的问题，达成长城维修理念上的最大公约数、技术上的共识，以及获得具有普遍适用性的研究成果，我向中国文物保护基金会励小捷理事长提出举办这个论坛的建议，得到了他的大力支持。

大家都认识到了，在目前的体制机制无法尽快改变的情况下，我们急需在修缮理念方面达成共识，有效避免保护性的破坏事件发生。对此，中国文物保护基金会向国家文物局提议，长城保护工作的当务之急是通过共商解决保护和修缮的理念问题。通过近一年的沟通联络和准备工作，这个论坛终于在山海关成功举行。

《规划》提出了长城原址保护、原状保护的总体策略。国家文物局副局长宋新潮对最小干预原则进行解释时提出，长城修缮能不修尽量不修，修了要和没修的感觉差不多。这是对维修长城最接地气的解读。为什么要修长城？就是要排除长城建筑的险情。

长城保护工作之所以很困难，就是因为体量太大。要做好长城保护工作，仅靠政府有关部门是不够的，要引导社会力量积极参与。但是，这方面的政策支持还远远不够。中国长城学会呼吁了十几年要成立中国长城保护基金会，至今仍然没有得到国家有关部门的批准。

2019 年 7 月 20 日，大同市举办了保护长城座谈会，我与著名演员成龙、市委书记张吉福、市长武宏文、国务院参事汤敏等对话长城保护。国务院金融中心特约研究员左小蕾提议建立长城保护基金，成龙表示“保护长城，义不容辞！”他呼吁人人捐一元，用来成立基金会保护古长城，并当场表示自己愿意带头捐 100 万元。

事隔一个月，8 月 22 日我随同河北省政府参事室、山西省政府参事室再次到大同调研长城保护和利用。期间向有关部门询问长城保护基金会的筹备情况，得到的答复是“批不下来”。长城保护资金来源于三个方面：一是中央财政，主要用在属于全国重点文物保护单位的长城重要点段保护；二是地方各级人民政府，补助经费更多地用在保护长城周边环境；三是社会资金，包括开发性资金。现在的情况基本上是主要靠中央财政，省级财政有一些，市县级地方财政更少了，而社会资金少到了可以忽略不计的程度。

四、合理保存传统文化生态，整合利用丰厚的长城文化资源实现乡村文化振兴

《长城、大运河、长征国家文化公园建设方案》强调合理保存传统文化生态。这说明建设国家文化公园其中的一个任务，就是以长远的眼光进行文

化生态的保护。要理解什么是传统文化生态，首先要认识清楚什么是文化生态。

2018 年 12 月 10 日，文化和旅游部部务会议审议通过了《国家级文化生态保护区管理办法》（以下简称《办法》），已经于 2019 年 3 月 1 日正式施行。这个文件有利于深刻认识文化生态，认识对其实施保护的意义。

《办法》指出：国家级文化生态保护区，是指以保护非物质文化遗产为核心，对历史文化积淀丰厚、存续状态良好，具有重要价值和鲜明特色的文化形态进行整体性保护，并经文化和旅游部同意设立的特定区域。《办法》规定，建设国家级文化生态保护区，要坚持保护优先、整体保护、见人见物见生活的理念，以“遗产丰富、氛围浓厚、特色鲜明、民众受益”为目标，将非遗及其得以孕育、滋养的人文环境加以整体性保护。

文化和旅游部开展国家级文化生态实验区试点工作以来，先后公布了 21 个国家级文化生态保护实验区。各省、区、市、自治区也相应设立省级文化生态保护区。加强文化名城保护，古村古镇及传统村落保护，文化遗产和重要历史遗迹保护等，都是文化生态保护实施的重点内容。

长城研究要加强对长城文化遗产资源资产的定量研究，要能准确掌握长城区域各地的文化遗产资源状况，包括种类、数量、分布、保护及存在的问题。长城沿线的成千上万的关隘、城堡都演变成了村镇，重要的城市已经是历史文化名城，比如宣化古城是明长城九镇宣府镇的总兵驻地，榆林古城是榆林镇的总兵驻地，银川古城是宁夏镇的总兵驻地，张掖古城是甘肃镇的总兵驻地。

这些长城沿线的古城、古镇、古村和相关的文化遗址、遗迹都是长城的重要组成部分。长城沿线保存下来的各级非物质文化遗产，也都是需要保护的文化生态。因为保护不力，长城区域非遗项目濒危，传统文化生态逐渐走向消亡，实际上也是对长城的一种破坏。

自然生态和文化生态是一个事物的两个方面，“望得见山，看得见水，记得住乡愁”既是自然生态，也是文化生态。自然生态遭受污染和破坏是人类的灾难，文化生态的污染和破坏也会给社会带来灾难性的后果。国家文化公园制度是在重要文化生态保护区，实施自然环境、文化生态系统的整体性和系统性的保护。

文化生态是一个综合体，所以保护工作也是一项复合性很强的工作。很多人认为长城保护和文化生态保护是地方经济和社会发展的包袱，这是因为我们没有做好工作。建设国家文化公园要与发展相结合，就是要通过推动文化提升文化生态保护水平，促进文化产业发展。长城文化遗产和长城文化生态的保护，对各级政府来说既是责任也是机遇。

文化生态保护与实现乡村文化振兴相辅相成，长城文化生态保护和发展的重心在长城沿线的乡镇。长城脚下的乡村实现有品质发展，一定要走文旅融合的发展之路，这离不开独特的地域文化。我在很多的场合都提出，长城保护不仅要保护长城建筑本体，更要保护历史文化。要立足整体和各自区域，对长城文化资源进行深入的研究，特别是对长城文化资源可持续发展与旅游运营模式的构建方面加强研究。

我认为长城文化资源不能光盯着建筑，要关注生活在长城空间和时间中的一代代的人。情感交流是长城旅游者的最大需求，要让游人带着情感满足的快乐离开长城。长城是中国最有代表性的文化遗产，围绕长城形成的文化生态是有价值、有情感、有知识、有趣味的文化生态系统。长城历史文化已经成为中国人的共同文化记忆，文化生态的继承和发展，将成为美丽乡村建设中一道亮丽的风景线。

五、适度发展文化旅游、特色生态产业，形成优服务、高素质的旅游地

《长城、大运河、长征国家文化公园建设方案》强调适度发展文化旅游、特色生态产业。为什么要提出发展文化旅游、特色生态产业？为什么要强调“适度”？

文化旅游是指游人通过旅游活动，在游览、观光、娱乐中感知和体察文化。据《中国旅游行业市场前瞻与投资战略规划分析报告》统计，2018 年我国旅游业发展迅猛，产业规模持续扩大，产品体系日益完善，市场秩序不断优化，全年全国旅游业总收入达 5. 97 万亿元，对我国 GDP 的综合贡献为 9. 94 万亿元，占我国国内 GDP 总量的 11. 04%。

中国旅游市场国内游收入，一线城市的旅游综合消费能力最强。长城、长征、大运河国家文化公园建设，恰恰不是建在一线城市，甚至都不是二、三线城市。这样一来国家资源配置向边远地区倾斜，可以为这些地区文化

旅游和特色生态产业发展提供支撑。

长城地区的404个县，从东北、华北到西北都是偏远地区，长城国家文化公园建设对这些地区挖掘本地文化资源，发展乡村旅游和特色生态产业会起到很大的推动作用。长城沿线的乡村文化内涵厚重，只是缺乏对传统文化的发掘、保护和传承。长城国家文化公园建设，将推动这些地区走出一条“文旅融合”和“农旅融合”的发展道路。

我认为建设长城国家文化公园，不仅不能仅满足于走马观花，也不能满足于下马看花，要能够做到让人们来养马种花才行。这个过程除了政府的投入之外，还要通过整合非政府组织资源，调动寻求发展的企业资源，共同按照统一规划打造不同的业态。

比如长城重镇张家口，历史上作为张库大道的起点有过曾经的辉煌。今天的张家口则属于经济欠发达地区，2018年全市人均地区生产总值和人均公共财政预算收入，与河北省平均水平相比，分别低27.4%和23.9%。这仅是与河北省平均水平相比，如果与发达地区的最高水平相比，就更是一个天上一个地下。

张家口的贫困人口基数很大，全市16个县（区）中有12个贫困县。要通过建设长城国家文化公园，推动发展文化旅游、特色生态产业，探索出一条经济欠发达地区文化旅游和生态产业兴市、强市之路。在实现国家文化公园“坚定文化自信，彰显中华优秀传统文化的持久影响力、革命文化的强大感召力”任务的同时，推进文化旅游和生态农业产业的发展。

建设长城国家文化公园，推动文化旅游发展一定要适度。强调适度是为了防止过度，也是为了控制发展速度过低。发展速度过低，达不到发展社会经济的目的。如果发展文化旅游过度，就会对文化和自然资源造成破坏。强调适度主要还是为了防止过度，过度开发脱离经济规律，难以使长城地区的民众享受到发展文化旅游、特色生态产业的收益。

（载于国务院发展研究中心《经济要参》2019年第46期）

长城国家文化公园建设促进长城生态文化旅游带发展

这篇文章，试图从长城生态文化旅游带的视角，解读长城国家文化公园建设对长城文化旅游带发展的促进作用。近几十年来，长城以其深厚的文化底蕴成为观光胜地，但下一步长城文旅融合的路应该怎么走？观光旅游发展之路，已经差不多走到了尽头。建设长城国家文化公园，推动长城生态文化旅游廊道的发展，将成为长城文化经济带发展的重要路径，也是长城生态文化旅游带发展的新动能。

国务院发布的《“十三五”旅游业发展规划》中，明确提出了打造国家长城生态文化旅游带这一战略举措，长城生态文化旅游廊道是以长城为核心的线性廊道。这是一个意义重大的计划，但是一直处于只有计划没有什么行动的状态。完美的规划，美好的梦想，没有行动不但无法成为现实，甚至成为一种空想，一种空谈。

可以说长城国家文化公园建设，为全面建设长城区域文化经济带，特别是发展长城生态文化特色旅游产业提供了重大机遇。我在长城沿线调查，感觉到很多基层政府的领导并没有充分地认识到这一点。

一、国家为什么要建设国家文化公园？为什么要做这项国家推进实施的重大文化工程

为什么国家要建设包括长城、运河、长征在内的国家文化公园？这一点中央说得很明确。这项国家推进实施的重大文化工程，就是要“实现保护传承利用、文化教育、公共服务、旅游观光、休闲娱乐、科学研究功能，形成

具有特定开放空间的公共文化载体。集中打造中华文化重要标志，以进一步坚定文化自信，充分彰显中华优秀传统文化持久影响力、社会主义先进文化强大生命力”。

长城国家文化公园建设，无疑将起到连通长城区域重点旅游城市和特色旅游功能区的作用。其中“旅游观光、休闲娱乐”被摆放在了较为重要的位置。这无疑将推动长城沿线，拥有良好的自然景观和完整文化特征地域的旅游发展。长城国家文化公园建设，将构建起优质的长城旅游市场品牌和形成一定空间范围内的产业集聚。

长城参与并见证了几千年来中华民族的发展历程，在今天的社会发展中也会发挥重要作用。中国历史上，长城沿线既是农耕、游牧经济的过渡和融合带，又是众多民族南来北往、繁衍迁徙和沟通交流的重要廊道。长城区域内自然生态多样，文化形态独特，是我国重要的历史文化沉积带。这些都是发展长城生态文化旅游带重要的资源。

长城这个特殊的带状区域，因其以长城为纽带和标志，所以学界又将这个区域定义为长城地带。长城地带的主体贯穿辽东半岛、华北平原、黄土高原、蒙古草原、河套平原、河西走廊，其范围东西长数千千米，南北宽数百千米。长城区域分布于黑龙江、吉林、辽宁、内蒙古、河北、北京、天津、山西、陕西、宁夏、甘肃、青海、新疆、山东和河南等 15 个省（自治区、直辖市）的 400 多个县（市、区）。

长城区域有着深厚的历史，鲜明的地理、气候和自然景观特征。这条长城带上展现着现实与历史、精神与文化、生态与自然的多重元素，满足着人们领略浓郁人文风情和优美自然风光的需求，因而自然成为一条长城生态文化旅游带。

长城是精神和物质的复合体。在长城分布的主要地区，形成了一种有别于其他地区的风情。从 1952 年起国家就开始维修开放了八达岭、山海关等处长城，其后又维修开放了嘉峪关、金山岭、慕田峪、司马台、黄崖关、居庸关、九门口、玉门关、阳关等数十处长城地段。游客可以观赏到长城建筑形态各异的关口、卫城、所城、墩台、烽燧等，通过长城感受和认识我们的国家和民族悠久的历史文化。

长城生态文化旅游资源的属性，涵盖了经济社会、文化历史、科学、环境生态、艺术美学等多个方面，主要包括历史文化属性、美学特性、科学属性三个方面。

历史文化属性。长城区域不仅有沧桑和雄伟壮观的历代长城，还有异彩纷呈的历史文化名城、历史文化街区和传统村镇，有历史遗存下来的古庙宇、古塔、古桥等建筑，有戏曲、诗歌、工艺等非物质文化遗产。长城生态文化旅游带上的这些文化遗产，为游客体验中华传统文化提供了充分的便利。长城生态文化旅游带，就是一座体量巨大的中华历史人文博物馆。

美学特性。由于跨度大，长城生态文化旅游带上自然环境多样，具有充分的自然和人文美感。其中最有代表性的还是长城本体的美学价值。经历两千多年沧海桑田的历史变迁，长城的审美价值在历史演变中不断积淀。长城之美首先来源于磅礴声势，其以奇伟、雄险和绵延万里的雄姿，征服了国内外无数的瞻仰者。我陪同很多外国朋友参观过长城，包括一些元首和政府首脑。他们到了长城之上，被中国人为了和平而付出艰苦劳动的精神深深地打动。

长城之美还在于蜿蜒流畅的墙体线条上，均匀和谐地筑有方形、扁形、圆形、拐角形的敌楼。形态各异的长城建筑，具有相当高的美学价值。长城之美还体现在建筑与自然的结合之上，长城从苍茫的西北戈壁到浩瀚的东海之滨，穿崇山峻岭，跨危崖绝谷，过荒漠草原，腾挪跌宕，气象万千。

长城把奇伟的自然美与雄浑的建筑美浑然融合在一起，展示出一种人文与自然相融合的天人合一境界。东部地区的长城多建于崇山峻岭之上，巧妙利用天然屏障，使之与人工建筑融为一体。长城顺山势蜿蜒于陡峭的山峦脊背，与峻峭的山峰互相映衬，有了长城的高山雄者更雄，峻者更峻。坐落在西部戈壁、大漠上的长城，由于地理自然条件所限，基本都用黄土夯筑而成。长城与沙漠、戈壁浑然一体，蔚为壮观。

沧桑的长城，被岁月打磨成现在这个样子的残垣颓壁，给人一种悲凉的壮丽之感。面对如此的长城，人们自然感到一种沧桑的美。长城所展示的不仅是中华民族古代军事学的成就，而且蕴寓着地理学、天文学和建筑学等多方面的文化成就。

长城的审美价值随着历史的推演、积淀而日趋笃厚，是一个永恒无价的艺术瑰宝。而在长城这条文化经济带上，被长城所串联起来的各种自然和文化景观，更是数不胜数。它们与长城一起，构成了长城生态文化旅游带的美学体验支撑。

长城生态文化旅游资源的科学属性，包括科学研究和科学普及教育。长城科学属性，主要还是建筑学、军事学、民族学等学科的研究。如建筑科学方面，不仅长城这样宏伟的古代工程在全世界是独一无二的，而且长城带上还有敦煌石窟等许多古代人文精品，体现了古人的施工技术、建筑材料科学等，全方位反映了历史上的民族性和时代性特征。

除此之外，在地理地貌方面也很重要。在漫长的地质发展过程中，长城带形成了类型复杂、形态多样、规模各异的特点。地质学的概念中，长城纪是中元古的一个纪，距今 14 亿年，地质学界将此期间的沉积称长城系。

在平原、山地、高原、戈壁、沙漠条件下穿行的长城景观，点缀在一系列构造地貌、重力地貌、岩溶地貌、流水地貌、海岸地貌上的人文风情，是自然生态与人文历史的完美融合。不论从哪方面讲，长城生态文化资源的科学价值都非常高。

二、长城国家文化公园将要建在什么地方？是否影响大的长城旅游目的地才能建长城国家文化公园？是否选择保护较好的明长城建长城国家文化公园

长城国家文化公园要建在长城沿线，并不是只有影响大的长城旅游目的地才能建长城国家文化公园，也不是只选择保护较好的明长城建长城国家文化公园，而是要在历代长城沿线，只要具备条件的地方都要逐步建设长城国家文化公园。成熟一批，发展一批。中央要求首批长城国家文化公园要在 4 年之内，也就是最晚到 2023 年年底基本完成建设工作，能够实现对社会开放。河北省作为试点段，要在 2021 年年底前完成建设任务。

我国各时代长城资源分布在全国 15 个省（自治区、直辖市），分别为：北京市、天津市、河北省、山西省、内蒙古自治区、辽宁省、吉林省、黑龙江省、山东省、河南省、陕西省、甘肃省、青海省、宁夏回族自治区、新疆维吾尔自治区。这些有长城的省份，共有 404 个县，都是长城国家文化公园建设的备选地。当然，条件相对较好、影响大的长城旅游目的地会优先考虑。

修建工程最大，使用时间最长，保存也最好的明长城，也是首批长城国家文化公园建设的重点选择地。

国家文化公园建设，在打造国家文化战略高地的同时，将构建国家级自然人文景观长廊，其中包括长城生态文化旅游带的构建。这是国家为利用自然与文化资源，促进旅游业和经济发展的战略部署，涉及文化、历史、自然景观、休闲度假等诸多方面。各级政府不能简单地理解成，这项工作仅仅是上级布置的一项任务。

从国家战略层面来讲，长城生态文化旅游带概念的提出，除了向世人展示长城带所包含的中华人文精神和独特自然生态外，更是要创立一个国家级品牌，打造一张中国国家人文名片。这对中华文化的传播，对长城区域的旅游开发与经济发展，都蕴含着不可估量的能量。从地方社会经济发展的层面来讲，长城国家文化公园建设完全可以成为地域社会经济发展的突破口。

构建长城生态文化旅游带，可以促进落实国家旅游和文化发展规划、推动特色文化产业战略部署。加快建设具备引领示范效应的特色文化产业，进一步促进西部地区、民族地区发展。把旅游文化产业培育成为区域经济支柱性产业，保护文化生态，增强国家认同，促进民族团结。

从区域经济层面来讲，长城沿线地区多为经济不发达地区。长城国家文化公园建设推动下的长城生态文化旅游带，可以为区域发展营造良好的环境，促进该地区的经济社会发展，并给建筑、商贸、农产、交通运输等行业带来更多的发展机遇，为相关产业注入活力。同时，还能增加剩余劳动力的就业机会。

从旅游产业层面来讲，如今我国人均收入和消费水平不断提高，带动了国内游客的旅游观光热，国外游人对长城及长城沿线特有的自然人文景观更是兴趣十足。在这种情况下，长城带上的部分景区游人密度增长过快，景区超负荷经营问题逐渐显现。同时，旅游活动内容单调、产业发展滞后、不能满足国内外游客多元消费需求的情况，也一定程度存在。

建设长城国家文化公园，将整体且有计划地推动长城生态文化旅游建设。这样做既可以丰富旅游内容，促进我国旅游业的良性循环，又可以减少长城带已开发景点的超负荷运行压力，减小由于游客过多对自然和人文遗产保护构成的威胁。按照国家要求，长城国家文化公园内的一些长城段落，将实行保护性的管控。

三、长城国家文化公园建设，推动长城生态文化旅游带发展应该遵循哪些原则

长城国家文化公园建设，在中央的要求中有统一的建设原则，分别为：保护优先，强化传承；文化引领，彰显特色；总体设计，统筹规划；积极稳妥，改革创新；因地制宜，分类指导。我们下面所讲的原则，是在谈长城生态文化旅游带的问题。长城国家文化公园建设，在推动长城生态文化旅游带发展方面，要注意哪些原则？

长城国家文化公园建设要结合国家战略——京津冀协同发展、西部大开发、一带一路倡议。建设过程中以长城区域极富特色的自然生态、优秀的民族特色文化资源保护传承和合理开发利用为核心。以创新为动力，充分发挥政府的优势作用，还要强调市场机制作用，强化人才支撑，培育知名品牌，促进文化与旅游等产业深度融合。

在短短的 4 年时间之内，要完成长城国家文化公园建设，势必要充分利用现有的比较成熟的旅游景区。利用这些景区并使其成为龙头，带动长城生态文化旅游产业带建设，打造出真正具有强大影响力、传播力和竞争力的长城国家文化公园，还要面临很多实际的问题。我认为不论是长城国家文化公园主题展示区的核心展示园、集中展示带、特色展示点，还是文旅融合区的历史文化、自然生态、现代文旅项目的选择，都要注意下面几个具体问题：

第一是区位的问题。长城国家文化公园是在特定空间条件下建设的，对自然和人文环境有着严格的要求。长城生态文化旅游带建设，同样对观光体验活动及许多旅游业态的发展有条件要求。一般来说，长城资源位于偏远山区，交通网络不发达，可进入性较差，纵然景区有极高的资源品位，以目前的条件也很难取得良好的经济效益。长城生态文化旅游，应从资源品位与区位条件出发，重点落实资源品位高和区位条件优越的项目。

长城国家文化公园建设很重要的一个方面，是中央财政将投入较大的力量做好基础建设。其中最基础的建设项目主要就是修建道路，道路修好了，偏僻的长城沿线之区位弱势将得到改变。是否能较大程度地改变长城沿线的

区位条件，也是检验长城国家文化公园是否能很好地发挥作用的重要指标。当然，考虑到投资等因素，道路的建设工程也不可能无限做大。这就涉及如何花最少的钱，做最大效益事的问题。

所以，长城国家文化公园布局的区位原则，是选址布局的一个基本标准。长城国家文化公园建设，必须经过严格的科学论证和可行性研究等复杂程序才能实施。只凭想当然的开发，很容易造成资源和资金的巨大浪费。如有些地方交通过于闭塞，即便建成了一个展示园和展示点，其运营和管理都可能会变成包袱。对于区位条件不好、资源品位不高、距离客源地市场远的地段，开发利用应该慎重考虑。区位条件是随着社会发展而变化的，今天的不好和不高，或许就是明天的优势。

第二是区域性的问题。长城国家文化公园建设的区域性原则，主要体现在文旅融合区和传统利用区。在这两个区都要按照区域特色，规划和部署出富有品位的长城生态文化旅游产品。根据旅游资源的不同特色，选择特色突出、市场潜力大的地方优先开发，以避免盲目建设、遍地开发现象的发生。

区域性的原则要兼顾全局。最终目的是促使长城区域经济高速、健康发展。因此，规划中要以区域整体利益为重，以大局为重，妥善处理局部与整体、一般与重点、农业与工业、乡村与城市、生活与生产及近期利益与长远利益的关系。只有坚持全局原则，才有可能使长城沿线各地的发展与国家发展战略统一起来。建设长城国家文化公园，既要始终如一地贯彻国家战略指导思想，更要结合区域经济发展的实际。

第三是可持续性发展的问题。长城旅游资源保护与可持续发展间的矛盾是个核心问题。长城区域有许多自然和文化遗产，虽然是垄断性的旅游资源却也有其脆弱的一面。自然资源和文化资源都不可再生，一旦失去便会永远失去。尽管现在的技术很高超，也不可能将破坏了的文物修复到没有破坏之前的状态。对文物来说，任何的复制品，都不可能具有原来的文物价值。

在构建长城生态文化产业项目时，必须要体现出自己的特色，才能增加旅游资源的吸引力和竞争力。所以，长城生态文化旅游带建设过程，应该着重强调资源保护。保护是第一位的工作，绝不能再犯“先破坏再保护”的错误。我们强调长城保护，并不是反对利用。只是反对那些不遵循客观规律、急功近利的开发，反对那些牺牲赖以生存的生态环境、牺牲历史人文风貌的破坏性开发。

第四是效益的问题。长城国家文化公园建设方案，明确规定“文旅融合工程，对优质文化旅游资源推进一体化开发。打造一批文旅示范区，培育一批有竞争力的文旅企业”。这就是效益原则，就是在长城国家文化公园建设“文旅融合工程”时，在长城生态文化旅游建设的过程中，要以社会效益、生态效益和经济效益为依据，使长城生态文化旅游产业活动，取得最佳的整体效益。

谈效益的原则，人们常常忽略了生态效益。为了保证旅游资源的可持续发展，取得预期的社会效益和经济效益，一定要强调生态效益的问题。旅游活动的管理者和经营者，必须按照有关制度，在加强资源承载力研究的基础上，确定合理的游人环境容量，减少游人间接或直接对长城区域生态和人文旅游资源造成破坏。

长城国家文化公园建设，要重点扶持当前经济效益可观、市场潜力大的地区和项目。长城生态文化旅游要在资源保护的前提下，获取一定的经济效益。同时又以经济效益来促进资源获得更加稳妥的保护，形成一个良性循环的发展模式。

四、给长城沿线市县政府的几点建议

长城国家文化公园建设是一项新生事物，没有可以参照的成熟经验。各地在落实中央长城国家文化公园建设方案时，特别是以此为契机推动长城区域文旅融合发展时，都要做好充分的研究。长城生态文化系统是我国重要的资源，要从长城国家文化公园建设需要，从旅游经济学的角度来认识长城资源，进一步探讨长城区域旅游资源体系在旅游行动及服务中的作用，这是个非常重要的课题。

关于做好研究工作的问题。发挥长城国家文化公园建设对长城生态文化旅游的促进作用方面，需要研究的内容有很多。主要是旅游经济活动中长城生态文化资源的地位和作用，其中包括对旅游开发地区的剖析研究，包括旅游产业活动对发展交通运输、建筑、商业、工艺美术等行业的要求和影响。还要从旅游产业的视角，研究长城生态文化旅游的供求规律，包括调查、掌握和预测影响旅游的各种因素，如个人收入及其旅游支付能力的变化、旅游者的需求心理、旅游服务设施等。据此找准长城生态文化旅游市场，适应不断变化中的旅游供求趋势。此外，还要研究长城区域旅游资源的相互关系问题、资源利用和保护的问题等。

长城生态文化旅游资源是旅游活动的发展基础。旅游产品的种类、数量、质量、组合状况、地区分布、历史和现状等，在很大程度上决定了对旅游者的吸引程度、吸引对象的范围、旅游活动的内容和方式，以及区域旅游产业发展规模。所以，长城国家文化公园建设，加强对长城生态文化旅游资源的研究工作是非常必要的。

关于做好规划的问题。长城国家文化公园建设实行规划优先，中央要求相关省份对文物和文化资源进行系统摸底，编制分省份规划建设。这并不是说各地级市或县，不需要在规划方面做工作。各相关市县，要对本区域长城生态文化旅游带开展科学化的研究、制定切实可行的整体规划。各地只有在国家文化公园制定规划之前，做好本地的发展规划研究，才能充分利用好长城国家文化公园的机会。各级政府应该在这方面早做前期工作，走在国家部署的前面。

长城国家文化公园建设规划，由于时间紧、任务急，很难做出以扎实调研为基础的规划。这就要求各县市政府，要从长城生态文化资源的自然、人文景观价值和客源可能性等方面，较为系统地提交规划建议。这对长城国家文化公园建设，是否能对构建长城生态文化旅游的有利条件和制约因素作出客观的定量、定性评价至关重要。地方政府提出长城生态文化旅游的整体发展方向和阶段目标，列入长城国家文化公园建设规划，可以得到国家的支持。国家和省政府可以在长城国家文化公园建设过程中，以上述规划为基础分层次、分期发展该地区的长城生态文化旅游。

关于保护好资源的问题。中央对长城国家文化公园建设的要求，第一条就是“保护优先，强化传承”。长城国家文化公园建设四个区块，第一个就是管控保护区。实行保护优先，首先是要对长城文物资源进行有效保护。许多地方的长城，都受到自然环境条件和遗产保护的限制，而不能开展大规模的旅游活动。但是，很多的地方如果保护措施到位，则完全可以开发成旅游区。

比如甘肃敦煌的汉长城，用红柳、芦苇和沙土修筑的长城，至今仍保留

2 米多高的遗址。这里的长城十分壮观，加上辽阔的戈壁，构成了独特的景观。这里不但长城保存得好，连长城烽燧前报警用的积薪都还原样地堆放着。我曾多次去那里考察，就其本身吸引力而论很有价值。但是如果不先做好文物保护，贸然发展旅游任意开放观光体验，就会给脆弱的资源造成破坏。当地政府采取围挡和专人看护的措施之后，就具备了发展长城生态文化旅游的条件，现在这里做得很好。

长城国家文化公园建设促进长城资源保护，应该说是涉及长城生态文化旅游诸问题中的首要问题。保护好长城生态文化资源，涉及保护文化传统和自然生态平衡等诸多方面。保护自然环境和长城建筑，是一件既符合区域利益，又符合国家利益的大事。

关于区域经济转型升级的问题。长城国家文化公园建设四个区块，最后一个就是传统利用区。所谓的传统利用区是利用长城区域人们正常生产生活，合理保存传统文化生态，服务于社会经济发展。长城地区依然是以农业经济为主体的地区，长城国家文化公园传统利用区建设，重点是与乡村振兴相结合的农村发展。通过长城国家文化公园建设，推动长城生态文化旅游带发展，要建立符合这个区域农业特点的协调发展机制。

通过长城国家文化公园建设，长城生态文化旅游带建设，可以深入推进长城区域农业供给侧结构性改革，促进农业转型升级、提质增效。这是长城区域必须要走的一条路，也是国家农业农村发展的内在动因与外部因素共同作用的结果。

国家《“十三五”旅游业发展规划》提出了打造国家长城生态文化旅游带，明年（2020 年）就是“十三五”的最后一年了，直到今天有关部委还没有颁布长城生态文化旅游带的整体规划，也没有整体部署和协调推进这项工作。国家虽然没有部署，长城沿线的北京、山西等地却率先行动了起来，取得了较好的成绩。

长城国家文化公园建设的启动，最终目标是从东到西将长城沿线真正地连接在一起，长城生态文化旅游带发展格局将得以呈现。随着长城国家文化公园的建设，将形成新的区位资源优势与旅游产业集聚模式，形成各经济类型及科技、产业、文化协同发展的局面。长城国家文化公园是文化建设，又不仅是文化建设。其价值和意义涵盖了经济、社会、生态、文化等众多领域，这就要求长城沿线各级政府必须在区域经济转型升级的形势下，走出一条可持续发展的路径。

关于做好创意创新的问题。充分利用长城国家文化公园建设的大好时机，将长城生态文化旅游带建成国家精品旅游观光带是长城沿线各地政府的历史使命。长城生态文化旅游带是特色产业带，其建设必须依托长城区域生态和文化资源。要开展创意创新活动，推动资源的创造性转化和创新性发展，满足公众的多元化消费需求。

长城生态文化旅游创意产品的研发，要实现社会效益和经济效益相统一；在坚持资源保护的前提下，鼓励和引导社会力量参与，发挥各类市场主体作用，形成多渠道投入机制，打造长城生态文化旅游创意品牌；要创新旅游产品（服务）的营销推广理念、方式和渠道，提升产品（服务）营销水平，特别是积极开展长城生态文化旅游创意产品的体验式营销；培育一批长城生态文化旅游领军单位和品牌产品，以及旅游品牌的市场发展机制；开发会展、演艺、影视等创意项目，延伸长城生态文化旅游产业链条。

总之，长城生态文化中的乡土文化资源，是中华民族得以繁衍发展的精神寄托和智慧结晶。今天的乡土文化传承，既要保护好原生态乡土文化，又要创造新生态的乡土文化，更好地服务于区域农业供给侧结构性改革，带动乡村产业升级，促进内生经济发展，逐步落实乡村人群就地居住、就地就业和就地保障，帮助乡村人群真正地脱贫致富。

长城国家文化公园建设过程中，把长城生态文化旅游带打造成为优势产业是一个系统工程。只要坚持长城生态文化资源可持续发展原则，通过市场配置资源和更为有利的产业政策支持，就一定能实现长城生态文化旅游由低水平向高水平跃升。构建起一个创新引领、协调带动、开放互动、共建共享的国家级特色精品旅游产业带，是长城国家文化公园建设任务之一，也应该是长城沿线各级政府的使命。

（载于国务院发展研究中心《经济要参》2019 年第 48 期）

长城国家文化公园建设之文旅融合探讨

2019 年 12 月 5 日，中共中央办公厅、国务院办公厅印发《长城、大运河、长征国家文化公园建设方案》（以下简称《方案》），规定了重点建设 4 类主体功能区，分别为：管控保护区、主题展示区、文旅融合区、传统利用区。其中，对长城国家文化公园的文旅融合区建设的要求是："由主题展示区及其周边就近就便和可看可览的历史文化、自然生态、现代文旅优质资源组成，重点利用文物和文化资源外溢辐射效应，建设文化旅游深度融合发展示范区。"

近些年来旅游业成为全球经济中发展势头最强劲的产业之一，也是发展规模最大的产业之一。在中国经济发展中旅游业也已经逐渐成为支柱性产业，这是文旅融合概念提出的基础。但是，总体上来说长城区域作为相对贫困、较为落后的地区，文旅融合发展速度还是较慢的。如何利用国家文化公园建设的历史机遇，在国民经济以内循环为主的形势下，构建长城文旅发展新格局，提高发展速度和质量，推动长城区域的整体发展，形成以国内为主体、国内国际旅游发展相互促进的新局面，是长城文旅融合发展面临的重要课题。

国家文化和旅游部委托我和我的团队编制长城国家文化公园《长城文化和旅游融合发展专项规划》。这部长城文旅融合发展规划，将作为长城国家文化公园文旅融合区建设工作的规范指导文件。我们在规划编制中进行了新的探索，提出的规划体系综合考量了长城文旅融合的文化产品、文化业态、文化主题、文化品牌、文化体验及文化情境。

人们谈起文旅融合，最常说的一句话是"旅游是文化的载体、文化是旅游的灵魂"。这句话虽然说明了文化与旅游之间的密切关系，但是认真思考长城文旅融合，会发现问题绝不是这么的简单，否则也就不必讨论长城文化和旅游的融合问题了。作为这项规划编制的负责人，我一直在思考长城文旅融合这样的一个系统化工程，文旅融合的聚集区怎么划分？业态和产品怎么融合？文旅融合路径与模式是怎样的？长城国家文化公园的公共服务体系和市场化服务体系，应该是一体化的这没有问题，但是其公共性和市场服务性如何融合？

还有长城的历史文化和旅游产品的融合问题，如何解决“文化项目不好玩，旅游项目没文化”的问题。不久前我参加河北省长城国家文化公园建设督导调研，在张家口了解到当地要把张库大道的故事做成石雕长廊，从设计来看是非常高大上。我就提出来一个问题，有多少人会站到石雕前面，从头到尾把几十米石雕长廊全部看完并理解里面的故事呢？

我们不能再走这样的老路，要把文化传播做好就要注重把文化转化为有形的可以体验的文化项目。要想让人们通过自觉的体验来感受长城文化的魅力，首先需要我们对长城文化体验项目的规划和安排做好创意，体验是长城文旅融合的主要形式。

一、长城文旅融合发展仅盯着长城遗址遗存利用的问题

长城国家文化公园建设，核心吸引物应该是长城文化遗存和长城历史文化。中央的《方案》明确规定，长城国家文化公园“建设范围，包括战国、秦、汉长城，北魏、北齐、隋、唐、五代、宋、西夏、辽具备长城特征的防御体系，金界壕，明长城。涉及北京、天津、河北、山西、内蒙古、辽宁、吉林、黑龙江、山东、河南、陕西、甘肃、青海、宁夏、新疆 15 个省区市”。是不是在这个地区建设的文旅融合项目，都可以算是长城国家文化公园建设项目呢？显然不是。

长城历经 2000 多年，纵横数万里，时间跨度长，分布范围广，是我国乃至全世界体量最大、分布最广的具有线性特征的军事防御体系遗产。2012 年国家文物局完成了长城资源认定，将春秋战国至明等各时代修筑的长城墙体、敌楼、壕堑、关隘、城堡以及烽火台等相关历史遗存认定为长城资源，将其他具备长城特征的文化遗产纳入《长城保护条例》的保护范畴。

根据认定结论，我国各时代长城资源数据如下：墙壕遗存总长度

21196.18千米，各类长城资源遗存总数43721处（座/段），其中墙体10051段，壕堑/界壕1764段，单体建筑29510座，关、堡2211座，其他遗存185处。这些长城资源都是文化遗产，都要进行保护工作。但这些长城资源不一定都是长城文旅融合的资源，更不可能全是今天要做旅游开发的资源。

长城的文物价值不等于旅游价值，“绿水青山就是金山银山”是需要做转化的，否则长城沿线那么多的绿水青山，老百姓的生活为什么还如此的贫困呢？长城文旅融合要重视长城遗址的文物价值与旅游价值不对等的问题。长城文物价值在于其历史、考古、艺术、学术等方面的价值，长城旅游价值关注的却是长城遗址遗存带给游客的情境体验，历史感悟的沉浸，在旅游各大要素中获得不同生活方式的体验。

历经千百年来的自然侵蚀和社会变化的长城，文物本体保存的程度不一，很多的地方处于濒危的状态。即便是保存现状较好的明长城，绝大部分也是风雨飘摇。秦、汉、战国、金长城更因为历史久远、自然风化等因素影响，长城建筑只存在部分烽燧和城墙遗迹，其遗址遗迹的自然状态，很难进行展示、利用工作。也就是说，具备较高文物保护价值的长城遗址，不一定具有很高的旅游体验价值。另外，因为长城保护的需要，遗址旅游开发也受到很多法律法规的限制。如何能合理修订法律法规、创新机制政策，同时充分利用日新月异的数字技术，提高遗址旅游的可行性和吸引力？关于这一点，我们关注和强调得还远远不够。

当然，遗址旅游固然应该得到重视，但我认为长城文旅融合发展，不能只盯着长城遗址遗存，而是要和长城区域丰富多彩的文化相结合。长城区域数千年来都是我国农耕文化和游牧文化的重要分界线，大跨度的历史延续和空间范围，形成鲜明的区域差异，沿线文化类型多样，形成燕赵文化、黄河文化、太行山文化、草原文化、河西文化、戈壁文化、西域文化、齐鲁文化、楚文化等众多的文化形态。我们在河北省唐山市的遵化做督导调研时，就帮助地方寻找出戚继光“汤泉练兵”的文化主题，并提出指导意见帮助他们对项目的策划做出更符合长城国家文化公园建设要求的修订。

长城沿线分布有数量众多的文物和文化遗产、相关历史文化资源、红色旅游资源和非物质文化遗产资源，都是重要的长城文旅融合发展的资源。长城沿线404个县有世界文化遗产7项，国家非物质文化遗产366项，国家历史文化名城 14 座，国家历史文化名镇 27 座，全国重点文物保护单位 910 处。此外，长城沿线还保存有大量长城村落，保留了许多与长城有关的名人轶事、农耕生活、民俗节庆等文化遗产。

长城区域自西向东连接天山、祁连山、贺兰山、六盘山、阴山、太行山、燕山、大兴安岭，沿线地貌类型多样，自然景观类型丰富，巍峨山地景观与人类建筑奇迹相互辉映，共同构成我国北方山地独有的景观特征，这些也都是重要的长城文旅融合发展的资源。

长城走向基本与半湿润与干旱气候分界线一致，气候、土壤、地形等环境因素波动较大，生态系统稳定性较差，生态环境敏感脆弱。长城沿线是生态功能区的集中分布带，有阴山北麓草原生态功能区、黄土高原丘陵沟壑水土保持生态功能区、祁连山冰川与水源涵养生态功能区等 4 处国家重点生态功能区。长城沿线分布有数量丰富、种类多样的自然生态旅游资源，长城区域有国家级风景名胜区 33 个，国家地质公园 46 个。

长城国家文化公园建设，要采用不同的方式方法和技术手段，并与这些资源相融合。文旅融合的重点在于让长城沿线的游客目的地，都成为长城文化活动地，并通过长城文化的导入助力其发展。让这些旅游地成为长城文化的载体，让到这些地方来的游客都能够在旅游的过程中吸取到长城的文化价值乃至长城的精神内涵。

二、长城区域经济发展相对滞后、城乡融合发展水平较低的问题

长城文化和旅游融合发展对扶贫的意义十分重大，今天的大多数长城地区依然是农耕经济与畜牧经济的重要分界线。长城地区的经济类型一般是，长城以南地区以农耕经济为主，长城以北地区以畜牧经济为主，越是靠近长城的地区，越呈现出农牧经济交错混合区的经济形态。

长城地区因为自然和社会的原因，经济发展相对滞后。今天大部分地方仍然是我国人口密度较低、经济欠发达区域。长城沿线 15 省（区、市）国土面积占全国国土面积的约 60%，但 2019 年 15 省（区、市）GDP 总量仅占全国 GDP 的 30%，沿线 404 个县中有国家级贫困县 83 个。虽然通过扶贫

攻坚战，被扶贫对象的基本生存有了保障，但离富裕生活还有很长的路要走。

长城沿线是我国城镇化水平较低的区域，大中城市数量少，乡村聚落人口少、密度低，村庄“空心化”现象较突出。这“空心化”村庄相当长一段时间内并不会消亡，之所以出现“空心化”村庄，是因为中青年农民已经进城打工。但是这些在城里务工的“农民工”，绝大多数人在城里扎不下根，早晚还要回农村养老。实际上现在生活在村里的六七十岁的老人，都是改革开放初期的农民工。

第一代农民工回乡养老还能以种地为生，第二代以至后代的农民工回乡，很多人甚至连地都不会种了。通过长城文化和旅游融合发展，做好长城地区产业扶贫将是一条重要路径。长城国家文化公园建设，选好长城文旅融合产业项目是关键。很多地方的产业扶贫之所以失败，选择项目时没有充分地考虑当地实际是一个重要的原因。国家通过一系列针对性强的政策支持，引导长城地区发挥当地资源优势，建设具备一定基础、有较好市场前景、有较高投入产出比的文旅融合产业项目是扶贫工作的关键举措。

三、长城地区文化和旅游产业规模不大、空间布局不平衡问题

文化和旅游产业初具一定的基础，但规模不大、空间布局不平衡问题依然很严重。经过多年开发，长城沿线文化和旅游产业稳步发展，已经形成一定的产业规模。截至 2019 年年底，长城沿线 404 个县有 AAAAA 级旅游景区 46 家，AAAA 级旅游景区 514 家，全国红色旅游经典景区 88 处，各类研学旅游基地 83 个，全国一级博物馆 6 个，国家森林康养度假基地 10 个。但从文化和旅游产业空间布局看，长城沿线文化和旅游产业存在碎片化、区域发展不平衡等问题。

长城沿线文化和旅游发展目前呈现点状发展格局，主要以长城沿线旅游景区为主，局部热点区域如山海关片区形成发展极点，极化作用明显，扩散作用较弱。京津冀旅游基础设施水平和开发利用程度相对较高，旅游产品较成熟，已形成连片系统保护和开发态势。其他省市开发利用程度较低，缺乏成熟旅游产品，文化和旅游设施配套不完善，发展相对落后，以点状保护开发为主。根据不完全统计，京津冀长城景区数量占全国长城景区数量的

近50%。但从长城遗址分布看，京津冀长城墙体遗址长度仅占长城遗址的约13%，内蒙古、甘肃两地墙体长度超一半，但景区数量仅占约10%。之所以出现这种情况，是因为以前的旅游发展主要是观光旅游。能开发成长城景区的地方，早在观光旅游为主的年代就已经开发成了景区。西部地区当时都不具有开发条件的地方，今后就更不能走观光旅游发展的路子了。

四、长城文旅融合产品体系尚未成型、文化和旅游融合有待加强的问题

长城沿线文化底蕴深厚，自然人文景观独特，但文化旅游产品开发中对长城文化价值、精神价值挖掘不足；长城集中展示点段较少，长城文化整体展示体系尚未建立；旅游产品以长城景区观光产品为主，对长城沿线生活生产方式、传统风俗、非遗文化体验、节事活动等活化利用形式和途径较为单一，多元化产品体系尚未建立；文化与旅游、文化旅游与其他产业的融合大多停留在渗透融合阶段，缺乏深度融合。

为解决上述问题，我们在《长城文化和旅游融合发展专项规划》中，初步提出了如下基本思路，以期制定出对长城文旅融合发展具有前瞻性指导价值的专项发展规划。

第一，要保护优先，创新发展。严格落实国家“保护为主、抢救第一、合理利用、加强管理”的方针，在真实完整地保护长城文物和非物质文化遗产的原则基础上，深入挖掘长城的文物和文化资源的时代价值，推动长城文化的创造性转化和创新性发展，增强长城文化的生命力和影响力，使长城文化基因与当代文化发展趋势相适应，与现代社会发展需求相协调。长城国家文化公园建设，运用文旅融合中的产业互动性，提升长城相关文旅发展的能力和质量，将成为长城文旅融合发展的动力和创新机制。

第二，要价值引领，强化融合。以长城承载中华民族坚韧自强民族精神的价值、坚定中华民族文化自信的历史文化价值、展现古代军事防御体系的建筑遗产价值、承载人与自然融合互动的文化景观价值为核心，以文化、旅游融合发展为主线，促进长城文物、文化资源转化成优质旅游产品，推动文化和旅游产业与教育、农业、科技、交通、体育等领域的跨界融合。通过文

化和旅游融合发展，促进沿线区域交通等基础设施建设、文化设施改善、生态建设和服务业发展，提升区域综合发展能力和发展素质。

第三，要全线统筹，突出重点。以整体发展观为指导，将长城作为一个完整的文化、产业和生态轴带，推进优质文化和旅游资源的一体化开发，突破行政界线约束，进行资源整合、规划统筹、制度衔接和管理统筹。优先发展资源条件好但发展水平相对滞后的区域，突出重点，形成集聚，优化整体发展格局，形成新的发展极，缩小区域间的发展水平差距。重视整体旅游产品的品牌打造和跨区域旅游线路的建设，提升发展合力，增强市场影响力。

第四，要因地制宜，差异发展。充分考虑长城的地域广泛性、文化多样性和资源差异性，以及不同区域的资源禀赋、人文历史和社会经济特点，突出地域文化特色和资源优势，因地制宜，差异发展，形成不同的区域特色和文化品牌。彰显文化特色，推动同质化向差异化和特色化转变，需要根据长城建筑遗址遗存主干的分布范围、历史区划、自然环境的一致性、长城文化资源的关联性，将长城带范围划分为若干片区。

总之，长城文化和长城旅游的概念虽然属于不同的层面，其价值体现和发展目标也不尽相同，但在文旅融合的时代，长城文旅融合做好了，一定会使长城文化遗产焕发出新活力。通过发展长城文旅融合及相关创新产业，吸引更多国人特别是年轻人，通过感受长城来了解中国文化的底蕴，坚定国人的文化自信。长城文旅融合的任务之一，是通过打造深度体验的文化旅游产品，更好地促进旅游事业的高品质发展。我们在做长城国家文化公园建设督导调研时，除了长城文旅融合的问题，管理机制及职能的问题也经常被各地问起。管理机制及职能的问题，也就是将来如何对长城国家文化公园进行功能化管理，都还需要作进一步的探讨。

（2020 年 9 月全国政协“推动长城国家文化公园建设座谈会”资料汇编）

长城国家文化公园建设的国家规划、管理机制和重点工程

中国旅游协会长城分会已经筹备一段时间了，今天这个筹备会议对前一段工作做了总结，对下一段工作进行了安排。具体工作我就不说了，我想重点讲一讲长城国家文化公园建设的相关问题。应该说中国旅游协会长城分会是应运而生的，我们正在筹备的阶段就正赶上国家三大文化公园建设的历史机遇。

大家都知道，长城国家文化公园建设是中央推动新时代文物和文化资源保护传承利用的战略性决策部署，中央的这个国家重大的文化工程的部署，早已经明确列入了国民经济和社会发展第十三个五年计划。《国家"十三五"时期文化发展改革规划纲要》里，也明确提出要推进一批长城国家文化公园建设。长城国家文化公园设计的核心要求是什么？建设长城国家文化公园要体现这么几个方面的功能，首先是保护传承的功能，其次是文化教育、公共服务、旅游观光、休闲娱乐、科学研究等功能。

中央办公厅、国务院办公厅印发的《长城、大运河、长征国家文化公园建设方案》（以下简称《方案》）明确要求，通过对长城文化遗产的保护和利用，形成公共文化的一个载体，打造我们中华文化的重要标志，强化中华优秀传统文化的持久影响力、革命文化的强大感召力、社会主义先进文化的强大生命力。

一、长城国家文化公园建设谁来干

长城国家文化公园怎么建是一个问题，长城国家文化公园由谁来建更是

一个问题。这个问题涉及中央与地方事权划分，如果缺乏明确的界定，工作或是开展不起来或是会产生混乱。这方面《方案》也作出了明确规定，就是要充分发挥地方党委和政府的主体作用。长城国家文化公园的建设要完善相应的管理体制，这个管理体制是怎样的？这就是要构建中央统筹、省负总责、分级管理分段负责的工作机制。

这样的安排，实际上就是一种责任分工的制度。“中央统筹”就是中央各部委，像中央宣传部、国家文旅部、国家发改委等部门都属于统筹的领导机构。“省负总责”就是有长城的各个省的省委、省政府是要负总责的。每省都对自己省内的长城国家文化公园建设负总责。“分级管理和分段负责”就是要求各市县基层党委、政府，负责按照顶层设计的要求做好具体的组织实施工作。国家在政策、资金等方面为长城国家文化公园建设创造条件，长城沿线各省党委和政府承担主体责任，负责加强资源整合和统筹协调，各基层政府要抓好落实。

《方案》要求做好长城国家文化公园建设，首要任务是要加强组织领导。这一点很重要，没有强有力的组织领导，就不会有强有力的政策保障。组织领导从上到下都要加强，中央已经成立了国家文化公园建设工作领导小组，中宣部黄部长是领导小组组长，中宣部宣教局局长常勃是国家文化公园建设工作领导小组办公室主任。中央宣传部、国家发展改革委、文化和旅游部、国家文物局等相关的中央和国家部委，也分别成立了长城、大运河、长征国家文化公园建设领导小组和办公室。在各部委的统筹领导下，还要分别设立三大国家文化公园建设专家咨询委员会，为这项工作的开展提供决策参谋和政策咨询。

长城国家文化公园建设领导小组办公室是负责具体工作的，长城国家文化公园建设是由国家文旅部和国家发改委两个部委联合牵头，领导小组办公室设在国家文旅部，中宣部宣教局的常勃局长任办公室主任，办公室的具体工作由国家文旅部的资源开发司负责，资源司的领导作为我们长城国家文化公园领导小组办公室的专职副主任负责具体工作，负责对长城国家文化公园建设工作的协调和统筹。实际上就是由国家文旅部负责，现在国家文旅部已经成立专班，国家层面上的领导机构已经建立起来并开展工作。

长城沿线各省也相应成立了领导机构，有些地级市也成立了领导机构。

比如，我的家乡秦皇岛就已经成立了长城国家文化公园建设领导小组，市委书记孟祥伟和市长张瑞书是领导小组组长。市委常委、宣传部部长陈玉国，主管副市长冯志勇是领导小组副组长。甘肃省的临洮县也成立了领导小组，县委书记石琳是领导小组组长。这些基层党委的重视让我很感动，如果他们的工作能抓实了，长城国家文化公园一定能建设好。

国家文化公园建设的管理体制，就是要形成从中央到地方齐抓共管的局面，协调推进工作才能做实、做好。强化各级政府的主体责任，这是非常严肃认真的问题。推进长城国家文化公园建设是落实中央的战略决策部署，所有能参与这个国家战略的人都是幸运者。我们这些长期从事长城保护和研究工作的人，以及与长城有关的非政府组织都应该积极投身到这项工作中来，应该感到自己的责任重大。长城事业本来就是我们的使命，我们能为长城国家文化公园建设贡献一份力量是我们的荣幸。

二、长城国家文化公园规划怎么编制

《长城国家文化公园建设保护规划》是国家和省级政府组织制定的长城国家文化公园建设保护行动纲领。一般来说规划是全面长远的发展计划，《长城国家文化公园建设保护规划》则主要针对 2023 年要完成长城国家文化公园建设任务而制定，当然也要对未来有一些展望，但这不是主要的任务。这是我多次参与论证《长城国家文化公园（河北段）建设保护规划》编制工作的感受。

长城国家文化公园建设，要推动长城的保护、传承、利用三个方面的协调发展。这个理念必须要树立起来，既要保护又不是死保。这个理念是《方案》明确要求的。《长城保护条例》也要进行修订，通过修订完善《长城保护条例》并指定一系列配套的相应的规章制度，通过编制《长城国家文化公园建设保护规划》，指导全国的长城国家文化公园建设。有长城的相关省份，已经对辖区内的长城文物和文化资源进行了系统的梳理，基本完成了编制分省的规划工作。国家文旅部安排各省编制的规划，定义为向国家规划提出的建议。中央有关部门，根据各省的建议再抓紧制定全国的《长城国家文化公园建设保护规划》。

目前，规划制定工作已经进行了部署。《长城国家文化公园（河北段）建设保护规划》的论证，规划由中科院地理所的席建超教授主持，组建了由省内外专家学者参加的工作团队，河北地质大学长城研究院的彭运辉院长等也参加了这项工作，彭运辉教授作为河北省长城国家文化公园专家咨询委员会成员，全程参与了规划的编制。这项工作的进展，应该说还是比较顺利的。

长城国家文化公园的建设保护规划，要对有长城的15个省（自治区、直辖市）的规划建议进行梳理，按照多规合一的要求，结合国家的国土空间规划开展编制工作。长城国家文化公园建设保护规划完成之后，15个省（自治区、直辖市）要在已经完成的前期规划建议的基础上进行修订完善，制定出本省的《长城国家文化公园建设保护规划》。中央要求做好顶层设计，要求规划先行，规划是开展长城文化遗产和文化资源保护、传承、利用工作的基础。

国家的规划完成之后还要广泛地征求各省和各部委的意见，征求意见后再进一步修改完善，最后经国家文化公园建设领导小组审议后报中央批准实施。国家文旅部除了要做长城国家文化公园建设保护规划外，还要做长城国家文化公园的文旅融合发展专项规划。我们这些年一直在研究长城的旅游，我们正在筹备成立中国旅游协会长城分会，我们要争取能在这方面为国家多做一些工作。当然，做规划是一件非常困难的事情，需要与方方面面做好沟通，需要听取征求各方面的意见，我觉得还是要争取能从国家文旅部拿下这个任务，为长城国家文化公园建设多出一份力是我们的荣幸。

规划编制工作是一项复杂的系统工程。长城国家文化公园建设的时间紧，任务繁重，不允许从容地制定一个长期的发展规划，但是规划还必须要到达顶层设计的要求，承担行动纲领的使命，这就会出现很多的困难。长城国家文化公园建设河北段的规划，建设重点是秦皇岛的山海关、承德的金山岭、张家口的大境门和崇礼长城，河北段是长城国家文化公园建设的重点，这些地方毫无疑问是重中之重。我希望中国旅游协会长城分会的同志们，特别是刘霞秘书长多到这些重点规划地段看一看，多了解这些重点建设地段的情况。

三、长城国家文化公园建设的国家重点工程怎么确定

既然是国家文旅部负责长城国家文化公园建设的领导工作，长城国家文化公园建设的国家重点工程肯定是由国家文旅部确定名单，然后提供给国家发改委。毫无疑问，长城国家文化公园建设首先要集中力量，实施一批标志性的工程。没有重点工程作为支撑，也就谈不上建设任务完成或完不成。

《方案》除明确规定了重点建设管控保护、主题展示、文旅融合、传统利用四大类的主体功能区之外，还明确规定了要建设五大工程。对这五大工程进行设计安排，建设这些标志性的工程是重要的任务。其中包括：保护传承工程、文化研究挖掘工程、环境配套工程、文旅融合工程、数字再现工程，这五大工程都是长城国家文化公园建设的基础工程。

五大工程第一项，保护传承工程。首先要针对长城保护实施重大修缮保护项目。长城保护传承工程要坚持最小干预的原则，要对有损毁可能的长城文物遗址遗存进行抢救性保护，这也是保护优先的基本原则。长城保护要做预防性的、主动性的保护，通过保护措施排除文物本体的病害，使其延年益寿。要把长城倒塌的风险控制住，这就是预防性的、主动性的保护措施。长城的保护除了一些点的保护，今后还要考虑集中连片保护的问题。保护除了加大抢险加固，还要防范不恰当的开发和过度的商业化，这方面也要加大政府的管控力度。

五大工程第二项，文化研究挖掘工程。这项工程也非常重要，长城国家文化公园都是爱国主义教育基地，建了不少的博物馆、纪念馆、陈列馆、展览馆等展示场馆，我们为这些场馆和基地提供什么文化的供给？教育培训基地，社会实践基地，都属于推进长城保护传承工程的建设，都需要有具体内容的支撑，这就要求我们要加强对长城历史文化的研究、对地域文化的挖掘。具体的任务，研究机构要作出规划和安排。长城国家文化公园要因地制宜开展宣传教育活动，需要让长城文化融入群众的生活之中。

五大工程第三项，环境配套工程。这项工程是要修复不同程度遭到破坏的国土空间，空间环境要利用大自然生态系统的自然修复能力，也要有主动的干预。比如水土流失的治理，就应该属于污染防治项目。保护传承工程还包括环境保护配套工程，这一点要格外注意。要加强环境保护，还要维护好

人文的风貌。环境配套工程还包括改善交通，国家的顶层规划就包括长城旅游公路规划。要打通断头路，要较大幅度地改善旅游公路的条件。

五大工程第四项，文旅融合工程。严禁过度开发和过度的商业化，不是不做开发利用。文旅融合工程就是要强调利用，文旅融合工程是对长城及相关的优质文化旅游资源进行一体化的开发利用，要打造一批国内长城文旅融合发展示范区，培育一批有竞争力的长城文旅企业，培育一批有竞争的文旅企业很重要，没有好的企业文化，旅游产品规划得再好也没有用。好的产品是好的企业做出来的，长城周边以塞上风光为特色发展生态文化产品，要靠有竞争力的长城文旅企业来投资运营。

进行长城国家文化公园建设的文旅融合产品设计也很重要，《方案》明确规定了鼓励发展深度文化体验游和中小学研学旅行，这就是在讲文化旅游产品。开发长城文化旅游，培育长城文化旅游商品，目的是扩大文化消费的供给。要在长城沿线推出连线成片的参观游览经典线路，满足旅游市场的消费需要。

五大工程第五项，也是最后一个，就是数字再现工程。突出再现工程就是要加强数字基础设施。首先数字的基础设施建设是实现主题展示的重要手段。四大功能区，要实现无线网络的全部覆盖，实现第 5 代移动通信网络的全覆盖。当然，利用现有的技术条件、现有的设施和数字资源做好数字再现工程也很重要。什么事都不能等，靠等肯定是没有前途的。建设长城国家文化公园的官方网站和数字云平台，河北省已经在着手安排。这几天有几家机构正在准备承接省文旅厅招标的这件事，为此也找到我做咨询。我有些担心，下一步做这件事的机构把这项工作只是当作一个接下来的“活”来做。你给我多少钱，我给你干多少活，干完拉倒。

包括长城国家文化公园的官方网站建设，也不是建起来就完了。要不断地丰富和完善，要不断地补充内容，要真正地做到对长城文物和文化资源进行数字化展示。中央要求，数字再现工程是要打造永不落幕的网上空间。要依托国家数据共享交换平台体系，建设完善长城文物和文化资源数字化管理平台。

长城国家文化公园建设现在是顶层设计阶段，是制定规划阶段，下一步一定是项目实施和推进的阶段。在国家层级的顶层设计和省一级的规划完成之后，要进行研究论证的将是一些长城国家文化公园建设的项目，国家要形成长城文化公园建设的国家级项目库，各省也要形成长城文化公园建设的省级项目库。这些项目的建设，将会得到包括国家发改委、国家开发银行的支持。《方案》提出，在国家文化公园建设过程中国家将在政策、资金等方面为地方创造条件。这些政策和资金等方面的支持，将主要体现在长城国家文化公园的建设项目中。

总之，我们学习理解和领会中央《长城、大运河、长征国家文化公园建设方案》，要力争积极地参与到这项具有划时代意义的伟大的文化工程建设中来，就要弄明白长城国家文化公园的建设的管理体制问题、规划编制问题、建设的重点工程问题。中央要求，国家文化公园建设要切实达到充分彰显中华优秀传统文化的持久影响力、社会主义先进文化的强大生命力。靠什么来实现？就是要依靠一个又一个国家文化公园建设的重点工程，这些工程又一定要项目化。

（2020 年 1 月 8 日在“中国旅游协会长城分会筹备会”上的讲话）

长城国家文化公园建设的指导思想、基本原则和主要目标

我们举办长城国家文化公园座谈会，就是想和大家沟通一下长城国家文化公园建设的有关问题。我们这是一个闭门的会议，也可以说是一个学习的会议，不对外做宣传。2019年7月24日，中央深改委第九次会议审议通过了《长城、大运河、长征国家文化公园建设方案》，国家建长城文化公园是一项重大的文化工程。2019年9月30日，中共中央办公厅、国务院办公厅印发了《长城、大运河、长征国家文化公园建设方案》（以下简称《方案》）。

国家建长城文化公园的消息一公布，很多关心长城事业的朋友就向我提出，希望作一些相应的解读。中央文件有密级要求，所以上次不能讲得太细，我只是简单地给大家讲了一下中央的要求和长城国家文化公园建设的路径。12月5日，新华社以《探索新时代文物和文化资源保护传承利用新路》为题，发布了中央有关部门负责人就《方案》的答记者问，基本上将《方案》的主要内容都公布了，今天可以详细地和大家分享一下我的理解和认识，今天也是我和大家一起再次进行学习。

有人可能会问，为什么由董耀会长城文化工作室组织这个座谈会，而不是由中国长城学会来组织？其实中国长城学会应该积极组织这项工作，但是学会做这件事需要向上级主管单位国家文物局上报，而在目前的情况之下国家文物局还不知道该怎么行动，很难批准学会做这件事。学懂弄通中央对长城国家文化公园建设的要求又很重要，所以就由我的长城文化工作室组织了这个座谈会。感谢大家参加我们组织的学习，特别是一些市县的领导都来参加了，说明大家都有了解中央部署的需求。

国家建长城文化公园的背景情况就不多说了，发掘好利用好丰富的长城文化、丰富的长城文物和文化资源的目的也不多说了。主要是分享一下长城国家文化公园建设的指导思想、基本原则和主要目标，这样大家就可以对国家文化公园建设的时间表、路线图有一个明确的了解，着重讲一下根据长城文化遗产和文化资源的整体布局，重点建设管控保护、主题展示、文旅融合、传统利用四大类的主体功能区的设计安排。

一、《方案》确定的长城国家文化公园建设指导思想是什么

中央部署长城国家文化公园建设，经过深入调查研究、广泛征求意见之后编制了《方案》。从 2018 年到 2019 年的上半年，我就曾经多次陪同中宣部宣教局的常勃局长到秦皇岛市等地进行过调研，国家文化公园建设这件事是常勃局长亲自抓的，他的工作态度非常踏实，工作做得很细致。

中央关于长城等国家文化公园建设的指导思想是什么？我们如何认识和把握国家文化公园建设的指导思想？关于指导思想，《方案》里提得非常明确，就是要强调全面贯彻党的十九大精神，以长城、大运河、长征沿线一系列的主题明确、内涵清晰、影响突出的文物和文化资源作为主干，生动地呈现我们中华文化的独特创造价值理念和鲜明特色，促进我们科学保护、世代传承、合理利用，积极拓展思路，创新方法，完善机制，做大做强中华文化的重要标志。这就是国家文化公园建设的指导思想，学习中央文件首先要理解这一点。

中央为了加强国家文化公园建设的领导，专门成立了长城、运河、长征三大文化公园建设的领导小组。领导小组负责全方面的工作，领导小组下面设办公室负责具体工作。其中，长征文化公园建设由中宣部和文旅部两家部委牵头，大运河由国家发改委和文旅部牵头，长城文化公园由文旅部和发改委两个部委联合牵头。其实，也就是运河国家文化公园以国家发改委为主，长城国家文化公园以文化和旅游部为主负责。目前，长城国家文化公园各省的规划编制工作都已经完成了，有的好一些有的差一些。河北省的最好，内蒙古自治区的最差，就简单的几页纸。不行的肯定要重新做，这可能也是上边要得急，下边不知道应该怎么做的原因。总的来说，各项工作的开展都还

比较顺利。

我首先还是要强调一下长城的保护和利用。《方案》的最大、最重要的方面是强调一定要处理好长城传承保护与合理利用之间的关系。保护和利用这两个方面既要兼顾，又要有侧重。兼顾和侧重是原则话，好说不好做。长城国家文化公园的四大类主体功能区，第一项就是管控保护区，实施的五大工程，第一项就是保护工程。保护工程是动作最快的，现在国家已经开始安排重大修缮保护项目。

长城国家文化公园既要严防不恰当开发和过度商业化，又要鼓励各级政府和企业对长城文化旅游资源进行开发。不但要开发，还要培育一批有竞争力的长城文旅企业。强调利用，强调开发，就是说让文物说话，让历史说话，让文化能走入人们的生活。推动中华优秀传统文化不能只靠说，要走出一条创造性转化、创新型发展的路子，才能把传承和发展先进文化等一系列中央精神落到实处。推动长城区域的经济发展更不能仅靠说，要靠实打实地干才行。

二、《方案》确定的长城国家文化公园建设基本原则是什么

中央确定国家文化公园建设的基本原则，是对这项工作提出的总体精神和总的要求。

基本原则一共有五个，其中第一个就是保护优先，强化传承。这是国家文化公园建设的核心任务。长城国家文化公园建设过程中必须要落实保护第一的原则，严格落实保护为主、抢救第一、合理利用、加强管理的文物工作方针，这是《文物保护法》规定的。长城国家文化公园建设就是要真实、完整地保护传承文物和非物质文化遗产，突出活化传承和合理利用，与人民群众精神文化生活要深度融合，开放共享，在保护的基础上，强化对中华民族优秀文化的传承，这是第一个原则。

第二个原则是文化引领，彰显特色。《方案》明确写道：坚持社会主义先进文化发展方向，深入地挖掘文物和文化资源的精神内涵，充分体现出中华民族伟大的创造精神，伟大的奋斗精神，伟大的团结精神，伟大的梦想精神，焕发新时代风采。长城国家文化公园建设首先要能够更多地充分体现中

华民族的创造精神，我们祖先在当时的条件下，修建万里长城以构建长城内外的和平，就是中华民族创造精神的体现。长城国家文化公园建设要在这方面进行深入的挖掘和展示。

第三个原则是总体设计，统筹规划。中央要求：建设要坚持规划先行，突出顶层设计，统筹考虑资源禀赋、人文历史区位特点、公众需求，注重跨地区、跨部门协调，以法律法规制度规范要有效地衔接，发挥文物和文化资源综合效应。长城国家文化公园建设正在做建设保护规划，国家文旅部在做全国的建设保护规划，各个相关省也都在做分省的建设保护规划，这些工作都是在落实《方案》中规划先行，做好顶层设计的要求。

第四个原则是积极稳妥，改革创新。中央要求：突出问题意识，强化全球视野、中国高度、时代眼光，破除制约性和深层次矛盾，既着眼长远又立足当前，既尽力而为又量力而行，务求符合基层的实际，得到群众认可，经得起时间检验，打造民族性、世界性兼容的文化名片。我们要深入思考和认识，如何强化全球视野？什么是中国高度？什么是时代眼光？怎么做才能经得起时间检验？长城国家文化公园建设是一项历史使命，落到我们这一代人的头上是我们的荣幸，我们怎么才能不辜负这个使命？

第五个原则是因地制宜，分类指导。中央要求：要充分考虑到地域广泛性和文化多样性、资源差异性，实行差别化的政策措施，有分有主有次，分级管理地方为主，最大限度调动各方积极性，实现共建共赢。除了春秋战国一些诸侯国相互防御的长城之外，中国历代长城都是修建在北方农牧交错地带，从东北、华北到西北，长城沿线各省份的自然和人文差异较大，强调因地制宜、分类指导就要采取差别化对待，不能一刀切，更不能一哄而上。

三、《方案》确定的长城国家文化公园建设主要目标是什么

长城国家文化公园建设是一个新事物，是中央坚持以科学调查研究为基础，经过充分的研讨和与各部委沟通编制并发布了《方案》。我们明白了《方案》强调的是国家文化公园建设的指导思想和五个基本原则，下面我再和跟大家交流一下《方案》里对国家文化公园建设主要目标的规定。

我们先了解一下长城国家文化公园建设的时间要求和建设范围。时间目

标很明确，计划用4年左右时间，到2023年年底基本完成。河北省是长城国家文化公园建设的试点省，要求在2021年年底基本完成。实际上从2020年开始，河北也就有两年的时间。什么是基本完成？长城沿线文物和文化资源保护传承利用，协调推进局面要初步形成。要使得权责明确、运营高效、监督规范的管理模式，形成一批可复制推广的成果和成功的经验，为全面推进国家文化公园建设创造良好的条件。这个时间目标是定了的，中央的《方案》中已经明确规定了关门的时间。

长城国家文化公园建设的范围目标和历史目标也规定得非常清晰。长城涉及北京、天津、河北、山西、内蒙古、辽宁、吉林、黑龙江、山东、河南、陕西、甘肃、青海、宁夏、新疆15个省（自治区、直辖市），这些地方要全包括在长城国家文化公园建设的范围内。关于历史朝代，长城国家文化公园不仅要有明长城，《方案》还要求包括战国、秦、汉长城，北魏、北齐、隋、唐、五代、宋、西夏、辽、金及明长城等具备长城特征的防御体系。

明确了时间目标、建设地域范围和历史朝代范围目标，我们再了解一下建设内容的主要目标。《方案》要求国家文化公园建设主体功能区的建设安排，结合国土空间规划分为四大主体功能区。并且，强调这四类主体功能区，要根据各地文物和文化资源的整体布局、禀赋差异以及周边人居环境自然条件、配套设施等情况进行规划设计。我前面讲过了，第一个主体功能区是管控保护区。管控保护区是为对长城及相关文物本体保护而设置的，应该是和长城保护规划确定的文物保护单位的保护范围相一致，或是说只能比文物保护单位的保护范围更大而不能小。管控保护区不仅对长城文物的本体进行保护，还要对长城所在地的周边环境实施严格保护和管控。

第二个主体功能区是主题展示区，包括核心展示园、集中展示带、特色展示点等展示空间。核心展示园是对人们开放的空间，是人们参观、游览的地方，所以要求地理位置和交通条件都要相对便利。各地在安排核心展示园的时候，首先要选择开放的游览景区。因为这些景区的地理位置都很好，交通也相对便利。核心展示园要是国家级的文物和文化资源的重点地段，在这个基础上再考虑要有游览的便利、地理位置的便利、交通的便利等条件。这一点很重要，国家文化公园说到底还是一种公园的属性，公园就是让人们来玩的。一个进不来出不去的地方，人们怎么来玩啊？

在主题展示区里核心展示园是核心。现在有一种很不好的现象，把核心展示园建设简单地理解成盖博物馆。建博物馆好建，盖房子好盖，地上长房子容易，房子里长什么？有了核心展示园，再安排集中展示带。长城作为线性文化遗产，集中展示带也非常重要。要把长城文化带上相应的省、市、县级文物资源，汇集成文化载体密集的文化展示带，将这条线上与长城相关的文物资源串联起来，形成一条长城历史文化的集中展示带。主题展示区再下面一个层级是特色展示点，主要是一些有特殊文化意义或者是体验价值，但是布局又较为分散的长城相关文物点。特色展示点或是体量不够大，或是远离核心展示园和集中展示带的区域，但却有特殊的文化意义，所以可以规划为特色展示点。

第三个主体功能区是文旅融合区。文旅融合区主要是利用长城文物和文化资源的外溢辐射效应，推动长城区域的经济发展。这是长城国家文化公园建设文旅深度融合发展的主体功能区。文旅融合是要做出业态，不是重新粉刷一下农村的墙壁、建一个或改造一下厕所，设一个游客服务中心或修建游客停车场。这些要做，也应该做，但发展文旅融合不是仅仅做这些面子活。文旅融合是要推动旅游发展，不能是只做样子，不能使劲追求好看。

第四个主体功能区是传统利用区。城乡居民传统的生活、生产区域，通过合理保存传统的文化生态，适度发展文化旅游，发展特色生态产业。在这个区域，要适当控制大规模的生产经营活动，要逐步疏导那些不符合国家文化公园建设规划要求的设施和项目撤出这个地区。传统利用区应该不是我们今天建设内容，而是一代代的人在这个地区从事生产、生活形成的特色传统的一个区域。对传统利用区也是首先要保护这里的特色，同时要适度地发展文化旅游、特色生态产业。

可以说长城国家文化公园建设，要坚持保护优先、强化传承，文化引领、彰显特色，总体设计、统筹规划，积极稳妥、改革创新，因地制宜、分类指导的原则，主要的目标任务是管控保护、主题展示、文旅融合、传统利用四大类的主体功能区建设。《方案》部署的各项建设任务是否落到了实处，也主要是看这四大主体功能区的建设是否能够很好地完成。

哪些地方能够在深刻领会中央建设国家文化公园的重大意义和精神实质的同时，走在前面做好准备，哪些地方就能更好地把握这个历史机遇。长城国家文化公园建设是一件时间紧、任务重的事，而且中央的要求还很高。如果事先制订好的这些建设目标，不能完成或者只是做做样子地完成，就等于没有完成中央的部署。

（2019年12月21日在董耀会长城文化工作室举办的“长城国家文化公园座谈会”上的讲话）

长城国家文化公园之文化思考

各位来宾、各位朋友大家上午好！我今天和大家分享题目是“长城国家文化公园之文化思考”，重点讲一讲国家为什么要建国家文化公园。2019 年 7 月 24 日，中央深改委通过《长城、大运河、长征国家文化公园建设方案》，包括长城、长征和大运河三大国家文化公园。长城涉及 15 个省（自治区、直辖市），大部分地处贫困地区。虽然精准扶贫做了很多工作，但是这些贫困地区光靠“政策”扶贫是难以持续的。这也是已经脱贫地方，国家定的两年之内所有资助政策不变的原因。而区域发展战略和国家文化公园建设，实际上是对长城区域经济发展和扶贫重要的推动，是国家文化战略和经济发展战略重要的环节。整个国家文化公园分成四个建设区域，即保护控制区、主题展示区、文旅融合区及传统利用区。

第一个是保护控制区。在四个建设区域中，保护控制区主要是针对文物本体。对文物本体来说，国家要投入较大的资金进行保护控制，但是这样的保护控制主要体现在“治病”。长城毕竟时间太长，有很多病害，倒塌危险非常严重。病害怎么维护？应该是对有倒塌危险的地方进行修缮，而不是像过去修长城一样，把长城都建成中华人民共和国长城。这样修的长城，很多的时候已经失去文物的价值。长城国家文化公园不是采取这种措施，实际保护工作中要以“能不动就不动”为原则。如果必须要动则一定是“抢救性措施”，排除倒塌危险。

第二个是主题展示区。主题展示区就是打造国家文化战略的高地，也就是中央文件讲文化的坚定文化自信。长城文化与我们国家、我们民族有非常深远的联系，这点大家有清晰的了解，但这种了解具象到具体内容则讲得过于宽泛。2008年奥运会，国家出一本名为《锦绣中华》的画册送给各个代表团，但领导没有批，建议做一本人家愿意带走的书，国务院新闻办提议出版一本有关长城的书籍，很快编出了长城画册，并且找到我希望让我做这本书主编，让我看看这本画册有没有重要的景观缺失、有什么历史错误。

我看了之后说，奥运会期间大型的国礼画册缺少什么？是缺文化！怎么才能做出应有的文化品质？至少要回答三个问题：第一，我们的国家、我们的民族为什么不断修建长城？长城有没有用？如果有用有什么用？如果没用，一个民族持续几千年修长城，是多么愚蠢。第二，四大文明古国，中华文明作为唯一没有中断的文明，长城在中间的作用是什么？如果没有祖先持续两千多年不断修建长城，会不会有今天的文化存在？第三，长城对人类发展的价值和意义是什么？让我们这个民族、这个国家几千年走下来的文化支撑，对人类整体发展一定有重要的意义。依托长城国家文化公园构建，打造国家文化战略高地，这是重要的内容。

另一方面主题展示区展示什么？河北规划刚通过验收，规划好做，很多园区、很多展馆规划出来了。房子也好建，只要钱能落实投入下去房子很快就可以长起来，可是这些房子、这些展馆里面展什么？这是一个很重要的问题。怎样让它真正发挥主题展示作用，目前还缺少这样的思考，至少缺少这样成熟的思考。这也需要诸位做规划的朋友多出主意、多想办法。

第三个是文旅融合区。国家除了做长城国家文化公园主题展示区之外，要下大力量做的是什么？是推动文旅融合发展。从河北规划方案来说，财政投入主要是基础建设投入。在基础建设投入方面，文旅融合区整个规划预算都比别的区域要多。长城区域15个省（自治区、直辖市）404个县（市、区），接近60%是国家级贫困县，还有很多省级贫困县。即便不是国家、省级贫困县的地方，也是所在省最贫困的地方。这样的形势下，文旅融合区如何带动长城区域整体发展？长城区域有一个后发优势，即整体生态资源保护比较好。在这样的基础上，文旅融合怎么融合？怎么发展？各种业态怎么建设？除去中央财政做基础建设投入以外，主要靠外部资本投入，这些都是今天在座的诸位的长项。

第四个是传统利用区。主要利用长城国家文化公园建设，促进传统农业发展，包括乡村振兴，包括一系列国家发展政策都是要支持国家公园建设的。中央明确提出，所有现行政策都要向三大国家文化公园倾斜。同时2020年国家将出台一系列专门的政策，支持长城国家文化公园建设。

长城国家文化公园建设不仅仅是在做文化，它是以保护文化遗产为前提，也不仅仅是做保护，更要做文化战略高地，最终推动整个区域的发展。中央要求2023年第一批长城国家文化公园基本建成。第一批中河北是试点省，选了三个市，定了四个点。现在文旅部已经下发任务，要在6月底前，所有省都完成规划设计，然后进入建设阶段。河北省规划先行先做，已经基本通过了文旅部的验收。

现在一个非常重要的问题是什么？《长城、大运河、长征国家文化公园建设方案》明确：长城、大运河、长征国家文化公园建设，计划用4年左右时间，到2023年年底基本完成。这些地方规划完成，如何让它真正站起来，如何能带动区域发展？现在国家文化公园建设没有明确标准，在时间如此仓促的情况下，我们如何能让长城国家文化公园建设发展造福社会？建设过程中不因为仓促造成缺憾或者不形成比较大的损失。长城国家文化公园只能做好，不能做坏。但如何做，才能做好？这个是一个非常重要的课题。

所有人都喊好的时候，其实这是令人非常忧虑的现象。之所以忧虑，是因为目前看不到有非常清晰的认识和非常成熟的预案能解决这些问题。如何让长城国家文化公园健康发展，这是需要思考的事情。目前来说，长城国家文化公园方案和规划制定没有统一的标准，各部门及规划单位对国家这样的文化战略布局和区域发展布局有不同的理解和认识，对于实现这样的布局、把控认知都有很大的差距。在这样的情况下，更需要社会的力量来出谋划策，来做研讨。

在座的诸位都是文旅产业专家，有必要的话可以专门做一些这方面的研究。希望大家多出主意、多想办法，进行更深入的研究。长城国家文化公园的建设，既然是国家发展战略，肯定是要做，也是肯定能做成的。那么在这样的发展框架下，让区域老百姓受益于长城保护和利用，因为保护和利用长城能过上好日子，这应该是国家做长城国家文化公园的初衷。有的朋友正在做有关的规划，希望大家能作一些深入的思考。提出问题，找到解决问题的路径和办法。

总之，长城国家文化公园的建设的前提是保护长城，在保护的前提下推动区域整体发展，这是国家长城文化公园建设的初衷。谢谢大家！

（2020 年 1 月 8 日在博雅方略文化旅游集团主办的“2020 第八届博雅方略旅游论坛”上的发言）

长城国家文化公园建设督导调研发现的问题

尊敬的刘奇葆主席，各位领导大家下午好！因为这段时间一直在长城沿线跑，一直在做长城国家文化公园相关的调研和督导，特别是北京市、河北省、山西省这一块跑得更多，我想把发现的有关问题汇报一下。

刚才北京市政府王红副市长和中国文物保护基金会励小捷理事长都讲到了箭扣长城的修缮。箭扣长城修缮工程，一期是中央财政和北京市财政的钱，也就是政府出资修的。我们组织社会赞助的钱做的是箭扣长城修缮工程的二期，腾讯出的钱，中国文物保护基金会长城保护专项基金负责实施，我是这个项目的负责人。

给这个项目总结一下，北京市做得特别好的就是开拓性的尝试。可以说北京已经总结出来的经验，现在还没有开始做。北京市已经解决了的问题，在全国很大程度上依然是很严重的问题。长城的修缮都有什么问题呢？现在长城的修缮按照修缮工程走，很多地方包括我这次去山丹也发现了这个问题，工程经费是从中央财政拨款下来的，是有项目管理的招投标要求的。

钱拨付下来，在什么时候结项是有要求的。有些钱到年底不花完就有问题，其实到年底突击花完了也是有问题的。箭扣长城一期工程，我多次去长城修缮工程的现场，一直跟工程的施工方保持联系。年度经费下来得晚了，到年底的时候钱没花完是很正常的。经费拨付后，备料、整理场地、施工等很多的工作要做，山上下霜的时间又早，到 10 月下旬就没法干活了。活干不完就没法验收，就不能给施工单位结尾款，而这个钱在账上就又会成为问题。这时候就只能勉强往前抢着干。强干的结果是到第二年一些顶部的砖就松动了。

其实，墙垒的时候看着是很稳当的，到第二年开春再去看的时候砖都活动了。为什么会这样呢？因为垒砖的灰没有干，夜里温度低是冻住了。这样的情况非常困难，管理单位不强着让施工单位干也不行，干了也不行，第二年施工单位还得自己拿钱重新返一次工，把砖重新垒一遍。腾讯赞助的钱修长城，励小捷理事长强调不赶工期，一定要保证质量。这次做箭扣长城的项目，不赶工期，社会赞助的钱不需要必须花完，该第二年干的活，就第二年干，这也是实事求是。

另外一个问题，就是预算的问题。长城修缮按照建筑工程做预算，建筑材料的运输费用只能在预算中体现一次。平地施工可以，建筑材料一次就运到了施工现场。修缮长城不行，工地在高高的山脊之上，砖、灰、沙等建筑材料，只运到山底下就不行了，砖不能自己飞上去，还得继续往山上运。汽车不能上的用拖拉机，拖拉机不能上了用骡子驮，牲口也上不去了的地方要用人工背，这些都是要花钱的。

但是，制度规定只能在预算中体现一次怎么办？制度不实事求是，干活的又要干活怎么办？没有别的办法，就得用别的造假。总归这个钱是要花的，预算里不列项也只能是造假，造别的项目的用钱。比如，加大人工使用量，加大工程量。造假肯定是有问题的，一旦被举报造假就要挨查，一查就暴露了。但是不造假这个钱怎么出来？不花钱砖、灰等建筑材料是真的上不去。

中国文物保护基金会长城专项基金，利用社会募款修缮长城很好地解决了这一系列问题。通过这样的工程摸索，除了长城修缮工程质量有保证之外，还摸索出了一套做法，北京市文物局对此做了总结。我们在做箭扣长城修缮的同时，还在河北省喜峰口做了长城修缮工程。现在北京、河北基本上解决了这些问题，通过这样的摸索北京市、河北省财政也支持了，最后都认了，把这些做了制度化的变更。如果把北京市和河北省文物局的总结，能拿到国家层面去研究就更好了。让这样的经验在全国层面上制度化，实事求是，总归要实事求是这个事情才能做好。这是我想说的第一个问题，就是要处理好长城修缮的管理和实际情况的关系，现在要在制度的层面上解决问题。要实事求是地面对问题，才能真正地解决问题。

第二个问题是关于长城国家文化公园的问题。现在长城国家文化公园的建设，中央的要求是明确的，中央有文件、有方案，要求都是很明确的。各省也在做方案，基本思路也捋出来了。但基层政府特别是到县一级的政府，实际上并不知道怎么做。毫无疑问，长城国家文化公园建设是要投入钱的，中央财政力量、地方政府财政力量和社会资本的力量，将来要整个形成合力，长城国家文化公园建设才能落到实处和建好。现在中央要求是明确的，但是我们往下跑发现，基层政府基本上不知道应该怎么做。他们热情是有的，也愿意参与进来，但是书记、县长都不知道应该做什么，应该怎么做，基本属于不清楚的状态。中央已经在方案里把关门的时间定下来了，2023 年这 15 个省（自治区、直辖市）要基本建成，河北作为试点省要 2021 年建成，如果干活的人还懵着，根本就不知道该怎么干，怎么保证基本建成？所以，我觉得这块的情况非常严重，不是个别现象，是普遍现象。

如果这种问题不解决，最后长城国家文化公园建设就跟一些地方的新农村建设似的，把一个村子靠公路的房子、临街的墙面刷一层涂料就是新农村了。如果最后长城国家文化公园，做点标识就是长城国家文化公园了，就违背了中央要做这件事的目的。如果这种问题不解决，很可能最后就是这样的结果。如果该落实的东西不落实，社会资本进不来，地方政府又不知道怎么做，又不知道能做什么，问题就严重了。

第三个问题是长城国家文化公园的建设钱谁出的问题。国家该出的这部分，除了修长城的部分国家出，社会有一部分资金以外，现在主要的问题是长城国家文化公园建设资金的来源问题。长城国家文化公园，作为国家项目，国家的经费支持、政策支持在哪？这一块一定要明朗化，否则大家都不清楚。刚才王红市长说的北京的两个长城国家文化公园的建设项目，箭扣长城和八达岭中国长城博物馆，就是两会之前国家文旅部提供给国家发改委的入库项目。但是，文旅部报给发改委的入库项目，其他的很多省特别是基层的市、县都不知道，各市、各县全都不知道，这是一个大问题。

我们去山西，到朔州，到广武长城所在地山阴县，他们都不知道他们的项目被列为长城国家文化公园建设重点项目。他们都不知道，市里、县里也都不知道，这样的话工作就出现了断层。国家项目入库了，在那摆着，下头没有人报，没有实施方案、建设方案跟进上来申请，这个项目等于没有发挥作用。所以，现在中央的积极性和地方的积极性，还有社会资本的积极性，一定要能联动起来，这个过程不能出现梗阻。目前是严重的梗阻状态，这个问题不解决，以后的问题就大了。

长城国家文化公园的建设，国家要拿出多少钱来做这个事，这是个关键。如果长城国家文化公园的建设，只是让地方拿钱就会有问题。比如说承德，大上个月报道将投入 173 亿建设长城国家文化公园。我和河北省文物局张立方局长去承德督导调研长城国家文化公园，我问市县领导，这 173 亿都是什么钱，要用于干什么？实际上完全不是那么回事。

长城沿线都是相对贫困落后的地方，所以如果国家在资金的投入上没有安排，或者没有足够的安排去支持这件事情的话，完全靠基层政府是做不动的。长城沿线主要是贫困地区，他们没有这个力量，你让他们拿出多少钱做这个事，他们真的是做不到。最后的结果，就会变成他们只能给你讲故事，给你刷涂料。到了 2023 年的时候，故事讲得很好听，涂料刷得很好看，但把长城国家文化公园打造成国家文化战略的高地、推动区域发展的目标，都实现不了或是相去甚远，所以这一块可能是要面对的一个很大的问题。

第四个问题是修缮和展示性的问题。国家层面上做了长城国家文化公园建设保护规划，各省全都做了相应的方案和规划。现在各省规划差不多都完成了，各省的规划里都已经规划到了 2023 年要完成的节点，都有了建设项目清单。按道理来说，2023 年能不能完成长城国家文化公园的建设，要看国家规划和各省的规划定出来的任务清单完成没完成。

现在长城保护性的修缮和展示性的修复都放在一个平面上讨论，其实这两件事情不是一个东西。遗址保护，在大山里头，修缮以不倒不塌为目的。但是要展示，需要满足展示功能的需要。2004 年，我们“爱我中华、修我长城”纪念活动在人民大会堂举行，大会上励局长讲话时就谈了长城的修缮问题，原则上保护性修缮都是以治病为主，最少干预，但是展示性的复建，也不能说都不能做。要有程序，不是谁想做就做，要有重点，要能满足展示需要。

重要的历史节点上有重大意义的长城段落，我们是主张做一些复建的。这不仅仅是站在保护角度上看问题，因为使用功能不仅是保护墙体的安全，而且是要展示给人们看，要满足人们旅游消费和去看的需要。最典型的是居庸关长城，复建前基本上就剩一个云台了，别的都没了。当时北京市给昌平十三陵特区的政策是收入的“433”制度。40% 的收入是景区管理运营的工作经费，30% 的收入上交到昌平政府财政，30% 的收入留作文物本体的保护费用，这是北京市给定的特殊政策，十三陵特区和八达岭特区都执行这个政策。在这样的政策执行过程中特区攒了几千万的经费，想修复居庸关。当时也批不下来，你要修的话，塌的地方你修，但是想复建不行。

当时昌平县政府把要十三陵特区的这个钱，借去在十三陵水库旁边建一个会议中心。十三陵特区的史主任，跟我们一反映这个情况，我们就跟黄华会长作了汇报。文物的这个钱，政府借走了肯定就没了，十三陵特区攒着这个钱，就是想把居庸关复建了，但是批不下来。长城学会黄华会长和王定国副会长认为应该修。居庸关都已经没有了，人们到哪去感受居庸关的雄伟？黄华会长给朱镕基同志汇报了一下，总理也认为很好。后来我们中国长城学会，包括罗哲文、杜先洲、朱希元先生进行了设计。设计完之后开始施工，这件事在这不方便多讲，总之这个事就做了。当时几千万做的，现在几十个亿也做不下来，而且现在每年的收入都是几个亿，还带动了整个区域的发展。长城这个雄关能够展示出来了，能让人看了，还推动了区域的经济发展，有什么不好的？长城该展示的，能让人感受的重要节点的复建还是应该做的，这是我的意见。

第五个问题，盲目的博物馆建设的问题。这个问题也是特别普遍的一个问题。长城沿线各省、各市，一说长城文化展示，说起来就是建博物馆，大家的思路就集中到这里。长城沿线建那么多博物馆，想一想都很可怕，盖博物馆好盖，地上长房子容易，房子里展示什么？如果将来这些博物馆真的都建起来，看着博物馆的人比参观博物馆的人都多，将来怎么维持整个的运转呢？这会变成政府、变成社会的包袱。长城区域发展不但带动不起来，反而留下一大堆包袱。从整体来看，长城博物馆一旦泛滥成灾的话，这绝不是好事，一定是个大的灾难。我开玩笑说，叫博物馆污染。将来如果长城国家文化公园建设出现博物馆污染的话，这就是一个大问题。好像每个东西都应该建，其实不是这样的。

山西忻州的郑书记，提出建长城博物馆，他认为建一座全国最好玩的博物馆这个理念很好。2020 迪拜世博会因为疫情推到 2021 年，迪拜世博会中国馆的设计，完全是体验式的，我们的 5G，我们的高铁，我们的北斗，从一进门就开始玩，一直玩到你出去。好玩到你都不想出去，还想接着玩。让你进了中国馆以后就是玩，无论将来的八达岭中国长城博物馆改造，还是山海关的博物馆都应该考虑这个问题。山海关长城文化博物馆，应该是长城国家文化公园建设的国家馆，第一笔钱八千万已经拨付给了秦皇岛，现在马上就要奠基。选址和设计都已经完成了，西安的张锦秋他们设计的方案已经基本上通过了，加上我们这个馆，再加上长城沿线嘉峪关的一个馆，建设已经建完了，正在做展陈方案。

我很赞赏忻州郑连生书记的意见，他想把长城博物馆跟古城一体结合起来。有人提出这个长城博物馆应该放在雁门关，雁门关不像八达岭，八达岭一年一千多万的游人，你必须建在这个地方，为游人服务。他那个地方，除了暑期游人多以外，其他时期没有人。如果长城博物馆跟古城结合起来，古城的人流量和博物馆的匹配就能算上账。如果放到雁门关的话，长城博物馆除了暑期旺季有点人，其他时间就是看着博物馆的人比去看博物馆的人多的局面。

长城博物馆放在忻州城里，是不是就远离长城了呢？这样的看法是不了解长城的历史。长城不是一道墙，而是一个防御体系。忻州城就是长城的一部分，是副总兵的驻地，雁门关只是一个关的据点，但是忻州城是副总兵驻地，是更高级别的长城防御指挥中心。忻州这个长城博物馆建起来，带动的不仅是雁门关，而且要把忻州包括偏关、宁武关，包括外三关的整个长城，变成一个核心的地方。成为直接联系将近一百千米长城的一个核心的点，就是把这样一个司令部的位置给打造出来。

第六个问题是文化不好玩，好玩没文化的问题。长城国家文化公园建设，既要弘扬文化，又要让人体验，让人感受到好玩，这是个非常重要的方面。长城国家文化公园建设的形式非常传统，用特别老旧的表达方式，实际上发挥不了要传播文化、弘扬文化的目的。怎么让文化能体验能好玩，这也是发展旅游、做好文旅融合的需要。当然，光好玩没文化也不行，一定要做出文化。好玩没文化最大的例子是北京古北水镇，现在他们正在做提升方案。古北水镇的旅游作为业态是成功的，疫情时期差点，以前都是人满为患的状态。但是他们没有做出长城文化，他们的文化是从乌镇的水乡文化直接搬过来的，与长城边塞文化毫无关系。在这样的情况下，这个项目从建筑、建设、运营到消费，都与长城没有关系，只是长城脚下的项目。如果我们长城国家文化公园建完了以后，拿出来的项目都只是长城脚下的项目，这个可能也没有达到建长城国家文化公园的目的。时间紧，我就说到这里，谢谢。

（2020 年 9 月 9 日在全国政协“长城国家文化公园座谈会”上的发言）

关于山海关中国长城文化博物馆建设的几点意见

收到中国建筑西北设计研究院《中国长城文化博物馆建筑动能面积研究》（以下简称《研究》）后，做了一些思考，现将我对山海关中国长城文化博物馆（简称“长城馆”）建设的几点意见进行归纳，供秦皇岛市委、市政府，山海关区委、区政府参考。

1. 秦皇岛市领导提出要“高起点、高水平做好中国长城文化博物馆规划设计工作，努力把该项目打造成为弘扬长城文化、传承民族精神的重要载体”“以中国长城文化博物馆为核心，积极建设长城文化特色小镇，努力打造秦皇岛文化旅游新 IP”的意见很重要，我完全同意。《研究》提出的“中国长城文化博物馆位于河北省秦皇岛市山海关区角山长城脚下，是国家长城文化公园重要的节点，是展示、研究与保护长城文化的重要载体”的定位，我也没有意见。

2. 建议还要强化“长城馆”的特色，目前来看这一点做得还不够。我们需要强调的这个特色是什么？我认为有两点，第一是“国有馆”的属性，第二是“国家馆”的定位。这两点能够有清晰的认识、准确的把握，对其他方面的决策来说很重要。也可以说，这两点是我们做任何与“长城馆”建设有关决策的依据。

我们是“国有馆”，是博物馆的国家队。2019 年年底，全国已经备案的博物馆有 5535 家，包括一、二、三级博物馆和重点行业博物馆。“十三五”以来，全国平均每 2 天新增一家博物馆。目前形成了国有博物馆为主体，民办博物馆为辅的博物馆体系，国有博物馆占比 69. 11%。

我们是“国家馆”，是一座长城专题的国家馆。博物馆按管理分类可以分为国家博物馆、地方博物馆等。按收藏分类可以划分为综合博物馆、专题博物馆等。“长城馆”是长城国家文化公园的国家馆。

“国家馆”是一块金牌子。国家文物局正在积极推动《中华人民共和国文物保护法》修订、《关于推进博物馆改革发展的指导意见》制定等，并明确提出：严格控制国有博物馆名称冠以“中国”“中华”“国家”等，因特殊情况确需使用的要报请国务院审批。长城国家文化公园的国家馆放在山海关，对地方来说这是一个历史机遇。在这一点上河北省和秦皇岛市、山海关区党委、政府都要提高站位，按照国家既定部署建好长城国家文化公园的国家馆。但也要抓紧办理好相关的手续，这一点也不能忽略。

3. 基于“国有馆”和“国家馆”这样的定位，我同意“长城馆”建设以大型馆为标准。建设规模至少应该是大型馆，建筑规模选定范围在 20001 ～ 50000 平方米。我认为《研究》提出的 33900 平方米还是较适宜的。我觉得如果条件允许，在这个基础上还可以适当地再扩大些。

我为什么强调“如果条件允许还可以适当地再扩大些”？中央在国家文化公园建设方案中明确提出的“尽力而为，量力而行”的原则，也应该适用于“长城馆”的建设。但是，“国有馆”和“国家馆”的属性，决定了不适宜比目前《研究》提出的面积再小了，否则难以满足“国家馆”的使用需要。

4. 我同意《研究》提出的“项目整体由中国长城文化博物馆、长城文化研究中心、游客中心三部分组成。游客中心靠近公众停车场，服务于长城文化博物馆及角山公园片区，提供游客咨询、换票、寄存、换乘电瓶车等服务；长城文化研究中心作为长城文化的研究场所，提供办公、科研、交流等功能”。

建议增加长城文化研学教育中心，将“长城馆”打造成全国长城研学基地或营地，可以作为“长城馆”的重要发展目标之一。中国自古就有“读万卷书，行万里路”的优良传统，长城研学可以继承和发展这个教育理念和人文精神，提升中小学生的文化情怀、创新精神和实践能力。国家近几年在这方面支持的力度也很大，并且还要继续加强。

结合长城文化的特色，不同学生年龄特点和各学科教学内容需要设计研学课程，组织国内外的学生通过集体旅行、集中食宿的方式走近长城，在山海关过一段与平常不同的学习生活，既可以拓宽孩子们的视野，又可以丰富孩子们的知识，加深孩子们与长城历史文化及大自然的亲近感，增加他们对民族和国家的热爱情怀。

5. 我同意《研究》提出的“在做分析对比案例的几个国家级博物馆中，长城文化博物馆的建筑面积最小、藏品数量不多，但可供展示的与长城相关的文化展品种类和数量很大，所以我们设置了可以用于音乐及舞台演出的300人多功能剧场，并相应减小了藏品库面积，增加了展厅面积”的安排。这个用于音乐及舞台演出的300人多功能剧场很重要，长城文化研究中心和长城文化研学教育中心都需要这样的场所。

6. 建议“长城馆”应该建成一座“室内展”和“室外展”相结合、室内外相融合的新型博物馆。长城作为大地性的文化遗产，室外展示应该是很重要的一部分。角山长城和北翼城等长城建筑及长城遗址遗存也都可以成为“长城馆”的“室外展”的一部分。这样一来“长城馆”的功能分区，会更适于开展研学等各项体验活动。室外场地和道路，也应该更便于开展观众文化体验性的活动。

7. 目前，全国规模较大的长城主题博物馆，依然是只有八达岭中国长城博物馆、山海关长城博物馆、嘉峪关长城博物馆，黄崖关、玉门关、阳关、山丹等十几个地方也依托长城旅游区，建设了规模大小不等的长城主题陈列场馆。这些博物馆的一个显著特点，是基本都建在长城景区，作为观光旅游的一部分，利用已成规模的旅游优势，向游人传播长城历史文化。

我认为“长城馆”要服务景区，但更要跳出景区的概念。不仅要满足观光旅游的需要，还要为山海关发展休闲度假旅游提供支撑。所以，“长城馆”要打造成全国体验性和参与性最强的博物馆。要将长城历史文化展示、长城遗迹实体展示与现代新技术、新理念相结合，打造数字化、智慧型的博物馆，室内馆和室外馆都要注重游客的互动体验。什么是“体验性和参与性最强”的博物馆？我理解就是建成一座全国“最好玩的博物馆”。

8.《研究》提出了“长城馆”建设“长城文化研究中心”，这一点很好。将来可以联合中国长城学会，打造中国长城研究与交流的基地，进行跨地域、跨学科的长城研究工作，推动世界范围内的长城学科建设，发布长城保护和利用的行业分析数据和战略研究报告等。同时，依托坐落于秦皇岛的燕山大学中国长城文化研究与传播中心等高校的学术资源和教学科研力量，开展全国长城国家文化公园和长城文物部门管理者领导力建设培训，共享长城研究和保护与利用相关领域前沿性理论及实践科研成果。

9.“长城馆”建筑建设的同时，文物征集工作也要同步推进。展品是博物馆的核心支撑，“长城馆”是征集、典藏、陈列和研究长城文化遗产相关实物及历史的国家级场所。进一步丰富长城博物馆馆藏品和展陈实物资料，必须要面向全国公开征集与长城相关，具有一定历史、科学、艺术价值的文物及文献、图书资料等。“长城馆”作为长城国家文化公园建设的国家馆，在这方面也有条件争取到国家的支持，应该尽快做出安排并采取行动。

10.“长城馆”要强化数字化和智慧型建设，这一点在建筑设计时要有充分的考虑和安排。国家文物局关于智慧博物馆建设有明确的要求，“智慧博物馆”建设工程：运用物联网、大数据、云计算、移动互联等现代信息技术，研发智慧博物馆技术支撑体系、知识组织和“五觉”虚拟体验技术，建设智慧博物馆云数据中心、公共服务支撑平台和业务管理支撑平台，形成智慧博物馆标准、安全和技术支撑体系。

11. 现在时间已经很紧迫了，“长城馆”建设要加紧开展各项工作。要形成一个可操作性强的时间表。中央已经明确提出了第一批国家文化公园基本建成的时间目标，我们应该以此为依据倒排工期，明确各项工程进度节点，加快推进“长城馆”建设，确保项目能够基本按期完成。

12.“长城馆”建设是落实中央国家文化公园建设部署的具体行动，河北省又是长城国家文化公园建设的试点省，要以“长城馆”建设为重要抓手，在全国起到示范作用。同时，也要通过“长城馆”建设，将其作为推动文化遗产活起来的重要载体，为山海关的旅游发展提供支撑，要让人民群众共享长城国家文化公园的成果。我作为国家文化公园建设工作专家咨询委员会（长城组）的专家委员，将一如既往地支持山海关中国长城文化博物馆建设，支持家乡各项长城事业的发展。

（此文为秦皇岛市委、市政府征求山海关中国长城文化博物馆建设意见的回复）

统筹整合校内校外资源，聚焦长城国家文化公园

——中国长城文化研究与传播中心主任办公会上的发言

感谢各位副主任，在年底学院工作很忙的情况下都能来参加中心的主任办公会。燕山大学中国长城文化研究与传播中心自 2020 年 10 月 24 日揭牌以来，短期内完成了第一阶段的开创性工作。关于中心明年的工作，大家都发表了很好的意见。关于如何聚焦长城国家文化公园建设，长城保护和利用的可持续发展；如何聚焦增强长城学术研究引领的实力，努力在理论和应用研究方面，产出服务社会发展需要的高水平研究成果，我认为可从以下几方面加以考虑：

首先是智库建设。这方面应在继续立足本校的同时，在全国层面选择一些重要的、有能力的、有资源的人才并吸收进来，聘他们来做中心的特邀研究员。智库建设应开拓思维、提高认识，与顶层智库对接，形成强强联合的局面。只有这样，我们中心才能够尽快地拿出为各级党委、政府在长城国家文化公园建设过程中服务，为他们提供决策和工作指导的智库成果。

培育孵化长城研究课题。燕山大学中国长城文化研究与传播中心刚成立一个多月，这方面还没有开展工作。我觉得一是希望校社科处加大支持力度，给予部分资金的支持。二是一些项目可以申报国家或省里的课题经费，这一点一定要抓紧。三是增加校企合作，动员有热情、有能力的社会力量支持科研，我们也为他们的工作需要提供学术支持。陈玉、赵琳两位老师，我们一起已经和长城酒店谈了一轮合作的问题，这方面要积极跟进。四是创造条件在燕山大学校内设立一个基金项目，把社会力量与科研力量结合起来，让中心走上可持续发展道路。

开长城公选课和支持成立关注长城的学生社团。中心的建设需要各学院、各研究所科研人员的共同努力、相互配合，也需要发挥学生的力量，可在校内开设长城文化的选修课，由几位长城专家授课。培育一个长城主题的学生社团。让大学生们了解长城、热爱长城，在他们心里种下保护长城的种子。

开发长城文创产品。现在长城文化传播方面最大的问题是长城与普通人有很大的距离感。长城好像是高高在上，与普通大众似乎没关系。实际上长城与所有的人都有关系，我们每个人的身份证上，除了个人的信息，就是国名、国徽、长城。怎么能说个人与长城没有直接的关系呢？

但是光这样讲还远远不够，如果我们能将长城的符号、长城的文化融入人们的日常生活，长城就与人有了更直接的联系。比如故宫博物院做过一个文创产品——道光皇帝身穿黄袍、头戴皇冠的一个塑像。当时对这个创意也有争议，文创产品一出来，大家都没想到线上、线下卖得特别火。这个产品主题叫“爱”，因其取意“爱是一道光”。皇帝与大众本来没有关系，但是一对恋人从故宫把这文创买回去，摆到家里就成了永远的记忆。这就是文创产品的魅力，我希望大家在长城与我们普通人的关系上能做出好的创意。

举办长城艺术活动。我们的研究工作，一定要注重把社会效益做上去。设计与艺术学院赵善君、姚远、赵琳、郝建斌等老师的长城绘画作品，要在省图书馆举办长城画展活动。这是中心长城艺术设计研究所的老师走出校园、服务社会的举措。展览的同时，设计了一个长城画展的画册。画册内容除了长城绘画作品本身的内容，我建议还要加一些历史文化内容。我们要跳出画展办画展，让观众通过看画家的艺术作品增加文化获得感。

艺术设计研究所还可以将长城文化与燕山大学中华优秀传统文化传承篆刻基地的打造相结合，设计创作长城艺术品、长城文创产品。我们的创作主题站位要高，比如山海关长城抗战，可以为几百名烈士每人刻一枚印，组成一套“长城英烈印章”。我有一个多年的愿望，将来有条件一定要为山海关长城抗战的英烈做个祠堂，这些年轻人是为国捐躯的，这些中国军人是为了国家而战死的。可以用这些英烈的名章，摆出“把我们的血肉筑成我们新的长城”！

我们秦皇岛市的长城明代属于蓟镇，这是明长城最重要的一镇，通过有关文献可以查到所有的明蓟镇总兵名单，为他们每人刻一枚印，组成一套“明蓟镇总兵印章”。一枚枚的印章，实际上是一个个有血有肉的人，是跟家国情怀连在一起的人。这些印章高低不平，摆在一起组成一幅长城图案。

为这些人篆刻人名印章，对艺术家们来说也是一份荣耀。将来，这套印章必将成为中国长城文化博物馆的镇馆之宝。把学术研究成果用艺术的方式呈现出来，把中国印文化和长城文化发扬下去，做成传世之作一定是很震撼的艺术成果。

做强长城出版品牌。长城文化出版研究所应加强与其他研究所的相互配合，精心策划一批高质量的长城出版物。国家文物局不久前公布了第一批 83 个国家级长城重要点段。12 月 11 日，国家文旅部长城国家文化公园建设推进会在秦皇岛市召开，长城国家文化公园 45 个重大工程已经部署。我们要精心策划出版这两本长城出版物，采用图文并茂的形式，全面介绍 83 个国家级长城重要点段和 45 个长城国家文化公园重大工程项目，展现重要点段和重大工程的长城历史和文化。中心要做长城历史文化的深入挖掘，通过编辑、出版有关长城的出版物，扩大影响力和知名度，打造“长城出版”品牌。

深挖长城文献和碑刻。现在对长城的研究，不缺宏大叙事的内容，缺的是深入的挖掘。历史文献所可以对长城沿线区域内的碑刻进行深入研究。不仅是碑文自身的简单呈现，还要在碑刻内容里做深入的挖掘，如有关戚继光的内容，他的籍贯不同的碑上写得不一样，为什么会这样？这里面反映了什么问题？

再比如家谱方面的研究，长城沿线 404 个县的长城村落的家谱，有多少与长城有关的内容？其实，这些人的生活，发生在长城脚下的这些事，都应该属于与长城有关的内容。长城不仅仅是一个防御体系，历史上长城地区是一个边疆社会。家谱俗称“谱书”，古文典籍研究则称“谱牒”，把这些资料整合起来做深入研究，一定能做出很好的研究成果。中国官修的历史文献，最大的特点是不记老百姓的事，但是家谱及各类文书却都是社会基层的事。我们可以对历史传承下来的底层的事进行深入研究，从里面挖掘具有人类学意义的线索，研究人物、历史故事等。

现在的长城研究，一是空间上对长城的研究非常多，二是时间上对长城历史研究也非常多，但是往往忽略了生活在这个空间和时间中的人，他们才是一代一代有血有肉的长城历史的支撑。比如张库大道的项目，张家口有个企业家叫冀海，他做了一个张库大道博物馆，展示了他这些年在张库大道收藏的很多的地契和贸易合同等。展出的是很小的一部分，据介绍他手里有六七百份这样的文书。我们可以与他们合作，对这些文书做深入的研究。秦皇岛板厂峪的许国华，在一个村子里收了一筐文书，他花钱买了这些文书。中心可以安排研究人员与他联系，把这些珍贵的历史资料扫描整理，按时间排列，对资料内容全面分析，以人类学的视角做深入的研究。这些研究成果，一定能让燕山大学在人类学和社会学意义上占领长城的高地。

长城光影秀数字化项目。我们中心成立之前调研的时候，设计与艺术学院就谈了利用数字技术，通过一场灯光秀让长城景区里的故事活起来。今年，我们中国长城学会正在支持腾讯和清华大学合作一场长城光影秀，打造数字化长城 IP。长城国家文化公园调研，我到张家口看到新做的地面长城浮雕，讲的是张库大道的故事，内容里有人物、有故事、有交易、有场面，但是并不吸引人。长城浮雕基本上没人观看，但是如果晚上用光影秀的形式让浮雕上的人物活起来，就有人看了。

白天可以利用浮雕开展研学活动，让孩子们有奖竞猜，参与“发现十大将军”等活动，找出光影秀中的人物然后发朋友圈，可得到相应的奖励。用手机对着一个将军浮雕拍照后，通过技术识别手段，手机里视频就可以展现出这位将军的故事等。将长城文化活起来变成一个娱乐项目，用技术服务长城国家文化公园建设的需要。长城国家文化公园建设就是要解决文化不好玩、旅游没文化的问题。如何让文化好玩，让好玩的有文化，这是我们要研究的事。

总之，我们的中心要想跨越性地发展，就要继续发扬解放思想、敢想敢干的创新理念，要把长城研究和各类项目设计往深里做、往实里做，下功夫开展“接地气”的研究和实践，为燕山大学加快“双一流”建设，传承中华优秀传统文化，推动长城国家文化公园这一重大文化工程贡献我们的力量。

（根据 2020 年 12 月 27 日燕山大学中国长城文化研究与传播中心主任办公会发言整理）

长城国家文化公园建设是长城保护利用的历史机遇

新冠肺炎疫情如此严重，我们这段时间都一直在家待着。对我个人来说，也难得有如此空闲的时间，对长城国家文化公园的事做些系统的思考。感谢张掖的多红斌老部长，感谢山丹县委的冯军书记，不是他们为山丹长城国家文化公园建设来拜访中国长城学会，我们还下不了决心开这个早就应该开的会。

今天上午，我们考察了八达岭古长城，天气很好，艳阳高照，下午我们在八达岭中国长城博物馆举办这个小型的座谈会。一路上大家都在谈长城国家文化公园建设，都认识到这是长城保护利用的历史机遇。张掖、山丹的同志们这个认识更高，令我们很感动。

刚才学会《万里长城》编辑部的郑严副主编、编辑部王鹤然主任已经简单介绍了长城国家文化公园建设的情况，王志国副会长、王建平副秘书长也做了讲话，我要重点讲一下长城国家文化公园建设的长城文化传承、长城保护相关的问题，讲一讲北京长城国家文化公园建设，特别是关沟的长城保护和利用的问题。

第一，讲一下长城国家文化公园建设，如何做好对长城文化价值的阐释与展示。

中央为什么要建长城国家文化公园？中央文件明确指出，“对于进一步坚定文化自信，充分彰显中华优秀传统文化持久影响力、革命文化强大感召力、社会主义先进文化强大生命力将产生广泛而深远的影响”。实现这个目的靠什么，就是靠传播，要靠通过对长城文化价值的阐释与展示，来传播长城文化和长城精神。

如何做好长城文化的表达是长城国家文化公园建设的重要主题，在发展长城文旅融合中挖掘和传播长城文化价值，是长城国家文化公园建设的重要任务。这方面也应该成为中国长城学会的研究工作的重点。《万里长城》编辑部发的文章，包括今年中国长城学会和八达岭特区联合组织的长城论坛，一定要紧紧地围绕着服务长城国家文化公园建设。中国长城学会已经向国家社科基金申报了“长城国家文化公园建设推动区域经济发展”的社会团体活动课题，不论申报能否成功，我们今年的全国学术研讨会都要围绕这个题目进行。

长城文化遗产的阐释与展示，一是要做好长城文化价值的挖掘，二是要做好长城文化价值的阐释与展示，三是要做好长城文化价值的传播。在这三个方面，长城文化价值的挖掘是基础，是需要首先做好的工作。做好了这项基础性的工作，才能循序渐进、不断深化地做好展示、传播的工作。长城文化价值的挖掘包括考古调查工作，也包括文献研究工作，还包括更多学科、更多专业共同参与协作进行的研究工作。

长城旅游景区应该承担长城文化的传播任务，目前这方面全国都做得不够好。参观游览的旅游路径的设计，都没有考虑文化传播，这是一个很大的问题。现在的长城景区都是登上长城才算进了景区，比如长城景区最著名的八达岭长城，基本上就是只有登上长城游人才有进入了景区的感觉。为什么会这样？因为售票口竟在登城墙的口。现在是网上售票了，检票口就是登城墙口。现在疫情期间没人了，没有疫情的时候一般的情况下游人非常多，因为游人都挤在城墙上了。所以，就会感觉人非常多，人挤着人。游人在长城上走一段，拍几张照片就下去了，基本上没有得到文化的感受。

如果能够把长城文化的情景再现融入长城的景观之中，使游人在这个嵌入式的情景之中感受长城文化，游人的体验感就会好很多。但有太多景区根本就不注重这些。这是建设长城国家文化公园要解决的问题。

开展教育研学的活动是长城文化传承的重要方式，做这方面的事对于长城国家文化公园来说是非常合适的。长城研学之旅是长城国家文化公园建设产品体系里很重要的部分，比如八达岭的京张铁路，除了车站站房等设施之外，还有很多桥梁和隧道，铁路沿线还有一些摩崖石刻等，有很多可以看的点。把每一个可以参观的点进行梳理，开展长城研学之旅很有价值。

近 10 年来，我在我的家乡秦皇岛支持了 5 所学校，先是做长城文化进校园活动，接着开展了孩子们走进长城的研学活动。这项工作是2007年从学校编辑出版第一本地域文化启蒙读物《神奇美丽的秦皇岛》开始，最初是秦皇岛市海港区教师发展中心附属实验学校、和安里小学、耀华小学先做起来的，后来又陆续加进来了东港路小学、山海关桥梁小学，一共是5所学校。经过10年的地域文化学习，7年的营地教育、体验教育、项目学习的教师培训，5年的长城课程开发，3年的实践摸索，《长城研学旅行》教材试用本已经开发出来，这是校内外融通的研究性学习。去年秦皇岛市教科所将长城研学列为综合实践活动课程，进行了课程提升。长城研学活动取得了非常好的成果，在全国可以做些推广的工作。

第二，讲一下长城国家文化公园建设，如何加强长城保护的问题。

长城保护是长城国家文化公园建设的首要问题，四大主题功能区的第一个就是保护管控区。中央要求“推进保护传承工程。实施重大修缮保护项目，对濒危损毁文物进行抢救性保护，对重点文物进行预防性主动性保护。完善集中连片保护措施，加大管控力度，严防不恰当开发和过度商业化。严格执行文物保护督察制度，强化各级政府主体责任”。

保护长城保护什么？毫无疑问主要是保留长城今天真实的风貌状态。保护长城就是要将长城的遗址遗存更好地保留下来，所以长城保护维修一定要强调把握长城存在的真实性。要把真实的长城更好地传给后世，要将真实文物的长城的生命延续得更长。长城为什么要全面保护？因为长城不仅非常长，而且在空间维度的差异，也就是地域性的差异也特别大，这些信息都需要好好地保护。

长城保护不仅是保护长城墙体，长城的建造类型也是多种多样，作为防御体系不仅有墙体还有城堡，还有提供建筑材料的窑址、烧灰的灰窑、采石的石场都要保护。还有其他的比如长城沿线的一些驿站和烽燧等，长城相关遗存的类型很丰富，都要很好地保存。保护长城还要保护长城建筑和自然环境的关系，这个维度的保护以前注意得不够，很多长城周边的环境被采矿的行为造成了严重的破坏。我们保护长城，把长城遗产传给子孙后代不仅是传承长城遗产本身，还要把长城存在的环境传给后世。

2019年国家文物局颁布的《长城保护总体规划》已经说得很清楚，长城的存在是以古建筑与古遗址两种遗存形态并存。长城遗存的自然形态和文化遗产的属性，要求我们在保护长城的时候要注意突出长城的文化景观特征。这个特征就是长城的这种独特的遗存形态，这是千百年来风风雨雨造成的状态，展现的完全是不间断的历史演进过程。长城今天的残破状态，是人类活动与自然侵蚀共同作用的结果。我们经常说要保留长城所承载的历史信息，今天长城保存的状态就是历史信息承载的状态。

目前我们还有 2 万多千米的长城遗存，绝大部分处于遗址状态，就是还有墙体的也是残缺的状态，有很大一部分的长城已经消失了。除了后来新修建的长城，基本上没有完整的长城了。也就是说，现在看到的八达岭长城等地的完整长城，都是新中国成立后重修或复建的。

长城国家文化公园为什么把抢救性的修缮长城的工作列为首位？因为长城处于一种濒危的状态，处于带有较多病害的一种状态，不抓紧抢修不行。所以，需要在长城国家文化公园建设中进行抢险加固的工作。

长城大部分已经成为遗址状态，这种遗址的存在也是长城的主要存在形式。如何对长城遗址进行有效的保护，如何开展有效的管理是需要研究的问题。长城遗址的管理，与已经修好了开发成景区的长城旅游景点相比更为复杂。但是长城的历史文化价值，就体现在这些长城遗址里。

长城脚下的很多关隘和城堡也要保护，这些地方现在早都已经演变成村庄了，开展民俗旅游使游客与居民建立起良好的互动关系，既做好了长城保护传承，又开发了文化生态旅游，带动了长城区域的特色旅游产业的发展。长城国家文化公园的建设要突出教育、休闲、旅游等功能，同时还要能够带动长城周边区域的经济发展。中央明确规定的长城国家文化公园建设的四大主题功能区，也体现了这样的一个安排。

第三，讲一下北京长城国家文化公园建设，特别是关沟长城防御体系的问题。

北京地区的明长城为什么重要？因为北京从秦汉时的边疆地位，到了明代已经发展到王朝中心的京城地位。这样的历史地位的变化，决定了长城地位的变化。北京在明代的京城地位在全国是最高的，长城保护京城安全的需要也高。在这样的过程中京城周边长城就显得非常重要。八达岭长城对于北京的防御作用非同一般，所以修建和设防就更加投入。长城国家文化公园建设河北是试点省，但是北京一定是最重要的。

关沟位于北京市西北昌平、延庆两个区，全长由南向北约 18 千米。八达岭长城是以居庸关为核心的关沟防御体系的最前沿也就是最北端，从八达岭长城向南，经上关、居庸关、南口城就进入平原了。这个特点是由自然环境来决定的，这条关沟是太行山脉与燕山山脉的分界地，也就是说关沟是这两座山脉交汇的地方。关沟的东边是燕山山脉，关沟的西边是太行山脉，这条沟里是两条山脉自然地理景观的分界线。虽然在地理学上，关沟被认为是太行山脉与燕山山脉的分界线，实际上关沟东西两侧的山体形态是一样的。

关沟自古即为华北平原通向蒙古草原的重要通道，今天的京藏高速、京张铁路、京礼高速、216 市道等交通干线都在关沟通过。所以，这一带的自然景观特点也就非常突出，其形成的沟通南北的古道路，使用了至少两千多年。这就是这个地方的长城文化特点也非常突出的原因，这里是古代长城区域文化经济碰撞交流活动较为活跃的地区。居庸关作为太行八陉之一，两千多年的通衢古道，古代文献很早已经有了记载，太行八陉至少在战国的时候就已经是很重要的道路。

说起太行八陉，我想强调一下长城沿线的古道路的问题。这方面也需要进行深入的分析，也要对长城周边的一些烽燧、驿站等建筑做好保护。这些建筑既是军事的，又是交通和通信的设施。长城墙体防御线外延的这些道路遗址遗存，都是长城防御体系的组成部分。现在这方面还没有引起足够的重视，这与国家的长城资源调查只强调长城墙体内外各 2 千米的调查范围有关。

我特别希望将关沟整体打造成国家文化公园项目，不过这点可能很难做到。2015 年 5 月 18 日，国务院批转《发展改革委关于 2015 年深化经济体制改革重点工作意见》，安排在 9 个省份开展“国家公园体制试点”，其中就有北京的八达岭长城国家公园。我在几次参加论证会的时候，都提出过将北京长城国家公园体制试点区由只是包含八达岭长城，扩展成为以关沟为中枢，包含延庆、昌平两个区的长城。实际上，国家级风景名胜区评定时就已经将八达岭—十三陵合并为一体了。

北京的长城国家文化公园建设，一定要将长城抗战放到重要地位。除了古北口的长城抗战，关沟的南口长城抗战也反映出中华民族坚韧不拔、不怕牺牲的精神，这就是长城文化价值的体现。中华民族英勇顽强抗战故事的发生地，就是长城国家文化公园建设要重点关注的地方。通过对故事细节的挖掘，可以进行一些点位的展示。将每一个地方长城的故事和历史的特点挖掘出来就是我们需要做的研究工作，长城国家文化公园的建设就是要对每个点位的历史价值做出展示。要想做好阐释和展示，首先还是要对长城的各种故事进行深入的发掘研究。

长城文旅融合发展也是长城国家文化公园建设的重点，要传播好长城文化，就要注重把文化资源转化为有形的、可以体验的文化旅游项目。时间的关系，这一点我就不展开讲了。最后，我再次谢谢大家，利用星期日来参加长城学会的活动，谢谢八达岭特区李东主任的安排，谢谢郭永、付卫东两位主任全天陪同和为大家提供的帮助。

（2020 年 4 月 12 日在中国长城学会《万里长城》编辑部“长城国家文化公园建设座谈会”上的发言）

长城国家文化公园建设与长城历史文化价值研究与传播

今天是我们学习中央的《长城、大运河、长征国家文化公园建设方案》的闭门会议，我重点和大家分享我对《长城国家文化公园建设与长城文化价值及传播研究》的认识。在长城国家文化公园建设的五大工程中的第二项是“推进研究发掘工程”，我们这些多年从事长城研究、长城保护和长城文化传播的人，可以说“英雄有了用武之地”。

中央要求“加强长城文化、大运河文化、长征精神系统研究，突出‘万里长城’‘千年运河’‘两万五千里长征’整体辨识度。加大国家社科基金等支持力度，构建与国家文化公园建设相适应的理论体系和话语体系”。我们应该怎么理解中央的要求？如何开展长城国家文化公园建设过程中的历史文化价值研究工作？如何做好长城历史文化信息的传播工作？这些内容在长城国家文化公园建设过程中，都需要进行深入和系统的研究。

做好长城国家文化公园建设，中办、国办的国家文化公园建设方案是基础文件，在学好两办文件的基础上，对国家有关部委关于文化公园建设相关文件进行解读。长城国家文化公园建设要集中打造中华文化的重要标志，以进一步坚定文化自信，充分彰显中华传统文化持久的影响力、社会主义先进文化强大的生命力。对这些问题认识清楚了，才能在长城国家文化公园建设过程中做好长城历史文化价值研究及传播。

中央的国家文化公园建设方案要求得很明确，国家文化公园建设就是要整合一些具有突出意义、重要影响、重大主题的文物和文化资源，把这些资源进行公园化的建设、管理运营，核心的目标是要集中打造我们中华文化的重要标志。长城文化价值及传播是落实这个目标的重要举措。什么是“突出意义、重要影响、重大主题”？这些说的实际上都是历史文化价值。

一、要认识和理解长城的文化价值和长城精神

习近平总书记说过，“文化是一个国家、一个民族的灵魂。文化兴国运兴，文化强民族强。没有高度的文化自信，没有文化的繁荣昌盛，就没有中华民族伟大复兴”。文化和旅游的融合在长城国家文化公园建设中承担着重要功能，这是挖掘、保护、传承中华优秀传统文化的需要，也是提升文化价值和文化生命力的重要途径。

长城国家文化公园建设的任务是弘扬和传承长城文化，如何理解长城文化价值成为一个首要的问题。文化是一个国家、一个民族的灵魂，这个灵魂的内涵是什么？我们还经常说文化兴国运兴，文化强民族强，我们的文化真的强吗？强在什么地方？今天应该说对长城文化价值的理解是远远不够的，即便是比较清楚了的那部分，传播得也很不够。

2016 年 11 月 30 日《长城保护条例》实施十周年之前，中国国家文物局正式向社会发布了《中国长城保护报告》，其中第四部分是长城文化价值，归纳为“长城历经岁月洗礼，造就了独特的历史景观，凝结着中国古代劳动人民的心血和智慧，积淀着中华文明博大精深、灿烂辉煌的文化内涵，体现着中华民族的精神品质和价值追求，已经成为中华民族的精神象征”。这是国家文物局涉及长城的文件，第一次较为系统地谈及长城的文化价值。

《中国长城保护报告》在这一部分概括了长城文化价值三个方面的内容:“长城蕴含着团结统一、众志成城的爱国精神，坚韧不屈、自强不息的民族精神，守望和平、开放包容的时代精神。”并且称，长城文化“历经岁月锤炼，已深深融入中华民族的血脉之中，成为实现中华民族伟大复兴的强大精神力量。传承与弘扬长城精神始终是长城保护的首要之义”。

中国人之所以持续两千多年不断地修建和使用长城，代表了中国人自强不息、追求和平的特性。《中国长城保护报告》概括的长城文化价值的三个方面，阐明了长城所代表的中华民族和中华文化。中华民族之所以为中华民族，就是因为我们的文化特性，没有了中华文化的中国人，就不能称其为中

国人。没有了中华文化的中华民族，也就不能成为中华民族。

接下来，再一次系统全面地阐述长城文化价值的是《长城保护总体规划》。2019年1月22日，文化和旅游部、国家文物局联合印发了《长城保护总体规划》。这个规划由国家文物局于2006年启动规划编制前期工作，陆续于2010年完成长城资源调查，2012年完成长城资源的国家认定，2015年完成了信息系统建设，2016年全国有长城的15个省（自治区、直辖市）都完成了省级规划的编制。在这个基础上，国家文物局编制完成了《长城保护总体规划》，并于2018年年底报送国务院，经国务院同意后向社会颁布。

《长城保护总体规划》中继续坚持了强调对长城文化内涵、长城文化价值的认识，对长城精神的概括，依然和此前的《中国长城保护报告》相一致，但是作了进一步的阐述。《长城保护总体规划》第一章概况与价值内涵，第十条专门设了：长城价值。从四个方面详细揭示了长城文化内涵和长城文化价值，分别为：（1）承载中华民族坚韧自强民族精神的价值；（2）坚定中华民族文化自信的历史文化价值；（3）展现古代军事防御体系的建筑遗产价值；（4）承载人与自然融合互动的文化景观价值。

长城国家文化公园建设，弘扬和传承长城文化，任务就是做好长城文化遗产保护，还要做好长城文化价值挖掘，做好长城文化的传播。只有这三个方面做好了，才能服务好国家文化公园建设。长城国家文化公园的文化线路、文化遗产片区和单体的文化景观，都是讲好长城故事的载体。

二、要做好长城文化遗产价值的研究

我们为什么要首先强调，要做好对长城文化遗产价值的研究？这是因为理解长城的文化价值，首先还是要深入认识长城作为文化遗产的价值。过去谈到长城文化遗产的保护，也主要是保护文物的本体。今后的长城文化遗产的保护，依然会是以保护文物的本体为首要任务。作为文物的长城如果不存在了，任何的研究和利用工作就都没有意义了。试想，长城都已经没有了，我们再谈长城蕴含着中华民族特有的精神价值，有什么意义呢？我们说长城是中华民族智慧的结晶，是全人类文明的瑰宝。这些都需要首先保护好长城，使其能给子孙后代传下去。

1961年第一批全国重点文物保护单位，包括了八达岭长城、山海关长城、嘉峪关长城三处全国重点文物。第二批全国重点文物保护单位没有长城项目。第三批全国重点文物保护单位增加了金山岭长城、居延遗址、玉门关及长城烽燧遗址。第四批全国重点文物保护单位增加了魏长城遗址、固阳秦长城遗址、紫荆关长城、九门口长城。第五批全国重点文物保护单位中有长城项目，只是被称为金界壕遗址，今天国家已经认定了金界壕遗址就是长城。这一批还包括了新疆的克孜尔尕哈烽燧、孔雀河烽燧群。第六批全国重点文物保护单位，长城项目没有增加。但是在"长城"项目之下，将北京市、内蒙古自治区、辽宁省、河南省、甘肃省境内战国至明代的长城，归入了第五批全国重点文物保护单位。这是长城保护工作的一个历史性的进步，由此开启了将整个省境内长城列为全国文物保护单位的先河。第七批全国重点文物保护单位，北京市、河北省、吉林省、青海省和宁夏回族自治区的汉、魏晋南北朝、唐、明长城，归入第五批全国重点文物保护单位。第八批全国重点文物保护单位，将河北省涿鹿县、怀来县、秦皇岛市海港区的明长城，马水口段、样边段、板厂峪段并入第五批全国重点文物保护单位。将山西省山阴县、岢岚县、繁峙县、宁武县所辖的北齐、明长城，新广武村段、荷叶坪—王家岔段、竹帛口段、阳方口段，并入第五批全国重点文物保护单位。

今后，还会有长城继续成为全国重点文物保护单位，最终长城整体将成为全国重点文物保护单位。当然，这并不是说各地方的长城遗址遗存没有差异。在长城国家文化公园的各项建设活动中，首先要牢固树立长城是受到国家文物保护法律法规保护的珍贵文物。保护长城不仅仅是保护个别的点段，而是保护长城这个超大型的线性文化遗产。

三、要做好长城文化价值的研究

中国古代，修建过长城的有12个朝代，历代长城分布在全国的15个省（自治区、直辖市）。长城的使用时间延续了2000多年，其建造时间之长、规模之大在全世界绝无仅有。长城作为文化遗产，其价值的导向是强调文物在历史、艺术、科学、教育、文化、民族、社会等方面的作用和价值。长城文化价值的研究与传播，核心追求是对长城文化价值的阐释和传承。

长城国家文化公园建设的任务之一，就是在保护的前提下，强调做好文化遗产的传播、推广、展示、阐释的工作。强调长城文化遗产的保护，更要强调长城文旅融合发展，强调文化遗产价值的研究与传播。保护、利用、传承之间，实际上是有非常好的内在联系的。比如长城旅游就不仅是旅游，不仅是观看长城，而且应该是一个长城文化的广泛传播的过程。这一点目前做得非常不好，比如山海关、嘉峪关每年数百万的游人，八达岭每年上千万的游人，有多少人是带着对长城文化的感受离开长城的？绝大多数的游人，都仅仅是满足到过长城，走一段长城，拍几张照片而已。当然，这并不能怪大众，应该检讨是我们没有给大众提供可以深度感受长城文化的服务。

关于价值的讨论似乎是一个哲学的问题，关于长城文化的价值的思考则离不开对文化遗产价值的判断标准，这就是文化遗产通常侧重的三大价值，即历史价值、艺术价值、科学价值。除此之外，长城还比其他的文化遗产，更加反映了中国和中华民族的主流价值观。这就是我们特别要讲的社会价值、文化价值，还包括长城文化遗产的情感价值、经济和政治价值、文献和考古价值、美学和象征性价值等。价值的概念非常广泛，对价值的判断和认知也很复杂。比如，我们认识长城的历史价值，就需要站在时间的维度来分析长城在不同历史时期的作用与意义。古人修建长城是一种社会行为，几千年不断地修建和使用长城是一种社会现象，时间属性赋予了长城这一文化遗产何种基本价值？长城历史文化价值的研究需要解决认识的问题，毫无疑问，研究是为了解决认识的问题，只有认识清楚了才谈得上传播。

文化价值体现的是社会性，长城是我们祖先创造的伟大奇迹，长城身上体现着民族的认同感，具有民族精神和民族信仰追求的记忆。中华民族在长期的历史进程中不断地修建和使用长城，在这些建筑遗址和遗存之中积淀着逐步形成的民族意识、民族文化，保留着中华民族的民族价值观念和价值追求。

长城文化研究还要注重非物质文化遗产方面的内容。联合国教科文组织的《保护非物质文化遗产公约》定义，非物质文化遗产指被各群体、团体，有时为个人所视为其文化遗产的各种实践、表演、表现形式、知识体系和技能及其有关的工具、实物、工艺品和文化场所。长城相关的非物质文化遗产也需要保护，非物质文化遗产也是长城文化内涵所特有的价值。

四、要做好长城历史信息的研究

长城的历史由重要的历史事件、历史人物等构成，长城的历史还包括重要的历史原因的形成。长城上发生过很多重要历史事件，有过重要的历史人物的相关活动，是不是只要真实地显示这些事件和人物活动就可以了？不是的，我们还需要了解发生这些历史事件、产生这些历史人物的历史环境。长城不仅是军事防御建筑，长城还体现了某一历史时期，长城内外人们的生产生活方式、思想观念、风俗习惯和社会风尚。

长城国家文化公园要展现长城及其所属文物古迹自身的发展变化历程，保护和展示长城的历史价值，我认为就是要保护和展示能够充分体现时间属性的内容。有的地方长城残破了，残破是风风雨雨在长城身上留下来的历史痕迹，是岁月对长城建筑的洗礼。如果我们把长城修得崭新，经过维修后的长城就没有了那种历史的痕迹，长城历史的沧桑感、岁月的痕迹没有了，便不是原来的文物了，也就失去了文物的历史价值。

长城文化遗产艺术价值的保护与展示，要做到让人们能从中感受到建筑长城的那个时代的美学的情感特征，感受到古人的创意与创造性的智慧。长城这类文化遗产时间的属性被破坏了，就是历史信息的传承被阻断了，历史艺术价值也就被破坏了。传承的艺术价值，体现在什么地方？体现在今天的人对过去的审美情趣的感受之上。“天若有情天亦老，人间正道是沧桑”，沧海桑田是大自然的神力所为，沧桑感是对岁月的记载，我们从长城这些遗迹遗存之中可以感受到历史的美感。

长城的艺术价值首先是建筑艺术的体现，包括长城建筑的空间构成、造型装饰，也包括长城与大自然和谐一体的形式美。第二是景观艺术，包括长城作为风景名胜的人文景观及特殊的遗址风貌景观等。长城所在的自然景观环境要素是长城景观的重要组成部分，这一点以往重视得不够。第三是长城文化遗产的造型艺术品，包括长城上及城堡内的砖石雕刻，庙宇内的壁画、塑像等形式工艺独特的造型艺术品。我们在编纂《中国长城志》的时候特意关注到了这一点，专门在艺术门类之下设置了这部分内容。

长城作为文化遗产其科学价值是什么？科学价值是社会进步的证明、技术发展的见证。古人建设长城规划和设计是怎样的？今天基本上没有留下史料，但是我们可以从长城的选址布局、生态保护、防灾理念及建筑本体造型结构的设计等，认识和了解古人的设计和规划理念。长城建筑结构、材料和工艺，代表了当时的建筑科学技术水平，记录和保存着重要的科学技术的信息。

五、要做好长城历史文化信息传播研究

长城文化的主题展示是对长城历史和文化价值的传播，历史文化价值展示和传播需要有内容支撑。有了长城历史文化内容，是不是就可以很容易地传达给大众了呢？答案显然是否定的，这就是我们为什么要重视长城历史文化信息传播研究的原因。长城文化只有被传播才能发挥社会作用，文化的传播又必须使受众能够接受，传播不是单向的文化灌输，是要接受者能够入心才有意义。

长城国家文化公园的长城文化主题展示，一定要注意长城历史文化内容的表达方式。应该使体验者通过长城场景的体验，激发其对长城历史文化的情感。体验者通过长城场景的体验，形成体验性的交流和沟通并形成共鸣的认知。这种表达必须要强调感性，即使是理性的内容，也要想办法使其感性化。

长城国家文化公园社会价值的实现，就是要在时间和空间的维度，阐释长城为什么能在中国产生、发展这个历史现象。长城发展的过程对社会发展的推动作用是什么？认识长城的作用，一定要认识其对社会发展的促进作用。长城文化与人类文明的进步有关系，长城使用功能与不同时期人们生活的进步有关系，这就是今天长城能成为我们国家和民族的象征的原因。长城的这个历史作用，需要通过长城国家文化公园的主题展示，使公众能够理解并接受。这就是保护长城和展示长城文化的目的，这就是建设长城国家文化公园的目的，这就是长城国家文化公园的公共属性和社会效益。

在人人都是传播者的社会化网络时代，任何文化传播行为都要充分地考虑传播过程中产生的群体认同感、集体意识感。我们的研究工作要为大众的文化传播提供基础支撑，这一点是我们的责任。联合国教科文组织对世界文化遗产的判定是有相应标准的，可是普通大众有多少人了解长城这项文化遗产和那些标准的关系，换句话说人们为什么要去了解这些？

做好长城文化的传播，就是要将大家不了解的告诉大家，但前提是大家要有想了解的需求，这个需求也需要培育。长城文化传播需要运用更多样的形式，以更轻松的方式，进行更多的互动，更要有情感的交流，使更多的人能在长城国家文化公园，共享家国情怀和群体情感的文化能量，给我们做好长城历史文化传播提出了更高的要求。中央要求，国家文化公园建设要做到文化引领，要彰显文化特色。“文化引领”“彰显文化特色”一定要充分体现中华民族伟大的创造精神、伟大的奋斗精神、伟大的团结精神、伟大的梦想精神，要焕发出新时代的风采。这是中国长城学会，是我们这些长城人的使命。

（2019 年 12 月 18 日在北京市董耀会长城文化工作室组织的“长城国家文化公园建设学习会”上作的报告）

强化主体责任，抓好项目落实，推进长城国家文化公园建设

各地要充分抓住长城国家文化公园建设的历史机遇，在打造国家文化战略高地的同时，推动本地区经济社会发展。

2020 年 12 月 11 日，文化和旅游部在河北省秦皇岛市召开长城国家文化公园建设推进会，标志着长城国家文化公园建设进入快车道。建设国家文化公园，是党中央、国务院作出的重大决策部署，是一项重大的文化工程。2019 年 7 月 24 日，中央全面深化改革委员会第九次会议正式审议通过了《长城、大运河、长征国家文化公园建设方案》。不久前召开的 2021 年全国文化和旅游厅局长会议再次明确，将扎实推进长城、大运河、长征、黄河国家文化公园建设。

结合《长城保护条例》《长城保护总体规划》，文化和旅游部牵头制定了《长城国家文化公园建设实施方案》。这是长城国家文化公园建设的指导性文件，在国家层面逐项逐条细化了工作部署，制定了涉及长城国家文化公园建设各成员单位、长城沿线各省份的工作分工方案，进一步明确了时间表、路线图、任务书。下一步如何确保重点工作有分工、主要任务有时限、具体工作有人抓，确保各项工作落地生根成为工作的重点。

做好长城国家文化公园建设，参与这项工作的有关单位需要加强学习，提高思想认识。认识上不去行动就跟不上，对《长城、大运河、长征国家文化公园建设方案》学习贯彻抓得实，能够全面领会中央部署的精神实质，准确把握国家文化公园建设的内涵要义，工作就可以很好地开展。

在统一认识的基础上，还要强调真抓实干，推动工作责任的落实。长城

国家文化公园建设需要相关各方付出艰苦的努力。长城基本建在较偏远的山区和荒漠地区，这些地区长期以来以农业生产为主，经济条件相对较差，交通及各项基础设施欠发达。正因如此，需要各地充分抓住长城国家文化公园建设的历史机遇，在打造国家文化战略高地的同时，推动本地区经济社会发展。

推动长城国家文化公园建设，要强化主体责任，抓好每一个建设项目。中央明确要求用 4 年左右时间，到 2023 年年底基本完成这一批国家文化公园的建设任务。作为长城国家文化公园建设的试点省，河北省要在 2021 年年底基本完成建设任务，要初步形成长城沿线文物和文化资源保护传承利用、协调推进的新局面，还要建立起权责明确、运营高效、监督规范的管理模式，形成一批可复制推广的成果和成功经验，为全面推进国家文化公园建设创造良好条件。

2023 年年底这个时间目标非常明确。新冠肺炎疫情加大了完成任务的工作困难，各地要千方百计紧紧地抓实任务目标，立足职能职责，坚决落实中央部署。只有做到强化主体责任，抓好建设项目，才能确保完成目标任务。

总之，各地要认真学习落实《长城、大运河、长征国家文化公园建设方案》，准确把握落实《长城国家文化公园建设实施方案》，各有关部门和社会组织也要通过深入调研和专题宣讲等活动，使社会各界能够及时了解长城国家文化公园建设的相关信息，为贯彻落实好中央部署奠定良好的社会基础。

（载于《中国旅游报》2021 年 1 月 28 日）

区域长城文化经济研究

董旭明 摄影

秦皇岛长城保护利用及国家文化公园建设调查

2019年7月24日下午，习近平总书记主持召开中央全面深化改革委员会第九次会议。会议审议通过了《长城、大运河、长征国家文化公园建设方案》。会议指出，建设长城、大运河、长征国家文化公园，对坚定文化自信、彰显中华优秀传统文化的持久影响力、革命文化的强大感召力具有重要意义。要结合国土空间规划，坚持保护第一、传承优先，对各类文物本体及环境实施严格保护和管控，合理保存传统文化生态，适度发展文化旅游、特色生态产业。

中宣部从2015年就开始研究这件事。我当时参加过中国艺术研究院的研讨会，中宣部委托他们做的相关文案研究。官方文件第一次体现出来，是2017年1月25日，中共中央办公厅、国务院办公厅印发的《关于实施中华优秀传统文化传承发展工程的意见》，提出规划建设一批国家文化公园，形成中华文化重要标识。同年5月，中共中央办公厅、国务院办公厅印发的《国家十三五时期文化发展改革规划纲要》，再次提出将长城、大运河、长征等重大历史文化遗产纳入国家文化公园建设范畴。

长城国家文化公园建设是长城区域各级政府弘扬中华文化、保护文化遗产，促进本地经济发展，为民众创造美好生活、走向共同富裕的历史机遇。筹备申报长城国家文化公园这件事，在全国行动最早的是秦皇岛市。2018年夏天，秦皇岛市委、市政府成立了长城国家文化公园建设领导小组并设立了办公室。此后，开展了一系列的工作。目的是以申办长城国家文化公园为契机，加强长城保护工作，推动秦皇岛北部山区长城沿线的经济发展。

2019年5月23日，秦皇岛市举办了长城国家文化公园建设座谈会，我参加了这个活动。来自中国长城学会、中科院、清华大学、河北省文物局、河北地质大学长城研究院等单位的13位专家学者与会。座谈会上听取了秦皇岛市文物局关于《秦皇岛长城国家文化公园建设框架方案》的汇报，并就国家文化公园长城数据库建立、保护开发、文化品牌打造与农业融合发展等方面进行了深入的研讨。

一、市委、市政府的重视，反映的是积极的态度。这样的重视固然很重要，但若不能在工作中落到实处，很可能会沦为一种“形式”的重视

秦皇岛市委、市政府，对长城国家文化公园的申办筹备工作高度重视，作了认真的部署，要求有关部门迅速行动起来，积极落实各项工作。《秦皇岛长城国家文化公园建设框架方案》对具体工作作了四个方面的介绍：

（1）成立秦皇岛长城国家文化公园建设领导小组。领导小组由秦皇岛市委书记孟祥伟和市长张瑞书亲自挂帅任主任，市委常委、宣传部部长陈玉国和主管文化旅游的副市长冯志勇任副组长。市旅游和文化广电局、市发改委、市财政局、市农业农村局、市林业局、市住房和城乡建设局、市公安局、市体育局、市交通运输局、市外事和商务局负责人，以及山海关区、秦皇岛技术开发区、海港区、抚宁区、卢龙县、青龙满族自治县领导为成员。领导小组负责：公园总体规划和建设方案的审定，配套支持政策的研究决策，重大建设项目的审定与决策和整体工作的组织协调。

（2）同时，还成立秦皇岛长城国家文化公园建设办公室。办公室设于市旅游和文化广电局，主要职责：①在秦皇岛长城国家文化公园建设领导小组的领导下，统筹园区建设管理工作。②根据总体规划与上级要求，协调各领导小组成员单位与相关部门，推进园区各建设项目实施。③落实具体项目建设的过程管理，定期报告项目建设进度和及时反映存在的问题。④落实指导专家与领导部门的项目建设意见，及时组织研究和解决各项目建设中遇到的问题与困难。⑤负责各项制度、方案、计划、阶段性总结的编写及园区建设档案管理工作。

（3）市政府在长城文化公园建设期内，设立秦皇岛长城国家文化公园专项建设基金。每年在一般预算内专列2000万元用于支持文化公园的建设

事业。要求规划区所涉的县区政府也相应列支文化公园的专项建设基金，用于支持本县区范围文化公园建设。在文化公园获国家批准建设后，积极申请国家和省的专项补助资金。

（4）2019 年 2 月起，秦皇岛市还开展了“走近秦皇岛长城”活动。两个月共调研长城沿线村落 75 个，普查登记长城沿线文化遗存 35 处，长城文物 850 件（套），填写调查表 967 份，评估长城保护风险点 25 处，走访长城保护员 75 名，收集长城沿线民间故事 33 篇，征集文学作品 45 篇，拍摄长城风光照片 235 幅，对长城两侧影响长城景观风貌的建筑物提出了整改意见 38 条，为下一步长城保护利用打下了良好基础。

从上面的介绍可以看到，市委市政府的重视，更多反映的还是市委、市政府的积极态度。这样的重视固然很重要，但我也有一种顾虑，就是在很多的地方，领导的这种重视若不能在筹备工作中落到实处，很可能会沦为一种“形式”的重视。

我认为，秦皇岛市开展了“走近秦皇岛长城”活动，真的是一个非常好的活动，使各级领导能够身体力行地了解长城，并且认识长城保护和利用工作面临的各种问题，提出解决问题的路径和方法。下一步的工作重点是什么？秦皇岛长城国家文化公园建设领导小组和办公室可能已经作了安排，我希望他们能有相对长期的思考和安排。

二、秦皇岛长城保护工作在全国是比较好的地方，长城保护员制度由这里首创，但依然问题重重，长城年久失修损坏严重，人为破坏因素也依然存在

秦皇岛市境内的长城以明长城为主，还有少量的北齐长城。在全国明长城中，秦皇岛段也属于精华的地段之一。因为处于蓟辽防线，明代时修建得就很好，总体上今天保存得也比其他地方要好。

秦皇岛境内明长城，东起山海关老龙头入海石城，西至青龙城子岭口，经山海关区、抚宁区、卢龙县、青龙满族自治县，全长 223.1 千米，有单体建筑 905 座，关堡 62 座，其中，敌台 565 座，马面 224 座，烽火台 107 座。此外，秦皇岛市境内已发现的北齐长城遗址遗存，东起山海关区渤海乡姚山

海岸，西至抚宁区石门寨，全长 21.1 千米。

秦皇岛市长城保护工作，在全国来说处于领先位置。1961 年，山海关、八达岭和嘉峪关长城同时被国务院公布为第一批全国重点文物保护单位。1996 年，万里长城—九门口被国务院公布为第四批全国重点文物保护单位。2013 年，板厂峪长城窑址群被国务院公布为第七批全国重点文物保护单位。目前，全市长城及附属建筑除 3 处全国重点文物保护单位外，其余的长城段落均为省级文物保护单位。

2004 年，秦皇岛市根据国家七部委《关于进一步加强长城保护管理工作的通知》，在全国率先出台了《秦皇岛市长城管理办法（暂行）》。2003 年开始，秦皇岛市建立“长城保护员”机制。2006 年，长城保护员制度被写入了国务院颁布的《长城保护条例》。现在已经将境内的长城分成 78 段，每段由一位长城保护员进行巡护，目前全市已有长城保护员 98 名。

秦皇岛市抚宁区首创的长城保护员制度，对解决长城保护工作中如何现场监护的问题，起到了重要的作用。长城保护员，都是守家在地的农民。他们的作用突出两个字——及时，只有及时地发现问题，才能及时地解决问题。

长城遭受破坏主要是两种情况，一个是人为，一个是自然。在人为破坏情况下，如果文物管理部门不知情，或者很久才知道，就无法制止破坏行为，更不能及时采取措施补救。在自然破坏情况下，如果长城年久失修，随时有倒塌危险。如果文物管理部门不能及时掌握情况，就不可能采取措施，及时修缮保护。

长城保护员制度，解决了两种情况下的保护应对问题。他们的工作内容是：发现破损，上报县里；发现破坏，好言教育。对于人为破坏，保护员可以现场制止，或者向文物管理部门通报情况，帮助制止破坏行为；对于自然破坏风险，保护员可以及时向文物管理部门汇报，通过及时修缮来保护长城。

秦皇岛市划定了长城保护范围和建设控制地带，树立了长城保护标志，建立了长城记录档案和长城保护管理机构。在开展长城执法巡查的同时，也加大破坏长城的处罚力度，依法处理了卢龙盗窃长城砖等案件 7 件。在依法长城保护范围和建设控制地带内的大型基本建设项目管理方面也加强了力量，基本做到既保证基本建设工程顺利实施，又保护了长城本体安全。

2018 年 5 月 31 日，河北省第十三届人民代表大会常务委员会第三次会议批准了《秦皇岛市长城保护条例》，法规于当年9月1日正式实施。为什么要制定这个条例？因为秦皇岛市长城保护工作和全国一样，存在着这样和那样的问题。

2019年8月28日上午，秦皇岛市政府新闻办举行了《秦皇岛市长城保护条例》颁布实施新闻发布会，秦皇岛市人大常委会法工委主任丁绍华、秦皇岛市文广新局副局长沈朝阳介绍了有关情况。

丁绍华说："境内的明长城为万里长城最精华的地段。近年来，长城因年久失修，安全隐患逐年增多；在长城保护范围和建设控制地带内违规建设及重开发利用轻保护管理等问题仍然存在；盗取、拆解、贩卖长城建筑构件等违法行为屡禁不止；受管理模式和经费保障影响，长城日常管理也面临诸多问题。因此，为更好地保护和管理域内长城，规范长城利用，打击盗卖长城文物等违法行为，制定《秦皇岛市长城保护条例》是十分必要的。"

沈朝阳在谈到长城保护存在的问题时说："一是长城年久失修，自然破坏严重。秦皇岛长城多建于明洪武至万历年间，几百年来，受自然风化、雨水剥蚀、山洪冲刷等影响，长城年久失修，砖石砌筑城墙和敌楼等墙体建筑，普遍存在着内部结构改变的情况，坍塌隐患很多，坍塌状态越来越严重。有很多保存较好的墙体和敌楼上，由于长年积尘并长了很多木草本植物，使墙体含水量加大，墙体强度降低，倒塌危险加大。通过近期长城巡查发现，大部分长城自然损毁严重，个别段落出现险情，若不采取紧急抢救措施，将会造成更为严重的破坏后果。二是人为破坏因素依然存在。已辟为旅游景区的长城段落，基本建立了长城保护管理机构，有专人负责保护管理，长城保护状况良好。但在未开放段长城，在巡查中发现了大量问题。仍存在长城保护范围和建设控制地带内进行违法施工建设、有组织地在未辟为参观游览区的长城段落举行活动、偷盗长城砖等人为破坏长城行为。例如一些'驴友'组织大规模的爬野长城活动，在长城上搞活动，对长城有损害。同时，受经济利益驱使，仍存在盗取长城砖的违法行为。"

由此可见，即便是秦皇岛这个长城保护工作在全国比较好的地方，依然问题重重，有待进一步的提高。秦皇岛通过申办国家长城文化公园，已经加大了长城保护力度。国家长城文化公园在秦皇岛落地，将极大地推动长城保护工作的进一步发展。

三、秦皇岛市境内长城是全国明长城精华的地段之一，秦皇岛长城国家文化公园建设，要用好用足国家有关政策

秦皇岛市境内长城，经过山海关区、海港区、青龙县、抚宁区、卢龙县五个县区的 15 个乡镇，分别为：渤海乡、第一关镇、孟姜镇、石门寨镇、驻操营镇、祖山镇、大新寨镇、隔河头乡、燕河营镇、刘家营乡、肖营子镇、草碾乡、七道河乡、三拨子、凉水河乡。

秦皇岛长城修建于市区北部燕山山脉与山前平原的过渡地带，长城脚下植被茂密，森林覆盖率达到 80% 以上。长城沿线也是秦皇岛地区降水最为充沛的地带，年降水量达到 800 毫米以上。秦皇岛境内的主要河流都与长城有联系，石河、洋河、汤河、戴河等主要河流都在长城区域。

长城脚下建有众多的水库，如桃林口、石河、洋河、温泉堡等水库。秦皇岛市的林场，也都位于长城脚下，如山海关、祖山、抚宁等林场。国家柳江地质遗迹自然保护区，2005 年被批建为国家级自然保护区。

保护区内有新太古代至新生代地球演化过程中的地壳运动、岩浆活动、沉积环境变化及生物进化等地质现象，典型层型剖面、生物化石组合带地层剖面、岩性岩相建造剖面及典型地质构造剖面和构造形迹。长期以来，保护区一直是全国各大地质院校野外实习首选之地。到这里可以了解地层及岩类分布，研究我国华北地区的地质构造。

秦皇岛在长城区域，先后建设老龙头、山海关古城、姜女庙、角山、悬阳洞、长寿山、燕塞湖、九门口、董家口、板厂峪、祖山、背牛顶、冰塘峪、龙潭峡、象山、天马山、天马湖、红山、桃林口、青龙湖、凉水河黄金溶洞等景区。

秦皇岛长城区域农副产品都很优质，苹果、梨、板栗、李子、大樱桃、核桃、葡萄等在东北和华北都有市场。秦皇岛开发生态旅游，主要依靠这些农产品的支撑。农村采摘旅游已经成为秦皇岛吸引京津冀和辽东地区游人的重要项目。

秦皇岛山海关长城博物馆是目前全国长城类博物馆中建筑规模和文物藏品都独具优势的。板厂峪也有一座小型的长城博物馆，规模虽不大却很有特色。柳江地质博物馆，也深受地学爱好者和大中小学生的欢迎。

秦皇岛市海港区建设了长城旅游公路，总里程为 176. 58 千米，项目总

投资 7.21 亿元。此外，还沿长城旅游公路建设了自行车旅游专用车道。长城旅游公路环线及支线，均按四级公路标准建设。路面宽 6 米，路基宽 6.5 米。2018 年道路建成后，沿线两侧 150 米宽范围内实施了绿化景观建设，经济林与景观林栽植相结合，确保道路两侧景观实现了大幅提升。

上述这些，都是秦皇岛市建设长城国家公园的有利条件，长城国家文化公园建设要用好用足国家有关政策。

用好用足国家有关政策，首先是国家用地政策。国家自然资源部《产业用地政策实施工作指引（2019 年版）》、《关于支持旅游业发展用地政策的意见》（国土资规〔2015〕10 号），都属于这方面的政策。国家文化公园建设方案实施细则公布之后，国家还会有相关的政策出台，秦皇岛要结合国家文化公园建设的实际，做出秦皇岛长城国家文化公园建设项目用地安排。

其次是国家产业政策，《关于促进乡村旅游可持续发展的指导意见》（文旅资源发〔2018〕 98 号）、《促进乡村旅游发展提质升级行动方案（2018—2020 年）》（发改综合〔2018〕1465 号）等规定都是鼓励通过流转等方式取得属于文化公园规划区文物建筑的农民房屋及宅基地使用权，统一保护开发利用的依据。

近几年，我在全国长城沿线调研时，有的地方在讲到用好用足国家有关政策时，还会说要千方百计、竭尽全力地用活国家政策。这一点我常常不敢苟同，国家政策是有底线的，我不知道怎么做才算是用活了国家政策。

四、春季、秋季和冬季，海边显然不是首选的旅游目的地，完全不具有优势。开发秦皇岛北部山区、浅山区长城旅游，可以很好地解决淡旺季的问题

2019 年 1 月，全国文化和旅游厅局长会议指出，2018 年我国旅游消费持续增长，全年国内旅游人数预计达 55.4 亿人次，中国公民出境旅游人数预计达 1.48 亿人次，预计实现旅游总收入 5.99 万亿元。同时文化和旅游部方面表示，今年将不断丰富产品有效供给，推进国家文化公园试点建设，重点打造长城、大运河、长征三个主题的国家文化公园。

这个意见很清楚地表达了国家文化公园要做文旅融合发展。秦皇岛长城

国家文化公园申办筹备工作推进过程，统筹谋划长城文化与旅游发展，走出在长城保护前提下的文旅融合之路，是一个必然的选择。文化与旅游本来就是相辅相成、共生共荣的一个整体。

秦皇岛旅游发展，现在已经走入了一个瓶颈。秦皇岛目前作为旅游目的地，最大的吸引物是大海，特别是有避暑胜地北戴河。到秦皇岛，到北戴河海边游泳，作为一个旅游龙头品牌对京津冀游人有很大的吸引力。

从另一个方面来看，秦皇岛旅游发展的最大问题，也恰恰是由于避暑胜地形成的认识，造成的困惑。这就是秦皇岛旅游季节性极强，淡旺季明显的问题。既然是避暑胜地，肯定就是暑期来旅游的好地方，来海边玩是首选。

春季、秋季和冬季，海边显然不是首选的旅游目的地，完全不具有优势。开发秦皇岛北部山区、浅山区长城区域的旅游，可以很好地解决淡旺季的问题。很明显山区旅游，春、秋两季是最好的季节。冬天进山区旅游，对于喜欢户外的旅游爱好者来说也非常有诱惑力。

在长城国家文化公园建设中要将文化与旅游作为一个整体来统筹考虑，在保护好长城的基础上，谋划秦皇岛北部山区、浅山区长城区域旅游发展，实现文化和旅游项目同步规划、同步立项、同步建设的三同步举措，发展跨界融合的旅游模式。建设一批长城文化的旅游小镇、山庄、基地、营地，发展一批长城脚下的田园综合体和产业园等。借力国家长城文化公园建设，形成长城沿线的一产、二产与三产同步协调发展的局面。

例如建设国家长城步道，就是一个很好的选项。我曾在秦皇岛工作，1990 年就曾提出过《开发秦皇岛“长城行”特种旅游的构想》。建议依托秦皇岛境内明长城，打造登山和徒步运动的特种旅游项目。国家长城步道是集户外游憩、乡村休闲等多种业态于一体的项目。

秦皇岛市所有区县的长城，都适合发展为长城步道。国家长城步道，并不是都在长城上行走，而是通过步道将长城观景平台串联起来。看长城最美的视角，恰恰不一定是站在长城之上。比如 20 世纪 70 年代，联合国恢复中国合法地位时，中国政府赠送给联合国的长城壁毯，就是著名摄影家何世尧在长城外拍摄的。

山海关古城和天下第一关，都是秦皇岛长城旅游的拳头产品。如何提升“天下第一古城”品牌，走出过去观光旅游发展的困境，已经到了刻不容缓的地步。“天下第一关”无疑是世界级长城文化品牌，但是门票经济的历史时期已经渐渐成为过去。针对历史古迹观光旅游的“生存危机”，必须发展其他能满足游人需要的业态。

近几年，山海关为完善提升山海关古城的文化品质，在建好长城博物馆的同时，加大力度扶持古城的各类博物馆，兴儒博物馆等非国有博物馆建设，为打造“博物馆古城”作出了贡献。但这些还远远不够，还是停留在“让游人看什么”的层面。今天要深入挖掘山海关长城的历史特色文化，做出体验性更强的休闲度假产品，让人能够因为好玩而留下来。

这也是我投入力量，想将老龙头到角山的长城贯通，让游人能走通的原因。从海到山八千米的长城走下来，长城两边农村吃住的业态再发展起来，一些原生态蔬菜大棚，直接采摘了就可以做。有好玩的项目，人们就会留下来，多玩几天。

五、文旅项目发展也良莠不齐，有坏有好。可复制、易替代是文旅项目的通病，主要是没有做出应有的文化内涵，没有做出市场需要的吸引力

文化是难以复制，甚至是无法替代的。只有做好了地域文化内涵的挖掘，将文化传承和弘扬，做出丰富完善的旅游产品和业态，旅游服务才会别具风格，品牌形象才会充实生动。深耕秦皇岛长城文化，做出有特色历史文化的项目，打造长城文化 IP 是文化旅游产业发展的必由之路。在摸清长城文化家底的基础上，深入挖掘和系统开发长城旅游项目，将产品、服务、营销等方面同步推进，以塑造长城文化旅游的新形象。

文旅项目要充分地考虑市场的需要。比如秦皇岛连接城区与北部长城山区的旅游小火车，如何把经济效益和社会效益统一起来，存在着较为突出的问题。旅游小火车的起点是秦皇岛港开埠地，终点是长城脚下的关城小镇。这两个地方都是政府主导的项目，山和海的资源都极具优势，投资规模和建设品位也不低，但均未成功地包装成热点文旅项目。

为什么热不起来呢？閪城小镇体验感不强，还没有和板场峪山地旅游融为一体。港务局投资建设的滨海花园，咖啡厅等建筑至今还没有对一般游人

开放。秦皇岛城区美丽的海滨，基本上都为秦皇岛港所占据。市政府开辟这个项目，将港口核心区的一部分美丽的海岸线对市民开放，这是一件利国利民的大好事，只是好事一定要做好。

秦皇岛港主导的旅游项目，一定要尽快对游人开放。一个旅游项目，如此不追求经济效益，只有政府主导的项目能如此。政府主导项目，在服务社会、服务市民的同时，也要处理好政府与市场的关系。要遵循市场的规律，真正为市场服务。只有这样，才能把小火车旅游做活、做火。

中国的旅游专列，整体还处于起步期，将地方文化特色融入列车服务的做法在不断的尝试过程中，还没有很成熟的范式。其中做得好一些的有河南信阳的“采茶号”，以信阳茶文化为特色。安徽“武当山号”，以道教观光为特色。还有“丝路快车”“南方快车”“熊猫专列”等特色品牌项目。秦皇岛旅游小火车，应以长城和大海为特色。

2017 年 7 月 13 日，由中国长城学会、海港区政府、市旅游和文化广电局、市教育局、秦皇岛旅控集团联合主办的“趣山海火车 • 学长城文化”——首届秦旅山海长城文化体验行活动启动，标志着旅游小火车开启“山海联动”赋能新模式。从 7 月 13 日开始，到 8 月 22 日结束，历时 42 天，每天都有长城公益讲解员分批次在“秦旅山海号”旅游列车上以快板、唱歌、跳舞、情景问答等多种形式为游客讲解秦皇岛长城文化。

这些长城公益讲解员由“董耀会长城文化推广实验校”中的海港区教师发展中心附属实验学校、耀华小学、东港路小学和安里小学四所小学共 600 余名学生担任。小学生的参与为小火车一路近 40 分钟的行程增添了活力。

当然，学生们暑假时间很短，无法覆盖旅游小火车运营全过程，而且小学生上火车当导游，学校管理成本加大，恐怕也很难做到可持续。秦皇岛火车游可以在不同的车厢，设计出不同的长城主题。把长城特色元素融入车厢，使列车成为长城文化的流动博物馆。还可以将秦皇岛旅游的地域特色、历史人文、民俗风情等多种元素有机融合起来。

旅游小火车两端的目的地要有吸引力，小火车的沿线也要逐渐开发出旅游项目。比如柳江煤矿等长城沿线废弃的工业厂房、老园区都是旅游资源。柳江煤矿属于秦皇岛工业历史上很有标志意义的独特资源。旅游小火车过去主要任务是向城里拉运柳江煤矿的煤。留下来的办公楼、礼堂、学校等建筑，记录着那个年代的城市风貌，也记录着那个年代奋斗在这片土地上的人们的汗水。

无论作为有形资产还是无形资产，柳江煤矿都是发展旅游非常好的空间资源和文化资源。柳江煤矿这些旧建筑放在那里是废物，开发长城旅游盘活这些资产就是不可多得的宝贵财富。我很期待这些工业遗产转型，很担心哪天决策者心血来潮将其拆毁。应改造转型柳江煤矿老旧建筑，在长城旅游开发过程中盘活这些老旧建筑，使其形成新的旅游空间资源，走出一条“长城之旅 + 工业遗存 + 新的商业模式”之路，打造秦皇岛旅游新的文化景观。

六、秦皇岛长城沿线的历史地名，具有与长城历史、文化、社会等多方面的联系。因长城而产生的地名，已经成为长城文化底蕴的一个组成部分

一个城市中的地名，承载着重要的历史信息，可以说地名是这个地区历史记忆的活档案。秦皇岛长城沿线的历史地名，具有与长城历史、文化、社会等多方面的联系。这些因长城而产生的地名，经过长期的历史积淀，已经成为长城文化底蕴的一个组成部分。秦皇岛长城国家文化公园建设，一定要对这些与长城防御相关的历史地名予以足够的重视。

据秦皇岛市旅游和文化广电局文物处统计，秦皇岛与长城相关的历史地名包括四个方面，分别为：以驻军得名、以军事活动得名、卫屯军士建村、长城守军建村。《秦皇岛长城国家文化公园建设框架方案》做过整理研究和具体的介绍：

（1）以驻军或军事活动得名。如驻操营、石门寨、上营、向河寨、前马坊、孟营、乐安寨、慕义寨、徐庄、北营子、回马寨、南营子、洼子营、河潮营、大新寨、七家寨、大里营、东新寨、牛头崖、留守营、卸甲庄、演武营、捎弓寨、卸甲庄、草粮屯、教军场、招军屯、架炮山、官场等。

（2）卫屯军士建村。明代，实行军队卫屯制度，即军队镇守与屯田相结合。许多军士在卫屯之地守戍、耕种，安家立户，并逐渐聚集成村落。如：南营子、北营子、五里台、苇子峪、北刁部落、南刁部落、王校庄、榆关、驸马寨等。

（3）长城关隘形成的村落。如三道关、九门口、庙山口、董家口、义院口、

桃林口、重峪口、刘家口等。

我的祖籍地，就是留守营宋庄。秦皇岛长城沿线数以百计的古村落，现在一般被称为“传统村落”。很多的地方都还保留着很好的风貌，是长城沿线发展旅游的重要资源。保护这些与长城有着密切联系的传统村落，应该是长城保护工作的重要组成部分。秦皇岛长城国家文化公园建设，一定要给予高度的重视。

2007 年联合国第九届地名标准化大会暨第二十四次联合国地名专家组会议，将地名确定为非物质文化遗产的一部分。打造秦皇岛北部山区的长城旅游，一定要从非物质文化遗产的高度，理解这些历史地名的重要价值。长城沿线还有很多的非物质文化遗产，比如每年春天的“逛楼子”等活动，都已经被列入了非物质文化遗产项目。

七、没有好的规划，很难对长城国家文化公园所在区域的经济和社会发展进行统筹，很难就土地利用、空间布局以及各项建设进行综合部署

最后谈一谈，秦皇岛长城国家文化公园申办筹备工作中的规划编制问题。秦皇岛市旅游和文化广电局提出了两项落实具体工作的内容，一是在公园筹建机构主持下，聘请专业机构开展长城文化资源普查，包括以长城本体和沿线文物为代表的硬文化资源和以长城故事、民俗、传说等为代表的非遗性软文化资源，作出资源评估，建立数据库。二是委托专业机构编制《秦皇岛长城国家文化公园总体规划》并报国家有关机构批准实施。

问题提出得很好，只是这两方面的工作，我都没有了解到安排和进展情况。秦皇岛长城国家文化公园的规划，并不是将秦皇岛旅游规划的相关内容拼凑到一起就行。这个规划的高度和可操作性，一定要与国家有关部门的长城国家文化公园建设规划相对接。

2019 年 7 月 2 日，在中宣部一个有关长城国家文化公园的小型座谈会上，中宣部宣教局局长、国家文化公园建设领导小组办公室主任常勃说：“国家文化公园建设，长城沿线要分别制定规划，结合具体点段长城的特点做好分步规划。地方政府怎么发挥积极性做好‘分’的文章，每一个区域点段都有

自己的详细规划，中央给予支持。”

国家文化公园既然是“十三五”规划项目，在“十三五”总要起头。地方的规划如果符合总体规划要求、地方积极性高，可以考虑先试先行，还是要看规划做得好不好和整体推进的安排。最终是总的目标，国家文化公园是一个文化综合工程，不是单纯的文化旅游项目。在相邻区域内实现资源整合、资源设施共享、旅游深度开发。国家文化公园是一个区域发展的规划，不是仅仅针对遗址区。

秦皇岛在申办长城国家文化公园方面，虽然起步较早但还缺乏较为扎实的工作。具体地说，就是还没有开始制定秦皇岛长城国家文化公园的规划。2019 年 5 月 23 日，秦皇岛市举办了长城国家文化公园建设座谈会，听取了秦皇岛市文物局关于《秦皇岛长城国家文化公园建设框架方案》的汇报。这是一个临时做的材料，只是对秦皇岛市境内长城的基本情况介绍，实际价值不大。

没有一个好的规划，很难对长城国家文化公园所在区域的经济和社会发展进行统筹，也很难就土地利用、空间布局以及各项建设进行综合部署，更不可能做出实施管理的具体安排。没有做好规划，长城国家文化公园的总体规划出台后，秦皇岛就很难在第一时间，经法定程序上报规划等申办材料。

（载于国务院发展研究中心《经济要参》2019 年第 36 期）

临洮长城国家文化公园与扶贫及经济发展的关系

2019 年 7 月 24 日，中央深改委第九次会议审议通过了《长城、大运河、长征国家文化公园建设方案》。临洮县委、县政府认识到，这是临洮长城保护和利用事业迅猛发展的历史契机。临洮是国家级贫困县，通过长城国家文化公园建设，有助于实现对当地经济结构调整、精准扶贫及解决就业等多方面的推动作用。

2019 年 5 月 29 日，在定西市文物局局长罗宝科、临洮县委书记石琳等陪同下，我们对临洮县战国秦长城遗址进行了深入调研。临洮，古称狄道，位于甘肃中部，是古丝绸之路上的重镇，是黄河古文化的重要发祥地之一，素有“彩陶之乡”之称。全县总面积 2851 平方千米，共有 18 个乡镇，323 个村，12 个社区，总人口 55. 52 万，有汉、回、东乡等 21 个民族。

黄河上游最大的支流——洮河自南向北纵贯临洮全境，流经县内 9 个乡镇 115 千米。年过境水量 46 亿立方米，水质优良无污染，属国家一级保护水系。全县总耕地面积 108 万亩，人均耕地 2. 18 亩，洮河灌区面积 38 万亩，有万亩以上灌区 11 个。

境内分布高岭土、方解石、花岗岩、萤石等矿产资源 10 余种、30 多处，洮河谷地地势平坦、地貌完整，沿岸可开发利用的滩涂地达 2 万多亩。2018 年，全县完成生产总值 68. 22 亿元，同比增长 6%，固定资产投资 46. 83 亿元，同比增长 16. 8%，城乡居民人均可支配收入分别达到 24359 元和 7867 元，同比增长 7. 7% 和 9. 3%。

临洮县委、县政府欲将临洮打造成全国长城文化的新高地，文旅融合的新样板。这项工作已列入了工作日程。考察长城之后，临洮县委书记石琳邀请我参加了县委十五届第 50 次常委会议，为县委常委作了长城专题报告。

一、临洮战国秦长城的历史和文化价值极高，并没有引起国内外广大专家、学者的普遍重视

临洮是一个使用了两千多年的地名，这是历史也是文化。2012 年 6 月民政部发布《地名文化遗产鉴定》行业标准，界定“地名文化遗产”为具有突出的普遍价值的地名文化。临洮即为这样的地名，完全符合“地名文化遗产”的规定和定义，不知道临洮有关部门是不是申报了“地名文化遗产”。临洮作为一个地名，与中国长城有着深厚的联系。

战国秦长城筑于秦昭襄王时期，是我国早期长城的重要组成部分，距今约 2290 年。作为战国秦长城西端起点的临洮，在中国长城文化史上有着举足轻重的地位。但是，临洮战国秦长城的历史和文化价值，并没有引起国内外广大专家、学者的普遍重视。

历史文献对秦昭王所筑长城的记载很少。《史记·匈奴列传》载：“秦昭王时，义渠戎王与宣太后乱，有二子。宣太后诈而杀义渠戎王于甘泉，遂起兵伐残义渠。于是秦有陇西、北地、上郡，筑长城以拒胡。”关于秦昭王筑长城的准确时间，历史文献也没有明确记载，但《后汉书·西羌列传》中有秦昭王灭义渠戎的时间记载：“王赧四十三年（前 272），宣太后诱杀义渠王于甘泉宫，因起兵灭之，始置陇西、北地、上郡焉。”

2012 年 5 月 21 日，国家文物局在《关于甘肃省长城认定的批复》中正式确认战国秦长城“西迄临洮”。岷县也应该有战国秦长城防御体系的延伸，历史文献中有很多的记载。但从多年来的考察来看，由临洮到岷县的段落，基本上没有连续的墙体建筑了，多是以烽燧城障形式构建的防御工程。

根据文献记载和文物工作者的考察：秦国北长城延绵的墙体，大致起于今甘肃省临洮县，向东南至渭源，然后转向东北，经通渭、静宁等县达宁夏固原，再由固原折向东北方向，经甘肃环县，陕西横山、榆林、神木等县直达黄河西岸。临洮作为战国秦长城的西起首，具备长城国家文化公园建设的诸多有利条件。

临洮长城是战国秦长城，还是秦始皇统一后为防御北方游牧部族，对原有长城进行整修加固的一部分。秦始皇将秦、赵、燕等国长城重新加固并增修，使其连续贯通，形成了中国第一条万里长城。这道长城西起临洮，东止辽东，

绵延万里。

秦始皇完成统一后，第二年（前220）就开始修建“驰道”，并先后进行了五次巡视。《史记·秦始皇本纪》载：“二十七年（前220），始皇巡陇西、北地，出鸡头山，过回中。焉作信宫渭南，已更命信宫为极庙，象天极。”秦始皇第一次巡视先到了陇西郡（今临洮），可见对这个地区战略地位很重视。

临洮县秦长城整体保存得不是很好，近现代以来破坏较大。现存遗址地段，自新添镇望儿咀杀王坡起，到窑店镇关门湾出境，途径5个乡（镇），全长47千米。国家长城资源调查显示，临洮境内保护较好的长城遗址达56处、14.3千米。长城内外两侧壕堑明显，沿线瓦砾、灰陶器等残片遗存很多。我们一路考察走过来，长城脚下见到的瓦砾、灰陶残片随手可得。长城沿线还保留有“长城湾”“长城巷”“长城岭”“长城梁”“长城坡”等地名。

2006年6月，临洮战国秦长城遗址被国务院公布为第六批全国重点文物保护单位。近年来，先后投资800多万元实施战国秦长城重点段落防护工程和抢险加固，安装防护栏、拉网2万多米。聘请了31名长城保护员，构建了县、乡、村三级保护网络体系。

二、5000多年来，在洮河流域形成的灿烂、辉煌的洮河文明，是黄河文明的重要组成部分

临洮，因洮河流经而得名。洮河流域形成的灿烂、辉煌的洮河文明，是黄河文明的重要组成部分。马家窑文化、寺洼文化、辛店文化均因首先发现于临洮而得名。临洮彩陶文化与仰韶文化、大汶口文化、龙山文化一起，成为我国新石器时代晚期文化的代表。

自周安王十八年（前384）建置狄道县、秦昭王二十七年（前280）始设陇西郡以来，临洮长期为郡、州、道、府、县治所在地，迄今建县已有2400多年历史。境内有战国秦长城、陇西李氏祖籍地、汉代古墓群、唐代哥舒翰纪功碑、八思巴文化等人文遗产遗迹。现有国家级文保单位4个，省级文保单位10个。

马家窑、辛店、寺洼文化均由瑞典考古学专家安特生于1923年首先发现于临洮，其中，马家窑文化距今5800～4300年，寺洼、辛店文化距今

3400～2800年，均以其丰富的造型、精美的纹饰和深厚的学术价值享誉世界彩陶考古界。1947年，中国考古学家裴文中在对洮河流域史前文化考查发掘后，提出了“中国文明起源于洮河”的论述。

临洮考古遗址遗迹发掘保护工作做得很好，近年来大力实施文化资源开发和保护工程。挂牌成立了中国社科院考古研究所西北工作站、马家窑文化研究基地、甘肃省文物考古研究所洮河流域工作站、临洮马家窑文化研究院等考古工作机构，并与北京大学考古文博学院建立长期合作关系。这些研究机构的设立为进一步探索、研究中华文明起源乃至世界文明发展，提供了组织保障。

近几年，临洮还组织举办了马家窑文化国际论坛、马家窑文化节、早期文化交流路径与社会（临洮•2019）学术研讨会等一系列交流研讨活动。启动实施了马家窑遗址保护、战国秦长城抢险加固、寺洼遗址勘探等一批文化发掘保护项目，先后6次考古发掘马家窑、寺洼遗址，累计发掘2475平方米，发掘陶片及石器、骨器、鼎、鬲等器物残片60多万件。

上述内容，主要是临洮县各有关部门介绍的情况。在一个国家级贫困县，政府没有做形象工程、政绩工程，而是踏实做了这么多文化的事，总的来说令人感动。最近《中国纪检监察报》报道贵州独山县，罔顾县财政年收入不足10亿元的实际，举债近2亿元打造政绩工程。相比之下，临洮县的做法就要更脚踏实地了。这也是我相信他们能建设好长城国家文化公园的一个原因。

三、现阶段临洮扶贫工作的突出重点问题，是如何尽快补齐各项短板，推动经济整体发展

扶贫一定要促进产业发展，培植财源。今年是国家脱贫攻坚的冲刺期，临洮县继续坚持精准扶贫、精准脱贫基本方略，并落实了目标责任制。我们先看一下相关投入的数字：

2015—2018年，省、市、县各级共安排临洮县扶贫办管理的财政扶贫资金55928. 64万元，其中省扶贫办、财政厅共下达47990. 8万元，市财政安排下达2516. 2万元，县财政配套安排5421. 64万元。

2019年，省扶贫办、省财政厅共安排临洮县财政扶贫资金22035万元（其中：第一批下达12149万元，第二批下达7528万元，第三批下达2358万元）。定西市财政安排扶贫资金1082.2万元。以上合计23117.2万元。不知道临洮有没有超出自身能力、通过融资扶贫的问题。很多的地方为了脱贫而举债扶贫，这些十几年甚至几十年都难以化解的债务，必然会使摘了帽的贫困县今后的财政状态进一步恶化。

接下来，再看一下临洮县2013—2019年贫困村和贫困人口的比较数字。2013年年底，全县有扶贫开发重点乡镇7个，贫困村144个，贫困人口2.67万户、10.62万人，贫困发生率为21.73%。

通过近年来的工作，截至2017年年底，全县剩余贫困人口1.2万户、4.55万人（兜底保障9427人、其他贫困人口3.6万人），贫困发生率为9.32%，2018年减少贫困人口4452户、1.7万人，贫困发生率下降到5.8%。2019年计划脱贫2.12万人，预计贫困发生率下降到 1.45%。

目前，临洮县贫困人口的构成是怎样的？他们都是因为什么致贫的？2019年动态调整后的7668户28197人中，因病致贫1854户，占24.18%；因学致贫1227户，占16.00%；缺技术1446户，占18.86%；因残致贫1473户，占19.21%；缺劳力994户，占12.96%；缺资金191户，占2.49%。其他原因，如自身发展力不足、因灾致贫、交通条件落后及因婚、因丧、缺水等。

这些数字看着似乎很枯燥，却很能说明问题。数字告诉我们，临洮的脱贫攻坚投入并不小，成效虽然也不错，但还是任重道远。今年的统计，因病致贫的24.18%，因残致贫19.21%，两项加起来高达43.39%。再加上16%因学致贫的贫困户，仅这三项就高达59.39%。而且得病、致残、上学都是变数，今年没病不贫穷，明年家里有人生病就成了贫困户。家里有个孩子考上大学也成贫困户了，令人很痛心。

这些都是社会问题，解决这些问题要靠政府的持续投入，而贫困地区恰恰没钱。怎么办？现阶段临洮扶贫工作的突出重点问题，是如何尽快补齐各项短板，推动经济整体发展。没有高质量的经济发展，脱贫的成果就不能得到有效的保持。

临洮建设长城国家文化公园，最大的游人群体来自兰州。临洮是省会兰州的“南大门”，经济发展也要依托兰州。县城距兰州市区80千米，是南向通道经济带上的重要节点城市。兰临、康临、临渭高速和国道 G212 及省道 S309、S311 线穿境而过，城乡道路纵横交错，四通八达，是连接甘肃中南部与临夏、甘南两个少数民族地区的必经之地。

临洮建设长城国家文化公园，主要区域是依托洮河和长城。临洮也围绕"一河两岸三区五大板块"的空间布局，规划建设了临洮经济开发区和中铺工业园、洮阳高新技术产业园和康家崖农副产品集散加工园。工业聚集发展平台，占地 18.93 平方千米的中铺工业园被纳入兰州高新技术产业开发区。

四、临洮作为战国秦长城的西起首，具有争取首批建设国家长城文化公园的优势，但县域经济发展明显还存在一些短板

贫困的基本原因还是资源的不足，在对有限资源进行配置的过程中出现偏差。从建设长城国家公园的角度来看，可以说临洮是文化资源的富有者，至少不是资源的稀缺者。长城国家文化公园建设，要结合文旅和农业发展。这是长城国家文化公园功能优化的重要方式，只有这样才能将其建设成具有独特的历史、地理和人文价值的地标。

临洮作为战国秦长城的西起首，具有争取首批建设国家长城文化公园的优势。这个优势，不仅是长城文化和长城遗址，还包括临洮县近年来以全面建成小康社会为统揽，深入实施发展战略所取得的成绩。

临洮县精心建设以县城中心，以沿洮经济产业为一带，以中铺工业发展极和南屏生态旅游发展极为两极，以中铺工业集中区、红旗乡村旅游区、现代农业示范区、洮阳文化体验区、南屏生态旅游区、东部特色农业生产区为六片区的发展格局。

近年来，临洮县坚持把产业发展作为加快县域经济发展的重要支撑，按照"传统产业抓提升、新兴产业抓培育、发展模式抓创新"的思路，转变农业发展方式，推进工业转型升级，培育壮大文化旅游和商贸物流产业。临洮提出了提升一产、做强二产、壮大三产的发展目标。2018 年，全县实现地区生产总值 68.22 亿元，三个产业增加值分别为 9.78 亿元、21.48 亿元、36.96 亿元。

临洮依托洮河谷地良好的气候条件和 38 万亩水浇地，培育形成了 600

万头（只）畜禽、50 万亩马铃薯、25 万亩蔬菜、15 万亩中药材、7 万亩花木、5 万亩百合生产基地，临洮花卉先后在各类花卉博览会上获得 70 多个奖项。马家窑洮砚小镇被列为全省 18 个重点特色小镇之一，甘肃临洮体育训练基地荣升为西北第二个国家级综合性体育训练基地。

甘肃（南部）商品交易集散中心、西北金泽物流城、隆晟商贸城等重大商贸物流项目及全县限额以上 34 家商贸流通企业发展势头很好。依托临洮经济开发区，引进入驻企业 74 家，发展形成了以金属冶炼、建筑建材、机械制造为主导产业的工业产业体系，规模以上工业企业达到 21 家。贫困县大多数项目，由于资金来源于财政，所以都是由政府管理。如何使用好高度集中的权力，对党政领导是一个很大的考验。

很多地方讲不足，都是在成绩中找不足。我到临洮考察，很深的感受是他们对自己的不足认识得还是深刻的。这样才能做到工作目标更明确，采取的措施更扎实。县域经济发展明显存在的短板：

一是特色产业缺乏龙头企业。全县六大特色优势产业中，有县级龙头企业 24 家、市级龙头企业 12 家、省级龙头企业 6 家，但是国家级龙头企业仅有 1 家。龙头企业带动发展能力，远远不能满足全县百合及党参等特色优势产业发展需求。

二是产业发展链条较短。由于县级财政紧缺，对特色优势产业、新型经营主体的发展扶持能力有限，县内特色优势产业在标准化基地建设、良种引进、新技术推广、质量标准认证、市场营销网络建设等方面资金不足的问题突出，导致特色产业链条短，经济效益偏低。

三是工业经济效益不高。临洮县在工业经济方面有了很大发展，但主要是建筑建材、金属冶炼、装备制造等传统工业产业，工业产品科技含量低、规模小、链条短、产品附加值低，符合国家环保要求的“高精尖”工业产业缺乏，导致工业经济效益不高。

四是项目支撑作用不明显。兰汉高铁、军民合用机场改扩建、兰州至太石快速通道建设等一批打基础、利长远的重大项目，尚处于谋划阶段，未取得实质性进展。重点项目支撑县域经济高质量发展的作用，还没有显现出来。

五是商贸物流发展缓慢。临洮县企业规模小、经营理念落后、管理人才缺乏、信息化程度低等因素，导致商贸物流产业发展缓慢。

六是基础设施建设滞后。全县公路通畅能力不够高，普遍存在路况差、损毁严重、抗灾能力弱等问题，防护和排水等工程不够完善。截至目前，全县还有 1700 多千米通社道路没有实现硬化。全县水利设施多修建于 20 世纪 70 年代，主要灌区的渠系年久失修、老化严重。文化旅游景区的道路、停车场、公厕等基础设施建设滞后。

五、临洮县在文化传承保护中也存在短板，这些问题在全国长城沿线不同程度地普遍存在，是必须要解决的事情

在文化传承、保护、挖掘方面，临洮还存在财政投入少、保护措施乏力、专业人才匮乏等短板问题。这些问题，在全国长城沿线不同程度地普遍存在。解决起来困难很大，却又是必须要解决的事情。

一是文化旅游产业发展层次较低。由于临洮县文化旅游业起步晚、基础差、底子薄，文化旅游产业整体上仍处于低层次发展阶段，文化与旅游结合不够紧密，旅游产品开发迟缓，文化旅游特色优势还没有发挥出来，特色优势还不明显，文化旅游竞争力不强。主要表现在缺乏重大项目支撑。文化旅游方面投入不足，文化资源的挖掘、研究、宣传力度不大，旅游景点打造不足，临洮县旅游景点共有 62 处，仅有 4 个 AA 级景区，AAA 级以上景区一个没有。文化旅游产品的开发不足，精品不突出，尚未形成拉动全县文化旅游的龙头产品。旅游产业化程度不高，加之旅游人才缺乏、从业人员整体综合素质较低，服务、管理、营销、宣传等方面还很乏力。临洮县没有四星级以上酒店，三星级只有 3 家。

二是在文化遗迹遗址上财政投入有限。作为国家级贫困县，临洮脱贫攻坚任务繁重，县级财政在保障文化传承、保护、挖掘等方面的资金非常有限，造成文化传承方面存在一些亟须解决的问题。比如，临洮秦长城所在地为祁连山余脉马啣山，高山、沟壑、河谷纵横交错、地形复杂。长期受雨水冲刷、自然风化、水土流失、虫害鼠害等自然因素影响，现存长城墙体大部分出现了坍塌、掏蚀、开裂、表面风化剥离等现象。由于部分群众文保意识不强，生产生活中存在偷采滥挖、垦地拓路等现象。

三是专业文物保护缺乏人才和政策支持。临洮县虽然成立了县文物保护

管理所，但与县博物馆一套人马、两块牌子，行政层面推动文物保护工作的力量严重不足。全县 163 处不可移动文物，由县博物馆的 8 名工作人员和 18 名保护员管理，缺乏专业化管理人才。境内文保单位多处于高山地带，巡查范围较大，日常巡查管护相对薄弱，存在监管缺失、执法缺位、督察不力等问题。

六、临洮能借长城国家文化公园建设，彻底解决全县的脱贫，让长城脚下的老百姓能因为长城的保护和利用而过上好日子

建设长城国家文化公园，将吸引更多的文旅项目、专业人才等资源向临洮聚集，有助于巩固和提升临洮脱贫质量；将为开展长城文化的挖掘、研究、传承、保护、开发、宣传等搭建重要平台，全面提升临洮长城文化传承保护的能力和水平。临洮县将以申请建设国家长城文化公园为契机，走出一条长城遗址保护、挖掘、开发利用的新路径。

临洮县依托中国社科院考古研究所西北工作站等 4 个考古工作机构，加强与中国长城学会等机构的合作，对境内战国秦长城遗址进一步进行学术考证，为下一步的保护开发提供学术层面的支撑。同时，聘请一批德高望重的专家学者，选拔一批致力于研究临洮历史文化的有志青年，成立了“临洮长城文化研究会”，以研究会为载体，积极推动长城文化的深入挖掘，助力创建国家长城文化公园。

建议临洮县应该抓紧编制规划《临洮长城国家文化公园》。按照“保护优先、适度展示、合理利用”的原则，委托专门规划设计机构编制规划。临洮长城国家文化公园，应该包括马家窑文化、寺洼文化、辛店文化和苏木沟丹霞景观等内涵，并增加农事体验、民间技艺、时令民俗等类型的乡村旅游内容。

临洮作为贫困县，临洮的后发优势是自然生态资源和文化资源没有受到毁灭性的破坏，原生态奠定了长城国家文化公园建设的基础。规划要重视长城国家文化公园和农业的关系，临洮是一个以农为本的地域。中国农耕历史悠久，农耕文明漫长，古代长城主要任务是保护农耕生产和生活方式，这一点在临洮也表现得很典型。

建设长城国家文化公园，既是一种经济外延式扩张的发展模式，更是要通过促进文化旅游和其他产业整体发展，做到经济外延和文化内涵全面增长。期待临洮能借长城国家文化公园建设之机，彻底解决全县的贫困问题。让长城脚下的老百姓，能因为长城文化遗产的保护和利用而过上好日子。

（载于国务院发展研究中心《经济要参》2019年第35期）

北京长城文化带自然人文资源及保护利用再认识

《北京市国民经济和社会发展第十三个五年规划纲要》中提出了制定实施北部长城文化带、东部运河文化带、西部西山文化带保护利用规划，统称三个文化带。后来又将西山文化带改为西山永定河文化带。三个文化带的规划建设，充分挖掘利用北京的历史文脉，使北京线性历史文化遗产，在保护的前提之下更好地服务于北京的社会经济发展。

2017 年 9 月，中共中央、国务院批复《北京城市总体规划（2016—2035 年）》，也将三个文化带的建设列为重点建设项目。据北京市政府有关部门介绍，北京市计划用 5 ～ 10 年的时间，使长城文化带成为北京北部的历史文化体验带和生态环境保护带。

同时，在加强北京各区之间的协同发展之外，将以三个文化带为纽带，从北京西、北、东三个方向与河北、天津紧密相连，充分利用京津冀地缘相接、文化一体的文脉联系，推动京津冀文化互动与协同发展。规划建设北京长城文化带，首先要对北京境内长城的自然与历史资源有一个比较充分的认识。

一、北京境内长城 520 千米，占全国长城的 5.38%

2012 年 6 月 5 日，国家文物局公布长城资源调查结果，认定各时代长城资源分布于北京等 15 个省（自治区、直辖市），共有长城墙壕遗存总长度 21196.18 千米。北京市境内的明代长城，是全国明代万里长城的最精华地段。从东向西，经平谷、密云、怀柔、延庆、昌平、门头沟 6 区，分布于 6 个区的 42 个乡镇，包括 707 个行政村。

关于北京市境内长城的长度，在网上查有很多种说法。国家文物局《关于北京市长城认定的批复》（文物保函〔2012〕875 号）和《长城认定资料手册》（2012 年 5 月）认定，北京市长城遗存历代长城墙体 520.77 千米，包括北齐、明等历史时期修筑或使用的长城墙体及附属设施。长城墙体共计 2356 处，包括北齐长城遗存 24 处，明长城遗存 2332 处。其中，长城墙体分为土墙、石墙、砖墙、山险墙、山险等 5 种。长城附属的单体建筑包括敌台、马面、水关（门）、铺房、烽火台等 5 种类型，共计 1742 座。

北京境内长城，在全国处于非常重要的位置。北京是明代的都城，北京周边长城的一个重要任务就是保护都城和皇陵。通过国家文物局《中国长城保护报告》中提供的各省（自治区、直辖市）长城资源比例示意图，可以了解到北京境内长城，占全国长城的 5.38%，居全国 15 个省（自治区、直辖市）的第 6 位。

北京长城旅游景区，在全国各省也是发展较好的。据《北京市长城文化带保护发展规划》统计：北京市 6 个区已开放长城主体点段和城堡共计 100 余处，开放性质主要为官方景区式正规开放和民间自发非正规开放两种。其中，景区式开放存在两种形式，一种形式是以长城为主体进行展示，共计 35 段，如司马台、古北口、慕田峪、八达岭、居庸关等。

二、北京境内长城与 400 毫米等降水量线走势最为接近

很多介绍长城的书籍和文章，都会提到长城修建在 400 毫米等降水量线上。这个反映气候的数字，甚至已经成为长城的地理信息代号。事实上，真正意义上接近 400 毫米等降水量线这个数据，主要是明代万里长城的北京段及其周边地区，其他的一些地方与这个数据相差甚远。

400 毫米等降水量线是一条重要的地理分界线，是半湿润与半干旱区的分界线。北京境内的长城与 400 毫米等降水量线走势基本一致，具有象征农耕文明与游牧文明分界的重要含义，也是森林植被与草原植被的分界线。北京的长城区域，就处于半湿润气候向半干旱气候的过渡区。

气候与长城修筑及农牧经济区的变化，甚至与政权的更迭都有直接的联系。据相关学者研究，历史上的寒冷期往往是农牧政权烽烟四起的时期。寒冷时期游牧地区的经济生活更困难，游牧政权往往更加依靠南下掠夺来满足

其基本的生存。

气候的变化也影响长城走向，气候的寒冷期长城随农牧分界线的南退而向南移动。原来可以种地的地方，因寒冷不能种地了之后，长城守军及民众的生活保障就成问题，防御线只能向南后退。

全国长城从东北、华北到西北，自然环境变化很大，并非全与400毫米等降水量线走势一致。除了北京之外，长城沿线其他地方与400毫米等降水量线有很大的出入。比如明长城的最东端辽宁丹东，年降水量为881.3毫米，多的时候都会超过1000毫米。山海关年平均降雨量736毫米。嘉峪关多年平均降水量为85.3毫米，最大年降水量仅达到165.7毫米，最小年降水量仅36.0毫米。

三、北京处于华北平原北端，农耕经济和游牧经济以燕山南北分界

古代中国拥有相对独立的地理环境，在这种环境下只有华北平原、内蒙古高原、黄土高原之北联通大漠南北，没有难以逾越的天然屏障。北方游牧民族最可能由此南下，对农耕民族造成威胁。因此，古代中原王朝只能借助较为利于防守的自然环境，修建长城来加强对游牧政权的防御。

北京所在的华北平原北部区域是长城设防的重点地区，中国很多朝代的长城都修建在这个区域。这里自古就是传统农耕地区，明代将都城移到北京后，其战略地位更加提高。明长城九镇中的蓟镇、宣府镇、大同镇、山西镇都修建在华北平原。北京境内的长城，就修建在华北平原的燕山和太行山脉。

燕山山脉贯穿北京东北和北部，战国燕北长城修建于燕山的北部，明长城修建于燕山的南部。北京境内绝大部分长城，就是修建在燕山山脉的南侧。燕山山脉既是华北平原东北方向的主要屏障，也是由东北地区进入华北平原的必经之路。游牧势力占据这一区域，就有了向中原发起进攻的立脚点；农耕政权控制了这一区域，就有了向北发展的基地。

太行山是拱卫京城的天然屏障，又是华北平原与东北平原、内蒙古高原的连接地带。北京境内西部的长城，全部修建于太行山脉。我们比较熟悉的八达岭经居庸关到南口的15千米关沟，就是太行山脉与燕山山脉交汇之地。

向东是燕山山脉，向西是太行山脉。

关沟以南过了南口就是北京小平原，关沟以北出了八达岭长城就是延庆小盆地和官厅河谷地。关沟是燕山、太行山系的最低处，这条山岭之中的通道，也是军事防御最薄弱的环节。从北京的正北进入北京，关沟自古就是大通道。春秋战国时期的太行八陉的军都陉，就是北京市昌平县区西北的居庸关。

北京小平原由永定河、潮白河、温榆河、泃河、拒马河等河流所携带大量泥沙砾石沉积而成，为典型的山前冲积平原。北京西、北、东北三面环山，东南面向广阔的平原和大海，形成了一个半封闭的海湾，地理学上称其为“北京湾”。北京的长城就环绕着“北京湾”的外沿，保卫着生活在北京小平原之上人们的安全。

四、北京境内现存长城为北齐、明代所筑，没有发现燕秦时期长城

北齐长城遗址虽所剩不多，但历史文化的挖掘对长城文化带却很重要。北齐于天保元年（550），占据了包括今北京在内的北方东部地区。成为定居农业地区的统治者之后，北齐也有修筑长城防御北方游牧势力的需要。

北齐长城的防御对象，一是北方防御来自突厥、契丹等游牧民族的威胁，二是西面防御北周政权。北齐北部长城主要用于防御突厥、契丹等外族入侵，西部长城则主要为防北周东进。

北齐长城经过多次修建，基本上完成两条主防御线，这两条防线都经过北京：其一为北方的外边，即由今山西西北至河北山海关；其二为内边的重城，西起山西偏关，东至北京昌平。

据《北史·齐本纪下》记载，高洋又在天保六年“诏发夫一百八十万人筑长城，自幽州北夏口，西至恒州，九百余里”。幽州北夏口即今北京昌平北，恒州在今山西大同。《北齐书·赵郡王琛列传》记载，赵郡王高琛养子高睿于天保二年（551）“出为定州刺史，加抚军将军、六州大都督，时年十七。……六年，诏领山东兵数万监筑长城”。

《北史·齐本纪下》中还记载了这次修长城的另一件事：“天保六年（555）

三月，发寡妇以配军士，筑长城”。哪里会有如此多的寡妇，有很多是将有夫之妇以寡妇的名义征去配给军士。这一点《北齐书·帝纪第四》记载得很清楚，天保七年（556）高洋“发山东寡妇二千六百人以配军士，有夫而滥夺者五”。

魏晋时期开始实行的“士家寡妇配嫁制”，带有很强的游牧民族“转婚制”的色彩。当时实行军户世袭制度，老婆孩子随军一起生活。军人战死之后，朝廷做主将寡妇配给无妻士兵一起生活。

天保七年北齐修建长城，其走向据《北史·齐本纪下》记载，“自西河总秦戍筑长城东至海，前后所筑，东西凡三千余里，六十里一戍，其要害置州镇凡二十五所”。高洋所构筑的长城，西自河西总秦戍，经过今天的北京东到大海，长度达三千多里。其规模之大，可以说是南北朝时期所建长城之最。

北京大学唐晓峰等曾对北京境内部分北齐长城遗址进行过调查，2009年学苑出版社出版了他们的报告《北京北部山区古长城遗址地理踏查报告》。这部著作的主要内容包括：昌平西部北西岭遗址、门头沟大村遗址、门头沟大村城堡以西长城遗址、门头沟德胜寺遗址、门头沟马套村北山口遗址、河北怀来水口村遗址、门头沟东灵山遗址、昌平锅顶山南遗址、昌平锅顶山北墙圈遗址、昌平白羊沟遗址、怀来陈家堡遗址、延庆石峡遗址、延庆西二道河遗址、延庆东二道河遗址、延庆双界山遗址、延庆海子口遗址、延庆九眼楼遗址等。

过去曾有研究者称北京境内长城为战国时期燕国修筑，也有秦始皇统一全国后修建的万里长城。经国家长城资源调查认定，北京境内现存长城为北齐、明代所筑，目前没有发现燕秦时期长城遗址遗存。

五、今天所见到的北京境内长城，基本上都是明代长城

明朝是推翻元朝建立起来的政权，而元顺帝率领朝廷和军队退回到漠北草原，随时都有可能卷土重来。明代九边长城的修建是一个发展的过程，九边各镇的长城在不同的年代，其军事防御的需要不一样。所以，不同年代长城修建的重点地区也就不同。

明永乐年间将都城迁到今天的北京后，北京地区及华北平原的战略地位

显著提高。明代把长城军事防区分成九边十一镇，其中有六镇是围绕在北京周边。分别为：蓟镇、宣府镇、大同镇、山西镇、昌镇、真保镇。

明朝是中国历史上修建长城较长、利用长城的时间最长的朝代，明长城也是长城史上工程最大、防御体系和建筑结构最完善的建筑工程。其吸取了此前历代修筑长城的经验，充分体现了工程建筑成就。在历代长城中最雄伟的建筑就是明代的长城，如果没有明代长城，中国古老的长城，虽然仍会是人类的奇迹，但对游人的吸引力恐怕不是今天的这种程度。

北京境内既有外长城，也有内长城。内外长城的分界点也在北京，就是位于北京怀柔的“北京结”。明长城从山海关向西，在“北京结”分成两路，一路是内长城，向西南经怀柔的黄花城、延庆的八达岭、门头沟的沿河城，到河北的紫荆关。另一路是外长城，向西北经延庆的九眼楼，到河北张家口、山西大同。内外长城在山西偏关汇合成为一条，跨越黄河进入陕西。

“北京结”的称谓，源于 1984 年中国地质矿产部地质遥感中心《北京地区长城勘察报告》。北京地区长城总的走向分为东、南西、北西三个体系，其汇合点被命名为“北京结点”，简称“北京结”。目前，山西并没有将内外长城相汇处称为“山西结”。

世界文化遗产长城作为旅游胜地，每年吸引着大量的国内外游人。如此多的人来感受长城，特别是国外的朋友来到中国，一定会来长城。他们感受长城文化，主要是参观明代的长城。北京的司马台、古北口、慕田峪、八达岭、居庸关等著名的长城景区都是明代长城。

六、明代长城九边十一镇，北京境内有四镇

明朝长城对长城区域实行九边军镇制度，长城的九镇就是九大防区，后来演变成十一镇。长城只设九镇时，北京境内长城有蓟镇、宣府镇两大防区。后来演变成十一镇时，北京境内长城有蓟镇、昌镇、宣府镇、真保镇四大防区。

北京境内长城地位之所以重要，主要是因为保卫明代都城的缘故。长城九镇时期，昌镇和真保镇还未从蓟镇分割出来。居庸关、八达岭长城都属于蓟镇，沿河城等亦属于蓟镇管辖。

蓟镇在明初，并不是军事防御第一线。自英宗正统之后，北部蒙古势力

得以较大的恢复，蒙古骑兵南下抢掠的次数越来越多，范围越来越大。正统十四年（1449）八月“土木之变”后，蓟镇长城亦遭到瓦剌也先部的破坏，景帝即位后下令修复长城。

明嘉靖年间，蓟镇的地位越来越突出，这个时期的蓟镇还没有将昌镇分出去。隆庆年间成书之《九边图说》便记载蓟镇为“蓟镇自山海抵居庸，延袤辽阔。”《明经世文编》收录的时任兵部尚书的杨博的奏疏中就称“今之九边，大率以蓟镇为第一，盖腹心既安，四肢自无可虑。以故广调各镇之兵，为之戍守”。

宣府镇亦是明长城之重镇，但明初亦不是驻兵防守、设置卫所防御体系的建设重点。宣府之北有大宁、开平、东胜诸卫。永乐元年（1403）之后，内徙大宁都司及阴山诸卫至内地，北边防线全面南撤，宣府才成为迎敌前线。

北京境内有明宣府镇长城，是一件常被忽略了的事。《宣大山西三镇图说》明确记载，宣府镇长城“东自昌镇界火焰山起，西至大同镇平远堡界止”。今天在延庆小张家口，也还保存有明代的碑刻，记载此处长城属于宣府镇管辖。

真保镇，也称保定镇，是明代内长城。辖区的主要段落由北京门头沟区向西连接保定并向邢台、邯郸等市延伸，其中部分段落为河北与山西两省的交界。

昌平镇长城，嘉靖三十九年（1560）由蓟州镇分出，简称昌镇。北京的黄花城、居庸关等划归昌镇。虽然分设成了两镇，但实际作为一个军事防御的整体，这个两镇有着很密切的联系。

嘉靖四十二年（1563），蓟镇东起山海关西至镇边城分为十路，古北口为第六路，石塘岭为第七路，兵马由蓟镇总兵官统领。黄花镇为第八路，居庸关为第九路，镇边城为第十路，其兵马则由昌镇总兵官统领。隆庆二年（1568），蓟、昌两镇分为十二路，万历时期（1573—1620）蓟、昌两镇又分为十六路，居庸关、黄花镇、横岭口三路均归昌镇总兵官统领。

长城沿线关隘和屯兵的城堡，很多都早已经演变成村庄。这些古村落是长城文化带建设的重要资源，也是让长城脚下民众能因为长城的保护和利用而过上好日子的重要载体。目前，北京市长城古村落的保护利用尚属于起步阶段。

七、长城防御体系与河流有着密切的联系，这一点在北京很有代表性

河流是长城防御的重点。北京地区的主要河流永定河、潮白河、温榆河、沟河、拒马河，基本上都与长城有关。这些河流既塑造了北京小平原，又为北京地区的航运和灌溉提供了支撑。长城修筑过程中的选线、布局及建筑等方面都利用了长城沿线的河流。

在长城军事防御体系中河流水系非常重要。首先凡是能走水的地方，肯定就能走人车马，也就形成了关口。扼守水路是长城军事防御体系建设的战略重点。其次水源是重要的生产生活资源，驻守长城的军队不论是作战，还是军屯生产及日常生活都离不开水。水的安全、充足供给是长城关隘、城堡选址要充分考虑的问题。最后，水运是军需物资运输安全又经济的方式。

北京长城文化带、运河文化带、西山永定河文化带建设，两个直接涉及河流水系。三个文化带虽各具特色，但我们不能忽视其作为一个整体的内在和外在的联系。长城文化带通过永定河及运河，形成了三个文化带的整体联系。

长城与大运河的联系很直接，长城防线很多重要的物资通过运河输送到长城防御区。长城防御区整体防线与永定河流域呈完全重叠的状态，永定河穿越了长城后与北运河相连接。长城、运河、永定河并不是三条孤立的文化带，而是在整体、形态和文化上属于一个整体。

这种整体的状态完全符合《北京市“十三五”时期加强全国文化中心建设规划》强调的“发挥京津冀地域相近、文脉相亲的地缘优势”，可以成为京津冀协同发展，实现历史文化遗产连片、成线整体保护的载体。

我这里还想再强调一下永定河的问题，永定河是全国唯一全流域都与长城密切联系的一条河流。永定河的发源地、中游、下游，始终与长城相伴，从山西宁武关、雁门关、紫荆关、倒马关，再到河防口、沿河城，与北运河相交，一直在长城内外穿来穿去。在这样一个区域中，长城与永定河相生相伴。

八、北京长城文化带建设，要把握好保护和发展的关系

2019年4月，北京市文物局公布了《北京市长城文化带保护发展规划（2018

—2035 年）》（以下简称《规划》），这个规划是《北京城市总体规划（2016—2035 年）》的“长城文化带”专项规划。《规划》主要内容包括资源构成、价值与现状、规划定位、原则与目标、规模与空间布局、保护长城遗产、传承长城文化等 9 个部分。《规划》首次划定北京长城文化带，总面积为 4929. 29 平方千米。其中，核心区为长城的保护范围和一类建设控制地带，面积为 2228. 02 平方千米。

《规划》还对长城文化进行了梳理，按照资源与长城价值的关联程度，将 664 处保护性资源的 2873 个资源点分为长城遗产、相关文化和生态资源三类。规划以长城及相关文物遗产保护与生态涵养并重为原则，为促进北京长城的全面保护和科学利用、长城文化的发展和传承提供遵循依据。

长城经过长期的自然和人为的毁损，保护现状堪忧。根据国家长城资源调查，北京长城调查结果统计，保存程度好、较好和一般的各类型遗存约占总量的 33%，保存程度较差和差的各类型遗存约占总量的 41%，已消失的长城约占总量的 25%，未经调查的长城遗存不足 1%。

长城保护的问题，似乎已经成为一个老生常谈的问题。文物部门和专家学者更多关注的是长城所具有的历史、科学价值，普通百姓更多的是欣赏长城的雄伟壮丽，而地方部门和旅游开发机构，则更加注重其经济价值。一些开发者将短期的经济利益放在首位，寻求最小的投入、最大最快的经济回报，往往对长城的文物价值保护不够，甚至使长城遭受到新的破坏。

长城是不可再生、不可替代的重要文化遗产，作为世界遗产是全人类共同拥有的宝贵财富。从这个意义上说，我们保护长城的责任便更加重大。北京在长城保护方面，在全国做得是最好的，但与长城保护的客观需要相比还是很不够的。

保护长城不仅是保护，还要兼顾发展。从发展的角度来看，长城文化带建设应该处于还没有起步的阶段。以八达岭长城为例，从国内外知名度及旅游参观人数看，八达岭都是长城旅游景区的代表。八达岭长城主要以观光游览项目为主，在历史文化方面缺乏体验深度，也没有国家级高水平的长城博物馆和文化展示体验馆。八达岭长城尚且如此，其他地方不能适应社会发展需要的情形更是可想而知。这也是国家为什么要投入很大的力量，建设长城国家文化公园的原因。

建设长城文化带，还要从北京的视角对北京境内长城的历史文化以及文脉进行认真的梳理，对长城文化资源和旅游资源进行合理有效的整合。毫无疑问，《北京市长城文化带保护发展规划（2018—2035年）》的颁布，对处理好北京市长城文化带在建设中保护与建设利用的关系，统一规划管理各区的关系，当地村庄、农民利益的关系，公益性与特许经营的关系，将起到重要的作用。

（载于国务院发展研究中心《经济要参》2020年第1期）

承德金山岭长城国家文化公园调查研究

金山岭长城，一般是指位于河北省承德市滦平县境内的一个长城景区。此处长城与北京市密云区相邻，河北省与北京市以长城中心线为界。景区那句宣传语“万里长城金山独秀”，当初是我请邵华泽给书写的。此段长城是明代长城最为精华部分之一。中央确定河北省为长城国家文化公园试点省，承德市滦平县的金山岭长城已经以其重要性被列为第一批试点单位。

金山岭长城景区管辖的长城西起龙峪口，东至望京楼，全长 10.5 千米。此说法是依据 1988 年国务院公布的第三批全国重点文物保护单位名单设定的范围。2001 年国务院公布的第五批国家文保单位，又将位于北京市密云区的长城，以司马台水库为中心向东西延伸，全长 5400 米、有敌台 35 座（即由东 16 楼至西 18 楼）的区域确定为全国重点文物保护单位。这段长城本来完全包括在 1988 年公布的文物保护单位名单范围内，只是，后来北京密云将司马台长城开放成景区了。其中有一部分长城处于北京密云和河北滦平两家景区的重复地段。

同一段长城，被国务院先后公布为全国重点文物保护单位，而且分属于北京和河北的错误，为此段长城的保护和利用埋下了隐患。京冀两地管辖权争议不断，2006 年金山岭长城景区和司马台长城景区的工作人员甚至为此发生流血事件。2006 年 9 月 22 日，国家文物局文物保护司召开司马台长城和金山岭长城现场协调会。最后京冀两地明确表示，同意协调会上提出的实行联票制解决司马台、金山岭长城争端，双方在没有协调结果之前维持现状。

在此，之所以重提此问题是因为这个问题至今依然存在，应该引起有关部门和规划单位的足够重视。说到密云和滦平，除了说长城外，还不能不说潮河。潮河流域水源生态系统，紧密联系着密云、滦平两个区县。2017 年以来滦平县共获得北京密云区对口帮扶资金1.4亿元，实施帮扶项目41个，惠及滦平3万贫困人口，对2019年5月滦平退出国家级贫困县起到了很大的作用。

我相信今后北京密云区对滦平县的对口帮扶还会继续，这种帮扶应该转向文化旅游发展方面。有计划地充分激活滦平因客源不足造成的旅游资源浪费，是实现双方互赢的一件事。密云和滦平两地，可以携起手来共同打造长城国家文化公园，从文化层面“携手共进”，这也将是“对口帮扶”工作的一种全新探索。

一、金山岭长城国家文化公园，不能仅包括金山岭长城景区

金山岭长城国家文化公园建设，肯定包括金山岭长城景区，但又不仅仅只包括景区，至少应该包括滦平县境内的47.5千米的长城及此范围之内的乡村。这40多千米的长城，有大小关隘22处，敌楼战台242座。只有将滦平县境内的长城区域全部纳入金山岭长城国家文化公园建设，才能实现带动滦平县整体发展的目标。

滦平县位于河北省东北部、承德市西南部，地处京承生态走廊重要节点，县城距北京市区165千米，距承德市区65千米。全县辖有20个乡镇，其中有6个乡镇与北京市密云区接壤，三路公交直通北京。滦平县是沟通京津辽蒙的交通要冲，京通铁路、张唐铁路在县城东侧交汇，京承、承张、承赤高速和国道101线、112线纵横交错。

全县总面积2993平方千米，1个街道，总人口32.6万。有以满族为主的少数民族34个，占总人口的62.6%。滦平县还是省政府确定的民族县和环首都扶贫攻坚重点县。金山岭长城是滦平县境内长城的核心区，因其视野开阔、敌楼密集、景观奇特、建筑艺术精美、军事防御体系健全、保存完好而著称于世。1982年被国务院批准为国家级风景名胜区，1988年被国务院公布为全国重点文物保护单位，2005年被国家旅游局评为国家4A级旅游景区。目前，已经完成国家5A级旅游景区申报工作。

金山岭长城是明代长城，为明朝在北齐长城基础上修建。今天这样壮观的长城，主要修建于明隆庆至万历年间。特别是戚继光在担任蓟镇总兵时身

体力行，亲自督工，大规模、高质量地进行了长城建设。《明史·戚继光传》记载："戚继光在镇十六年，边备修饬，蓟门晏然。继之者，踵其成法，数十年得无事。"

长城国家文化公园建设，以金山岭为核心的滦平长城具有很好的区位优势。滦平山区植被茂密葱茏、水清澈少污染、空气洁净，矿产资源丰富、农副产品种类繁多，具有深度发展优势。金山岭长城只是滦平县明长城的一小部分，滦平还有许多有待保护开发的明长城，例如：（1）巴克什营营盘段明长城。（2）巴克什营西水门段长城。（3）巴克什营侯营子段长城。（4）涝洼二道沟段长城。（5）涝洼四道沟段长城。（6）涝洼五道梁段长城。这六段长城应该在长城国家文化公园建设中作为重大修缮保护项目，做好抢救性修缮保护工作。

滦平县境内，除了明代长城外是否还有早期的长城还有待研究。这些长城很可能是北齐长城。虽然这些长城的历史断代还有待研究，但也应该纳入国家文化公园建设的视野。这两道长城分别为：北李营有一条长城，自安纯沟门乡李栅子村大黑沟沿山脊，经北李营杨树沟门村向东北延伸到丰宁波罗诺一带，全长15千米。这道长城墙体为自然石块砌筑，底宽两米，残高半米多；在古城川村西由北而南也有一道长城遗址，依山势沿山脊而筑，从北山一直延伸到古城川河床，在炮石沟南山有方形亭和障墙遗址。建筑材料就地取材，多为夯土所筑，有的段落墙体基础用毛石块、河卵石堆砌，然后上面夯土为墙，墙宽一般6米以上，在平川险要处有间隔6米的双城墙痕迹。

金山岭长城国家文化公园核心展示园，应该以金山岭长城景区为基础建设，集中展示带则以核心展示园为中心，包括第三批全国重点文物保护单位名单设定的范围（10.5千米）。当然，现在的司马台长城景区除外。这段长城是这个地区长城文化载体的密集地带，可以展示的内容极为丰富。金山岭长城不但包括古代长城历史文化，也包括近现代爱国主义题材，如1933年的长城抗战就是重要内容。

当然，金山岭长城景区的提升也非常重要。依托区域内的山地自然风貌特色，深入挖掘金山岭长城的品牌价值，改变单一的长城观光游览功能，丰富产品内容，升级为国际休闲旅居综合体。

这方面在长城国家文化公园建设前，滦平县已经进行了规划。县委、县政府提出：“打造金山岭国际旅游度假区。结合国家长城文化公园建设，以金山岭长城为核心，加快培育发展以交通便利、特色高端、服务完备为特点的京郊型旅游产业模式，通过优化整合旅游资源，不断丰富旅游业态，全面提升配套服务，高品质打造金山岭国际旅游度假区，带动百姓致富增收。”

二、房地产遍地开花是喜是忧，房子长起来了容易，房子里面长什么

《长城国家文化公园（河北段）建设保护规划》在规划文旅融合工程部分指出：“大力引进战略投资者，与长城沿线市县政府及企业开展合作，以资源整合和资本运作等方式组建混合所有制的文旅集团，推动文旅企业向高端化、国际化迈进。建立企业交流合作机制，引导中小微企业与大型企业建立服务合作关系，促进沿线中小微文旅企业向经营专业化、市场专门化、服务细微化方向发展。鼓励农业、工业、体育、健康、互联网等各类市场主体投资长城文化旅游业，培育一批优质文创旅游企业、乡村旅游企业、新概念体育企业、康养度假企业、科技创新服务企业等，形成多元化市场主体。积极引导构建‘政校企合作、产学研一体’的长城文旅创新创业平台，打造契合文旅发展需求、孵化与投资、线上与线下相结合的众创空间，鼓励沿线居民参与文化旅游开发经营、鼓励大中专院校毕业生创新创业，大力支持开展创客行动。”

我之所以引用这么一大段内容，就是要讲金山岭长城国家文化公园建设，必须走一条可持续发展之路，这是一条与以往滦平县经济发展不同的道路。滦平县一度曾经把临近北京的优势，简单地用于房地产开发，试图以此来拉动滦平县的经济发展，一时间滦平房地产项目全面上马。好景不长，2019 年滦平潮河及其支流两间房川两岸“饮马川项目”等建设项目，存在涉河违法违规问题，引起全国的轰动。

水利部现场调查发现，一是长城脚下饮马川项目、恒大长城小镇 70 多栋建筑物不同程度侵占河道管理范围；二是长城河谷项目严重超挖河道，导致河势改变，建筑物紧邻岸线，存在防洪安全隐患；三是三个项目均实行封闭式管理，占用防洪通道，影响河道巡堤查险和防洪救灾，对防洪安全造成

不利影响等。

水利部予以挂牌督办，限期整改完成。河北省、市、县各级纪委监委成立专案组，河北省依法拆除侵占河道管理范围的违法建筑物。三个项目封闭式管理设施均已全部拆除；长城河谷项目建设单位，严格按照原批复方案恢复河道原状，对扩挖处予以回填，留出防洪通道和河道管理范围。

这样惩处的依据是《中华人民共和国防洪法》第二十二条第二款规定："禁止在河道、湖泊管理范围内建设妨碍行洪的建筑物、构筑物，倾倒垃圾、渣土，从事影响河势稳定、危害河岸堤防安全和其他妨碍河道行洪的活动。"

开发商负责人表示："拆除通知里提到被拆的所有建筑，手续均合规合法；19 栋 37 套在建建筑，还没有出售即被拆除。其他的楼栋均已售出，而且在出售前是'五证'（《建设用地规划许可证》《建设工程规划许可证》《建筑工程施工许可证》《国有土地使用证》和《商品房预售许可证》）齐全，业主已经入住。项目拆除面临很大的经济损失和违约责任。"

关于"五证"齐全，媒体报道："项目《国有土地使用证》是在 2015 年 1 月 12 日下发的。2015 年 4 月 20 日，项目经滦平县城乡规划委员会 2015 年第三次会议审议通过。从 2014 年至 2017 年，地产开发商在长城脚下饮马川累计投资了近 10 亿元。目前已办理用地规划条件 14 个，用地规划许可 8 个，办理工程规划许可 8 个，办理施工许可 9 个。已售商品房住宅及商业 482 套，约 50369. 62 平方米，均已办理预售合同网签备案；未售住宅 16 套，约 3604. 96 平方米；其他均为自持商业及配套，面积约 37878. 36 平方米。"

这些违章建筑，为什么在项目出售时能做到"五证"俱全？河北省、市、县各级纪委监委成立专案组，对 10 名相关责任人依法依纪进行了处理。2019 年 2 月 20 日，承德市人大常委会副主任、滦平县委书记蔡福浩也因与房地产开发商存在钱权交易而严重违纪违法，被开除党籍和公职。同时，河北省人民检察院依法对蔡福浩决定逮捕。

其实，即便没有这些违纪违法的事，依靠房地产遍地开花来发展经济也不是好事。房子从地上长起来了容易，房子里面长什么？开发商盖好房子，通过房产销售回收资金并赚取了丰厚的利润。房屋交易可以给地方财政带来一些税收，但是这些以北京人为主的房东，绝大部分并不在这里长期居住，很难形成新的消费。相反，政府为房地产项目所做的配套，则花费了大量的资金。这些钱主要是靠银行贷款，给今后的县财政造成了沉重的负担。

可喜的是滦平县已经充分认识到，房地产没有给滦平县带来短期的经济发展，从长远来看更是对经济社会发展构成了损害。这种依靠房地产项目，靠透支未来推动经济发展的模式是行不通的。2019 年滦平县委、县政府确定了“生态优先，绿色发展、高质量发展”的发展理念。

滦平县提出立足生态文明，大力实施津冀水源地和生态涵养区建设，同步解决贫困问题。明确了“京郊型”经济的发展路径，积极推动承接平台和承接环境建设，有序承接非首都功能疏解，力争在对接承接、借力错位中把滦平发展起来。在这个过程中，长城沿线与长城文化紧密相连的特色文化村落一定要保留下来，主要有龙峪口村、花楼沟村、三道沟村、缸房村、五道梁村、涝洼村等。

金山岭长城国家文化公园建设，将推动滦平县积极谋划实施的“四区一城”发展战略。“四区一城”，即提升省重点高新技术开发区、打造金山岭国际旅游度假区、争创国家农业高新技术产业示范区、建设国家绿色矿山循环经济发展示范区、创建全国文明县城。通过这些举措，大力推动全国文明县城争创工作。

三、长城国家文化公园建设，注重长城文化还要与滦平本土特色文化有机融合

金山岭长城国家文化公园的文旅融合区，有较好的发展基础或较好的资源开发潜力，包括长城抗战文化、皇家御路文化、宋辽古驿道文化、古生物化石文化、普通话文化、古山戎文化、小兴州根祖文化等。

把长城抗战文化融入长城国家文化公园建设。日军侵占热河后快速进攻古北口，金山岭长城是“长城抗战”战场的东部阵地。中国军队在青石梁至金山岭一带，用血肉之躯抵御日军的飞机大炮，打出了中国军人的血性，虽败犹荣。当年日本侵略军中的田原丰在他的《古北口血战》报告中曾写到，中国军队“利用长城在险，构筑了隧道式的立射战壕”，“那里是天下无双的坚险，易守难攻的铁阵。它阻止日本皇军靠近古北口”。至今金山岭—古北口段长城墙体和敌楼上，仍随处可见当时留下的累累弹痕。长城抗战是电

影《风云儿女》主题歌曲《义勇军进行曲》重要的创作素材来源。这些地方都应该成为金山岭长城国家文化公园的展示内容。

把滦平的皇家御路文化和宋辽古驿道文化融入长城国家文化公园建设。滦平历史文化可以划分为三条主线：一条是明代的长城，另一条是宋辽古驿道，第三条是清朝皇家御路。明长城横贯东西，宋辽古驿道和清朝皇家御路纵穿南北。其他历史阶段的文化遗存也有，但都不如这三条线更系统、更明晰。

清朝有一条紫禁城至避暑山庄之间的大清御路，这条御路在滦平境内长约 75 千米，特点是修筑得好、使用时间长、风景优美。御路在古北口与长城交汇，然后差不多与长城平行到两间房。滦平两间房还有一段保存较好的清代御路，青石梁是御路上的一个重要节点，这里发生过许多著名的历史事件。境内仅南线御路就有行宫遗址五处，这些御路、行宫是巴克什营、两间房、长山峪、付营子四个乡镇宝贵的历史文化财富。应该把握长城国家文化公园建设的机会，结合自身优势制定出发展规划。

以十八盘隘口为代表的宋辽古驿道，其实一直是北方游牧民族和南方农耕民族经济、文化等领域交流的重要通道。宋辽间有 124 年和平交往时期，辽在宋辽边界至南京、中京和上京之间设有驿道 1800 里，并设立 32 驿馆，中间另有临时休息的“中顿”。滦平现有“新馆”“卧如馆”“柳河馆”三处驿馆遗址，包拯、欧阳修、王安石、苏颂、沈括、苏辙等大宋达官名士都曾经走过滦平十八盘。十八盘梁上至今仍留有深可盈寸的车辙印痕，北宋向辽国遣使 696 人次，扣除重复出使的 66 次，共 630 人，足见当时宋辽古驿道繁忙程度。这条古驿道文化旅游可以直接助推巴克什营、火斗山、平坊、滦平镇、中兴路、大屯、金沟屯、红旗八乡镇社区经济发展。

把滦平的普通话文化融入长城国家文化公园建设。滦平的“普通话之乡”的形成，源自 1953 年中央人民政府政务院组织专家到滦平进行普通话标准音采集。当时，专家在滦平选择了金沟屯、巴克什营、火斗山等 3 地进行普通话标准音采集。

1955 年 10 月，全国文字改革会议和现代汉语规范问题学术会议召开，将汉民族共同语名称正式定为“普通话”。这次会议的与会者，在普通话的方言基础问题上展开了讨论。普通话使用以北方话为基础方言的北京话，还是使用以成都话为基础的西南话，双方争论很大而且旗鼓相当。最后，会议决定采用投票办法，从覆盖汉语区的15种主要方言中，选出一个作为普通话的基础方言。

投票结果：以北方话为基础方言的北京话以52票位居第一，以成都语音为标准音的西南话以一票之差居第二名。如果这一票调过来，现在全国讲的就是四川语音的普通话。1955年10月26日的《人民日报》在社论中公布了中央决定："这种汉民族共同语，就是以北方话为基础方言、以北京语音为标准音的普通话。"

今天滦平"普通话之乡"的文化品牌越来越为世人关注，却并没有转化成为文化资产，并没有成为文旅产业发展的支撑。通过长城国家文化公园建设，让更多的人感知滦平普通话的魅力很有意义。打造全国普通话体验区，可以助推长城国家文化公园建设。

把滦平的山戎文化融入长城国家文化公园建设。山戎是先秦时期北方一个强大、古老的民族，西周至战国末期他们在滦平有过近800年的生息繁衍史。他们创造和保留下来的具有鲜明民族特色的历史文化，也是中华民族历史文化的重要组成部分。我们可以通过长城国家文化公园建设，让游人了解滦平曾经生活着以蛙为图腾的山戎人。

目前，滦平已经建有山戎文化森林公园，包括博物馆和文化广场。该园位于滦平县城北部浅山区，紧邻县行政中心，东部是金色阳光居住区，西部为清水湾小区。这个公园是滦平县十大公共建筑之一，分为山戎文化观光体验、山戎文化娱乐运动、山戎文化野趣休闲和森林保育四个区。山戎文化森林公园经过提升，可以成为金山岭长城国家文化公园的一个展示点。

把滦平的小兴州根祖文化融入长城国家文化公园建设。明朝建立政权后，开始了有计划的人口迁移，把部分长城外居民迁往内地；明永乐年间为了防御残元势力，开始了"扫北"行动。同时，把长城以外的一些居民和军队撤回长城以内。长城外滦平的土著居民，差不多全部被迁到了现在的北京、天津的一些地方和河北衡水、保定、廊坊、沧州、唐山一带。在很多迁走人的家谱中，记载徙出地为"口外小兴州"或"山北小兴州"，他们多为现在滦平大屯兴州迁出者。通过长城国家文化公园建设，能够展示长城内外移民史，也可以使许多人找到祖先生活过的"故乡"——滦平兴州。

把滦平的古生物化石文化融入长城国家文化公园建设。滦平盆地属晚中生代断陷盆地，这里中生代地层齐全，也是全国晚中生代沉积作用地层地序基本连续的地区。滦平古生物化石种类遗存丰富，很多古生物化石新种和地层标志名称是在滦平盆地发现并命名的，是河北省重要化石资源宝库之一。早白垩系地层出露齐全，遗存在地层中的古生物化石或遗迹，经地质作用大范围裸露于地表，它们是地球和生命演化过程中留下的不可再生的自然遗产，具有极高的科研、观赏、收藏和经济价值。通过滦平长城国家文化公园建设，可以把滦平打造为离北京最近的古生物化石研学、科普基地。

四、争取长城国家文化公园建设专项资金，举全县之力打造金山岭长城国家文化公园

滦平县境内长城建筑风格迥异，绝大多数长城保存较好，为长城国家文化公园建设提供了广阔的发展空间。滦平县区位优势明显，金山岭长城在首都和承德避暑山庄之间，有将其建设成为首批长城国家文化公园示范园的优势。政府应责成文广新、自然资源规划、建设、交通、文保等相关单位部门，对长城国家文化公园的建设工作进行全面系统的部署。

我相信滦平县委、县政府，能够充分认识到中央部署国家文化公园建设的意义，也能认识到金山岭长城国家文化公园建设对滦平县经济和社会发展的意义。滦平县要尽快成立以县级主要领导为组长的长城国家文化公园建设领导小组，发动有关部门并动员长城文化学者、文管工作者、民间长城保护团体，共同参与专门的长城保护和文化发掘工作。

要充分发挥政府和市场的作用，围绕长城国家文化公园河北段建设和长城保护重点实施项目做好前期工作。长城国家文化公园建设，要进行保护传承、环境配套、文旅融合、数字化展示等五大工程，要确立分类、分级、分期的长城国家文化公园建设重大项目。滦平县有关部门目前尚未做好以项目为抓手、以规划为引领的准备工作。这是一件十分迫切的事，县委、县政府主要领导要有足够高的认识才行。

金山岭长城国家文化公园建设任务很重。目前滦平县长城脚下可供改建的场馆资源，有金山岭景区内的戚继光广场和长城摄影作品展示馆、国歌广场和长城抗战纪念馆。有关同志介绍了四道沟长城文化广场和长城文物博览

馆，不知道现在是什么状态。但我所见到的已经有的场馆，不论是硬件部分还是软件部分，基本上都不能满足长城国家文化公园的需要。

可以说，目前滦平没有一处通过声光电等手段和数字化技术再现，让长城历史及文化“活”起来的场馆。长城文化的传播，目的是让游客在欣赏长城美景之余，能够领略长城历史文化的内涵，增强中华民族的自信心与自豪感。加强数字基础设施建设，逐步实现金山岭长城样板核心区无线网络和第五代移动通信网络全覆盖。利用现有设施和数字资源，建设滦平长城国家文化公园官方网站和数字云平台，对长城文物和文化资源进行数字化展示。

金山岭长城国家文化公园建设，长城文物本体及环境保护的任务也很重。滦平县在争取国家专项资金对营盘、西水门、侯营子、二道沟、四道沟、五道梁等六段长城实施重大修缮保护，做好抢救性修缮工作的准备也不够。对濒危损毁文物进行抢救性保护，对重点文物进行预防性、主动性保护是长城国家文化公园建设投入的重点，承德市和滦平县应该尽快做好工作。滦平县境内的47.5千米的长城，非常适合长城国家步道。应在保护好长城的前提下，利用长城国家步道，满足社会日益增长的户外活动需求。

五、滦平县作为长城资源富集区域，要根据长城资源分布和历史文化价值做好发展规划

《长城国家文化公园（河北段）建设保护规划》明确指出：长城国家文化公园建设，要建设与长城并行的长城国家风景道。并且以此为基础，建设长城国家文化公园展示系统，以彰显长城的文化价值、历史价值和景观价值。优化交通线路和配套服务设施，串联重要展示空间和建设保护载体，连点、成线、建网，促进河北长城从分散、碎片化的地理空间转变为特定开放、全民共享的公共文化空间，集中打造中华文化重要标志。

我在承德金山岭长城国家文化公园调查研究过程中，就长城国家文化公园建设等有关问题，曾与县委、县政府领导进行过很现实也很务实的交流。地方的同志有这样那样的顾虑很正常，主要还是我们讲得不够。河北作为长城国家文化公园试点省，金山岭长城国家文化公园作为第一批建设项目，是对河北明长城沿线各类文物和文化资源进行文化价值和综合利用价值评估之

后确定的。国家文化和旅游部、河北省政府认为金山岭长城具有河北长城的代表性，资源分布密集、文化价值突出，可以做好长城文化主题展示和带动区域经济发展。

滦平县已经初步建成或正在建设的文化旅游区，主要包括御道行宫文化园、燕山植物园、金山岭国际射击场、长城兵营房车营地、恒大山水生态旅游产业园、滦平县涝洼乡阿那亚小镇、金山岭国际滑雪旅游度假区、凤凰谷环京津生态农业休闲庄园等。这次去滦平调研，我考察了涝洼乡五道梁长城附近的正在热火朝天建设的阿那亚小镇。

我考察过亿城集团位于秦皇岛市昌黎黄金海滩的阿那亚项目，亿城集团自己的介绍说，这个项目“坐拥环渤海自然资源最丰富多样的优质海滩，有罕见的大片刺槐林与天然湿地，内陆纵深还有大面积的沙丘”。项目主体是听海别墅和观海公寓，环境资源很好，阿那亚做得也很好，项目很成功。我印象最深的是海边图书馆，一个 500 平方米的海边阅读空间。他们拍了一个视频，叫“中国最孤独的图书馆”。两三个月之内点击量就达到了 2000 万，据说到现在为止已经超过了 6 亿次的点击量。

现在看来，亿城集团或许是要在滦平复制阿那亚在秦皇岛的成功。我觉得在长城脚下继续搞如此之大的房地产项目一定要慎重，特别是这样的项目不能再继续扩张了。目前，建筑已经修建到长城附近，据施工方介绍还有待建项目更靠近长城。据当地有关人员介绍，亿城集团还要将此房地产项目向三道沟的四道梁长城脚下延伸。县委、县政府应该坚决叫停这样的做法，要为长城国家文化公园建设发展保留下这块宝贵的空间。

我在考察滦平县涝洼乡阿那亚小镇时，正赶上村民集体上访。原因有两个，一个是他们的家已经被拆了，可是答应给村民的搬迁房仍未落实，村民流离失所。二是村民发现有人利用夜间铲平了村民家的坟地，这些坟墓妨碍了阿那亚小镇项目，村民已经向公安部门报案。一个房地产项目，不能造福一方老百姓已经不对了，若再搞得老百姓很痛苦，这肯定不是我们党和政府的初心。

承德滦平县作为长城资源富集区域，要根据长城资源分布和历史文化价值做好发展规划。要结合国土空间规划好国家文化公园重点建设规划确定的主体功能区，促进县域内的文化旅游深度融合发展。要停止不符合长城国家文化公园建设任务的项目审批，要逐步疏导那些已经批准，但不符合长城国家文化公园建设规划要求的设施、项目等。

长城国家文化公园建设为滦平快速发展、全面提升提供了一个不可多得的机会。建设长城国家文化公园，将吸引更多的文旅项目、专业人才等优势资源向滦平汇集，将有效解决滦平县长城保护开发财政投入不足、专业人才缺乏、保护措施乏力等不利因素，将有助于巩固和提升滦平的脱贫质量，加快小康建设的步伐。

承德市和滦平县应该努力抓住长城国家文化公园建设的历史契机，结合本地区的全域旅游、绿色发展、扶贫攻坚等发展思路，把滦平的文旅发展上升到重视历史文化、传承和发扬中华民族精神高度上来。全面提升滦平长城文化保护传承的能力和水平，滦平的经济发展外延和文化内涵利用都将得到全面增长。

（载于国务院发展研究中心《经济要参》2020 年第 3 期）

秦皇岛海港区长城国家步道开发建设研究

海港区建设长城国家步道是利用长城国家文化公园建设契机，规划建设打造“长城国际特色徒步线路品牌”“全球徒步健身圣地”旅游形象的重要战略，同时也是以一种新的经济形态支撑长城国家文化公园建设。我曾经在秦皇岛工作，并于 1990 年 10 月提出过《开发秦皇岛“长城行”特种旅游的构想》。这个“长城行”特种旅游的构想，就是开发长城徒步旅游。

当时，还不具备发展这个项目的条件。2019 年 7 月 24 日，中央深改委第九次会议审议通过《长城、大运河、长征国家文化公园建设方案》，对长城国家文化公园建设作出部署。这是长城区域社会经济发展的一次历史机遇，海港区应该把握住这个国家推进实施的重大文化工程国家战略机会，抓紧实施长城国家步道建设。

中央明确指出：国家文化公园建设，就是要整合具有突出意义、重要影响、重大主题的文物和文化资源，实施公园化管理运营，实现保护传承利用、文化教育、公共服务、旅游观光、休闲娱乐、科学研究功能，形成具有特定开放空间的公共文化载体，集中打造中华文化的重要标志。中央要求国家文化公园建设：计划用 4 年左右时间，到 2023 年年底基本完成。河北省作为试点省，要在 2022 年年底基本完成，有些项目甚至要求 2021 年年底完成。

中央将河北省列为长城国家文化公园建设试点省，《长城国家文化公园（河北段）建设保护规划》已经初步完成，规划提出：“精心打造长城生态绿廊、长城旅游公路、长城遗产步道，将核心展示园、特色展示点串联起来，形成文化载体密集的集中展示带，实现长城整体保护利用和系统开发提升。”

《规划》还对具体交通路线作出了规划，其中就包括秦皇岛海港区，规划“建设中国长城风景道体系。结合长城各个区段主题展示区、文旅融合区、传统利用区等的规划建设，依托秦皇岛长城公路、国道（G112、G101、G110、G207）和省道（S251）等，规划建设从秦皇岛（山海关区老龙头、海港区石门寨、抚宁区界岭口、义院口、卢龙县刘家、青龙县祖山）—承德（宽城喜峰口、滦平县金山岭），穿越北京（古北口、居庸关）—怀来（镇边城、样边长城、西北至宣化镇城）—张家口（张家口堡、大境门）—崇礼（奥运城）南向对接太行山高速公路（石家庄、保定、邢台、邯郸）的长城国家旅游风景道，并按照'主题化、网络状、快旅与慢游结合'的原则，选择合适区段，推进步道、自行车道建设，打造融交通、文化、体验、旅游于一体的复合廊道"。

秦皇岛市将建设一流国际旅游城市，作为秦皇岛发展的核心战略。秦皇岛发展国际旅游城市，自然资源有两大优势，一个是海，另一个是北部山区。其中北部山区，还有重要的长城历史文化资源。海滨的开发利用，已经有 100 多年的历史，而北部山区的开发利用则刚起步。在秦皇岛建设一流国际旅游城市进程中需要建设一条符合国家战略又符合秦皇岛实际的长城国家步道。海港区是秦皇岛的核心区，有责任做好这项工作，为全市北部长城沿线的经济发展作出表率。

长城国家步道是具有创新性的长城文旅之路。充分利用长城国家文化公园建设契机，建设一条纳入国家登山健身步道体系的国内第一条真正意义的长城国家步道。秦皇岛建设的长城国家步道，一定要打造成国际精品旅游线路。通过科学规划，创建整体的长城游径系统。通过协同长城沿线各乡镇、当地居民、投资商及社会团体，发挥公众参与的力量，撬动长城沿线旅游产业发展。

我一直很担心在如此短的时间之内，如何才能做好这项工作。我在长城沿线调研发现：目前，基层政府的领导主要是在看国家财政的投入何时能落实。在这种情况下，如果上级也把希望寄托在下面先动起来，就有可能出现上下脱节的情况，直接影响长城国家文化公园的建设。

秦皇岛海港区北部长城地区发展的问题，基本不存在这样的顾虑。因为海港区已经将北部长城沿线作为发展方向，这是一件他们本来就要做的事。所以，不会只等上级的意见，不会只看上级财政的拨款。

一、项目背景

（一）国际经验

过去 100 年间，发达国家在经济社会发展的背景下，人们的生活水平不断提高，休闲度假的时间大幅增加，越来越多的人怀着对回归自然的向往，走向山区、森林和田园。步道便成为协调人与自然关系的旅游之路。

1937 年，美国阿帕拉契亚步道，亦称阿巴拉契亚小径全线贯通。这是美国最长的徒步旅行步道之一，长度达到 3200 千米。这条步道最初由徒步旅行者创建，1968 年美国国会将其列为美国国家级步道系统。

世界上第一条明确冠以国家步道之名的步道，是 1965 年的英国奔宁步道。奔宁步道全长 431 千米，步道蜿蜒在被称为“英国脊梁”的奔宁山脉之上，由南至北陆续穿越了峰区国家公园、约克郡河谷国家公园和诺森伯兰国家公园，最终到达苏格兰边境区域。奔宁步道也连接着英国的哈德良长城，2019 年 11 月我们去英国考察哈德良长城并与哈德良长城管理方进行交流研讨时，还徒步走了一段步道。

近一个多世纪以来，建设国家步道体系已经在世界范围内越来越普遍。2017 年 8 月 26 日加拿大全长达 2.4 万千米的“大步道”，历经 25 年的建设周期，在加拿大庆祝 150 周年国庆之际全线贯通，成为世界上最长的徒步旅行步道。这条步道从大西洋海岸，向西到达太平洋海岸，再向北直抵北冰洋海岸，穿越加国全境，联通三大洋 13 个省 1.5 万个社区。加拿大全国有 80% 的人，可以在 30 分钟内从居住的社区走上这条步道。

意大利的“大意大利步道”是一条长达 6166 千米的徒步线路，由 368 个段落组成，横跨整个意大利国土。这条步道东西贯通意大利境内的阿尔卑斯山脉，转入亚平宁山脉直到西西里岛和撒丁岛。此步道由徒步俱乐部组织的“行遍意大利”活动发起，意大利徒步者在 1995 年和 1999 年两次参与线路标记。

日本东海自然步道全长 1697.2 千米，这是日本第一条长距离自然步道，贯穿具有丰富的森林自然资源和珍贵的历史遗迹的地区。起点为东京明知高尾国立公园，终点为大阪明治其面国立公园。步道由 94 条不同特色和难度的路段组成，途经明知高尾国立公园、富士箱根伊豆国立公园、伊势志摩国立公园等自然公园，富士五湖和日本规划最大的原始森林。

新西兰蒂阿拉罗阿步道是新西兰仅有的一条长程步道，全长3000千米。步道沿新西兰的自然边界线延伸，贯穿新西兰全境，起点和终点均为海洋。蒂阿拉罗阿步道穿过了具有代表性的90英里海滩、图图卡卡海岸等，1/3的路段与国家公园、森林公园内的短程步道重合。徒步者可以经过遍布海豹和企鹅的沙滩、亚热带丛林，还有活火山、雪山、冰川湖泊等不同的景观。

（二）国内经验

我国目前的“国家步道”，有国家登山健身步道、国家森林步道两种，分别由国家体育总局、国家林业和草原局负责。目前，国家层面还没有正式提出“国家步道”的概念，更没有形成完善的国家步道系统，没有国家步道相关的法律法规和标准。

“国家登山健身步道”系统（National Trail System，NTS），相比较国家森林步道而言较为完善，基本沿用了美国国家步道的概念。长城国家步道建设，可以争取纳入国家登山健身步道系统。

国家登山健身步道具体工作，由国家体育总局登山运动管理中心（中国登山协会）负责，已经制定并发布了《国家登山健身步道标准》和《国家登山健身步道标准实施细则》。2009年我国第一条登山健身步道在浙江宁海落成，截至2016年9月已建成的国家登山健身步道示范工程共有14条，总里程达到1181千米。

目前，国家体育总局登山运动管理中心已经与地方政府合作，建设完成了浙江宁海国家登山健身步道、浙江温州大罗山国家登山健身步道、湖北崇阳国家登山健身步道、山西代县雁门关国家登山健身步道、广西乐业国家登山健身步道、河北下花园国家登山健身步道、攀枝花国家登山健身步道等。

浙江宁海国家登山健身步道，是2009年开始建设的全国首条覆盖全县的国家登山健身步道，到2012年完成了跨越宁海18个乡镇街道的登山步道500千米。这条步道是全国首条探索性、规范化建设的登山健身步道，被国家体育总局授予“国家登山健身步道示范工程”称号。

温州大罗山国家登山健身步道，是2007年开工并于年内建成瓯海区域内约100千米的登山健身步道。工程投资为600万元，定位为“休闲健身+户外运动+旅游”的多功能景观型国家级登山健身步道，分成半天、一天、两天并带露宿的三条登山旅游路线。

山西代县雁门关国家登山健身步道位于雁门关景区内，并非真正意义的国家步道。2002 年代县被国务院列为国家体育总局定点扶贫县，2011 年国家体育总局援建的雁门关国家级登山步道正式对外开放。步道途中分别设立了 5 千米、10 千米两个节点和多处服务站。2015 年雁门关景区被国家体育总局文化发展中心授予体育旅游精品景区。

攀枝花市国家登山健身步道，为 2018 年攀枝花启动的国家登山健身步道项目，规划建设 300 千米。攀枝花市国家登山健身步道仁和段普达至岩神山穿越线，于 2018 年 2 月 26 日正式开工建设。普达至岩神山穿越线全程 15 千米，步道建设严格按照《国家登山健身步道标准》，尽量保持原生态，路面主要以原地土石道为主要道路类型，辅以原木台阶、砂石路等其他辅助类道路。

在已经建成的国家步道之中，只有北京门头沟区称“门头沟国家步道”。2012 年 4 月，北京门头沟区启动《门头沟国家步道系统规划》。这条步道以京西古道群为主体，总长 270 千米。由 5 条互相连通的步道构成，包括太行山国家步道、长城国家步道、永定河国家步道、妙峰山香道以及百花山—灵山步道。

这条国家步道还在逐步建设，系统建设完成后将纵贯门头沟全境，串联起天门山国家森林公园、妙峰山景区等 10 余个公园、风景区和自然保护区，步道周边还有潭柘寺、戒台寺等人文景观以及爨底下、灵水等 30 余个京西古村落。

二、项目建设内容

（一）项目建设条件

秦皇岛市海港区境内有北齐、明代长城，明长城属于全国最好的段落之一，长约 110 千米，区域内经过 3 个镇、20 个村。东起驻操营镇九门口村南山敌台，西到石门寨镇孤石峪村西东峪 16 号敌台。其间共有敌台 291 个，大小关口 24 座，城堡 14 座，月城 5 座。

规模较大的关隘有：一片石关、黄土岭、大毛山关口、城子峪、义院口、黄土营、驻操营、石门寨、平山营，小关口有庙山口、夕阳口、大青山口、炕儿口、董家口、水门寺、平顶峪、娃娃峪、板厂峪、拿子峪、花厂峪、苇子峪、孤石峪、甘泉堡、长谷口堡等。这些长城关隘和城堡，今天都已经成为很有历史文化底蕴的村庄。

海港区环长城旅游公路、山海旅游铁路建设完成，为北部长城区域的可进入性创造了条件。长城公路和城市铁路，串联起海港区山与海全域旅游的大格局，以山海旅游铁路、环长城公路为链条，实现旅游“北进山、南入海”的山海联通、全域旅游的大格局。

游人进山干什么？必须要给游人提供具有足够吸引力的旅游产品。海港区境内有长城，古代修建得好，今天保存得好。长城所经之处，地形景观和植被景观都极为丰富。自然环境和人文环境都具备很高的观赏性，旅游资源潜在优势强劲。

海港区北部长城地区包括杜庄、石门寨、驻操营三个乡镇，过去的主要经济产业是煤矿、水泥厂。近几年，海港区加大了改造力度，改善了这个区域的环境，基本解决了空气严重污染的问题。特别是正在实施的景观道路、美丽乡村、服务驿站、河道水系、露天矿山修复等七大工程，将使长城区域的环境得以彻底改变。

（二）项目发展定位

秦皇岛境内明长城，东起山海关老龙头入海石城，西至青龙城子岭口，经山海关区、抚宁区、卢龙县、青龙满族自治县，全长 223.1 千米。秦皇岛市发展北部山区，一定要建设国家步道。海港区有条件率先制定《海港区长城国家步道规划设计方案》，通过将北部山区长城脚下全部乡村规划进相应的步道体系，为秦皇岛整体发展开拓出一条新路。

长城国家步道系统路经各个村落，引导游客在当地消费，助力乡村振兴与经济发展。海港区长城国家步道，要建设成与国际标准接轨的国家步道，要配套建设环境设施、景观设施、路标指示体系、营地和安全防护及紧急救难场所等。

长城国家步道彰显山脉本身自然景色的同时，又将长城关隘及可以行走的长城段落串联起来，满足游人既能亲近大自然又能观赏长城美景感受历史文化的需求。游人可以在户外运动之中追寻历史文化，体验中华民族的伟大。

（三）项目建设目标

长城国家步道建设要规划出适应不同年龄、不同体能类型、不同知识结构人群需要的徒步路线。海港区长城国家步道规划构建总长度应该不低于220千米，为不同人群提供5～15天的徒步路线。

《长城国家文化公园（河北段）重点建设项目表》文旅融合工程类别下，规划了京东首关边塞小镇、董家口长城戍边文化小镇、闞城小镇旅游提升工程、天女小镇旅游提升工程。每个规划项目总投资，除天女小镇旅游提升工程为8亿元之外，其他3个项目均为7亿元。项目资金来源是国家和省专项资金及社会资金。长城国家步道，将这些小镇和长城沿线的古村落连接起来。

海港区委、区政府已经将利用北部山区100余千米长城沿线发展旅游经济，打造黄金旅游经济带列入区域发展计划。长城国家步道，将成为海港区北部山区“打造黄金旅游经济带”的重要支撑。长城国家步道，还将串联起海港区北部即将形成的近500平方千米的生态涵养区和自然宜居带。

三、思路、特点及标准

长城国家步道要按照国际标准建设，只有与国际接轨才能吸引世界各国的徒步爱好者前来体验。长城国家步道建好之后，有关机构可以与世界各地徒步组织建立联系，将海港区建成促进国际交流的良好平台，结合休闲产业推广国际旅游业务。长城国家步道建设主体在山区，其建设要作为政府投入的基础设施建设重要组成部分加以规划和投资。国家步道建设要坚持最大限度保护长城和保护生态系统的原则，在保障游客安全和基本徒步需求的前提下，最低限度实施硬件建设。

国家体育总局阐释国家登山健身步道的基本特点：（1）依山而建。登山健身步道，主要的地形因素是山。山，不但是运动场所，更重要的是它独特的魅力，因此才会有很多人去登山。（2）步道需要修缮，与登“野山”不同，也与登山探险不同。步道是一条精心设计、指示明确的“路”，并具有一定的安全要求。（3）健身功能突出，一是要求有一定的强度（路长）。二是尽量减少可能对登山者造成的身体伤害，如台阶路、硬面路、陡坡等。

国家体育总局对国家登山健身步道的建设思路及标准有明确规定：（1）选

址在人口稠密的中心城市周边 1.5 ～ 3 小时车程内，山体较大、起伏较多、路线较长、生态较好的山峰。(2) 具有三个系统，分别是步道系统、安全系统、环境保护系统。安全系统包括预警、报警和救援三部分。环境保护系统则包括了垃圾的放置、处置，生态的保护，防火防污染等。（3）步道系统为多样化线状或网格状设计，多样化是为了适合不同的人群，如两小时、半天、一天、两天行程等，超过一天的应设计露营点。

《国家登山健身步道标准》规定了国家登山健身步道规划的层次、原则及主体内容，此为指导长城国家步道建设的重要依据。当然，在长城国家步道建设过程中还要注意，国家体育总局于 2010 年颁布的《国家登山健身步道标准》与步道规划建设实践需要还有一定的差距。所以，在规划时要吸取国内外的经验和教训，尽量做到更具前瞻性。

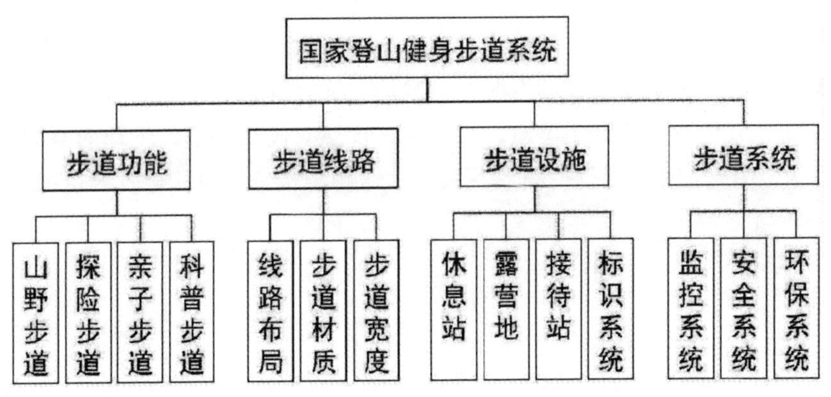

《国家登山健身步道标准》的主体框架图，摘自丁洪建、贺剑《国家登山健身步道线路规划研究》

四、经济及社会效益

长城国家步道具有巨大的经济效益和社会效益。其为市民开展全民健身活动搭建了平台，登山健身将成为当地居民重要的生态休闲活动；为游人提供了参与性强的体验项目，长城国家步道将成为新的旅游目的地；不仅对经济发展有一定的促进作用，在文化传播上对宣传秦皇岛也起到积极的作用。

长城国家步道可以推动服务业发展，增加山区农民的就业机会。步道项目建设投入并不是很大，对当地宾馆、餐饮宿、旅游等服务业发展的带动作用却很大。

秦皇岛市要建设一流国际旅游城市，必须有符合国际市场需要的旅游产品。将秦皇岛打造成国际户外活动专业化的旅游目的地，提供可以带动国际旅游市场的开拓和发展的旅游产品，还可以通过每年举办高规格的国际、国内徒步赛事和主题活动，产生直接收益。

这方面美国有数据分析。据《American Hiking Society》介绍美国步道行业数据，2017 美国步道行走人数：5000 万～ 7000 万，占总人口比例的 17%～21%；创造就业机会（2012）：76800 个；GDP 产值（2017）：2015 亿美元，占 GDP 总量的 1. 0%。

中国每年参与徒步运动的人数已达 1. 7 亿人次，关注人群达 2 亿以上。徒步运动除了经济效益之外，给社会带来的积极作用更大。长城是中华民族的国家记忆，长城国家步道为游人体验历史文化提供了平台，将成为人们认识长城价值和意义的重要渠道。长城国家步道对民众心理、生理的健康都具有价值，由此带来相关医疗等费用减少，这种积极意义对社会发展也很重要。

（载于国务院发展研究中心《经济要参》2020 年第 4 期）

山西长城文化遗产及长城旅游发展认识

2019 年 7 月 24 日，中央深改委第九次会议审议通过了《长城、大运河、长征国家文化公园建设方案》。会议指出，建设长城、大运河、长征国家文化公园，对坚定文化自信，彰显中华优秀传统文化的持久影响力、革命文化的强大感召力具有重要意义。要结合国土空间规划，坚持保护第一、传承优先，对各类文物本体及环境实施严格保护和管控，合理保存传统文化生态，适度发展文化旅游、特色生态产业。

这个文件的通过，标志着国家文化公园建设正式启动。山西省贯彻落实党中央、国务院部署，推进山西省长城国家文化公园建设，也正在制定《长城国家文化公园（山西段）建设规划》。山西省长城国家文化公园建设是国家战略，这将是山西省长城区域文化和经济发展的一次历史机遇。

不论是山西省长城国家文化公园建设，还是山西省长城旅游板块建设，都承担着山西省加快建设文化旅游强省、培育战略性支柱产业、重构山西区域经济新格局的任务。从大的方面来说这是政治的任务，从小的方面来说这也是深化山西旅游供给侧结构性改革、推进文化旅游产业战略转型升级的需要。

一、山西各时代长城长度及分布

目前，关于山西长城的认识有很多不够清晰的地方。比如关于山西省境内长城的长度，目前的说法就很混乱，有多种差距很大的数字。是否应该以 2012 年 6 月 5 日国家文物局在居庸关长城发布的长城资源调查和认定成果为依据？如果有了新的变动是否也应该由权威部门做出新的发布？

国家文物局认定的历代长城总长度为21196.18千米，包括长城墙体、壕堑、单体建筑、关堡和相关设施等长城遗产43721处。其中山西历代长城总长度1401.23千米，占全国长城遗址遗存的9.74%，长度在全国排第三位。山西历代长城分布在大同、朔州、忻州、晋中、长治、阳泉、吕梁、晋城等8市39个县（市、区）。山西明长城位于山西北部，集中在大同、忻州、朔州三市。

当然，这个数字并非一成不变，既然是认定就是阶段性的成果。有可能发现以前没有发现的长城遗址遗存，有可能有些遗址又遭到破坏消失了。但是，在国家没有发布新的认定结果之前，我们还是应该使用这次认定成果。我注意看了一下山西省文化和旅游厅编制的《长城国家文化公园（山西段）建设规划》，使用的数字是"位于山西省行政区划内的长城资源共计5017处，其中长城墙体828段，总长度累计1412.88千米，关堡364座，单体建筑3798座，相关遗存27处。"这说明山西省文物局对山西境内的长城资源认定已经又有所增加。

山西历代长城，包括战国、汉、北魏、北齐、五代、明等6个历史时期修筑或使用的长城墙体及附属设施（其中：明长城墙体470段，总长度896.53千米，单体建筑3081处，关堡344座，相关遗存27处。明以前早期长城墙体298段，总长度504.7千米，单体建筑26处，关堡20座）。此前人们说得比较多的山西境内宋代长城和清代长城，这次并没有得到国家的认定。

山西境内长城主要是明代长城，全长896.53千米，分布在6市25县，包括外长城和内长城、滨河长城三个部分：一是从河北怀安向西进入天镇，经阳高、新荣、左云、右玉到偏关，长约380千米的外边长城。二是从河北平山进入繁峙，经浑源、宁武、神池折向偏关，长约400千米的内边长城。自大同市灵丘县向南依次经忻州市五台县、阳泉市盂县、平定县和晋中市昔阳县、和顺县、左权县，至长治市黎城县东阳关沿太行山脊岭分布的长城也是内长城的一部分。三是最西部与陕西省交接处的偏关—河曲段，约70千米沿黄河而筑的河边长城。

除了明长城，还有明以前的早期长城。其中：战国长城全长24.3千米，分布在晋城市的陵川县、高平市和长治市的壶关县；汉长城全长55.5千米，分布在大同市的天镇县、左云县和朔州市的右玉县；北魏长城全长 4. 3 千米，分布在天镇县；北齐长城全长 412. 5 千米，分布在大同市的广灵县、浑源县、左云县，朔州市的平鲁区、山阴县、应县，忻州市的偏关县、神池县、代县、宁武县、五寨县、岢岚县、原平市，吕梁市的兴县，晋城市的泽州市；五代长城全长 8. 1 千米，分布在晋城市的沁水县。

山西境内北齐时期修筑的长城，长度仅次于明长城。山西也是保存北齐长城遗址遗存最多的省份，有北齐长城总长 411. 04 千米。其中有天保三年（552）修建的黄栌岭至社干戍长城，天保六年（555）修建的幽州北夏口至恒州长城，天保七年（556）修建的西河总秦戍至海长城，天保八年（557）修建的库洛拔至坞纥戍重城，河清二年（563）修建的轵关长城。山西的北齐长城分布在大同市的广灵、浑源、左云，朔州市的平鲁、山阴、应县，忻州市的偏关、神池、代县、宁县、五寨、岢岚、原平，吕梁市的兴县，晋城市的泽州市等地。

二、山西长城是中华民族多民族共存的见证

山西省保存有战国、南北朝、明朝等各个历史时期的长城遗址，见证了中华民族的发展历史。在这个地区华夏民族与匈奴、鲜卑、党项等多个民族进行碰撞与融合，长城地区各民族发展和融合有一个曲折复杂的过程，交流和融合的程度、规模在不同的时段内表现出不同的状态。

长城的产生是历史发展的需要，长城在多民族共生共存的地区、农耕与游牧过渡的地区存在的理由，就是不同的民族在一定的历史时期多重的矛盾和多重的利益叠加在一起。长城的存在对古代北方不同民族政权之间、不同民族文化之间和不同民族的不同阶层之间的矛盾的解决都有帮助，这一点在山西表现得很充分。

山西省所处的黄河流域的中下游地区，对中华民族的发展尤为重要。山西北部的长城地区，长期为中原王朝和少数民族政权冲突的前沿地区，也是农牧两种经济和文化交融的中心地区。比如两汉时期，大量的汉人从山西出长城进入河套地区。有的远走长城以北，同生活在那里的匈奴、鲜卑、乌桓等民族杂居在一起，甚至成为游牧各部族的成员，融入了匈奴、鲜卑等民族。

在南北朝及以后的很多时期，随着少数民族政权的南下，山西北部的长城地区也进入了大量的游牧民族。山西北部长城地区本来就是宜耕宜牧的农业和牧业两大产业交错地区，北方的匈奴、鲜卑、乌桓、氐等游牧民族都曾迁徙到这里，最后很多人放弃了游牧经济而从事农业生产并且融入了农耕民族。

中国古代长城内外的不同民族，有不同的语言、不同的经济类型。不同的经济文化和不同的社会发展水平差异，是长城内外各民族之间发生冲突的原因之一。有了不平衡才有了多民族之间的交往、竞争，才有了冲突和贸易，这就是长城作为民族融合纽带的作用。

我们应该如何认识山西境内古代长城区域不同民族共存的状态？在复杂的历史发展过程中，山西北部长城内外不同民族共存状态在全国很有代表性，有下列几个主要特征：

第一，在长城区域，游牧民族生活的自然环境条件相对农耕民族而言较为恶劣。这一点在历朝历代都具有普遍性。在中原王朝比较强大，给游牧民族带去较大的政治、军事压力时，游牧民族只能向自然条件更恶劣的地方迁徙。这种生存自然条件、自然状况的不平等是导致民族矛盾长期存在、不断激化的因素之一。

第二，在长城区域，农耕民族和游牧民族之间存在着民族隔阂与民族歧视。中原王朝所处农耕地区的经济实力较强，比游牧民族经济更发达。经济上的优越性使中原王朝在心理上也有很强的优越感，并将这种优越感带到文化中。在这样的情况下，很容易产生民族歧视。游牧政权在强大到一定程度，有实力对中原地区发起进攻时，他们往往会发动战争。游牧政权获得胜利，建立起以游牧民族为主体的政权后，对农耕民族进行管理时也会从语言、信仰、生活习俗等方面采取一些强制性措施，同样体现为一种民族歧视。

第三，游牧民族在长城内外迁居和流动，不同朝代有很大的变化。历史上，周边的游牧民族始终是中原王朝的主要威胁。一些中原王朝采取比较好的战略和政策来解决与周边的游牧民族的关系。与一个强大的游牧民族形成了很好的联系之后，为什么在不同的历史时期仍会面临不同的威胁呢？一个主要原因是，中国古代历史上在长城区域生活的游牧民族并不是同一个游牧民族，所以前朝所积累下来的、与他们建立起来的友好联系，对新迁徙和流动过来的不同民族没有意义。前一个朝代有效地解决了长城区域的冲突问题，随着新的游牧民族的出现，问题会再次出现。

第四，长城区域不同民族建立起来的政权状况，对中原也会产生不同的影响。若长城以北的游牧民族、部族之间形成一个统一的强大政权，中原王朝在长城区域就面临更大的、长期的威胁。而长城外边的民族政权处于严重分散的状态时，中原王朝所承受的威胁和挑战就要小得多。

总之，在山西境内农耕和游牧接触的机会更多，民族文化交流融合的机会就更多，经济文化较高的融合自然也就促进了中华民族凝聚力的形成。研究山西北部长城地区对于了解中华民族的融合和发展有着十分重要的意义。

三、山西长城旅游发展的路径与模式

山西省长城作为旅游资源的开发和利用目前尚属于起步阶段。发展长城旅游已经被山西省委、省政府确定为长城区域发展的重要途径。2017 年，山西省提出以“黄河、长城、太行”三大旅游板块为依托，打造精品旅游区的发展计划。我多次参加了省政府及有关部门组织的对山西省长城旅游资源进行整体评价、规划和开发的研究会议。

山西长城旅游板块的重点是建设雁门关、娘子关、平型关、偏关、得胜口堡及广武长城等。山阴广武边塞文化旅游园还被文化和旅游部列入了第一批长城国家文化公园重点项目。虽然如此，在长城旅游发展方面，山西省与北京、河北、甘肃等省市相比应该说还有很大的差距。

山西省的长城旅游一定要跳出以往观光旅游的发展模式，走出一条文旅融合的区域发展之路。山西省围绕长城旅游已经开始布局，主要是在解决交通进入问题之后，解决长城区域相关文旅融合开发项目相对较少的问题。长城旅游仅作重要关口的景区景点开发是不够的，要对山西长城旅游资源的丰富性有足够的认识，做好长城文旅融合发展的这篇大文章。

实事求是地讲，山西长城旅游开发的深度和广度还都很欠缺，这不是长城旅游资源的问题而是工作做得不够。长城不仅仅是一道墙，长城沿线的古城、古堡、古寨等都是长城旅游的主体资源，生活在长城区域村庄的老百姓也是活态的发展长城旅游的文化资源。

山西长城建筑遗存，体现了长城区域中国古代军事、边贸、民俗、地域等多种历史文化。发展山西长城旅游就是通过深度挖掘这些山西长城的历史文化及所凝练出来的爱国主义、民族融合主题，结合晋北、晋中地区的地域特点打造山西省新的文化遗产旅游目的地。

长城旅游要促进长城沿线地区经济发展，长城旅游发展理念与路径要立足于长城在山西省独有的资源禀赋和文化底蕴。山西省长城地区多属于山地或丘陵地区，也多属于较为贫困地区。发展长城地区的生态文化旅游经济，通过长城旅游带的打造，推动长城沿线整体经济、社会、文化、生态全方位发展是山西省委、省政府打造长城旅游带的目的。研究山西长城旅游发展，首先要深入挖掘山西长城历史文化及周边地域文化，以此为依据提炼梳理出供游人体验的旅游线索，夯实山西长城文化带发展的基础。

山西长城旅游板块的建设，一定要结合乡村旅游与精准扶贫建设同步进行。只有通过整合各种相关资源，充分利用好各项国家政策支持，才能实现推动长城区域的经济联动、产业融合、资源共享。

当然，在进行山西长城旅游板块的建设过程中必须坚持保护优先的原则，这里所说的保护既包括长城文化遗产本体的保护，也包括生态环境的保护。长城旅游板块的建设要以保护为重，要坚持可持续发展的理念，做到有重点、有步骤、差异化。

山西省要打造以长城为核心的生态文化旅游经济带，做响长城博览在山西的品牌，强化山西长城的标识度，形成真正意义上的独立 IP，需要文化业态和“互联网 +”与旅游业态的深度融合，需要精心策划开发旅游产品。要发展有针对性的旅游重点项目，满足不同层次的旅游消费需求。

为什么要强调旅游产品和重点项目？因为只有通过布局避免同质化恶性竞争的旅游产品，才能塑造山西长城旅游的总体品牌形象，才能突出山西长城的地方特色，推动长城沿线各旅游板块之间的统筹协调发展。只有通过重点项目的布局，发挥重点项目的引领作用，山西长城旅游板块的建设才能有规模效益。重点项目的重中之重是交通，主线贯穿大同、朔州、忻州三个地市内外长城的“长城一号”旅游公路，总里程约 1300 千米。这条连接内外长城的旅游公路，已经形成了围绕长城的环线。长城旅游公路主线、支线、连接线总长 4539 千米。

强调旅游产品和重点项目并不能忽略乡村旅游，长城旅游的发展一定要和乡村振兴结合起来，乡村振兴的发展也要依靠“旅游 +”的方式。改善农民生活水准，要提高农民的收入，特别是提高农民的非农业收入。旅游与生态康养、文化创意、休闲农业的发展，可以拓展村民就业途径，带动新型农业的发展，这也是长城国家文化公园建设四大园区，要提出传统利用区的原因。

总之，如何按照中央的要求以“全球视野、中国高度、时代眼光”来建设山西长城国家文化公园是摆在山西各级政府和社会各界面前的新任务，也是推动山西长城区域发展的新机遇，期待山西省为全国的长城国家文化公园建设提供山西经验和成就。

（载于国务院发展研究中心《经济要参》2020 年第 28 期）

山丹长城国家文化公园建设要处理好五个关系

2019年11月，中办、国办印发了《长城、大运河、长征国家文化公园建设方案》，甘肃省按照国家方案制定了《长城国家文化公园甘肃省保护规划》，明确提出了“三园、三段、八点一线”的空间布局。山丹县抢抓机遇，被纳入“三段”之一，打造山丹长城风景道示范段，迎来了历史上前所未有的发展机遇。山丹县正在抓紧制定《山丹长城国家文化公园建设保护规划》，体现了基层县委和政府对长城国家文化公园建设工作的重视。

国家文化和旅游部委托我主持编制长城国家文化公园《长城文化和旅游融合发展专项规划》，最近在长城沿线跑调研和督导较多，发现很多的县级党委和政府领导，虽然有积极性但并不知道应该怎么做。这是一个很大的问题，中央的要求是明确的，可是干活的人不知道应该怎么做，这项时间紧任务重的工作就很难做好了。

山丹县研究长城保护和长城国家文化公园建设，已经着手制定具有前瞻性的县级长城国家文化公园建设保护规划、发展规划的做法很好。他们的工作做好了，将会给全国作出表率，会起到很好的示范作用。山丹的规划编制如何突破传统的资源分析模式，挖掘能够充分代表山丹文化特质的文化旅游资源，还需要做很细致的工作。

山丹汉明长城，位于312国道2642千米处，距县城20千米，距今已有两千多年的历史，在山丹县境内绵延近200千米，被专家誉为“露天长城博物馆”，是目前国内保存最完整的一段古长城，为国家重点文物保护单位。汉、明长城虽建于不同年代，但走向、长度却完全相同。汉长城在北侧，明长城在其里，两者相距10～80米，平行延伸。像这样不同历史年代修筑而同时并行且至今留存较为完整的长城段在国内很少有。但从20世纪80年代至今，由于风雨侵蚀和人为破坏等因素，县境内明长城完整的墙体由原来的88千米减少到53千米，仅仅20年的时间，35千米的墙体就消失或变成豁口。近些年修缮了一些长城段落，但还有很多的地段尚未修缮，处于随时都有可能倒塌的状态。

随着人们对历史文化的重视，长城的保护与发展问题越来越受到关注。在国家提出建设长城、大运河、长征国家文化公园的大背景下，山丹县委、县政府提出山丹汉明长城融入国家文化公园体系，并做好保护及带动区域经济发展工作，我很为他们负责任的精神和敬业的工作态度所感动。

应县委、县政府邀请，我于9月2日至4日前往甘肃山丹县，先后前往山丹县清泉镇汉明长城城区保护段、东乐镇汉明长城小寨保护段、老军乡硖口古城、金山子烽燧及陈户镇汉明长城新河驿和长城陈列馆等地开展深入考察。期间，围绕长城文化价值的认识及当前长城保护与开发利用的实际情况，作了题为《长城的历史价值与新时代意义》的专题讲座。随后，又召开了有关部门负责人参加的专题座谈会，并就山丹长城国家文化公园建设保护规划提出了意见和建议。

一、要正确处理好长城保护与建设的关系，向国家和省的长城保护建设规划定位看齐

中央要求长城国家文化公园建设项目结合国土空间规划，坚持保护第一、传承优先，对各类文物本体及环境实施严格保护与管控，合理保存传统文化生态，适度发展文化旅游、特色生态产业，适当控制生产经营活动，逐步疏导不符合建设规划要求的设施、项目等。山丹县坚持规划先行、突出顶层设计的做法是正确的。规划要统筹考虑资源禀赋、人文历史、区位特点、公众需求，在规划定位的层面要与国家和省保持一致，要做到既着眼长远又立足当前，既尽力而为又量力而行。

我相信这个规划的编制单位——敦煌研究院、兰州理工大学有能力做出一个好的《山丹长城国家文化公园建设保护规划》。既要规划好长城的保护，也要规划好长城文化公园的建设。希望规划编制方和县委、县政府注意一个问题，这就是规划既要有发展的新思路，做出一个有前瞻性的专项发展规划，

又要务求符合基层实际。我们做的事，要得到群众认可，要经得起时间检验，只有这样才能把山丹长城国家文化公园打造成民族性和世界性兼容的文化名片。

二、要正确处理好山丹长城与军马场、祁连山、焉支山的关系，推动区域资源协调发展

长城国家文化公园建设，要以长城建筑及其历史文化为核心吸引物，但不能片面地理解为必须要紧扣长城建筑的本体做文章。在打造国家文化战略高地的同时，推动区域发展需要结合地域文化。以保护为前提，抓住本区域最大的特色，与之结合起来做文章。规划一定要结合山丹军马场、祁连山、焉支山，处理好这些资源与长城的关系。

军马文化是山丹的特色，山丹军马场从汉武帝打通丝绸之路开始屯兵养马。长城是古代众多民族南来北往、繁衍迁徙和沟通交流的重要廊道和秩序屏障。农耕和游牧民族以以茶易马或以马换茶为中心内容的贸易往来被称为茶马互市，可见在农牧贸易交流过程中马对双方都很重要。战国时期，赵武灵王为了方便行军打仗，进行胡服骑射改革，开辟了农耕军队作战形式的先例。这是农耕地区向游牧地区学习的具有典范意义的事件，胡服骑射也是战国时期变法改革之后的一个重要方面，改变了长城沿线秦、赵、燕三个游牧部族交汇地区军事力量的强弱，也变成他们拓展农牧地区生存空间的重要手段。

祁连山、焉支山跟古代游牧民族的联系也是十分密切的。匈奴被霍去病大败祁连山下后，感叹道：亡我祁连山，使我六畜不蕃息；失我胭脂山，令我妇女无颜色。山丹军马场、祁连山、焉支山，都是山丹汉明长城文化的重要组成部分，历史上就有着不可分割的联系。今天在推动区域发展和资源整合的背景下，去做长城国家文化公园的建设，就更必须要把这些地域文化紧密地有机联系起来。

三、要处理好整体规划和单项建设项目的关系，做好项目储备和申报争取

做好长城国家文化公园的建设项目支撑是关键，在整体的规划上，要对项目有深度的思考和合理的安排。文化和旅游部报给国家发改委的第一批长城国家文化公园重点项目为23个，总投资为138.63亿，分别是河北省作为试点省有6个项目、北京市2个、甘肃省3个、其他12个省各1个项目。从这个项目清单上的项目数量，就可以感受到甘肃长城在全国长城中的地位。甘肃省仅次于试点省河北，比北京市还多一个项目。

河北省作为长城资源大省，承担了第一批长城国家文化公园建设试点任务，将于2021年建成，其他省于2023年建成，总的规划是在2035年完成。最近国家也明确了“十四五”文化旅游领域中央预算内投资重点支持方向，在建设任务栏目中第一项就是长城国家文化公园。支持内容为标志性的博物馆，国家文化和自然遗产保护利用设施，旅游基础设施和公共服务设施。山丹要抓住机遇，认真储备大项目和好项目与中央预算内的投资重点支持对接。

“十四五”文化旅游领域中央预算内投资重点支持的建设任务项目遴选标准，国家规定要具体参照《2020年文化旅游提升工程第二批中央预算内投资项目遴选标准》。希望山丹既要做好顶层设计，又要做好项目储备和申报工作。山丹长城国家文化公园建设，要通过布局避免同质化恶性竞争，要塑造总体的品牌形象，突出山丹长城的地方特色，推动长城沿线各旅游板块之间的统筹协调发展。只有通过重点项目的布局，发挥重点项目的引领作用，山丹长城国家文化公园的建设才能有规模、见效益。

四、要处理好长城的物质形态和精神形态的关系，深入研究挖掘长城的物质文化和精神文化遗产

长城国家文化公园建设方案在审议时，总书记提出了物质的长城、文化的长城和精神的长城，这是国家打造国家文化战略高地的一个核心思想。中国的万里长城，作为人类历史上最伟大的工程之一，早已载入世界遗产名录。

但是，中华民族“长城文化”的精神内涵，长期以来并未得到完整而全面的阐释。长城国家文化公园建设，就是要通过整合具有突出意义、重要影响、重大主题的文物和文化资源，实施公园化管理运营，实现保护传承利用、文化教育、公共服务、旅游观光、休闲娱乐、科学研究功能，形成具有特定开放空间的公共文化载体，集中打造中华文化重要标志。

长城国家文化公园要以文化为魂，要充分体现文化的指引和带动作用，但也要有其独特的吸引力才行。一个文化景观不光要好看，还要好玩，才能吸引更多的人。长城国家文化公园建设要解决“文化不好玩，旅游没文化”的问题。不久前我参加河北省长城国家文化公园建设督导调研，在河北张家口了解到当地政府要把张库大道的故事做成石雕长廊，非常高端化。我就提出来，有多少人会站到石雕前面，从头到尾把几十米石雕长廊全部看完并理解里面的故事？

我们不能再走这样的老路，要把文化传播做好就要注重把文化转化为有形的可以体验的文化项目。想要让人们通过自觉的体验来感受长城文化的魅力，首先需要我们对长城文化体验项目的规划和安排做好创意和提升。还有，以往做旅游没有文化元素和文化品质，包括司马台长城下建的古北水镇，仅仅是把乌镇的水乡文化，简单地搬到了长城脚下，以长城为背景，与长城文化、边塞文化基本上没有关联。因此，做好山丹长城国家文化公园建设一定要做出文化品质，处理好文化遗产与物质形态的长城和精神文化的长城的关系。

五、要处理好长城与路易·艾黎文化的关系，实现历史文化遗产与红色文化资源的有机结合

中央做长城国家文化公园是做主题明确、内容清新、影响突出的文物和文化资源。山丹是新西兰伟大的国际共产主义战士、著名社会活动家路易·艾黎的第二故乡，山丹工合事业的发展与路易·艾黎有着深厚的渊源。路易·艾黎红色文化主题、内容、影响都与中央的要求高度契合，山丹建设长城国家文化公园就必须将路易·艾黎独特的红色文化与长城文化有机结合起来，做出很好的文化呈现，让游客参与和感受。

总之，长城国家文化公园建设为山丹提供了一个不可多得的历史机遇，

规划编制应该以长城文化资源保护和传承为根本，这一点现在这个规划文本已经有了很好的基础。在保护的基础上，山丹长城国家文化公园建设，如何与旅游产业发展融合，如何与旅游市场的社会需求相对接，如何通过创意性的产品开发，赋予长城文化资源新的发展活力，让人们在旅游的体验中更好地感受长城的历史文化，都还需要再做一些深入的研究。要充分运用数字化等新的体验方式和新的艺术表现形式，使长城文化和路易·艾黎故事的体验吸引力更强。

我希望山丹县委、县政府能处理好上述“五个关系”，做到下面三点：做好文化挖掘，把长城故事讲好；扎扎实实地保护长城遗址遗存，把长城保护做真；做好长城文旅融合项目，把长城旅游做实。相信山丹长城国家文化公园建设一定能取得成效，山丹长城文化保护传承的能力和水平一定能得到全面提升，山丹经济社会发展和文化内涵的利用一定能得到全面增长。

（2020 年 9 月 3 日在“山丹县长城国家文化公园建设规划座谈会”上的讲话）

北京长城的前世今生

各位朋友，大家下午好。今天讲北京的长城，以北京长城为主也会涉及北京周边。北京长城沿线涉及的六个区，分别是平谷、密云、怀柔、延庆、昌平、门头沟。我们讲北京市六个区的长城是从东往西说。在中国历史上历代长城一般都是从西往东说，比如秦始皇的万里长城，从甘肃的临洮到辽东。到明朝时候说长城，才改为从东往西说，比如一般都说明代长城东起山海关西到嘉峪关。实际上在山海关以东还有1950里的辽东镇长城。山海关只是蓟镇长城起点。

北京周边的长城，主要说的是京津冀地区。现在都在说京津冀一体化，因为这个地区地缘相接、文化同脉，有着深厚而广泛的历史渊源。这一点在长城文化遗产中体现得最为明显，京津冀地区的长城主要是明长城，长城本来就是连接在一起的，本来就是一体的。

北京长城的前世今生，主要分成六个方面来谈，想通过这样的形式把北京的长城作一个简单的介绍：

一是北京长城之所以重要，离不开北京的都城地位。二是讲长城与燕山和太行山。北京地区山地占三分之二，平原占三分之一。这三分之二的山地，东西方向的是燕山，南北方向的是太行山，长城就修建在这两条山脉之上。三是讲长城与三个王朝。北京境内有三个朝代的长城，这就是北魏、北齐和明代的长城。四是讲明长城的四镇。明代长城分成九镇防守，后来由九镇发展成十一镇。十一镇中北京市境内就有四镇，分别是蓟镇、昌镇、真保镇和宣镇。五是讲长城与五条河流。这五条与北京长城联系非常密切的河流，有的纵向穿越长城，有的回环多次穿越长城，有的与长城平行。六是讲北京市境内六个区的长城。

一、长城与都城

先说一说都城北京，北京都城的地位和作为边疆防御工程的长城，好像并不是很贴近。长城按理说应该在都城很边缘、很遥远的地方。只有这样都城的中心地带才会更安全，实际上不是这样的。不管是京城北边的内长城居庸关和八达岭、西边的紫荆关和倒马关，还是外长城的宣化、张家口，离北京城都不是很远。京城东边也一样，基本上山海关进来以后就是一马平川，大军可以长驱直入北京城下。

修建长城，是在农牧交错地带边缘地区构建一个防御体系。北京城都城地位从什么时候与长城有关系？实际上是从春秋战国时期。长城是春秋战国时期开始产生的，多数是战国时期。战国时期长城分两部分，第一部分是各诸侯国之间进行争霸兼并战争，进攻与防御需求下产生的长城。第二部分是北方秦、赵、燕这三个诸侯国，在与游牧部族相交的地区修建的防御游牧部族的长城。发展到秦始皇统一六国，形成了大一统天下的时候，秦始皇把各诸侯国之间相互防御的长城都给废掉，叫“堕坏城郭”，把秦国、赵国和燕国在北方防御游牧民族的长城给保留了下来。

北京那个时候是燕国的都城，琉璃河那边有大批燕国故城遗址，出土过很多青铜器，上面有很多铭文，记录了周天子封燕的时候的史实。燕国到昭王时期，最早修建防御游牧民族的长城。燕昭王是一个有作为的君王，但是他命运不济。他父亲燕王哙的错误致使燕国大乱，齐国利用这个机会把燕国灭了。很多年之后，在秦、赵等国的支持下，燕国才重新复国。燕昭王复国之后，锐意改革要振兴燕国。他建造黄金台招贤，聚集了一批军事将才和政治人才，强大了之后，开始向北开疆扩土。类似的还有赵武灵王的胡服骑射改革之后，积极向北扩张。

实际上，战国诸侯国通过改革、变法强大了之后，都要寻求自己生存空间的拓展，寻找机遇去发展自己，燕国向北扩张要在这样的大背景下去观察。燕国西有赵国，南有齐国，都比自己强大。齐国虽然在燕国复国的时候，被五国联军打得稀里哗啦的，但毕竟瘦死的骆驼比马大，还是有大体量在那。在这样一个情况下，向什么方向发展成本最低呢？向北，向农牧交错地带，向游牧族群控制的地区拓展生存空间。秦灭义渠戎后占领了渠戎人的土地，赵国胡服骑射后占领了林胡人的土地，燕国秦开北进之后拓地千里，都大规模地压缩了游牧民族的生存空间。在这种情况下修建起来的长城，在游牧交错地带最靠北的地方修建的长城，完全是为了保护已经获得的土地和利益。

很多朋友都以为北京境内长城，是在燕国长城基础上修建的，其实完全不是。北京境内根本就没有燕长城。燕长城在今天的承德、赤峰那边，向东到辽宁，一直过了鸭绿江。燕国开疆扩土和修建长城的功臣叫秦开，荆轲刺秦王的时候跟他一块去的秦舞阳是秦开的孙子，这在《史记》中有记载。燕国跟东胡和好的时候，互派大将去做人质。人质还不是使节，意思是如果对方对不起我，就杀了这个大将。秦舞阳的爷爷秦开在东胡做人质，跟东胡王相处得很好，非常了解东胡情况。燕昭王当权之后，秦开被召回国。燕昭王派他带着部队攻打东胡，那个时候游牧部族没有成熟的政权和政治体制，只是简单的部落聚合，面对中原国家强大的军事压力，没有很强的抵抗力量。在这样的情况下，才有了秦国、赵国和燕国这些北方农耕地区的诸侯国，大规模、大面积、大踏步地向北发展的历史现象。

秦开为质于胡的时间，相关史籍记载得不清楚，一些燕史研究学者认为应该在公元前 299 年至公元前 260 年之间。秦开离开东胡的时间，大约是公元前 285 年至公元前 284 年。作出这一判断的主要原因，一是燕国曾有借胡兵助伐齐的考虑，二是燕昭王向东胡进军要有物力、财力，选择适宜的时机，可能在伐齐取得决定性胜利之后。

燕国的军队为什么到了农牧交错边缘地区，不再继续向北发展了，而是停下脚步修建长城呢？这是因为再向北，因为雨量不够不长庄稼了。那些连河都没有、种庄稼都不长的草原地区，农耕政权要了也没有用，这个情况下没有办法再继续向北发展了，所以说长城修到了这条线上。后来秦始皇修建长城的时候，主要利用秦国、赵国和燕国的长城，又增修了一部分，才形成了万里长城。汉长城在这个地区，也主要是利用了这些长城，不过有些位置移动了。我们到赤峰那边去考察，秦长城、汉长城还是有些位置移动的。有的地方移动近百千米或几十千米。但是整体上长城是这样一条线性防御工程，这一点没有变化。

燕国长城在燕山的北边，在现赤峰、承德，特别是赤峰和辽宁的朝阳外头一些地方，这一点早已经得到考古发现的证明。考古和历史学家对战国时期的东燕国墓葬进行分期研究后认为，战国中期较典型的燕人墓已出现于张家口、朝阳和赤峰，最北到达沈阳。很多的长城遗存和城址，靠近城边的地方墓葬形制和随葬品都是燕国的东西，离城远一点的地方，墓葬形制和埋的东西主要是东胡文化的。这说明燕国军队打过去以后，派过去的士兵是住在城里的。在城里生活的这些人，死了在城的周边埋葬了，按照燕国葬俗随葬一些从燕国带去的东西，才形成这样一个文化形态和遗存。再往远处，四周是过去被打散的东胡人，这些人虽然已经为燕国所统治，但他们的葬俗还延续胡人文化。游牧跟农耕地区文化有交流，但毕竟还保留着更多草原遗风。这样一说大家就明白了，燕国的长城在远离都城的燕山以北地区。

北京周边的长城，绝大多数都是明代的长城。明代洪武年间，政权中心还在南京。靖难之役之后，因为燕王朱棣一直是驻守在北方，当了皇上登基之后，决定要在北京建都城，把统治中心移到北方来。朱棣是朱元璋儿子中打仗最厉害的一个，朱元璋死后，朱棣带领大军一路攻入南京，推翻了建文帝自己当上了皇帝。把都城从南方迁到北方，最重要的一件事就是对来自蒙古势力威胁的防御一定要做好。北京的地理位置，决定了京城无险可守，也决定了关外军事力量打进长城以后，马上就会兵临京城之下。土木之变，瓦剌军队抓住明英宗绕到紫荆关再打进长城来，包围了北京城。嘉靖二十九年（1550）的庚戌之变，蒙古军队从古北口打进来后，又是长驱直入包围北京城。如果没有长城和北京高大坚固的城墙防御，明朝的两百多年中外族能多次打到北京城下，甚至可以说，明朝不可能有 270 多年的历史。所以整体上说，长城对于北京城保卫还是成功的。

二、长城与燕山、太行山

北京的平原地区，在地理学上被称为北京小平原，也叫北京湾。这个平原是燕山和太行山的冲积平原，是永定河和潮白河等河流带来的大量泥沙、石土长期冲积才形成的。燕山和太行山环绕着整个北京平原。北京的长城，也就建在燕山和太行山之上。这两座山脉全有长城，京津冀地区的长城主要依靠这两个山脉在修建。所以说这两道山脉对于构建北京整体的防御非常重要，燕长城在燕山的北面，明长城在燕山的南面。

长城在燕山南北这样摆动，有自然因素也有人文因素。我们一般看到的容体和长城内外双方军事实力的变化、中原政权防御战略的改变有关。其实，还有一个重要因素，就是与气候变化有关。气候变化是影响农牧交错地带南北移动的自然因素。随着气温的降低，在小冰河期天气寒冷阶段，农牧交错地带的边界线，不适合种地的那条线，就向南推移。随着气温的升高，降水量的增大，这条农牧交错线又会向北移。在政权的角力和气候的变化等多种因素的作用下长城的修建位置发生南北摆动。

燕山有一个特别特殊的现象，大家可能没有太注意。燕山山脉是东西走向的一道山脉，燕山地区的滦河水系，也包括潮河等则都是南北走向。长期以来这些河流水系纵向切割燕山，使得整个燕山山脉支离破碎，形成了燕山山脉没有一道主脉的特殊地理现象。经常去爬长城的朋友们都知道，很多长城关隘处的山体，海拔绝对高度不是很高，但相对高度却很高，也就是高度差非常大。这样就形成了一条条南北的通道，能走水的地方肯定能走人、能走马、能走军队，所以就需要修建长城去封堵。看今天拍的照片，雄伟的险峻的那些长城照片，多数都是在这个区域拍摄的。

太行山分布在京津冀三省，很多的地方还是以山上的长城为省界。北京搞了长城文化带，山西省近两年对长城旅游发展这块下的力度非常大，2017年开始搞三大旅游板块，即长城旅游板块、黄河旅游板块、太行山旅游板块。长城旅游板块跟太行山旅游板块在太行山这个部位重合在一起，长城旅游板块跟黄河旅游板块在偏关、河曲、保德这三个县也重合在一起，长城成了三个板块重要的连接线。山西地势高，在山西那边看太行山不是很陡峭；在河北这边看太行山非常陡峭。太行山上很多地方的长城关口保存得挺好，在山西昔阳、和顺、左权那一带的山上，进黄榆关的那些关口的石墙，包括关城里头的石碑都保存得很好。

我们还回到北京来说燕山、太行山，说一说这两座山上的长城。北京市是燕山和太行山交汇的地方，太行山大致方向是南北方向，燕山大致方向是东西方向。相交的这个地方在八达岭、居庸关下来这道关沟。这道关沟防御线，为什么对北京来说非常重要？因为这条沟谷，是燕山和太行山两座山脉相交的沟谷，是北京向北非常重要的大通道。外长城先不说，从岔道城、八达岭、上关城、居庸关城、南口城，出了南口城再下头还有巩华城，这么短的一道沟里，设置了这么多防御体，可见其重要性。

我们了解燕山和太行山长城的重要性，还应该看一看这两道山对华北平原的意义。华北平原的北部区域是长城设防的重点地区，中国很多朝代的长城都修建在这个区域。明长城九镇中的蓟镇、宣府镇、大同镇、山西镇都修建在华北平原。燕山和太行山既是华北平原向东通往东北、向西通往黄土高原方向的主要屏障，也是由东北和西北地区进入华北平原的必经之路，自古以来就是修建长城的重要区域。游牧势力占据这一区域，就有了向中原发起进攻的立脚点；农耕政权控制了这一区域，就有了向北发展的前沿基地。

三、长城与东魏、北齐和明朝

魏晋南北朝时期，多被史家称为中国历史上的“乱世”。短短的一百多年，战火连绵不绝，有军阀混战也有地方割据。北朝包括北魏、东魏、西魏、北齐和北周五朝，为鲜卑人或鲜卑化汉人建立的政权。

北朝统治区包括农牧交错的长城区域，所以或多或少都修建过长城。北魏是中国历史上，第一个入主中原的北方少数民族政权。鲜卑族拓跋部进入中原地区建立北魏政权之前，也是农耕民族修长城进行防御的对象之一。当他们成为农耕地区统治政权，其经济类型也转化成以农耕为主体时，逐渐强大起来的北方游牧势力柔然族的南下抢掠，成为必须面对的新问题。北魏长城主要在山西境内和内蒙古自治区防御柔然，北京市境内没有北魏长城。北魏分裂成东魏和西魏之后，东魏修建的长城在北京境内还有点历史信息。

东魏长城主要是在山西，山西省文物局长城考察组对东魏长城进行过实地勘察，他们认为东魏肆州长城位于宁武、原平两地，后为北齐天保七年（556）之前所筑长城利用。北京门头沟区王平镇河北村，有一处东魏武定三年（545）的摩崖刻石，上面的字体很清楚，共有 4 行，49 个字，内容为：“大魏武定三年，十月十五日，平远将军、海安太守筑城都使元勒，又用夫一千五百五人，夫十人，乡豪都督三十一人，十日讫功。”现刻石处，已立北京市文物保护碑。这块摩崖石刻，记载了平远将军在此处驻军修筑长城之事，刻石所在的山坡地上，还能见到夯土墙基的痕迹。刻石文中的“城”与“斩山筑城”的“城”，均指修建长城。这里是门头沟境内迄今为止发现修筑长城文字记录最早的实物遗存。

下面我们讲一讲北齐长城。北齐文宣帝高洋，在东魏武定八年（550）五月即帝位，建立了北齐政权。高洋建立北齐之后，多次组织修建长城。北齐从建国到灭亡，只有短短的 28 年历史，却非常重视修筑长城，为什么会这样呢？仔细分析一下，也并不难理解。一是北方有来自突厥、契丹等游牧民族的威胁需要防御，二是西面防御北周政权的进攻。北齐长城经过多次修建，基本上完成两条主防御线：北方的外边，即由今山西西北至河北山海关，这条线从山西到河北经过了北京地区；第二条线为内边的重城，西起山西偏关，东至北京昌平，这条线直接修到了今天的北京。

北齐境内北齐长城遗存也很少了，为什么在北京境内和京津冀地区北齐长城很少了呢？因为明朝修建长城的时候，是沿着北齐长城修的，对北齐长城破坏很大。为什么明长城内外会断断续续的有一些北齐长城遗址呢？这是因为绝大部分地方，明长城都是利用北齐长城原址原线修建，只有在个别地方改线之后北齐长城遗址才保留到了今天。可能很多朋友们去过怀来的陈家堡，站在陈家堡山上可以看到里面有非常长的一段折回来的石头墙，毛石垒砌坍塌成一条石头梁的长城，这就是北齐的长城。现在古北口山下，蓟县的花冠山那边也有北齐长城遗址。从游牧民族成了农耕地区统治者之后，在更北边有更强大的游牧民族又起来了，也就有了防御更北边游牧民族的需求。

北齐修长城时还发生了另一件事，这就是发寡妇以配军士筑长城。《北史・齐本纪》中记载了这件事："天保六年三月，发寡妇以配军士，筑长城。"这次的长城修建，文献记载是"诏发夫一百八十万人筑长城，自幽州北夏口，西至恒州，九百余里"。夏口即今居庸关附近，恒州即今山西大同，长城从北京修到了山西。问题不在于修建长城，在于"发寡妇以配军士"。一百八十万名军士，寡妇少了不管用，哪里会有如此多的寡妇呢？结果是将很多有夫之妇抓来，以寡妇的名义配给军士。这一点《北齐书・帝纪》中记载得很清楚，因为第二年继续这样做了，天保七年"发山东寡妇二千六百人以配军士，有夫而滥夺者五"。魏晋时期开始实行的"士家寡妇配嫁制"，带有很强的游牧民族"转婚制"的色彩。当时实行的是军户世袭制度，老婆孩子随军一起生活。军人战死之后，朝廷做主将寡妇配给无妻士兵一起生活，组成新的家庭。

四、明长城的四镇

北京境内我们能看到的保存较好的长城，基本上都是明代的长城。山海关是洪武十四年（1381）建的，嘉峪关是洪武五年（1372）建的。徐达在明洪武年间，在北京以东的京津冀地区，从居庸关到山海关之间建了32座关城。

明代长城在今天的北京境内有四个军镇，即蓟镇、昌镇、真保镇、宣镇。最早九边时候没有昌镇和真保镇，蓟镇是辽东镇以东的第二镇，昌镇和真保镇是后来从蓟镇分出来的。戚继光刚到长城负责练兵的时候，还讲了蓟辽保定总理练兵事务。《明史·兵志》中记载“蓟之称镇，自嘉靖二十七年始”，这一说法是错误的。蓟镇初设的时间，应该不晚于永乐二十二年（1424），这年的九月任命了总兵官，往山海、永平巡视关隘，整肃兵备。当时的总兵官，虽然称为“镇守山海永平总兵官”“永平总兵官”等，但实际上管辖的防区范围与后来的蓟镇基本相当。到了宣德九年（1434），就直接改为“镇守蓟州等处总兵官”了。

接着我们来了解一下真保镇，这个镇主要是在今天从昌平、门头沟，继续向西进入河北倒马关、紫荆关，包括太行山脉上的平型关、龙泉关、娘子关等长城，都是真保镇的防区。真保镇的主要段落不在北京市境内，而是嘉靖三十年（1551）从蓟镇所辖长城中分出来的，负责镇守紫荆关、倒马关、龙泉关和故关段的长城。文献记载，真保镇长城界自紫荆关沿河口，连昌平镇边界，西抵故关鹿路口，接山西平定州界，共达780里。

北京的正北边是明朝的皇陵，北边也是重要的防御区。如果这样一个军事防御区，由在东边蓟镇指挥中心的总兵指挥，很难构成有效的军事防御线，于是在北京正北边这个地方分出来一个昌镇。昌镇是嘉靖三十八年（1559）正式分设，负责居庸路、黄花城路段的内长城防务。文献记载，昌镇管辖长城东自慕田峪连石塘路蓟州界，西抵居庸关边城，接紫荆关真保镇界，长达460里。主要的任务是保卫京师，特别是负责戍守皇陵。

昌镇虽然分设了，但作为明长城九边的防御体系的一部分，仍然属于蓟镇这个大防区。嘉靖四十二年（1563），朝廷将蓟镇东起山海关、西至镇边城防线划分为10路设防，其中：第一路是石门寨路，第二路是燕河营路，第三路是太平寨，第四路是马兰峪路，第五路是墙子岭路，第六路是古北口路，第七路是石塘岭路。以上 7 路兵马由蓟镇总兵官统领。第八路是黄花镇，第九路是居庸关，第十路是镇边城的兵马，由昌镇总兵官统领。隆庆二年（1568），蓟、昌两镇分为 12 路，万历时期（1573—1620）蓟、昌两镇又分为 16 路，居庸关、黄花镇、横岭口 3 路，依然都是归昌镇总兵官统领。

宣镇长城在今天的延庆、张家口一带。离八达岭长城很近的北边，有一道黄土夯筑的城墙，这的长城实际上已经跟八达岭不是一个军镇。八达岭长城归昌镇管辖，这道土边墙已经归宣镇管了。宣镇长城被称为外长城，长城在北京怀柔箭扣东边分为内外两道长城。这个节点被称为“北京结”，这个概念是 20 世纪 80 年代国土资源部遥感中心在做长城资源调查的时候提出来的。从山海关出来之后，长城主线始终是一条单线，到这个位置分成内长城和外长城。我们说这个地方是鸡鸣三省的地方，同时过去也属于三不管地带。内外长城相交区域的防御，也就是三个大军镇相交的地方，也会成为防御最薄弱的地方。

这个地方长城，包括往延庆走的西大墙，往黄花城走的长城，都建得好。这段长城是几个镇的交会点，为了强化它的军事防御，长城建成了双面的垛口。一般的长城都是临敌的一面是垛口，外边垛口墙是射箭杀伤敌人保护自己的。里面是女儿墙，挡着自己的守兵别掉下去，不是打仗用的。为什么在慕田峪长城这里里外全建了垛口？因为需要强化军事防御，有可能敌人从别人的防区攻进来包抄这边，墙内侧也就成了迎敌的墙了，所以内外都修建有垛口墙。从今天的延庆到赤诚，再到宣化、张家口，从张家口到怀安再过了西洋河进入山西，这是宣镇长城。

宣镇总兵驻在今天的宣化城，蓟镇总兵驻地在河北迁西的三屯营。现在三屯营已经什么都没有了，整个总兵府的建筑基本都没有了，只有几栋石碑保留着。后来总兵府的院子被建成工厂，现在工厂已经废弃。我们 1984 年徒步考察长城的时候，那些石碑还都在草地里头横躺竖卧着。现在把石碑都立起来了，还建了碑亭保护起来。蓟镇的总兵最早驻在秦皇岛的桃林口，后来因为太靠东了逐渐西移到三屯营。戚继光汤泉练兵，就在今天的迁安、迁西、遵化这里，总兵府的正北边就是长城防线。

五、长城与北京的五条河流

军事防御离不开河流，北京境内与长城关系密切的五条河流，分别是：永定河、潮河、白河、温榆河、泃河。其中关系最密切的一条河流是永定河，永定河从山西的宁武关发源，600多千米长，一直伴随着长城，整个流域都在长城区域。北京正在建设三个文化带，即长城文化带、运河文化带、西山永定河文化带。最早的时候，只有西山文化带，永定河是后加在西山文化带上的。其实西山的概念比永定河小多了，西山在永定河文化里面含着，应该叫永定河西山文化带才对。但毕竟西山文化带叫早了，大家都已经认知，所以能把永定河加上就不错了。为什么说永定河重要？不仅仅是因为这条河伴着长城，其实跟运河也有关系。永定河最后是流入南运河，永定河注入以后才使得运河的运输、通航更通畅了。长城防御体系很多军需物资也都是通过运河运过来的。永定河隋唐时候叫桑干河，明朝时候叫浑河，康熙年间治理了永定河之后，才改名叫永定河。

潮白河与长城关系也很密切，潮河整个穿越长城，包括潮关和古北口。古北口有个姊妹楼，一高一低是潮河的一个桥头堡。高楼不多说了，那个低楼在防什么？在防水面进攻。水里有水闸，水位高的时候抬起来，水位低的时候得放下去，有些地方也还要走船。潮河、白河是两条河，白河是在张家口外长城过来的一条河流，在昌平、延庆等地多次穿越长城。温榆河发源于昌平境内，与运河连着。昌平区是唯一一个既属于西山永定河文化带、运河文化带，又属于长城文化带的区。泃河也是从平谷流到黄牙关再下去的，平谷境内的长城很多都属于泃河流域。这几条河都有很多与长城相关的故事，由于时间的关系今天不展开讲了。

六、北京有长城的六个区

北京境内长城，由天津的蓟州区进入北京后，从东向西排列经过了六个区：平谷、密云、怀柔、延庆、昌平、门头沟。这六个区都有长城，北京境内长城在全国来说还是属于保存较好、较完整的长城段。

《中国长城志》今年刚出版，在这部大型文献中对北京境内六个区的长城进行过简单的梳理。平谷的长城，东面由天津市蓟州西来，北接密云长城，全长约 57 千米，大部分为石筑的墙体。密云的长城，南接平谷，西连怀柔，分布于密云的东、北、西部地区，长度约 300 千米，是北京市六个有长城的区中长城长度最长的。墙体保存较好的地段是墙子路、司马台、古北口等段。怀柔长城，东自密云入境，西至延庆，现存墙体遗迹约 60 千米，其中慕田峪长城、箭扣长城等都保存得较好。延庆的明长城分为内、外两条长城，内长城东接怀柔，南与昌平相接；外长城东接怀柔，西与河北张家口市赤城县长城相接。延庆长城基本是沿着军都山修建的，现存遗址有 148 千米还多。八达岭长城最为著名，到目前为止已经有 500 多位外国元首和政府首脑参观过八达岭长城。昌平长城，东北接河北张家口的怀来县长城，西南与门头沟长城相接，全长 20 千米。门头沟长城，包括内长城的南、北两条线，分别与河北省张家口市怀来县长城、昌平长城相接，总长度约 40 千米。

北京境内长城关隘，从明洪武初年就开始修建，到永乐年间基本形成了严密的防御体系。宣德年间明蒙关系相对平和稳定，正统至正德年间双方关系紧张起来，开始进入较大规模的修建时期。嘉靖年间九边长城进入修建的高峰期，隆庆到万历年间长城形成了一道城堡相连的万里防线。每个阶段的长城修建，基本上都包括了今天北京市境内的长城。

（载于北京市地方志编纂委员会主办的《京华讲坛》第 61 期）

河北省长城保护与利用统筹发展的问题与对策

2013 年 12 月 30 日，在中央政治局第十二次集体学习的讲话中，习近平总书记第一次提出“让收藏在禁宫里的文物、陈列在广阔大地上的遗产、书写在古籍里的文字活起来”。2014 年 3 月 27 日，在巴黎联合国教科文组织总部发表演讲时，他再次强调了这一理念。

一、长城保护与利用需要做好顶层设计

让长城这一“陈列在广阔大地上的遗产”活起来，必须做好长城保护与利用统筹发展的顶层设计。综合考虑河北省境内的长城数量及质量，居全国 15 个省（自治区、直辖市）首位。所以，需要以更强的历史责任感，更深的认识及更宽的视野，做好长城的保护和利用。

（一）河北省长城资源，数量及质量综合考虑居全国第一

2006 年，国家文物局会同国家测绘局开始进行长城资源调查。2012 年调查结果认定，我国各时代长城资源分布于北京、河北等 15 个省（自治区、直辖市）404 个县（市、区）。认定长城遗存总长度 21196. 18 千米。

河北省境内现存历代长城总长 3699. 64 千米，其中金代以前长城现存遗存 1083. 78 千米，明代长城 2615. 86 千米。数量仅次于内蒙古自治区，居全国第二位。从数量及质量方面综合考虑，河北省属于全国第一。从这个意义上说，河北也应该在长城保护与利用统筹发展方面走在全国的前面。

（二）河北省尚未作出长城保护与利用统筹发展的省级战略

国家文物局《长城保护工程（2005—2014 年）评估报告》统计，目前全国有长城景区 118 处，其中河北省 27 处。长城景区的类型包括：专门长

城景区、长城遗址公园和内有长城的综合性旅游景区。

总体来说，这些统计多是关注到了观光旅游景区，仅停留在观光业态的长城利用，已经落后于时代。北京市运河、长城、西山永定河三个文化带建设的“长城文化带”，山西省黄河、长城、太行山三大旅游板块建设的“长城旅游板块”，都是要解决区域整体发展的问题。河北省需要尽快提出长城保护与利用统筹发展的省级战略。

（三）文旅结合，长城保护利用的创造性转化和创新性发展之路

传统的观光旅游，不能满足创造性转化和创新性发展的社会需要。长城保护与利用的创造性转化和创新性发展，指充分挖掘世界遗产长城潜在的社会和经济价值，通过创造、创意和创新性转化，促进长城保护与利用事业的统筹发展。

长城旅游发展，要与休闲度假、建设长城脚下美丽乡村等紧密结合起来。发展文旅结合产业，所依赖的资源主要包括自然资源和文化资源。河北省长城沿线自然和文化两方面，都属于优质资源。

（四）做好长城文旅项目，将潜在市场转化为现实的市场

文旅结合发展，是长城保护利用的必经之路。要在统筹规划的基础上，做好长城文旅项目的设计、评估。通过长城文旅产业布局，在保护长城的前提下，把潜在的市场转化为现实的市场，服务于当地社会经济建设。

二、处理好长城保护与利用的关系

世界遗产长城是中华文明的瑰宝，也是社会文化和经济发展的重要资源。联合国教科文组织 1964 年通过的《威尼斯宪章》，首次提及利用的概念，主张“为社会公用之目的利用古迹，始终有利于古迹的保护”。

（一）保护是基础，没有保护的利用极易造成破坏

长城的保护与利用之间的关系，属于一个事物的两个方面，彼此紧密相连，既对立又统一。保护是基础、是前提，没有对长城的保护，长城遭到了破坏之后利用也就无从谈起。我们保护长城主要是两个任务，一是把长城这个伟大的文化遗产传承下去，二是服务于当代的社会经济及文化生活。

保护与利用做不好，就会相互矛盾；做得好，可以相互促进。所以，需要认真做好长城保护与利用的统筹发展。

（二）资本的趋利性，既要限制也要利用

在长城利用的过程中，资本的趋利性既要限制也要利用。资本有趋利性，决定其追求效益最大化。效益最大化的方向，使资本促进资源的优化，这一点在发展长城旅游时一定要鼓励资本的进入。同时，也要通过法律法规的限制，使投资人和管理者明白长城保护是其项目成功与失败的关键，在利用长城时自觉将长城保护落到实处。

（三）长城资源转化为资产，需要慎重

长城是国家十分珍贵的资源性资产。既是国有资产，又不同于企业的国有资产，也与森林、土地、矿山等国有资源性资产的性质有所不同。长城文化遗产的不可再生性，其历史、科学和艺术价值，都不能仅以资产属性而简单论之。所以，将长城遗产资源转化为资产，需慎重再慎重。

（四）长城文保单位的开放度，需要进一步扩大

长城是公共文化资源，文物部门应进一步扩大长城文保单位的开放度，适应社会发展的需要。长城吸引人们的地方，就是特殊的历史文化价值。长城的保护和利用，应该说都源于此。采取措施扩大长城的开放度，既能服务于社会公众的旅游需要，又有利于社会公众增进对长城的认识和理解。

三、让长城文化遗产活起来

让长城“活”起来，是把长城这个伟大的文化遗产，融入人们的现代生活中。通过认识和了解长城的伟大，使长城更贴近人们的社会生活，长城的文化底蕴就能更好地发挥作用。让更多的长城面向社会、服务公众，是社会对文物保护和旅游管理机构的要求。

（一）长城旅游模式，要注重历史科学和艺术价值体验

要尝试长城新的旅游模式，如修建长城国家步道，满足人们日益增长的户外活动需要。在长城本体之外，修建观景平台，用步道将其连接起来。很多获国际大奖的摄影作品，并不是直接站到长城上拍摄的。将这些拍摄地建成观景平台，游客既可以近距离感受长城，又可以在欣赏长城最好的地方眺望长城。

（二）长城保护利用统筹，要结合精准扶贫

长城保护利用，还要与精准扶贫结合起来。河北省有长城的县，很多是贫困地区。2017 年河北省《关于重点支持张承坝上等深度地区脱贫攻坚的推进方案》，确定了 10 个全省脱贫攻坚重点区域的深度贫困县，康保县、沽源县、尚义县、张北县、丰宁县、围场县、阳原县、阜平县、涞源县、隆化县。其中，除阳原之外的 9 个县都有长城。

历史上的长城关隘、城堡，很多都已经演变成今天的村庄。这些自然环境优美的古老村庄，是发展长城文旅产业的重要资源。长城保护与利用统筹发展，正是增强其自身“造血”功能的精准扶贫。

（三）讲好长城的故事，就是讲好中国的故事

讲好长城故事可以使大家明白：我们这个民族、这个国家为什么在古代持续两千多年不断地修建和使用长城？中国文明是四大文明古国中唯一没有中断的文明，这其中长城的作用是什么？站在人类文明的视角，如何解读长城所代表的中华文明对人类文明发展的引领价值？

在长城保护和利用的体验区，通过建设长城历史文化 App 解说系统等措施，利用新的传播手段向旅游者传播长城历史文化知识。通过感受长城，帮助普通民众在旅游消费的同时，还能更加热爱长城，热爱我们的民族和国家，树立文化自信。

四、文物和旅游部门应联合制定长城保护与利用规划

长城资源量大，长城旅游涉及面广。文物和旅游工作分属不同的单位，做好长城保护利用工作，需要搞好顶层设计。顶层设计就是要做好保护和利用的统筹，统一规划，一起报送省政府审批。长城旅游项目的评估和验收，也要从保护和利用两个方面统筹考虑。

（一）长城保护与利用，必须面向社会、服务公众

规划要对长城的保护利用工作，提出符合时代发展的标准。利用长城内外空间，为民众提供亲身体验长城、亲近自然的机会。让人们在娱乐、休憩、交流中，体验长城的伟大，激发起保护长城、保护环境的社会意识。

（二）长城资源的利用，要坚持文化价值优先

长城保护与利用统筹发展，要坚持文化价值优先的原则。要坚持在对长城的历史、艺术、科学价值的保护与弘扬基础之上的利用。这一原则是长城保护与利用统筹发展，必须坚持的前置条件。

（三）通过加强制度管理，规范相关行为

制定规划，也是制度建设。长城保护与利用统筹发展，要注意突出经济效益而忽视社会效益的问题。也要解决以强调社会效益为名，不能将长城文化遗产“活化”的问题。这就需要通过制度建设，加强管理规范相关行为。

（四）鼓励试验和探索，认真总结经验

制定长城保护与利用规划，要鼓励试验和探索。河北省做好长城保护与利用统筹发展，要摸索出一套可以在全国起示范作用的经验。目前全国范围内，因为没有这方面的成熟经验，已经严重制约了长城保护利用工作的开展。

（载于《河北长城文化遗产保护与利用研究》，光明日报出版社 2019 年 12 月）

构建京津冀长城文化遗产廊道

长城从东北、华北到西北，横跨中国北方数千里，已有两千多年的历史，明代长城也有六百多年的历史。长城具有丰富的历史文化内涵，是中华民族乃至全人类的文化遗产，是一条极为珍贵的文化遗产廊道。京津冀地区的长城，又是中国长城最有代表性的地方，构建京津冀长城文化遗产廊道，是一件意义重大、势在必行的举措。

国家旅游局《“十三五”旅游业发展规划》提出构建长城文化生态旅游带，《北京市“十三五”时期加强全国文化中心建设规划》也提出了“发挥京津冀地域相近、文脉相亲的地缘优势，统筹推动长城文化带、运河文化带、西山文化带建设，实现历史文化遗产连片、成线整体保护”。京津冀长城文化遗产廊道，是一条休闲的廊道，也是生态的廊道，推进京津冀长城文化遗产廊道建设，将是京津冀长城保护利用的主要任务。

一、长城是人类文明的标志

奥运期间国务院新闻办出品了一套礼品书《长城》，由我主编并作序，我曾写到“长城是人类文明的标志”，后来相关的学术交流中曾有外国学者对这句话提出质疑，我觉得长城作为人类文明的标志最重要的体现在三个方面：

（一）生存

一个国家、一个民族的生存永远是第一位的，当整个人类灭亡的时候，人类文明就失去了对人的价值。长城作为冷兵器时期的军事防御工程，从产生之初到冷兵器时期军事防御功能的结束，首先解决的问题就是生存。也可以说，长城一直要解决的首要问题就是生存问题。

（二）秩序

长城位于农牧交错地带，实际上是构建农耕和游牧两种不同生产方式和生活方式族群生活和生产秩序的重要手段。牧民在长城外面放牧，农民在长城里面种地，通过长城千万座关口进行贸易。事实上中国的长城绝大部分都没打过仗，即便打过仗的地方也只有很少的时间在打仗。为什么呢？由于有了长城，规避和减少了战争。我曾经陪外国国家元首如克林顿、布什等登上长城，我告诉他们，长城是为不打仗修的，不是为打仗修的，道理很简单，修长城的人，不可能背着长城打别人去。而且若只是今年不打，明年缓过手来就打你，也不用把它建得这么坚固、这么费劲，就是世世代代都不想打，才会建得这么坚固，所以长城是维护秩序的象征，也可以说，长城是和平的象征。

（三）传承

站在人类文明的视角来看，长城所代表的中华文明对人类文明最大的贡献是什么？今天，在长城身上反映出来的对人类文明的价值在什么地方？中华民族是多元一体的格局，多元肯定就是多元利益，一体又有一体的利益，如何在多元利益平衡的基础上寻求一体利益的最大化？中华民族找到了多元利益平衡基础上一体利益最大化的共生之路，长城就是这条和平之路的标志。这也是我们这个民族几千年来，大家能走到一起，能持续地几千年走到一起，多民族走到一起的一个根本原因。修建长城肯定不是想把长城外面消灭掉，而是要与之长期共存。

我们跟中央电视台做了 196 集《长城内外》的电视节目，我给他们讲长城内外的概念时说：可以用中国的“中”字来理解长城，把中间这一竖当作长城，左边是长城外，右边是长城内，这就是“长城内外”。中间是长城，长城内外两边是相对独立的，又是相互依赖的，谁也离不开谁，它是一个整体，长城内外是一个整体。

二、京津冀长城概况

在明代，长城的管理、使用都是一个整体，长城内外在中华文明的大发展当中又是一个整体。京津冀长城就更是一个整体了，今天的京津冀是一个整体，长城的修建、管理都是一个整体。

京津冀的长城在中国的长城史中占有非常重要的地位，明代的长城全长8851.8千米，山险墙、人工墙体6227千米，其中京津冀长城有1905千米，占很大的比例。京津冀长城中北京占526.6千米，天津占40.3千米，河北占1338千米。除长度之外，京津冀长城在整个长城历史上是没有断代的，从战国时期以来的历代长城在京津冀都有修建，尤其是明代的长城，最精华的地段都在京津冀，可以说历代长城中，京津冀的长城也占非常重要的位置。

目前来看长城的利用情况，各个重要的节点都有开发，如山海关、八达岭等，但是每一个节点都是缺乏联系的、孤立的、点状的开发。这种碎片化、低层次的利用，很容易对宝贵的长城资源造成破坏。这样的开发既对长城文化遗产本身构成破坏，同时也对重要的文化资源和旅游资源造成很严重的破坏，而且这种破坏是不可逆的。

京津冀长城在中国的长城史上具有非常重要的位置，但是至今为止并没有被作为一个完整的、整体的文化遗产进行保护和利用，更没有构建起京津冀长城文化遗产廊道。京津冀长城深厚和丰富的文化内涵，完全可以支撑起在京津冀区域内构建重要的文化遗产廊道。从历史、现实和未来的视角，构建起京津冀长城文化遗产廊道，是非常迫切的，能够对长城实行有效的保护和可持续的利用。如果在京津冀协同发展的过程中，京津冀能携手保护长城，同时制定好规划，进行整体的保护性的利用，这应该是一件利国利民的大好事。

三、构建京津冀长城文化遗产廊道意义重大

（1）长城特别是北京周边以及京津冀地区的长城，是民族认同的重要标志，是具有标志意义的符号。中央提出文化自信，长城就是文化自信的底气。如何从国家战略的高度，在京津冀地区建立起长城文化的高地，应该是我们的重要任务。京津冀长城作为中国长城最有代表性的地方，更应该发挥彰显民族身份和促进文化认同的作用。这是中华民族文化传承的历史担当，我们义不容辞。

（2）要认识长城文化的价值，应该从历史、现实与未来多视角去分析研究京津冀地区的长城，从可持续利用的立场出发，全面研究长城在满足文化、经济、社会发展需求方面的功能。只有这样做，才能全面认识长城今天的社会价值，才能真正了解长城保护工作对今天对未来的重要意义。

（3）长城是把历史和今天连接起来的重要纽带，是中华文化活化的重要资源。比如可以通过长城旅游的发展，让更多的人在游玩中感受历史文化。长城是历史文化与现代联系的重要载体，也是城市和农村人文自然法则的重要历史纽带，这样一个廊道的构建，对长城的保护和整个区域的发展都具有很重要的作用。让长城沿线的农村因为有长城而致富，大家保护长城的热情才能高起来，才能可持续。

四、构建过程中应注意的问题

（一）保护文化遗产的前提下提高旅游体验

构建京津冀长城文化遗产廊道，在不破坏自然景观并且不降低长城文化遗产价值的前提下，要为旅游提供高品质的旅游体验。比如开发商向农民收购长城的文字砖，农民在利益驱使下对长城的砖块进行破坏性拆取，对长城造成了巨大的破坏，这种行为不仅违反了《文物保护法》，也违反了《长城保护条例》。可以通过构建文化遗产廊道，制定相关的保护措施，这样才能真正地保护长城的文化价值和历史价值。

（二）各省共同搭建平台，建立联动机制

要通过京津冀长城文化遗产廊道的建设，搭建起省市县各级联系的平台。长城的存在是与各个省市县级单位相连的，比如天津蓟州区黄崖关长城外就是河北的兴隆，北京密云长城外是河北的滦平，北京昌平长城外是河北的怀来等。如果在长城实际保护和利用工作中，各自算各自账、各自寻求各自利益，将不利于长城的保护，也不利于长城的利用。要通过建立保护和利用的协同机制，加强联系，创新旅游模式，使长城文化遗产廊道有利于保护和整体可持续发展。

（三）做好整体规划，统一协调发展

构建京津冀长城文化遗产廊道，首先要做好遗产廊道的保护规划。规划

先行，就是为了强调整体性。通过规划从系统的整体空间组织着手，保护和开发京津冀长城文化遗产廊道，为长城内外所有的村镇提供经济发展的机会。京津冀长城文化遗产廊道建设，是对长城区域自然和文化资源的综合利用。只有做好规划，才能防止粗制滥造、低层次、碎片化的旅游开发严重损害长城的真实性和完整性。

（2019 年 9 月 27 日在“长城文化保护发展研讨会”上的发言）

古北口中国特色小镇规划项目讨论会上的讲话

古北口特色小镇项目定位应该怎么定，还是需要好好研究。现在方案给出的项目定位是两个，一个是“中国文化休闲小镇”，一个是“中国长城文化古镇”。说文化休闲小镇，长城的特色就没有了。说长城文化古镇，又没有了“休闲”这个定位的含义。其实长城本身就是文化，长城后面不一定要带着文化二字，不带文化两个字，人们也知道不是在说自然。长城本身就是一种文化，这两个概念重复了。但“休闲”是古北口镇要做的产业方向。从定位上，长城要保留，休闲也要保留，概念才完整。叫小镇，比古镇要合适。首先，长城本身就是文物古迹，不用再强调“古”。再有，古北口的发展，也不是只做“古”的文章。所以，我建议将古北口项目定位为“中国长城休闲小镇”。

关于古北口几个文化类型的归纳，长城文化和关塞文化不能分开成为两个文化类型，这两个内容在古北口是分不开的。关隘、关口也是长城的组成部分，古北口作为一个著名关隘，是长城的著名关隘，关隘文化和长城文化是一体的。古镇文化还有历史积淀，但长城文化和关塞文化就没必要做分割了，分割后边界也不清晰。

规划中提出做长城文化创意产业，我觉得非常好，中国长城学会支持或参与都是没有问题的。长城现在作为国家和民族历史联系重要的、具有标志意义的形象，在全国并没有树立起来。在全世界说起长城，基本上就是中国的代名词，但是长城沿线还没有任何一个地方做到了从文化的意义上，真正能承担起诠释中国文化这个任务。比如八达岭长城，虽然很热却也不外乎是旅游观光目的地，没有构建起中国文化高地，只是拍照的观光景观。

中央提出文化自信，长城就是文化自信的底气。如何从国家战略的高度，建立长城文化的高地，应该是我们这个规划的重要任务。2008 年奥运会时，国务院新闻办要出一本送给各国代表团的礼品书，最早要出一本书叫《锦绣中华》，有 6 种不同文字版本，厚厚一本大画册，展现中国历史悠久、地大物博。当时国务院新闻办领导讲，中央领导要求出一本别人愿意带走的书。国务院新闻办研究做什么好，最后决定做一本有关长城的书。他们很快就做出一本非常精美的书，来找我做这本书的主编。国家的事，我当然是全力参与，积极支持。我提出，这本书仅做成一个摄影集是不够的。我说以图片为主，加上图注的这个形式不行，没有呈现出文化内涵。这本书与长城所代表的我们国家的文化不相匹配。这本书必须回答几个问题：第一，我们这个古老的国家为什么会持续 2000 多年不断地修建和使用长城？原因是什么？第二，中华文明是四大古老文明古国中唯一没有中断的文明，这个历史现象与长城的关系是什么？长城在这之中的作用是什么？第三，站在今天人类文明的视角，去解读长城所代表的中华文明对人类文明最大的贡献是什么？今天的文化价值在哪里？我们要把古北口的打造放在国家文化战略高度上去思考，但我们是用产业形式，用文化产业项目去构建文化高地，构建中华文明与世界文明对话的平台，我想从国家战略上和社会发展需要上都是需要的。

规划当中专门有保护的一个板块，这很好，很重要。但从目前的文案来看，保护的问题关注得还远远不够，仅仅是提了一下而已，还没有真正展开。保护的板块肯定要细化，我们要保护什么？怎么去保护？将来这是要拉出清单的。如果把古北口保护和利用分成两大块的话，现在所有的东西还都在“如何利用”上说得多，保护这一块还非常单薄，欠缺很多。保护是基础，如果等发展起来了，保护就被淹没了。在规划层面没有给保护以足够重视的话，那么在实施的过程当中，前进的速度一快，保护就会更滞后。今天剩下来的、可保护的东西本来就非常有限了，尤其是指文化遗产保护这一块，一定要给予足够的重视。古北口将来要打造成长城文化乃至中国文化的高地，支撑你的还是我们要保护的东西。要把保护这一块，下大力量，作深度挖掘，这样规划才能相对完整。

关于长城游步道的设计是非常好的方向。古北口镇的开发，长城是非常重要的特色，游人去玩什么？古北口肯定不能走观光旅游的老路子，而是要做休闲产业，这一点已经有了共识。休闲除了看看美丽的景色，看看星星月亮，还要有能让游人参与体验的东西。我前一阵在古北口蟠龙山长城上拍《董耀会说长城——走进古北口》，那天是星期日，遇到瑞士的女大使，她约了两个伴儿，一共三个人顺着长城溜达着走。她喜欢古北口，感觉这与去八达岭看景区的感受是完全不一样的。她喜欢的是什么？是古北口长城的历史沧桑感。建长城步道，就是充分地利用这种长城的沧桑感，利用优美的自然环境吸引大家。

我建议古北口长城步道，叫长城国家步道。目前，国家体育总局正在构建国家步道系统建设。现在还没有做出来，但步道体系建设标准已经有了，我们要尽快与国家体育总局对接。我们要将各种业态串起来，让人不仅是走，让别人来这里消费的第一目标是呼吸新鲜空气、锻炼身体，在这里走两天还没走完，这次走得高兴了下次还走。就像瑞士女大使，来了很多次，有空就会来玩儿一趟，她能来这么多次，一定不只是来观光，还有享受这里的人文和自然环境。我相信，她以后还会来。

将来我们构建的古北口长城国家步道，是一横一纵。横是长城，现在卧虎山很少有人上去，其实从卧虎山上去向西那一段非常美，很多热爱野外运动的人到那里去。古北口长城国家步道，也不一定完全是沿着长城走，可以上来下去有不同的节点。纵是御道，从北京城去承德，沿着这条道走下去以后向滦平，这条御道不是现在的大路，而是进村了，非常美。现在京津冀一体化，我们可以做一条“跟着皇上去塞北，跟着将军走长城”的线路，玩的时候能把情境带进去。

现在世界各国，包括我去荷兰、意大利都参加过徒步活动，徒步已经是发达国家大部分人的生活常态。将来我们把长城国家步道建立起来，组织世界各国徒步组织来长城徒步，一定会做成很热的项目。前些年，日本徒步协会举办成立 40 周年庆典的时候，邀请全世界徒步方面有影响的人去参加庆典活动，我因为 30 多年前徒步走过长城，也被邀请去了。除了参加活动，我在日本走了一周，去到各个县徒步。日本每个县，都有非常多徒步组织，做得已经非常成熟。徒步在我们国家还在初始阶段，将来我们的长城国家步道构建起来以后，与世界各国的徒步组织建立联系，可以做成一条国际的徒步热线。

我想，我们可以把古北口做成一个全国长城保护的模范地，做成一个长城国家步道的示范区，让大家来玩得高兴，玩的过程中还能深入体验中国文化。做长城文化创意聚集，有不同的玩的形式，这就是休闲项目。长城国家步道也能带动整个下面的乡村，不同的团队起点不一样，这些人住这个村子里，那些人在那个村子里，不一定是一条线上一个起点。目前城市马拉松很热，现在不少的地方要做定向越野了。上海已经做了 6 年，很多小城市也开始做了。比如说定向越野一共有 60 关，早上 8 点到下午 4 点，一共 8 个小时，从开始到关门时间，必须把 60 关过了。当然也可能设置 30 关、40 关，难度不同，一定要让大家觉得好玩。上海举办的城市定向越野，已经有 10 万人参加。其中有一关，在这个地方拍个照片，传到微信上，需要有 20 个人点赞，这一关才算过。10 万乘 20，就是 200 万的点击量，不花一分钱，达到了这个传播量，而且这种传播不仅仅是要求指定的，其他好的内容大家也在自发传播。

我们的长城国家步道，如果仅仅是走，娱乐性不足，要把定向越野的模式构建起来，不同年龄、不同时间段关卡设置不一样，一个指北针，一张地图，一个手环，手环就是通关卡，过关以后，第一名、第二名各有什么奖励，把玩儿的东西做起来。有小孩、大学生等不同年龄段的项目，而且不受季节的限制，冬天有冬天的乐趣，秋天有秋天的乐趣，夏天如何避暑、如何补水都是有学问的，将来需要专业团队来运作。这实际是一种体育项目，孩子还能增加户外体验、户外探险的知识，一路上可以了解长城文化，还可以认识不同地质形态。

古北口的历史文化还要好好地挖掘，古北口潮关村的瘟神庙里的壁画上，诸神仙中第一和第二位神是什么神？大家可能不太清楚，这两个神一个是茶神陆羽，一个是酒神杜康。茶在长城内外，有着非常重要的地位。现在出了古北口，在承德地区人们就喝奶茶，到草原地区更是离不开奶茶。这不仅是生活习惯，而是因为茶能补充微量元素，人离开茶就会得病。古北口自古就是军事重镇，“青梅煮酒论英雄”，酒更是军人离不开的东西。中国古代消毒与防疫，更是离不开酒。所以，瘟神庙会供奉着茶神和酒神。有了茶神和酒神，就可以在古北口把茶文化和酒文化做足。

你们的规划提出将古北口打造成“长城第一镇”，这次汇报中没有了这个提法，我觉得还是不这么提为好。你们可以研究一下“长城第一镇”是什么样的概念，是在什么时间和空间语境下构建的概念，所谓的“长城第一镇”以什么为衡量标准。只要这些能说得通，我不一定反对这种叫法，关键是你们如何让大家认为，你们的提法是能成立的。我们既然提出在古北口镇构建起长城文化乃至中国文化的高地，怎么不可以打造“长城第一镇”呢？提可以，但要能站住脚。当然，第一不是叫第一，就是第一了，要当之无愧才行。这就要看我们是不是能担当起这样的历史使命，首先要看你们规划的功夫和水准了。

做规划不是为了有规划，也不仅是为了满足国家“中国特色小镇”建设的要求需要，关键是要对古北口国家级特色小镇有实际的指导作用，这才是见着功夫的地方。

（2017 年 10 月在“古北口中国特色小镇总体规划座谈会”上的发言）

雄安带动长城文化经济带发展的引擎作用之前瞻

长城文化经济带的提出，是基于构建“雄安—京津冀—长城文化经济带”的北方经济空间协调发展战略的思考。以国家战略的制定，系统解决南北方经济发展与资源环境利用的不平衡问题。提出长城文化经济带建设的国家战略，也是试图从国家高度、新时代的高度、北方经济社会发展的高度把握雄安建设的意义。长城文化经济带的构建是一项对政策配合、决策层级支持力度都要求比较高的战略。

一、深圳特区、浦东新区和雄安新区点状布局

中共中央、国务院决定设立河北雄安新区，并将制定实施这一战略确定为“继深圳经济特区和上海浦东新区之后又一具有全国意义的新区，是千年大计、国家大事”。如何深刻领会中央的精神，准确把握“千年大计、国家大事”的顶层设计，不仅对未来的雄安新区建设有意义，也关乎未来北方经济发展战略。

我们先比对一下深圳经济特区、上海浦东新区和雄安新区，在中国经济社会不同的发展阶段产生发展起来的意义。通过研究深圳、浦东这两个国家经济发展点状布局对区域发展的带动作用，可以更好地理解和深度解读有关雄安新区未来发展的问题。

从深圳、浦东到雄安有什么内在的逻辑关系？现在，一般都是讲“深圳是中国区域经济改革开放的拓荒者”“浦东是带动长江经济带发展的新引擎”“雄安新区将成为加快创新驱动发展的新的增长极”。

这个新的增长极是什么？肯定首先是京津冀协同发展。目前谈建设雄安

新区的意义，一是强调面向未来加快打造现代化新型首都圈的新引擎作用，二是强调北京非首都核心功能疏解的集中承载地作用。雄安新区建设将促进贯彻实施“京津冀协同发展规划，打造中国经济增长的第三极”已经达成了共识。所以，雄安新区将带动的首先是京津冀经济发展。

但是，从更深的层次来讲，从更广泛的意义来看，其影响与作用又肯定不仅限于京津冀区域，而应该是整个北方经济的发展。世界遗产长城横亘在中国北方，从东北、华北直到西北。构建长城文化经济带，是试图身在京津冀，又跳出京津冀来看雄安建设“千年大计”的一种思考。通过深圳、浦东的过去，来看雄安新区未来的历史地位与作用。

二、从深圳、浦东由点至面再及线的带动作用看雄安

深圳、浦东的发展，都有一个由点至面，再拉动线状区域的发展过程。

我们先看一下深圳。1979 年 3 月 5 日，国务院批复同意广东省宝安县改设为深圳市。1979 年 7 月，中央决定在深圳、珠海、汕头、厦门建立特区。建设深圳的时候，当时的国家发展战略的重心是广东沿海地区，因国力有限连上海这样的经济中心城市都难以顾及。

2014 年国务院发布《关于珠江—西江经济带发展规划的批复》，珠江—西江经济带发展正式上升为国家战略。建设珠江经济带，构建一个由港澳珠三角与西南地区相互支撑、产业互动的经济发展格局，让东部与西部的产业要素有序转移衔接、优化升级，加快这一区域新型城镇化的集聚发展。

至此，可以清楚地看明白深圳建设的成果，首先是对珠三角经济发展起到了强有力的带动作用，而正是有了珠三角经济发展，才有了珠江经济带的协同发展及其建设的大规模推进。在“深圳—珠三角—珠江经济带”的带动下，广东从 20 世纪 90 年代开始，至今一直位居中国省域经济的第一位。

我们再看一下浦东。1990 年 4 月上海浦东开发正式启动。这年年初邓小平视察上海时说，上海的浦东开发，不是上海一个地方的事。浦东开发，可以带动长江三角洲和长江流域的发展，所以是全国的事。1992 年召开的十四大，明确提出以浦东开发开放为龙头，带动长江三角洲及长江沿岸地区共同发展。

浦东开发比深圳晚了 10 年，国家以浦东开发开放为契机，发挥上海的辐射带动作用，依托长江中心城市的建设，推动长江经济带的整体发展。由于有了深圳的发展经验，浦东开发从最初就注重了与包括内陆地区区域的合作。总体上初步实现了最初设想，带动“全上海以及长江三角洲和整个长江流域经济的新飞跃”。

浦东的引擎作用，拉动了长三角的区域经济发展。长三角又承担起了带动长江经济带发展的历史重任。2014 年 9 月，国务院从国家战略的角度再次对长江经济带的发展，作出了总体的部署。

今天长江经济带和珠江经济带，已经是中国经济实力最强、潜力最大、影响力最广的两大经济带。这两个经济带的 GDP 总量，占据全国的 GDP 总量的 60% 以上。

三、从雄安看南北方的经济发展差距

谈雄安新区建设将带动中国北方经济发展，先看一下南北方经济发展的格局怎样。2017 年南方 GDP 实现 52. 5 万亿元，占全国总量的 61% 左右，是 1980 年以来占比最高的时期。相应的北方的 GDP，在全国总量占比下降到 39% 左右，是 1980 年以来占比最低的时期。南北方 GDP 相差 22%，而改革开放初期仅差约 2% 略多一点。

更为严重的是，这种差距还将进一步加大。国务院参事、国家发改委原副主任杜鹰透露：自 2013 年以来，我国北方与南方的经济差距开始拉开。增速上的差距，已经由当年的 0. 6 个百分点，扩大至现在的 1. 4 个百分点。以这样的增速差距发展下去，南北方经济差距毫无疑问将越拉越大。

中国社会科学院（财经院）与联合国人居署，共同发布了年度报告《全球城市竞争力报告 2017—2018》。其中，中国城市深圳第 6 名、上海第 14 名、广州第 15 名、北京第 20 名。前三名来自长三角地区和珠三角地区，后面进入排名的中国大中城市，也主要分布在长三角和珠三角地区。北方的京津冀地区除了北京和天津，没有一座大城市入围。进入中国最具竞争力城市 50 强的城市，绝大多数亦是南方城市，北方只有北京、天津、大连、沈阳、青岛 5 座城市。

在南方调整产业结构，推进去除落后和过剩产能、促进提高新增产能质量、推动环保产业发展的过程中，北方特别是长城沿线地区成为过剩产能跨地区转移的接收地。长城地区的党政领导，也有发展经济的压力。由于缺乏国家战略定位，没有国家政策支持，只能选择人家来投什么就接什么的被动做法。即便是过剩产能的跨地区转移，北方的一些地方还有相互竞争的现象存在。

国务院几年前制定的《水污染防治行动计划》，提出全面控制污染物排放并坚决取缔“十小”企业，主要包括不符合国家产业政策的小型造纸、制革、印染、染料、炼焦、炼硫、炼砷、炼油、电镀、农药等严重污染水环境的生产项目。这些装备水平低、环保设施差的小型工业企业，绝大多数都在北方。我常年在长城沿线考察，这些严重污染企业给我留下的恶劣印象十分深刻。

由以上数据可以清楚地看到深圳、浦东对珠江经济带、长江经济带的引擎价值。整个北方，缺乏与珠江经济带、长江经济带相并行的带状区域发展战略，已经严重地制约了北方的经济及社会发展。梳理和分析深圳、浦东的发展历程，对认识雄安新区带动北方经济发展的方向和路径很有意义。

四、雄安—京津冀—长城文化经济带

构建“雄安—京津冀—长城文化经济带”的北方经济空间开发协调战略，可以系统地解决南北方经济发展与资源环境不平衡问题，解决区域经济不协调、不平衡等重大社会经济问题。区域经济发展，要做到可持续就一定要注重空间均衡。中国南北方经济发展的严重不平衡，会带来一系列社会问题。

在国家战略方面，丝绸之路经济带与长城有关。历史上西部地区的长城，就承担着保障丝绸之路畅通的作用。所以，西部丝绸之路与长城文化经济带有部分的重合。但是二者所承担的责任不一样，丝绸之路经济带是中国当前和今后一个时期的对外合作倡议，而长城文化经济带建设，则是国家着眼于国内经济发展的战略布局。

提出长城文化经济带的概念，其内涵特征、战略意义、功能定位，还有发展战略、建设路径、面临挑战及对策建议等方面，都需要进行深入的探讨。当前长城文化经济带研究，最紧迫、最关键的方向，是以长城文化经济带建设目标导向与问题导向入手，论证其对解决南北方经济发展不平衡问题的战略意义与价值。

长城文化经济带研究，首先要注重发展战略层级。要在国家战略上整合目前已有的东北的振兴东北、西北的西部大开发、中部的京津冀协同发展，形成北方区域经济发展新格局。在中国北方实现国家提出的“东西联动、全面开放、区域协同、陆海统筹的新型发展总体战略”。

除了发展战略层级的研究，还要研究分析长城文化经济带沿途区域的优势产业及特点，从国家和省级不同节点，提出构建长城文化经济带的产业空间布局战略。长城文化经济带建设，要在战略上实现产业、能源、交通和城市的协同发展，更要在文化、生态、贸易、金融等方面实现发展新模式。

长城文化经济带国家战略的确定，可以强化约束经济发展模式，严格控制项目的准入，深化治理以往的落后产能，实行创新驱动的新型发展。长城文化经济带目前也还仅是概念，还有很长的路要走。珠江经济带和长江经济带在内的战略概念提出，到其战略目标和战略规划逐步清晰起来，再到列入国家发展战略也有一个很长的发展过程。所以，长城文化经济带的研究视角可以多元一些，研究的内容也应该宽泛一些。

提出“雄安—京津冀—长城文化经济带”的战略概念，基于国家对雄安建设“千年大计、国家大事”的要求。作为“千年大计、国家大事”的战略承担者，雄安新区不仅将成为京津冀城市群的重要区域经济增长极，更重要的目的是带动“长城文化经济带”的北方经济发展，努力缩小南北区域经济差异，至少不要再继续加大这个差距，为全国均衡全面的发展作出贡献。

雄安新区的建设，应该主动而有效地承担起带动北方经济发展的历史重任。基于此，中国长城学会和凤凰网将联合多家机构，组织大专院校科研机构的专家学者，举办“长城从雄安出发”活动。这是一次在长城沿线开展的长城保护与利用综合统筹发展，长城区域经济发展的考察调研活动。

（载于国务院发展研究中心《经济要参》2018 年第 29 期）

永定河流域与长城军事及聚落

永定河流域与长城军事及聚落，共分为三部分：从桑干河到永定河流域、从永定河流域到长城防区、从春秋战国蓟城到明长城蓟镇。

首先讲第一个问题，从桑干河到永定河流域。永定河流域应该包括全流域，现在的概念仅是讲北京境内的永定河，包括官厅水库以下的一百多千米，这是不全面的。永定河虽然是流经北京市境的最大的一条河流，但对整个永定河流域而言北京这一段仅是下游偏中。永定河大致形成于第四纪更新世后期，发源于山西省宁武县管涔山的天池，先后有过很多的名字——桑干河、卢沟河、浑河、无定河、永定河，其中最有影响的是桑干河。

很多的北京人不知道，永定河和桑干河是一条河流。永定河流域全长759千米，这样的一个流域，从长城的外三关，一直下来到三关，穿越长城到沿河城。明代长城跨越10个省、市、自治区，永定河流域就覆盖了其中的5个省、市、自治区。永定河流经的43个县区，其中37个有长城，占全流域所经县域的86%。由此可见，华北长城的发展过程离不开永定河。

永定河流域与长城的关系，在全国除了黄河以外，没有任何的一条河流与万里长城有如此密切的联系。从发源地进入北京然后多次穿越长城，基本上整体是与长城相并相行。永定河流域完全在长城的防御区，流域与防区完全重叠形成的文化特征，是长城沿线其他河流所不具备的。黄河是全国性的河流，区域性的河流只有永定河具有这样的文化价值。

永定河流域发展过程当中名称多次变更，隋唐的时候全流域的称谓是桑干河。永定河一直是运粮运兵的重要通道，特别是到辽金的时候，由于北京城为辽的陪都燕京、金的中都，其航运需求有了更大的发展。金为了打通永定河流域和京城漕运的联系，曾开凿过一条直接进京城的水道，也就是金口河。但是这件事做得不成功，因为运货物的船是开进京城了，发大水的时候水也进了京城。

明代永定河称为浑河，这个时期对永定河防洪工程进行了非常完备的建设，永定河洪流泛滥造成水灾的程度历史上最轻。明代是推翻了元王朝建立起来的政权，来自北京长城外的蒙古势力的军事压力非常大，所以在这个历史时期，虽然水灾不是很严重，但永定河流域长城防御线的压力非常大，长城修建得越来越多。明代在这个区域形成了非常多也非常重要的历史事件和历史文化的积淀。

《北京市"十三五"时期加强全国文化中心建设规划》中提到长城文化带、运河文化带、西山永定河文化带建设。三个文化带虽然各具特色，但我们不能忽视其作为一个整体的内在和外在的联系。通过永定河的联络，使三个文化带形成一个闭环。长城与大运河的联系很直接，长城防线很多重要的物资都是通过运河输送到长城防御区。长城防御区整体的防线与永定河流域呈完全重叠的状态，永定河穿越了长城后与北运河相连接。历史上北运河在通州一带泛滥成灾的29次重大记载，几乎每一次都与永定河洪水有直接的关系。永定河这个名字，清代康熙三十七年（1698）才有。在这个之前叫无定河，飘忽不定，洪水泛滥成灾，通过康熙三十七年的治理之后，康熙皇帝赐名永定河，希望这条河流能够永远地安定下来。

实际上北运河、永定河和长城是联系在一起的，并不是三条孤立的文化带，整体、形态和文化上也是一个整体。这样一个整体的状态，完全符合《北京市"十三五"时期加强全国文化中心建设规划》中强调的"发挥京津冀地域相近、文脉相亲的地缘优势，统筹推动长城文化带、运河文化带、西山永定河文化带建设，实现历史文化遗产连片、成线整体保护"的京津冀协同发展。长城、运河、永定河作为文化和自然遗产，实际在历史上是一体的，运河是一体的，永定河上游、中游、下游是一体的，长城的防区也是一体的。现在行政区划将其分割开来，国家的京津冀协同发展战略过程当中，在打造京津冀一体协同发展的时候，长城和永定河还有运河是非常重要的抓手。

下面讲第二个问题，从永定河流域到长城防区。刚才讲防区，明代长城九镇就是九大防区，后来演变成十一镇。长城九镇的时候，有四镇也就是四大防区与永定河流域有关，约占九镇总述的44.4%。后来演变成十一镇时有五镇与永定河流域有关，约占十一镇的45.5%。从这个简单的百分数，我们就可以直观地感受到永定河流域在长城防御体系中的地位有多重要。当然，这样的重要地位主要是因为长城保卫明代都城的缘故。

在长城九镇时期与永定河有关系的四大防区，分别为蓟镇、宣府镇、大同镇、山西镇。这个时候，昌镇和真保镇还没有从蓟镇分割出来。保定这一片包括沿河城都还属于蓟镇管辖，分出来的真保镇和昌镇都在永定河流域。

宣府镇、真保镇两大防区全部在永定河流域，大同镇、山西镇、昌镇绝大部分在永定河流域。宣、大这两个镇历史上具有非常重要的地位，宣府镇为明朝在长城沿线最早设置的边镇之一，《九边考》《明史·兵志》对此都有详细的记载。宣府镇设于永乐三年（1405）。“三年，置镇守总兵官，佩镇朔将军印。”大同长城镇地理位置之重要，古人称其为“东连上谷，南达并恒，西界黄河，北控沙漠，居边隅之要害，归京师之藩屏”。山西镇，又称太原镇、三关镇，为内长城的外三关部分。山西镇与蓟镇、宣府、大同三镇同为拱卫京师的畿辅重镇。

真保镇是明景泰元年（1450）分设的，因镇守总兵府驻保定城（今河北保定市）而得名。主要任务是统领直隶保定、真定、顺德以及河间、广平、大名诸府的军事防御。之所以分设出真保镇，是因为在正统十四年（1449）发生了土木之变，明英宗在永定河上中游的土木堡被蒙古瓦剌军队抓走了，蒙军从紫荆关进入长城，基本上是沿着永定河打到北京，包围了京城，引起全国的大恐慌。

昌平镇分设于嘉靖三十年（1551），“庚戌之变”后。“庚戌之变”是继正统十四年蒙军包围京城之后，相隔一百年的又一次兵临城下。明朝为加强皇家陵园的防卫，特设专守都御史一员驻昌平州（今北京市昌平区），掌天寿山陵区的防护工作。

永定河流域的长城防区，不仅是军事重镇，也是马市贸易交流的重要市场。这一代的长城从隆庆议和之后，基本上没有再发生过重大的战争。包括清朝之后没有更多地修建长城，也是继承了明蒙之间和睦关系的政治遗产。永定河流域既是军事防御的重镇，也是贸易的一个大通道和集散地，更是民族融合的区域。永定河流域处于农牧交错地带，这样一个区域有非常深厚的历史和文化积淀。

马市是明朝长城沿线开设民族贸易活动的主要市场，是长城内的农耕民族和长城外的游牧民族（主要是蒙古族、女真族）在指定地点的定期互市。永定河流域长城沿线的马市贸易，既有官市也有民市，商品主要是两大类：一类是以奢侈品为主，多集中在各个官市。长城沿线的官市贸易的对象，是明朝和各民族的首领，交换物品主要是绢缎、马匹。遇到草原地区的荒年，也以粮食易马；一类是以生活或生产必需品为主，主要集中在民市和小市。贸易的对象主要是长城内外的下层民众以及中原的商人。交易的商品主要有牧区的驴、骡、牛、羊、皮张及马尾等牲畜和畜产品以及中原地区的粮食、布匹、铁锅、针线等生产及生活用品。

最后讲第三个问题，从春秋战国蓟城到明长城蓟镇。本文的题目是《永定河流域与长城军事及聚落》，聚落就是人类聚居和生活的场所，都城是聚落，府州、郡、县、卫等治所的城是聚落，屯兵的城堡也是聚落。我们概括地说一下，永定河流域的古都、古城、古村堡。

永定河流域的古都，指在古代曾作为国都的城市聚落。古城则是指在古代曾作为郡、府、州、县、卫等治所的城市聚落。古村堡是指古代的军事城堡演变成的村落，现存的村庄仍很大程度上保留着明清时期的村落建筑格局与艺术特点。永定河流域的古都、古城、古村堡是珍贵的历史文化的重要载体，也是永定河流域旅游发展的重要资源。

永定河流域的古都，即便不包括黄帝之都涿鹿，也还有三座，一是春秋战国时期燕国的蓟城，后又为辽南京、金中都、元大都、明清京师、民国北洋政府京都，今为中华人民共和国首都北京。二是春秋战国时期代国之都代王城。三是北魏之都平城，后为辽、金西京。

蓟城为周武王伐纣克商后，封帝尧之后于蓟为蓟国之都，后又于蓟地封立燕国，燕国以蓟城为都。这是北京作为都城的起源，到后来的辽金和元明清差不多一直是都城。为什么会选择这个地方？一个非常重要的原因是这里是永定河和潮白河冲积形成的小平原，永定河从北和西两边环护着京城。

永定河流域的古城和古堡就更多了，特别是明为了加强长城边防，在永定河上中游设置了许多卫所，修建起大批城堡。真保镇分设之前，这些城堡都属于蓟镇管辖。蓟镇是明朝万里长城中最重要的一镇，也是万里长城建筑最坚固、最雄伟的一镇。这些长城城堡今天都演变成了村庄，成为古村落。

不论是长城文化带还是西山永定河文化带建设，都要重视古城堡形成的村落这一特殊的文化景观。要保护好这些历史条件和生产关系下的文化遗存，充分利用其与现代城市景观形成的巨大空间形态和文化差异，结合青山绿水的生态优势发展旅游事业。

总之，北京的三个文化带建设，要认真梳理其历史文化，特别是从北京的视角对北京境内长城、运河、西山永定河的历史文化以及文脉进行认真的梳理。将文化资源和旅游资源进行合理有效的整合，形成合力。西山永定河文化带与长城文化带这种一体化的结合，要对以长城为轴心的文化脉络进行挖掘整理，将其文化形态呈现给社会，服务于社会，服务于京津冀的协同发展。

（2017 年 11 月 25 日在“第十届旅游研究北京论坛暨大运河、西山永定河旅游发展”上作的报告）

长城历史文化专论

董旭明 摄影

长城历史作用、旅游及太空看长城问题

世界文化遗产长城之伟大，可以用两个“长”来概括。第一是长城体量的长，万里长城万里长。第二是长城历史的长，长城从春秋战国产生开始有着两千多年的发展史。其实，长城保护的难度之所以很大，也是源于长城的这两个长。35 年前我之所以和朋友一起徒步去考察长城，正是长城历史和建筑体量的两个长，引发了我深深的兴趣和万丈豪情。

万里长城都在什么地方？2012 年，国家文物局发布了长城资源认定结论：中国各时代长城资源，分布于北京、天津、河北、山西、内蒙古、辽宁、吉林、黑龙江、山东、河南、陕西、甘肃、青海、宁夏、新疆 15 个省（自治区、直辖市），经过 97 个地级市，404 个县（市、区）。长城从东到西横跨了中国北方，从东北的大兴安岭，经华北平原、黄土高原、内蒙古高原，蜿蜒至新疆天山南北的广阔绿洲。其中，河南、山东的长城，分别为春秋战国时期的楚国和齐国所修建。

万里长城今天还有多少遗址遗存？截至 2012 年 6 月，经国家文物局认定的中国历代长城遗迹总长有 21196. 18 千米。各类长城资源遗存总数 43721 处（座 / 段），其中墙体 10051 段，壕堑 / 界壕 1764 段，单体建筑 29510 座，关、堡 2211 座，其他遗存 185 处。这些数据只是告诉我们，在祖国大地上今天还保存有的长城遗址遗迹，然而历史上到底修建了多少长城，我们并不知道。因为很多地方已经没有长城遗址遗迹了，其具体的走向还有待今后考古工作的研究和判断。

历代长城，包括中国古代春秋战国各诸侯国之间相互防御的长城及中原诸侯国和王朝防御游牧势力的长城。我们说起长城，主要是大家都比较了解的北方农牧交错地带的长城，如山海关、八达岭、嘉峪关这样的明代长城。

明长城资源保存相对完整、形制类型最为丰富。国家文物局长城资源调查结果认定，明长城主要分布区域包括北京、天津、河北、山西、内蒙古、辽宁、陕西、甘肃、青海、宁夏 10 个省（自治区、直辖市）。其主线东起辽宁虎山，经河北山海关，西至甘肃嘉峪关。现存墙壕 5209 段，单体建筑 17449 座，关、堡 1272 座，相关遗存 142 处，明长城总长度为 8851. 8 千米，其中：人工墙体的长度为 6259. 6 千米；壕堑长度为 359. 7 千米；天然险的长度为 2232. 5 千米。作为军事防御体系，当然要包括以天然屏障为险的防御，但是作为一个伟大的建筑，则不应该包括天然险。

按照《长城资源保存程度评价标准》，明长城 6259. 6 千米人工墙体，其中保存一般的 1104. 4 千米，保存较差的 1494. 7 千米，保存差的 1185. 4 千米，已消失的 1961. 6 千米。从中可以看出，长城墙体保存状况总体堪忧，较好的比例只有不足 10%，已消失的则接近 2000 千米。多么可怕的数字，从国家公布的这些数字，可以知道今天我们已经没有万里长城了。

长城资源调查，还新发现了与长城有关的各类历史遗迹 498 处。实际上这次长城资源调查还有很大的缺失，为什么这样说？因为长城资源调查工作，仅做了长城内外 1 千米范围之内的调查，而很多与长城防御体系相关的长城资源都在这个调查范围之外，所以并没有进入调查者的视野。比如，长城沿线的烽燧和一些屯兵的城堡、驿站等。

这些没有列入长城资源名录的文物，很多尚未得到有效的保护。国家文物局领导解释造成此状况的原因，主要是自然和人为两种因素。其中自然因素主要有地震、山体滑坡、洪灾、流沙、风雨侵蚀、植物生长、啮齿动物破坏等。人为因素很复杂，主要有交通及其他工程建设、居民的生产生活活动、不当开发利用、不按原状修缮等。

中国历史上很多的朝代都修建了长城，国家文物局认定我国境内现存长城的时代包括春秋战国、秦汉、南北朝、隋、唐、五代、宋、西夏、辽、金、明及时代不明等 12 个不同时代类型。这样的认定以后还会有变化，所谓的“时代不明”指的是目前还有不能确定具体修建年代的长城遗址遗迹。随着研究工作的深入，新的考古成果的发现，还会有一些朝代的长城被认定。

一、长城因其独特的历史、艺术和科学价值，被整体列入《世界遗产名录》。历史上各时期修筑的长城，都应该是世界遗产的一部分

1972 年 11 月 16 日，在巴黎举办的联合国教科文组织大会第 17 届会议，通过了《保护世界文化和自然遗产公约》。1976 年 11 月，联合国教科文组织世界遗产委员会成立，由 21 名成员组成。这个委员会是联合国教育、科学及文化组织内政府间负责《保护世界文化和自然遗产公约》实施的委员会。中国政府于 1985 年 12 月 12 日成为联合国教科文组织世界遗产委员会成员国。

1987 年 12 月 7 日至 11 日，世界遗产委员会第 11 届会议在巴黎教科文组织总部举行，会议批准了 41 个新的遗产地列入《世界遗产名录》，增加了 6 个拥有世界遗产的国家。中国首次有故宫博物院、周口店北京人遗址、泰山、长城、秦始皇陵（含兵马俑坑）、敦煌莫高窟 6 处文化与自然遗产列入《世界遗产名录》。

1987 年，长城因其独特的历史、艺术和科学价值，被整体列入《世界遗产名录》。中国历史上修筑过的长城，都是世界遗产的一部分。长城世界遗产证书收藏并展览在位于北京延庆八达岭长城的中国长城博物馆。

说起中国加入世界遗产委员会，不能不讲一下我在北京大学读书时的导师，被誉为“中国申遗第一人”的侯仁之教授。我们开始徒步考察长城的 1984 年，侯先生在美国康奈尔大学讲学，他第一次接触到《保护世界文化和自然遗产公约》。他认为中国政府应该尽快加入这个公约，归国后于 1985 年以全国政协委员的身份联合罗哲文、郑孝燮、阳含熙三位委员，起草提交了一份中国应加入公约的提案。他们的建议为国家所采纳，中国当年就成为该公约的缔约国。

长城被列入世界遗产名录后，侯先生的几个学生还在我家喝了庆祝的酒。当时我住在圆明园东门外的一个村子里，妻子和母亲给大家做的秦皇岛家乡菜。记得那晚参加的有韩光辉、李孝聪、武弘麟、李并成、武旭升、刘波，还有一位姓刘的女生不记得名字了。大家喝得很开心，那位本来不喝酒的女生也喝了不少。

任何一个民族，在历史发展过程中都会有一些具有代表性的建筑留给世界，比如埃及的金字塔、印度的泰姬陵、希腊的帕特农神庙、罗马的竞技场等。在中国，长城是具有这种价值的地标性建筑中特别突出的代表。

长城在全世界已经成为中国的代名词，成为世界语境的中国符号。世界各国的游人到中国来，不论是国家元首、各界名人还是普通游客，只要有可能都要去参观长城，这让长城进一步成为连接中国与世界各国的文化桥梁。

联合国教科文组织的《执行世界遗产公约的操作准则》规定，文化遗产项目必须符合6项条件中的一项或几项方可获得批准。中国长城以符合五项条件的绝对优势，顺利通过审核。

这五项条件是：

（1）代表一种独特的艺术成就，是一种创造性的天才杰作。

（2）在一定时期内或在世界某一个特定的文化区域内，对建筑艺术、纪念物艺术、城镇规划或景观设计方面的发展产生过比较大的影响，体现人类观念转变。

（3）能为一种已经消逝的文明或文化传统提供独特的至少是特殊的见证。

（4）可以作为一种建筑或建筑群或景观的杰出范例，展示出人类历史上一个（或几个）重要阶段。

（5）与具有特殊意义的事件或现行传统、思想、信仰、文学艺术作品有直接关系或实质联系。

世界遗产的6项条件中的“传统的人类居住地或使用地的杰出范例”被认为与长城无关，故未列入其中。实际上，长城作为军事防御体系，其沿线军事聚落发展形成的城市和村镇，完全符合这一条件。这说明在当时不论是中国政府还是世界遗产委员会，对长城的认识都还存在着很大的欠缺。

世界遗产委员会评价长城：

约公元前220年，一统天下的秦始皇，将修建于早些时候的一些断续的防御工事连接成一个完整的防御系统，用以抵抗来自北方的侵略。在明代（1368—1644年），又继续加以修筑，使长城成为世界上最长的军事设施。它在文化艺术上的价值，足以与其在历史和战略上的重要性相媲美。

从这段世界遗产委员会当时的评价可知，列入《世界遗产名录》的长城绝不仅仅是明长城，更不是明长城的某一个地方，而是整体，包括秦始皇长城，也包括秦之前的早期的秦、赵、燕长城。与秦、赵、燕长城同时期的其他战国长城，也应该包括在内。

今天，世界遗产长城，已经成为世界各国游人向往的旅游胜地。“不到长城非好汉”已经成为中外游人熟知的一句名言。雄伟壮丽、历史悠久、内涵丰富的长城，吸引着越来越多的游人。长城沿线山川秀丽，名胜古迹随处可见，对国内外游人也有很强的吸引力。

长城是世界了解中国的一个窗口，缘由就在于长城代表的是中国传统文化，中国传统文化的许多细枝末节都可以在这里得以体现。长城这个巨大防御工程也充分体现了中国传统文化“非攻”“非战”的战争选择观，世界各国的游人，在这里可以深入了解和切身感受蕴藏在长城身上的中华文化思想。

世界各国的朋友，只要来到中国都会去看看长城，不然会深以为憾，全国各地长城每天都会接待数千万的朋友。特别是在对外交流方面，长城已经成为一条友谊的纽带，把中国和世界各地的朋友们连在一起。

二、长城的历史关乎战争的胜负，甚至关乎王朝的更替，但又绝不仅是这些。长城的历史更关乎中国历史的宏大叙事，关乎中华文化的传承和发展

讲长城的意义和价值，好像说起来有点小题大做。国歌中的“把我们的血肉铸成我们新的长城”，高度概括了长城在中国人心目中的意义和价值。长城作为世界文化遗产，其意义和价值大家都非常清楚。

我们真的了解长城的意义和价值吗？其实未必。很多时候，越是觉得清楚的事物再作些深入的梳理，就越会发现其实很多的问题还不是很清楚。举个例子，2008 年奥运会是举国之力办的一个盛会。奥运会期间，国务院新闻办要出一本大型礼品书，送给各国代表团和各国元首。编一本什么样的书呢？当时国务院新闻办计划编一本叫《锦绣中华》的非常精美漂亮的摄影画册，报到中央后中央没有批。领导指示说“要做一本人家愿意带走的书”。

《锦绣中华》画册都是编者想说的话，认为好的内容都表达出来了，可是并没有考虑人家想看的是什么。经过研究，国务院新闻办决定编一本《长

城》，既能代表中国，客人也一定会很喜欢。这本非常精美的大型画册，基本上把历代长城和精美长城风光照都收进来了。国务院新闻办请我做这本书的主编并征求意见。

我把画册从头到尾看了，首先提出内容缺失的问题，缺什么？我认为缺文化。作为奥运会的大型礼品书，必须要回答三个问题：一是我们国家和民族为什么持续两千多年，不断修建和使用长城？二是中华文明是四大文明古国中唯一没有中断的文明，长城发挥的作用是什么？三是站在今天人类文明发展的视角，去解读长城所代表的中华文明，对人类文明发展的价值在什么地方？

至少回答了这三个问题，才算做出了文化品质。长城的意义主要体现为促进中华文化的发展，长城的历史文化价值主要体现为其对人类文明的贡献。在人类社会生活和人类文明的发展过程中，从远古到今天乃至到可以预见的未来，始终面临三大基本问题：生死存亡、构建秩序、传承发展。

在中国古代，长城存在的价值与人类解决面临的这三个基本问题的努力，始终息息相关。地球上的很多生物，起源于几亿年前。人类出现在这个地球，却仅有几百万年。人类不是最早出现在地球上的生物，肯定也不会是地球上最后消亡的生物。人类能存活多久，很大程度上取决于人类的智慧，以及能否处理好人类始终面临的这三个基本问题。

生死存亡，是人类从远古到今天乃至到未来，必须要面对的第一大基本问题。长城作为防御体系，首先是要解决农耕民族的生存问题，同时也事关游牧民族的生存。不能解决生死存亡，一切都无从谈起，这一点对农耕和游牧民族都一样。

长城内外不同族群的利益有大小之分，有轻重之别。不论是长远利益、全局利益还是潜在利益，努力争取利益的最大化是利益主体的诉求。各种利益与生死存亡相比，毫无疑问都处于次要的位置。对长城以南的农耕民族如此，对长城以北的游牧民族亦然。不同利益主体之间，有序化的交流与发展，总体上符合双方的长远利益。

以农为本的思想是生长于农耕地区的文化，农耕经济构成了中国古代的支柱性产业。这样的经济类型，产生与其相适应的文化，既是民众生存的需要，也是社会发展的需要。农耕民族依托农耕的定居生活，诞生了植根于这片土壤之上的农耕文明。农民是农耕社会的主体，农民的生死存亡，决定着农耕政权的生死存亡。

所以，最晚在春秋晚期就有了“得民心者得天下”的主流思想。这个思想最早出于《孟子》：“得天下有道，得其民，斯得天下矣。得其民有道，得其心，斯得民矣。得其心有道，所欲与之聚之，所恶勿施尔也。”

构建文明发展秩序，是人类从远古到今天乃至到未来，必须要面对的第二个基本问题。人类有合作发展、寻求双赢或多赢的愿望，也有为了追求利益而互相排斥、对抗甚至争斗的事实。在适宜人类生活的环境中，人类相互联系、相互制约并建立起各种法规制度，构建起有目的地进行文明发展的社会秩序。人类社会形成之后，任何政权都需要构建秩序。

每一个国家、民族都有不同的文化传统，在不同的历史时期、不同的文化背景下，其构建秩序的方式也有很大的不同。长城的存在调整了农耕和游牧两个民族之间的冲突，减少了双方发生战争的次数，在那个时代部分地解决了不同文明的冲突问题。这一点在世界其他的古老文明国家，则出现了相反的结果。

斯塔夫里阿诺斯在《全球通史：从史前史到21世纪》中讲长城防御的作用时认为：游牧民族的“入侵还常常是一系列爆炸反应的最终结果。攻不破中国长城，或者遇上障碍物如在蒙古形成的富有侵略性的部落联盟，往往使游牧民转而西进。接二连三的入侵犹如不断向西的一连串冲击波，最终使游牧民涌过奥克苏斯河、多瑙河或莱茵河”。

文明的传承发展，是人类从远古到今天乃至到未来，必须要面对的第三大基本问题。长城的存在，为中华文明的发展和延续提供了保障。思想与文化是人类区别于一般生物的重要特征，思想文化的发展是一个漫长的过程。文明发展史的规律和经验证明，形成文明需要时间完成其发展过程，需要有一定质量的传承。

中国文明的起源和文明社会的形成，是一个连续性的发展过程，长城自产生之始就伴随着中国文明的发展。中国作为有着五千年历史的文明古国，世世代代劳动、生息、繁衍在这片辽阔的土地上，保持着几千年绵延不断的历史记载，形成了独特的文化脉络与体系。

地域是文明的承载体，民族或族群是文化的承载者。人类的各种文明，会因为环境和社会的变迁而发生巨大的变化。人类的各种文化，也会随着承载文化的民族与族群的盛衰而变化。一个民族的文化能否在人类文明史上发扬光大，要看该民族存续时间的长短，也要看该民族所创造的文化的传承质量。

埃及的金字塔、意大利的罗马斗兽场都是很了不起的世界遗产，但这些古建筑除了作为坟墓或娱乐场所之外，基本上与人类始终面临的生存、秩序、传承三个基本问题没有联系。古巴比伦的空中花园，在伊拉克这个古巴比伦故地，今天更是已经不复存在。这也是古埃及、古印度、古巴比伦文明，之所以被中断而没有传承下来的原因之一。

我们这样说，毫无否定人类文明同样是多元化形态之意。人类文明史的多元和不同民族文化的多样性，将是未来很长时间内的基本形态。中国是一个多民族融合发展所形成的国家，历史发展及文化形成的过程，始终伴随着多元一体的价值和意义。

人类文明从前没有，以后也不会凌驾于其他文明之上，这是人类文明发展的必然。中国永远不会认为中华文化可以覆盖其他国家的民族文化，也不会推行文化霸权主义。

三、长城作为世界文化遗产是历史文化的载体，今天已经成为旅游胜地，成为中国最热门的旅游资源之一

长城旅游是长城价值在今天的一种体现形式。通过游览长城，可以满足人们了解历史及体验文化传统、进行美学观赏等需求。对长城文化遗产旅游业的开发利用，是长城地区旅游事业发展的重要项目。不同季节的长城，都有很好看的风景。四五月份的长城内外山上有非常多的杏树，漫山遍野的杏树开花后，站在长城上看出去，有一种令人叹为观止的美。

今天，长城已成为世界各国游人向往的旅游胜地，“不到长城非好汉”已经是中外游人熟知的一句名言。雄伟壮丽、历史悠久、内涵丰富的长城，吸引着越来越多的游人。长城沿线山川秀丽，名胜古迹随处可见，对国内外游人也有很强的吸引力。每年全国各地长城的主要景区，有 5000 多万的游人参观长城，仅八达岭长城每年的参观人数就超过了 1000 万。

八达岭长城是万里长城关隘中最具有代表性的一处旅游胜地。无论是中

国人还是国际朋友，只要来到北京，都会到八达岭去看看长城，不然会深以为憾。八达岭每天都会迎来世界各地成千上万不同肤色的朋友，长城已经成为一条友谊的纽带，把中国和世界各地的朋友们连在一起。

1952 年，政务院副总理郭沫若提出修复八达岭接待国内外游人的建议。1954 年 10 月，八达岭长城正式作为重要参观景点接待各国政要。此后，山海关等长城才陆续修缮。截至 2018 年，仅来八达岭参观长城的世界各国首脑就多达 500 余位。

我陪同很多的外国朋友参观过长城，包括 1998 年 6 月 28 日在慕田峪长城陪同时任美国总统克林顿及其家人参观长城。2012 年 2 月 22 日，在八达岭长城陪同时任美国总统布什和夫人参观长城。每次我都要向他们介绍长城所代表的中国人热爱和平的追求。道理很简单，如果想打仗，就不会投入这么大的人力、物力修筑长城，长城的修建者不可能背着长城去打别人。

2007 年 1 月 10 日，陪同时任以色列总理奥尔默特参观八达岭长城时，他问我：“为什么要把长城建得如此坚固？”我说：“这反映的是中国古代长城修建者一种世世代代都不想打仗的愿望。”我给他解释说，“如果只是权宜之计，为了一两年的不打仗，就不必费这么大的劲，把长城建成固若金汤的样子了。”

不想打仗，在绝大部分时间是长城内外的共同愿望。明嘉靖年间是长城沿线战火最激烈的时候，俺达率领蒙古军队发动战争，主要目的是要求明王朝开放长城沿线的马市贸易。很多时候，和平是长城内外人们的共同追求。

万里长城是中华民族修建的，作为世界遗产其已经属于全人类。万里长城是中华民族用勤劳和智慧创造的人类文化遗产，是人类文明的重要标志。长城以其雄伟的气势和博大的文化内涵，每年都吸引着数以千万计的旅游者。不论是对中国进行国事访问的国家元首、首脑和政要，经贸往来、文化交流的各种人员，还是普通的旅游者都毫无例外地要登临长城，感受长城。

陪同布什总统参观长城时，我对他说：“总统先生此次访华仅有 30 个小时，还要抽出时间故地重游来再看长城，足以说明感受长城在总统先生心中是具有十分重要意义的。这就是长城的魅力。”他听了我的话，笑着点点头。长城作为人类文化遗产，既有中华民族的个性，也具有全人类的共性。今天的长城已经是中国人民和世界人民精神文化生活的重要组成部分，也是中国人民和世界人民加强了解、增进友谊的纽带。

那天布什总统仅计划在长城停留 20 分钟然后就直接去机场，所以安排他只走到北二楼。有意思的是布什总统一边爬长城，一边问我："30 年前尼克松总统来长城到了哪里？"当我告诉他，尼克松总统走到北三楼，走得比他远时，他说："我要超过他。"最后，当他确知已经超过尼克松当年的登临高度时，高兴地说："我胜利了。"由于对长城的神往，使得布什总统的专机不得不推迟了半个多小时起飞。

我陪同很多的朋友参观过长城，印象最深的是陪同新疆老人艾买尔·依提。这位新疆维吾尔族退伍老兵，住在新疆喀什地区叶城县烈士陵园。1962 年，中印边境自卫反击战牺牲的 211 位各族英雄，长眠于此。从 1970 年陵园初建，艾买尔·依提就守护在这里，一守就是 42 个春秋。

媒体采访他时问他有什么愿望，他说想看一看长城。有关方面把他接到北京，我和军事专家洪源等人陪同老人登上了八达岭长城。这位来自新疆的老战士经常说的一句话是"我是毛主席的兵"，如今他终于实现了"不到长城非好汉"的夙愿，老人家开心极了。那天我也很开心，至少让这位维吾尔族的老战士知道了，我们都很感激他。

八达岭长城是长城景区游人最多的地方。这个长城景区的地位之高，从外国元首来的人数就能说明问题。自 20 世纪 50 年代正式作为参观景点接待各国政要以来，截至 2017 年八达岭长城接待参观长城的世界各国首脑达 500 余位。八达岭长城游人最多时，一天就有 10 多万来自世界各地的游人。

从 2019 年 6 月 1 日起，八达岭长城开始实施全网络实名制预约售票，并试行单日游客总量控制，每日最大客流量为 6.5 万人次。我参加了启动限流的新闻发布会，提出"希望景区做好应对紧急情况的准备，同时也请游客能够对限流予以理解"。 如果以钱为本，肯定不会采取这种措施。参观的人越多，卖的票越多，经济收入越高。八达岭的举措是以人为本，提高了游人长城旅游的舒适度。

2019 年 7 月 8 日是周一，我正在八达岭长城。这天的上午 11 点 30 分，预约人数就达到了 6.5 万，景区宣布门票售罄。实际上，7 日晚网上预订 8 日门票数，已为 3.7 万人。8 日早 8 点 30 分，预约门票数上升到 5.2 万人。

一个小时后达 5.6 万人，两个小时后达 6.1 万人。三个小时后，预约人数到了6.5万人。流量控制方案，以日客流量3.9万、5.2万、6.5万人为标准，设立了黄色、橙色、红色三级预警。结果红色预警还没来得及发布，预售就已经达到了限流上限。

我很担心实行限流以来的第一次达到上限，会不会出现什么状况。还好由于八达岭景区预案准备得充分，游人得到了及时的疏导。为什么在周一会出现客流高峰？周一故宫博物院等闭馆，外地游人便集中选择来长城。

今天我们发展长城旅游，已经不仅是做观光旅游，还要发展休闲度假等多种业态。长城文化经济带建设，需要围绕长城旅游发展模式、长城文化挖掘、长城旅游产业品牌创新及相关文化产品开发等多领域问题进行研究。其中应该包括中小学生的研学和游学。

中国长城文化研究中心在我家乡秦皇岛市海港区的3所小学，设立了“董耀会长城文化推广实验校”，分别为：和安里小学、耀华小学、教师发展中心附属实验学校。从2007年地域文化启蒙读物《神奇美丽的秦皇岛》出版开始，3所学校经过10年的地域文化学习，5年的长城课程开发，3年的长城研学实践，取得了很多成功的经验。后来长城文化推广实验校又增加了东港路小学。

2019年7月，4所学校应秦旅游控股集团邀请，组织小学生利用暑假到“秦旅山海号火车”进行长城讲解活动。时间从2019年7月13日到8月22日，基本上贯穿了整个假期。旅游火车日发一趟往返，从海边的秦皇岛港开埠地到板厂峪长城。每列火车6节车厢，每节车厢有2～3名学生讲解员，为旅游小火车增加了活力。

这个活动，深受学校和家长的欢迎，开拓了各校推进长城研学旅行课程的思路，加深了学生对长城精神、地域文化和自身内在联系的整体认识，提高了孩子们的社会责任感、创新精神和实践能力。对孩子们来说，也是一个能影响他们一生的锻炼。

四、在太空能不能用肉眼看见长城，一个争论了很多年至今并没有结论，还要争论很多年的话题

关于在太空能不能用肉眼看见长城，这是一个持续保持关注度的问题。

我在各地讲长城，提问环节人们常会提这个问题。我一般会回答：我也不知道。这是一个争论了很多年的话题，杨利伟从太空回来，我曾当面问过他，杨利伟回答“没有看到长城”。他说没有看见，只是说这次没有看见。他这次没有看见，不一定证明在太空就真的看不见长城。

关于在太空能不能看见长城，太空的概念是多高？太空作为地球大气层以外的宇宙空间，联合国和平利用外层空间委员会科学和技术小组委员会指出：当前还不可能提出确切和持久的科学标准，来划分外层空间和空气空间的界限。近些年来，趋向于以人造卫星离开地面的最低高度 100 ～ 110 千米为外层空间的最低极限界限。

以这个依据来判断，离地面高度 100 ～ 110 千米以上看见长城，就算在太空看见长城。其实说“能看见”或“看不见”，都没办法证实自己的观点。前几年有科学家从理论推测得出“太空中看不到长城”，很快这一结论又被另外的理论家给予理论上的否定。

后来《航空档案》发表的《访问中国的世界首位女宇航员》，介绍说“苏联女宇航员捷列什科娃 2004 年 5 月访华期间，曾透露她在 1963 年环地球 48 圈的过程中看到过长城”。

我不知道在太空是否能看见长城，但是我在地球上看见过卫星。1970 年春天，我在秦皇岛上小学六年级，学校安排看东方红一号卫星飞过我的家乡。这是中国发射的第一颗人造地球卫星，全国人民在不同的时间翘首等着看卫星从自己头顶飞过。

我们真的看见了卫星，当时同学们欢呼雀跃的情形，至今仍历历在目。现在知道了那颗卫星的轨道近地点高度是 437. 7 千米，卫星的直径只有约 1 米，加上“观测裙”最宽的地方直径也不到 4 米。

当时中央对卫星发射提出了四点要求，“上得去，抓得住，听得到，看得见”。看得见，就是让全世界在地面上，仅凭肉眼就看到这颗卫星。当然主要是让中国人能看得见。中国的航天事业刚起步，卫星飞上天已经是开天辟地的事，对国家很重要，也承载着全国人民的厚望。

在地面能用肉眼看见这颗不大的卫星，在条件合适的情况下卫星上的人是不是也能看见长城呢？我还是愿意相信有这个可能，更何况长城的体量要比卫星大得多，似乎也比一个点状的卫星更容易被肉眼观察。

美国航天员尤金·安德鲁·赛尔南也多次声称：他在太空用肉眼看见了长城。没有理由怀疑赛尔南的说法，当然也可以不相信这个说法，毕竟没有办法证明给大家看。

《中国新闻周刊》发文《太空中到底能不能看到长城？》，猜测赛尔南能看到而杨利伟没看到的原因，说了五个理由：（1）赛尔南上太空是30多年前的事，那时空气污染还不严重，能见度良好。（2）或许他眼睛很好，没有被长期航天员学习伤了视力。（3）没有遇到沙尘暴和雨雪云雾。（4）飞船位置、太阳角度以及季节植被亮度也许恰好适合观察长城。（5）赛尔南160千米的最低轨道高度，比杨立伟的343千米低了许多，自然观察地面也更清晰。

太空与古老的长城相结合的话题或许还会持续，将来太空游成为一种很普通的旅游项目之日，从太空看长城或许会成为太空旅游的一大亮点。不过，我们要保护好长城才行，否则，到时候人能随便上天了，可是长城没了。保护长城是一件刻不容缓的事，研究长城今年可以做，明年还可以做。这个世纪可以做，下一个世纪也可以做。保护长城就不一样了，不抓紧保护的话今年没一点，明年没一点，等到若干年之后人们在地面也只能看到几个长城景点了。

其实，太空能不能看到长城根本也没有那么重要，不管看得见还是看不见，都不影响长城。对这个问题的关注和争论，就是因为长城是伟大的文化遗产。长城是中华民族祖先创造的奇迹，我们这一代人要感受长城的伟大，子孙后代也有这个需要。所以，我们有责任保护好长城，将其给子孙后代传承下去。

（载于国务院发展研究中心《经济要参》2019年第31期）

长城情怀与爱国主义意蕴

一个有长城情怀的人，一定是爱国主义者。中国不管强大的时候，还是贫弱的时候，都是一个不容忽视的大国。对于大国而言，以爱国主义为核心的民族精神尤为重要。否则，国家很容易成为一盘散沙。近现代时期，中国处于多灾多难的痛苦深渊就说明了这个问题。八国联军侵华，群龙无首的军阀混战，日本侵略中国时期，都是非常典型的这样的历史阶段。

很多人问过我，怎么理解长城与中国这个国家的关系。我告诉他们，读懂了长城就读懂了中国，理解了长城的文化也就理解了中国文化。爱国是中华民族的优良传统，是中华民族精神所包含的内容中的核心价值。

历史上，长城内外对立双方发动的战争，与当今中华民族大家庭的爱国主义精神并不冲突。这是因为攻守长城的各方都是中华民族的成员，农耕和游牧两种文化形态相互作用，共同促进了中华文化的大发展。在这个过程中，长城逐渐成为中华民族文明传承的载体。

长城文化蕴含着维护统一、崇尚和平的爱国主义精神和英雄主义情结。爱国主义的内涵，一直随历史发展而发生变化。古人的爱国主义，主要表现为反对分裂，反抗政权内部对统治构成威胁的势力，保障社会安定、人民生活安宁。

爱国者若生不逢时，个人命运常和王朝命运紧密相连。他们的努力，并不是在维护王朝的腐朽。这些爱国的仁人志士，常是王朝衰败和灭亡的牺牲者。任何王朝的覆灭，都是一步步走到昏庸腐败的境地的。一个王朝到了帝王将相沉湎声色、文武百官穷奢极欲的时候，一心精忠报国的英雄则命运多舛，甚至很多人不得善终。

长城价值和长城精神，在抗日战争期间形成全社会的共识。1933 年，中国军队在敌强我弱的形势下，于山海关至古北口明长城一线的义院口、冷口、喜峰口、古北口等战略要地英勇抗击侵华日军。《义勇军进行曲》中的“起来，不愿做奴隶的人们，把我们的血肉筑成我们新的长城”更是唤起了数亿国人支持抗战、投身抗战的高涨热情。抗战期间，许多中华儿女高唱着这支歌奔赴最前线，有数百万中国军人在抗日的枪林弹雨中壮烈牺牲。

“把我们的血肉筑成我们新的长城”是英雄主义的呐喊。每一个人应该都有英雄情结，今天的社会也有一些个体的英雄行为。问题是教科书中界定的“英勇、坚强、首创和自我牺牲的精神和行为”的英雄主义，在今天的中国却已经严重缺失。懦弱和冷漠的人并不一定是坏人，或是说大多数都是好人。但是一个国家若懦弱成性，冷漠大行其道意味着什么？我们这个国家的前途会在哪里？这份忧虑是我多年来，不知疲惫地奔波于各地，大讲特讲“长城情怀与爱国主义”的初心。

一、中国古代很多时候将军队或对国家有贡献的人比作万里长城，最早用“万里长城”比喻军队是南北朝时期

我们知道万里长城产生于秦始皇统一中国之后。此前战国时期修建的长城都仅有数百里，最长的也仅达千里。秦始皇修建的长城，西起临洮，东至辽东，延绵万里。“万里长城”一词，最早出现在什么时候？从目前的文献记载来看，这个词最早出现于南北朝时期，而且是将军队称为“万里长城”。

《宋书》记载，南朝名将檀道济率领北伐军队，正要大展宏图收复北方之际，却被皇帝收了兵权。昏庸的皇帝听信谗言，担心檀道济军权过大会谋反。中国历史上虽不乏“主昏于上，政清于下”的例子，但很难持久。帝王怕手握兵权者谋反，也属于正常。历史上很多的功臣都以谋反罪被诛，这与其是否有谋反的想法，或是否有谋反的行动无关。帝王杀功臣名将，实际上是不能允许，或是说害怕他有谋反的实力。

元嘉九年（432），檀道济因有大功，被封为司空，镇寻阳。元嘉十三年（436），南朝宋第三位皇帝刘义隆重病期间，檀道济被招入朝。其妻劝檀道济说：“震世功名，必遭人忌，古来如此。朝廷今无事相招，恐有大祸！”檀道济不听劝告，结果入朝即被逮捕。檀道济痛心疾首，十分气愤地谴责陷

害他的行径为“乃复坏汝万里长城”。檀道济与其子及亲信将领皆被处死。由此可见，至迟到此时万里长城已经成为军事、国防的象征与标志，融入了爱国主义的情感。

唐代修建和使用长城很少，《全唐文》记载唐太宗就说过：“秦筑城以备虏，未若选将为长城；汉设策以御戎，吾知得人为上策。”他明确地提出秦始皇修长城防御匈奴，不如选择能征善战的将领当作长城。在他的话语中“未若选将为长城”之说，俨然已经将长城比喻成国防的代名词。

唐代诗人韩翃，曾写诗赞扬突厥族将领哥舒仆射是“万里长城家，一生唯报国”。哥舒是一个源于突厥的复姓，南北朝时期西突厥的哥舒部人以部族名为姓氏。在这里汉族诗人将身为突厥人的唐朝将领比喻成长城，说明这个时期民族融合的程度很高。

在明代长城的象征意义使用得更为广泛。《明太祖实录》记载，开国大将徐达曾被朱元璋誉为“万里长城”。明朝位列开国“六王”之首的徐达，可谓是开国第一功臣。徐达一生骁勇有谋，作战和修建长城关隘的功勋显赫，拥有“万里长城”之誉当之无愧。

嘉靖十八年（1539）秋，杨守礼以钦差巡抚宁夏地方都察院右副都御史的身份出任宁夏巡抚。他到任后整肃边防，修筑贺兰山赤木口等处长城，并决心要恢复北路镇远关、黑山营等军事要塞。次年冬，以功升右都御史总督陕西三边军务。他在宁夏任巡抚虽仅一年的时间，但在历任宁夏巡抚中，却是受到宁夏地方父老高度赞扬的巡抚。刘思唐在《筹边录序》中赞扬杨守礼：“若假以久任，俾得究竟其设施，必能以身为西北长城，销北虏之患于未形。”另外，《嘉靖宁夏新志》也在赞扬总兵官潘浩修建和戍守长城的功绩时说：“总兵官潘浩，能谨烽堠，迄今人以‘潘长城’称之。”

中国古代军事家并不是一味地强调武力，而是都有追求和平的情怀。修建长城和戍守长城的名将戚继光，年轻时就有着自己对爱国主义的理解。他在世袭父亲的军职后，写下了“封侯非我意，但愿海波平”的诗句，表达这样的情怀。

当然，古代的很多王侯将相把忠君和爱国等同起来。但是一个将领或重臣是否忠君爱国，要由皇帝来判断。皇帝认为你是忠君爱国，你即便是奸佞也是忠君爱国。皇帝认为你是欺君卖国之人，即便你真是忠君爱国者，也可能被以叛逆论罪。中国历史上，这样的事例有很多。

这是中国传统文化的糟粕，优秀的传统文化对忠君与爱国有非常清晰的分隔。孟子就说：“君之视臣如手足，则臣视君如心腹；君之视臣如犬马，则臣视君如国人；君之视臣如土芥，则臣视君如寇仇。”在这里孟子反对那种愚忠思想。“民为重，社稷次之，君为轻”更是表达了孟子认为的君主没有国家重要，国家没有人民重要的“以民为本”的思想。君主若无道，则可以“视君如寇仇”的思想，两千多年来依然光辉闪耀。

二、日本发动了入侵中国的战争，在民族危亡的时刻，长城被赋予全民抗战的象征意义，凝聚起中华民族英勇抗争的精神

每一个中国人都会唱国歌“起来，不愿做奴隶的人们，把我们的血肉，筑成我们新的长城。中华民族到了最危险的时候，每个人被迫着发出最后的吼声。”国歌原名《义勇军进行曲》，最早是电影《风云儿女》的主题曲。

历史学家评价这首歌“吹响了抗战时代的进军号角”。这为近现代以来，长城所代表的爱国主义精神，添加了新的时代内容。这方面主要表现为：反对西方列强掠夺中国，反击西方帝国主义势力发动的侵略战争，保卫民族独立和领土主权，为救国图强而不惜牺牲自己。

鸦片战争之后，中国成为欧洲扩张影响的主要地区，入侵者靠武力强硬地打开了闭关的中国的大门。战败的教训是惨痛的，代价之大举国难以承受。鸦片战争之后，战败的中国政府在西方强权的压迫之下，成为战争赔偿债务国。国家根本无力再发展经济和进行民生建设。西方对中国市场包括海关这样的国家机构强行垄断，使中国政府的财源进一步枯竭。

进入20世纪以来，长城在显示爱国主义精神方面，开始起到越来越大的作用。尤其当日本发动了入侵中国的战争，长城凝聚和鼓舞了无数爱国志士，为了民族的生存和解放而勇敢战斗。在民族危亡的时刻，体现着国防力量，代表着中华民族统一的长城，成为全民抗战的象征物，凝聚了中华民族的英勇抗争精神。

为什么日本这个总人口不到6000万的小国，敢于向4.5亿人口的大国发动战争？因为他们看到了那个年代中国人民族精神的沦落。为什么日本关

东军不到2万人，可以轻易击溃16万的东北驻军，轻松地占领东北三省全境？没有家国情怀和政治信仰的东北军，不是被敌人所击溃，而是不战自溃。

那个时候，中国在强大的侵略者面前，国土沦陷，哀鸿遍野。处于一盘散沙状态下的国人迫切需要一种号召力，一种使全体中国人在危机面前迅速凝聚成一个有力量共同体的号召力。长城这个中国历史的特殊事物，由历史联系到民族，由民族联系到国家，为危难中的中国、危难中的中华民族找到了精神支撑的形象，这就是长城的精神。

日本侵略者侵占中国东三省后的第三天，宋哲元即率第二十九军全体官兵，向全国发出“抗日通电”：“哲元等分属军人，责在保国。谨率所部枕戈待命，宁为战死鬼，不作亡国奴，奋斗牺牲，誓雪国耻。”多么豪迈的壮语，“宁为战死鬼，不作亡国奴”！

1933年元旦，侵华日军向山海关发起进攻，何柱国下令部队坚决抵抗，并发布《告士兵书》：“愿与我忠勇将士，共洒此最后一滴血，于渤海湾头，长城窟里，为人类张正义，为民族争生存，为国家雪奇耻，为军人树人格。上以慰我炎黄祖宗在天之灵，下以救我东北民众沦亡之惨。”多么朴实的爱国豪言，多么铿锵有力的救国家于危亡的呐喊！

一时间，在爱国的传单中，在激扬的口号和慷慨的歌声中，长城作为一个标志、一种语境成为中华民族保家卫国意识觉醒的代表。在反抗外来侵略和建设国家的过程中，长城自然而然地成为爱国精神标志，为全民族所认同。

每次去北京密云古北口长城和河北遵化长城，我都会去古北口烈士陵园和石门二十九军烈士陵园，庄重地向烈士墓鞠三个躬。1933年长城抗战，这些中国军人在“誓与长城共存亡”的口号鼓舞下，团结在一起英勇作战，壮烈牺牲在长城的怀抱里。

1935年10月初，中央红军北上抗战的长征队伍走到了宁夏、甘肃秦长城，毛泽东写下了“不到长城非好汉”。在这里长城是红军走向胜利的标地，红军越过“六盘山”实现三大主力会师，在陕甘长城沿线留下了众多战斗足迹。“不到长城非好汉”表达了红军投身于救国救亡战场之决心。抗战战场上的中国军人，就是中华民族的万里长城。

经过半个多世纪，长城与救国、长城与爱国的表达，强化成亿万中国人心中的精神力量。1949年之后的爱国主义精神，更多地表现为维护国家统一，建设民主富强的现代强国，实现中华民族的伟大复兴。在各个历史阶段，爱国主义精神都是推动社会发展的强大力量。

三、爱国是爱我们赖以生存的土地、爱生活在这片土地上的人民，爱国更是共同建设家园和维护国家的安全、爱祖国的优秀文化

今天在社会的政治生活和人们的日常生活中，都可以见到长城的印记。长城文化的精神价值和审美意识，已渗透入中国社会文化的各个领域、各个方面。在中国人的心里，长城不仅是一个古迹，而且是中国历史的缩影、中华民族的代表物。在世界各地，即使是对中国了解不多的人也知道中国有万里长城。今天讲到长城，早已超出历史上军事防御工程的本来意义，成为中华民族记忆和情感的一部分。

我曾经在给大学生作报告时问过大家：爱“国”爱什么？今天怎样理解“国”这个概念？我给学生们讲国家的“国”，常用繁体字的“國”来解读。国有三个要素，“國”字的构成就包括了这三项内容。

首先我们看一下这个国字框，可以理解为是一片土地。任何国家，首先都要有一块或大或小的土地。中国陆地面积约 960 万平方千米，是一个大国。有的国家土地面积很小，比如摩纳哥只有约 194 平方千米，是世界上第二小的国家。第二是“國”字里面的“口”，代表着人口。这片土地上生活着一群或多或少的人，以自己文化为根基的人。第三是“國”字里面的“戈”，代表着军队，代表着安全。

土地、人口以及这片土地和生活在这片土地上人的安全，这三部分缺了什么都不是完整的“國”。日军占领东三省，生活在被占领地区的人成了“亡国奴”。东三省的土地还是那片土地，生活在那片土地上的人还是东北的父老乡亲，怎么就成了“亡国奴”？因为这片土地被侵略者占领后，人们的安全没有了。

爱国就是爱我们赖以生存的土地，爱生活在这片土地上的人民，爱国更是共同建设家园和维护国家的安全。这才是爱祖国的实质内容，这才是优秀的爱国主义文化。爱国不仅是中华文化的精髓，也不仅是人民的义务和责任。爱国的概念，应该是超越民族和文化的价值观的。

我们常说“保家卫国”，顾炎武在《日知录·正始》中写道：“有亡国，有亡天下。亡国与亡天下奚辨？曰：易姓改号，谓之亡国；仁义充塞，而至于率兽食人，人将相食，谓之亡天下。是故知保天下，然后知保其国。保国者，其君其臣肉食者谋之；保天下者，匹夫之贱与有责焉耳矣。”梁启超将此概括为“国家兴亡，匹夫有责”八个字。

“国家兴亡，匹夫有责”是中国传统文化表达对国家负责的最好写照，反映出国家的凝聚力和向心力。在中国文化中为国家视死如归的精神，就是集体主义的最高境界。章太炎在1907年的《中华民国解》中写道：“中华之名词，不仅非一地域之国名，亦非一血统之种名，乃为一文化之族名。”中华文明是四大文明古国之中唯一没有中断的文明，这期间长城起到了文化纽带作用。长城内外不同的民族文化，在碰撞与融合中完成了中华文明的发展历程。

“国家兴亡，匹夫有责”在长城历史上表现得更为明显。历史上有多少人献身于修建长城和守卫长城，根本就无法统计。国家的兴亡和老百姓息息相关的优秀文化传统，以身报国的民族精神是中华民族能走到今天的基础。中华民族历史上精忠报国的仁人志士，都是基于这种文化的熏陶。

“把我们的血肉筑成我们新的长城”，这种精神激励国人在国家需要的时候挺身而出，义无反顾。为了国家不怕牺牲的精神，在今天也是保卫和建设强大国家的精神力量。这也是我们今天为什么仍然称解放军是钢铁长城的原因。这一点我们认识得越清楚，就越能使自己立于不败之地。不被对方打败是取得胜利的前提，《孙子兵法》中讲的“故善战者，立于不败之地而不失敌之败也。是故胜兵先胜而后求战，败兵先战而后求胜”就是这个意思。

四、文化自信的基础是什么？应该是对中国传统文化、传统思想价值体系的认同与尊崇。长城文化是建立文化自信的基石，这一点社会各界认识得还不够充分

中国人的主人翁意识是中国传统文化的重要内容，通过参与集体事业实现其对生命意义至高无上的追求，数千年来都是一种美德。家国同构的社会体系，血脉传承成为高于一切的信仰。这就是中国人为什么如此重视“中秋

团圆”“除夕守夜”的原因。

中国古代“家国一体”的社会结构中，国家是家庭的放大，是集体主义和血脉传承的核心。人们对社会安危的担忧及个体为社会安全而做出的努力，既是对家的负责也是对国的负责。在这样的责任感中，形成不可战胜的社会合力，这种力量就是众志成城。

中国传统文化，很重视安、危、乱的辩证关系。《周易正义》讲：“危者安其位者也，亡者保其存者也，乱者有其治者也。是故，君子安而不忘危，存而不忘亡，治而不忘乱，是以身安而国家可保也。”

唐朝的开国宰相魏征说过“备豫不虞，为国常道”，备豫不虞讲的就是有备无患。中国文化历经数千年而绵延不绝，在长期的历史进程中围绕着安、危、乱，形成了独特的精神内涵，这是长城文化的一个方面。孟子专门写过一篇《生于忧患，死于安乐》，中国是在忧患中成长壮大起来的国家。

中国古代两千多年中不断地修建和使用长城，就是这种忧患意识的体现。长城内容丰富且深刻的文化，在诸多历史时期都获得了认可。长城的修建和使用，几乎贯穿了中国的发展史，与影响中国社会发展的中国传统文化一脉相承。

今天的中国要“有效应对重大挑战、抵御重大风险、克服重大阻力、解决重大矛盾”，依然要强调增强忧患意识。长城文化是中国社会独有的现象，是有备无患的产物。中国古人通过修建长城，以及在长城沿线的政治、军事和经济等领域中的活动，满足了社会发展的需要，从而也改造了自身的生存状态。

忧患意识，不是激化矛盾而是解决矛盾。中国古人修建和使用长城，以自身生存发展需求改变环境的社会实践，通过适应、利用和改造环境，使生存理念和价值观念得以实现和深化。长城文化就是在这样的过程中，得以丰富和发展，构成了独特的行为模式、价值观念。

历史上长城地区生存的各个族群，以及他们之间的利益关系，既独立又不可分割。时间、空间和族群三者关系的复杂性，构成了长城文化的深远与厚重。在这样的民族碰撞与融合过程中形成的长城文化，成为保留在各个时代的记忆、话语和行动。围绕长城而构建的文化范式，反映着该区域族群生存发展的基本规律，形成了具有广泛性并为大多数人所认同的文化模式。

生活在长城内外的各族群，获得了有别于他人的独特文化传统，这样的文化传统把中华民族久远的历史联结起来，具有完整的思想程序、持续的逻辑关系。长城文化是长城区域各族群历史上各种思想文化、观念形态的总体表征，是先民共同创造并为后人世代继承发展的文化，这个有机的文化体系是中华民族数千年的记忆。

农耕和游牧文化在长城内外相互影响，构成了中华民族的文化形态，也塑造了中华民族自身。中国作为全球农业发源地之一，始终处于农耕文化和游牧文化长期并存又相互补充的融合之中，身处其中的长城，在一定程度上调整着农耕文化和游牧文化间的矛盾，亦被这个矛盾所左右。

古时修建长城的王朝，一个非常重要的目的是实现对长城区域的有效控制。长城区域的稳定和安全与政权利益高度一致，修建长城是为了保障统治中心的安全，农耕政权和游牧政权定居后都是如此。

对农耕政权而言，能否控制农耕与游牧过渡地带的战略要地，成为能否保障内地安全的衡量标准。修建和使用长城的结果，直接促进了中华传统文化的延续性和一致性。在全球各民族文化中，中华文化的完整性和一致性非常罕见。虽然历史上长城地区的中华民族各成员之间，曾发生过不少矛盾、冲突及征战，但这种矛盾和征战的最终解决，也为各民族共同生存及和谐发展提供了机遇。

长城内外各民族在融合过程中，逐渐形成了对中华文化的认同。不管在魏晋南北朝、辽金统一北方时期，还是元、清统一全国时期，向来都坚持了对中华文化的认同。游牧民族与农耕民族进行政治、军事、经济和文化互动的过程中，不断地吸收农耕文化，同时游牧文化中优秀的部分也影响和充实着农耕文化，为中华民族文化的发展作出贡献。

农耕与游牧两种文化形态相互作用，增强了中华民族文化的生命力和影响力。文化是一个民族的灵魂和发展的动力。英国历史学家汤恩比说过："就中国人来说，几千年来，比世界上任何民族都成功地将几亿民众从政治文化上团结起来。他们显示出的这种在政治、文化上的统一的本领，具有无与伦比的成功经验。这样的统一正是当今世界的绝对要求。"

罗素在《中国问题》的第一章中说："中国人民是世界上忍耐性最强的人民，当其他国家的人民想到今后十年时，中国人民却想到了今后一百年。

中国人民本质上是不灭的人民，是不急不躁的人民。”修建长城的中国人，想到的还不仅是今后一百年。所以，我要反复强调长城文化是建立文化自信的基石。

五、长城蕴含着团结统一、众志成城的爱国精神，坚韧不屈、自强不息的民族精神，守望和平、开放包容的时代精神

今天“大江南北、长城内外”，已经成为形容祖国领土的常用词语。在这片土地上长城的精神价值体现在哪些方面？2019 年 1 月文化和旅游部、国家文物局联合印发《长城保护总体规划》，阐释了长城价值和长城精神。

国家文物局第一次在官方文件中谈长城的精神价值，是在 2016 年 11 月发布的《中国长城保护报告》中：长城蕴含着团结统一、众志成城的爱国精神，坚韧不屈、自强不息的民族精神，守望和平、开放包容的时代精神。《长城保护总体规划》对长城内涵、长城价值的认识，继承了《中国长城保护报告》对长城精神的梳理总结，并提出长城最突出、最核心的价值在于其所承载的伟大精神。

两千多年来的历史，年复一年的文化积累和沉淀，使长城成为中华文明的符号。应该怎么认识这个符号的意义和价值？这个两千多年来不断修建长城的国家，为什么到近现代会走到几乎国破家亡的悲惨境地？

这个问题的确曾经很困扰我。清朝时期丢掉了忧患意识，加上封建统治阶级对社会思想的桎梏，使中国社会日益黑暗腐朽，民众处于愚昧无知的状态。专制的社会制度，极力压制商业经济，阻碍了由对外贸易建立起来的中国与世界的联系。闭关锁国使中国人不了解外面的世界，错过了生产技术革命的历史机遇。这也是今天，中国为什么要改革开放的原因。这条路我们刚刚开始，还任重道远。

实现中华民族的伟大复兴必须坚持改革开放，开放的过程中仍需要构建“长城”。比如粮食安全的问题。民以食为天，我们 14 亿人口的大国，粮食全靠进口行不行？肯定不行！如果粮食主要靠进口，就如同中国人的头顶上始终悬着一把达摩克利斯之剑。科技的核心技术亦是如此，国家安全问题与开放和保守无关。

长城在中国历史上产生了深远影响、发挥了巨大作用，这个作用应该怎么解读？毫无疑问，长城是联系长城内外的纽带。在这样的联系过程中，积淀和凝聚了极为丰富而深刻的思想内涵，但长城如何体现中华民族的思想感情、思维方式、价值取向？长城熔铸了中华民族威武不能屈、热爱和平的文化精神，怎样理解长城代表着中华民族勇敢顽强、和谐共存的文化追求？

今天的长城，作为中华民族共同观念和精神形态的代表，浓缩、沉积和展示着中国人爱国的思想和和平发展的希望。长城是中国各民族共同创造的奇迹，作为世界遗产蕴含着中华民族特有的精神价值和文化意识。认识长城的精神价值和现实意义，可以从两个角度来思考：一是认识长城在中华文明进程中的价值。中华文化传承延续至今，成为世界文明古国中唯一没有中断的文明，要认识长城在这个历史进程中发挥了怎样的作用。二是要认识长城与国家和民族的历史传统、文化积淀的关系。

中华文化沃土上创造出来的长城这个人类奇迹，有着怎样深厚的历史文化渊源和广泛现实的社会生活基础？这个方面，认识还很不够。真正的民族精神，都是能反映历史进步和社会发展方向的思想和观念，通过弘扬和培育，可以达到提高全民族素质的目的。当然，任何文化都有其积极一面，亦有其消极一面。况且，每个时代的文化也都有其时代的局限性。我们追求的优秀传统文化是放在任何时空，都有其引领社会进步作用的文化内涵。

中国从来没有如今天这般高度地融入于国际社会，世界环境已经在改变，我们故步自封或与其他文化格格不入，都会阻碍中国的变革和社会发展进程。我们不但要在国内讲长城，还应该将长城文化传达给世界。

中国应该主动到全世界去讲长城文化，积极向世界展示中国长城。要通过长城的历史和人物故事，让世界各国的人了解中国。世界文化遗产长城，有足够大的吸引力，引起各国人的情感共鸣。当世界各国的人通过了解长城，了解中国，了解中国文化，就会意识到中国是一个很可爱的国家，中国人是很可爱的人。那些对中国持有怀疑态度，甚至感到恐惧的人，将会逐渐尊重中国，对建筑了伟大长城的国家和民族由衷敬佩。

（载于国务院发展研究中心《经济要参》2019 年第 32 期）

长城防御封闭的方式是以逸待劳

任何军事防御体都有其明显的长处和短处，游牧民族的军事优势和局限性并存的特点表现得尤为鲜明。对游牧军队的防御，只有具有针对性才能有效。长城外的游牧民族的武器装备和战略战术，呈现出与长城之内中原农耕民族军队完全不同的特点，优势很突出，局限性也很突出。游牧民族的军事优点是机动性强，缺点是不能打阵地战。所以，将农牧交界地带封闭起来，以静制动、以逸待劳成为防御游牧骑兵的有效手段。

一、封闭也并不一定就代表着保守。从大自然到人类社会，美好的事物几乎都是封闭的

经过20世纪80年代的人，基本都知道电视片《河殇》。这部纪录片中对万里长城有这样一段错误的评述："假使长城会说话，它一定会老老实实告诉华夏子孙们，它是由历史的命运所铸造的一座巨大的悲剧纪念碑。它无法代表强大、进取和荣光，它只代表着封闭、保守、无能的防御和怯弱的不出击。"《河殇》1988年6月播出之后，可以说好评如潮。

到了1989年6月《河殇》开始被批判，被从政治上彻底否定。当年批《河殇》时，我在长城学会做《长城学刊》执行主编。《人民日报》和《光明日报》，都向我约过批判《河殇》借用长城反对中国传统文化的文章。这样的文章很好写，因为《河殇》的作者不懂得历史，很多的地方说得都不对。他说错了，批评他的文章就很好写。但是，我还真没写这类的批评文章，为什么呢？

因为电视片《河殇》不是历史纪录片，而是一部政教片。《河殇》在当

时是一部令人深思、为改革开放鼓与呼的作品。改革开放之初，这是一部发挥舆论先导作用的纪录片。我不同意作者对长城的评价，但同意作品推动解放思想的认识。中国必须改革开放才有出路，否则死路一条。作者错误地理解长城的历史价值，将长城说成是封闭保守的象征。这是错误的举例的问题，毕竟他们不是研究长城的学者。

中国长城学会副秘书长吉人专门写了一篇文章，发表在1989年8月15日《人民日报》上，题目是《万里长城是封闭的象征吗？——评〈河殇〉对长城的评述》。他的核心观点是：中国延续数千年的封建社会，的确存在着严重的封闭保守的思想。但万里长城并不是为了封闭保守而修建的。

吉人这篇文章写得很好，只是我觉得还是没有切中要害。说长城是封闭保守的象征，《河殇》作者认为封闭和保守是一回事。其实不然，长城肯定是封闭的，不是为了封闭修建这么长的一条墙，把长城内外隔离开来干什么？但长城又不完全是封闭的，如果仅是封闭还修建成千上万的长城关口干什么？关口的作用就是通行，这是联系长城内外的通道。

另外，即便说封闭，也并不一定就代表着保守。从大自然到人类社会，美好的事物几乎都是封闭的。包括我们的家，不是封闭的吗？爱情不是封闭的吗？就是地球，如果没有大气层封闭地保护着地球，人类肯定都没有办法出现在地球上。不只是天空，地球如果不是封闭的，没有地壳封闭着地球，只有炙热的岩浆在滚动，怎么可能有人类生存？

所以封闭是很正常的现象，我们的高速公路不是封闭的吗？封闭就是在构建秩序，在维护正常的状态。长城的封闭性，代表着长城的先进性而不是落后性。长城的修建者充分利用有限的人力和物力，尽量高效率、高质量地保障自己的安全，这何错之有？

我认为《河殇》作者评论长城与鲁迅的那篇载入《华盖集》的题为《长城》的文章差不多。鲁迅认为长城“不过徒然役死许多工人而已”，“我总觉得周围有长城围绕”。他们表达的都是对当下的批判，实际上与历史无关。鲁迅最后说“这伟大而可诅咒的长城”，也是鲁迅心境的一种表达，并不能仅仅认为他是在学术的层面对长城进行贬低与诅咒。

二、在对游牧民族的优劣势有明确认识的基础上，农耕政权修筑长城避其锋芒进行防御是以逸待劳

农耕王朝修建长城防御游牧军队，可以说也是一种无奈的选择。东汉博学多通的桓谭，在《新论》中说："夫以秦始皇之强，带甲四十万，不能窥河西，乃筑长城以分之。"即便是强大如秦始皇，也只能依靠修建长城加强对游牧军队的防御。

汉朝时，一些政治家和军事家对匈奴曾进行过一些评论，可以说对匈奴军事的优劣认识得非常清楚。《汉书·晁错传》记载汉文帝时，晁错对与匈奴作战的情况作过分析。他认为匈奴具有三大优势：一是"上下山阪，出入溪涧"自若；二是"险道倾仄，且驰且射"自若；三是"风雨罢劳，饥渴不困"。在艰苦环境下练就的吃苦耐劳精神和骑射作战的速度与灵活性，确实是匈奴军队的最大优势。

晁错讲匈奴的这些优势的同时，也指出匈奴军队的不足："若夫平原易地，轻车突骑，则匈奴之众易挠乱也；劲弩长戟，射疏及远，则匈奴之弓弗能格也；坚甲利刃，长短相杂，游弩往来，什伍俱前，则匈奴之兵弗能当也；材官验发，矢道同的，则匈奴之革笥木荐弗能支也；下马地斗，剑戟相接，去就相薄，则匈奴之足弗能给也。此中国之长技也。"

农耕王朝军队也有很多军事优势是匈奴不具备的。只要能化匈奴的优势，逼其以劣势来对抗自己的优势，则问题可以得到解决。《汉书·韩安国传》记载，汉武帝时的御史大夫韩安国也说过："匈奴负戎马足，怀鸟兽心，迁徙鸟集，难得而制。""匈奴，轻疾悍亚之兵也，至如众风，去如收电。"《汉书·主父偃传》记载，主父偃则说得更形象："夫匈奴，兽散而鸟散，从之如搏景。"这些观点是在中原传统文化礼义观的角度，突出匈奴的机动性强这一特点，话糙理不糙。

汉昭帝时，很多人针对处理匈奴问题提出了不同的看法，朝野都进行过不少论辩。《盐铁论》对此进行了翔实的记录。一位说："匈奴无城郭之守、沟池之固、修戟强弩之用、仓廪府库之积……织柳为室，旃席为盖，素弧骨镞，马不粟食。"另一位则认为：匈奴"虽无修戟强弩，戎马良弓，家有其备，人有其用。一旦有急，贯弓上马而已。资粮不见案首，而支数十日之食。

因山谷为城郭，因水草为食凛。”

经过反复论辩，对匈奴军队的优劣认识更清楚了。《后汉书·南匈奴列传》记载，东汉顺帝时的大将军梁商也对匈奴军事的优劣作了精辟的分析，他认为：“良骑野合，交锋接矢，决胜当时，戎狄之所长，而中国之所短也。强弩乘城，坚营固守，以待其衰，中国之所长，而戎狄之所短也。”经过分析戎狄与中原地区各自的优劣，梁商时已明确指出了筑城防御对付匈奴的具体措施。因为筑城防御可以化敌之长而伸己之长。

以逸待劳，并不是在长城上等着挨打。长城守军有一套远哨觇敌、迅捷报警的预警机制。戚继光在《条陈尖哨事宜》的奏章中提出，拣选“惯习虏情，能夷言而熟识夷人者”为尖哨，深入到长城外数百里的草原侦察敌情，获得真情报者有重赏，望风扑影、谎报军情者也会受到惩治。否则，获得对敌作战的胜利就成了空谈。

三、长城防御具有坚守与机动相结合的特点，进行的防御是一种积极防御

我们讲长城防御的以逸待劳，基于长城攻防双方一般的客观性而言，并不排除特殊性因素下的复杂变化。长城防御的攻防双方战争形态多种多样，特别是游牧军队攻打长城时所实施的进攻作战方式也变化多端。

进攻有的时候，表现为单线重点突破型。游牧民族骑兵军队对长城的某个关隘或某个城堡发起集中优势兵力的进攻，以强大的攻势突破某一个地方。然后按既定的战略目标向纵深发展，到达预定的目的地实施抢掠后快速返回。

有的时候，游牧军队会采取多方向进攻的战略。从两三个甚至更多的方向，同时对长城地区实施进攻。这样的进攻，只要有一点实现了突破，便很容易实现多点突破。多处突破长城之后，长城防御方会措手不及，很难在较短的时间内切断游牧军队的回撤道路。

选取多方向进攻还是单方向进攻，取决于进攻方施行军事打击的目的和投入的兵力。相对于进攻方来说，防御方则主要是利用长城的纵深防御体系，首先尽量避免进攻方的攻城方略得逞。为此，在长城地区进攻方和防御方都会倾其全力，通过周密的排兵布阵，以取得这场战争的最初主动权。

对于长城防御部队来说，还有一种作战方式，就是对攻入长城之后撤退的敌人予以追击。这种追击战的目的，一是让来犯的敌人在撤退过程中遭到沉重的打击。通过尾随追击或是包抄迂回追击，或是平行追击，在追击中歼灭来犯的敌人。二是避免己方资产的损失。多数情况下，游牧骑兵进入中原地区的目的是抢掠。他们在进攻之初轻装上阵，战斗力很强。实施抢掠行为之后，马匹上驮有很多抢到的物资，既要作战又要保护抢掠到的粮食和其他物资，战斗力往往遭到较大的削弱。

长城防御部队对游牧军队实施追击和堵截作战，是最有利的作战时机，也很容易取得较好的作战结果。进攻战和防御战、追击战等作战式样在长城沿线时有发生，多数时候是各种作战样式，在一次战役中会根据作战的需要随机运用。

据《戚少保年谱耆编》记载，戚继光在镇守蓟镇的时候明确命令部队，有敌人进攻长城“正面可御山梁拥众之虏，两面可打折墙之贼，便是虏马得向台空折墙而入，两台上暗认酋首，数铳齐发”。敌方一旦突破城墙，应以包括车、步、骑、辎各兵种在内的机动重兵集团“追截，决一大战，或可击逐，使伤使乱”。敌方兵疲将惰退走之时，沿边各路步卒要扼守险要之处，阻敌归路。由将领亲自率领骑兵追击，“各拼一死，一齐砍杀，务获奇功”。戚继光在《御虏五策》中也说，敌屯长城之外，要派精兵夜袭敌营，“必获功如愿而后返”。

在军事学上，战争讲的是力量而不是虚张声势。以强大的军事压力作背景，对方才有可能认清形势，停止有关错误做法。防御是讲军队凭借险峻地势和坚固的防御工事固守一块阵地，达到以逸待劳的目的，长城沿线常说的“一夫当关，万夫莫开”就是这个意思。但长城防御绝非如此简单、如此单薄。在更多的时候，长城的防御是一种防御与进攻相结合的防御。

四、长城防御目的是既要阻止敌方的进攻，保存和积蓄自己的力量，又要消耗或消灭进攻的敌人

长城修建者要实现的防御目的是阻止和打破敌方对长城的进攻，保存和积蓄自己的力量，还要消耗或消灭进攻的敌人。长城防御作战分成两个方面：

一个方面是防御军队坚守长城的城墙、敌楼、关隘、城堡。驻守长城的军队依托长城墙体、关隘、关楼、敌楼、城堡这样坚固的阵地进行守卫作战，阻止游牧民族骑兵的快速进攻。通过这种坚守阵地的做法，可以有效地消耗敌人和延长敌人进攻的时间。这样做一般在防止敌方的抢掠行为、破坏敌人以抢掠为目的的作战时实施。当然，这种坚守只是长城防御作战的一部分。

长城防御作战的另一部分是机动防御。机动防御并不是简单地构建多条防线，而是分层次、逐级地加以实施。比如，保卫都城的各个城堡及关口之间，便形成了这样一个逐级防御的系统，具有一定的机动性。当敌方骑兵攻打岔道城的时候，八达岭长城的守卫者已经做好了防御的准备；当敌方骑兵攻打八达岭的时候，上关城的守卫者已经做好了防御的准备；当敌兵攻打上关城的时候，居庸关的守兵已经做好了防御准备；当敌人攻打居庸关的时候，南口城的部队完成了集结。

这样一系列的准备，不仅可以逐级防御敌兵，还可以在运动中歼灭敌人。比如，敌方攻进了八达岭长城、攻进了上关城，正在准备攻取居庸关的时候，如果上关城和八达岭的守兵并没有被敌军重创，便可以包抄进来，和居庸关的守兵一起对进攻之敌实行围歼。而在敌方撤退的时候，居庸关的守兵又可以出击，与上关城和八达岭的守兵一起围歼敌方。这样的作战在明代蓟镇长城有很好的部署，各兵种、各城堡之间的协同性很强。

机动防御可以在运动中歼灭敌人，而且不怕敌方攻进长城的某一关隘。因为，敌人一旦攻取长城某一关隘进入长城之内，长城沿线其他关隘和城堡之内的士兵便可以钳制敌人，掩护主力集结。集结起来的各方部队，可以对进入长城之内的敌军实行围歼，在很短的时间内对攻进长城的敌军进行包围和分割，然后实行有效的打击，甚至予以歼灭。总之，长城防御常利用多道有纵深的防线诱敌深入，给进攻之敌以致命的打击。运动和坚守相结合，能够达到成功防御的目的。

长城防御的机动性，还可以体现在多兵种的协同作战方面。戚继光在奏给朝廷的《请兵破虏疏》中提出防御鞑靼“须驻重兵以当其长驱，而又乘边墙以防其出没，方为完策”。他提议组建与戍守城墙军队配合作战的车兵、骑兵、步兵和辎重兵等不同兵种。与车兵和步兵为“御冲突之虏于原野之间”的正兵，“御冲以车，卫车以步。而车以步卒为用，步卒以车为强”。戚继光在《辩请兵》中说，骑兵的机动性更强，“随时麾指，无定形也”。

五、长城防御的战略是纵深防守，构建进可攻退可守的基地

长城不是被动挨打的产物，从其产生之初就是进可攻退可守的基地。长城为实施开疆拓土的战略服务，具有积极防御的意义。春秋战国之际，各诸侯国之间的争霸和兼并此起彼伏，即便本国不主动攻打别国，战争也可能打到家门口。实力强大的诸侯国都在考虑如何借此混乱之机，扩张其自身的势力范围，寻求自身利益的最大化。这些诸侯国也认识到，只有做强自己才能称霸，才能占领别国的土地甚至兼并其他诸侯国。

为了发展自己而罔顾周礼的约束，已经成为当时社会的常态。社会经济发展的关键是国内的变革。当然，这些国家要进行各种各样的变革，还是要考虑本国的保守势力，毕竟各国传统保守势力的抵抗也非常大。秦国是实行变法阻力最小的国家，但为其变法作出了巨大贡献的商鞅仍旧为推动变法付出了生命的代价。

所以，诸侯国君主在进行扩张和变法的时候，总是希望尽可能减少来自保守势力的抵抗。如果在国内强制进行各种利益的再分配，把原来属于贵族的土地直接收为国有或置于君主的直接管理之下，自然会遭到那些既得利益者的坚决反对。反之，如果通过对外扩张、攻城略地来获得利益，然后把这些原属于其他诸侯国的土地占为己有，与国内既得利益集团发生冲突的可能性就会降低很多。

因此，诸侯国不再将这些新征服的土地分封给别人，而是纳入君主的直接控制之下，作为国家的县或郡，由君主选派自己信任的官员进行管理。通过征伐不断增加土地和人口，君主与国内贵族之间的实力差距越拉越大，逐渐地诸侯国改变了原来的权力平衡。

当君主在国内掌握了绝对的控制权后，他们再通过各项变法措施来剥夺贵族们的权利和利益时，贵族们因已经缺乏与君主对抗的实力，往往只能妥协。从春秋战国开始，大诸侯国的君主权力就是这样，随其领土的扩张变得越来越强、越来越具有权威性。

通过这个观点来审视燕、赵、秦各国对北方游牧民族的扩张，他们不断

在新征服的土地上设立郡县，收编胡人以充实自己的军力，其实也是该国君主在巩固国内权力的过程中强化其绝对权力的需要。中原诸侯国对周边各国的攻伐及对北方游牧民族的攻伐，在君主专制形成的过程中起到了非常重要的作用。

在这个历史大背景下修建的长城防御，是一种包含进攻性的设施。修建长城从表面上来看是防御，但修建者的战略意图一开始是为进一步的进攻作准备。有学者对周代的聚落形态进行研究后认为，周人征服商朝、进入商地后，作为征服者的他们有寡不敌众的危机，于是筑城而居。白天在城的周围从事生产，夜晚或有危险的时候就退守到城里。

中国的“国”字，最初就是指这样的聚落城池。长城与这样的城池一样是防御工事，但其本质首先是进攻一方为保护其已经获得的进攻成果而采取的积极措施，并很可能在条件具备以后发起新的攻城略地行动。

周朝对诸侯国修建城池的规模，有非常明确的规定。《左传》“郑伯克段于鄢”里记载了修建城池规模的“先王之制”：“大都不过三国之一；中，五之一；小，九之一。”为什么会有这样的规定？大诸侯在自己的领地上筑城，为什么不可以超过君主所在国都的三分之一？这不仅是维护礼制的需要，也有着军事考虑。城池一旦超过了规定的限制，诸侯就可以将其作为基地发展自己，最终对君主的统治构成一定程度的威胁。

六、长城防御纵深的作用使一道防线被攻破，还有多重防线对进攻之敌进行抵御

北方游牧军队对长城防御构成了严峻的挑战，长城防御部队必须找到解决这种军事压力的方法，通过有效的防御来满足安全的需要。这就是长城纵深防御产生的背景。为保证一道防线被攻破之后，还有多重防线对进攻方进行抵御，建造长城、设计布防时，充分考虑了纵深防御的问题。

每一道长城防线都是相对独立的体系，可以独立作战。只要几条防线中有一道防线不失，就能有效阻挡进攻的敌人。此外，后边的防线可以向前支援，加强阻挡敌人的力量；已经被攻破的防线，可以尽快地形成新的防御力量，对进攻的敌人形成包抄，实行有效的打击甚至歼灭。

在具体实施的过程中，敌人在进攻第一道防线的时候，其他的防线可以迅速做好应战准备。也就是说，在敌人进攻第一道防线时，第二道、第三道防线就做出第一道防线有可能失手的预期，做好迎敌的战斗准备。进攻长城的一方攻入长城纵深防御体系实际上是陷入了立体作战的狭小空间，面临很大的安全威胁。强行进攻，要突破几道防线，是一件很困难的事情。在纵深防御中，最后一道防线压力也是很大的，因为敌人连续攻破了几道防线，说明其进攻实力之强、势头之猛。这势必给最后一道防线的守军造成很大的心理压力。战争若进入这道防线，要守住这个防御纵深体系不失是很困难的。

长城防御纵深的建设，有一个不断发展的过程，到明代最为成熟。在蓟、昌两镇长城的十二路防区内，各路部队互为纵深有很明确的应援职责。戚继光在《筹定赴援兵马》中明确规定："如遇警报，在燕石三路，则三屯营标兵首先赴援，次之遵化，次之密云，次之昌平；如在马太三路，则遵化营标兵首先赴援，次之三屯营，次之密云，次之昌平。"在这种具有纵深防御的系统中，长城部分关隘、关城的退却，部分地放弃所据守的关口、关城，并不表示整个防御体系的失效，而是防御进入了下一个阶段。不管是主动退却还是被动退却，在强敌进攻时，是否选择退却要看全局部署是否完成。

七、一个政权刚崛起阶段和其强大阶段，构建防御体系是对其发动进攻的最好支持

农耕王朝进攻作战时，可以通过长城防御体系，起到前沿基地的作用。对敌人的进攻，防御体系又是后勤保障及确保防御有效的重要条件。通过进攻，可以有效缓解来自敌方的军事压力。这个时期修建的长城，是基于长城地区整体防御安排的考虑。

到了一个政权统治能力和经济能力都已经衰败的时期，国家根本就无法继续实施战略进攻，只能凭借长城这样的防御体系来阻挡敌方强大进攻。这种时候，长城防御体系的防御能力也会大打折扣。长城无论多坚固，也仅是延缓已经走向衰亡的政权衰亡的速度，拖延其继续衰亡下去的时间而已，不可能从根本上解决濒临崩溃的政权自身的问题，更不可能制造奇迹使其起死回生。

中原政权与游牧政权进行军事对抗，大致有以下三种模式：

第一种模式是双方以战争这种最激烈的方式进行大规模的军事决斗。战争的胜败将决定由谁拥有某片土地的控制权。这样的战争较少，不是双方的常态。

第二种模式是不以决战的形式进行的战争，这是经常性的属于常态的军事行动。对于游牧民族这种分散的、抢掠性的战争，中原守军往往处于劣势。

第三种模式是由有效的管理构建起有效的秩序，长城内外在这样的秩序下进行正常的交流时，发生的小股的、骚扰性的军事冲突。由于长城以有效的防御作为必要条件，保障了和平交往正常进行的可能。

这三种情况随着不同的历史时期、不同的历史背景而不断变化。如果中原王朝强大，游牧民族会主动放弃第一种模式。随着中原王朝的衰落，第三种模式也就失去了其存在的必要条件，常常被第二种模式的冲突打破，反之亦然。只有在任何一方都没有对另一方形成绝对优势、可以通过战争的手段彻底解决问题的时候，第三种模式才可以正常运转。

中国古代历史上，农耕王朝与游牧政权的军事对立，更多的时间处于这种谁也没有办法对另一方形成优势，谁也不可能通过军事手段来彻底解决问题的状态。所以，在绝大部分时间里，长城是发挥作用的。

长城发挥重要作用的时候，往往不是双方爆发全面战争的时候。实际上，全面战争爆发之后，长城的防御能力就大大地降低了。长城真正的防御作用体现在，长期有效防御局部战争上。当长城沿线局部地区有军事冲突时，武力对抗的暴力程度不是很高，双方投入的军事力量也有限，这时候长城的作用是很大的。

当然，往往是在长城内外双方之间，重要利益或是核心利益发生了冲突时，才会引起全面的战争。不管是秦统一中国之后，还是汉武帝北逐匈奴之后，还是明朝推翻了元朝的统治之后，都是自己的力量发展到很强大的时候、与长城外的民族爆发全面战争可能性很低的时候才修建长城。这时候社会进入全面战争状态的可能性大幅度降低，但局部战争的数量和发生的概率并没有降低，一些局部的战争和冲突甚至可能引起更大的冲突。通过长城的修建，限制局部战争的发生和发展，成为当时政权的重要选择。

修建长城是中原王朝足够强大，却又没有办法完全消灭局部战争时所采取的一种防御手段。修建长城的战略目的并不是要给对方以致命的打击，也不是要孤注一掷地消灭对方，而是要遏制对方向南发展，阻止其扰乱农耕地区的正常生产和生活。防止对方在形成规模之后，侵占中原政权已经占有的地区。

没有长城防御工事时，长城外面的游牧民族随时都有可能在局部发动一场或几场战争来改变自己的被动态势，杀进长城里面进行抢掠。这种事情发生之后，如果农耕区的驻军很难在比较短的时间内集中优势兵力，在进攻一方集中自己的优势兵力打击一点，双方力量相差悬殊的情况下，守军很难实现自己的有效防御。

有了长城这样坚固的防御体，就可以在一定程度上调节双方军事力量的差距，最大限度地实现有效防御的目的。有了长城军事防御体系，游牧与农耕之间的局部冲突得到了有效的解决，这种解决不是说双方不再发生冲突和战争，而是有效地调节了进攻方和防守方的军事力量，最大限度地保障了农耕区的利益。人类经常要在短期利益和长期利益中求得平衡，修建长城追求的利益无疑是长期利益。

八、古代王朝修筑长城，另一个作用是防止农耕地区的人向长城外逃亡，阻止长城内外非官方控制的贸易往来

游牧民族生活栖息之地，在不发生战乱的情况下，长城外的生活比长城内相对要安定。农耕地区的民众在遭受严重压迫或遇到较大的动乱时，很多人会选择逃到长城之外去避难。至少到长城之外，可以逃避各种税赋。有些犯罪之人，为了逃避法律的制裁也会选择逃亡到草原地区。

据《汉书·匈奴传》记载，西汉元帝时，南匈奴与汉王朝和好，愿为中国守卫北方边疆，世代做中国的臣属，请求拆除长城以方便长城内外交往。大臣侯应在上元帝书中，反对拆除长城时曾反复提到边郡有很多汉人偷越边塞之事。侯应讲了十条不能拆长城的理由，其中有三条都是说长城有防止汉人向北方少数民族地区逃亡的作用。

侯应说："往者从军多没不还者，子孙贫困，一旦亡出，从其亲戚，……又边人奴婢愁苦，欲亡者多，曰'闻匈奴中乐，无奈候望急何！'然时

有之出塞者。”三个理由，一是防止征讨匈奴做了俘虏的将士的子孙因贫困而逾境投亲；二是防止长城里边的奴婢，因生活困苦羡慕“匈奴中乐”而逃出长城；三是防止造反的人，在情势危急时北奔投敌。汉元帝接受了侯应的意见，派车骑将军许嘉口谕匈奴单于说：“中国四方皆有关梁障塞，非独以备塞外也，亦以防中国奸邪放纵，出为寇害，故明法度以专众心也。”

秦朝时百姓亡入匈奴除被掳掠者外，大体也与西汉时期的情形相当。《汉书·匈奴传上》载：汉昭帝始元元年（前 86），“匈奴国内乖离，常恐汉兵袭之。于是卫律为单于谋‘穿井筑城，治楼以藏谷，与秦人守之。汉兵至，无奈我何’，即穿井数百，伐材数千”。师古注“秦人”曰：“秦时有人亡入匈奴者，今其子孙尚号秦人。”卫律能向单于建议让“秦人”为其守护城堡，可知“秦人”的数量应该较多。

拉铁摩尔也注意到了这一点，他在《中国的亚洲内陆边疆》中提出，中国的长城 “不但防止外面的人进来，也阻止里面的人出去”。长城里边的农耕社会与外边的草原社会，两个互补性很强的市场，需要交流的物资品种很多，粮食就是主要贸易物资。在长城地区种植的谷物，如果将其向南方运，一路的农田没有可供放牧的草场，用于运输的马匹也要圈养在车马店，还要为牲畜购买粮草，成本很高。

将粮食运往长城外的草原市场成本就低多了，只要选择好合适的道路，驮着粮食的驼队，可以在草原上随便放牧吃草，人也可以在草地上搭建帐篷休息。拉铁摩尔在《历史上的边疆》中，曾比较过农耕地区与草原地区两种旅途距离的成本：除非谷物被酿制成酒，否则向南的贸易超过 100 英里就没有了利润，骆驼商队在草原行走 800 英里才是利润极限。

长城之内商人的趋利行为，使临近长城农耕地区大量的粮食流向草原地区，不符合农耕王朝的利益，所以要利用不可逾越的长城，阻止这种贸易行为的发生。

（载于国务院发展研究中心《经济要参》2019 年第 41 期）

长城防御对象的深入探索与研究

长城区域是农耕和游牧的交界地带，绝大多数的地方都是宜耕宜牧。农耕和游牧是两种完全不同的生产方式，两者有互补性更有冲突性，很难在同一时期同一地域内和谐共存，很容易受利益驱使产生比较大的冲突。在同一个区域里，为解决冲突问题，往往需要武装力量的介入。

《元史·耶律楚材传》记载，窝阔台汗即位的第二年（1230），近臣别迭等人曾建议："汉人无补于国，可悉空其人以为牧地。"这种把农耕废掉改为牧场的想法出自窝阔台汗亲近的大臣，后果是很可怕的。这虽然是一个很极端的建议，后来也并没有被采纳，却说明在游牧政权的高层都对农耕怀有很深的敌意，并且错误地认为农业对国家无用。

长城区域是一个特别广阔的区域，农耕王朝的任何朝代都没有足够强大的军事力量，可以仅仅凭借军队的驻守来保证这个广大区域的正常生产生活秩序。长城沿线的军事力量不够强大，一方面是长城区域的利益没有达到王朝愿意花费巨额军费来支持这样庞大的军队，征用大量青壮劳动力来从事这种军事活动的程度。另一方面是边疆地区的军事力量太强大，防御游牧军队的作用会得到强化，但也容易构成对中央政权的威胁。唐朝的藩镇割据，就是深刻的教训。

在这种情况下，长城应运而生。王朝政权借修建起的长城来达到加强对农耕地区进行有效保卫、减少常驻军队和缩减军队经费的目的。通过长城来提高这一地区的防御能力，有效地解决了养兵太多养不起，养兵太少又起不到其应有的保卫作用这一问题。尽管修筑长城和派军驻守长城防线需要的经费不少，但与不修长城仅派军队相比，以达到相同的防御效果论，修长城所需付出的代价相对小很多。

在大修长城的同时，朝廷又在长城区域实行了军屯。从事军屯的军户平时不脱离生产，按照规定集中接受军事训练。通过军屯措施，国家可以用较少的经费来维持一个相对较大的常备军队，进一步缩减了国防开支。在宜耕宜牧区域修筑长城，是国家政权以最小代价维护最大利益而采取的措施。

战国秦、赵、燕长城具有很大的价值，其防御所体现的是一种主动性。陈可畏在《论战国时期秦、赵、燕北部长城》中认为，秦、赵、燕在占据了军事优势的情况下修筑长城，加上一定数量的驻军，防止北方游牧民族骑兵闪电式的袭击，是一种扬长避短的主动行为。在当时，采用高墙来阻遏骑兵是极好的方式。除此之外，没有更好的办法解决长城地区的冲突。没有长城，即使有大量的步兵和骑兵，仍然防御不了游牧民族的抢掠。战国历史事实证明了这一点。

此外，长城在一个朝代不同时期发挥的作用是不同的。换句话说，长城在一个王朝政权衰微时期的作用，与一个政权刚崛起兴旺时期的作用完全不一样。这样说是在讲内因，而不是说长城防御对象这个外因。任何政权，不管强大还是弱小，都会考虑战略防御问题。

一、认识长城，不但要认识长城的修建方，还要认识长城所防御的对象

长城防御的对象，主要是来自北方的游牧政权军队。除春秋战国各诸侯国相互防御的长城之外，长城多数是为防御游牧民族的南下抢掠而修建的。即便是游牧民族建立的政权所修建的长城，也往往是其成为北方定居的农耕区域统治政权后，为了防御更北边的游牧民族而建造的防御工事。

游牧民族政权的军事制度随着经济、文化的进步而不断发展变化。军事与一个民族的经济能力和经济类型，都有着十分紧密的关联。游牧民族畜牧经济的特点，决定了其军事方面表现出与游牧的生产生活方式相适应的特点。

北方游牧民族为什么要不断地南侵？其南侵对农耕民族有什么重要影响？萧启庆在《北亚游牧民族南侵各种原因的检讨》一文中认为："游牧民族与农耕民族的相互挑战与反应，是近代以前世界史上最重要的课题之一。"他进一步指出："以我国北部蒙古国为中心的北亚草原地带，是世界大草原

的一部分，也是近代以前整个草原地区，乃至全世界的主要的动乱摇篮。两千多年来，游牧民族无数次的移民运动与对外侵略，多肇源于斯，造成一连串的连锁反应，影响及于远方的定居社会。我国更首当其冲。北亚游牧民族的入侵和征服，可说是我国历史形成的最重要的因子之一。”

自古就有人认为对游牧民族采取强硬态度反而会激化矛盾，认为修建长城作用很有限。这种认识一直伴随着长城发展的全过程。《汉书·匈奴传》记载，严尤在评论中原王朝或农耕民族对游牧民族的政策得失时就说：“臣闻匈奴为害，所从来久矣，未闻上世有必征之者也。后世三家周秦汉征之，然皆未有得上策者也。周得中策，汉得下策，秦无策焉。”

严尤对秦始皇修建长城大加鞭挞，他说：“秦始皇不忍小耻而轻民力，筑长城之固，延袤万里，转输之行，起于负海，疆境既完，中国内竭，以丧社稷，是为无策。”相比较对汉武帝的评价还算客气：“汉武帝选将练兵，约斋轻粮，深入远戍，虽有克获之功，胡辄报之，兵连祸结三十余年，中国罢耗，匈奴亦创艾，而天下称武，是为下策。”现在来看这些观点，对长城防御对象缺乏清醒认识和准确判断。

长城的防御价值，首先要涉及长城防御的目的。修建长城是人的有目的的活动，研究长城和长城区域的所有问题，都离不开人的有目的的活动。人类历史发展与自然界发展的根本区别，在于人类历史中活动的全是现实的个人组成的族群。每个族群都有自己的意识，过着有目的的生活。正是人的这种有意志有目的的活动，创造着人类的历史。

进攻、防御是战争的两种表现形式，军事目的都是保存自己、消灭敌人。长城是军事防御工程，其主要的任务是防御。防御也有被动防御和主动防御之分，不能因为长城是对一个固定区域设防的体系构建，就简单地认为长城是被动防御。在很多的时候，理解进攻和防御需要站在国家和政权的整体发展历程中去看；理解长城防御体系的军事价值，也要历史地看待。

隋炀帝在《饮马长城窟行》的诗中，讲了他为什么要坚决修筑长城，他说：“肃肃秋风起，悠悠行万里。万里何所行，横漠筑长城。岂台小子智，先圣之所营。树兹万世策，安此亿兆生。”他说得很明白，修长城是“万世策”，能够平安亿万人民的生活。

隋炀帝先说修长城不是他的首创，而是先圣们创造的有效防御手段。接着就称赞修长城是“万世策”，能够平安亿万人民。这样的认识是基于面对游牧势力，不得不修建长城。换句话说修建长城是由防御对象的特殊性所决定的，不如此难以实现有效防御。

中国古代军事家始终十分重视防御。《孙子兵法・形篇》开篇就说：“昔之善战者，先为不可胜，以待敌之可胜。”也就是说，善于指挥作战的将军，首先要做到的是不被敌人战胜，然后才是寻找机会战胜敌人。

《孙子兵法》强调，不被敌人战胜主要取决于自己是不是做好了准备。要想做到不被敌人战胜，就要进行有效的防御，就要采取有效的措施来抵御敌人的进攻。修建长城防御体系的重要指导思想之一，就是先做到敌人不可胜。

中国古代很多的皇帝反对大兴土木。《魏书・高祖纪下》记载高祖孝文皇帝就说过“凡所修造，不得已而为之，不为不急之事损民力也”。当然，在中国古代修建长城与为了享受和荣耀大兴土木还是不一样的。

二、长城防御的方向主要是大草原，北方草原民族游牧生活的特点是“逐水草而居”

研究长城防御离不开大草原，长城的防御方向主要是大草原。谈到北方草原民族游牧生活的基本特点，经常使用的词句是“逐水草而居”。向水草丰美的地方迁徙，是草原地区各民族基本的生产、生活方式。关于游牧民族的起源，一直是国内外学者长期争论的问题。

1991 年 Cribb 出版《考古学上的游牧民》，对西方有关游牧起源的研究成果做了系统的总结之后，提出自己的一套理论。他认为游牧经济没有一个明确的起源，不同地域、不同时代的游牧经济，有不同的起源。游牧是一种不稳定的、波动的经济类型。应该重点研究其兴衰的条件，而不是去追溯其起源或因果关系。Cribb 指出游牧兴起的必要条件包括畜群、草地（合适的自然环境）、游牧技术和相应的社会关系。

游牧民族生活在一望无际的大草原，放牧和狩猎是他们主要的生产项目和日常活动，牲畜是他们最重要的生产、生活资料。一望无际的草原牧场，成群的马匹和牛羊，各种野生的飞禽走兽，为游牧民族的骑马射箭生活提供了天然的环境。

游牧政权建立起来的骑兵队伍，以精良的骑射技术驰骋疆场。由于其随水草而四处迁移，流动性非常强，即便有相对固定的游牧地，每年也会经常更换牧场。游牧民族的流动性决定了他们没有固守城池的需要。而游牧军队的作战也以运动战为主，没有驻守阵地的概念。攻打城池对他们来说，是一种较为困难的作战方式。长城正是针对游牧军队的这一作战特点，构建起来的较为有效的防御体系。

游牧民族在形势有利的时候就大举进攻，攻破一点长驱直入，肆意抢掠；形势不利的时候就立刻撤退，四处散开绝不恋战。长期的草原游牧生活，使牧民们的野外生存能力、自然适应能力非常强。每当中原政权征伐之时，牧民们最好的自我保护手段就是躲到草原的深处，让进攻者根本找不到作战对象。特别是当战争发生在牧民较为熟悉的长城之外时，游牧民族的军队可以保持较长时间的顽强战斗力。

面对游牧军队的这个特点，农耕政权只能选择常态性的防御措施。《明太祖实录》记载朱元璋于洪武四年（1371）三月癸巳命令中书省臣道："山北口外东胜、蔚、朔、武、丰、云、应等州，皆极边沙漠，宜各设千百户，统率士卒，收抚边民。无事则耕种，有事则出战。所储粮草就给本管，不必再设有司重扰于民。"明太祖希望这些地方能够利用军屯实现自给自足，并保证边疆的安宁。

英国剑桥大学麦克堂纳（MaC Donald）研究所于2000年1月在剑桥举办了题为"欧亚草原史前晚期的开发"的国际会议。这次会议后出版了题为《欧亚草原东西方的古代交往》的文集，从物质文化和经济类型两方面入手，探讨了欧亚草原文化的交往；从物质文化方面探讨了文化之间的联系；通过畜牧或游牧的起源，了解文化之间的交往、草原文化的作用以及对农业文明地区的影响。对欧亚草原经济类型发展的研究，为中国北方长城地带经济类型的演变提供了一个有价值的参考体系。

长城所防御的草原游牧民族，并不是历史文献所记载的春秋之前的"蛮夷戎狄"。新石器时代散居于各地的原始民生活方式大致相同，没有明显的农牧之分。在人类早期文明历程中，基本都处于原始行为的阶段，采集、挖掘、猎杀一切可以食用的动植物是集原始农业、畜牧、采集和渔猎为一体的混合经济。

林沄在《夏至战国中国北方长城地带游牧文化带的形成过程》中认为，北方长城地带田野发掘资料，结合环境学和体质人类学的研究，可以看出："先秦文献中的戎、狄和战国与活跃在北方长城地带的东胡、匈奴并非同一族群。北方长城地带在新石器时代晚期基本上是农业地带，它变为游牧人往来驰骋的地带，是文化、生态环境、族群等变动的因素交互作用下形成的一个复杂过程。在这种新认识下对先秦的原始文献（包括地下出土的文献）作重新分析，也可以得到进一步的印证。"

人类的生产生活方式因各地区的地理环境不同，在采集农业和渔猎的组合及轻重程度上彼此有所差异，但本质上基本相同。中国文明起源中心的黄土地带，由于土壤易于耕作、水资源丰富，率先进入专门从事农业生产的阶段。灌溉技术的出现，使农业走上一个新的高度，也在一定程度上推动了社会组织的进步。社会的进步又反过来促进经济的发展，并促使较强大的社会组织开始了有选择的地理扩张。

农耕政权利用自己相对先进的技术条件，在寻求更广阔的可耕地的过程中形成了华夏和蛮夷的区别。华夏指的是建立精耕灌溉农业的地区，蛮夷则是先秦时期对非华夏民族的泛称之一。西戎、北狄、南蛮、东夷，都是以古代的中原为中心，形容未能进入进化主流的中原周围的少数民族。早期史书时有"蛮夷戎狄"的记载，有些史学者将他们直接视为游牧民族，这是不妥当的。

拉铁摩尔早在 20 世纪中叶就注意到了这个问题，他在《中国的亚洲内陆边疆》中认为，当时的汉地社会尚未拓展到北部草原的边缘，这些蛮夷虽然拥有马和羊群，但还不具备草原牧民的特点。当时被称作"蛮夷"的部落都是徒步作战，"抵御入侵"的诸夏则以车代步。这些蛮夷与诸夏一样，也从事农业耕作，只是农业水平较低。他们更多的是借助其他牧业和田猎等来补充，拥有相对较多的畜牧。

三、游牧民族的重要特征是全民的军事化，随时准备战斗是牧民的生活常态，这是长城地区农民不具备的优势

在农牧交错地区，游牧民族主动发动进攻引起的战争居多。牧民在日常

的游牧或射猎过程中，随时都可能发生抢掠或被劫掠的事情。小规模的战斗对他们来说是轻而易举的事，不需要做任何准备，也不需要采取专门的防御措施，骑上马拿起刀枪就可以执行。

早期游牧民族比如战国时的匈奴，一般情况下南侵基本不需要作运筹和谋划，也无须考虑粮草供应问题。牛肉干带在马背上，打到哪里吃到哪里。他们对作战的地形地势、双方的实力和形势很少作深入的分析和周密的部署。只有很少的战争是针对性和目的性很明确的军事行动，比如匈奴的屯军车师和围占乌孙等，便属于这种情况。

绝大部分历史时期，游牧民族生产力没有发展到社会分工非常明确的程度。在牧区虽然也有农业和手工业的存在，但其规模都很小，不能成为这一地区社会的主体产业。所有的牧民既要从事牧业生产劳动，进行生产和生活物资的交换，又要参与各种军事行动。每一个成年牧民都担负着养家和保卫生命财产安全的双重任务，牧民和士兵的角色集于一身。西汉刘安在《淮南鸿烈集解》中称其“人不弛弓，马不解勒”，生产的同时随时准备投入战斗。

游牧民族从事游牧业的生产，早期没有发达到可以养一支脱离生产、专门从事军事作战的军队。牧业的生产状况决定了他们没有多余的粮草供应大规模的常备军。客观上也没有常年养一支常规军的需要。游牧民族没有固定的城镇、土地，更没有大量不动资产的积累，不必集中大批的军队长期固守边防。兵民合一是最符合游牧民族实际情况、最符合其经济和生活特点的一种军事组织形式。

游牧民族有常备军队是从匈奴的胜兵制度开始的。胜兵制度是从南匈奴开始的还是从北匈奴开始的，学者有不同的观点。有学者认为匈奴的胜兵制度，开始于南匈奴附汉之后。随着南匈奴生产水平的发展、经济结构的变化和受到汉朝兵制的影响，逐渐发展起自己的兵役制度。这支军队的规模虽不是很大，却是脱离生产担任作战任务的常备军。有学者认为，匈奴胜兵制度的产生与南北匈奴的经济情况和生产条件无关，与产业结构改变和农业比重加大也无关。

催生匈奴胜兵制度的主要原因，很可能是南、北匈奴之间作战和北匈奴与中原王朝作战的实际需要。已经依附中原王朝的南匈奴，这种需要相对较弱。况且，东汉出于自身安全考虑，也不会支持南匈奴在长城之外拥有一支常备军。综合考虑各方面的影响，北匈奴最先建立胜兵制度的可能性大于南匈奴。南匈奴随着形势的发展，出于防御北匈奴的需要，在北匈奴之后组建胜兵应该是东汉能够接受的。两汉以后的游牧民族胜兵制度，都是对匈奴胜兵制度的继承和发展。

草原地区的生产生活条件非常艰苦，很多生活必需品又都依赖农耕地区。在强大的生存压力下，游牧势力对农耕地区的抢掠成为一种常态。正是在这一情境下，游牧军队的活动往往带有很强的以抢掠为目的的功利性。

游牧民族逐水草而居，对自然的依赖程度远远高于农耕民族，生存条件更加艰难，生产方式更加脆弱。高恒天在《秦汉时代之匈奴道德生活》中认为，游牧民族的文明相对而言，比较缺乏处理人与自然关系的能力。水旱、虫灾、恶劣的天气，都可以导致牧业地区人畜的大量伤亡。

在靠天吃饭的环境下，游牧民族抵御自然灾害的能力很差。遇到重大灾害之后，他们很多时候连基本的生活保障都没有，用以维持生计的生活资料难以解决。而且，从历史的角度来看，游牧民族的生存空间随着游牧与农耕两大经济的不平衡发展而日益缩小，特别是在农耕政权力量强大时，有利资源多被农耕王朝占据。因此，对游牧民族为了生存而采取的对农耕地区的抢掠，不能简单地以中原地区传统的礼义观去评判。

游牧民族在遭遇生死存亡危机的情况下，往往以生存作为第一要务和最高原则。这时，游牧军队会为抢到更多的东西、为俘虏更多的劳动力而奋勇作战。他们进攻长城，不是为了攻城略地，而是为了掠取更多的财物和人口。即使发生在游牧民族内部的征服战争，其目的也往往是获取更大的地盘，获得更多的贡赋和畜产。总之，游牧民族发动的战争其功利性非常强，这种特征是由游牧民族的生存环境和生存本能所决定的。

蒙古草原上的游牧族群，除了畜牧之外还有一个重要的收入来源，那就是贸易。蒙古草原上的游牧民族自古以来就位于中国通往西亚和西伯利亚的北方草原丝绸之路上。早在青铜时代，南西伯利亚就通过今天的内蒙古草原地区与中国中原地区发生商业和文化联系。北方游牧民族通过这种贸易、贡赋征收以及战略性和生计性的掠夺来获取利益发展自己。抢掠来的各种物资除了用于自身的生产生活之外，还可以用于贸易交换。贸易需求的加大更加刺激了游牧民族向南抢掠行为的发生。

游牧民族为了利益需要不断南下掠取物资和劳动力，而中原农耕民族也不愿放弃已经取得的各种利益。因此，农耕王朝需要想方设法保障自身利益。正是在各自保护利益的基础上，长城不断砌筑于两种利益的冲突地带。

四、修建长城防御游牧民族，还有一个不可忽略的作用就是威慑作用

让进攻方知道防御方已经做好了防御的准备，使他们不敢轻易来犯。这种威慑作用，就是《孙子兵法》里强调的“不战而屈人之兵，善之善者也”。《孙子兵法》里讲：“上兵伐谋，其次伐交，其次伐兵，其下攻城。”攻城是一种在冷兵器时期，不到万不得已不会采取的策略。

长城作为一道坚固的防御体，其存在本身对于游牧骑兵来说就是一种巨大的威慑。游牧骑兵擅长马上行动，让他们下马攻城，就使其失去了军事上的优势。有长城这样雄伟墙体的存在，可以部分地制止一些小规模的骚扰和掠夺，制止小规模部队对长城沿线农耕地区的抢掠。在这个意义上说，长城防御本身就已经实现了自己的战略目的。

要想对敌方进行战略性的威慑，就必须让对方认识并相信己方的能力和决心。长城就是这样的一个标志物，修建雄伟的长城，让对方看到己方要保卫长城以内地区安全的决心和意志，是实现长城威慑作用的基础。长城的存在本身便向对方传递着己方的力量和决心。大规模地修建长城，并在长城沿线驻有重兵，这本身就是一种军事造势。通过这样的行动，显示己方军事准备的力度和准备给予来犯之敌以沉重打击的决心。

当然，仅靠长城存在本身这样的一个现象来实现战略威慑还不够，还要靠提升驻守长城军队的战斗力，通过进行军事活动来显示长城守卫的军事力量，显示长城守军的战斗能力，使对方被迫放弃进攻长城的企图。

戚继光驻守蓟城的时候，曾经在汤泉搞过一次10余万士兵参加的大规模军事演习。他把当时蒙古部族的一些首领请到汤泉来观摩演习。通过演习，明朝军队完全显示了自己的武力，向蒙古部族首领展现了自己的武装实力，暗示对方自己已经做好了使用武力抵御侵扰的准备，让对方在自己强大的武力威慑下，不敢轻易地采取敌对行动。通过这次军事演习，蒙古族的首领们

看到了这支守卫长城部队的勇猛，真正地达到了战略威慑的目的。

除了通过长城沿线部队的操练和演习“示形于敌”显示威力之外，还需要有一些军事打击来增强这种威慑作用。如果仅是摆在那的、给人看的一种展示，还不足以使对方心理上真正产生畏惧并因此屈服。所以，己方要采取一些军事行动，使对方在进攻长城时遭受一定的军事打击。只有这种军事打击的威慑作用与长城墙体的雄伟、长城驻军的精良形成一种相互呼应的态势，才能真正地起到较好的战略威慑作用。

不战而屈人之兵是以强大的军事实力、战争潜力为基础，以良好的备战状态为基础的。要想做到不战而屈人之兵，就要做好战争准备工作。如果自己都没有很好的备战状态和很好的战斗实力、持续的战斗潜力，这种威慑作用就是纸老虎，不堪一击便无法实现威慑敌方的目的。明英宗土木堡被擒，正是这种威慑力失效的例证。威慑作用是避免爆发战争和战争升级的有效手段，但用得不好也可能适得其反。

古今中外“不战而屈人之兵”，不战而胜靠的是富国强兵和做好各方面的准备。有备无患才能掌握战争的主动权。“不战而屈人之兵”靠的是实力，而不是一味强调“仁义”。在“武力”进攻面前，盲目的“仁义”甚至是一种自取灭亡。

（载于国务院发展研究中心《经济要参》2019 年第 40 期）

推进中小学长城研学旅行的意义与实践

2014 年 8 月国务院常务会议中最早提出研学旅行，鼓励中小学大力推进研学旅行。2012 年教育部启动中小学研学旅行工作，2016 年 11 月教育部等 11 个部委印发了《关于推进中小学生研学旅行的意见》，对全国中小学研学旅行工作的推进提出了明确的要求。提出研学旅行要纳入中小学教育教学计划，各地应该采取有力措施，推动研学旅行健康快速发展。

几年下来，全国研学旅行做得如何？2019 年 7 月下旬，《中国青年报》社会调查中心联合问卷网对 1978 名中小学生家长进行的一项抽样调查显示，74.9% 的受访家长为孩子购买过假期游学项目。其中 75.0% 的受访家长对游学效果感觉不满意，认为孩子假期游学的收获低于预期。最主要的问题是只“游”不“学”或“游”多“学”少。

我们是在这个背景下，开始了长城文化进校园和长城研学旅行实践。长城历史悠久，分布广泛，为全国长城沿线中小学生提供了丰富的学习旅行资源。长城研学旅行是长城文化进校园的重要形式，作为中小学课程体系中的综合实践活动课程，秦皇岛的几所小学做了多年的尝试。

中国长城文化研究中心在秦皇岛海港区，先后试办了四所“董耀会长城文化推广实验校”，分别为：教师发展中心附属实验学校、和安里小学、耀华小学和东港路小学。原计划选择 1 所中学做长城文化推广实验，但由于中学和小学的课程设计及组织实施都有较大区别，便只选择了小学。

长城文化推广实验校，从出版第一本地域文化启蒙读物《神奇美丽的秦皇岛》开始，经过 10 年的地域文化学习和长城课程开发，7 年的营地教育、体验教育、项目学习的教师培训，3 年的长城研学旅行实践，制定了《长城研学旅行课程纲要》《长城研学旅行实施方案》和《长城研学旅行手册》等。

推动长城研学旅行，旨在向孩子们宣讲长城文化，让孩子们通过了解长城历史和文化，更加地热爱长城，从而热爱家乡，热爱祖国。所有的活动都是突出一个“研”字，尽最大可能实现寓教于乐的目标。长城研究机构 + 学校的公益性做法，规避了市场研学旅行产品“多游少学”“只旅不研”的问题。通过文化研究机构和教育机构的合作，初步实现了长城研学活动的文化、教育和旅游的跨界融合。

一、长城研学是具有综合性、创造性、实践性的学习扩展，学生通过体验学到教室里学不到的内容

开展长城研学旅行活动之初，我们和学校领导首先讨论了长城研学要解决的核心问题是什么，最后大家统一了认识，一是将长城研学作为具有综合性、创造性、实践性的综合实践课程来做。二是把长城研学当作立德树人的途径来做。三是让师生在长城研学的过程中走进生活，让学习与社会相结合。

实验校推进长城文化的方式以长城研学旅行为主，历经十多年的完善，现在已固化为实验校综合实践课程中的一门课程。做这件事，起因于 2007 年 5 月“世界新七大奇迹”的投票评选活动。当时我正在支持教师发展中心附属实验学校编写校本教材《美丽神奇的秦皇岛》，学校发动学生向全市小朋友发出倡议：大家为我过六一，我为长城投一票。

“世界新七大奇迹”评选结果于 2007 年 7 月 7 日揭晓，中国万里长城位居第一。7 月 20 日“长城名列世界新七大奇迹榜首庆典暨长城保护系列活动启动仪式”在北京八达岭举行。中国长城学会邀请了附小的师生代表参会，我陪同他们爬了八达岭长城。

在爬长城的过程中，孩子们问我陪同美国总统乔治 • 布什浏览长城的故事。我给孩子们讲了我对布什总统讲长城是和平的象征时的情景，还给他们讲了，布什总统问我：“三十年前，尼克松总统攀登长城，走到了哪里？”我指着前面更高的一座敌楼说，到那座敌楼。布什兴趣十足地往前走，一边走一边说：“我要超过尼克松总统。”孩子们也兴高采烈地喊着“我要超过他们”，争先恐后地向上跑去。

此后，我建议校长为长城开门课，得到了积极响应。不久，教师发展中

心附属实验学校、和安里小学、耀华小学三所学校开设了长城课堂，我只要回秦皇岛都要去和孩子们见面，给学生们讲长城，也听他们讲长城。渐渐地，长城文化课堂讲长城的变成了学生，我的讲座变成了学生访谈，孩子们带着学习中发现的问题来学习长城文化。

从学生提出的问题，可以感受到孩子们对长城的学习一步步在深入。通过在三所学校的讲长城文化研学活动，中国文物保护基金会长城保护专项基金管理委员会、中国长城文化研究中心还录制了 60 集《长城文化进校园》短视频，内容涵盖长城的历史、文化、故事、军事、修缮、建筑、保护七大领域。

取得这样的成果是因为长城研学旅行重点在“研”，学校老师的开题课以激发学生产生研究问题的兴趣为着力点，重视学生参与的“主动”。如：“相约长城大海”的开题课以“长城那么长，我想去看看”的话题引入，让学生说出自己想去长城的理由。有的说：“外国人到中国来，必须要爬长城，作为中国人，我一定要去。”还有的说：“我的家乡就有长城，毛泽东主席说过不到长城非好汉，我要做一回好汉！”这样的开题课，让学生有了积极投入的情感准备。接下来才逐渐在长城历史文化的知识植入、难度设置及各环节教育功能的实现上做内容设计。

二、开设长城研学旅行活动课，在实践体验中立德树人

对校长的引领，我关注两点，即当校长的目的和对长城的情感。十多年前，跟三所学校的校长聊过这样的话题，我问：“你们为什么当校长？”有的校长说为了振兴一所学校，有的说为实现自己的梦想。我告诉他们这些仅是目标，不是目的。我又问：“校长是谁的校长？”他们说：“校长是学校的校长。”这样的回答也对，但没有说到根本上。

校长是师生的校长，校长是“人”的校长。学校的房子、操场很重要，没有了师生那就是空房子而已。这个认知通过不断地沟通，在长城文化实验校校长中达成了共识。一切为了孩子，为了孩子的一切，成为我们志同道合的理念。

我更多的是向他们传递我对长城的认识和情感，只要在秦皇岛参加和长

城相关的活动，也尽可能地邀请几位校长参加。有机会还会专门带着校长、老师们爬长城，让他们多接触、多体验，增强大家对长城的敬畏与热爱。

长城研学活动，除了让学生了解长城、热爱长城之外，还要培养学生的责任感。责任感的培养源于身上有担子，学校在研学前把这种担子压到每位同学身上。每组有十来个学生，每个学生都有领导整个团队的具体任务，负责团队的常规管理，如：队长、纪律委员、生活委员、宣传委员、卫生委员等职务。

在《闖城体验中国力量》的研学实践，研学活动行程长，活动点位分散，上坡下坡考验团队的整体意识和协作精神。队长的任务是：要关注本组平时“淘气”和“娇气”的队员，及时提醒和照顾他们，保证团队行动一致。卫生委员的任务：创建国家卫生城，我们是形象代言人。提醒同学们准备垃圾袋，分类回收垃圾并放入对应的垃圾箱内。带头捡起游客遗留的垃圾，所到之处要留下文明、整洁的团队作风。

另一方面的担子来源于研学项目，每次研学都会有十余个项目，每个项目都要由不同的领袖来负责，如《山海关长城博物馆里的发现》研学实践这样提醒大家：山海关长城博物馆是中国较大的三家长城主题博物馆之一。研学实践在八个展厅里设计八个研学实践项目，分别是长城历史我知道、长城建筑我考你、长城与丝绸之路、名人与长城、探寻龙首春秋、雄关军事我来讲、鸳鸯阵法操练起来、名关人文故事。想做哪个项目的领袖，自愿报名并与本组同学沟通，按提示做好准备。小组里的每一位同学都是负责人，教师发展中心附属实验学校在山海关长城博物馆里进行发现研学时，长城建筑厅有一个小女孩做研学项目领袖，说话声音很小，眼睛一直看着手中的纸，半天说不出一句话，其他同学不时地插话。老师微笑地静静地看着孩子，这个女生过了好一会才渐渐进入状态，而且越来越放松。后来老师告诉我，这是一个在班里总也不说话的孩子，如果不是这次研学，她从来都不会主动发言。为了做好这个领袖，研学前她写了五页纸的稿子，只是一紧张说不出来了。

“领袖”这个称呼很好，我连续十几年为香港来内地游学的学生领袖团讲长城历史和文化。在内地称“学生领袖”还是第一次遇到，鼓励孩子朝着最棒的方向努力，这样的做法对提高学生的各项执行能力很重要。目前大部分学校都是重知识轻能力，这个问题已经到了不解决不行的程度。在家里这个问题更严重，一些家长越俎代庖，几乎包办了本该孩子自己做的所有事情。

长城研学旅行过程中学生深度参与，自己思考自己动手。学生的收获取决于三个方面：一是研学手册的设计构思充分吸纳孩子们的意见；二是研学指导师的准备工作让孩子们直接参与；三是指导师和孩子们及时捕捉讨论现场生成的问题。“长城研学旅行”课程让每个孩子都有锻炼的机会。教师因为没有分数的压力，而能关注到每个学生的细微进步。

三、争取政府相关部门的支持，用孩子喜闻乐见的形式进行爱国教育

很多地方党政相关部门和领导，对研学旅行的推进浅尝辄止。长城研学旅行作为综合实践课程，在学校开设需要得到教育主管部门的支持。取得领导机构的认同和支持，可以说是长城研学这件事能够做下去的关键。

我之所以同意使用“董耀会长城文化推广实验校”这个名称，也是利用我在家乡的影响力，推动党政机关领导关注此事。我回到秦皇岛参加长城研学旅行活动，市区领导就会陪同参加，这样就可以让他们了解和支持这个项目。

从2007年到家乡的小学讲长城，2016年开始组织学生去长城研学旅行，到2019年秦皇岛市教育局专门下发关于开展“长城教育进校园”活动的通知，经历了一个研发与执行的摸索过程。前期学校和中国长城文化研究中心都没有经验，还找不到方向。在这样的情况之下，也就谈不上争取政府支持，只能利用个人的影响力去推动。

长城研学旅行是一种研学体验课程，以广泛的社会资源为背景，多层面、多维度地拓展学生的学习空间，丰富学生的学习经历和生活体验，让学生在实践中有所收获。在长城脚下花厂峪村一片开阔地上，设计了“穿越火线”。孩子们差不多都玩过腾讯游戏的《穿越火线》，从而将游戏和长城研学结合起来。

花厂峪是长城的一个军堡，位于秦皇岛市驻操营镇西15千米左右。这里是有名的革命老区，1942年凌青绥县委办事处设于此地。长城基座巨大条石上密密麻麻的浅坑，是花厂峪阻击战时留下的枪弹洞，长城脚下三座坟墓

里埋葬着七位牺牲的烈士。这里的青山、绿水和长城遗址记录了英烈的牺牲精神。为了让孩子们体验到在教室里读书体验不到的情感，长城研学围绕这个故事设计了两项点位活动。

“穿越火线”活动需要分五步完成：第一步，请项目领袖组织本团队讲述花厂峪阻击战的故事。第二步，项目领袖分工让本组同学在旁边的长城上找出战争的记忆。第三步，团队在穿越火线的场地前整队，做好活动开始的准备。第四步，与其他队抽签决定做攻方还是守方。左右两侧靠近城墙区域为防守方，中间的狭长通道为攻击方。攻方在狭窄的通道范围内奔跑穿越火线，守方在两侧向攻方投掷沙包，沙包每人 3 个。攻方超过半数（含半数）被砸，进攻方失败，防守方胜利。第五步，团队总结，联系花厂峪阻击战谈穿越火线的收获。

一个孩子们平时经常玩的砸卵头的游戏，在长城文化背景下有了不一样的思考。攻方孩子说：突击排要勇敢，为了大部队的顺利通过，要敢打敢拼，奋不顾身。防守方的学生则表示，战士就要苦练枪法，在弹药匮乏的战争年代，枪法不准就守不住阵地。带着这样的体会，孩子们来到烈士墓前礼敬烈士。全体队员行少先队队礼，向烈士敬献鲜花。孩子们转身离开的时候，眼睛里含着泪水。

政府有关部门最关注的是长城研学旅行过程中的安全问题。外部环境的安全性，发生突发事件的处理预案等，学校都要做出全面统筹规划。在开展长城研学旅行之前，我也要和长城景区打招呼，参与学校制定长城研学旅行路线安全保障方案，从出行、活动等多方面确保学生安全。学校领导也做到了将各项安全责任落实到人。要投保师生意外险、校方责任险，学校与家长签订安全责任书明确责任。要向上级教育行政部门报备，接受审核和检查。

安全问题是一个丝毫不能大意的事，策划阶段学校领导就多次和相关人员到现场考察，确保整个行程不出现各种意外。预判各种可能对学生安全带来威胁的因素，制定出有针对性的应急预案。保证即便出现问题，也能够及时采取有效措施。学校还对参与活动的教师、家长和学生进行安全教育，提高安全防范意识。通过参加长城研学旅行，老师和学生切实接受了一次有效的安全教育。

四、各级教育部门尚无对研学产品、服务、效果的权威评估与指导

目前大多研学政策都停留在文件上。原因是多方面的，其中一个重要的方面是研学旅行的课程设计、教学效果无专业评估、指导与监管。《中国青年报》社会调查中心、问卷网调查显示，74. 8% 的受访家长建议加强游学市场准入门槛，严查机构资质以提升游学产品质量。62. 4% 的受访家长希望出台游学产品标准。53. 9% 的受访家长希望教育和旅游等部门对游学机构加强监管。

这一点我的体会也很深，在时间和财力都极有限的情况下，长城研学能走多远、能做多久我也不知道。我也尝试过支持社会上从事研学经营的企业做长城研学旅行，可是在政策红利和经济效益的驱动下，这些企业很难静下心来做有质量的研学课程。

长城研学产品是研学活动的核心元素，包括课程设计、课程执行、课程服务。全国范围内研学旅行都是新事物，有很多不完善的地方。教育机构对研学产品、服务及效果，还没有权威的评估与指导。教育机构研学运营的评估是不断调整和完善的过程，长城研学旅行的健康发展，需要有情怀的校领导，需要有担当的社会机构，更需要教育职能部门的扶植。

长城文化推广实验校坚持深挖教育元素，做出有干货的文案，设计好玩的课程，制定了《长城研学旅行课程纲要》《长城研学旅行实施方案》和《长城研学旅行手册》。长城研学的课程设计，力争尽最大的努力做到符合学生的身心发展特点，在细微环节链接长城知识点。学生在活动中乐意学、能学会，有主动参与的冲动才能激发出孩子们的创造力。

《长城研学旅行课程纲要》从总则、课程的教育目标与内容要求、教育活动的组织、实施与评价等方面提出了具体要求。实施方案对课程所用时间和实施方式进行了具体设计。课程分四个学期，每学期 30 学时，采用多学科协同、以学生为中心、以实践体验的方式进行。

教师对课程的理解主要通过任务驱动，任务包括校内的学科课程延展和校外的研学项目点位的课程实施。校内学科延展需要找到学科课程与研学项目相关的部分并进行整合，用项目推进学习。比如在进行《花厂峪长城红色

研学之旅》这个研学实践课程时，校内的思品教师带领学生学习《品德与社会》第七册第三单元“我爱祖国山和水”、第四单元“我们都是中华儿女”的内容，储备关于祖国和民族的基本知识和基本情感。语文教师则带领学生阅读文章《花厂峪阻击战》，诵读抗战诗歌。音乐老师带着学生重温国歌。教师在备课、教学中始终关注长城研学旅行的内容。

研学旅行过程中研学项目的点位教师负责观察、指导学生进行点位研学实践，同时根据学生组内合作、团队纪律、团队礼仪等各方面给出评价的等级。目前已经开展了三年的长城研学旅行课程，不但使学生得到了锻炼、受到了教育，也让青年教师成长起来。教师们不同场地的课程开发能力增强了。

教师以长城为中心引导学生用思维导图的形式，提出自己想要研究的问题。有的同学关注长城军事，想了解长城上打过哪些仗，用的是什么武器；有的同学关注和长城相关的诗词，想看看景区中有没有展示。让我们意外的是有个孩子关注长城保护，她提出了：在长城保护方面国家、景区和老百姓都做了什么？学生从长城的历史、建筑、军事、文化、保护等多方面，提出自己的问题。教师让孩子们根据自己要研究的问题进行自由结组，长城研学旅行以小组合作的形式进行。每个小组根据本小组的研究问题选择研学项目。

在山海关长城老龙头研学时，研学手册给出的内容提示是：明朝的长城如一条巨龙，蜿蜒盘旋在崇山峻岭之中，入海之处便是老龙头。老龙头是万里长城唯一集山、海、关、城于一体的海陆军事防御体系。这里由入海石城、靖卤台、南海口关和澄海楼组成。这次研学旅行从老龙头的全景图开始，请每组先读图了解景区概况和体验项目，规划研学线路，制订研学计划。研学项目包括：1. 烽火传递；2. 长城砖的搬运；3. 我来修长城；4. 知己知彼；5. 城内寻宝；6. 相约龙头；7. 诗意山海；8. 海边筑城；9. 万众一心；10. 长城保护加我一个。

长城研学旅行结束之后，持续研究对师生都尤为重要。耀华小学和教师发展中心附属实验学校分别申请了市区级课题进行深入研究。中国长城学会也将学生撰写的论文、诗歌以及绘画作品在《万里长城》杂志予以刊登。《万里长城》出过两次长城研学专刊，孩子们拿着刊有自己长城研究文章的刊物很兴奋。

五、长城研学密切学校和家长的关系，家长参与到学校教育中来的主体地位得到强化

我女儿上小学的时候，基本上所有的家长会都是我去参加。只要提前接到通知，我即便出差也要赶回来。这倒不是因为我重视孩子的教育，而是想抵消家长会给孩子带来的负能量。我的一个朋友开完家长会，回来把儿子暴打了一顿。那时候学校的家长会，基本都停留在以班为单位、由班主任唱主角报告学生在校学习和表现的形式。对于那位挨打的学生来说，家长会教育的积极作用基本上体现不出来，反而很可能影响学生的健康成长。

建立的“董耀会长城文化推广实验校”属于多边合作。长城研学活动有一个很大的收获，就是增强了学校和学生家长的联系。家长可以报名全程参与长城研学活动，学校还专门进行了对家长的培训工作。家长作为课程实施的一部分，每个研学小组都有两位家长参加，任务是观察和关注。观察孩子们是如何进行团队合作和自我组织的，关注校外场地学生的安全和完成点位任务后的总结。每次活动下来，从家长那里传递回来的都是理解、赞扬和感激的声音。

学校和家长的中心都是孩子。孩子的成长需要老师、学校，也需要家长的关心、爱护和支持。家庭教育同样也需要学校的配合。有效的学校和家长的联系及合作是孩子成长至关重要的保障。长城研学旅行，对加强学校和家长的联系有很大的帮助，成为一条有效的沟通途径。研学过程中家长不再是学校教育的附属，家长的主体地位得到了强化。

在长城研学旅行课程设计中家长就是实施者，也是长城研学旅行课程的传播者。家长们因了解而支持，因受益而传播。一开始家长们并不积极，觉得长城研学旅行就是学生的一次校外活动，一次春游、秋游而已。大多数家长，将研学旅行理解成了“游”而不是“研”，没有研学的概念。

如何让家长了解并支持这样的课程呢？长城文化推广实验校的做法是让家长成为课程的管理者、实施者、宣传者。长城研学实践的课程管理，包括学校和家长两个层面。学校侧重课程的指导思想、实施目标、实施原则等，而家长侧重课程经费保障、学生言行的教育和课程宣传。

长城研学实践涉及费用不多，因为学校没有专项补贴，所以需要家长负

担车费、保险费和景区提供的场地、设备费用，总费用一般每人不超过50元。这些钱学校不经手，学校和班级分别聘请家长做财政部长和副部长，雇车、上保险，家长各显神通，厉行节约，费用公开透明，钱都花到该用的地方。每次研学结束后，各班财政部长都会在班级群内公布账目，多退少补，家长钱花得踏实。有节余则由出任财务部长的家长保管，用于下一次的长城研学活动。

家长不仅管后勤保障，也是长城研学旅行的指导师。决定长城研学旅行课程质量的因素来源于三个方面；一是校长对课程的认识、重视程度，二是任课教师对课程的理解、把握程度，三是家长对课程的认同、支持程度。

家长和老师共同组成指导师团队效果非常好。长城研学实践课程实施前，各班会招募家长志愿者，一般每组两名，每次每班有十多名家长参加。学校对家长进行专门的培训，家长成为每个小组的指导师。身份转变视角也就不同了，课程实施过程中家长关注孩子车上是否文明有序，活动场所是否能相互合作。评价等级低了，他们会引导孩子反思哪里做得不好。

家长们提前做功课，网上搜寻，实地考察，增加了对长城的认识和知识积累。一天的研学下来，家长说得最多的是：当老师可真不容易，十个人我还看不住，一个班五六十人老师真辛苦！家长、老师和学生共同完成长城研学实践课程，这种众志成城的长城精神传递给每一个人，也感染着每一个人。长城研学旅行在实验校推进了三年，得到家长的普遍支持。只有学校和家长相互配合，才能收到相得益彰的教育效果。

六、服务社会，学以致用，长城公益讲解员成为城市品牌

目前，小学生的社会实践活动，多属于为了搞社会实践而做社会实践，或是蜻蜓点水或是走马观花，学生是被动的，社会性参与度很低，对社会的贡献性基本没有。如何将长城研学的成果与社会实践结合起来，如何让孩子们把已经掌握的长城历史文化知识服务于社会，成为长城文化推广实验校的新课题。

长城文化的综合实践活动从学生的真实生活和社会发展的需要出发，通过服务社会的体验方式，达到提高学生综合素质的目的。长城文化推广实验校的长城公益讲解，从山海关长城博物馆的义务讲解开始，现在孩子们已经

成为博物馆的常客。在山海关区有关部门的推动下，长城博物馆公益讲解的接力棒已经交给山海关的中小学，有更多的孩子加入了长城公益讲解的行列。

长城公益讲解员已经成为秦皇岛市文明的小使者，学生能力发展的目标也得以很好地实现。2019 年 4 月，秦皇岛市教育局下发关于开展“长城教育进校园”的活动通知，实验校的学生被派到其他学校去讲长城，孩子们从一座城市、两朝长城、三个数字、四大内涵、五种形制、六个故事、七种美食、八河关口、九地研学、十项美誉的十个方面讲起，学生们听得津津有味，积极踊跃地参与活动。

2019 年 7 月 15 日，河北省秦皇岛市“趣山海火车 • 学长城文化”秦旅山海长城文化体验行活动启动，全国各大媒体相继报道。此次活动由长城文化推广实验校的四所小学共 600 余名学生担任长城公益小讲解员，上旅游小火车为游人讲解长城。活动从 7 月 13 日到 8 月 22 日，学生分批次在“秦旅山海号”旅游列车上以快板、拍手歌、跳舞等多种形式，为游客讲解长城和秦皇岛地域文化。

2019 年 7 月，中国长城学会、清华大学、中央美院、燕山大学、山海关区政府等单位举办了“山海关柴禾市大集游学”活动，对山海关古城六百年老街——柴禾市进行微改造。作为长城文化遗产廊道激活行动之长城“活火计划”的首发项目，以山海关古城柴禾市突破传统古城保护发展模式，助力长城国家文化公园的申报与建设。8 月 1 日，长城公益讲解员被邀请参加开市仪式，讲长城脚下柴火市的故事。

有关机构曾对小学生心理健康做过调查问卷：“46% 的学生依赖性强，心理脆弱。15% 的小学生存在交往障碍。大部分学生生活优裕，身体早熟，但心理发展不平衡，心理健康状况堪忧。”开展长城研学旅行活动，对解决这些小学生普遍存在的问题很有帮助。

长城研学旅行完全是公益行为。有关机构预测，国内游学行业到了 2020 年，将进入爆发式的增长期，市场规模将达到 1200 亿元以上。我很期待有关机构和行业企业能参与到长城研学中来，很希望与产品支撑型的研学旅行公司合作。大家携手，将以弘扬长城文化、培育孩子的家国情怀为目的的长城研学旅行，打造成有长期用户需求的品牌项目。

（载于国务院发展研究中心《经济要参》2019 年第 47 期）

《中国长城志》编纂始末及学术价值

《中国长城志》是“十二五”国家重点出版规划项目、国家出版基金项目，第一部全面记述长城历史的史志体大型文献。成果包括长城研究的理论与实践、历史与建筑等，内容分门别类极其丰富，在中国方志界、文物界和历史学领域中都具有重要意义。

2007年7月1日《中国长城志》的编纂出版工作在人民大会堂正式启动，第九、十届全国人大常委会副委员长，中国长城学会会长许嘉璐出席启动仪式并讲话。凤凰出版传媒集团总经理陈海燕、中国长城学会常务副会长董耀会和江苏科学技术出版社社长兼总编辑黎雪签约。三方将共同努力编纂出版《中国长城志》，这部大型志书由凤凰出版传媒集团全额投资，中国长城学会和凤凰出版传媒集团共同组织编纂，江苏科学技术出版社具体出版。

凤凰传媒集团、中国长城学会和江苏科学技术出版社联合编纂《中国长城志》具有两个首创：第一，这是为中国历代长城编纂的第一部志书。长城是中国的标志，是中国的代名词，为长城编一部志书是一件史无前例的事情。第二，这是出版单位联合学术团体编纂的第一部志书。方志一直由各级政府组织编修，以为政府资治为目的，故有官修之说。然《中国长城志》以非政府组织和企业联合纂修，亦为首创之举，对中国方志的编纂模式都会产生重大的影响。

《中国长城志》全书分为10卷12册，依次为：《总述·大事记》《图志》《环境·经济·民族》《边镇·关隘·堡寨》《建筑》《遗址遗存》《军事》《文献》《文学艺术》《人物》，约2300万字。《中国长城志》历时10年，由300多位专家学者默默无闻地努力耕耘而完成。

《中国长城志》主要记述的是中国境内的北方古代长城，在中国境外的中国古代长城一般未作记述，但在《中国长城志》相应的地方有所记载，借此保存相关的历史信息真实性。

一、组织层级及工作分工

（一）《中国长城志》编纂委员会

《中国长城志》编纂委员会为《中国长城志》编纂工作的决策领导机构。其职能为：确定《中国长城志》工作规划和编纂方案，负责指导、督促和检查《中国长城志》编纂工作。许嘉璐任《中国长城志》编纂委员会主任。陈海燕为常务副主任，朱佳木、厉小捷、张黎、周友良、董耀会、黎雪为副主任（以姓氏笔画为序）。

（二）《中国长城志》学术委员会

《中国长城志》编审委员会为《中国长城志》编审工作的领导机构。其职能为，负责拟订《中国长城志》编审方案并组织实施，承担《中国长城志》审定验收工作。国家文物局原副局长张柏和著名历史学家南炳文教授共同担任《中国长城志》学术委员会主任，王子今、成大林、李宝田、杨志军、吴加安、晋宏逵、曹大为、商传、董耀会、景爱为副主任（以姓氏笔画为序）。

（三）《中国长城志》核心专家组

《中国长城志》核心专家组的任务：为《中国长城志》的编纂工作提供学术建议、专业咨询、理论指导和技术支持。根据编辑部的工作安排，确定篇目体例，制定稿件写作过程中相关原则，对重大问题进行分析、研究，提出决策建议。

核心专家组成员以历史学家为主，同时兼顾文物和方志领域的专家。核心专家组由董耀会负责，成员有北京大学教授于希贤、北京师范大学教授曹大为、北京大学教授赵世瑜、中国人民大学教授王子今、中央民族大学教授李鸿宾、中国文化遗产研究院研究员吴家安、人民教育出版社编审史明迅、全国地方志指导小组研究员张英聘、北京大学教授陆峰。

（四）《中国长城志》编辑部

编辑部在编纂委员会和编审委员会领导下，负责组织《中国长城志》编辑业务和协调、服务、管理工作，2007 年 8 月 30 日成立。《中国长城志》

编辑部由凤凰出版集团、江苏凤凰科学技术出版社有限公司和中国长城学会共同组建。编辑部同时挂牌长城出版中心，董耀会任总主编。

编辑部成立之后，分别拜访了国家文物局和中国地方志指导小组领导和有关部门。对全国有长城的省、自治区、直辖市的地方机构进行走访，特别是已经出版了省级《长城志》的北京市和河北省，分别与地方志和文物局编纂人员举行座谈。对已出版的省级《长城志》和省志中相关长城的卷篇的框架结构、体裁的运用、篇目的设置等进行调研分析，制定了《中国长城志》的篇目体例。

《中国长城志》编辑部的职责是：负责《中国长城志》编纂组织工作，对各卷进行综合协调、督促和检查各卷写作进度；负责长城相关资料的搜集、保存、管理；推动长城和与《中国长城志》编纂工作相关问题的理论研究；组织开发利用《中国长城志》资源，强化《中国长城志》工作的社会服务职能。

二、作者队伍及专业水准

《中国长城志》本着学者修志的原则，组织了国内一批学有专长的专家学者担任分卷主编。各卷的作者也都是大学和科研院所的专家、学者，他们了解本专业长城研究的最新成果，熟悉本专业内长城研究的历史、基本情况、动态等。这些专家、学者，是《中国长城志》编纂工作中不可替代的一支重要力量。

总主编有两位，陈海燕，时任凤凰出版传媒集团董事长，负责《中国长城志》编纂委员会领导工作，为《中国长城志》编纂提供整体思路，把握工作方向。董耀会，时任中国长城学会常务副会长，负责《中国长城志》篇目体例制定，专家委员会协调、执行工作及核心专家组工作，负责《中国长城志》作者队伍组建，负责各卷撰写内容的确定和质量管理。

《中国长城志》各卷主编及作者情况：

《总述·大事记》卷分为两部分。《总述》由总主编董耀会任主编并亲自撰写。《大事记》主编贾辉铭，编审、河北地方志学会秘书长、《河北地方志》执行主编。作者主要是具有地方志工作经验的专业人员。

《图志》卷分为两部分：第一部分是《古代舆图》，主编李孝聪，北京大学教授，长期从事中国古代地理文献与地图学史研究。第二部分是《现代地图》，主编陈军，国家基础地理信息中心总工程师、国际摄影测量与遥感学会第二十一届大会主席。作者主要是国家测绘管理及地图制作机构的专业人员。

《环境·经济·民族》卷主编李鸿宾，历史学博士、中央民族大学历史文化学院教授。主编马保春，历史地理学博士、首都师范大学历史学院副教授。作者主要是从事地理、历史学、民族史学的学者。

《边镇·关隘·堡寨》卷主编张玉坤，天津大学建筑学院教授、中国民族建筑学会民居建筑专业委员会副主任委员。作者主要是从事包括长城在内的中国传统聚落考察和研究的学者。

《建筑》卷主编汤羽扬，北京建筑大学教授、北京建筑大学建筑遗产研究院常务副院长、国家文物局专家咨询组成员。作者主要是从事建筑遗产保护、历史文化遗产研究的学者。

《遗址遗存》卷主编张柏，国家文物局原副局长、《中国文物地图集》编委会主任；主编黄景略，国家文物局副局长、《中国文物地图集》编委会副主任。主编朱启新，《二十世纪中国文物考古发现与研究丛书》执行主编。执行主编朱筱新，北京教育学院社科系历史学教授。作者主要是从事长城调查、保护的文物工作者，历史研究学者。

《军事》卷主编刘庆，军事科学院战略研究部研究员。作者主要是长期从事军事史研究的专家学者。

《文献》卷主编向燕南，北京师范大学历史学院教授。作者主要是从事文献理论及史学研究的学者。

《文学艺术》卷主编孙志升，高级编辑、中国长城学会常务理事。主编苏君礼，河北科技师范学院教授、文法学院副院长。作者主要是从事文学艺术史研究工作的学者。

《人物》卷主编毛佩琦，中国人民大学历史学院教授、国家文物局文物出版社原副社长。作者主要是历史学领域的学者。

三、编纂主旨及编纂原则

《中国长城志》编纂主旨是按方志体例全面、系统、准确、客观地记述长城这一事物的发生、发展、变化和现状的大型文献，是以长城区域为地域范围、以长城为记述对象的一本通志。按照既定的体例规范，全面记载历朝历代长城及长城区域的自然、社会、政治、经济、文化等方面情况。《中国长城志》通过对此前学术成果的全面总结，记述长城的历史风貌、存在价值以及精神内涵。

《中国长城志》不同于其他的方志文献，是一部学术性很强的文献，是长城研究成果的一次集大成。《中国长城志》古今并重。古的重点是要把长城 2000 多年来的历史，进行整体的梳理，呈献给我们的后代。今的部分是从文物、建筑、文学艺术等方面，记述了长城保存状况及当代与长城相关的事物。

《中国长城志》编纂原则，严格遵守中国地方志指导小组颁发的《地方志书质量规定》。其对志书编纂的要求非常明确："门类设置合理。纵述史实把握事物的发端、变化和现状，不缺失主要事物、事物的主要方面和事物发展的重要阶段。"《中国长城志》编纂原则的制定，认真遵照执行了这一规定。

《中国长城志》的体裁包含了述、记、志、传、图、表、录等，并以志为主体。《总述・大事记》属于记体置于全书最前面，《环境・经济・民族》《边镇・关隘・堡寨》《建筑》《遗址遗存》《军事》属于志体居中，《文献》《文学艺术》《人物》属于传体或录体，安排在全志最后。《图志》以地图为主，单独成卷，设于《大事记》之后，其他图体、表体分别在各卷中与其他体裁结合使用。全志采用篇、章、节的结构，这种结构具有突出特色和详略得当的优点，结构比较严谨，纵深感和系统性都能得到较好的突出。

《中国长城志》的各卷篇目分类，以篇为一级篇目，下设章、节、目、子目。采用这种篇目设置的分类方法，可以比较好地体现学科分类与专业分类的结合，在一级篇目上反映出的都是本卷的重点领域。依据长城的特色，将各领域合理排序，并列为一级篇目。

《中国长城志》的编纂工作是按照核心专家组制定的体例和方法做各类

资料的整合，除总述卷、分卷的概述外，其他正文原则要求坚持述而不论。

（一）横排的原则

《中国长城志》采用志体，以类系事，分门别类地记述长城的历史与现状。篇目设置按照方志“事以类聚”“类为一志”的基本要求科学分类，打破总的时间概念，注意按事物分类横排。横不缺项，纵不断线。分卷时既要考虑全志的整体性，又要考虑分卷的相对独立性，还要在体例统一规范的基础上处理好全志的整体性与分卷的独立性的关系。

《中国长城志》采用横分纵述的编纂方法，在认识与反映长城相关内容的内在联系、揭示长城具有规律性的发展变化的同时，又兼顾到记述长城这一特殊事物的复杂性和特殊性。《边镇·关隘·堡寨》卷的设置，为避免过分强调横分门类、纵向记述，而导致记述事物的整体性较差和交叉重复的问题，便采用了较为灵活的横纵结合的做法。

拟订篇目时重点注意了“横不缺项”“纵不断线”的问题。《中国长城志》的最基本特征之一就是与长城相关信息要“全”，“横不缺项”和“纵不断线”是“全”的保障。在拟订篇目时深入研究长城的历史、长城的建筑，“横不缺项”就是要尽其所能地广辟类目，然后再按照科学规范进行合并，以保证做到不缺项。“纵不断线”是《中国长城志》编纂要遵循的另一重要原则。在纵向上，《中国长城志》要反映断限内长城历史发展的脉络。

地方志领域也有一种“一横到底”的说法，认为任何层级按历史分期都不适宜地方志编纂，我们认为这个观点不符合《中国长城志》编纂的实际需要。我们坚持志体的“事以类从”“类为一志”，是指《中国长城志》的大类要横排门类。大的门类一定要横分，在大的门类之下，则不要求必须采取横分的模式。比如《遗址遗迹》卷，在章这一级就要按历史时期来记述不同朝代修建的长城。对于能打破时间概念，能够继续横分的门类，继续采用横向结构；对于不能打破时间概念继续分类撰写的门类，按照时间顺序采用纵向结构的方式。

（二）上限和下限的制定

中国地方志指导小组颁发的《地方志书质量规定》没有对志书的时间断限作出规定，按照通行的做法，未修过的志书其上限上溯不限，下限至修志当年。《中国长城志》是第一部长城志，所以为通贯古今，上溯不限以长城开始兴建为始。因为各卷的情况不一样，全书下限也未作硬性的整体划分，分别从实际出发对各卷作出了不同下限的规定。

确定下限的原则是要有利于把需要记述的重点记述清楚，能更好地体现时代性。比如《军事》卷，如果以长城作为冷兵器时期的军事防御工程来说，下限可以定在清末。但这样做就将长城抗战的内容划在了下限之外。《遗址遗存》卷原定的下限为2010年，国家长城调查工程的报告一直在陆续出版，如果按照原计划一些最新的成果就吸收不进来了。所以，将《遗址遗存》卷的下限调到搁笔时止，即《中国长城志》出版的前一年。

（三）重复与注释

《中国长城志》各卷的内容难免会有一定的重复，处理重复问题由核心专家组定出两项基本原则：一是各卷都要严格把握已经确定的写作范围，不得随意超越。二是必要的重复，采取交叉记述的方法，根据各卷的任务采用不同角度、不同层面、不同详略、不同侧重等多种方式加以区别。实在不可避免的重复，要求作者在内容详略关系上，依据本卷主题作好详略安排。同一事物或事件，作为本卷主题时要详，作为背景介绍时宜略。

按照惯例，志书的正文一般不用交代资料来源。但若不加注释，读者很难辨别我们所记事物是否准确，同时也是对他人劳动成果的不尊重。《中国长城志》要求各卷都要有符合学术规范的注释，便于查找原文。在写作之初就对注释形式作出了统一规定，这一点也属于《中国长城志》的创新。引文、图及重要统计表都要求注明资料来源。同时也对数字、量和单位、标点符号的使用，作出了符合国家有关标准的统一规范。

四、编纂内容及分卷原则

为了让《中国长城志》的编纂实现既定的价值，编辑部经过充分调研之后，以把与长城相关的要素全部囊括进来为第一考虑，以全书的整体性和各分卷的关系为第二考虑，将各部分内容进行了有效组织和梳理，严格按照事以类从的原则进行分卷。这样确定原则，基于长城的基本内容、本质特征、存在现状和相关方面联系。既要考虑志体的要求，又要充分考虑各卷内在的逻辑关系。

（一）《总述·大事记》

这一卷由《总述》和《大事记》两个独立的部分组成。将《总述》设为卷是一项符合长城特点的创新。《中国长城志》各卷都是按照志体的规范横分，将历代长城分为不同的卷记述。这样的做法，门类非常清楚，但整体性较差，很难看到一个朝代长城的整体性。《总述》作为全书的阅读导引，以全书的高度对历代长城的修建、戍守以及与长城相关的事物进行较为全面、完整的记述。《总述》的作用是将各卷内容相连贯，故排放在正文各卷之前。此外，《总述》还承担着介绍长城修建的历史沿革，阐述与长城密切相关的重要理论思想的重任。

《大事记》以编年体为主，分年、月、日记述与长城相关的大事、要事，对于在时间上有一定跨度，又是连续性的重大事件，则采用适当集中记述始末的方式。特别重大事件，也可以按照事件发生、发展、结束等重要节点，分条记事。通过纵向编排与长城有关的历史大事，弥补其他各卷横排撰写长城所存在的不足。

（二）《图志》

《图志》卷由《古代舆图》和《现代地图》两部分组成。

《古代舆图》部分是按照长城在中国传统舆图上出现的时代先后做出系列和图面表现，分为两个部分：第一部分，展示与介绍历代疆域地图中表现的长城。自宋代以来传世的舆图中，有些画出了明以前修筑的长城。这一部分舆图表达了当时中国人对秦汉长城基本走向的认知，也传达了当时中原王朝“华夷”“胡汉”分野的传统思想。这一部分尽可能选取若干历代疆域总图以表现历代修筑的长城。第二部分的内容，展现并介绍现存明、清时期绘制的长城边墙专题性舆图。着重从长城舆图的类型、绘制特点及其内容给予评介。明朝中后期表现长城边墙的专门地图，则注重描绘九边各镇防区内长城的墙体、边堡、敌台、烟墩等军事建筑，以及长城内外的地理环境和社会生活场景，还有专为展现边墙如何修筑的工程舆图。清朝前期，顺治、康熙年间因北方形势尚未安宁，对长城的防御尚有依赖，加之利用明长城实行“满禁”和“蒙禁”，因而陆续在明代舆图的基础上重编或新绘长城舆图。

《现代地图》由国家测绘地理信息局直属单位国家基础地理信息中心主持编纂，在现代地图上标注历代长城信息。长城的标注以考古学、地理学及相关学科的研究成果核实校正文献记载为定点上图的依据。《现代地图》部分反映了历代长城要素及相关地理信息，是自然科学与社会科学结合的一项重大成果，是对以往长城研究成果的科学总结。《现代地图》部分以现代行政区划和历代长城断代分图幅。这是迄今为止国内外地图中，首次以长城为主题编纂的地图集。《现代地图》采用高精度地图为底图，长城的位置标注得更为精确。历史上长城的线路变化很大，同一条长城在不同的历史时期使用情况也不一样，如果处理不好，往往容易混淆不同年代长城的建置。特别是在总图和序图中，采用不同符号与颜色相结合的方式，进行了长城的标注。同时配以长城的实景照片。

（三）《环境·经济·民族》

《环境·经济·民族》卷是《中国长城志》全书的基础背景，分别由《环境》《经济》和《民族》三部分组成。方志是一种地域性极强的文体，《环境·经济·民族》的重要任务是将长城的地域性特点写出来。主要包括：长城修建的地理位置与环境、生活在此区域的民族与民族政权、这些民族的经济文化生活以及三者之间相互影响、相互依托的关系。长城是军事防御工程，在修建的过程中需要充分考虑环境，而长城在使用的过程中，也会因为使用而反作用于环境。环境对长城的影响与长城的使用对环境的影响，是《环境》部分的重点。经济类型是指在一个特定的地理环境下生活的族群，以何种经济方式解决自身的问题。在某种程度上，经济与文化是无法严格区分开的。因此，《经济》部分以经济作为切入点，也涉及文化。这一文化是与经济相结合的整体文化。《民族》部分重点介绍这一区域生活的人，既介绍生活在长城内外不同历史时期的民族，也对民族政权给予整体的介绍。

（四）《边镇·关隘·堡寨》

《边镇·关隘·堡寨》卷主要展示的是长城建筑实体的单体，包括边镇、关隘和堡寨三部分。《边镇·关隘·堡寨》单独设卷是一个创新，依据长城特点、特色，对长城防御体系的重要组成部分边镇、关隘、堡寨，作了“升格”或“前置”的处理。关隘是长城沿线保证内外沟通的重要关口通道，是研究长城不可或缺的地标。关隘是长城防御体系中重要的据点，每座关隘管辖一定范围长城的墙体。城堡也是长城的一大特色，由于长城防御纵深性的需要，在长城内外侧建有很多屯兵城堡。随着时间的推移、历史的发展，一些重要的关隘、边城经过长时期的建设，逐渐演变成了重要的城镇聚落，如大同、榆林、宣化、张家口、山海关、嘉峪关等。在这些城镇聚落中，不断累积起庙宇和其他民俗的内容。《中国长城志》主要围绕长城来写，设置《边镇·关隘·堡寨》卷，目的是凸显边镇、关隘、堡寨的重要性，并记述围绕其形成的民俗文化等内容。

（五）《建筑》

《建筑》卷从建筑学的视角记述长城，包括选址与布局、建筑结构、建筑材料、建筑方法等。这一卷的主体部分是长城墙体及其相关建筑的实测图例。长城无疑是世界上最伟大的建筑，但截至《中国长城志》出版，还没有从长城建筑的选址、布局、建筑结构、建筑材料、建筑方法等方面展示长城建筑的实体书籍。《建筑》卷对长城不同门类的墙体、不同形制的敌楼、不同关隘的建筑进行了系统整理。

《建筑》卷定位为以实证、科学研究为基础，以客观、全面描述为内容，以图例、文字结合为特征。全面反映中国古人当时建造长城的成就和智慧，通过建筑图纸反映长城的历史价值、科学价值和艺术价值。比较完整地记录长城建筑的遗址和遗存，尽可能全面反映和表达各种类型、各个时段、各个区域的长城建筑，建立比较科学的长城建筑尤其是图典的数字档案。

（六）《遗址遗存》

《遗址遗存》卷主要包括长城及附属设施的文物考古和保护的相关内容。19 世纪开始，对长城的考古和田野调查逐步展开，20 世纪 70 年代以后，围绕长城考古、田野调查和相关遗址的发掘做了大量工作，取得了丰硕的成果。本卷重点以较大的篇幅记述长城遗址遗迹的现状以及各时期各地进行的长城调查、普查，与长城相关的考古发掘，长城保护机构和长城博物馆的建设等。保护部分重点记述政府为保护长城所做的工作和取得的成绩，主要回顾过去几十年所做的长城保护工作，总结这些工作中解决的问题及仍旧存在的不足，为后人保护长城工作提供借鉴参考。

（七）《军事》

《军事》卷综合记述在长城地区内，不同朝代所发生的一切军事活动的历史和状况。主要内容包括四个方面：第一，长城区域历代的军事建制、兵役、武器、军事装备、修建长城的战略考虑。第二，长城的防御系统，包括屯兵、烽传、驿传和军需屯田系统等。第三，长城周围地区的兵力配置和后勤保障。第四，与长城军事防御相关的交通建设。本卷所记载的内容包括边略、边政、战事、兵器装备、后勤保障等。

（八）《文献》

《文献》卷采用选、辑的方法对与长城相关的文献进行标点。主要收录史书、边塞志书、兵书、铭文碑碣中有关长城的内容。《文献》卷的编纂，不仅会对研究历代有关长城的图书文献、考订学术源流有帮助，而且能直接利用收进来的重要文献服务于长城的研究工作。长城文献大都散布在浩如烟海的各种史籍中，《文献》卷对与长城有关的文献进行搜集、整理，特别是搜集长城的碑刻等，为长城的研究提供基础的文献参考。《文献》卷在保证文献的真实和尽可能的原始性基础上，有的采取全文辑录的方式保持文献的原貌，有的采取节录的方式，因篇幅所限，删去非长城核心内容的部分。

（九）《文学艺术》

《文学艺术》卷收录中国古代和现当代有关长城的各类文学艺术作品，体现长城文化的博大精深和对长城精神不断演化的认识。从收录的角度来看，本卷所收录的主要是中国古代和现当代有关长城的文学艺术作品，如文学类的诗词、散文、小说、民间故事、楹联等，艺术类的绘画、书法、雕塑、工艺美术、摄影、音乐、舞蹈、戏剧、曲艺、影视、邮品、钱币等。

（十）《人物》

《人物》卷包括与长城有关的历代重要人物。人类历史是由时间、空间和人物共同组成的。《中国长城志》要全面反映长城，也不外乎人、事、物这三个方面的情况。《人物》卷分传或传略、表两种写作方法。传是志书中用来记述人物生平和事迹的一种文体。传略属于传的范畴，但是篇幅要相对短一些。传或传略是《人物》的主体部分，主要收录对长城有重大影响的历史人物。此外，《人物》卷也加入了表，列表收录长城区域的各类名不见经传的人物。这些人物的信息较少，但同样具有重要的资料价值和实用价值，与对长城有重大影响的历史人物相得益彰，共同构成《人物》卷的有机整体。

另外，《中国长城志》原计划在全志的最后独立设置索引卷。包括：主题索引、人物索引、图表索引。由于时间的关系，没有完成覆盖全书所有内容的索引，只完成了各卷的索引，范围局限于各卷的主体及其相关部分，内容也仅是采用关键词法，从正文中提炼关键词编制出索引。在此情况下，只能将索引排在每卷之后，便于对该卷内容的阅读与检索。在《中国长城志》出版后将继续完成索引卷，并单独成册出版发行。

五、编纂特点及创新

《中国长城志》力求在广泛搜集资料文献的基础上，精心整理，慎重考订，积极吸收当代专家学者的研究成果，配以实地考察所掌握的第一手资料，使全志达到科学性、全面性、实用性的高度统一。长城的研究涉及范围广，包括地理学、历史学、民族学、建筑学、军事学等多个学科，采用方志的编纂形式，严格按照志体的述、记、志、传、图、表、录这七种文体来安排，可以较好地充分展现各学科对长城的研究成果：依次排列，展开具体而丰富的知识内涵，保证门类齐全、横不缺项、纵不断线，确保篇目设置特点突出、简而不遗。

在充分发挥地方志编纂体例优势的同时，我们也认识到地方志的一些不足：在分卷介绍长城各领域的同时，对长城缺乏一个整体的描述和大局上的判断；在对相关文献资料进行了大量的搜集和整理的同时，学术性相对较弱。为此，我们在体例的设计、史料的辨识和选择方面采取了一些新的尝试。具体说来，我们的尝试体现在以下几个方面：

第一，采用古今并重的原则。在中国修志历史中，贯穿着一以贯之、恪守不渝的原则，这就是详今略古原则。因为志书都是要不断续修，详今略古的形成主要是满足续修的客观需要。在志书的续修过程中，如果每部志书视古如今，写作中很容易造成不必要的重复。因此，详今略古的原则成为现代方志修纂的重要原则。对《中国长城志》来说，则不宜按照详今略古的原则执行。《中国长城志》是第一部关于长城的方志，不仅要对长城的现存状况等进行详细的介绍，也要对古代长城的各方面情况进行明确记述。这两方面应该具有同等重要的地位，所以称为古今并重。概言之，在编纂《中国长城志》时灵活变通详今略古原则，采用古今并重编纂原则。

第二，著述性相对较强。过去对方志的价值认定和对方志的性质、体裁定位，都强调其资料性，在某种程度上降低了志书的学术地位。著述性差的问题，已经越来越被方志界所重视。《中国长城志》在强调资料性的同时，也从另一个方面要强调著述性。著述性相对较强是《中国长城志》的重要特色，是具有创新性的特色，很可能也是我们对方志的一个大贡献。《中国长城志》的著述，不是作者直抒胸臆、空发议论，而是建立在丰富资料基础上的著述，是丰富资料与科学著述的有机结合，是资料与著述的辩证统一。

《中国长城志》的作者队伍，以史学研究者为主。他们应用史学的笔法，尽可能地做到深入记述长城的发生、发展、变化的主要原因和背景，揭示长城与其相关事物的关系。记述长城及相关事物纵向发展的过程，记述包括长城有关内容的时间、地点、人物、事物及事件发展变化的基本情况等。对所有与长城相关事物的记述，一定都要交代过程的状态和最后结果，还要揭示出规律性的东西，以期加强对长城及相关事物整体的认识。

第三，允许不同观点共存。发挥作者个人专长与集体智慧、允许不同观点并存的做法是《中国长城志》的另一个特色。在符合总体例要求的前提下，分卷按照其各自的专业特点安排篇目并撰写内容。各卷都具有相对独立性，并允许不同观点存在。力争做到每卷都有自己的特色，都有一系列的创新见解是我们的追求。

《中国长城志》编纂工作开始之初，我们曾经试图通过研讨会的形式，将一些观点统一起来，但最后还是采取了允许不同观点共存的做法。之所以要这样做，首先是因为历朝历代的长城十分复杂，并受历代政治、军事、社会制度的制约，所反映的历史问题也是千变万化，没有一个统一的定论，也无法按照统一的规范去要求作者。其次是因为，我们今天对长城的研究和认识，是今人对过去的认识，这种认识本来就是在不断有所发现、有所深入的过程中，无法肯定地说哪个是对的，哪个是错的，有所创新是好事。

总之，《中国长城志》是一个基础性的学术工程，文献的广泛调查和准确使用是做好编纂工作的重要前提。在使用文献的过程中，我们谨慎小心，如履薄冰，如临深渊。我们有志于为读者提供一部值得信赖的长城著述。《中国长城志》的编纂是对长城历史的追问，触及了一些过去没有触及的历史记忆。但毕竟是经我们的主观来选择、来归类、来编排的与长城相关的两千多万字。

长城研究的成果，今天已经很丰富了，但这种丰富还会发展下去。长城的历史研究，今后还会有新的成果，对长城历史的追问也一定会继续下去。现在，第一部《中国长城志》已经完成，如同长城在古代历朝历代不断增修、修补一样，《中国长城志》今后也会有人进行修补、重修，也会比我们做得更好。

（载于光明网，2021 年 3 月 15 日）

追溯先秦诸侯国相互防御长城

长城产生于春秋战国，这是中国历史的大变革时期。各种学派蓬勃发展，形成了百家争鸣的局面，诞生了老子、孔子等著名思想家。这个时期周王室衰微“征伐自诸侯”，战争多了防御的需求也就大了，产生了长城防御体系。

中国历史学研究，通常把秦朝以前统称为“先秦时期”。秦以前修建的长城，被称为“先秦长城”。这个历史时期，充斥着吞并、扩张领土的战争。中华大地上的各个诸侯国，各国有各自的大王、年号，有自己国家的货币、文字、语言。

春秋战国时期，经过几百年大吃小、强灭弱的统一战争，最后秦灭六国。从此，中国历史上的国家统一的追求，持续数千年而不变。长城产生于春秋战国，不过长城这类墙体与壕堑相结合的防御体系的构建，能从史前时代的人类活动中找到源头。

史前时期围绕聚落修建的环壕及石墙，是长城产生之前的防御体。人类构建防御体的起源，可以追溯到人类走出山洞穴居生活的时期。人群离开了洞穴的屏障，面对来自大型动物或其他人群的巨大威胁，以血缘、亲缘关系结成了共同生活的群体，在自己的居住地周围挖掘壕沟或修建围墙，凭借这些人工建筑来保障聚落群体的安全。

新石器时期的防御还是很简单的防御，这种防御的主要表现形式是规模小、驻地化。当时的军事活动还缺乏较大的机动性，所以防御就更不具有运动的形式。新石器时代早期用于军事活动的武器装备也还很简单，主要是棍棒及石质或骨质武器，再有就是投掷石块。

这时期的防御也是简单的防御，只要可以满足在相对短的时间内、在相对集中的空间里避免受到进攻方较大的伤害就行。防御的目的是把损失减到最小，保存自己的力量，以期等待联盟中其他部落的支援。

长城的产生与社会的整体变革关系密切，顾炎武说：“春秋之世，田有封洫，故随地可以设关。而阡陌之间，一纵一横，亦非戎车之利也。观国佐之封晋人则可知矣。至于战国，井田始废，而车变为骑，于是寇抄易而防守难，不得已而有长城之筑。”

废井田、开阡陌是春秋战国最大的社会变革之一。土地私有化使诸侯国原有的疆界被打破，依靠战争夺取土地成为常态。于是，进攻与防御技术的变化也随着土地扩张的需求发展起来。

长城的修筑、维护和军事利用自春秋战国至清有两千多年的历史。据史料推断，楚长城和齐长城修建得最早，两国长城均出现在中国春秋时期。

由于诸侯兼并，到战国时期出现了楚、秦、燕、齐、韩、赵、魏等较为强大的诸侯国家。这些国家经常有利益冲突，为了互相防御，在自己的领土上修筑起一道或数道城墙。这些城墙呈线形分布，往往长达数百里或上千里。公元前 4 世纪左右，在兼并和反兼并的过程中，诸侯国之间进攻和防御的需求越来越大，长城防御逐渐发展完善起来。

一、长城产生于争霸和兼并战争

春秋战国时期是机会与挑战并存的岁月，一切都充满了变数。今天结成联盟的两个国家，明天就可能兵戎相见。这个时期，在长城发展史上处于开创的地位，长城防御由此产生并逐渐成熟起来。

已知的中国古代文献，对春秋战国时期长城缺乏全面系统的记载，研究春秋战国长城主要依靠考古。楚长城的确定，就是通过考古人员在长城遗址寻找并获取了战国时期的文化遗存，依据出土的古代遗物作出的判断。

春秋战国时产生长城防御体系不是偶然现象，与各诸侯国之间的争霸和兼并战争此起彼伏有关。实力强大的诸侯国都在考虑，如何借此混乱之机扩张其自身的势力范围，寻求自身利益的最大化。这些强大的诸侯国也认识到，只有做强自己才能称霸，才能占领别国的土地甚至兼并其他诸侯国。

长城是战争发展到一定阶段的产物，也与春秋经济发展到一定程度有关。首先是争霸和兼并战争背景下，有了修建长城防御体系的需要，其次是有了支持修建长城的经济能力。

争霸表面上看是大国获得政治控制权，是大国获得中小诸侯国拥戴的霸主地位。实际上，霸主地位具有重大的利益。到春秋末期和战国时期，诸侯强国以获得土地和人口这样的重大利益关系，决定投入多大的国力和军事力量进行战争。强大起来的诸侯国通过发动战争来获得更多的土地、更多的人口，进而通过土地和人口的扩大来拓展本诸侯国的利益空间，增强国家的综合实力。

春秋时期的战争，分为三种类型：第一种是强大的诸侯国之间的争霸战争，第二种是力量强大的诸侯国蚕食和兼并小国的战争，第三种是华夏诸侯与周边戎、狄、胡等族之间的战争。春秋时期首先修建长城的楚国灭国最多。当时有历史记录的 170 多个诸侯国，被楚国灭掉的就有 40 多个。

强大的诸侯国为争夺霸主地位而进行的战争规模较大、冲突的时间较长。春秋时各诸侯国不再真正服从周天子的命令，而周天子为了保证自己的存在不得不依附于强大的诸侯国。于是，各大诸侯国都想凭借实力，通过战争等手段来获取自己在诸侯中的霸主地位。

强大的诸侯国逐渐蚕食和兼并相邻、相对弱小诸侯国的战争不断发生。除了争霸的诸侯国外，发动战争的诸侯国中，有一些虽无力寻求更大范围的霸主地位，但作为区域强国、大国，他们也对周边其他的弱小国家发动兼并战争。如春秋时期鲁国兼并了郜国等小国，这样的兼并使区域局部统一，客观上为大国争霸奠定了基础。

华夏诸侯与周边戎、狄各族之间发生的战争，往往与不同的经济方式冲突有关，但在春秋时期，此类战争的规模弱于诸侯争霸和诸侯国之间的兼并战争。战国时期，诸侯国与相邻的游牧民族的战争数量和规模才大起来。实际上这三种战争在很多的时候处于交叉和联系的状态。

孔子就说过："管仲相桓公，霸诸侯，一匡天下，民到于今受其赐。微管仲，吾其被发左衽矣。"管仲提出尊王攘夷，他务实、稳健地推进齐国对内对外的战略布局，包括帮助北方的燕、赵等击退了北方的少数民族。所以孔子感叹：没有管仲和齐国，可能有很多的地方都会被少数民族占有，穿衣束发都要随之改变。

春秋战国时期这三种类型的战争，从规模上来说日益扩大，从战争的惨烈程度来说也日益激烈，从发生战争的次数来说是越来越频繁。春秋从早期到晚期，实际上是一个军事对峙越来越复杂和越来越严重的时期。为了满足战争发展的需要，各诸侯国竞相组建、扩建自己的常备部队，积极修建防御工事。

由于这时的战争以车战为主，在坚固的城墙和又深又宽的城壕面前，战车很难发挥出应有的战斗力，守军只要有足够的粮食，保护好水源，就可以用很少的兵力在长时间里抵御敌军的进攻。这样的战例很多，鲁宣公十四年（前 595）“秋九月，楚子围宋”。《吕氏春秋》记载，楚康王曾攻打宋国，围城 5 个月没有取得胜利。在坚固城池面前，守城者只要有足够顽强的意志和相对匹配的实力，便能在防守中取得成功。而攻城者要取胜，得付出沉重的代价。

战争不同于经济行为的地方，主要是风险的体现形式很直接。战争的风险，在很短时间之内就可以看见。在生产力水平相对低下、商业所占比重相对较小的春秋战国时期，这一点表现得更为明显。

一场大规模战争的失败，伴随着巨大利益的丧失，其中也包括部分国土和人口的丧失。战国时期一场重要战争的失败，甚至决定了一个诸侯国是否还能继续存在的命运。所以，这样的风险就不仅是经济风险的问题。是否愿意担当这样的风险，是否能担当得起这样的风险，是否投入战争需要当政者作出正确的决策。

春秋时修建防御工程时，比早前出现了一个变化，就是各国诸侯在增修、新筑都城的同时，还在战备要地建筑军事要塞，并在战事紧张时派军队戍守。

这一变化，主要是因为战争的直接目的已经由单纯掠夺财富、攫取贡赋变为兼并土地、鲸吞资源。于是，关塞成了各诸侯国在战争中激烈争夺的目标。“坏城郭，戒门闾……备边竟，完要塞，谨关梁，塞徯径”，自然成为军事防御极为重要的内容。

《春秋左传注》鲁文公十三年（前 614），晋侯派军“守桃林之塞”，以遏秦军；鲁昭公二十六年（前 516），晋国“使女宽守阙塞”等，《左传》中留存了不少诸侯国重视在关塞设防的史料。

战国时期，一直处于国无宁日、岁无宁日、“邦无定交，士无定主”的混战局面。为保持自己的实力，扩大国土的势力，各国君主们一方面加强中央集权，改革图强，加强军备；另一方面，在外交上频频争取别国的合纵、连横。一个国家要使自己立于不败之地，墨子认为要重视守围城之法，要“城厚以高，壕池深以广，楼橕修，守备缮利”。秦惠文王时，墨学在秦国很兴盛。

春秋战国时期诸侯国修建互防长城，既有战略需要和经济能力的问题，也有施工及攻防等技术发展背景之下的条件成熟。这些条件的具备，催生了长城。春秋时期，各诸侯国修筑的国都和在战略要地修筑的一些城邑，围墙越来越高、越来越厚。而且，墙外都有一些沟堑来加强防御，提高防御力和防御纵深。在城门，有悬桥来加强防御。这样的城，防御力量已经很强。供守城部队使用的器械随着战争规模和战争数量的越来越大，更加成熟。筑城技术、防御体系的设置已经相当成熟，这些为长城的产生提供了较好的技术条件。

二、长城修建始于齐、楚

1998 年 6 月 28 日，北京怀柔县境内的慕田峪长城，骄阳高照，气温 35℃，是北京地区这年入夏以来最热的一天。下午 2 时，我受外交部邀请陪同美国总统克林顿一行，参观慕田峪长城。克林顿总统问：“这是不是中国最古老的长城？”我告诉他：“不是，中国最古老的长城是楚长城。”

经常会有人问，中国最早的长城是什么时候的长城？我一般是回答：中国古代最早修筑长城的是齐国和楚国，有时也说楚国和齐国。根据历史文献记载，齐国和楚国长城的修建和使用的时间，都是从春秋开始到战国末期。

实事求是地讲，截至现在文物考古界还没有找到考古证明了的春秋时期的长城建筑遗存。所以，只能笼统地说中国古代最早修筑的长城，是春秋战国时期齐国和楚国的长城。期待着有一天新的考古发现，能够解决此问题。

现存的齐、楚国的长城，如果不是经过后世修建再利用的部分，遗址保存得非常少了。被岁月尘封的一道，已经成为很不起眼的土垄，若隐若现地蜿蜒在山坡之上。

这些遗址遗存不经专门人员指点，一般人根本就看不出来那就是长城。以致相当长一段时间，很多的专家学者甚至怀疑楚国长城的存在。国家长城资源调查工程实施后，河南省文物局考古所通过大量的考古工作，证明了楚长城的存在，才结束了这种争论。

齐国和楚国修建长城与双方的关系有关，也与当时的整体环境有关。齐、楚两国春秋时期先后称霸，战国时期也是实力最强的两个诸侯国，楚齐联盟曾使秦国长期不敢进攻六国。

齐桓公尊王攘夷称霸时，率领诸侯对抗楚国，也承担起为燕国等抵御游牧部族扰掠的问题。尊王攘夷战略的核心是责任和义务的再分配，责任和义务的背后是利益的驱动。

齐桓公是典型的一个生得伟大、死得窝囊之君王。晚年昏庸至极，被最宠信的两个大臣易牙和竖刁软禁起来。一代英豪，最后被活活饿死。等到几十天后儿子们争夺完君位，想起给他发丧，已经是蛆虫满屋。齐桓公死后，晋国崛起成为霸主，成为齐、楚共同对抗的强国。此时总的来说齐楚两国关系较好，晋国率领诸侯攻打齐国时，楚国还曾出兵攻打鲁国、郑国，帮助齐国解围。到战国后期，齐国是连横的争取对象，齐国和楚国又都是合纵的主要争取对象，关系比较复杂。

齐国和楚国的联盟，本来对秦国的威胁很大。只可惜楚王没能跨越秦国设下的破坏齐楚联盟的“陷阱”，盲目乐观地相信了秦国许诺给其 600 里土地，而轻率地与齐国断交。

以至，秦已经表现出了不准备兑现承诺时，昏庸的楚王仍不认真反思、务实地思考如何解决和齐国已经破裂的关系，反而对秦国心存幻想，继续挑战齐国的底线。

楚国等明白上秦的当了，再回头找齐国时，齐国出于对背叛的憎恨不可能与其再结盟，结果齐楚在仇恨的吞噬中两败俱伤。

三、齐长城的修建

2015 年 7 月 10 日至 15 日举行了“走长城，读齐鲁，做好汉”活动。我去山东，顶着烈日，全程参加了这次齐长城徒步游。活动由山东省旅游局、长城保护基金管理委员会、中国长城文化研究中心共同举办，旨在做好齐长城旅游资源的保护开发利用工作，将齐长城打造成山东省旅游新名片。

我推动齐长城的保护和利用工作，起于 2012 年夏天和山东省委常委、副省长孙伟的一次见面。我将近几年对齐长城的考察情况介绍给他，孙省长听得兴致勃勃，并坦言此前对山东齐长城并不了解。

2014 年我专门为此，给已经是常务副省长的孙伟写了一封信，他和主管副省长很快作出了批示。此后的 3 年，我每年都要去齐长城很多次。因齐长城，我交了很多的山东朋友，我很喜欢山东人的性格倔强、做事果敢。

关于齐长城修建的历史记载，首见于《管子》一书中管子和齐桓公的一段对话：

管子问桓公："敢问齐方于几何里？"桓公回答："方五百里。"

管子说："阴雍长城之地，其于齐国三分之一，非谷之所生也。"管子接着告诉齐桓公，掌握调节经济的号令，可以依靠号令控制四方的商品流通。

桓公不知道该怎么控制，管子说："长城之阳，鲁也；长城之阴，齐也。"

有的学者根据齐桓公在位时间和管仲的生平，推断《管子》书中所提长城为齐桓公所筑，当建于公元前 685 年至前 645 年之间齐桓公时期。这种推断忽视了一个问题，这便是《管子》一书真正的成书时间。

《管子》一书为汉代道家假托管子之名而著，所以书中虽提及长城，但不足以证明管仲时期齐国已经有长城。齐桓公时期即便没有修建长城，齐鲁交界处主要通道上的关隘也已经修建并驻有军队戍防。

成为真正的霸主之后，齐桓公有理由感到振奋和自豪。但在铺天盖地的颂扬声中，他似乎已经很难走得更远了。

齐桓公死后，齐国内乱，楚国势力得以向北发展，但历史文献中至今尚未发现这一时期齐国筑长城防楚国的记载。《竹书纪年》记载了周威烈王二十二年（前 404），也就是晋烈公十二年晋国韩景子等攻打齐国、进入长城的事。"王命韩景子、赵烈子、翟员伐齐，入长城。"这一年在齐国是康公元年，齐长城至迟在公元前 5 世纪就已经有了。

这一点也得到出土青铜器骉羌钟铭文的证明。铭文内容为："唯廿有再祀，骉羌作伐，厥辟韩宗击。率征秦迮齐，入长城，先会于平阴。武侄是力，袭敓楚京。赏于韩宗，令于晋公，昭于天子，用明则之于铭。武文□烈，永世毋忘。"这是已知金石铭文上首次出现"长城"一词。

骉羌钟铭文记述，一个名叫骉羌的韩国将领，在一次伐齐的战争中，首先攻入齐国的长城。在这场战争中，骉羌作战勇猛，因而受到韩君、晋公和周天子的奖赏，特此铸器作为纪念。

20 世纪 30 年代初，驫羌钟出土于洛阳城东金村太仓古墓。这组战国时期的青铜编钟共 14 件，其中的 12 件收藏在日本京都泉屋博古馆，另外 2 件现藏于加拿大皇家安大略博物馆。

齐国到底何时筑起长城巨防，学界一直众说纷纭。刘德春在《齐长城综述》中分析推断，齐国修筑巨防的时间，很可能是在齐灵公二十七年（前555）。在此之前的几年，齐国一直在侵讨鲁国，先后取龙（今山东泰安东南）、围成（今山东宁阳北）、围桃（今山东汶上东北），并直逼鲁国都城曲阜。

这一年，齐国还兴兵征伐鲁国北部。鲁国求救于晋。晋平公会 11 国之师于鲁国济水之滨，伐齐国。大军压境，齐侯不得不“堑防门而守之广里”。齐国防御工程始筑于此时，是具有一定道理的推论。匆匆而建的防御体，抵挡不住诸侯大军，诸侯之师直抵临淄，焚四郭，攻两门，齐军不敢出战。此役之败，使齐国深深地认识到了防御的重要性。

最近公布的清华简《系年》中披露的信息，其中有关齐长城的记载，为认识齐长城的修建时间提供了新史料。清华简《系年》篇第 20 章记载了齐长城的修建经过:“晋景公立十又五年，申公屈巫自晋适吴，焉始通吴晋之路，二邦为好，以至晋悼公。悼公立十又一年，公会诸侯，以与吴王寿梦相见于虢。晋简公立五年，与吴王阖卢伐楚。阖卢即世，夫差王即位。晋简公会诸侯，以与夫差王相见于黄池。越公勾践克吴，越人因袭吴之与晋为好。晋敬公立十又一年，赵桓子会诸侯之大夫，以与越令尹宋盟于邧，遂以伐齐，齐人焉始为长城于济，自南山属之北海。晋幽公立四年，赵狗率师与越公朱句伐齐，晋师阀长城句俞之门。越公、宋公败齐师于襄平。至今晋、越以为好。”

晋敬公十一年为前 441 年，简文中所记载的“齐人焉始为长城于济”或许是齐长城最早的修建时间，而“自南山属之北海”为齐长城起于今济南平阴、长清一带，沿当时济水修建至渤海岸。

齐国东、北是大海，西有河、济两道天堑，只要西南筑起巨防，再借助泰沂山脉的天险筑长城，便能构成完整的安全体系。齐国在“堑防门”的基础上，逐渐完备西南防御工事，形成巨防。齐国早期修筑长城的目的是防晋、卫、鲁等诸侯国。楚国灭鲁后，齐国的长城便增加了直接防楚的重任。

齐威王时，齐国又一次大规模地修建长城。齐威王很有抱负，他在所造的铜器陈侯因敦铭文写道，要“绍统高祖黄帝，侎（近）似桓、文”，就是说他的最大愿望是继承黄帝的事业，最低目标也要继承齐桓公、晋文公的霸业。《史记》引《竹书纪年》云：“梁惠王二十年，齐闵王筑防以为长城。”梁惠王（即魏惠王）二十年当为齐威王七年（前350）。这条引用出现了抄录的错误。若时间准确，则此次修筑当为齐威王时。若人物准确，则时间需往后推延至齐闵王时。目前学界较为认可的是齐威王时。

齐国最后一次修筑长城是齐宣王时。齐宣王为齐威王之子，公元前319年至前301年在位。《史记・楚世家》记载：“齐宣王乘山岭之上筑长城，东至海，西至济州千余里，以备楚。”关于这道长城其他的史书记载也比较多，并且也较一致。

齐长城西段是为防御鲁国，当时的鲁国虽弱于齐国，对齐也还是构成一定的威胁。鲁顷公二十四年（前249）楚国灭掉鲁国后，齐国为防楚国又续修筑了东段长城。

齐长城的修建线路的形成既有其政治地缘关系，又受地理环境的影响。西晋张华的《博物志》载：“齐南有长城巨防、阳关之险，北有河、济，足以为固。”在地理环境上，齐国东有大海，西面和北面有黄河和济水，南面有泰山和沂山作为天然屏障。一旦越过了这些屏障，就进入了齐国腹地，兵临齐都临淄城下。所以，《韩非子》在讲到齐国战略地位时说“一战不克而无齐”不无道理。

齐长城修建于今天的山东省中部，地貌以山地、丘陵和平原为基本类型。山地和丘陵主要集中在鲁中南的核心地区，其中高山险峻地带的齐长城以山险防御为主，低山隘口处筑有关隘和向两侧延伸的长城墙体，丘陵地带筑有连绵的长城墙体。

齐长城的防御方向是齐国的南方，鲁中南的泰沂山地基本上呈北高南低的态势。这一地貌特征有利于处于此地北部的齐国构建长城防御体系，形成易守难攻的防御形势。很多地方站在齐长城的外侧看是悬崖峭壁，而齐长城的里侧却很平整。

鲁中南山地丘陵西侧的齐长城修建在西黄河冲积平原之上。鲁中南山地向东的齐长城，在胶东平原的南缘，然后继续向东是渤海岸边的海积平原，形成中部旱地连接西东两大平原的形态。丘陵和平原地区的长城以黄土夯筑为主，有些夯土墙体有石砌基础。

齐长城集山地防御、河流防御和滨海防御特点于一身，这是春秋战国时期其他国家修筑的长城所不具备的特点。特别是在齐国的西南部，济水与泰山之间构成依河临山之险，是齐国对外的交通要道，更是春秋战国时中原诸国进攻齐国的咽喉。所以，齐国在这里首先修筑了西段由连绵墙体构建的长城，并且直到战国末期，这里还始终是齐国防御其他诸侯国的主要防线。

2009 年第三次全国文物普查时，莱芜市文物办协同山东大学共同对境内长城类城防工程进行细致的调查，在莱芜市境内西起莱城区的崇崖山，向东沿徂徕山余脉蜿蜒东至钢城区的黄羊山与青羊崮，包括总长约 30 千米的石砌矮墙与城堡。调查组认为这是齐鲁之界上的鲁长城遗迹，将其暂定为“疑似鲁长城”。国家长城资源调查验收，最后没有认定此成果。

国家文物局网 2012 年 6 月 5 日《关于山东省长城认定的批复》，明确了齐长城分布于 18 个县（市、区）。东起山东省青岛市黄岛区，经胶南市、诸城市、五莲县、莒县、安丘市、沂水县、临朐县、沂源县、淄博市博山区、淄博市淄川区、莱芜市莱城区、章丘市、济南市历城区、肥城市，西迄济南市长清区。胶南市合并于黄岛区后，齐长城分布于 17 个县（市、区），总长度为 641.32 千米。

山东省长城资源调查队《山东省齐长城资源调查工作总结报告》记载，齐长城除主线外，在南侧还有三段与主线呼应的复线，分别为：从长清三岔沟至肥城的连环山；从博山区望鲁山北 729 高地南行至梯子山后，沿博山、莱城交界向东南，直至莱城区炮台顶；从临朐、沂水交界处的脖根腿东山向东南，行经朱家峪东山，过穆陵关，向东至三楞山，与北侧由安丘方向延伸向东的主线交接。

四、楚长城的修建

我第一次考察楚长城，时间为 2000 年 8 月 25 日至 27 日。那一年的 8 月 5 日我从长城回北京，在高速公路上发生严重车祸。车内五个人没了两个，我们活着的三个人也都重伤。我第一次去考察楚长城，是车祸之后刚恢复工作。到河南南召县，看了以周家寨为主的古山寨群。

我提出请地方文物部门同志带我们寻找一下山寨两侧山间的沟谷有无墙体建筑，结果如愿找到了，很开心。这一带山寨很多，绝大部分可能都与楚长城无关。山上的山寨，可能是明清修建用于躲避匪乱，拦截山地沟谷的石墙显然不会是为此目的而建。

这些很可能是春秋战国时楚长城的遗址，山寨坐落在长城线上，也很可能是修建在楚长城的基础上。我建议地方政府加强研究和保护，并报请省文物局进行考古调查。

楚长城在历史文献中曾称为“楚方城”。楚长城位于今河南境内，总长度推测有500多千米。楚国在春秋时就已经有长城，并且发挥了一定的作用。楚修长城与使用长城的记载见于《左传》，僖公四年（前656）齐桓公率诸侯国军队伐楚，兵至陉山。楚国派将军屈完前往迎战齐桓公的大军。

面对整装待发士气高涨的齐军，屈完毫不示弱，他对齐桓公说：“君若以德绥诸侯，谁敢不服？君若以力，楚国方城以为城，汉水以为池。虽众，无所用之。”这场开战在即的血战，就这样在楚长城外被化解了。

基本上所有研究楚长城的文章，都会提到屈完与齐桓公两个令人敬畏的英雄的这段对话。学界一般认为楚方城就是长城，有关这一点《汉书·地理志》中有清楚的记载。

不过，上述认识并不是共识。长期以来长城研究者对此还是有很大的争议。楚国不计成本地全力向北推进，让中原诸侯国感到了其称霸中原的迫不及待，所以遭到了群起而攻之，这一点在史学界有共识。

在楚文化研究中，“楚方城”不仅是楚国修建的防御体系，还是一个历史地理概念。常有人为“楚方城”到底指的是什么发生争持，各说各的理，各举各的史料，都很有道理。因为在各种典籍记载中，“楚方城”具体所指有以下四种含义：

一是指楚国关隘名，即方城塞。《国语集解·齐语第六》记齐军“南征伐楚，济汝，逾方城，望汶山”。韦昭注：“方城，楚北之阨塞也。”《吕氏春秋集释·有始》中更是明确地将方城与句注、居庸等关塞相提并论：“何谓九塞？曰：大汾，冥阸，荆阮，方城，殽，井陉，令疵，句注，居庸。”

二是指城邑，即方城邑。《水经注校证·潕水》中记载：“苦菜、于东之间有小城，名方城。”

三是指山名，即方城山。《荀子集解（下）·议兵》分析楚国的山川形势说：“汝、颍以为险，江、汉以为池，限之以邓林，缘之以方城。”杨倞注中说：“方城，楚北界山名也。”《水经注校证·汝水》：“醴水又东与叶西陂水会，县南有方城山。”

四是楚长城的代称。《汉书·地理志》载：“叶，楚叶公邑。有长城，号方城。”

1933 年商务印书馆出版的《中国长城沿革考》设专章论述了楚方城，作者王国良勾勒出了楚长城的走向轮廓。近百年来，学术界对楚长城在楚国军事、建筑、历史、地理，乃至中国长城史上地位的认识越来越清楚。但楚长城到底在哪里，依然是一无所知。包括前面说到的我去河南考察楚长城，也是猜测的成分远远大于研究。

直到国家文物局开展长城资源调查，河南省文物考古研究所组织两个调查队，于 2008 年 10 月开始进行楚长城调查，才真正确定了楚长城建筑的存在。楚长城墙体 30.51 千米，被历代破坏而消失的楚长城墙体约 25.37 千米、山险 81.34 千米，共计 137.22 千米。此外，调查和发掘了方城县大关口和泌阳县象河关等楚长城关堡，叶县保安镇前古城、泌阳沙河店古城、付庄古城等位于楚长城线上的 3 个城址。

随着学术界对楚长城的广泛关注与全面研究，被称为“楚方城”的楚长城，已经被长城研究领域广泛接受。楚国在春秋时虽然经济、文化均已经发展到一个较高的水平，但相对中原诸国来说，楚国被视为蛮夷，《公羊传》僖公四年说：“夷狄也，而亟病中国。南夷与北夷交，中国不绝若线。”其中，“南夷”指的就是楚国。

不但中原诸侯国称楚国为蛮夷，楚国自己也这样自称。《史记·楚世家》中有这样的记载：“楚伐随。随曰：‘我无罪。’楚曰：‘我蛮夷也。今诸侯皆为叛相侵，或相杀。我有敝甲，欲以观中国之政，请王室尊吾号。’随人为之周，请尊楚，王室不听，还报楚。三十七年，楚熊通怒曰：‘吾先鬻熊，文王之师也，蚤终。成王举我先公，乃以子男田令居楚，蛮夷皆率服，而王不加位，我自尊耳。’乃自立为武王，与随人盟而去。”周天子不给我封王，我就自立为王。仅此一点楚王与其他各诸侯国君比起来，就显得更加霸气。

楚国占据南阳盆地的战略是武王时制定，文王时期开始实施。南阳盆地处于秦岭西麓，伏牛山、方城山、桐柏山、大洪山之间，由汉水支流丹江、淅川、唐河、白河等河流冲积而成。自古即为阳光充足、雨量充沛的米粮之仓。

看一下中国地图，会惊奇地发现南阳盆地不论是从南北还是从东西来看，都是居于中心的特殊地位。南阳盆地居关中、汉中、中原与湖北平原之间，是连接这四个大平原的通道。从四面都可以进入南阳盆地，从南阳盆地也可以向四面出击。

对楚国来说，以南阳盆地为中心，向西沿汉水上溯可以进入汉中地区；向西北通过武关可进入关中地区；由襄阳下汉水可进入两湖地区；由淅川河谷上溯可进入伊洛河谷；由其东面山地可出盆地，进入中原腹地。

齐桓公称霸 30 多年，一方面阻止了北方戎狄势力对燕国等诸侯国的掠扰，一方面抑制了南方楚国的北进。为此，齐桓公多次召集诸国会盟，以便在北控戎狄、南抑楚国的行动中形成统一战线，并不断树立、巩固自己的霸业。齐国称霸时，楚国没有办法向北寻求较大的发展，便选择修筑长城来防御齐国，同时向东、向南发展自己的势力。

南阳盆地具有东西伸展、南北交汇的特点。无论是在南北之争，还是在东西对抗，南阳都处在战争的前沿位置。楚国据有南阳盆地后，面对来自各方的军事压力，虽停止了继续北上的步伐，但绝不会放弃南阳盆地。楚国的发展更像一个神话，今天我们对楚国在南阳地区长期存在形成的历史积淀，认识得还远远不够。

楚国在此利用险要，构筑了军事防御工程。春秋战国时期，南阳盆地的方城山及长城、汉水都成为楚国抵御北方诸侯的战略要地，楚国占据南阳盆地修建长城，与齐、晋等国形成长达数百年的南北对峙。

在东西之争时，南阳盆地是关中与东部地区的必争之地，由南阳盆地入攻武关是一条较为容易的进攻路线。楚国占据南阳盆地之后，就是沿着这条路攻入关中地区。无论是进入关中，还是自关中向东发展，南阳盆地都是进可攻、退可守的战略要地。战国后期，秦国占据了武关、夺取了南阳盆地之后，南阳更成为秦攻楚的一个前沿阵地。

《战国策·楚策一》载，楚国强盛时“地方五千里，带甲百万，车千乘，骑万匹，粟支十年”。当时“天下莫强于秦楚”，楚国和秦国都有可能成为天下一统的完成者。特别是楚王开始醉梦于诸侯国“领袖”地位的霸主时，甚至扬言要看一看周天子的鼎，这就是“问鼎中原”典故的由来。

楚怀王十七年（前312），楚军进攻秦国时还曾长驱直入，一直打到蓝田，秦国靠韩、魏两国的相助化解危机，最后秦国与韩、魏、齐连横攻楚获胜。

此后，楚长城所保卫的南阳盆地成了秦、楚、韩、魏四国争夺的战略目标。经过数十年的反复争夺，秦国取胜控制了南阳盆地，并进而打响了统一全国的战争。在秦灭楚的战争中，楚长城没有发挥楚国所期待的防御作用。

楚长城遗址不像齐长城，经过清代重修利用，所以没有齐长城墙体高大。楚长城遗址隐匿在荒野之中，只能看出一点墙体的轮廓蜿蜒在大地上。这也是一直以来，找不到楚长城遗存的原因。

根据国家文物局《关于河南省长城认定的批复》可知，楚长城主要分布在河南省南阳市的方城县、南召、桐柏县，平顶山市的鲁山县、叶县、舞钢市，驻马店市泌阳县，北起河南省鲁山县，经叶县、方城县、舞钢市、泌阳县，南至桐柏县。此外，湖北省境内也分布有烽火台及驻防设施，省文物局做了考察工作。

先秦诸侯国相互防御长城，除了前面讲的齐、楚两国之外，燕、赵、秦、魏、韩等诸侯国都先后修建过长城。燕、赵两个用于诸侯国之间防御的长城，史称燕南长城、赵南长城。燕、赵修建长城之时，都是其力量较弱的时候。

秦修建防御魏的长城时，秦的力量也是较弱时期。秦孝公励精图治，积极变法，使秦国国力得到很大的发展，因此有了六国合纵抗秦和秦国连横对抗各国的策略。秦惠文王时，秦国的力量有了更大的发展，与魏作战的过程中秦国不断取得胜利，迫使魏国将河西的土地献给秦国。

魏的势力由强转弱，开始修建长城防秦。魏国丢掉河西之地时，其修筑的用于防秦的长城已经失去了应有的作用。秦惠文王中期，秦国的势力深入到魏国的河东和河南地。

秦国连横取得的成绩在此时比较突出，但六国合纵也曾给秦国造成不小的压力。合纵部队联合抗秦，也取得过击败秦军的战绩。如秦庄襄王元年（前249），魏国以信陵君为将，率领五国联军大败秦军，一直追到函谷关。魏军的胜利没有动摇秦国强大的实力，也没有使秦国放弃扩张的计划，反而是五国诸侯很快就互相冲突，联盟瓦解，再也不能对秦国构成合力的威胁。在兼并与反兼并战争中，以战国七雄为主的诸侯国根据自身军事需要，构筑起多条长城。

战国时期，相比于春秋争霸战争，战国七雄之间的兼并战争的规模要大得多，战争的破坏性和残酷性也都达到了更具毁灭性的程度。战争越来越频繁，加强防御的需要就越来越强烈。各诸侯国从只是战时派驻军队驻守关塞，转为平时在较大关塞也驻有守卫部队，如《史记·张仪列传》韩国就设有平时“守徼亭障塞”的人员。

《管子》中论述查看地图的重要性时曾提及：“凡兵主者，必先审知地图。轘辕之险，滥车之水，名山、通谷、经川、陵陆、丘阜之所在，苴草、林木、蒲苇之所茂，道里之远近，城郭之大小，名邑、废邑、困殖之地，必尽知之。”这也从侧面透露了战国时期对关塞驻兵防守的重视。平时的守御为战时启用关塞御敌奠定了基础。一旦战争爆发，各诸侯国就“夷关折符”，力拒敌人于国门之外。

为了及时掌握远处的情况，又在临近要塞的制高点修建观察敌情的瞭望台，再逐渐发展成可以连续传递军情的烽火台。

烽火台同驻兵的城堡构成一体的防御线，从而形成了一个大规模的防御体系，就是在这样的背景下产生了长城。长城为较大的防御地区提供安全保障，每一段长城都是一个相对完整的防御工事，既有传递军情的烽火台，又有戍守人员居住的城障。

长期的争霸和兼并战争，给社会带来了巨大灾难，同时也给社会发展带来了机遇。众多小国经过兼并发展成为几个大国，实现了区域性的统一。几个更加强大的诸侯国，凭借政治、军事、文化优势，不断地对周边各国进行征伐。

五、燕南长城

在中国古代“燕赵”是一个有特殊意义的地域符号。广义上的“燕赵”不仅是今天河北的别称，还包括河北之外的北京、天津、内蒙古中南部、山西北部，以及辽宁、河南、山东的部分地区。

研究战国时期的长城，离不开燕文化和赵文化。北京与河北中部地区是燕文化的核心地区，河北邯郸与山西东南部地区是赵文化的核心地区。

战国初期赵国和燕国在变法之前，都属于国力较弱的诸侯国，这两个诸侯国都修建了长城。

战国时，燕王哙学尧舜禅让，把王位让给相国子之。他可能以为这样做可以名垂青史，没想到自己的浪漫主义行动，会给燕国造成一场灭国之灾。齐宣王以平定燕国内乱之名攻下燕国首都，并将燕王哙杀死，太子平与子之也在大乱中死亡。燕王哙时期在燕国南部修建的长城，丝毫没有发挥作用。

燕国遭受重创后，赵武灵王从韩国召回燕公子职，拥立其为燕昭王，并帮助他整顿破碎的山河。燕昭王又称襄王，是带领燕国走向强大的领导者，也是燕长城的主要修建者。燕昭王继位之初，面临的是国家内乱、外敌入侵的危急形势。经过 28 年的艰苦奋斗，燕国的经济实力才有了很大的发展，国内也彻底安定下来。

在强大自己、广招天下贤士的同时，燕昭王继续修筑燕南长城，加强对齐国的军事防御。不久，秦、赵、魏、韩四国组成联盟，发起对齐国的征讨。燕昭王应赵国之邀，几乎是倾全国之力参与了这次联合行动，并成为此次征讨齐国的主力部队。

这场战争中，五国联军获得大胜，燕国军队一举占领了齐国 72 座城池，并攻占了齐都临淄。燕昭王终于报了齐国的灭国之仇，他可能坚信燕国将由此走向强盛，没想到他死后不久，这些辉煌的战果很快丧失殆尽。

燕南长城也叫易水长城，修筑于燕昭王之前。秦相张仪游说燕昭王时说："今大王不事秦，秦下甲云中、九原，驱赵而攻燕，则易水、长城非大王之有也。" 说明这时易水一带已筑有长城。

燕南长城主要是用来保卫燕下都易水城，主要防御齐国。此时，秦国逐渐强盛，东进图霸，驱赵以威胁燕境。所以燕南长城也成为防赵、御秦的依托。燕南长城利用古易水的堤防与新修筑的城墙相结而成，《史记》等历史文献谈到这条长城时，都是将易水与长城连称。

国家文物局《关于河北省长城认定的批复》认证，燕南长城主要位于河北省保定市易县、徐水县、容城县、安新县、雄县和廊坊市大城县、文安县。

六、赵南长城的修建

燕南长城主要是防赵兼有防齐，赵国南长城则主要是防魏，也兼有防齐的考虑。齐是老牌强国，魏国首创变法，任用吴起为将，建立了完善的军队制度，走上了富国强兵之路，对赵国的威胁更加大了。

赵国南有悍魏，北有胡人，西有虎狼之秦，只有东边的燕国力量比其还弱，所以经常伐燕。燕国是周天子较早封的诸侯国，赵国发动进攻燕的战争，常受到其他诸侯国的反对。所以，赵国始终也没有给燕国造成致命的打击。

到了战国中期，赵燕之间的战争更加激烈。特别是赵武灵王胡服骑射改革之后，赵国的军事实力急剧增长，就更加强了征伐燕国的军事行动。

“燕赵古称多慷慨悲歌之士”这话是被后人尊为“唐宋八大家”之首的韩愈所说。盛唐著名边塞诗人王昌龄也写过；“拂衣去燕赵，驱马怅不乐。”慷慨悲歌就这样成为燕赵民风的代表，长城是燕赵慷慨悲歌的标志。

赵国长城有三道：赵肃侯所筑南、北长城两道；赵武灵王所筑赵北长城一道。赵北的两道长城均用于防御东胡。只有赵肃侯时所筑南长城，属于中原诸侯国相互防御而筑的长城。

赵南长城主要用于防魏国。魏国都大梁，距赵都邯郸仅数百里，而漳水西岸的魏国重镇邺城距邯郸尚不足百里，魏国对赵国的威胁极大。魏惠王十七年（前 353），魏军攻占了赵都邯郸，并强占了三年之久。

赵肃侯元年（前 349），赵肃侯即位后欲振兴赵国。赵肃侯十六年（前 334），齐王与魏王在徐州盟会，互尊为王。赵国对魏、齐两国的联合极为不满，派军队攻打魏国，遭到魏军的顽强抵抗，赵军被迫撤军。

为防御齐、魏两国的报复性进攻，赵肃侯在南部边境，即漳水和滏水之间修了一道长城，后世将其称为赵南长城。前 333 年，齐、魏大军果然兴兵伐赵，赵军引黄河之水冲灌敌军，才迫使齐、魏两国退兵，赵南长城在此次会战中所起的作用不明显。

关于赵南长城，《史记·赵世家》记载：“武灵王十九年（前 307）召楼缓谋曰：‘我先王因世之变，以长南藩之地，属阻漳、滏之险，立长城。’”说明赵武灵王前已修筑此道长城。《史记·赵世家》明确记载了这道长城的修筑背景：“肃侯十七年（前 333），围魏黄，不克。筑长城。”赵南长城的修筑很可能始于此年。

《史记正义》记载，刘伯庄“疑此长城在（潭）[漳]水之北，赵南界”。《日知录·长城》也认为此长城（赵肃侯所修长城）在漳水之北，今河北磁县及河南临涧县间均有遗址。张维华依据《史记正义》所注，推测：“赵（肃侯）长城所经之地，以意度之，其西首当起武安故城南太行山下，缘漳而东南行，约至番吾之西南，逾滏而东，经武城、梁期之南，复缘漳东北行，约经裴氏故城之南，而东抵于漳。”

《史记》对赵南长城的记述很简单，今天很难依据文献明确赵南长城的具体起讫地点和走向。经考古工作者实地考察，赵南长城主要位于河北省邯郸市涉县、磁县及河南省卫辉市、辉县市、林州市、鹤壁市淇滨区。

七、中山小国的长城修建

中山国与燕、赵两国相比，就更小、更弱一些。

战国时期的中山国东与齐国邻近，北与燕国接近，西南与晋、赵相连，四邻是强悍的诸侯国家。特别是中山国位于赵国东北部，把赵国分隔成南北两部分，成为赵国的心腹之患。被赵国包围着的中山国，虽不是诚惶诚恐也非常难受。

中山国修建长城，主要是防御赵国。中山国国土不大，民族却很强悍，多次打败晋、赵等强邻的进攻。战国初期约在前408至前406年，魏国发动一场攻灭中山国的战争，中山国被魏国军队攻灭。这件事很奇怪，不知魏国为什么要穿越赵国攻打中山国，并且将其灭国。更奇怪的是赵国对此，竟然一副无动于衷的态度。

直到25年后，魏国接连被赵、齐打败。中山国趁机驱逐魏军并复国。赵国在敬侯十年（前377）和次年，两次大举进攻中山国，遭到中山国的顽强抵抗，没有取得成功。此后，中山国为防御强邻的袭击，防止再次灭国的危机，开始修筑长城。《史记·赵世家》记载：赵成侯六年（前369），“中山筑长城”。有关中山国长城的文献记录目前所见仅此一处。考古工作者曾在顺平、唐县等地发现了土石混筑的战国中山长城。

前314年，齐军攻燕时，中山国也攻占了燕国一些土地，疆域大为扩展，南至槐水，北至易水，东至扶柳，西边太行，同《战国策·秦策三》所载“昔者，中山之地方五百里”相吻合。这时的赵国已强盛起来，对中山国构成了巨大的威胁。赵武灵王十九年（前307）曾经说过：“今中山在我腹心，北有燕，东有胡，而无强兵之救，是亡社稷，奈何？吾欲胡服。虽驱世以笑我，中山、胡地吾必有之。”

古代在讨论修不修长城和长城防御时，常常会提到“社稷”两个字。“江山社稷”“社稷之安”“社稷之危”，这里的社稷都是指王朝天下的安危。社稷之本意是两个与农耕有关的神，社为土神，稷为谷神。以土神和谷神之称而代表家国天下，是源于以农为本的农耕民族的原始崇拜。

赵武灵王把胡、中山和燕国的威胁，都视为关系国家存亡之大事。此后，赵武灵王于二十年（前306）、二十一年（前305）、二十三年（前303）、二十六年（前300）派兵大举进攻中山，占领了中山大片土地。《战国策·赵策三》记载：“赵以二十万之众攻中山，五年乃归。”

这条史料记载的数字虽然不一定准确，但赵国以强大的兵力攻打中山国，并且打了数年是准确的。在这场战争中，中山国修建的长城是否起到了作用不得而知。《资治通鉴·周纪四》也记载，惠文王二年（前297）“主父败中山兵”。三年（前296）“赵主父与齐、燕共灭中山，迁其王于肤施”。

赵主父是赵武灵王，赵国的第六代国君，前325年至前299年在位27年。他把王位交给小儿子，自封“主父”的第二年率兵灭了中山国。赵、齐、燕三个大国联合起来出兵，才灭掉了中山，说明中山国的战斗力很强。中山灭亡之后，中山长城也就被历史湮没。

李文龙在《保定境内战国中山长城调查记》中，详细记载了他的考察成果：“中山长城分布于保定西部太行山区的涞源、唐县、顺平、曲阳四县，总长178里，顺平县境48里，唐县境88里。”

八、魏长城的修建

魏、韩两国是“三家分晋”时，由晋国分出来的诸侯，都是秦国的近邻，是直接受到秦国威胁或打击的进攻对象。按理说魏、韩两国面临共同的敌人时，最容易暂时放下纷争联合起来，可两国非但不团结反而冲突不断，这对于虎视眈眈的秦国来说，就是“鹬蚌之争，渔翁得利” 。其实，仅魏、韩两国联合起来，也难以抵挡秦国走向强大。

苏辙在《进论五首·六国论》中的一段话，非常准确地道出了秦国和韩、魏两国的地缘关系：“夫韩、魏不能独当秦，而天下之诸侯藉之以蔽其西，故莫如厚韩亲魏以摈秦。秦人不敢逾韩、魏以窥齐、楚、燕、赵之国，而齐、楚、燕、赵之国因得以自完于其间矣。”

如果真像苏辙想的那样，战国其他四个诸侯国让韩、魏再没有防御东边各国的后顾之忧，并支持韩、魏全力抵挡秦国军队，起码会给秦国的统一增加很多的变数。

进入战国的第一个百年是魏国势力强大的时期，不需要修建长城。周贞定王二十四年（前 445），魏文侯即位，先后任用翟璜、李悝、魏成子为相，实行变法，取得很大成绩，成为战国初期的强国。魏文侯任用吴起为大将，取得了秦国河西列城，进入了国富民强的发展阶段。魏国还联合韩国和赵国，多次与楚国作战，并多次击败楚军。

《史记》载，魏文侯六年（前 419），魏军在河西的少梁（今陕西省韩城市西南）建城池屯兵积粮。秦国感到了威胁，发兵攻打少梁，秦军失败。魏文侯十三年（前 412），魏国大举进攻秦国，占领秦国的繁庞（今陕西韩城东南）。十六年（前 409），魏国大将吴起率兵攻取秦国的临晋（今陕西大荔东）、元里（今陕西澄城南），十七年（前 408），继续伐秦至郑。

魏国和秦国本以黄河为界，魏国在河西原来仅有少梁一城，取得上述几座城池之后，河西之地就全部归魏国占据。秦国始终将魏国据有河西视为心腹之患，只是无力与魏抗衡。当然，只要条件允许秦国第一时间便会采取行动夺回河西。

韩哀侯二年（前 375），魏国与韩国为争夺郑国发生战争之后，又与赵国因争夺魏国发生战争。连年与赵、韩两国的冲突，使魏国的实力受到很大削弱。这一时期，魏国由于树敌过多，处于四面受敌的境况。为缓解压力，魏国从孝公后期开始加强长城防御体系的建设。周烈王五年（前 371）魏孝公死后，魏惠王继位，继续与韩、赵两国作战。

在魏国与韩、赵两国作战时，秦献公实行了一些改革，使国力有所增强。此后，魏、韩虽联合起来抗秦，但联盟关系很脆弱。魏惠王四年（前

366），秦出兵向韩、魏联军进攻，大败韩、魏联军于洛阴。接着又于魏惠王六年（前364）深入河东，在石门（今山西省运城西南）和魏军大战，斩首六万级。

魏惠王八年（前362），魏国再次同韩、赵两国发生大战。秦国又趁机向魏国进攻，在少梁把魏军打得大败。此战中，秦国取得繁庞城，并迫使魏国迁都大梁（今河南省开封）。至此，魏国河西大部分领土虽仍据于己手，但已处于失利状态。尤其是少梁之战，秦国已严重地危及魏国西部疆土。

《史记》记载："孝公元年（前361），河山以东强国六，与齐威、楚宣、魏惠、燕悼、韩哀、赵成侯并。淮泗之间小国十余。楚、魏与秦接界。魏筑长城，自郑滨洛以北，有上郡。"《史记·秦本纪》注释道："魏西界与秦相接，南自华州郑县，西北过渭水，滨洛水东岸，向北有上郡鄜州之地，皆筑长城以界秦境。"由此可知，魏河西长城应始筑于前361年至前358年。

魏惠王十二年（前358），为巩固河西之地，魏国派大将军龙贾沿洛水修一道长城，这就是魏河西长城。《水经注》亦引《竹书记年》载："梁惠成王十二年，龙贾率师筑长城于西边。自亥谷以南，郑所城矣。"

后来为加强国都大梁的防务，魏国又在大梁以西、黄河以南修筑了魏河南长城。《史记·魏世家》所提到的"魏惠王十七年（前353），与秦战元里，秦取我少梁。十九年（前351），诸侯围我襄陵。筑长城，塞固阳"。可见由前361年至前351年间，魏曾不断地经营河西防务。

魏国修长城，早期是为解决西边的后患以便全力与韩、赵两国作战。这样可以避免在与韩、赵作战时，西面对秦国进行防御的力量弱化，形成两面受敌的局面。而魏国修建长城的后期，则是在四面被包围的情况下，主要为了解决来自秦国的强大威胁。魏国长城防御的战略很有效，魏国在修建长城后，虽然多次与韩国、赵国、齐国、秦国发生战争，但还是保住了自己的利益。直到魏国在马陵之战中败于齐国，才逐渐地走向衰退。

魏国在战国初期，已经具有越来越多的成为一个大国的条件，于是开始为追求全面意义上的影响力和话语权而四面用兵，一度甚至达到穷兵黩武的程度。结果形势很快发生了变化，魏国四面受敌，处于多方孤立的窘迫境地。到了这个时候，魏国修建什么样的长城也难以解决其安全问题。

国家文物局《关于陕西省长城认定的批复》《关于河南省长城认定的批复》

认定：魏国长城主要分布于陕西省富县、黄陵县、宜君县、黄龙县、韩城市、合阳县、澄城县、大荔县、华阴市及河南省新密市。

九、秦堑洛长城的修建

秦国在战国时期采取“远交近攻”的大战略，联络距离秦国远的诸侯国，通过加强与远方诸侯国的经贸和文化联系，寻求“共同利益”而合作，使其在秦攻打计划中的诸侯国时，他们至少能保持中立。同时，进攻邻近的诸侯国，靠威慑来挟持其割地或直接采取军事行动强取豪夺，获得利益。

秦国是战国时期为诸侯国互防而修建长城较少的诸侯国，其原因有二：一是秦国首先取得了变法的成功，将权力集中于诸侯君王之手，对其他诸侯国主要是采取攻势。二是秦国所在的渭河流域大部分地区都易守难攻，秦军向东进攻其他诸侯国时，基本没有后顾之忧。

《史记·刘敬列传》载汉代娄敬评价秦国，特别是关中地区的战略位置时说：“秦地被山带河，四塞以为固，卒然有急，百万之众可具也。因秦之故，资甚美膏腴之地，此所谓天府者也。”娄敬在这里既讲了秦地的资源优势，也讲了其军事区位的优势。

秦国只是秦厉共公和秦简公于公元前 461 年至公元前 409 年间，先后在黄河和洛水西岸修筑长城，史称堑洛长城。当时秦国还不是很强大，东部黄河、洛水之间的土地屡被魏国攻占。为抵御魏国，秦修建了长城。只是与其他诸侯国的长城相比，秦长城工程量不大，使用时间也不长。

关于秦厉共公至秦简公时期，晋国占有河西地以后，秦国沿洛水西岸修筑长城的历史文献记载很简单。《史记·秦本纪》记载，秦厉共公“十六年，堑河旁。以兵二万伐大荔，取其王城”。简公六年，“堑洛。城重泉”。在秦惠王元年（前 324），张仪“为秦将，取陕。筑上郡塞”。

毫无疑问，“堑河旁”“堑洛”和“筑上郡塞”都是军事防御工程。秦简公七年（前 408），秦军退守到洛水西岸后，再次沿河修筑长城以提高防御能力，并修筑重泉城。

秦国于洛水所筑长城，由公元前 409 年算起早于魏在洛河所筑长城近 50 年。秦河西长城由公元前 461 年算起，则早于魏河西长城近 100 年。百年之间，由秦国修筑长城以防魏变成魏国修筑长城以防秦，足以看出秦、魏盛衰的形势变化。秦、魏强弱关系转化的转折点是河西之战。这场魏国与秦国为了争夺关中而发起的大规模战争，是战国时耗时长的几场战争之一，前后打了几十年，以秦国胜利而告终。

从此之后，秦要一统天下的决心已初露端倪，战略部署也呼之欲出，自然没有了修建诸侯国之间相互防御的长城的需要。

秦昭王时期修建长城，把防御的重点放到了防御游牧部族上。他在秦国崛起道路上表现出来的淡定和从容，至今都值得认真地思考。秦国在尚未成为一家独大的强国之前保持适度的“低调”，对于实现长远发展目标，有着显而易见的意义。

十、韩长城的修建

韩国地处黄河中游地区，是战国七雄中国土最小、人口较少、国力也较弱的诸侯国，韩国军队却很强悍。《史记》说“以韩卒之勇，被坚甲，跖劲弩，带利剑，一人当百，不足言也”。宋《容斋续笔》也说“天下之强弓劲弩，皆从韩出，韩卒之勇，一人当百”。

《韩非子》载“赵举则韩亡，韩亡则荆魏不能独立，荆魏不能独立则是一举而坏韩、蠹魏、拔荆，东以弱齐燕”。秦国这一各个击破的统一全国战略，首先打击的重点锁定为赵、韩两国。

韩国四面被魏国、楚国和秦国所包围。这些国家都比韩国强大，韩国没有地域上的发展空间，还经常遭受其他强国的进攻。韩军虽善战，但在秦国兼并六国时，还是成为六大诸侯国中第一个被灭掉的，亡于公元前230年。此前，秦国乘赵攻打燕之机大举进攻赵国，连年战争极大地削弱了赵国的战斗力。秦国在和赵国作战的空隙，派出一支劲旅没费多大的力量，就灭了韩国。

其实，韩灭国之前，也仅是秦国和山东各国征战的缓冲地而已，对整体形势已经没有多大的影响力了。关于韩国修建长城，《水经注》记载：“《竹书纪年》：梁惠成王十二年（前358），龙贾率师筑长城于西边。自亥谷以南，郑所城矣。《郡国志》曰：‘长城自卷迳阳武到密者是矣’。”长城研究者早就注意到这段长城，罗哲文曾说：这段长城“历史文献上有时称韩，有时称郑，因此把它称作郑韩长城。这道长城与魏东南河外长城相连，共同防御秦国”。

关于出现这段长城“时称韩，有时称郑”的情况，《史记·韩世家》说得很清楚：“是韩既徙都，因改号曰郑，故《战国策》谓韩惠王曰郑惠王，犹魏徙大梁称梁王然也。”“自亥谷以南，郑所城矣”的长城，应该是韩国所建，因为郑国灭亡前一直唯魏国之命是从，没有必要在与魏交界的地方修筑长城。

韩长城建于哪一年尚不清楚，估计是在韩哀侯二年（前 376）至韩昭侯四年（前 355）之间。《资治通鉴·周纪一》记载：周烈王元年，也就是韩哀侯二年，郑国随魏国伐楚时，“韩灭郑，因徙都之”。韩国灭郑之后，在原来郑国的领地上修建长城来应对魏国，这是相对合理的推断。韩长城遗存状况，尚有待进一步的考察研究。

（载于国务院发展研究中心《经济要参》2020 年第 5、6 期）

战国北方防御游牧势力长城探析

石器青铜器混用时期，农耕和游牧开始分离。到战国时农耕和游牧分界线形成，农耕政权防御游牧民族长城产生。为什么农牧分界线形成于战国时期？因为这个时期农耕地区普遍使用铁制农具，劳动生产率大大提高，加之秦、赵、燕与游牧民族相交的诸侯国强大起来，使农耕区迅速扩展到农牧交错地带。原来杂居在中原周边的少数民族，绝大部分融入了农耕社会。

只有北方草原地区民族，继续保持以游牧为主的生产方式，专业化、流动性的游牧经济类型形成。游牧从经济方式到游牧部落及游牧政权，都成熟于此时期。游牧势力对农耕地区，产生较大的冲击及影响也始于此时期。

战国秦、赵、燕长城具有很大的价值，其对游牧民族的防御体现出了较大的主动性。秦、赵、燕在占据了军事优势的情况下修筑长城，加上一定数量的驻军，有效防止了游牧民族骑兵闪电式的袭击，是一种扬长避短的主动行为。陈可畏在《论战国时期秦、赵、燕北部长城》中说："没有长城，即使有大量的步兵和骑兵，仍然是防御不了的。战国时代的历史事实证明了这一点"。

秦、赵、燕三个修建防御游牧势力的长城的诸侯国，赵长城修建得最早，然后是秦国，再往后是燕国。游牧部落第一次看到高大的城墙横亘在眼前，一定会感受到很大的震慑。

长城挡住了牧民南下牧马，也使抢掠者望而却步。长城区域是特别广阔的区域，任何朝代都没有足够强大的军事力量，可以仅凭借军队的驻守来保证这个广大区域的正常生产和生活。即便农耕政权为了长城区域的利益，愿意花费巨额军费甚至倾其所有来支持庞大的军队，征用大量青壮劳动力来从事军事活动也是做不到的。

在这种情况下，长城应运而生。农耕政权借修建起的长城达成加强对农耕地区进行有效保卫、减少常驻军队和缩减军队经费的目的。通过长城提高农牧交错地区的防御能力，有效地解决了养兵太多养不起、养兵太少又起不到其应有防御作用的问题。

尽管修筑长城和派军驻守长城防线需要的经费不少，但与不修长城仅派军队相比，以达到相同的防御效果论，修长城所需付出的代价相对小很多。

一、农耕政权向北扩张建长城

战国时黄河流域和长江流域经过兼并战争，形成齐、楚、燕、韩、赵、魏、秦等七个诸侯国为主并立争霸的局面。人口规模的发展和农业精耕细作的发展，使得农耕经济形成了一个完整的、操作成熟的体系。游牧民族在战国时也彻底放弃了粗放的农业类型，转变为较为纯粹的游牧经济类型。

中原农耕经济与北方游牧经济在战国同时出现了较大的发展。两种经济类型为了自身的发展而向外扩张的时候，在农耕和游牧两种经济的过渡地区，发生了较大的冲突。当农耕民族将军事和经济扩展到农耕与游牧的自然边界以后，由于继续向北发展已经没有了适合农业耕作的自然条件，农耕民族向北拓展利益的行为，便停止在农牧交错地区的北部边沿。

农耕经济可以大规模地向北挤压游牧经济的生存空间，还有一个原因是中原的农耕政权已经有了较为完备的国家政治组织和法令制度。相比之下，游牧部族则处于众多部落相互联系比较松散的政治阶段。正如《孟子·告子下》描述的那样，处于“无城郭宫室、宗庙祭祀之礼，无诸侯币帛饔飧，无百官有司”的状态。

这个时期的游牧部族，既不具备作为政权所必需的政治组织，也没有可以凝聚各部落的统一文化。《史记·秦本纪》中秦穆公所言，也是讲戎狄没有一定的文化和法度的支撑，他说：“中国以诗书礼乐法度为政，然尚时乱，今戎夷无此，何以为治，不亦难乎？”《左传·昭公四年》记载：“冀之北土，马之所生，无兴国焉。”

春秋战国是农业农耕文明具有很强扩张性的时期，其主要特征是外向型地向四周发展。因为随着农业快速的发展，农业耕种由过去的轮种，发展成为一年一季，有的地区甚至已经出现了一年两季的耕作方式。这样，诸侯国中心区域的人口越来越多，强大的诸侯国要由中心向四周拓展，使农耕经济和游牧经济的边界线向外延展。农耕地区不断向四周拓展的同时，农业文明也不断发展。

先进的农耕经济吸引了四周较为原始、以半耕半牧或以放牧为主的一些部落，他们开始学习农耕技术，使得整个农耕经济在春秋战国呈现发展势头很猛的拓展阶段。只有农耕经济发展到一定程度，到达农耕与游牧自然分界线之后，农耕经济与游牧经济的矛盾才凸显出来。继续向北发展，受气候和降水等因素影响，已经不适合农耕经济类型的生存。此后，农耕经济逐渐稳固下来，农耕政权固守农耕地区，在已经拓展的地域采取相对保守的态度。

游牧民族受到农耕民族强大挤压之后，也逐渐地统一和强大起来，并与农耕民族产生了强烈的冲突。在农耕民族内部矛盾激化的时期，游牧民族强大的骑兵就会对农耕地区造成很大的伤害。当农耕政权统一强大的时期，就会用军事手段去征伐游牧政权，而重新占据农耕拓展地区。

在历史交替发展的过程中，农耕民族和游牧民族的矛盾有时突出，有时弱化。矛盾激烈的时候，就要以大规模的战争手段解决问题。游牧民族冲击得到缓解的时期，则是游牧经济和农耕经济相对平衡的时期。征服与被征服和双方平衡发展的交替变化，成为长城地区的常态。

战国时期修建的北方长城，保护了农耕政权的扩张成果。从蒙古高原到中亚、西亚，都曾经是游牧民族主要的活动区域。农耕经济发展到游牧经济的活动区域时，自然会受到游牧部族的反抗。这一点，不仅是燕、赵两国所面对的东胡、匈奴这种典型的游牧民族，也包括分布在黄土高原或黄河上游许多地区的游牧民族。为了应对来自游牧民族的侵扰，疆域与游牧民族接壤的诸侯国，纷纷采取措施保护既得利益，修筑长城便是其中的一种。

游牧部族为了应对农耕政权开疆拓土带来的压力，在匈奴的武力征伐之下，最终以游牧社会的政治组织形式获得统一，并很快走向强大。农耕和游牧政治经济的发展是两个相对独立的过程，彼此之间又有影响和联系。游牧民族对农耕或半耕半牧地区的威胁，也是促使农耕社会对游牧地区扩张的原因之一。农耕政权对北方游牧地区的扩张，刺激了游牧部族在自身发展道路上的进步。骑马民族的武力不断壮大，发展成全民皆兵的程度，进而彻底转型为游牧社会，与农耕政权的强大军事压力有关。

二、骑兵作战改变战争形态

春秋时期马匹主要用于驾车而不是骑乘，所以早期的长城非常简单，只要能够挡住战车的通过就行。

从事战争的主要是马拉的战车，因而战车的多寡是衡量一个国家军事实力的标准，如“百乘之家”“千乘之国”“万乘之王”等，都是形容某一个诸侯国的军事实力。

战国时期骑兵作战的出现，彻底改变了战争的形态。骑兵以其高度的机动性、猛烈的攻击性，在战争史上起着极为重要的作用。骑兵作为主战兵种参战之后，一方面加速了战争的进程，扩大了战场的范围，另一方面也改变了之前使用的战略、战术。

长城的大规模出现，特别是在北方防御游牧民族的战争中集中出现，也是因为防御性的城墙可以有效地遏制骑兵的速度。

游牧骑马作战较早，骑兵队伍以精良的骑射技术驰骋疆场。游牧经济的流动性，决定其族群没有固守城池的需要，没有设立阵地的概念。所以，攻打城池对他们来说也是较为困难的作战方式。针对这一作战特点而构建的长城，是一种较为有效的防御体系。

游牧军队在形势有利的时候就大举进攻，攻破一点长驱直入；形势不利的时候就立刻撤退，四处散开避而不战。长期的草原游牧生活，使牧民们的野外生存能力、自然适应能力都很强。

每当农耕政权军队北上征伐时，游牧军队多采用躲到草原深处的办法来自我保护，使农耕政权军队根本找不到作战对象。当战争发生在游牧军队较为熟悉的长城之外时，其可以保持较长时间的战斗力，而且成本极低。

中原骑兵的出现，最早见于记载的是战国初年赵武灵王的“胡服骑射”。战国初年，兵力较强的赵国同居住在草原、山地的游牧部族林胡、楼烦等的作战中经常失败。其原因只有一个，这些游牧民族擅长骑射，机动性非常强。

赵国的战车和步兵，面对来无影去无踪的骑兵，只能被动地挨打。为了争取战争的主动权，赵武灵王决心改变传统的作战方式，穿适应骑马作战的胡服，组建骑兵，练习骑射。

赵武灵王下此决心也很困难，从他和肥义的对话可以很清楚地看出来。肥义为赵肃侯的贵臣，武灵王继位后因年少未能亲政时由其辅政。亲政后赵武灵王处理政事，也都要先征询肥义的意见。

《史记·赵世家》记载，赵武灵王对肥义说："今吾将胡服骑射以教百姓，而世必议寡人，奈何？"

肥义是赵武灵王坚定的支持者，他说："臣闻疑事无功，疑行无名。王既定负遗俗之虑，殆无顾天下之议矣。夫论至德者不和於俗，成大功者不谋於众。"

赵武灵王十九年（前 307），"变俗胡服，习骑射"。胡服是窄袖短衣，合裆长裤，比中原诸侯国的长袍大褂灵活得多。

改变服饰的行动，也曾受到了很大阻力。赵武灵王顶住保守势力的非议，他下达命令，带头穿胡服上朝。《竹书纪年》记载赵武灵王"命吏大夫奴迁于九原，将军、大夫、适子、代史皆貂服"，并对反对胡服骑射的一些王公大臣给予了很严厉的处罚。在推行胡服的同时，赵武灵王就开始"招骑射"，具体做法是模仿北方"三胡"骑兵的装备，学习骑兵的训练方法，大规模组建骑兵部队。

赵国的骑兵是在有骑射传统的林胡、楼烦故地组建，直接招募会骑射的人进入军队，并在赵武灵王二十一年（前 305）"破原阳以为骑邑"，将这些牧区变为骑兵训练与驻屯的场所。

胡服骑射的效果，很快就在战争中体现出来。《史记·赵世家》记载了赵国的骑兵在几年中，"西略胡地，至榆中，林胡王献马""攘地北至燕、代，西至云中、九原""灭中山"等军事成就。有了骑兵的赵国，在战场上所向披靡，一时间几乎称霸了北方。

赵武灵王改革的成功，引起了各诸侯国的关注，各国也都效法赵国先后组建了骑兵。

《史记·苏秦列传》记载：燕国"带甲数十万，车六百乘，骑六千匹"；赵国"带甲数十万，车千乘，骑万匹"；魏国"车六百乘，骑五千匹"；楚国"带甲百万，车千乘，骑万匹"。由此可见骑兵已经和战车一起成为衡量一个国家军事实力的标准。

各诸侯国拥有的骑兵数量不等，最多的是周边有游牧民族的秦、楚、赵三国，各拥有骑兵万余。其次是燕国和魏国，分别有六千骑和五千骑。这个时期的作战，使用骑兵配合步兵已经越来越普遍，但战车仍然发挥着重要作用。

骑兵在各兵种中的比例都不太高，较高的赵、燕两国骑兵也不到全部兵力的十分之一，最低的楚、魏两国只有百分之一左右。初建的骑兵规模虽然还较为弱小，却具有强大的生命力。

赵武灵王胡服骑射从另一方面说明，游牧民族已经很强大。胡服骑射虽然是农耕政权为了抗衡草原骑兵而采取的措施，但这一举措施也说明战国时游牧部族已经发展到较为成熟的历史阶段。

胡服骑射使赵武灵王在军事领域的变革取得了成功，但由于其并没有同步进行与军事改革配套的政治、经济改革，赵国的综合国力特别是经济实力，并没有因为变革而得到持续的发展，赵国很快就失去了因军事改革而获得的优势。

长城作为一道坚固的防御体，其存在本身对于游牧骑兵来说就是一种巨大的威慑。游牧骑兵擅长马上行动，让他们下马攻城，使其失去了军事上的优势。有长城这样雄伟墙体的存在，可以部分地制止一些小规模的骚扰和掠夺，制止小规模武装对长城沿线农耕地区的抢掠。

在这个意义上，长城在修建之初就已经实现了自己的战略目的。今天认识长城，必须坚持站在古人的立场，坚持当时的问题导向。只有这样，才能理解古人统筹谋划修建长城的初衷。

三、秦国灭义渠戎建长城

1935 年 10 月初，中央红军北上抗战的长征队伍，已经胜利在望了。毛泽东随大部队走到了宁夏固原六盘山西麓的战国秦长城时，写下了“不到长城非好汉”的脍炙人口的豪迈诗句。

战国中后期，秦国西北部与义渠戎国为邻。秦国与戎有着很深的渊源，史学界有一种观点认为秦国就起源于西方戎狄。王国维在《秦都邑考》中较早提出了这一观点。俞伟超也从先秦时秦国的墓葬形式有别于中原的屈肢葬，还有铲形袋足鬲等器物以及洞室墓等文化特征方面，得出结论，认为秦之祖先“源自羌戎”。

另一种说法认为，秦国起源于东方的夷族。认为秦的先祖是生活在东方的夷族，逐渐向西迁移。较早提出此观点的是傅斯年的《夷夏东西说》。不论是戎狄说，还是东来说，史学界普遍认同秦国的先祖非中原族群。

春秋末期，秦国还没有成为一个很强大的诸侯国。秦国在向东扩张自己的势力范围时，遭到了强大晋国的阻挡。这一时期，秦国尚无力与晋国进行正面强大的军事对抗。所以，秦国把自己的发展战略转向西方。

战国初期，秦国也还没有力量与三家分晋后的魏国抗衡，仍然没有办法向东发展。但正是这一阶段，秦国向西扩张国土取得了丰硕的成果。秦定都咸阳之后，就开始实施歼灭六国、统一中国的大战略。

《史记·商君列传》载，商鞅曾对秦孝王说：“秦据河山之固，东向以制诸侯，此帝王之业也。”商鞅对秦的发展壮大功劳非常大，如果没有商鞅在秦国实行的变法，秦国便没有实力进行合纵连横，更没有良好的基础去实现全国的统一。

秦国于穆公三十七年（前 623）对西戎作战，取得了开地千里的战绩。这是秦国第一次对西戎大规模地采取军事行动，并取得了全面的胜利。到秦躁公十三年（前 430），义渠戎与秦国的战争朝着越来越强的方向发展。义渠戎国的军队攻打秦国，一直打到了渭水河畔。

这一时期的秦国虽然已经很强大，但面对义渠戎的进攻，仍不得不退出渭河下游地区。正是这场战争，坚定了秦国对义渠戎采取更强大军事打击的决心。

秦孝公十年(前 352),秦国打败了魏国之后,国土东部的威胁减弱了不少。而此时正是义渠国发生内乱的时期，秦国立即出重兵攻打义渠国，使义渠的军事力量和国家力量都遭到了很大的削弱。

秦惠文王七年（前 331），义渠国再次发生内乱，秦国再次趁机派兵攻打义渠，迫使其臣服于秦国。秦国在原来义渠所占领的秦国属地建立了义渠县。

秦惠文王更元七年（前 318），魏、赵、楚、燕、韩等国家联合起来攻打秦国，义渠国王乘机攻打秦国的西部，重新夺回了一些地方。秦惠文王更元十一年（前 314），秦国对义渠国进行了报复性的征伐，占领了义渠国的 25 个城池。

秦昭襄王元年（前 306），楚国、齐国、韩国联合起来对抗已经逐渐强大的秦国，秦国再一次面临来自东、西两面的威胁。此时，得力于秦昭襄王的母亲宣太后和义渠国王的情爱关系，秦国西部的威胁得到了很大的缓解。

义渠国逐渐恢复国力后，又有了复国计划。面对这种情况，宣太后毅然支持昭襄王，杀掉义渠国王。此后，秦国彻底灭掉了义渠戎。秦灭义渠后，获得了大量的义渠人驻牧的土地。部分降秦的义渠人加盟了秦军，使秦国的骑兵得到了较大的发展。

义渠戎国被灭掉之后，秦国将这片新据有的土地设为北地郡。《括地志》云："宁、原、庆三州，秦北地郡，（战国及）春秋时为义渠戎国之地，周先公刘不窋居之，古西戎也。"距离秦国很近的义渠戎虽然被灭掉了，但北部的其他游牧民族依然是秦国的威胁。秦昭襄王决定，在已经被秦国占领的义渠国故地修筑长城以防御更北边的其他游牧民族。

秦国在与中原其他诸侯国的征战中，以进攻的姿态居多，但面对来自游牧民族的威胁，秦国在占据了有利地理区域后，采取的主要是防范措施。此时，由于中原赵国所筑的北长城，已经将整个北河地区囊括于赵长城之内，而秦都咸阳位于北河的正南方向，秦国还受到来自赵国的威胁。

历史文献对秦昭王所筑长城的记载很少。《史记・匈奴列传》载："秦昭王时，义渠戎王与宣太后乱，有二子。宣太后诈而杀义渠戎王于甘泉，遂起兵伐残义渠。于是秦有陇西、北地、上郡，筑长城以拒胡。"关于秦昭王筑长城的准确时间，历史文献也没有明确记载，但《后汉书・西羌列传》中有秦昭王灭义渠戎的时间记载："王赧四十三年（前 272），宣太后诱杀义渠王于甘泉宫，因起兵灭之，始置陇西、北地、上郡焉。"根据文献记载，秦国北长城大致起于今甘肃省临洮县，向东南至渭源，然后转向东北，经通渭、静宁等县达宁夏固原，再由固原折向东北方向，经甘肃环县，陕西横山、榆林、神木等县直达黄河西岸。

国家文物局关于甘肃、宁夏回族自治区、陕西、内蒙古自治区长城认定的批复确认，秦国北长城主要分布于甘肃省华池县、环县、镇原县、静宁县、通渭县、陇西县、渭源县、临洮县，宁夏回族自治区彭阳县、固原市原州区、西吉县，陕西省神木县、榆林市榆阳区、横山县、靖边县、志丹县，南迄吴起县。此外，秦国北长城在内蒙古自治区也有所发现，南起伊金霍洛旗，经准格尔旗、鄂尔多斯市东胜区，北到达拉特旗。

四、赵国胡服骑射建长城

战国时，赵国北部主要有林胡、楼烦和东胡，合称“三胡”。赵国水草丰美的北部地区与三胡的驻牧地相邻，常常需要面对他们向南发展的威胁。而且，这时期的游牧民族由先前互不统属的部落，逐渐趋于局部聚集，在相当大的地域范围内形成较大的部落联盟。

赵北长城有两道，分别是赵肃侯所筑北长城和赵武灵王所筑赵北长城，均用于防御东胡。赵武灵王时，赵肃侯所筑北长城已属赵国内地。赵武灵王驱胡攘地，势力北进至今内蒙古大青山一带，并在此修筑长城。

赵肃侯所筑北长城的起讫点、修筑时间等，历史文献的记载较为混乱。长城位置大致在飞狐口、雁门关一线。《史记·赵世家》认为：“赵长城从蔚州北西至岚州北，尽赵界。”尹畊在《九宫私记》中说：“余尝至雁门，抵嵩石，见诸山多有劚削之处，迤逦而来，隐见不常。大约自雁门抵应州，至蔚东山、三涧口诸处亦然。问之父老，则曰：古长城迹也。……（夫长城始于武灵所筑者，自代并阴山至高阙，始皇所筑者，起临洮，历九原、云中至辽东，皆非雁门嵩石，应蔚之迹也。）及读史，显王二十六年（前343）有赵肃侯筑长城事，乃悟。盖是时三胡并强，楼烦未斥，赵之境守，东为蔚应，西则雁门，故肃侯所筑以之。则父老所谓长城者，乃肃侯之城，非始皇之城也。”

寿鹏飞的《历代长城考》认为，赵肃侯所筑北长城的西段，从“平刑、北楼、宁武、雁门、偏头诸关以至河曲”。

赵武灵王是赵北长城真正的缔造者，也是讲长城离不开的一个人物。他的一生很传奇，我概括为“生得伟大，死得窝囊”。赵武灵王嬴姓，名雍，死后谥号武灵。在位时赵武灵王发奋图强，勇于变革，身体力行地倡导改穿胡服，学习骑射，极大地加强了国防力量，先打败林胡、楼烦，后又攻灭了中山国，占有今河北北部、山西北部和河套地区。

赵武灵王所筑赵国北长城，《史记·匈奴列传》记载：“赵武灵王亦变俗胡服，习骑射，北破林胡、楼烦。筑长城，自代并阴山下，至高阙为塞。而置云中、雁门、代郡。”赵武灵王二十六年，赵国“复攻中山，攘地北至燕、代，西至云中、九原”。

赵武灵王二十七年，武灵王自号为主父。《史记•赵世家》载武灵王“欲令子主治国，而身胡服将士大夫西北略胡地，而欲从云中、九原直南袭秦”。由此可知，赵武灵王筑北长城，当在武灵王二十六年（前300）和二十七年（前299）之间。

赵武灵王废太子章，传位于幼子何，即为赵惠文王，此举激化了争权斗争。赵惠文王四年（前295），武灵王、惠文王住在沙丘宫，一场争权夺势的宫变之后，公子成调兵围沙丘宫三月有余。一世英雄的武灵王，就这样被活活饿死宫中，史称“沙丘宫变”。

对于赵国而言，这场宫变没有成功者。最大的受害者不是赵武灵王，也不是仅当了4年赵王的年仅14岁的赵惠文王。最大的受害者是赵国，从此之后的赵国再也没有过赵武灵王时期的辉煌。

关于赵武灵王所筑北长城的走向和位置，《史记》中仅《匈奴列传》记录了“自代并阴山下，至高阙为塞”一句。赵自代的一段长城，因战国以后长城修筑状况混乱，至今仍未搞清楚。沿着阴山至高阙的一段，后世记载较多，基本情况也较清楚。《水经注》载：“其水又西南入芒干水。芒干水又西南迳白道南谷口（今呼和浩特西北），有城在右，侧带长城，背山面泽，谓之白道城。”郦道元文中所提“水”即黄河，黄河边的这道长城疑为赵武灵王所筑。

国家文物局《关于内蒙古自治区长城认定的批复》认定，赵国北长城主要分布在内蒙古自治区。“东起兴和县，经察哈尔右翼前旗、乌兰察布市集宁区、卓资县，呼和浩特市赛罕区、新城区、回民区、土默特左旗、土默特右旗、包头市东河区、石拐区、青山区、昆都仑区、九原区，西迄乌拉特前旗。”

五、燕国却东胡千里建长城

燕长城经过的地区在历史上是中国许多少数民族活动的区域。各族人民通过辛勤劳动，开拓了这片富饶而辽阔的土地，东胡便是其中一支。燕国在昭王初期之前并不强大，为了换取北部的安宁，不得不向东胡媾和，并以本国大将作为人质。秦开是燕昭王宠信的爱将，当时，为了顺利实施伐齐兴国的战略目标，让东胡不再给燕国制造更大麻烦，同时为了必要时借助东胡兵力用于燕齐之战，燕昭王派秦开出使东胡。

秦开为质于胡的时间，相关史籍记载不详，一些燕史研究学者认为应当在公元前 299 至公元前 260 年之间。离开东胡的时间是公元前 285 至公元前 284 年。作出这一判断的主要原因，一是燕国曾有借胡兵助伐齐的考虑，二是燕昭王向东胡进军要有物力财力，选择适宜的时机，可能在伐齐取得决定性胜利之后。

以这种权宜之计实现的和平极不稳定，并不能使东胡停止南掠行为。燕昭王通过变革使燕国实现富强之后，便决定向东和向北发展，并以军事手段一举解决来自东胡的威胁。秦开自东胡返回燕国后不久，燕昭王派秦开率军袭击东胡，迫使东胡向北退却，这一行动给燕国带来了大片土地。

为了保障已经获得的土地利益，燕国筑长城来防止东胡重新杀回这一地区。

秦开率兵攻伐东胡之所以取得大胜，与秦开曾为质东胡并积极筹谋有密切关系。秦开在东胡期间，对东胡各方面都有了深入的了解，也掌握了东胡与燕国毗邻地区的山川地理。回到燕国后，他向昭王提议尽速行动。燕军很快突破东胡防线，不仅收复了被东胡占去的燕国小片土地，而且把燕国控制的土地向东北推进了千余里。

秦开率军拓展燕国东北部疆域，《史记·匈奴列传》载“燕亦筑长城，自造阳至襄平。置上谷、渔阳、右北平、辽西、辽东郡以拒胡。”燕在新辟地区实施郡县制，设置了五个郡并大批移民，使这一农牧交错地区很快融入农耕经济。

《战国策·燕策一》载，燕国所辖“东有朝鲜、辽东，北有林胡、楼烦，西有云中、九原，南有呼沱、易水”，就是说包括了今北京以及河北北部、内蒙古南部、山西东北、山东西北、辽宁西部的广大地区。

《韩非子·有度》中说：“燕襄王以河为境，以蓟为国，袭涿、方城，残齐，平中山，有燕者重，无燕者轻。”这里说的燕襄王就是燕昭襄王。燕国国力强大起来，成为举足轻重的大国。燕昭王时期修筑的长城是燕国北界的屏障，也是战国时期创修的最后一道长城。

《史记·朝鲜列传》记载“朝鲜王满者，故燕人也。自始全燕时尝略属真番、朝鲜，为置吏，筑鄣塞。秦灭燕，属辽东外徼。汉兴，为其远难守，复修辽东故塞，至浿水为界，属燕。”这说明，燕长城障塞已经延伸到朝鲜国，直到汉朝“复修辽东故塞，至坝水为界”，浿水即今朝鲜半岛上的大同江。

考古学界对燕文化在战国时期迅速向东北方扩张的结论，也同样支持了对燕北长城地域的认定。林沄在《中国北方长城地带游牧文化带的形成过程》中说：“根据郑君雷对东周燕墓的全面分期研究，现在可以确定战国中期较典型的燕人墓已出现于张家口、朝阳和赤峰，最北到达沈阳。这说明那时燕国不仅占有了原先代国的东部，而且已经占领了貊人的故地，以及努鲁儿虎山以西的东胡入侵过的地区。随后，燕人的农业定居文化便占据了燕长城沿线以东的广大地区。”

国家文物局《关于内蒙古自治区长城认定的批复》《关于河北省长城认定的批复》，认定：燕北长城主要分布在辽宁、内蒙古和河北三省境内。辽宁省内分布于抚顺县，抚顺市顺城区、望花区，沈阳市东陵区、皇姑区、沈北新区，阜新蒙古族自治县、北票市、建平县。内蒙古自治区内东起敖汉旗，经喀喇沁旗，西至赤峰市元宝山区。河北省内分布于沽源县、赤城县。

（载于国务院发展研究中心《经济要参》2020 年第 7 期）

读懂长城的伟大

大家下午好！非常高兴能跟这么多老朋友、新朋友一起分享有关长城的认识。今天讲的题目是“读懂长城的伟大”。长城大家都非常了解，对于长城的伟大，每个人心中都有一种判断。

这个题目来自鲁迅的一句话，他说：“伟大也要有人懂。”我们应该怎样认识长城的文化价值，理解长城的伟大？对于我们这些做长城研究的来说，这方面还有很多努力的空间。我很愿意把自己的一些心得，分享给大家做交流。

一、长城的文化意义与价值

今天还讲长城的意义，好像说起来有点小题大做。我们国歌中的“把我们的血肉铸成我们新的长城”，高度概括了长城在中国人心目当中的意义和价值。长城作为世界文化遗产，其意义和价值大家都非常清楚。

很多时候，越是觉得清楚的事物再作些深入的梳理，就会发现其实很多的问题还不是很清楚。我举个例子，2008 年奥运会是举国之力办的一个盛会。奥运会期间，国务院新闻办要出一本礼品书，送给各国代表团和各国元首。编一本什么样的书呢？当时国务院新闻办编了本书叫《锦绣中华》，非常精美漂亮的大画册，结果报到中央后，中央没有批。领导指示说“要做一本人家愿意带走的书”。

《锦绣中华》，一本厚厚的大画册，里面都是你想说的话，把你觉得好的都表现出来了，那么沉人家不一定想带走，要考虑人家想看的是什么。国务院新闻办编出了《长城》，这本非常精美的大型画册，基本上把历代长城和长城非常好的风光照都收进来了。国务院新闻办找到我请我做主编并征求意见，看一下有没有什么缺失和错误。

我当时把画册从头到尾看了，首先提出缺失问题，缺什么？我认为缺文化。作为在奥运会期间送给各国元首和各国代表团的大型礼品书，《长城》这本书必须要回答三个问题。一是我们国家和民族为什么持续两千多年，不断修建和使用长城？二是中华文明是四大文明古国中唯一没有中断的文明，长城发挥的作用是什么？三是站在今天人类文明发展的视角，去解读长城所代表的中华文明，对人类文明发展的价值在什么地方？至少回答了这三个问题，才算做出了文化品质。

讲长城的意义，首先谈一下我对这三个问题的思考。这里我给三个关键词，代表的是我对刚才说的那三个问题的回答，三个关键词是：生存、秩序、发展。《人民日报》海外版奥运会之前发表了我的一篇文章，标题是《长城是人类文明的标志》。在东西方文化学者交流活动中，有外国学者提出质疑，他说："董先生，我们看过你一个学术观点，你讲长城是人类文明的标志，支持你这个理论的依据是什么？"我给他讲了这三个词，也是我在编纂《长城》大型画册时提出的那三个问题。我认为这是人类文明从远古到今天，再到我们可以预见的未来，始终面临的三大问题。

第一个问题是生存，这个问题应该比较好理解。不仅一个国家、一个民族是这样，其实我们每一个人也是这样。不管你是多大的官，不管你多有钱，不管你多有名，前提是你得活着，你死了肯定那些就跟你没关系了。一个民族、一个国家乃至全人类同样如此。全人类都灭绝了的话，人类文明还有价值吗？显然是没有了，所以生存始终是人类面临的最首要的问题。长城从产生到冷兵器时期结束，这样一个漫长的历史过程，始终在解决生存的问题。因为没有长城，农耕地区和农耕族群连基本的生存保障都没有了。解决生存问题是长城修建者长期以来要解决的首要问题。

第二个问题是秩序，这个问题也不难理解。人类从远古到今天，到我们可以预知的未来始终在构建秩序。秩序其实就是一个保障，我们现在公路上的黄线、红绿灯都是在构建秩序。如果没有秩序肯定就乱了，秩序是发展文明非常重要的问题。长城从修建之始，就是在农牧交错地带构建秩序，构建农耕和游牧的秩序。农耕与游牧是完全不同的两种经济形式：一个是种地，一个是放牧。彼此有非常强烈的冲突性，也有非常强烈的互补性。在冲突和互补过程中，就需要秩序构建。游牧民族的游牧，就是赶着牲口走。不可能一边走，一边带着十亩地种。不种地就没有粮食吃，获取农耕地区的粮食等生活必需品，只有两个途径，一是抢掠，二是贸易。如果强掠成为一种常态，就不需要用牛、马、羊到农耕地区交换了。抢掠肯定是成本最低的，这时候冲突性就越来越强了。所以，需要构建基本的秩序，游牧民族在长城外面放牧，农耕民族在长城里面种地，然后双方在长城关口进行茶马互市的贸易，这就是构建秩序。中国历代长城上很少打仗，绝大部分地方都没有打过仗。即便打过仗的地方，绝大部分的时间也是以和平为主。不打仗要长城干什么？为了构建秩序，为了不打仗。

第三个问题是发展。人类社会和文明都是需要发展和传承的。在人类文明发展的过程中，中华民族是四大文明古国中唯一没有中断的文明。那么我们的国家，我们的中华文明最大的特质是什么？我们是统一的多民族的国家，我们是多元一体的民族。是不是这样？在这里统一和一体对应，多元与多民族又是对应的。中国和中华民族的这样一个特殊的特质，是我们几千年走过来的基础。多元肯定就有多元的利益，为什么中华民族能走到今天？是我们找到了多元利益平衡基础上的一体利益最大化的路径。中华文化不是谁把谁灭掉的文化，而是平衡包容发展的文化。修建长城首先是对长城外面的肯定和承认，承认其存在然后才需要规范彼此的秩序，然后进行和平交往。所以说长城是长城内外共存共生的基础保障，也可以说是长城内外和平的基础。

在这样一个多元利益平衡基础上，一体利益最大化路径，实际也是人类走向未来的重要路径。文明一定不是谁胳膊粗、力气大就能为所欲为。在我们生活的这个地球上，人类最了不起。我们有枪、有炮，老虎、狮子再厉害也打不过人，两枪就解决问题了。但是人类这么厉害怎么还实行动物保护呢？我们保护动物，就是保护我们人类自己。人类保护动物、植物的多样性，是因为你要不保护好它们的话，你自己肯定先灭绝了。保护动物和植物，包括保护环境都是延缓人类自己走向灭亡的时间。

中美最近的贸易摩擦，实际上是美国在跟全世界作对。其实特朗普想制裁全世界的时候，反过来肯定全世界会制裁他。中国文化讲辩证，就是这样一个逻辑关系。一定不是说你为了你的利益最大化，想干什么就可以干什么。

回过头来一定要报应到你身上，在你强大的那个节点上也许能成，但整体上来说肯定是要走向失败。中华文化是一种中和的文化，多元一体的多民族格局和统一的多民族国家是最核心的文化支撑。这是中国贡献给人类社会、贡献给全世界的中国智慧。埃及的金字塔也非常伟大，也是世界文化遗产，但不过是那个年代法老的坟，包括印度的泰姬陵等，与这样一个几千年的文明和人类的发展没有一个长期的、稳定的、直接的、伴随始终的联系。意大利罗马斗兽场也非常伟大，但不过是罗马帝国时期的一个娱乐场所，也没有一个伴随人类发展始终的过程。只有中国的长城，伴随着我们整个国家和民族走到今天，所以，我们要站在这样一个意义上去理解长城，理解长城是人类文明的标志。

二、长城的历史认知

我们再讲讲对长城历史的认知。我们想要认识长城，也给出三个核心词，第一是古代，长城是文化遗产，首先是古人修建的，是承载了很重要的历史信息的文化遗产。第二是北方，长城主要位于北方农牧交错地带。第三是防御，长城是通过军事防御构建长城内外秩序的工程。

我们先说古代。古代究竟是从什么时候开始有长城？或是说长城这个词是什么时候产生的？目前在青铜器当中发现“长城”两个字，是从齐国的长城开始的。晋国在公元前 400 年左右，有一个叫驫羌的将军率领军队攻打齐长城，打进了齐长城后晋王给他封赏，给了他不少铜，然后他铸成了一套编钟，把攻打齐国的历史用铭文铸在编钟上。这个将军叫驫羌，这套钟被定名为“驫羌钟”。在这上面记录了“率征秦迮齐，入长城，先会于平阴”这样一个历史事件。这个铭文，是青铜器上首次出现“长城”两字。这套编钟在 20 世纪 30 年代被日本人给盗走了，现在还在日本。后来清华简中也发现了“长城”两字，比青铜器上的“长城”早了四十多年。

齐长城的修建，文献中记载比较早。有说齐桓公时期修建的，依据是《管子·轻重篇》的“长城之阳鲁也，长城之阴齐也”。我认为他称霸天下的时候，基本没有修建长城以自保的需要。穆陵关、锦阳关这些重要关口肯定会设置和修建关隘。大家现在比较倾向的齐国最早修建长城的时间为公元前 550 年左右的齐灵公时期。文献中明确记载齐灵公时候守防门，实际是最早利用黄河防洪工程的形式，不是顺着河修建而是横着修建，作为一个军事防御工程，把长城与泰山之间比较平的通道，横着隔断之后修建的这道防门。

前几年，山东省考古所对这段长城遗址进行了考古发掘，原来以为还有一段差不多 3 米左右宽的墙，等考古发掘以后找到墙体的基础约 30 米宽。残存的墙体底部，宽度在 23 ～ 29 米之间，高度在 2 ～ 4 米之间，板筑夯层 20 厘米不等，可见当时工程量非常大。这道墙建起来后，齐灵公在那打仗，开始时雄赳赳气昂昂，以为可以打一场胜仗。结果一看敌人太强大，光靠这个墙也不行，就跑到城里了。当敌军攻打进长城，然后攻打临淄城的时候他还想跑，大家拦着他不让他走，最后太子实在没有办法，一剑砍断齐灵公马的缰绳，在这种情况下才把他拦下来，齐国才没有一直溃退。

春秋时期修长城的还有楚国，历史文献有记载，遗址也找到了一部分。这次国家做长城资源调查时对楚长城进行了调查，在调查之前的专家论证会上，大家对楚长城的认识并不一致。那时候学术界有两种认识，一种认识是应该有楚长城；一种认识是根本就没有楚长城，都是后人编的。因为楚长城不叫长城叫“方城”，方城在楚国的历史上有三层意思，第一，有一座山叫方城山；第二，有座城池叫方城。很多文献中提到的方城，有时候指那座山或者指那个城池。否定有楚长城观点的人认为方城根本不是长城。这两种观点举的例子都是对的，但是不对的地方在于，方城还有一层意思指长城。方城有三个指向，一个指山，一个指城池，第三是指延绵的长城。十年前，国家文物局长城资源调查专家开论证会的时候，我们年轻学者主张把楚长城列入长城资源调查项目，有一些老先生认为楚长城不存在，所以不需要调查。我认为调查半天，证明没有楚长城也是有意义的，前提是要列进去，你不列进去连调查都不调查，怎么知道有或没有呢。

最后把楚长城列入长城资源调查之中。除了河南的楚长城之外，还将湖北的楚长城也列入调查。长城资源调查进行了大量的考古，结果湖北的楚长城没有被国家认定为是楚长城；河南的楚长城被认定为是楚长城。为什么河南的被认定为楚长城？因为河南省考古研究所文化遗产研究院，在河南楚长城沿线选了十几个点做考古发掘，结果发现一处有先秦时期的文化遗存。楚长城已经非常残破了，当地老百姓叫它“土龙”，黄土夯筑的长城在地面上只能看到隆起的景观。河南楚长城被国家认定为长城。这样，15个省（自治区、直辖市）404个县（市、区）有长城，也包括河南南阳、驻马店、平顶山这条线上的长城。湖北的楚长城因为没有找到考古依据，没有被认定。长城在春秋战国时期产生有两个主要的因素：第一，最早产生的原因是诸侯国之间相互防御的需要。各诸侯国之间爆发了争霸战争和兼并战争，有兼并就有反兼并，有争霸就有反争霸，在这样的情况之下，仗越打越大、越打越多，防御体系就越来越完善。第二，战国的秦、赵、燕三个北方诸侯国，在农牧交错地带为解决与游牧势力的冲突，构建了长城防御体系。

在战国时期，有两个类别的长城。一个是各诸侯国之间相互防御的长城，如齐、楚、燕、韩、赵、魏、秦各国的长城。从春秋到战国时期，最早的时候有190多个诸侯国，到最后就剩齐、楚、燕、韩、赵、魏、秦7个最大的诸侯国和很少几个小国了，可见兼并战争的激烈程度。除诸侯国之间相互防御的长城之外，就是秦国、赵国和燕国这三个诸侯国在农牧交错地带修建的防御游牧民族的长城。从此之后的长城，基本上都是在北方防御游牧势力的，这是古代长城产生和一直使用到冷兵器时期结束的原因。长城从春秋战国时期产生，到明代和清代一直在使用。有人说清代也属于冷兵器时期，清代没有修建长城。其实所说的没修长城是指没有大规模地修长城，实际并没有把长城废弃。不但没有废弃，清代一直在利用明代长城。清代实行封禁，利用长城进行限制，山海关等长城沿线的关口不允许随便出入。清朝为了保障龙兴之地的纯正，入关之后不允许汉人出关。清末由于不断发水，面临各种灾害，东北土地肥沃大家就都往东北跑。东北的满族王爷和蒙古草原的蒙古王爷，也需要人去干活，就鼓励人往需要的地方跑。在这种情况下，在西边走西口，在东边就闯关东。其实闯是有风险的，过不去就被逮着了，被逮着在当时有非常重的刑罚，清代就是这样利用长城的。

长城是一个连续延绵的墙体，与其他的军事防御工程相比，非常大的区别是其他的防御工程可能就是一个驻兵的据点，而长城是一道连续的墙体。长城的两个“长”，一是历史长，历史悠久；二是体量长，万里长城万里长。国家文物局和国家测绘局做了长城资源调查之后，2012年公布了历代长城的数据，15个省（自治区、直辖市）404个县（市、区）有长城。2009年公布的明代长城的数据是8851.8千米，历代长城修建的时候有多少不太好计算，但今天还有遗址遗存 21196. 18 千米。明代的长城距现在的时间非常近，整个沿线记载比较多，遗址也比较多，总长度就能考察出来，历代长城的总长度却较难算出来。比如秦始皇的万里长城，历史文献记载非常少，遗址也非常少，原来有多长，我们现在基本不可考。这次国家长城资源调查，公布的数字依据的是什么？就是今天历代长城在祖国大地上还有遗存的有 21196. 18 千米。大家想一想，今天还有这么长的长城遗存，可见建的时候有多长了。不同的长城在不同线上，秦汉长城和明代的长城在完全不相交的线上。随着长城内外双方力量不同的变化，长城这条军事防御线有南北的摆动，长城差不多在 400 千米之内这样一个农牧交错的地区摆动。

我们说长城是军事防御工程，大家一般都是注意这道墙体的防御功能，而不太了解长城防御的纵深。我们以往理解长城好像就是一道墙，其实长城是有防御纵深的。这道墙大致是东西方向，防御纵深基本是南北方向。比如说大家都非常熟悉的八达岭长城就位于关沟的北端，关沟的关指的是居庸关，一条狭长的南北向的沟谷。这段长城防御的纵深，我们从岔道城开始说，岔道城到八达岭长城，然后上关城、居庸关城、再往是南口城，出了关沟还有巩华城，然后才到北京城。长城的防御不仅是这道墙挡着，还有纵深的防御。

戚继光在长城上待了 16 年，他曾经在长城搞了一次练兵叫“汤泉练兵”，在过去“汤”指温泉，汤泉就是遵化的温泉。所谓的练兵就是十多万军队参加的一个大演习，这可能是中国古代规模最大的一次军演。他把蒙古部族的一些军事将领也请过来一起观摩军演，包括朝廷的兵部尚书也都请去了。双方军队就跟现在的红方、蓝方演习一样，外头的军队和里面的军队完全不是按照一个方案进退。外面军队想打哪个关口就打哪个关口，里头就开始设防。戚继光让蒙古的将领过来，晚上该喝酒喝酒，该吃肉吃肉，第二天开始看演习。长城外头有烽火台信号传过来，包括来了敌人多少，从哪个方向来，以什么速度在前进。然后长城里面的士兵就开始起灶，做早饭，吃完早饭以后就开始摆兵布阵。步兵该上长城的上长城，车阵该在哪个路口堵，两边的骑兵该怎么包抄等都布置好了。若敌人真的打进来，等待他们的不仅是这道墙。攻破这一道墙不是很困难的事情，基本长城的关口打哪个、哪个能打下来，都是可以研究出来的。假如守长城的军队有一万人的话，一万人守一万里地，一里地是不是只有一个人？攻打长城的一方也是一万人，就打你这一里地，一个人对一万个人，这仗怎么打？事实上不是这样，守长城是一个大规模的常规作战，但是你真正打过来的时候，我这块集中的兵力就不是一个人了，这是长城防御起的作用。

汉代有个地方叫五原塞，在内蒙古的包头市。匈奴曾经攻打下来这个城堡，然后继续向南突进。他们打进来就是为了抢掠，抢掠的部队进来一千人的话，他这一路攻打长城之后，要派人守着，要不然就出不去了。等抢了布匹，抢了粮食，抢了该抢的所有东西，再回来之后战斗力就弱了，这个时候守军包抄部队已经集结完毕，两边的包抄把被攻下来的长城又重新占领。前面有堵的，后面有追的，两边有包抄的，这个时候进入包围圈的骑兵是最弱的，会受到致命的打击。对游牧骑兵最大的威胁，不在于他能不能攻打进长城，而是打进来了，又抢了东西以后，还能不能安全回去，这是长城防御纵深非常重要的作用。

三、长城内外的农耕与游牧

讲农牧我这里也给出三个关键词，第一个经济，第二个族群，第三个政权。这三个关键词虽然说的都是农牧，表达的却是三个层面，三个不同的内容。

先讲经济，农耕与游牧是完全不同的两种经济类型。秦始皇、汉武帝，包括卫青、霍去病打过去多远，还得退回来，最后还要修长城。如果不退回来，不把长城修到阴山，大青山之外怎么守？那个地方连地都不能种，不能种地就不能移民，就不能养活军队，完全靠着从内地运粮食，没有办法保障。农耕与游牧两种经济类型受环境的制约，农耕政权向北发展到地理环境不让他向北的节点上的时候，就没有办法再继续向北发展了。阴山、大青山里边就是黄河，山顶就是分水岭。下了雨之后，雨水往南流就进黄河，最后入海了。往北流的雨水就进入各种各样的湖，降雨量虽然区别不大，但在山的南边有黄河可以灌溉，能灌溉就能种地，汉代屯田的时候修了很多河渠。所以说长城内外的农牧，是完全不同的两种经济类型。

族群就是以农牧两种完全不同的经济类型生产和生活的民族。农耕地区就是农民种地，游牧地区就是牧民放牧。有了大规模的人群，就要有人去保护整体利益和追求自己的利益，这样就产生了政权。实际上政权、族群和经济类型是三位一体，但同时又有非常不同的意义。作为经济类型来说是完全不同的生产方式，生产品种完全不一样。在这样的情况下，长城内外就有非常强烈的依赖性。在草原地区，奶里面放茶，我们理解为是一种生活习惯，其实这不仅是生活习惯，牧民是要通过茶去消化食用的大量的动物蛋白和动物脂肪，另外非常重要的因素是补充大量的微量元素。草原没有那么多植物，今天好像蔬菜、水果相对多一点，但过去没有这些东西，而草原地区冬季又非常漫长，夏季和春季又非常短暂，在这样的情况下，大部分时候根本就没有可以吃的青菜。能补充微量元素的东西非常少，茶是他们补充微量元素的一个重要途径。

明朝嘉靖年间实行闭关，长城里面的粮食、布匹、茶叶、铁器等都不允许出长城，草原地区的部族有大批人得病，这就是微量元素缺少之后导致整个族群健康受到威胁。大家都知道历史上的农牧之间的贸易叫“茶马互市”，马是游牧民族最有代表性，也是最重要的生产和生活资料，把茶和马放到同等地位上，用马代表游牧地区的生产和生活资料，用茶代表农耕地区的生产和生活资料，可见茶的重要性有多大。古北口有个瘟神庙，庙里面有一幅壁画，画着各路的神仙。这些神仙里面，第一个供的是茶神陆羽，第二位供的是酒神杜康。茶是去病的，离了它要得病。酒大家都知道，现在还拿酒精消毒，肯定是能防病的。实际整个草原地区对茶有很大的需求，这就需要构建秩序，如果贸易的秩序构建不起来，那么抢肯定成为常态。有抢掠，中原王朝就要征伐，就要不断打仗，也会给草原造成非常大的损失。牧民是兵民一体的社会结构，打起仗是兵，回家以后就是民。牧民可以骑马跑，可是羊跟着马队一起跑肯定跑不动，牛也跑不动。中原部队去了以后，人骑着马跑了，但牛、羊这些东西都扔下了，中原部队把这些牲畜宰了以后都扔到淡水湖里面。特别是热的时候腐烂，把湖水都污染了。牧民再回来水也不能喝了，就造成非常大的损失。打仗让双方损失都非常大，对王朝来说打仗也是不得已而为之。

永乐时期皇帝五次征漠北，最后死在回来的路上。其中有一次为了给出去北征的部队后勤供给，光动用毛驴就达三十万头。大军从长城关口出去除了三十万头毛驴，还有赶着毛驴的人呢。毛驴也要吃，赶毛驴的人也要吃，这个成本非常高，所以不打仗对双方都是好事情。打仗更多的还是政权斗争的原因，长城真正存在的理由就三点：利益、力量、平衡。在长城沿线不同的政权、不同的民族都有自己的利益诉求，都希望自己的利益最大化，打起来谁的利益也没有最大化，可能整体利益也会受到破坏。

我们今天中美之间的贸易谈判，还是在寻找利益和力量平衡的点，所有博弈都是利益与力量平衡的点，只有找到这样一个共赢或多赢的点，才有可能往前走。我在讲长城内外的时候，特别喜欢用中国的“中”字，大家想象一下，把中间一竖理解成长城，两边的部分各代表长城内和长城外，从这个“中”字，可以解读出三层意思：长城内与长城外是独立存在的，中间那一竖是长城，一个在左边，一个在右边，是完全独立的两边，这是第一层意思。第二层意思是长城内外相互依赖，紧紧连在一起。农耕和游牧谁也离不开谁，才需要修建长城去构建秩序。第三层意思长城内外是一个整体，就是这样的关系，独立存在又谁也离不开谁的这样的一个整体。

我们是统一的多民族国家，中华民族是多元的一体格局，讲的就是彼此的联系和依赖性。我比较喜欢用中国的“国”来理解长城的整体性，我们核心价值观里面有爱国，爱国爱什么？国是什么？繁体字的“國”也有三层意思。第一，我们把外边的方框理解成国的土地，国首先要有一片土地，我们有 960 万平方千米陆地面积。第二，光有一片土地也还不是国，繁体字的國里的一个口，口就是人，所以“國”的第二个要素是在这片土地上生活着一群人，像我们 14 亿人口，我们这个国就是一个大国。第三，这片土地和生活在这片土地上人的安全，我们讲化干戈为玉帛中的“戈”指的是兵器、武器，也就是说军队是安全的保障。所以国的第三层要素，就是这片土地和生活在这片土地上人的安全。

日本侵华的时候，我们土地没变，还是这片土地，人也没变。但是生活在这片土地上的人的安全没了，所以国歌里讲“把我们的血肉铸成我们新的长城”。当我们国家和民族危亡的时候，长城精神号召长城内外各民族一起站起来，为中华民族整体利益浴血奋战。我们 20 世纪 80 年代走长城，古北口还有老乡亲身经历过长城抗战，中国军队撤了之后，有些人一边打仗，一边就把战士的遗体给收了，但是根本就收不过来。大部队撤走了，老乡连夜去收军人的尸体，然后一层层码到坑里，盖上一层席子，再铺上一层土，最后都说不清楚这个坑埋了多少中国军人的遗体。遵化有一座二十九军陵园，在民族危亡的时候，二十九军本身武器装备非常差，敌军有飞机，有大炮，有装甲车，这样的情况下仗根本没有办法打。那时战士们就几发子弹，根本不敢打，攻到很近才可以开枪，然后就靠大刀砍了。这种情况下，中国军队只有靠夜间去偷袭敌营，后来日军有了防备，一人发了一个铁板做的脖套，应对战士们的大刀。在国家和民族危亡时期，中国军人就是用自己的血肉之躯，为国家和民族作出了贡献。

我们讲长城的保护，长城的保护与爱国联系非常密切。大家想一想，长城的每一块砖和每一块石头都非常普通，但是无数普普通通的砖和石头所构建的长城是伟大的。我们每一个中国人建设我们的国家也好，保卫我们的国家也好，保护长城也好，每个人做的事情都非常简单，但形成的合力一定是非常伟大的。为保护长城去做一点事，大家携手构建起来保护长城，就一定是伟大的。

（载于北京市地方志编纂委员会主办的《京华讲坛》第 60 期）

长城的保护与利用

大家好，今天我给大家讲一下“长城的保护与利用”。长城的保护和利用是一个事物的两个方面，重点还是讲保护。常有朋友问，怎么理解长城精神。我常用守望和平、众志成城来简单地概括长城的文化价值和意义。守望和平这里就不说了。关于众志成城，大家可以想万里长城建起来多不容易，是由无数人付出了艰辛劳动，就这样一砖一石建起来的。我们今天的保护工作也是这样，只有众志成城才能做好长城保护。众志成城是我们民族文化的一个非常重要的精神内涵。

我国境内现存的长城时代确定为春秋战国、秦汉、南北朝、隋、唐、五代、宋、西夏、辽、金、明及时代不明等12个不同时代类型。时代不明的长城，指的是暂不能确定时代的长城遗址，需要进一步考古断代的长城。长城是大遗址，具有规模宏大、占地范围广、文化价值极高的特点，今天还有遗址遗存的就多达21196千米。北京市长城的长度就有520.77千米，分布于6个区，包括北齐、明等历史时期修筑或使用的长城墙体及附属设施。这是长城伟大的地方，恰恰也是长城保护的难点。长城这个大遗址历史悠久，所以体现了社会发展的历史状况，体现了古人的生活行为和思想风貌。也正是因为历史悠久，长城的残损越来越严重。长城保护是一件很困难，却又刻不容缓的事。

一、为什么要保护长城

为什么要保护长城？这个好像不是问题的问题，还真大有必要回答一下。我给大家三个关键词：祖先、我们、子孙。其实不管是民族、国家，还是我们每一个人，都是生命链中的一个环节。我们代表的是几千年来创造灿烂文明的祖先，我们是祖先和子孙的连接一代，子孙是我们的后来人。

中华文化对祖宗的崇拜，在历史上始终具有非常高的地位。我们没有真正意义上的宗教，我们对祖先的崇拜，也是一种宗教意义上的体现。只是近几十年来，这样的一个文化根脉，在很大程度上被破坏和中断了。实际上，现在我们重视传统文化，就是对祖先给予最高的尊重和崇拜，保护长城也是对祖先的一种敬畏和崇拜。祖先创造了长城这么伟大的文化遗产，传到我们这一代人，我们有责任把长城保护好，传给子孙后代，使我们中华文明能代代相传。这是我们保护长城的非常重要的目的，是我们这一代人的责任，也是我们的义务。

我们为什么要保护长城？我认为主要有两点：第一点就是把长城给子孙后代传下去，第二点就是要让长城这样的文化遗产能造福、服务于今天的社会。我们把长城给子孙传下去，也是要服务于子孙后代，服务于社会经济和文化生活，包括我们今天的旅游，是在爱国主义教育过程中的文化传承。这两点是我们保护长城最重要的两点，很多的人说起保护，就对旅游甚至于对开发非常敏感。实际上利用长城是一个不用质疑的问题，我们保护长城很重要的一个方面，就是要利用长城。用是在保护前提下的利用，不能吃祖宗饭，断子孙路。祖先给我们留下这样一个伟大文化遗产，传给我们这代毁灭性地使用就不对了。

二、需要怎样的保护长城

长城还需要保护什么？需要怎样的保护？中国有 21000 多千米的长城遗址，能像八达岭、金山岭、山海关这样开发利用好的地方，在全国的长城当中应该不足 1%，可见长城需要保护的体量有多大。同时，我们也可以看到仅靠旅游开发来保护长城是远远不够的。旅游开发是一种经济投入，开发商要算投入产出比，不是所有地方的长城，都具有观光旅游开发前景。

当然，今天不具有开发前景，并不代表以后也不具有。20 世纪 50 年代拆长城的砖，农村盖房子、生产队盖大队部、军队搞军事工程建设等，像黄花城水库在 60 年代敲锣打鼓去拆长城，还受到上级的表彰，认为这是废物利用，这就是那个年代的认识水平。50 年后的今天，很多的地方都后悔当时怎么就把长城给拆了呢。如果我们今天再不保护长城，50 年后我们的子孙需要对长城整体利用的时候，就会埋怨我们为什么就没有保护好长城呢。我们今天不把长城保护好，以后人们将无法感受到万里长城的长。现在很多外国朋友一年来十几天，感受不同地段的长城，感受长城历史的长和长度的长。我们今天没有认识到长城的价值，把长城给毁坏了，有用的时候就没有办法了。就像我们的父辈，那个年代的认识具有局限性，所以长城的保护不能以今天有没有用为标准来衡量保护价值。

保护长城不仅是保护长城的墙体，长城作为军事防御工程，沿线还有各种城堡、军事聚落。在长城地区实行军屯汉代就有，在整个长城沿线实现军屯制度是从明代开始的。你家里有几个儿子，其中有到长城沿线戍边的话，朝廷给他土地、农具、粮食和种子，他就是军户了。种地是双轨制，打的粮食交上去，然后再下拨口粮。军户是世袭的，要有一个孩子继续做军户。其他孩子叫军余，相当于民兵。军户要在这块土地世代驻守，军余可以到别的地方生活，但很多人实际上就扎根在这里。边疆社会的形成和发展，就是由军人和很多社会成员构成的。城堡里住着军人、军人家属，也住着军余，还住着后来一代一代离军人越来越远的人，如不是军户也不是军余到这做买卖的，或者找不着更好生活条件迁徙过来的人等。在边疆社会，长城沿线军队的军堡和民间社会的民堡逐渐发育起来。所以除了连绵墙体外，还有一系列的城堡。

长城的附属建筑还有烽燧驿站。烽燧是长城沿线传递军事情报的信号的地方，就是我们理解的放狼烟的地方。长城是一套非常严密的体系，烽火就有很多军事约定。汉简有《烽火品约》，就是烽火传递的信号约定，具体就是来了多少敌人，在什么方向，距长城还有多远。白天张挂一些约定好了的标志物或是燃烟，到夜间用火光传递信息。烽燧有的与长城相向而行，在一排上相互之间传递信息，绝大部分与长城呈纵向状态。长城外头有信息传过来，或者由长城直接向指挥中心传递。长城防御体系一层一层的军事防御有指挥层级，各指挥层级都需要对前线情况进行下了解。保护长城我们要整体保护，要把军事防御信息整体保护下来。国家文物局、国家测绘局在做长城资源调查的时候，就把这些主要项目都列入了长城资源调查。关于烽燧的调查，范围确定在长城内外各一千米，这是有问题的。烽燧一传几十千米，长城内外各一千米之外的烽燧就被忽略了。因为调查没有将其列入长城遗址，这些烽燧就没有进入保护的名录。这个问题若长期得不到解决的话，离长城远的那条烽燧线以后就会慢慢被拆毁了。

国家层面保护长城，也是逐渐开展的。1961 年，国家确定第一批全国重点文物保护单位，只有万里长城山海关、居庸关、八达岭和嘉峪关这么几处，说明那时候保护长城的视野仅涉及几个重要的关隘。几十年来陆续有全国重点文物保护单位项目上的增加，但很长时间仅限于点状增加。1961 年起共有 32 处长城，被国务院公布为全国重点文物保护单位。2006 年《长城保护条例》明确公布，所有被国家认定了的长城遗址，最低保护层级要定为省级保护单位。整个万里长城以前按照不同点去保护的时候，有的地方是国保，有的地方是省保，有的地方是市保，有的地方是县保，还有非常多的地方根本没有列入保护单位，所以说长城破坏的问题非常多。2006年《长城保护条例》颁布后，这样的情况已经得到改善。

长城保护还要做什么？长城保护首先需要制定和完善法规，长城保护的法规建设有非常大的进步。特别是 2006 年颁布《长城保护条例》之后，对长城相关事物有了更细致的规范。长城作为这样一个大地性的文物非常特殊，这样的特殊性使得很多重要方面仅靠《文物保护法》涵盖不住，不能细化到对长城的保护上，所以国家出台了《长城保护条例》。现在各省市又出台了地方性法规，最近秦皇岛市就颁布了地方法规《秦皇岛长城保护管理办法》，进一步细化了保护长城的相关行为。现在提出了一个概念，叫作“微破坏”。原来一个貌似对长城没有多大破坏的行为，积累起来却有非常致命的破坏作用，这就是“微破坏”。比如说在长城上刻字，这种行为看起来是一件小事，实际上对长城是一种非常严重的破坏。2005 年，我们在全国搞一个征集活动，如何修缮已经刻了字的长城？想通过这样的征集活动来唤醒全社会的认识和关注。社会现在对于刻字这种现象，也有了更清晰的认识。我们能发现很多的时候，刚有人想刻字，马上就有人站出来制止。虽然我们现在法规有很大的完善，但是也还远远满足不了对长城保护的客观需要。2006 年《长城保护条例》公布的时候，还没有长城保护总体规划，当时就是把能管住的事情先管住。2007 年国家出台《长城保护总体规划纲要》，2009 年出台《长城保护总体规划》。但是今年距离 2009 年出台《长城保护总体规划》，时间又翻了一倍，国家依然没有出台新的《长城保护总体规划》，所以法律建设速度还不能满足长城保护的客观需要。

长城是公共事务，政府是第一责任人。但长城保护仅靠政府是不够的，不仅因为长城保护体量太大，另外一个就是我们的政府，保持经济发展和政治稳定是首要任务，保护长城就变成了相对不那么重要的社会性的工作。中国长城学会一直在做社会宣传，使社会更多了解长城保护的情况；另外就是向政府宣传。2002 年我们把长城保护的考察万里行，定位为“呼唤长城保护的春天”，把一系列长城遭受破坏的事件向社会公布。2006 年我们又做了一次长城考察万里行，叫“迎接长城保护的春天”，因为《长城保护条例》即将公布，国家长城保护工程也启动了。

理论上说长城保护是政府的责任，但是如果执法和保护长城的能力不提升的话，保护工作更多时候是在理念上，很难落到实处。2015 年我们配合新华社又掀起一轮长城保护的高潮，把长城保护的一些问题再次向社会发布，引起全社会对长城保护的重视。2002 年我们第一轮长城保护报告，得到了当时的政治局常委李岚清同志批示，2006 年长城考察报告，得到当时分管文化的常委李长春同志批示，2015 年习近平总书记、李克强总理都作了批示。通过这样的事情从政府层面进行倡导，也是一个非常重要的方面。

政府应该大力度去动员和调动社会力量参与长城保护，在这方面做得还远远不够。近些年来特别是 2015 年习总书记对长城保护作了批示后，长城保护的形式越来越好，动员社会力量参与的程度越来越高。前些日子国家文物局主导成立了长城保护联盟。如果保护不能做实的话，就起不到效果。我在全国很多地方讲长城保护和利用时，常常用三句话，一个就是把保护做真，要实实在在做保护。然后就是把旅游做实。现在山西在做旅游板块，北京在做长城文化带。最后就是把故事讲好。 常有朋友问我，我们能为长城保护做点什么？出心、出时、出力都是为长城保护做事，不怕小，但是每个人都做一点，长城保护的形式就会越来越丰富。大家今天来听长城保护的讲座，实际上就是一种“出心”的行动。强大的社会力量参与长城保护，对长城保护来说不可或缺。中国文物保护基金会与腾讯合作，吸引 20 余万人参与长城维修公募活动，积极探索了社会力量参与长城保护的新模式等，国家文物局对这些工作都给予了大力的支持。我们说长城保护仅靠各级政府是远远不够的，但到目前为止在调动社会力量参与长城保护工作方面，还没有形成有效机制，还缺乏制度层面的保障，这是我作为非政府组织领导的切身体会。

接下来，我想讲讲长城修缮的问题。现在长城修缮基本上都是政府行为，第一就是花的是财政的钱。不管是中央财政的钱、省级财政的钱还是地方财政的钱，都是纳税人的钱。第二是政府直接逐刀的操作。为什么政府行为还会出现问题呢？我觉得长城修缮出问题，主要还是理念的问题。也就是说对与不对、好与不好的判断标准有问题。像人们常说的“修旧如旧”，就是一个没法衡量的概念。修旧如旧，如果对“旧”没有清晰法律解释的话，把长城修到最初的形态，还是保留残破沧桑的状态？如果这两种做法都对，那就一定是标准出问题了。比如司马台长城，修的时候就保留了它的沧桑感，所以很多人以为这段长城没修过。近几年来有关长城维修所带来的争议越来越多，解决长城到底应该怎么修的理念问题，已经到了刻不容缓的地步。当然，有些问题不仅是理念的问题，也有制度层面的问题。

刚刚过去的小河口事件，大家都很清楚。2014 年辽宁小河口长城修缮完工了，结果在网上，有大批的网友谴责这种修缮的结果，批评说把长城修成一条路了。辽宁省文物局局长、文化厅副厅长第一时间说，小河口长城修缮一切都符合程序，没有问题。但是，出现社会不接受的结果，长城被破坏了，这就是最大的问题。因为国家没有相应规定和标准，使得在修缮过程中普遍存在长城不同程度遭受着破坏的现象。你修的长城，大家已经不认为是长城了。因为把长城历史信息和长城文化修没了，在这样的情况下就形成认识的对立。

刚才讲，我们父辈那代由于穷，去拆长城，也有理念和认识的问题。首先是没认识到长城的重要性，拆长城建筑材料来为我们的生活提供服务。如果后世子孙 50 年以后回头看我们这一代，发现这个年代人们都非常富了，没人去拆长城，结果最大的破坏长城的行为就是修长城。真要是这样的话，我们这一代人就成了历史的罪人了。国家投入钱是要保护长城的，修了之后不但没有很好地保护长城，还破坏了长城，那就没有达到国家做这件事情的目的。

长城的修缮还需要共识。2017 年 6 月，中国文物保护基金会、中国文化遗产研究院、世界古遗址保护协会等，在山海关举办了一个关于长城保护修缮理念与实践的论坛。论坛最后发布了一个共识，叫《山海关共识》。强调了一个非常重要的原则，就是《长城保护条例》里规定叫最小干预原则，就是最大限度保留长城的存量和历史信息的传承。有倒塌危险的地方通过修缮排除了，那么修缮的目的就达到了。这么多年，长城存在过度修缮的问题，设计单位是按设计的总码洋来收取设计费，体量做得越大越符合自己的利益。地方政府向中央财政要钱，要得越多越符合自己的利益。施工单位干 2500 万元的活，跟干 500 万元是不一样的。设计单位的利益、政府的利益、施工单位的利益，所有的利益链都想把工程做大，就是说过度修缮符合利益链中所有的利益环节，但却损害了长城的利益。国家也发现了这个问题，从去年开始严格限制长城修缮项目，把很多项目都停下来，重新梳理，然后减少干预量，取得了相对好的社会效果。国家文物局正在制定标准，严格限制长城的修缮。国家的《长城保护总体规划》也正在制定中，也要对长城修缮最小干预作出明确的规定。

三、长城旅游应该怎么做

我们现在经常跑长城沿线，包括北京长城文化带和山西的长城旅游板块，会有一些新感受。比如去嘉峪关主要去看关城，关城外有九眼湖。嘉峪关南边是讨来河，北边是黑山，黑山岩画在国际上都非常有名。然后在河与山之间修这么一座关城。在这个地方原来有九泉湖，湖非常大，有绿洲方可以耕种，在旁边建个城可以住人，所以在这里形成聚落。后来随着环境的变迁湖水水量非常少，成了季节性小河，嘉峪关就在关城外建了一个湖。把湖建起来以后，嘉峪关景区便扩大了延长线，人们在景区里逗留的时间可以长一点，环境也挺好。其实从入口走到关城用不了七八分钟就到了，人们走那一小段也挺好看的，延长了人们的旅游时间，可以增强体验的过程。毕竟湖和关城是一体的，历史上就是一体的文化，所以景区扩展到这里也还说得过去。但现在又在外面投资 20 多亿建了一个更大的景区，把入城的门继续外移。这就有问题了，主要问题就是领导在发展旅游这样一个理念上，还是死死地盯在观光旅游业态。所有的思维都盯着让游人掏更多的门票钱，这种思维和做法已经很落后了。

现在的长城旅游，特别是在全国范围内的长城旅游，有很多地方不具备观光价值，最起码是非优质资源。如果仅盯着观光旅游是不够的，长城旅游业需要走出一条休闲度假旅游产业的业态，这样才能把区域的整体旅游发展带动起来。如果构建起来整个长城区域旅游的新业态，弄得非常好玩，一定会受游人的欢迎。可能这个礼拜没玩够，下个礼拜还想再来玩。休闲度假的业态结合长城文化遗产的品牌，是一个非常好的发展路径，长城旅游发展应该探索出一个新路径，构建一个新业态。

另外就是故事表达。当人们旅游的理念有所改变，特别是自驾游兴起之后，已经远远不满足于到一个地方照照片、看看就走这种状态，人们对旅游的追求越来越高。挖掘长城文化，让人们在这样一个文化感受中有更大的收获，那么就有口碑传播出去，这个力量也是很大的。山海关这样的古城，从洪武十四年修建起来到现在 600 多年，明清两代生活了多少代人，有多少故事，挖掘这些故事让人们感受一下，大有文章可以做。20 世纪 90 年代初，我在秦皇岛市政府地方志办当主任，一共做了 14 本的《秦皇岛历代旧志校注》，把历代和秦皇岛有关的旧志都注释出来出版了。当中有一个印象非常深的例子，志书上记载山海关城里有个小伙子，他父亲生病了，需要到石河西边找郎中给他父亲抓药。正好这天石河发大水，那些摆渡船的艄公就不摆渡过河了。小伙子很着急，决定自己划船过河，因为若不能及时给父亲抓来药，父亲的命就不保了。结果悲剧发生了，船翻了，小伙子死了，遗体也找不到了。因为离海很近，人们就到海边去找，第二天才把小伙子遗体找到，之后他父亲也故去了。山海关人就给父子出殡，还把这样的事情写在山海关县志上，这就是一种文化。可以用有几间正房再有两三间厢房这么一个小院子，把这个故事植入进去，让所有人进了这个小院子，了解到这个故事之后，能带走一份感动，再传递出去，使更多人跟着一起感动。山海关如果挖掘出更多这样能感动人的小故事，能传达人性最美的东西，让参观的人能把历史和文化带走，让今天的人跟过去的人有精神和情感上的交流，他就感觉来这里旅游很值得。

我们现在正与清华大学的老师们一起研究，积极推动长城文化遗产廊道建设。长城作为国家级的人文景观廊道，同时也是生态文化旅游带，所以国家旅游“十三五”规划提出构建长城生态文化旅游带。长城是展现自然与文化的重要资源，发展长城旅游，可以成为促进长城地区旅游业发展、促进国家经济发展的战略，这方面还有很多的工作要做。我今年已经 62 岁了，很想回到秦皇岛推动秦皇岛的长城旅游发展。秦皇岛有 223 千米的长城，保存得非常好，历史上修建得就非常好。很多的朋友可能都去过秦皇岛，去过北戴河，去过山海关。秦皇岛的旅游，过去主要靠海，是一个世界著名的避暑胜地。但是仅靠海旅游淡旺季非常明显，夏天人满为患，到了 8 月底学校一开学，游人立马就没有了。如何解决这个问题呢？我特别想推动游人上山。秦皇岛山上有那么好的长城，春秋两季是爬长城最好的季节，如果大家上山了，秦皇岛的旅游就会上一个更大的台阶。长城沿线的老百姓，也能因为旅游的发展，得到很好的收入。

（载于北京市地方志编纂委员会主办的《京华讲坛》第 62 期）

世界文化遗产——长城

长城是中国古代不同历史时期修建的规模浩大的军事防御工程。经国家文物局认定，截至 2012 年 6 月，中国历代长城遗迹总长共有 21196.18 千米。中国长城因其独特的历史、艺术和科学价值，于 1987 年被整体列入《世界遗产名录》。中国历史上修筑过的长城，都是世界遗产的一部分。2017 年是长城列入《世界遗产名录》30 周年，长城世界遗产证书收藏并展览在位于八达岭长城的中国长城博物馆。

长城最早修建于公元前 7 世纪至公元前 5 世纪，春秋战国时期，诸侯国为自身的安全和发展，修筑长城相互防御。公元前 4 世纪，自燕、赵、秦等诸侯国始，至此后的秦、汉、明等中原王朝及北魏、北齐、金等少数民族政权，为了防御北方游牧势力修筑了长城，修建长城的目的由诸侯国间的互相防御，转变成为保护农耕地区，调整农耕政权与游牧势力之间的社会经济秩序。

任何一个民族，在历史发展过程中都会有一些具有代表性的建筑留给世界，比如埃及的金字塔、印度的泰姬陵、希腊的帕特农神庙、罗马的竞技场等。在中国，长城是具有这种价值的地标性建筑中特别突出的代表。长城在全世界已经成为中国的代名词，成为世界语境的中国符号。世界各国的游人到中国来，不论是国家元首、各界名人还是普通游客，只要有可能都要去参观长城，这让长城进一步成为连接中国与世界各国的文化桥梁。

一

联合国教科文组织的《执行世界遗产公约的操作准则》规定，文化遗产项目必须符合六项条件中的一项或几项方可获得批准。中国长城以符合五项条件的绝对优势，顺利通过审核。

这五项条件是：①代表一种独特的艺术成就，是一种创造性的天才杰作。②在一定时期内或在世界某一个特定的文化区域内，对建筑艺术、纪念物艺术、城镇规划或景观设计方面的发展产生过比较大的影响，体现人类观念转变。③能为一种已经消逝的文明或文化传统提供独特的至少是特殊的见证。④可以作为一种建筑或建筑群或景观的杰出范例，展示出人类历史上一个（或几个）重要阶段。⑤与具有特殊意义的事件或现行传统、思想、信仰、文学艺术作品有直接关系或实质联系。世界遗产的六项条件中的“传统的人类居住地或使用地的杰出范例”与长城无关。

世界遗产委员会当时评价长城道：“约公元前220年，一统天下的秦始皇，将修建于早些时候的一些断续的防御工事连接成一个完整的防御系统，用以抵抗来自北方的侵略。在明代（1368—1644），又继续加以修筑，使长城成为世界上最长的军事设施。它在文化艺术上的价值，足以与其在历史和战略上的重要性相媲美。”

二

中国长城到底有多长？国家文物局和国家测绘局已公布了长城准确的长度：明代长城，东起辽宁丹东的虎山，西至甘肃的嘉峪关，总长8851.8千米。今天国家认定的中国历代长城，还有遗址遗迹的长度是21196千米，分布于北京市、天津市、河北省、山西省、内蒙古自治区、辽宁省、吉林省、黑龙江省、山东省、河南省、陕西省、甘肃省、青海省、宁夏回族自治区、新疆维吾尔自治区共15个省（自治区、直辖市）。

中国长城的历史到底有多长？文献记载，长城从公元前656年就已经发挥作用，至今已有2600多年的历史。长城产生于春秋战国时期，列国争霸和兼并战争中的互相防守，使长城修筑进入第一个高潮。接下来就是秦、赵、燕三个诸侯国，在农牧交错地区修建的防御游牧势力的长城。秦灭六国统一天下后，秦始皇连接并增修了战国长城，始有“万里长城”之称。此后的汉代、北朝时期直至明朝都修建了长城，明是最后一个大规模修建长城的朝代。

三

长城的伟大体现在两个长，长城的体量长和历史长。中国古代为什么要付出这么多的艰辛，持续地建筑和使用长城？

修建长城与中国的地理环境有关，中国处在一个相对独立和封闭的地理空间。东边和南边的大海，西面和西南的喜马拉雅等高山，构成了当时难以逾越的自然屏障。北方虽有荒漠，却有广袤的草原相连接，并有来自强大的游牧民族的威胁。

古老的人类文明，一般伴随种植农业的产生而发展起来。古代中国如此，古埃及、古印度、古希腊、古罗马也是在由渔猎、采集向农业定居生活的过渡中形成并发展各自的文明。中国古代文明形成过程中，定居农业形成初期的冲突，主要是不同部落联盟之间的战争。春秋战国时期各诸侯国之间相互防御的长城，属于这种性质战争的继续和发展。

战国时期，有了秦、赵、燕三个诸侯国防御匈奴等游牧势力的长城，开始了农耕对游牧的防御。秦汉时期创造了更为发达的农耕文明，与此同时，游牧民族也向草原文明迈进。而同期产生并发展起来的万里长城，作用主要是在农耕向北扩展之后，规范、协调农耕和游牧两种生产、生活方式所带来的矛盾和冲突。在古代中国中原地区，农业始终是立国之本，保护农耕就是保护国家命脉。从战国以来，长城一直肩负着这项使命。

四

在中国特殊的地理位置中，有一块温度与湿度均适宜农耕的区域，即中原地区，是古代华夏民族的发源地。毫无疑问，修建长城的主要作用是保护农业社会和农业生产。同时，有了相对和平的环境也有利于草原游牧社会的稳定。从事农业发展史研究的学者认为，中国是世界栽培植物起源中心之一，也是世界上土地利用率较高的国家。

根据自然生态环境的差异，经过长时期的调适和耕作结构的调整，中国形成了几个主要农业区域。其中重要的是北方的华北平原、关中平原，南方的成都平原和长江中下游平原。华北平原是黄河流域农业文明的起源地，从辽金开始成为中国北方的政治中心。关中平原农业生产十分发达，从西周到唐代一直是全国的政治中心。长城的作用之一，就是直接保障和影响了华北平原和关中平原，间接保障和影响了长江中下游平原。

在相对独立的地理环境下，农耕经济在其发展过程中，长时间受长城保护，得到持续发展，中国文化也因此具有了较好的持续性。传统农业的持续发展保证了中华文明的绵延不断，使其具有极大的凝聚力。在世界发展史上，中国内地的农业区的面积和粮食产量长期处于领先地位，供养着数量最多的人口。

五

长城是中华文明的象征，见证了中华民族从多元到一体，伴随了中华民族形成和发展的过程。长城内外广大地区，更是中国古代各民族碰撞与融合的舞台。中国具有人口众多和中华民族多元一体两大特点。这两大特点，都与长城地区有着密切联系。

在人类社会生活和人类文明的发展过程中，人类始终面临三大基本问题：生死存亡、文明发展和延续、构建文明发展秩序。长城存在的价值，与解决人类面临的这三个基本问题息息相关。

生死存亡是人类第一大基本问题。对于长城的修建者来说，不能解决生死存亡，一切都无从谈起。长城内外不同族群的利益有大小之分，有轻重之别。但是，与生死存亡相比，任何利益都处于次要位置。这对长城以北的游牧民族亦然，有序化的交流与发展，总体上符合农牧双方的长远利益。

文明秩序的构建是人类第二个基本问题。人类有合作发展、寻求双赢或多赢的愿望，也有为了追求利益而互相排斥、对抗甚至争斗的事实。长城的存在调整了农耕和游牧两个民族之间的冲突，减少了双方发生战争的次数，在那个时代部分地解决了不同文明冲突的问题。

文明的发展和延续是人类第三大基本问题。长城的存在为中华文明的发展和延续提供了保障。中国文明的起源和文明社会的形成，是一个连续性的发展过程，长城自产生之始就伴随着中国文明的发展。中国作为有着五千年历史的文明古国，世世代代劳动、生息、繁衍在这片辽阔的土地上，保持着几千年绵延不断的历史记载，形成了独特的文化脉络与体系。

六

说到长城人们首先想到的是攻打和戍守坚固的城墙，是永不散去的烽火硝烟。其实这并不全面，严格地讲打过仗的长城很少，在长城上打仗的时间就更少了，长城是预防战争的手段。

长城由绵延伸展的一道或多道城墙，一重或多重城堡以及沿长城密布的烽燧、道路、各种附属设施，巧妙借助天然险阻而构成。长城防御体系以城墙为主线，以关隘为支撑点，点线结合、纵深相贯。每道长城都长达千里甚至万里以上，所以从总体上说，长城是呈一条线状，既绵长又巨大的防御工程。

从农耕和游牧民族碰撞与融合的意义上说，长城承载着中国人独特的情感，独特的心理追求。这就是对和平的渴望，人心所向，不想打仗。有了长城，战争的数量、战争的规模都大幅度地减少了。所以，我们说长城是和平的象征。

我陪同很多的外国朋友参观过长城，包括在八达岭长城陪同时任美国总统布什参观长城时，都要向他们介绍长城是和平的象征。道理很简单，如果想打仗，就不会投入这么大的人力、物力修筑长城，长城的修建者不可能背着长城去打别人。

2007 年 1 月 10 日，陪同以色列前总理奥尔默特参观八达岭长城时，他问我："为什么要把长城建得如此坚固？"我说："这反映的是中国古代长城修建者一种世世代代都不想打仗的愿望。"我给他解释说，如果只是权宜之计，就不必费这么大的劲，把长城建得固若金汤了。

不想打仗，在绝大部分时间是长城内外的共同愿望。明嘉靖年间是长城沿线战火最激烈的时候，俺达汗发动战争的主要目的是呼唤和平，要求明王朝开放长城沿线的马市贸易。很多时候，和平是长城内外的共同追求。

七

公元前 140 年左右的中国汉代，开始打通东方通往西方的道路，这就是丝绸之路。汉代开通丝绸之路的同时一直向西修建长城，以保障这条东西方交往大道的畅通。借助丝绸之路这条欧亚通道，中西各国畅通无阻地进行了极其丰富的政治、经济和文化交流。除经常互派使节友好访问、赠送礼物外，还彼此输送自己的物产和技术。

西方各国移入中国的植物就有棉花、葡萄、苜蓿、石榴、胡桃、无花果、胡麻（芝麻）、胡瓜（黄瓜）、菠菜、胡椒、胡葱、西瓜等；还有玻璃、海西布（呢绒）等特产。从中国传入西方各国的东西除大量的丝织品外，还有铁器、手工艺品和养蚕、缫丝、冶铁、灌溉、造纸等技术；也有桃、杏、李等果树。同时，印度的佛教通过大月氏，经由丝绸之路传到了中国各地。

汉代“丝绸之路”畅通的原因是多方面的，其中在河西地区修建汉长城也是原因之一。汉长城的修建主要是为了保护“使者相望于道”的西域通道，免遭北方匈奴的袭扰。在以弓箭、戈、矛为主要武器的古代，有了坚固的城墙，就可以居高临下，据险固守。

长城沿线设置的城障关塞，还为过往的使者商旅提供食宿和生活物资的给养。可见，汉长城的修筑，不仅抵御了匈奴等的掠夺，而且为来往的使者、商人等提供了粮食供应和饮水，确保了丝绸之路的安全通畅。

八

中国古人通过修建长城，以及在长城沿线的政治、军事和经济等领域中的活动，适应了自然和社会发展，从而也改造了自身的生存状态。长城文化就是在这样的过程中，得以丰富和发展，构成了独特的行为模式、价值观念。长城历史悠久，延绵万里，在漫长的时间和巨大的空间中，长城地区生存的各个族群，以及他们之间的利益关系，既独立又不可分割。

长城文化保留在各个时代的记忆、话语和行动中。围绕长城而构建的文化范式，反映着该区域族群生存发展的基本规律，形成了具有广泛性并为大多数人所认同的文化模式。长城文化是长城区域各族群历史上各种思想文化、观念形态的总体表征，是先民共同创造，并为后人世代继承发展的文化。

虽然历史上长城地区的中华民族各成员之间，曾发生过不少矛盾冲突及征战，但这种矛盾和征战的最终解决，也为各民族共同生存及和谐发展提供了机遇。长城区域的稳定和统一，对中华民族的稳定统一具有重大的支撑作用。任何一个历史阶段，如果长城地区不稳定，中国便会处于动荡中，中华民族文化的延续和统一也会受到威胁和动摇。

长城内外各民族在融合过程中，逐渐形成了对中华文化的认同。不管在魏晋南北朝、辽金统一北方时期，还是元、清统一全国时期，都坚持了对中华文化的认同。游牧民族与农耕民族进行政治、军事、经济和文化互动的过程中，不断地吸收中原文化，同时也将游牧文化中优秀的部分影响和充实着农耕文化，为中华民族文化的发展作出贡献。

农耕与游牧两种文化形态相互作用，增强了中华民族文化的生命力和影响力。文化是一个民族的灵魂，是民族发展的动力，长城文化在中华民族的发展过程中凸显作用，促进了中华民族传统文化历经磨难而发扬光大。

九

今天，长城已成为世界各国游人向往的旅游胜地，“不到长城非好汉”已经成为中外游人熟知的一句名言。雄伟壮丽、历史悠久、内涵丰富的长城，吸引着越来越多的游人。长城沿线山川秀丽，名胜古迹随处可见，对国内外游人也有很强的吸引力。

八达岭长城是万里长城关隘中最具有代表性的一处旅游胜地。无论是中国人还是国际朋友，只要来到北京，都会到八达岭去看看长城，不然会深以为憾。八达岭每天都会迎来世界各地成千上万不同肤色的朋友，长城已经成为一条友谊的纽带，把中国和世界各地的朋友们连在一起。

1952 年，政务院副总理郭沫若提出修复八达岭、接待国内外游人的建议。1954 年 10 月，八达岭长城正式作为重要参观景点接待各国政要。此后，山海关等长城才陆续修缮。截至 2017 年，仅来八达岭参观长城的世界各国首脑就有 500 余位。

八达岭长城是世界了解中国的一个窗口，缘由就在于长城代表的是中国传统文化，中国传统文化的许多细枝末节都可以在这里得以体现。长城这个巨大防御工程也充分体现了中国传统文化“非攻”“非战”的战争选择观，世界各国的游人，在这里可以深入了解和切身感受蕴藏在长城身上的中华文化思想。

（载于《长城聚首——500 位国家元首政府首脑与八达岭长城》，长城出版社 2000 年 1 月）

完善制度，加强长城修缮工程质量控制

辽宁省绥中县永安堡乡小河口长城修缮工程，可以说是一石激起千层浪，今天中国文物保护基金会长城保护基金委员会举办“辽宁绥中小河口长城修缮座谈会”很有必要。当地文物部门反复强调，长城修缮工程的申报由省和国家相关部门审批，工程合乎相关规定。既然如此，为什么还会出现如此严重的问题？有必要向大家介绍一下，我所了解的目前长城保护修缮工程的制度和管理状况。

“十一五”和“十二五”期间，国家文物局批准各地实施了一批长城重点段落的抢救性保护维修工程，消除了一批重大安全隐患。这期间，国家文物局在《文物保护工程管理办法》基础上，编制了具有较强针对性和可操作性的《长城保护维修工作指导意见》（以下简称《意见》），规范了长城保护维修、展示工程的工作程序和要求。

长城保护维修工程竣工后，要经相关省（自治区、直辖市）文物行政部门负责组织初验合格，并报国家文物局备案。国家文物局也视工程项目实际情况，成立验收小组或者委托有关单位，组织竣工验收。

这些程序都走了，但在文物界、学术界和社会上，对一些长城保护维修工程项目的评价和认知，依然存在较大的争议。这种争议长期存在，而且有愈演愈烈之势。所以，中国文物保护基金会、中国长城学会、北京市文物局、河北省文物局、天津市文物局拟于2017年举办“长城保护修缮工程10年回顾研讨会”。

筹备工作已经于几个月前开始，要组织北京、河北长城所在地文物部门及长城保护修缮工程勘察设计单位、施工单位、监理单位，通过对“十一五”和“十二五”期间已经完工的长城保护维修工程项目进行总结，以期达到加强对长城保护工程实施效果的监测和评估，梳理、总结工作经验和教训的目的，为提升长城保护维修工程质量提供科学依据。

《意见》在很大程度上规范了长城维修的流程和要求，但在实施过程中各环节执行单位的理解和量化程度存在较大偏差，实施效果往往与《意见》相悖，急需进行深入反思与研讨。《意见》本身也存在一些需要进一步量化和细化之处，《意见》还不能起到长城修缮施工规范和标准的作用，制度建设尚待加强。

近10年是新中国成立以来，长城维修工程项目最多、投资最大的10年。大量的长城保护修缮工程，不同的环节、不同的地域都积累了很多的经验教训，但这些经验教训目前尚处于离散的状态，无法有效发挥作用。因此，急需对这些宝贵经验进行交流与整理，并发现各个环节衔接的问题和整体机制方面的问题，从而创新机制，编制各种规范、导则、案例库等，更加有效地指导修缮工程的实施。

长城本体修缮的“度”的把握，是一个社会普遍关注的问题。“度”的把握，第一是安全性。安全是相对于功能和对象而言，既包括长城建筑本体，也包括开放旅游景区的游人安全。即便暂时不开放的地段，维修之后也依然会有游人前往，依然要考虑游人的安全问题。

“度”的把握，第二是真实性。最小干预原则如何定性，如何进行定量掌控，如何保持长城沧桑古朴的历史感，都不是简单的一个概念就能解决问题的。是否可以根据国民的情感认同度确立修复度？具有重大意义的长城关隘是否一概不能复原重建？对于非常重要的、符号性、地标性的长城遗址是否应该作为文化形象加以复原再现？

“度”的把握，第三是完整性。历史上的长城是一套军事系统，除了敌楼、边墙，还包括周边的城、堡等，仅修缮边墙是否能体现世界遗产的完整性？对于不同现状的城堡的保护维修与利用应采取什么原则？特别是这些长城沿线的关隘、城堡都演变成为聚落，也就是今天所说的古镇、古村，其保护和活化工作如何与长城保护修缮工程相衔接？

长城修缮工程的管理，也是社会普遍关注的问题。《意见》中提到的监测评估任务：“长城所在地文物部门应组织勘察设计单位、施工单位加强对保护工程实施效果的监测和评估，梳理、总结工作经验和教训，为提升长城保护维修工程质量提供科学依据。”但这些规定如何落实，监测和评估的标准依据是什么？

《意见》的确有待加强，应该尽快制定规范和标准，将一些原则性的描述深化为具体的实施导则。对长城保护修缮工程进行有效的全程监管，也需要机制来保证这种全程监管的前置。还要发挥民间组织和专家学者的作用，要让长城保护修缮工程能够接受公众的开放式监管，都需要制度化的保障。

长城保护维修和展示工程，做得好无疑将进一步扩大长城作为世界文化遗产的影响力，使其成为遗产地文化建设最宝贵的资源和地方经济社会发展的新动力。但是，只有抓好现有制度的执行，进一步完善相关制度的制定，才能切实有效地加强长城修缮工程质量控制，并实现长城修缮工程设计、施工、监理和文物管理部门的有效互动，以确保减少长城修缮工程实施过程中产生的误差。

总之，辽宁省绥中县永安堡乡小河口长城修缮工程反映出来的问题，不仅是这个地方的问题。这个问题在全国都普遍存在，只是程度不同而已。可以说有的地方比这里还严重，这是我们为什么抓住“小河口长城修缮工程”的问题不放的原因。希望通过这件事引起国家文物局的重视，从制度的层面彻底解决这个问题。

（2016 年 9 月 22 日在中国文物保护基金会长城保护基金委员会举办的“辽宁绥中小河口长城修缮座谈会”上的讲话）

长城：中华民族的文化记忆与情感

长城是中华民族融合的纽带，长城的历史更关乎中国历史的宏大叙事，关乎中华文化传承和发展。1987 年长城因其独特的历史、艺术和科学价值，被整体列入《世界遗产名录》。中国历史上修筑过的长城，都是世界遗产的一部分。长城凝结着中国古代人民的心血和智慧，积淀着中华文明博大精深、灿烂辉煌的文化内涵，承载着中华民族太多的文化记忆与情感。

一、中国有多少长城？有多少朝代修建和使用过长城

万里长城万里长，中国有多少长城？世界文化遗产长城之伟大，可以用两个“长”来概括。第一是长城体量的长，万里长城万里长。第二是长城历史的长，从春秋战国长城产生开始有着两千多年的发展史。其实，长城保护的难度之所以很大，也是源于长城的这两个长。

万里长城都修建在什么地方？ 2012 年，国家文物局发布了长城资源认定结论：中国各时代长城资源，分布于北京、天津、河北、山西、内蒙古、辽宁、吉林、黑龙江、山东、河南、陕西、甘肃、青海、宁夏、新疆 15 个省（自治区、直辖市），经过 97 个地级市，404 个县（市、区）。长城从东到西横跨了中国北方，从东北的大兴安岭，经华北平原、黄土高原、内蒙古高原，蜿蜒至新疆天山南北的广阔绿洲。其中，河南、山东的长城，分别为春秋战国时期的楚国和齐国所修建。

万里长城今天还有多少遗址遗存？截至 2012 年 6 月，经国家文物局认定的中国历代长城遗迹总长有 21196. 18 千米。各类长城资源遗存总数 43721 处（座 / 段），其中墙体 10051 段，壕堑 / 界壕 1764 段，单体建筑 29510 座，

关、堡 2211 座，其他遗存 185 处。这些数据只是告诉我们，在祖国大地上今天还保存有的长城遗址遗迹。然而历史上到底修建了多少长城，我们并不知道。因为很多的地方已经没有长城遗址遗迹了，其具体的走向还有待今后考古工作的研究和判断。

历代长城，包括中国古代春秋战国各诸侯国之间相互防御的长城和中原诸侯国及王朝防御游牧势力的长城。我们说起长城，主要是大家都比较了解的北方农牧交错地带的长城，如山海关、八达岭、嘉峪关这样的明代长城。

明长城资源保存相对完整、形制类型最为丰富。国家文物局长城资源调查结果认定，明长城主要分布区域包括北京、天津、河北、山西、内蒙古、辽宁、陕西、甘肃、青海、宁夏 10 个省（自治区、直辖市）。其主线东起辽宁虎山，经河北山海关，西至甘肃嘉峪关。现存墙壕 5209 段，单体建筑 17449 座，关、堡 1272 座，相关遗存 142 处。

明长城总长度为 8851. 8 千米，其中：人工墙体的长度为 6259. 6 千米；壕堑长度为 359. 7 千米；天然险的长度为 2232. 5 千米。作为军事防御体系，当然要包括以天然屏障为险的防御，但是作为一个伟大的建筑，则不应该包括天然险。

按照《长城资源保存程度评价标准》，明长城 6259. 6 千米人工墙体，其中保存一般的 1104. 4 千米、保存较差的 1494. 7 千米、保存差的 1185. 4 千米，已消失的 1961. 6 千米。从中可以看出，长城墙体保存状况总体堪忧，较好的比例只有不足 10%，已消失的则接近 2000 千米。多么可怕的数字，从国家公布的这些数字，可以知道今天我们已经没有万里长城了。

国家文物局领导解释造成此状况的原因，主要是自然和人为两种因素。其中自然因素主要有地震、山体滑坡、洪灾、流沙、风雨侵蚀、植物生长、啮齿动物破坏等。人为因素很复杂，主要有交通及其他工程建设、居民的生产生活活动、不当开发利用、不按原状修缮等。

实际上这次长城资源调查还有很大的缺失，为什么这样说？因为长城资源调查工作，仅做了长城内外 1 千米范围之内的调查，而很多长城防御体系相关的长城资源都在这个调查范围之外，所以并没有进入调查者的视野。比如，长城沿线的烽燧和一些屯兵的城堡、驿站等。这些没有列入长城资源名录的文物，很多尚未得到有效的保护。

中国历史上很多的朝代都修建了长城，国家文物局认定我国境内现存长城的时代为春秋战国、秦汉、南北朝、隋、唐、五代、宋、西夏、辽、金、明及时代不明等12个不同时代类型。这样的认定以后还会有变化，所谓的“时代不明”指的是目前还有长城遗址遗迹，但还不能确定具体修建的年代。随着研究工作的深入，新的考古成果的发现，还会有一些朝代的长城被认定。

二、我们应该怎么理解长城的历史价值及意义

为什么说长城是中华民族和中华文明的代表性符号和重要象征，是中华民族精神的重要标志呢？这是因为长城凝聚了中华民族自强不息的奋斗精神和众志成城的家国情怀。

长城历史上的意义，主要体现为促进中华民族及其文化的发展。今天长城的历史文化价值，主要体现为其对人类文明发展的贡献。在人类社会生活和人类文明的发展过程中，人类始终面临三大基本问题：生死存亡、构建文明发展秩序、文明发展和延续。世界文化遗产很少有中国长城这样的，其存在的价值与解决人类面临的这三个基本问题始终息息相关。

生死存亡，是人类从远古到今天乃至到未来，必须要面对的第一大基本问题。

长城作为防御体系，首先是要解决农耕民族的生存问题，同时也事关游牧民族的生存。不能解决生死存亡，一切都无从谈起，这一点对农耕和游牧民族来说都一样。长城内外不同族群的利益有大小之分，有轻重之别。不论是长远利益、全局利益还是潜在利益，努力争取利益的最大化是所有利益主体的诉求。

各种利益与生死存亡相比，毫无疑问都处于次要的位置。对长城以南的农耕民族如此，对长城以北的游牧民族亦然。不同利益主体之间，有序化的交流与发展，总体上符合长城内外不同民族的长远利益。

构建文明发展秩序，是人类从远古到今天乃至到未来，必须要面对的第二个基本问题。

人类有合作发展、寻求双赢或多赢的愿望，也有为了追求利益而互相排斥、对抗甚至争斗的事实。在适宜人类生活的环境中，人类相互联系、相互

制约并建立起各种法规制度，构建起有目的地进行文明发展的社会秩序。人类社会形成之后，任何政权都需要构建秩序。

每一个国家、民族都有不同的文化传统，在不同的历史时期、不同的文化背景下，其构建秩序的方式也有很大的不同。长城的存在调整了农耕和游牧两个民族之间的冲突，减少了双方发生战争的次数，在那个时代部分地解决了不同文明的冲突问题。

文明的传承和发展，是人类从远古到今天乃至到未来，必须要面对的第三大基本问题。

长城的存在，为中华文明的发展和延续提供了保障。思想与文化是人类区别于一般生物的重要特征，思想文化的发展是一个漫长的过程。文明发展史的规律和经验证明，形成文明需要时间完成其发展过程，需要有一定质量的传承。

中国文明的起源和文明社会的形成，是一个连续性的发展过程，长城自产生之始就伴随着中国文明的发展。中国作为有着五千年历史的文明古国，世世代代劳动、生息、繁衍在这片辽阔的土地上，保持着几千年绵延不断的历史记载，形成了独特的文化脉络与体系。

地域是文明的承载体，民族或族群是文化的承载者。人类的各种文明，会因为环境和社会的变迁而发生巨大的变化。人类的各种文化，也会随着承载文化的民族与族群的盛衰而变化。一个民族的文化能否在人类文明史上发扬光大，既要看该民族存续时间的长短，也要看该民族所创造的文化的传承质量。从这个意义上说读懂了长城，就能了解中华民族的生息繁衍、民族文化和社会的发展历程。

三、中国历代长城为什么主要修建在农耕和游牧交错地带

中国古代除了春秋战国时期一些诸侯国相互防御的长城外，其他朝代的长城基本上都是修建在农耕和游牧交错地带。这是因为北方的农耕和游牧是两种完全不同的生产生活方式，可农牧区之间并无不可逾越的天然屏障。

高度机动的游牧骑兵，在相当长的历史时期里对农耕地区构成了巨大的威胁。以农立国的农耕王朝，在没有能力控制北部辽阔的荒漠与草原时，就

必须随时应对游牧军队的南下劫掠。

中国古代实行定居的农耕经济的王朝，不管是王朝还是由游牧转为定居生活的民族政权，获得了北方的统治权或是中原的统治权之后，只要还没有实现中原和草原地区的统一，都会把防御游牧势力的威胁放在战略的地位。

这种战略思考的前提是农耕与游牧经济的利益，存在着相互依赖又有着明显的对立。虽然很多时候双方也强调，将这种关系尽量调节到一定的和谐程度，但双方的对立性贯穿在中国古代历史发展的过程中。农耕和游牧政权之间存在经济和政治上的对立，军事上处于相互防范的状态。

在游牧经济受到自然威胁、游牧民生存受到冲击时，游牧政权便会向更适合居住的地方迁移，南下成为他们的首选。长城和王朝的驻军为保护农耕经济，在多数时候阻止了他们的南下。

游牧政权在强大时期与农耕王朝交往中表现出来的强势，让王朝对其怀有极强的戒备。即便是王朝对游牧政权采取怀柔的政策，也多是不得已而为之。王朝对游牧民族开放马市，整体的战略思想还是要对游牧地区的经济和整体发展进行控制。从长远来看，长城对民族融合、经济互补和经济发展起了很好的作用。

发生在长城区域的农耕和游牧的矛盾与冲突，不管表现形式如何多样，深层次的原因主要是利益的冲突。利益是人类产生以来始终影响着人类行为的重大问题，人与人之间、组织与组织之间，包括不同的政权之间、农耕经济与其他经济类型之间，主要的关系都是建立在利益关系的基础之上。

利益诉求是长城区域农耕政权和游牧政权长期以来发生矛盾和冲突的内在动力。当双方力量发生了变化时，双方对利益的诉求也就随之发生变化，双方原有的联系和交往秩序必然被打破。

长城作为平衡长城内外不同主体利益关系的一种手段，是在新的农牧利益平衡建立起来之后发挥作用的。利益是维持一个民族、一个政权生存和发展的基本内容，所以都会在力量所及的范围之内获取自己的利益，保证自己族群的生存和发展。生存和发展就是以占有和享用更多的利益为基础，不管这种利益是以经济利益的形式，还是以政治利益、文化利益的形式表现出来。

王朝在维持与游牧政权的朝贡关系时，以厚往薄来为原则，表面上看并不在乎经济利益，实际上是为了保护农耕政权更大的经济利益。对经济利益的不断追求，成为不同利益主体之间矛盾与冲突的原动力。

经济利益是各种利益的基础，经济利益对实现政治利益、文化利益具有决定性意义。离开了经济利益，政治利益和文化利益就很可能会变成一种空洞的、没有意义的表现形式。只有在经济利益得到保障的前提下，政治利益和文化利益才具有价值，因为政治利益和文化利益是更长远的利益。

利益关系的变化是长城内外双方关系变化的基础，也是长城区域不可能长期处于一种状态的原因。力量的均衡被打破之后，会影响到利益结构的平衡。利益结构的平衡被破坏之后，在建立新的平衡过程中，会有很强烈的矛盾或冲突以对抗的形式表现出来，这是在长城区域不断发生冲突的根本原因。

总之，长城的修建绝不是只顾眼前的经济利益的行为。只盯着眼前的利益，只想获得眼前的好处，不会做修建长城这样的事。修建长城以追求长治久安是一种长远的打算，长远的规划。

四、长城地区各民族在碰撞与融合中交流、交融的历史内涵

中国历史上北方各民族的发展，在不同程度上都与长城发生了关系，这就是长城内外各民族碰撞与融合中交流、交融的历史。

不同的民族聚居在长城内外，为自己的生存和发展，民族与民族之间会产生一些共同的利益和不同的利益。在不同时间内、不同利益体相互交织的过程中，代表农耕民族的历代中原王朝，承受过来自游牧民族不同程度的威胁。代表游牧民族的政权，在面对生存压力的同时，很多时候也还要承受中原政权强大的军事压力。北部蒙古高原的游牧民族与黄河、长江流域的农耕民族，双方不但形成了经济发展时空上的不平衡，还造成了两种文化上的差异。这两种经济文化之间既有联系又有矛盾，既有相互的需要又有相互之间的排斥。正是文化和经济上的深层原因，导致两大区域之间出现了一个长期在冲突中融合、在冲突中发展的历史现象。

长城区域的人口流动，对各民族在碰撞与融合中交流、交融的历史影响很大。这种流动既有主动地移民，又有被动地逃避灾难。主动地移民也表现出双向特征，首先是农耕政权大规模向长城沿线移民。中原王朝取得对游牧民族作战的胜利之后，向长城地区移民是人口流动和迁徙促进民族融合的主

要原因。秦汉在修筑长城的同时，都迁大量的农户前往河套等地居住屯戍，汉代更有内地人自动或被征调到西域充当田卒。汉朝大规模移民实边，是在汉武帝时期。当时社会已具备了移民实边的各项条件。第一，大规模用兵匈奴，开拓了疆域，新增了边郡，需要移民实边。第二，这时期土地兼并盛行，无地农民增多，有民可移。第三，国家富足，有足够的财力资助移民在立足未稳时的生活。

长城伴随了各民族长期的相互交往、相互影响、相互学习的历史发展进程。除汉民族外，与长城历史关系密切的有匈奴、契丹、突厥、鲜卑、柔然、女真、蒙古等民族。经过两千多年的发展，这些民族有的作为民族整体失去了本民族原有的特点和特征，变成另一个民族的组成部分；有的在发展的过程中吸收了其他民族的特点，使本民族的特性也发生了变化。这就是长城地区各民族在碰撞与融合中交流、交融的历史。

五、长城今天已经成为旅游胜地，为什么说长城是中国人的和平理念的体现

长城旅游是长城价值在今天的一种体现形式。游览长城，可以满足人们了解历史及体验文化传统、进行美学观赏等需求。对长城文化遗产旅游业的开发利用，是长城地区旅游事业发展的重要项目。不同季节的长城，都有很好看的风景。四五月份的长城内外山上有非常多的杏树，漫山遍野的杏树开花后，站在长城上看出去，有一种令人叹为观止的美。

今天，长城已成为世界各国游人向往的旅游胜地，“不到长城非好汉”已经是中外游人熟知的一句名言。雄伟壮丽、历史悠久、内涵丰富的长城，吸引着越来越多的游人。长城沿线山川秀丽，名胜古迹随处可见，对国内外游人也有很强的吸引力。每年全国各地长城的主要景区，有 5000 多万的游人参观长城，仅八达岭长城每年的参观人数就超过了 1000 万。

八达岭长城是万里长城关隘中最具有代表性的一处旅游胜地。无论是中国人还是国际朋友，只要来到北京，都会到八达岭去看看长城，不然会深以为憾。八达岭每天都会迎来世界各地成千上万不同肤色的朋友，长城已经成为一条友谊的纽带，把中国和世界各地的朋友们连在一起。

1952 年，政务院副总理郭沫若提出修复八达岭接待国内外游人的建议。1954 年 10 月，八达岭长城正式作为重要参观景点接待各国政要。此后，山海关等长城才陆续修缮。截至 2018 年，仅来八达岭参观长城的世界各国首脑就多达 500 余位。

我陪同很多的外国朋友参观过长城，包括 1998 年 6 月 28 日在慕田峪长城陪同时任美国总统克林顿及其家人参观长城。2012 年 2 月 22 日在八达岭长城陪同时任美国总统布什和夫人参观长城。每次我都要向他们介绍长城所代表的中国人热爱和平的追求。道理很简单，如果想打仗，就不会投入这么大的人力、物力修筑长城，长城的修建者不可能背着长城去打别人。

2007 年 1 月 10 日，在陪同以色列时任总理奥尔默特参观八达岭长城时，他问我："为什么要把长城建得如此坚固？"我说："这反映的是中国古代长城修建者一种世世代代都不想打仗的愿望。"我给他解释说，"如果只是权宜之计，为了一两年的不打仗，就不必要费这么大的劲，把长城建得固若金汤了。"

不想打仗，在绝大部分时间是长城内外的共同愿望。明嘉靖年间是长城沿线战火最激烈的时候，俺达率领蒙古军队发动战争，主要目的是要求明王朝开放长城沿线的马市贸易。很多时候，和平是长城内外人们的共同追求。

万里长城是中华民族用勤劳和智慧创造的人类文化遗产，以其雄伟的气势和博大的文化内涵，每年都吸引着数以千万计的旅游者。不论是对中国进行国事访问的国家元首、首脑和政要，经贸往来、文化交流的各种人员，还是普通的旅游者，都毫无例外地要登临长城，通过长城来感受中国文化。

我们发展长城旅游，已经不仅是做观光旅游，而且要发展休闲度假等多种业态。长城文化经济带建设，需要围绕长城旅游发展模式、长城文化挖掘、长城旅游产业品牌创新及相关文化产品开发等多领域问题进行研究。其中应该包括中小学生的研学和游学。

今天，中国开始走向繁荣富强。中国人的和平理念，有了对人类文明发展施加更大影响的可能性。长城所代表的中华文明之和平精神，将为人类文明发展贡献中国人的智慧。万里长城是中华民族修建的，作为世界遗产其已经属于全人类。

六、为什么说长城表现了中华民族勤劳顽强的美德

我在大学作报告时，说了上述内容之后，曾有学生问我：如果只选择一个词来形容长城，您会选择什么？我常说，会选择顽强。我很喜欢香港文联主席、著名画家张孝勇的话，他说：顽强是中国人性格和最本质的特征。什么叫顽强？张孝勇说顽强就是“明知其不可为而为之”。修建长城，充分体现出了这样的顽强精神。

长城，中国人民汗水和智慧的结晶。长城，中华民族精神的象征。勤劳和勇敢顽强是长城文化的特点，也是中华民族精神的主要内容。没有勤劳勇敢精神的民族，不可能建造出长城这样伟大的人类奇迹。古代生产技术不先进的情况下，主要依靠人力劳动完成长城建筑施工，而且又是在崇山峻岭、峭壁深壑之上，其艰难程度足以用艰苦卓绝来形容。

古今中外，凡到过长城的人无不惊叹其磅礴气势、宏伟规模、艰巨工程与防御意义。长城融汇了古人的智慧、意志、毅力以及承受力。古人正是凭借着勤劳、不怕困难与自强的品性，修建了长城，并在长城发展历程中，凝聚了精神意志。

维持了数千年的长城修建史，表现了中华民族的坚强与勤劳，这样的独特思维和文化个性，成就了这个民族解决生存与发展问题的创造力。没有勤于劳作和勇于创造，也就无法在数千年的时间里，修建成数条长城，使民族的生命力得以延绵不绝地传承。

中华民族漫长的历史发展过程中，就算在最危险的时刻也能转危为安，并且强大起来，自强不息的精神始终在发挥着作用。古人在长期的实践中，为了谋求生存与发展，探索出了以修建长城的方法和工艺，适应各个时期的政治、军事和经济形势，推动了社会的发展。

2019 年 7 月 24 日，中央全面深化改革委员会第九次会议审议通过了《长城、大运河、长征国家文化公园建设方案》。会议指出，建设长城、大运河、长征国家文化公园，对坚定文化自信，彰显中华优秀传统文化的持久影响力、革命文化的强大感召力具有重要意义。要结合国土空间规划，坚持保护第一、传承优先，对各类文物本体及环境实施严格保护和管控，合理保存传统文化生态，适度发展文化旅游、特色生态产业。

为什么国家要建设包括长城、大运河、长征在内的国家文化公园？这一点中央说得很明确。这项国家推进实施的重大文化工程，就是要“实现保护传承利用、文化教育、公共服务、旅游观光、休闲娱乐、科学研究功能，形成具有特定开放空间的公共文化载体。集中打造中华文化重要标志，以进一步坚定文化自信，充分彰显中华优秀传统文化持久影响力、社会主义先进文化强大生命力”。

长城国家文化公园建设，无疑将起到连通长城区域重点旅游城市和特色旅游功能区的作用。其中“旅游观光、休闲娱乐”被摆放在了较为重要的位置。这无疑将推动长城沿线，拥有良好的自然景观和完整文化特征地域的旅游发展。长城国家文化公园建设，将构建起优质的长城旅游市场品牌和形成一定空间范围内的产业集聚。

长城见证了几千年来中华民族的发展历程，在今天的社会发展中也会发挥重要作用。中国历史上，长城沿线既是农耕、游牧经济的过渡和融合带，又是众多民族南来北往、繁衍迁徙和沟通交流的重要廊道。长城区域内自然生态多样，文化形态独特，是我国重要的历史文化沉积带。这些都是发展长城生态文化旅游带重要的资源。

长城区域有着深厚的历史，鲜明的地理、气候和自然景观特征。这条长城带上展现着现实与历史、精神与文化、生态与自然的多重元素，满足着人们领略浓郁人文风情和优美自然风光的需求，因而自然成为一条长城生态文化旅游带。

长城是精神和物质的复合体。在长城分布的主要地区，形成了一种有别于其他地区的风情。从 1952 年起国家就开始维修开放了八达岭、山海关等处长城，其后又维修开放了嘉峪关、金山岭、慕田峪、司马台、黄崖关、居庸关、九门口、玉门关、阳关等数十处长城地段。游客可以观赏到长城建筑形态各异的关口、卫城、所城、墩台、烽燧等，通过长城感受和认识我们的国家和民族悠久的历史文化，为实现中华民族伟大复兴凝聚起磅礴力量。

（载于《中国民族》2021 年第 4 期）

长城是丝绸之路的守护神和链接点

各位专家、各位领导，朋友们大家上午好！

今天是4月23号，再有两天第二届一带一路国际合作高峰论坛就要在北京举行了。在国际合作的盛事举办的前两天，中国长城学会组织这次活动很有意义。大家就万里长城、丝绸之路历史文化，还有两者之间的联系及有关的内容进行研讨，这应该只是一个开始。

万里长城与丝绸之路，在很多的地方都有着密切的联系，特别是在河西走廊和以西地区，实际上长城与丝绸之路完全是一体的。在西汉打通了这条通道之后，也就是张骞凿空、打通这条通道之后，长城成为保障丝绸之路畅通的守护神。在丝绸之路的历史发展过程中，长城起着这样的重要作用。

“万里长城与丝绸之路历史文化研讨会”在八达岭长城举办也有很大的意义。刚才我们为《长城聚首——“一带一路”合作国家政要与八达岭长城友好往来》展览，举行了开幕仪式。1954年以来，八达岭长城先后接待了500多位世界各国元首和政府首脑，其中包括100多个“一带一路”合作国家的300多位国家元首和政府首脑。

展览用489幅珍贵照片，展示了这些政要登临八达岭长城的历史镜头，还展览了这些领导人的221条题词的手记和他们赠送给八达岭的礼品和纪念品。我特别注意到，展览的《古长城与丝绸之路地理关系图》做得非常好。

下面我想讲三个问题。

一、为什么要举办这个活动

今天这个活动是由中国长城学会、延庆区联合主办的，我们为什么要举办这个活动？

2014年6月22日，在第38届世界遗产大会，中、哈、吉三国联合申报的古丝绸之路，成功申报成为世界文化遗产，成为首例跨国合作、成功申遗的项目。丝绸之路再次引起国际社会的广泛关注。

丝绸之路是连接东西方政治、经济、文化交流的通道。以丝绸为代表的中国物资正式西传，要早于丝绸之路。但大规模的输出和西方物资的引进，则始于西汉张骞凿空。从这个时期，丝绸之路成为东西方有计划、有组织进行贸易的大通道。

长城成为这条大通道的守护神，保障着丝绸之路的畅通。狭义的丝绸之路，指的是从古代的长安（今天的西安）出发，在河西走廊经凉州、甘州、肃州至沙州段，基本上是一条不变的路线。从今天的武威，经张掖、酒泉、嘉峪关至敦煌，继续往西分为北、中、南三条路。

我们现在讲人类命运共同体，讲中国与“一带一路”合作国家的命运共同体。历史上的长城，就是长城内外的共同体。通过长城构建起来长城内外农耕与游牧经济及社会发展的秩序。农耕与游牧有三层意思：首先是经济类型，农耕经济和游牧经济是两种完全不同的经济类型。第二层意思是以这两种完全不同经济形态生活的人。第三层意思是在这样两种不同经济形态下，生活形成的族群基础上产生的政权。长城内外的冲突，主要是政权与政权之间形成的冲突。这种冲突应该说是以经济类型的不同为基础，因为两种完全不同的经济类型之间，以这两种完全不同经济类型生活的族群之间，有着非常强烈的冲突性。最后的表现形式，则是政权与政权、军队与军队的冲突。长城构建起来的秩序，起到了减少冲突的作用。

我们为什么要建长城？去年国家图书馆请我去做一个讲座，工作人员找到我说，领导定的题目是“长城与人类命运共同体”。我说没问题，长城本身就是一个命运的共同体。我们讲共同体，其实共同体一个最基本的事实是什么？首先就是它们不是共同体。如果本身就是共同体，也就不用再去构建了。你要去构建的这个共同体，首先就不是共同体，才需要构建共同体。只有这样才能形成一个和谐的正常发展的秩序，这一点在长城和丝绸之路上都有非常充分的体现。

当然，我们今天讲的长城文化已经不仅是历史文化。今天对于丝绸之路，包括对长城的历史价值与现代意义的理解，我们应该怎么去看？我们在研究历史的同时，还要看到发展而形成的新价值。说今天的现代意义，我可以举一个例子，比如天安门，我们今天看天安门，大家都已经并不是简单地将其理解成一个皇宫的南大门。天安门是首都的象征，是国家的象征。

长城的这种象征意义更加突出，我们每个人都有身份证，一面是个人信息，另一面是国徽和国名，然后就是长城。这一点在护照上反映得更明显，你打开护照的首页，印着国徽、国名和长城。假如把身份证和护照上的长城去掉，再想想还有什么能跟国徽、国名放在一起，能够代表我们国家的？今天这个价值和意义，已经远远超越了历史上的农牧冲突和构建农牧秩序的意义。

长城今天这样一个标志和象征意义，与历史上的长城修建者，特别是农耕政权的认识肯定有区别。我们今天这种认识，也是今天的社会发展需要，也是长城不再起军事防御作用之后价值的体现，包括国歌中“把我们的血肉筑成我们新的长城”，在国家和民族危亡的时候的那声呐喊，完全是当时救国救民精神的体现，实际上也是一个新时代的价值和意义。

二、为什么要在这个时间举办此活动

第二届“一带一路”国际合作高峰论坛，将于4月25日至27日在北京举办。据报道有40位国家元首、政府首脑和国际组织负责人要来参加这个活动，还有150个国家、92个国际组织的6000余名外宾。在这个重要的节点，我们有必要对万里长城与丝绸之路历史文化进行思考，为“一带一路”建设向高质量发展提供历史的经验。

万里长城与丝绸之路有一个共同的文化特征，这就是共存共生的双赢或多赢。我经常讲，中国古代长城的修建是为了构建长城内外秩序，寻求多元利益平衡基础上的一体利益最大化。中国古代的丝绸之路，同样是这样的发展模式。

中国倡议的“一带一路”，也是在与“一带一路”合作国家寻求双赢或多赢的发展。昨天国务院新闻办，举行了一个新闻发布会，发布了从2013年到2018年“一带一路”提出和建设五年来，中国与“一带一路”合作国家的贸易总量，是 6 万亿美元，占中国进出口贸易总额的 27. 4%。

大家想想，“一带一路”对于整个中国的经济发展和推动，对“一带一路”合作国家的经济发展和推动，具有多么重要的意义。这完全是一种双赢的合作模式。“一带一路”合作国家的基本建设得到很大的发展，在这个过程中中国的企业承包了“一带一路”合作国家基本建设工程的营业额，达到了 4000 多亿美元。

为什么说“一带一路”建设是双赢或多赢？世界银行近日发布一系列研究文章，探讨“一带一路”建设对沿线国家和地区基础设施建设及可持续增长等多方面的影响。世行认为，“一带一路”建设将使沿线国家和地区的实际收入增长 1. 2% ～ 3. 4%，全球实际收入增长 0. 7% ～ 2. 9%，从而促进实现共同的繁荣。

长城历史文化本身，就是今天的中国和丝绸之路沿线国家的合作的写照，在历史上曾经的合作，形成了共同的历史上的认识和判断。这一点历史与今天我们“一带一路”发展的思想完全契合。两天后就要举行的第二届一带一路国际合作高峰论坛的主题是什么？就是“共建一带一路，开创美好未来”。大家注意，这里是一个共建，一个开创。核心内容是什么？就是“推动一带一路合作，实现高质量发展”。这里是一个合作，一个发展。

我们认真想一下，共建、开创、合作、发展这四个核心词，就是历史上古代的丝绸之路的存在价值。古代的丝绸之路和今天的“一带一路”倡议完全契合，所以说好好挖掘一下古代丝绸之路文化，对今天的现实意义还是很大的。

2017 年 1 月在日内瓦万国宫大厅，国家主席习近平发表了题为《共同构建人类命运共同体》的主旨演讲，系统地阐述了人类命运共同体理念。面对不断增多的全球性问题，中国提出的公平、开放、全面、创新的新发展观，为全球发展提出了我们的方案。“一带一路”国家双边和多边的合作，就是对这个方案的具体实践，这样一个双赢、多赢的形势会得到继续的发展。在“一带一路”向高质量发展的重要时刻，各位专家学者聚集在八达岭长城，研讨万里长城与丝绸之路历史文化，研讨如何以“长城文化带”为核心，通过文化遗产保护和利用，致力于打造北京北部地区经济社会发展的新局面。可以说今天的活动，开了一个很好很重要的头。

三、为什么要在八达岭举办这个活动

有朋友或许会有疑问，八达岭长城并不是丝绸之路上的重要节点城市，也不是长城文化和丝路文化的重要交汇地，为什么要在八达岭举办这个活动？我很想借此机会告诉大家两点：

第一点，八达岭是中国长城的代表地，需要担当起长城文化和丝路文化研究的责任。我们说八达岭作为中国长城的代表地并不是讲空话，仅从刚开幕的展览来看，在中国还有没有哪个景区接待过如此之多的各国元首和政府首脑，唯独八达岭长城。

经国家新闻出版广电总局、北京市政府批准的书香中国·北京阅读季活动，2017 年举办了第七届。这一年活动主办方，向全市发布了“首批百部北京主题推荐图书书单”，其中有老舍先生的《四世同堂》、侯仁之先生的《北平历史地理》、单士元先生的《故宫营造》等。非常荣幸，在“首批百部北京主题推荐图书书单”中也有我的《长城的崛起》和阎崇年先生的《中国古都北京》等，这些书一起被列为“北京的时代主题”推荐书目。

《长城的崛起》是北京大学出版社出版的，后来香港中和出版有限公司以《走过万里长城》为书名在香港出版。在这本书中，写其他景区的时候，比如慕田峪和居庸关，我用的题目是“青山浓郁的慕田峪”“京城锁钥居庸关”。写八达岭的那部分，我用的题目是“中国名片八达岭”。为什么要在八达岭举办这个活动？这是我想说的第一点，因为八达岭长城是“中国的名片”，在八达岭长城举办这次研讨会有着特别的意义。

第二点，我们说八达岭长城也是长城文化和丝路文化的重要交汇地。为什么这么说？今天所说的丝绸之路，已经成为古代中国与西方所有陆路上政治、经济、文化往来通道的统称。除了通过河西走廊向西域的丝绸之路，还包括长城沿线通向蒙古高原的贸易通道，这就是我们常说的草原丝绸之路。通过长城的各个关隘，通往蒙古草原地带的经贸，是沟通欧亚大陆的商贸大通道——丝绸之路的重要组成部分。

我们在形容祖国大地江山辽阔的时候，常说的一句话是“大江南北、长城内外”，实际上长城内外都是草原丝绸之路的节点。京津冀地区是草原丝绸之路的主要路线，从中原地区向北经过今天京津冀的燕山、内蒙古的大青山等地的长城沿线，跨越蒙古高原，通向中西亚北部，抵达地中海欧洲地区。长城内外是游牧与农耕的交错地带，长城是草原丝绸之路的重要链接点。从严格意义上说，在古代，草原丝绸之路一直在发挥着东西方陆路的联系作用。

现在学界越来越多地关注草原丝绸之路。草原丝绸之路最早只是一些西方学者关注。草原丝绸之路是蒙古草原沟通欧亚大陆的商贸大通道，在京津冀地区通过燕山、太行山穿越长城向北发展。草原丝绸之路的贸易的交往，从中亚、西亚到地中海都有清楚的历史文献的记载。内蒙古档案馆和内蒙古大学，正在做的张库大道的贸易交往的蒙文翻译，各种贸易交往的记载非常清楚。张家口作为贸易集散地，在长城地区有着特殊的位置，八达岭长城是通往张家口的主要通道。在明代草原丝路的贸易量，要比河西走廊那条路上大得多。

河西走廊在明清时期，特别是到清朝的时候的贸易总量已经萎缩得很厉害。嘉峪关当时设关卡收税，甚至出现收的税钱，养活不了收税机构的开支。张库大道贸易的总量提升得非常大，这方面还有待于进一步深入地定量研究。八达岭是内长城，虽然不是贸易直接交往地区，但却是非常重要的通道。我们还要加强这方面的研究，把历史的细节尽量多地挖掘出来讲给游人，增加游人的历史体验感。

我讲八达岭长城文化的发掘，就应该包括对八达岭与草原丝绸之路关系的研究。延庆历史文化的研究与长城及草原丝绸之路也有着密不可分的联系，在中国长城文化中同样具有特殊的区位。延庆在内外长城之间，特别是在明代有保卫皇城和皇陵的地理位置，还有很多可以发掘和研究的历史文化内容。更早的不说，明代的二百多年就有包括军屯、茶马互市贸易等多少故事有待挖掘。茶马互市就是草原丝绸之路的贸易，我们要加强研究，让历史文化活化，能更多地与人的情感进行交流，这也是一个有待于加强的重要方面。

北京“十三五”规划提出长城文化带建设，加强红石门、古北口、箭扣、南口等处长城的修缮与利用，统筹八达岭、居庸关、慕田峪等沿线历史文化资源，推动长城区域联合保护。八达岭已经错失了长城国家公园建设的机遇，其实不仅是八达岭，还有延庆，也可以说是北京错过了这个历史机遇。下一步长城文化带建设，八达岭要走在长城文化带建设的前列，这是我衷心的愿望。

四、弘扬长城文化我们还需要做什么

弘扬长城文化是一件需要长期去做的事，我们今天需要做什么？需要加强研究，更需要加强传播。1987年长城因其独特的历史、艺术和科学价值，被整体列入《世界遗产名录》。中国历史上修筑过的长城，都是世界遗产的一部分。长城世界遗产证书，收藏并展览在位于八达岭长城的中国长城博物馆。

任何一个民族，在历史发展过程中都会有一些具有代表性的建筑留给世界，比如埃及的金字塔、印度的泰姬陵、希腊的帕特农神庙、罗马的竞技场等。在中国乃至在全世界，长城都是具有这种价值的地标性建筑中特别突出的代表。

长城在全世界已经成为中国的代名词，成为世界语境的中国符号。世界各国的游人到中国来，不论是国家元首、各界名人还是普通的游客，只要有可能都要去参观长城，这让长城进一步成为连接中国与世界各国的文化桥梁。这一点在八达岭长城反映得更为突出。

弘扬长城文化我们还需要做些什么？应该做的还很多，现在不是做得很多了，而是还做得很不够。2022年2月第24届冬季奥林匹克运动会将在北京延庆和河北崇礼举办，我想起2007年在北京举办第29届夏季奥林匹克运动会之前的一件事。国务院新闻办要出一本礼品书，送给各国元首和各国代表团领导。国务院新闻办出的礼品书，最早的策划的叫《锦绣中华》，后来报到中央以后就没批下来。中央领导提出，要做一本人家愿意带走的书。做一本什么书会愿意带走呢？不知道谁给他们出的主意，就是做一本有关长城的书。

他们很快就编出来了《长城》大画册，特别精美。国务院新闻办找到了我，第一是希望我能做这本书的主编，第二是让我看看这本画册，有没有重要的历史段落的长城缺失，重要的长城景观缺失，文字有没有错误。做主编对我来说是一件非常荣耀的事情，在奥运会期间的国家行为，这个不用商量，我肯定全力以赴。我一页一页看这本画册的书稿，看完以后我说，先不说有没有重要的历史段落的缺失，也不说有没有重要的景观缺失，也不说文字里有没有错误，这三方面都有，我先不说这个。这样一本奥运会期间使用的大型礼品画册缺的是文化。

为什么说这本书缺文化？我认为这书至少要回答这样的三个问题，才算做出了文化品质：第一，我们这个国家，我们这个民族，为什么持续两千多年不断地做修建长城这个事？第二，中华文明是四大文明古国唯一没有中断的文明。古印度、古埃及、古巴比伦，早就都已经烟消云散了，只有中华文明完全延续下来并且不断地发展。这样的一个特殊的人类文明现象，长城起的作用是什么？如果没有长城，还能有我们今天的文明吗？第三，站在人类文明的视角，如何解读长城所代表的中华文明，对今后人类文明发展的价值？前两个说的是历史，最后一个问题说的是未来。从这件事可以看到，长城文化的弘扬工作还任重道远。后来我在主持“十二五”国家重点图书出版规划项目、国家出版基金资助项目《中国长城志》的编纂工作时，对长城的历史作用及文化价值又作了进一步的思考。

章太炎在一百多年前，写了一篇名为《中华民国解》的文章，发表在当时很有影响的《民报》上。他在文章中写道：“中华之名词，不仅非一地域之国名，亦非一血统之种名，乃为一文化之族名。” 中华文明是四大文明古国之中唯一没有中断的文明，这期间长城起到了文化纽带作用。长城内外不同的民族文化，在碰撞与融合中完成了中华文明的发展历程。

我们现在经常讲文化自信，那么文化自信的基础是什么？应该是对中国传统文化、传统思想价值体系的认同与尊崇。长城文化是建立文化自信的基石，这一点社会各界认识得还不够充分，还有待于进一步地加强。

五、长城与和平是什么关系

长城与和平是什么关系，也就是长城所代表的和平意义是什么？我近十几年讲得最多的就是长城修建的和平理念问题。

1998 年和 2002 年，先后有两位美国总统登上长城，其中就包括参观八达岭长城的布什总统。中国外交部对此十分重视，精心挑选陪同美国总统的专家，要求陪同的人不仅要对长城的历史了如指掌，更要表达出长城所代表的精神，我有幸接受了这个任务。

当美国总统面对长城这一人类最伟大的古代防御工程时，提出了一个大多数人都想知道答案的问题：为什么要耗费这么大的人力和物力来修筑长城？我给他们讲，中国古代要建立起农耕与游牧交错地带秩序，才会费这么大的力量修筑长城，中国人修长城是为了不打仗，是为了和平。

我告诉美国总统，建筑长城的人并不想打仗，只有渴望和平、不想打仗的民族，才会投入这么大的人力、物力建筑万里长城。修建长城的人不可能背着长城去打别人。

布什总统参观完长城后，在留言簿上签名，我走上前对布什说："请总统先生在长城为和平写一句话。"布什欣然题写了"Peace to our people and best wishes"。新华社报道时翻译为"祝愿我们的人民永享和平"。说到这个题词，我给大家讲一下当时的情景。布什总统来长城的时候，不是国事访问而是工作访问。在中国待的时间非常短，他自己提出来要看长城。当时定好在长城只能待 20 分钟，白宫办公厅的人踩点，从下车到什么地方，站多长时间，然后往回走都设计好了。他到了长城以后，我们一边走一边聊，按照计划到北二楼就往回走，他突然问 30 年前尼克松总统走到哪个地方，我说走到北三楼，并且指给他看前面的那座敌楼。他说，不行，我得超过他，然后我们又往上走。大家都认为往后撤的时候，我们又突然往上走了，记者们就疯了似的往前挤要追上我们。

我们走出十多米了记者才往前跑着追上来，弄得一时特热闹。后来外交部礼宾司的领导还问我，是不是董老师鼓动他往前走的？我说，真不是，是他自己想往前走。都说好了的，怎么又往前走了？我把实情一说，后来媒体也报道出去了。下来的时候，景区在门口平台上放了一张桌子，请他在留言簿上题词。布什总统签了名就准备走，我就拦住他说"请总统先生为和平在长城上写一句话"。后来新华社发的那张大家都冲着外面笑的照片，就是布什题词之前说"和平是所有人都愿意做的事"时照的。

布什总统题完词拿着笔就跑了，李肇星部长和我相视一笑。着急也不至于拿着笔就跑了，因为我是拦住他题的词，他夫人已经走出去挺远，他跑过去又把夫人叫回来，在那个留言簿上签了名。这说明什么？说明在长城这个特殊的地方讲和平，大家都能够接受。刚才我看了展览有一个建议，八达岭要好好挖掘一下"长城聚首，元首文化"背后的故事。比如我刚才讲的这些，可以做一点口述历史。把这样的故事挖掘出来讲给大家，听着就有意思。以后陪同各国元首的时候，也可以强化一下这方面的意识，多留心一些细节。

关于长城是为不打仗而修建，长城是和平的象征，这个观点前辈季羡林、侯仁之诸位老先生一直在讲。游牧政权的每一次南下，给农耕地区带来杀戮和生活被彻底打破后的社会混乱。中原政权对草原地区的征伐，铁骑所到之处同样对草原牧民的生活是极大的破坏。所以说不打仗、少打仗符合长城内外的共同利益。

尽量努力不让使用武力发展到近乎狂热的程度，始终是中华民族的一种文化追求，这一点从古至今没有改变。深入挖掘长城的和平价值，对在世界范围内构建“和而不同”的和谐世界、建设多元共存的全球文明秩序，都具有深厚的理论价值和迫切的现实意义。

杜甫诗句“安得壮士挽天河，净洗甲兵长不用”，很好地诠释了中国人追求和平的理念。在中华传统文化中，对于战争进行有效的控制，也是长城防御体系产生的文化基础。正是在这种文化背景下，在传统文化思想受到广泛关注和认同的情况下，古代王朝政权才会不断地修建长城。

只有更好地理解中华民族热爱和平、把握中华传统文化的内敛特征，认识中华文化对战争尽量采取遏制的一贯态度，才能真正地认识长城文化，认识到两千多年来中国古代长城修建和使用的意义。即便对于战争，中华传统文化中也是讲求以文武并用的手段来解决问题。类似“不战而胜”的想法，始终是兵家最高层次、最高境界的追求。

中华民族文化中对待战争的态度，有一个比较突出的提法，便是反对直接的战争威胁，讲求先礼后兵。在发生矛盾冲突的情况下，尽量争取以谈判的方式解决问题。就算冲突已经发生，军事行动也要适可而止，不要把对手置于绝地。虽然这些思想并没有始终贯彻于所有的军事实践，在战争过程中也有使用残酷手段给予对手毁灭性打击的事例，但这并不影响中华传统文化“非战”的主体诉求，不妨碍中华传统文化精神中追求和平的主流意愿，以及“非礼不动”“非德不动”“非危不战”思想的传承。

在诸子百家思想影响下、顺应春秋战国形势所修的长城，从其产生之日起，便在顺应战争形势的同时注入了和平的思想理念。尤其是墨子以其卓越的军事智慧，将守和御两者有机结合，在其筑城理念中加入国备思想，对中国长城的修筑产生了重大而深远的影响。

当然，和平的维护要有理念更要靠实力。让百姓从此再无战乱灾祸之忧，是要靠实力说话的。19 世纪晚期以来，积贫积弱的中国被欺负到无以复加的地步。处于挨打的地位不仅是因为我们落后了，而且政治上的日益黑暗腐朽造成的社会动荡，使生产和社会生活遭受到严重破坏。在我们挨打的时候，已经没有了话语权。在侵略者的枪炮之下，我们空有和平理念，不但无法实现和平甚至还会束缚我们自己的手脚。

大家都知道，北京城在前门和宣武门之间有一座和平门。这座城门并不是明清时期北京城的老城门，而是1926年为连通南新华街与北新华街，拆城墙新打开的城门。这座城门初名“新华门”，为了区别于中南海的新华门，而改名为“和平门”。张作霖统治北洋政府时期，日本人反对这个城门叫“和平门”，所以不得不将此门改名为兴华门。一个国家在自己的国土上，连将一座城门称作“和平门”的权力都没有了的时候，维护和平就只能成为一句空谈了。今天，中国开始走向繁荣富强。中国人的和平理念，有了对人类文明发展施加更大影响的可能性。长城所代表的中华文明之精神，将为人类文明的发展贡献中国人的智慧。

我前面讲了八达岭与别的地方长城的地位不一样，这种不一样是八达岭的优势，也是八达岭长城的责任。你享受了这个优势，就应该承担起这份弘扬长城文化的责任。下一步我们怎么办，如何把八达岭长城打造成中华文化的高地？应该通过长城与人类文明发展联系起来，对话世界各国的文化。把八达岭长城打造成文化的高地，应该是什么样的高地？这个高地要把长城文化与国家和民族、与人类文明进行联结。这是我们的责任，我们也应该有这样一份担当。

一年上千万的国内外游人来八达岭长城，我们有责任让他们不仅是拍个照片，而且要让他们带着文化的感受、带着一种历史的体验走，这可能也是八达岭下一步要寻求更好发展，要对国家作出更大贡献的非常重要的发力点。在学术的层面上，在国家文化战略的层面上，八达岭一定要把长城文化这杆大旗打起来。我们要把长城保护好传给后世子孙，我们要一起努力携手做好长城文化这项大事业。

最后，再一次感谢延庆区委、区政府，感谢区委宣传部和八达岭特区，感谢专家学者参加“万里长城一带一路文化研讨会”。大家都作了非常精彩的发言，再次谢谢你们。

（2019年4月23日在中国长城博物馆“万里长城与一带一路文化研讨会”上作的报告）

长城学术研究是我们的立足之本

编者按：编辑一期杂志需要大量的稿件，作为全国性长城学术刊物，尤其需要学术研究类稿件。这些文章要有一定深度，不能太过肤浅，更不能有大的谬误，否则，传播陈词滥调、错误信息，这杂志就没有人看，也不用办了。

近来编辑工作中深感稿件缺乏，其实中国长城学会的会员人数并不少，但其中认真做学问者却不多。看来怎样启发指导大家研究长城，也应该是我们的任务之一，其成效，既决定我们刊物的质量，也决定中国长城学会的兴衰。

想起几年前在一个会议上，曾听了董耀会副会长的发言，主题虽然是如何编纂《中国长城志》，但大部分内容还是讲如何加强中国长城学会学术研究的问题。现在几年时间过去了，愈加感到重视长城学术研究是一件十分紧迫的事。于是找出当时的录音，整理后加标题“长城学术研究是我们的立足之本”发表于本期。

——《中国长城博物馆》编辑部 2011.09

我首先要讲的是做《中国长城志》，这对中国长城学会来说是一个千载难逢的大好机会。对于这一点，许嘉璐会长从一开始就曾多次作过明确指示。所以在后来的工作中，我一直坚持讲这些，反复讲这些。但是这一点到现在为止，还并没有真的为我们的同志们所认识。

中国长城学会是从事长城研究的学术团体，那么加强学术研究和学术交流就是长城学会要完成的重要任务。长城学会每年都应该举办长城学术会议，举办学术会议实际上是搭建长城学术交流平台的一个重要形式。我们要举办具有高水准的学术研讨会，要举办国际学术研讨会，就是要把长城研究的相关的学术成果，通过这个平台进行更好的交流，通过交流来推动长城研究的进一步发展。

长城研究是一个特殊的研究形式，具有高度的综合性。很多学科对长城从不同的角度去研究，最后的成果具有很强的综合性。这种跨学科的具有高度综合性的学术研究，更需要交流平台的这种促进作用。通过交流，不同学科的专家学者既弥补了自身知识结构和不同专业方面欠缺的局限，同时也能知道自己的学术研究成果，要为其他学科的长城研究提供什么样的支持。推动这样的相互启发，相互借鉴，应该是长城学会极力为大家提供的服务。

做好这样的学术交流活动，是中国长城学会工作的最重要的内容之一，也是长城学会凝聚专家学者和从事长城研究机构的重要方式，更是提高中国长城学会在社会上、在长城研究领域、在各方面学术地位的一个有效的手段。进行长城研究学术交流和吸收学术成果有各种各样的方式，但我们现在能做的比较便利的还是组织学术研讨会。这样的研讨会我们可以和地方上进行的研讨需求结合起来，应该说这样做起来并不困难，但学术质量不一定有保证。

我们如果要创办一个具有权威性的学术期刊的话，就可能面临很多方面的困难，如经费上的、自身编辑能力上的各方面的困难。举办学术研讨会相对来说，工作就要简单一些，单纯一些。而组织学术研讨会可以很好地营造长城学会这样民间学术组织的氛围，可以通过我们的工作不断地促进长城研究的学术交流活动。

中国长城学会的立足之本，一个重要的方面就是学术研究。我们的工作，我们的努力，能为学术研究提供什么样的条件，提供什么样的带有动力的推动，是对我们工作的检验。我们做的学术交流既要求精，也要考虑到它的广泛性。如果学术交流没有品质，没有质量，那这种学术交流想推动长城学科的建设和长城学术研究的发展，就是不可能的。但是如果我们只追求高品质、高质量，不能关注到长城研究的更大的领域，特别是长城沿线基层的一些研究成果的话，也是我们工作的一个缺失。中国长城学会是长城学会会员的一个家，搭建起来的学会这样一个平台，实际上是为大家提供服务。提高大家研究长城的积极性，同时大家的这些研究成果，也为长城学会的工作注入了活力。

这方面我们做得很不够，不是我们不想做，是没有条件做。直接讲是我们没有钱，也没有人来做这件我们应该做的事情。现在机会来了，我们有条件做好这件事了，这个机会就是编纂《中国长城志》。长城研究的很多工作，都可以和长城志的编纂工作结合起来。《中国长城志》是方方面面都包括了的、综合性很强的一部大书。做这样一部大书，会涉及方方面面的专家学者，要召开很多次各种各样的学术会议。这样以《中国长城志》为支点，所进行的一系列的学术活动，对推动长城学学科的建设和促进长城研究的发展很重要，会为长城研究奠定一个很好的基础。

这种会议有的规模大，有的规模小，有的可能是学术沙龙性，或者是带有学术讲座性的。这一系列的学术交流活动，将对整个长城的研究起到很大的推动作用。那么，对我们长城学会来说，应该充分地利用《中国长城志》这样一个有经费保障，有学术研究需求的大型工程，来做好我们学会的工作。这是长城学会学术研究、学会活动大发展的一次机会。这个机会我们要充分地利用，通过这样的学术活动，可以强化中国长城学会的学术影响。

江苏凤凰传媒和江苏科技出版社，投资做《中国长城志》是中国长城事业的一件大事。《中国长城志》的工作需要开这些会议，所以经费保障是为志书所做工作的保障。开这样的学术会议，中国长城学会肯定是没有钱去开。我们过去开的学术会议，也都是要搞商业运作、市场运作，大部分是和地方政府合作开。那么地方上开，是因为地方上有地方的需求。我们通过《中国长城志》这个平台所开的一系列会议，实际上极大地淡化了学术活动的商业气息和地方利益，是真正的学术活动。

到地方上开会，地方上有地方上的考虑，主要是为了发展旅游。找赞助吧，赞助单位有赞助单位的利益需求。凤凰传媒和江苏科技出版社，出版商、出版方投资这样的学术活动，实际上是为长城志编纂工作提供服务，他们没有任何其他的商业目的。没有了其他商业目的和市场的东西掺杂在其间，我们的学术活动就是很纯粹的只为研究长城这个目的。既能达到我们的学术目的，又能收到为长城学会的学术研究造势的效果。

我们通过《中国长城志》的编纂工作，组织了方方面面的专家学者，这么多的科研单位和大学都参与进来了，这也是中国长城学会开展全方位的学术攻关和学术组织工作的一次很重要的机会。你要想推动长城研究、加强长城研究，可是你没事干，你没有很好的平台去组织大家，人家跟我们联系能做什么？

学术研究活动的平台你也搭建不起来，既没有经费给考察活动和各方面提供支持，人家的研究成果出来了你也发表不了，那么这些专家学者怎么和我们联系，这些科研单位和大学为什么要和我们联系？现在我们有了这样一次机会，所以我们要充分地好好地利用这次机会。通过精心策划，发展中国长城学会的学术研究工作。

编纂《中国长城志》是需要用几年的时间去做的一件事。我们要围绕着这项工作，编纂《中国长城志》这项工作，来好好地策划我们各种的学术研讨会议。这些围绕着《中国长城志》的编纂工作开展的学术研讨会议，同时也深化和推动了长城研究整体的发展，解决了长城研究当中要解决的那些问题。这就要求我们对长城的学术研究做出一个好的规划。我们要找长城研究的重要的点，把这样的几个点串起来，最后的成果就连成面了。我们要把长城学会的学术研究规划跟长城志的整体工作好好地结合起来。

长城志每一次会议，不管是大规模的会议还是小规模的会议，因为主题的不同邀请的嘉宾肯定也不一样，每次会议要解决的问题也不一样，会议的规模和人数也是不一样的。这些东西我们都要好好策划，都要好好地进行安排，使得我们的工作真正能达到我们的要求，达到推动长城研究的效果。如果中国长城学会不能充分利用这个机会，长城志的编纂工作中这样的会议还是会开，也一定要开，只是我们没有搭上这趟车，我们没有利用这样一个机会，去提升中国长城学会的学术研究氛围，去提升中国长城学会在学术界的影响力。这个损失实际上是中国长城学会的损失，其实说到底也是长城事业的损失。

中国长城学会在我当秘书长的那几年也不断地在搞学术会议，但那些学术研讨会应该说质量都不高，会议的效果都很一般。我们也有一些既定的会议目的，但是回头看一看，这样的目的基本上都没有很好地实现。为什么会出现这种情况呢？主要原因就是我们自身没有经费保障，同时我们工作人员的学术组织素质也不够，满足不了这种会议的要求。所以说，会议的目的性不是很清晰，会议的主题也没有得到真正意义上的强化。会议效果不太好和影响力不大，实际上是我们组织者本身的问题。当然，有些是我们不可控的，有些是我们没有条件去做得更好的。

现在有了这样一个好的机会，我们一定要抓住《中国长城志》这样一个工作的机会，把中国长城学会的学术开展真正地做好。如果长城学会举办的所有的学术会议都还像以前那样流于形式，就实在有些说不过去了。原来那样的会议也不是说一定不能搞，我们跟地方政府合作，请十几个专家去开一个小会也是可以的。但如果长城学会的学术会议，都是这样流于形式的学术活动，实际上对推动长城研究的发展没有什么大的作用，对中国长城学会的学术品牌建设也没有多大的意义。

长期下来，不但中国长城学会的学术影响力不能产生，长城学会作为一个学术性的民间组织，在学术领域里还会有一些的负面影响。所以，现在到了中国长城学会必须提出一个更高的要求、更大的发展目标的阶段。我要再次提醒大家，我们一定要充分地利用《中国长城志》编纂的这几年的机会，精心策划一系列的长城的学术活动。通过这样的活动，使长城学会的学术研究工作走向更深入，取得更大的成果，真正能构建起长城学术研究的队伍，取得一批有标志性意义的学术研究成果，这是中国长城学会参加《中国长城志》的编纂工作的一个很重要的收获点。

我们要在这个对中国长城学会发展更有意义、更有作用的点上去做突破和强化。这是长城学会长期效应、长期利益的一个重要举措。我们要通过《中国长城志》的编纂工作，练出我们一支队伍来，就是长城学会从事学术交流、学术研究工作的队伍。过去我们没有真正开展起来学术，也没有培养起我们自己组织学术活动的力量。今后如果能使我们的干部具备这种素质，这是中国长城学会的一个很大收获。

通过《中国长城志》这一系列的活动，我们搭建起一个学术交流的经常性的形式。这些活动包括大小会议上的各种成果，这些专家学者的发言，都要很好地搜集起来，整理出来，集印成册。坚持几年，这将是一批很重要的学术成果。何况，我们还有很多的会议是充分准备之后，大家有目的地去写的论文，每年有一两个这样的比较大的会议，学术成果的价值就会更高。

我们搭建好了这样一个平台之后，中国长城学会具有这样一个学术交流的吸引力之后，参与进来的专家学者会越来越多，学术成果会越来越丰富。在大量的、高质量的学术成果产生之后，就可以建立起长城学会的交流评价体系。通过这样的一个评价体系，来不断提高长城学会学术交流的质量，为中国长城学会的发展做出一种具有前瞻性的，一种很好的具有为社会服务性很强的研究目标。

现在对长城研究成果的评价，都是感觉上的一些认识。我们有了这样一个评价体系之后，就可以做出很好的长城研究的科研规划。既有专家学者提出的一些他们感兴趣的学术题目，又有我们进行很好的规划之后，吸引大家进入学术研究的题目。这样一个双向的发展，就会使中国长城学会的研究成果在质量和数量上都得到很大的提高。

如果这些工作我们不做或者没有很好地去做，中国长城学会学术交流的平台作用就会不断地弱化。这种弱化实际上就限制了中国长城学会的发展，因为学会的社会作用、社会存在意义和存在价值得不到很好的体现。我们的工作如果对长城学会、对长城学术研究工作的开展、对长城研究成果质量的提高，没有做到任何的帮助和推动，我们就等于什么都没干，甚至还不如什么都没干。中国长城学会不能为推动长城研究的发展做事情，我们在长城研究领域里的学术地位和作用怎么体现呢？中国长城学会不能给长城的研究者提供应该提供的服务，中国长城学会的社会作用和长城学会的存世价值又在哪里呢？我希望大家，要好好地认真考虑一下我提出的问题。

（载于《中国长城博物馆》2011 年第 3 期）

在“保护长城，加我一个”新闻发布会上所作“长城保护公募活动”项目介绍（节选）

“保护长城，加我一个”长城保护公募项目是由中国文物保护基金会主办，与腾讯公益慈善基金会合作，通过线上募集与线下筹款相结合的方式，向社会公开筹集资金，对两处长城本体进行修缮。所选两处，都纳入了国家文物局“十三五”期间重点修缮计划，是具有示范意义和重大影响的长城段落，分别是位于河北省宽城县和迁西县的喜峰口段落，以及位于北京怀柔区的箭扣段落。

喜峰口和箭扣，我们采取不同的筹款方式。喜峰口段长城修缮，费用估算约 2300 万元，运用互联网＋公益的模式，与腾讯公益慈善基金会合作，面向公众，通过微信支付方式，小额捐款，辅以线下劝募。这个项目，今天正式上线，并将于几天后的“9•9 公益日”，在腾讯公益平台上作为重点项目；活动得到中国博物馆协会的大力支持，筹款期内，将在全国一级博物馆宣传推广。箭扣长城段落修缮，费用估算约 1500 万元，由腾讯基金会牵头，联合其他企业共同捐资，其中腾讯捐资 1000 万元。

本次公募，旨在动员社会各界参与对代表民族精神象征的长城的保护，激发公众的爱国热情；同时，面向未来，探索一条可持续发展的长城保护利用之路。

（一）项目目的

（1）修缮两处长城段落本体；

（2）依托广大捐赠者形成“长城之友”队伍，培育长城保护志愿者；

（3）拓宽中国文物保护基金会与腾讯公益慈善基金会的合作领域，扩大双方在文物保护公益事业中的影响力，探索动员社会力量参与文物保护的新途径。

（二）两处长城段落情况介绍

公募项目选择的两处长城段落，都是明长城，且都属于砖石长城。明长城中，也仅有少数部分属于结构较为坚固的砖石长城。所以，对这些点段进行维修是一项十分紧迫的工作。

1. 喜峰口段长城

（1）位于河北省宽城县和迁西县的喜峰口长城，历经五百多年的岁月，由戚继光督建而成，它扼守着中原通往北疆和东北边陲的咽喉，是明清商道、贡道的重要结点。喜峰口长城所处的蓟镇长城，是明长城中修建得最坚固、最壮观的一段，而喜峰口长城又是蓟镇长城中最重要、最精粹的段落之一。

（2）喜峰口的地理环境甚为突出。整个燕山山脉最大的水系是滦河水系。喜峰口是滦河的主河道，曾经是打通长城内外商业海运、河运的重要通道，不仅为驻守长城的官兵提供军事补给，还成为长城内外百姓日常生活用品运输的重要通道。

（3）喜峰口是救国救亡具有标志意义的地方。1933 年春天，国民革命军二十九军在此阻击侵华日军。装备落后的中国军队以长城为掩体，在此与敌军激战月余。五百大刀队夜袭敌营，炸毁敌人的坦克火炮，给敌军以重创。五百壮士大部分壮烈牺牲。后来，上海作曲家麦新据此创作了《大刀进行曲》。2013 年距离潘家口 5 千米处发现二十九军将士墓地，大约有 200 名夜袭日军驻地牺牲的将士长眠于此。这一段可歌可泣的抗战故事，使喜峰口长城承载了厚重的历史和中华儿女抵御外辱的民族气节。

（4）独特的“长城水乡”景观。20 世纪 70 年代末，因引滦入津水利工程，附近建起了潘家口水库，喜峰口长城被部分淹没入水中，形成了“水下长城”的奇特景观。长城与碧水相拥，喜峰口的“长城水乡”景观逐渐美名远扬，吸引了无数旅游、摄影爱好者慕名而至。

（5）如今的喜峰口长城，由于自然侵蚀和人为破坏两种因素，深陷年久失修的困境中，已属于前述的“保存一般”一级，如再不修，墙体某日坍塌，喜峰口长城怕是甚至会沦为遗址。所以，我们在此呼吁：为了喜峰口，为了万里长城，请社会各界献出爱心！每一个人捐资的每一块砖，将使喜峰口长城得以更久远地传给子孙后代。

（6）我们计划修缮的是喜峰口西潘家口段长城，本体 1050 米，费用估算约 2300 万元。目前城墙和敌台残存，主要病害为内外侧砖墙局部坍塌和缺失、毛石墙芯局部坍塌、地面砖残损缺失、垛口墙和宇墙残损缺失等，并且有进一步恶化的危险。对这段长城，我们将本着最小干预的原则，现状整修的思路，对本体进行修缮；所有涉及添加的补砌、修补等措施均以长城的安全为目的，且与相邻部位墙体相协调，保护长城的真实性、完整性和沧桑古朴的历史风貌；同时，保护工程综合考虑开放展示需要，采取相应的措施，满足捐款人的体验感和亲近长城的需要，为公众今后参观长城留有空间。

2. 箭扣段长城

（1）历史地位：北京地区长城总的走向主要分为东西、北西两个体系，这两个体系在怀柔区雁栖镇西栅子村旧水坑西南的分水岭上会合，这个会合点被命名为“北京结”。此段长城也被称为箭扣长城。箭扣长城是明代内外长城的交结点，又是蓟镇、昌镇、宣府镇三大军事重镇的分界地区。从这个意义讲，这里在整个万里长城中具有独一无二的特殊地位。

（2）箭扣长城设计严谨，敌台密集，工艺精细。东起正北楼，西至九眼楼，全长 7071 米，最高海拔 1299 米。此段墙体地形复杂，险峰突起，是北京一段最险峻、雄奇的长城。

（3）箭扣长城独具 11 处特色景观，分别是大家耳熟能详的石门与正北楼，山间单边，翻石下海，油篓顶，箭扣，过单边，天梯，擦边儿过，鹰飞倒仰，北京结，九眼楼。

（4）本次募集资金计划修缮段落：从“鹰飞倒仰”至“北京结”这一段，总长约 724 米，估算约 1500 万元。由于自然侵蚀和人为破坏，此段长城的敌楼敌台现已普遍开裂、坍塌，地面长满杂草，边墙酥散破碎，另有部分条石城砖等被人为拆毁，部分墙体整体断裂、滑坡、缺失。这段长城，我们也将本着最小干预原则，现状整修的思路，对本体进行修缮；妥善保护这段长城的真实性、完整性和沧桑古朴的历史风貌。

（三）喜峰口段长城公募实施计划

1. 项目实施分为两个阶段

第一阶段是资金募集期。从 9 月 1 日至 11 月 30 日，欢迎社会各界关注我们的项目并捐款。

第二阶段是工程实施期。筹款期满，使用募集资金修缮长城本体。我们将严格依据法律规定及工程方案组织实施修缮工程。

2. 资金用途

募集资金全部用于公益目的：筹款资金的94%用于长城本体修缮，6%用于项目运行。募捐资金由中国文物保护基金会管理，按照募捐方案使用。

3. 捐款人的“获得感”

捐款人无论捐出多少钱，都成为中国文物保护基金会“长城之友”。从接受捐款之日起，至工程实施和竣工验收，中国文物保护基金会切实履行责任，及时公示项目进展情况、资金使用情况，接受公众监督。捐款人可以向基金会提出建议，任何建议都将得到具体反馈。项目实施过程中，我们将组织捐款者参与长城环保行动，以及有体验感的公益活动。活动均以自愿报名为准。

4. 关注方式、捐款账号

关注方式：微信扫码进入捐款页面。

或者登录腾讯公益http://gongyi.qq.com，以及关注“中国文物保护基金会”微信公众号了解详情参与捐款。在筹款期内，我们的项目在全国所有一级博物馆进行宣传推广。

同时，我们也欢迎大家线下捐款，我们在中国光大银行北京朝阳支行开设了人民币、欧元、美元、英镑、港币和日元捐赠账号，已显示在大屏幕上。也可以拨打我们的捐赠电话：010-64025850进行咨询、捐款。

（2016年9月2日“保护长城，加我一个——长城保护2016公募活动”新闻发布会在人民大会堂举办。董耀会作为募款修缮长城项目的负责人，在新闻发布会上作了项目介绍。此文载于《中国长城博物馆》2016年第4期）